EUCLIDES DA CUNHA:
UMA ODISSEIA NOS TRÓPICOS

Euclides da Cunha sentado à mesa.

EUCLIDES DA CUNHA:
UMA ODISSEIA NOS TRÓPICOS

Frederic Amory

Tradução
Geraldo Gerson de Souza

Copyright © 2009 Frederic Amory

Direitos reservados e protegidos pela Lei 9.610 de 19 de fevereiro de 1998. É proibida a reprodução total ou parcial sem autorização, por escrito, da editora.

Dados Internacionais de Catalogação na Publicação (CIP)
(Câmara Brasileira do Livro, SP, Brasil)

Amory, Frederic

Euclides da Cunha: Uma Odisseia nos Trópicos / Frederic Amory; tradução Geraldo Gerson de Souza. – Cotia, SP: Ateliê Editorial, 2009.

ISBN 978-85-7480-440-8
Bibliografia.

1. Cunha, Euclides da, 1866-1909   2. Escritores brasileiros – Biografia   I. Título.

09-07009   CDD-928.699

Índices para catálogo sistemático:

1. Escritores brasileiros: vida e obra   928.699

Direitos reservados à
ATELIÊ EDITORIAL
Estrada da Aldeia de Carapicuíba, 897
06709-300 – Granja Viana – Cotia – SP
Telefax: (11) 4612-9666
www.atelie.com.br / atelie@atelie.com.br

2009

Printed in Brazil
Foi feito o depósito legal

A Rosaura Escobar,
que me introduziu no mundo dos euclidianos,
e a Leopoldo M. Bernucci,
que me guiou através desse mundo até este livro.

Assim ocorre que no mundo algumas pessoas ajudam a manter os erros,
circulando-os, e outras tentam depois apagá-los.
Desse modo, cada uma delas tem algo com o que se ocupar.

[Svo geingur flad til hier i heimenum, ad sumer hialpa erroribus á gáng,
og adrer leitast sidan vid ad utrydia aptur fleim sömu erroribus.
Hafa svo hverir tveggiu nockud ad idia.]

ÁRNI MAGNÚSSON, 1725
sobre um manuscrito compilado por Jón Erlendsson, padre.

Prontamente ensinar-lhe-ei,
se não forem agraciados antes pela Musa.

ῥᾳδίως ἐγὼ διδάξω, κἄν ἄμουσος ᾖ τὸ πρίν.

ARISTÓFANES, *As Vespas*, 1074.

Sumário

Apresentação – *Leopoldo M. Bernucci* 11

Prefácio 15

  1. Cenas da Infância 25

  2. Uma Espada Lançada ao Solo 33

  3. *Ondas* 47

  4. Os Primeiros Interlúdios Jornalísticos 63

  5. Os Dias de Exército e a Engenharia Civil 79

  6. Na Estrada para Canudos 99

  7. Canudos e o Fim da Guerra 123

  8. A Ponte e o Livro 147

  9. *Os Sertões*: Temas e Fontes 165

10. *Os Sertões*: A Narrativa 183

11. Marcando Passo 209

12. A Mais Longa Jornada 227

13. *Contrastes e Confrontos* 251

14. *Peru* versus *Bolívia* 285

15. Os Últimos Dias 309

16. Duas Provações 331

17. O Declínio 347

18. *À Margem da História* 359

Observações Finais 391

Carta do Rio Purus 395

Bibliografia 413

Apresentação

Numa de suas conferências n'*Os Heróis*, o historiador britânico Thomas Carlyle define o Poeta como aquela figura heroica que pertence a todas as idades; em seguida, aprimorando essa definição, logra também redimensionar o seu papel para a História da seguinte maneira:

O poeta que só se pode sentar numa cadeira e compor estâncias, nunca fará uma estância que valha muito. Ele não poderia cantar o guerreiro heroico, a não ser que, pelo menos, fosse também um guerreiro heroico. Creio que há nele o político, o pensador, o legislador, o filósofo; – num ou noutro grau ele podia ter sido isto tudo, ele é isto tudo. [...] Petrarca e Bocaccio executaram missões diplomáticas e, ao que parece, muito bem: é fácil de crer nisso, pois haviam feito coisas mais difíceis do que estas!

Essas palavras poderiam muito bem servir para entender a personalidade complexa de Euclides da Cunha. Ele que foi poeta, engenheiro, jornalista, historiador, militante político e geólogo, com espantosa demonstração de conhecimento em todas essas áreas, chegou também, já nos últimos anos da vida, a aceitar missões diplomáticas, seja como participante ativo, seja como consultor e relator. Esses encargos lhe valeram elogios como chefe da Comissão Brasileira de Reconhecimento do Alto Purus na Amazônia; e, em situação de arbitragem territorial, ainda sob a batuta do Barão do Rio Branco, renderam-lhe um livro sobre assunto semelhante (*Peru* versus *Bolívia*). Se Carlyle estiver correto, Euclides passou no teste, pois sentar-se numa cadeira e somente compor estâncias é algo que ele, definitivamente, nunca pôde ou quis fazer. A sua "engenharia fatigante", que detestou durante todos os anos em que teve de trabalhar nessa profissão, paradoxalmente deve tê-lo ajudado de alguma forma a ser o notável polígrafo que chegou a ser. Difícil seria imaginar um Euclides somente escritor sentado várias horas no seu gabinete de trabalho, isolado do mundo.

Contrariamente ao que ele pensava que lhe pudesse favorecer – concentração absoluta nos estudos, dedicação exclusiva à sua arte de escrever – as outras atividades ligadas principalmente às ciências o colocaram ao rés-do-chão, como também foi o caso de seu infeliz convívio familiar, é claro. Para seus biográfos que até hoje se concentram nessa visão do Euclides herói, escritor famoso, mas maltratado e imolado pela vida, resta um único conselho: não separem o grande homem de suas misérias, mas enfoquem a grandiosidade do indivíduo. É assim mais ou menos como procede o biógrafo americano Frederic Amory, neste texto que agora apresentamos. Dono de conhecimentos profundos sobre História e historiografia, este apaixonado euclidianista começou a estudar a vida e a obra de Euclides no começo da década de 1960. Desses idos anos até o início deste, quando a morte infelizmente o levou, a sua dedicação ao autor d'*Os Sertões* foi sempre contínua, embora entremeada de outras atividades intelectuais que claramente atestam o refinamento de seu espírito: classicista, professor de literatura medieval inglesa, *scholar* respeitadíssimo de literaturas nórdicas (Noruega e Islândia) e, nas horas vagas, amante da obra de Euclides. O seu afeto pelo Brasil, pela nossa cultura, nossa gente e literatura ficou emblemática e delicadamente gravado numa única frase de uma de suas várias e ordenadas pastas que deixou nos seus arquivos: "My Brazil". Nada mais carinhoso do que esse gesto de alguém que dedicou tantas noites a entender um dos nossos maiores escritores. E "entender" é a palavra correta, porque estudar Euclides e sua obra pede anos de estudos, humildade e paciência, coisas todas que ele possuía.

Euclides da Cunha: Uma Odisseia nos Trópicos não é mais uma, nem qualquer biografia do nosso escritor, falecido há cem anos. Trata-se de um estudo ímpar da vida e obra de Euclides como até agora não tínhamos visto. Se as contribuições de outros biógrafos, tais como Eloy Pontes, Francisco Venâncio Filho, Leandro Tocantins, Sylvio Rabello, Olímpio de Sousa Andrade, Roberto Ventura, são inegáveis, em nenhuma delas houve tanta preocupação, por parte de seus autores, de, como nesta agora, confrontar as problemáticas fontes de informações, de oferecer uma compreensão cabal do posicionamento filosófico e político de Euclides, de reencenar os fatos ligados a seu casamento conturbado e, sobretudo, de ler, como só ele pôde fazê-lo, os ensaios mais herméticos do biografado. Essas qualidades da presente biografia não bastam para dar conta do rigor, esmero e erudição com que Frederic Amory escreveu a *vita* de um escritor maior. Sendo os fatos que entram nela invariavelmente seletivos, e sempre filtrados pela subjetividade do biógrafo, esse novo estudo sobre a vida de Euclides deixará marcas fortes na imensa bibliografia euclidiana sempre tão prejudicada de mitologias. Na verdade, o seu mérito maior se deve ao trabalho de desmitificar, sempre respeitando-o evidentemente, o escritor. Penso que isso só foi possível pelo esforço do biógrafo de manter-se à distância do seu objeto de estudo. O fato de ser estrangeiro pode sem dúvida tê-lo ajudado; todavia, conhecendo a mente aguda, profundamente analítica de Frederic Amory, como exímio conhecedor do gênero biográfico (um dos seus primeiros ensaios é sobre a biografia de Guibert de Nogent), eu não poderia deixar de reconhecer ainda o seu caráter justo e imparcial que caracteriza de modo extraordinário sua integridade intelectual.

Não conheço outra biografia tão abrangente do nosso escritor que tenha tanta capacidade de síntese e rigor no confrontamento dos dados e das fontes como esta. Não menos admiráveis são as análises discursivas que empreende Amory dos ensaios de Euclides, que, além de propiciarem úteis esclarecimentos de sentido, enriquecem também outros textos, ademais d'*Os Sertões*, que até então não haviam sido tocados com tal autoridade e destreza crítica. Finalmente, os que lerem esta biografia encontrarão momentos narrativos de enorme relevância contados com um estilo polido de quem soube coerentemente reconstruir uma história que será revisitada por todos nós, por muitos e muitos anos.

LEOPOLDO M. BERNUCCI
University of California, Davis

Prefácio

PENSO QUE OS LEITORES MAIS CÉTICOS DESTA BIOGRAFIA já estarão tentando imaginar o que ela poderá conter de novidade. A estes dou razão. Como o biógrafo é um norte-americano, a ousadia de escrever mais uma biografia de Euclides da Cunha é algo em que, certamente, eles estarão pensando. Se eu estivesse me dirigindo agora aos leitores de língua inglesa, para os quais esta biografia foi originalmente escrita, poderiam encontrar nela subsídios para uma compreensão cabal da vida de um dos mais importantes escritores latino-americanos. Todavia, o resultado das minhas pesquisas sobre a vida de Euclides se destina ao público de língua portuguesa, principalmente do Brasil, país que amei durante toda a minha vida e que frequentei desde os anos do segundo pós-guerra. Deixando de lado o atrevimento do biógrafo, devo dizer-lhes que do modo como as coisas se apresentam neste momento, não existe uma biografia de Euclides Rodrigues Pimenta da Cunha completa e confiável em quaisquer línguas. Evidentemente, os esforços dos estudiosos brasileiros que estudaram a vida do nosso biografado têm produzido os melhores resultados e, certamente, nenhum deles no mundo anglo-saxão pôde até hoje equipará-los. Foi pensando nesse último público que encarei o desafio de sanar essa falha nos nossos estudos de autores brasileiros importantes do final do século XIX e começo do XX, época em que, por razões que desconhecemos, a alta cultura brasileira foi premiada com grandes nomes na literatura e na historiografia. O que é mais pesaroso ainda é que, com exceção de um punhado de especialistas nos Estados Unidos, o público de fala inglesa desconhece até hoje os nomes de alguns desses ilustres intelectuais brasileiros.

Quem consultar os textos biográficos escritos no Brasil a partir das vésperas da Segunda Guerra Mundial irá deparar-se com muitas cenas de encontros de Euclides com os amigos – sobretudo em São José do Rio Pardo –, bem como com cenas familiares com os dois filhos mais velhos, mas – fato notável – dificilmente encontrará algum vislumbre da esposa, Ana Ribeiro, filha de um conhecido general. Essa anomalia, uma omissão ou virtual supressão da mãe de seus filhos pelos interessados na vida de

Euclides, tem sido tão comum que Adelino Brandão, um dos seus últimos biógrafos, não sentiu compunção em apresentá-la aos leitores brasileiros através de uma série de ficções psicológicas (em *Águas de Amargura*[1]).

Tal situação, tão peculiar, de exclusão de Ana de Assis dos olhares públicos foi causada pela crença generalizada de que foi ela, com seu romance com o cadete Dilermando de Assis, a grande responsável pelas mortes violentas do marido e, mais tarde, do filho favorito, Quidinho (Euclides Junior). No entanto, deixando de lado os motivos dos biógrafos de Euclides, permanece o fato de que pouquíssima coisa sobre ela chegou até os pesquisadores de hoje. Portanto, por falta de informação sobre Ana e sobre seu rumoroso *affair* com Dilermando, fomos levados a compulsar fontes duvidosas – ou seja, os dois livros do amante, escritos anos depois para defender-se perante a opinião pública, e o volume de Brandão citado acima com todas as suas ficções novelescas. Como já observei em outro estudo, "[a]lguma perspicaz feminista brasileira deverá vir a investigar este casamento e clarificá-lo"[2].

Por outro lado, a fama da linguagem literária de *Os Sertões*, mesmo para os leitores brasileiros, é um tanto negativa, o que de modo algum se justifica. O que os incomoda é a variedade e abstrusidade do vocabulário do autor, especialmente o número elevado de palavras difíceis referentes às ciências naturais, como na primeira parte "A Terra". Aliás, alguns leitores orgulham-se perversamente da quantidade de dicionários que têm de compulsar para certificar-se do sentido que o autor pretendia dar a esses termos. No entanto, essa preocupação com o "léxico mental" euclidiano é excessiva. Um geólogo profissional, Glycon de Paiva Teixeira, pesquisou a terminologia científica de *Os Sertões*, corrigindo-a e elucidando-a, e chegou à conclusão de que "[...] a reconstituição convence, mesmo ao mais apaixonado admirador do escritor, que sua cultura [de Euclides] não alcançava nem o espírito, nem o método da geologia..."[3]. Mas, acrescenta o geólogo com muita razão, "[n]ão é, nesta ciência, que reside a imortalidade de seu gênio. Muitos geólogos escreveram e escreverão páginas mais acertadas sobre a geologia da Bahia e não serão lembrados pela posteridade"[4]. E ele está muito certo; os cientistas, norte-americanos ou brasileiros, geralmente não trataram Euclides com tanta generosidade.

No seu conjunto, para mim o "léxico mental" de Euclides não é muito maior do que o de seu amigo, o prolífico romancista Coelho Neto, ou mesmo do que daquele *literateur*, Raul Pompeia, que morreu tragicamente ainda jovem. Não disponho, po-

---

1. Adelino Brandão, *Águas de Amargura*, Rio de Janeiro, 1990.

2. Publicado em Leopoldo Bernucci (org.), *Discurso, Ciência, Controvérsia em Euclides da Cunha* (São Paulo, Edusp, 2008), sob o título de "As Biografias de Euclides".

3. Cf. esse breve ensaio de Glycon de Paiva Teixeira, "Geologia de Canudos em 'Os Sertões'", *Digesto Econômico*, 246, pp. 61-66, nov.-dez. de 1975.

4. *Idem*, pp. 65-66.

rém, de estatísticas verbais comparativas sobre o aspecto quantitativo dos léxicos dos autores brasileiros no período clássico, do final do século xix ao começo do xx. De todo modo, só é possível fazer com sucesso análises estilísticas sobre as bases lexicais de escritores quando eles, como Rabelais[5] ou James Joyce, se inebriaram com a riqueza de seus repertórios de palavras. Decididamente, Euclides não foi um desses escritores e seus estilismos geralmente estão presos à sua sintaxe. Sua prática literária é a mais comum de estilo *sintático*, e, como sabem todos aqueles que leram muitos de seus textos, as verdadeiras dificuldades com seu "falar difícil" não residem no "léxico mental" mas nas experiências sintáticas que tenta.

Até os dias atuais, apesar dos grandes movimentos linguísticos da América do Norte e da França, pouquíssimos estudos foram feitos sobre os estilismos sintáticos de Euclides. Conheço em especial um estudo da lavra do brasileiro Modesto de Abreu, *Estilo e Personalidade de Euclides da Cunha*[6], que, com referência ao estilo sintático, não vai muito além da gramática da estrutura frasal e contenta-se em abordar algumas categorias semânticas de itens léxicos.

Em rápidas palavras, a tendência estilística dos textos de Euclides, que tem início em seus primeiros ensaios para jornal com o simples estilismo das frases com "finais--surpresa", chega ao auge em *Os Sertões*, com hábeis exibições de frases epifóricas e anafóricas repetitivas[7]. Nesse mesmo tom, evidentemente, também nos deparamos com elaborados "finais-surpresa" de frases, como na sentença muito elogiada que descreve a perseguição de um vaqueiro a uma boiada que estourou, e termina com a palavra "o vaqueiro"[8]. Mas as repetitivas construções paratáticas, não importa a extensão, não apresentam qualquer problema sério para o leitor, porque se desenvolvem num único plano sintático. Tem-se apenas que continuar lendo. Contudo, quando Euclides precisou escrever, em 1907, a cansativa monografia sobre as divergências territoriais entre a Bolívia e o Peru, que o governo brasileiro tentava mediar, teve de recorrer, para a estilização de seu texto, àquilo que, na sua opinião, era um estilo apropriado à chancelaria, e mudou do plano paratático para o plano hipotático de muitos níveis sintáticos do discurso. Infelizmente, ao contrário de Rui Barbosa ou de Joaquim Nabuco, Euclides tinha pouco controle sobre as "frases-monstro" colocadas nessa monografia que, inevitavelmente, extraviava o leitor antes de chegar ao final. De vez em quando, as modifi-

---

5. Cf. meu artigo espécime, inspirado nos textos de Leo Spitzer e de Erich Auerbach sobre esse autor, "Rabelais' 'Hurricane Word-formations' and 'Chaotic Enumerations': Lexis and Syntax", *Études rabelaisiennes*, 17, pp. 61-74, 1983.

6. Rio de Janeiro, 1963. Cf., além desse, o estudo mais recente de Nereu Corrêa, "A Tapeçaria Linguística de 'Os Sertões'", *A Tapeçaria Linguística de Os Sertões e Outros Estudos*, São Paulo, 1978, pp. 1-21.

7. Modesto de Abreu chama-as "Repetição e Polissíndeto", *Estilo e Personalidade...*, pp. 189-190.

8. Cf. *Obra Completa,* ed. Afrânio Coutinho *et al.* (Rio de Janeiro, 1966), vol. ii, p. 179: "Estouro da Boiada".

cações sintáticas que relativizam os sujeitos de suas frases sobrecarregam-nas com uma miríade de frases subordinadas que as expandem em múltiplos nominais, de modo que o máximo que ele pode fazer é pontuar o pesado acúmulo de palavras com um traço antes de conseguir lidar com os verbos e objetos da frase seguinte – geralmente a ser carregada também de muitos modificadores. Tenho certeza de que suas pesadas construções hipotáticas marcaram-no entre seus colegas escritores como um estilista (em termos clássicos) "asiático". Assim, na virada do século xx no Brasil, Joaquim Nabuco lançou a famosa objeção de que Euclides escrevia "com cipó". Não obstante, porém, sua desequilibrada hipotaxe foi preservada em seu repertório estilístico tanto quanto os "finais-surpresa" de suas frases. Um culto admirador, Leandro Tocantins, achou justo, entretanto, elogiar o estilo de *Peru* versus *Bolívia* por seus "períodos impecáveis"[9].

Não estariam fora de propósito uma ou duas palavras sobre os principais temas dos textos do Euclides maduro. Como ainda na juventude aprendeu com Benjamin Constant e outros mestres de mesmo ponto de vista o programa do positivismo, admite-se comumente no Brasil que Euclides foi toda a vida um positivista, com base no dito popular de que uma vez positivista sempre será positivista. Na história do positivismo tanto na Europa quanto no Brasil, porém, essa fidelidade ao programa foi rompida constantemente pelos próprios positivistas. Na verdade, não há provas, ao longo de toda a vida de Euclides, de que ele o tenha adotado; pelo contrário, há provas um tanto diretas de que tenha sido adverso a essa doutrina. Como ele mesmo escreveu ao diplomata Oliveira Lima em 5 de maio de 1909, a princípio, quando estudante, chegara a admirar Auguste Comte por sua "matemática" (isto é, a geometria analítica), mas, em outros aspectos, o fundador do movimento o aborrecia, e, a partir de 1892, começara a distanciar-se da "minoridade" religiosa da seita brasileira[10]. Pouco menos de seis meses depois, ao fazer a resenha de *O Brasil Mental*, do português José Pereira Sampaio, renunciou enfaticamente a qualquer lealdade ao positivismo brasileiro em favor do evolucionismo spenceriano[11]. A conversão sua e de outros homens à contribuição

---

9. Como em *Euclides da Cunha e o Paraíso Perdido,* 3. ed., Rio de Janeiro, 1978, p. 222. Se o leitor quiser comparar com esse imerecido elogio os longos períodos iniciais da monografia, eles estão citados no capítulo 14 abaixo (p. 288).

10. Carta a Oliveira Lima em *Obra Completa,* vol. II, p. 706. A matemática de Comte não era tão apreciada na França como no Brasil; cf. a grande biografia de Comte escrita por Mary Pickering, vol. I, publicado até agora (Cambridge, Eng., 1993), p. 585: "Ainda assim, [Paul Tannery] teve de admitir que Comte não estava tão bem informado sobre os novos desenvolvimentos nas ciências matemáticas e físicas. Consequentemente, mesmo os cientistas da época de Comte não o levaram muito a sério". Sobre o fato de Euclides ter evitado a minoria religiosa dos positivistas brasileiros, cf. também "Dia a Dia" I, *Obra Completa,* vol. I, p. 583: "não pertencemos à minoria ilustre dos que, com uma abnegação notável, seguem todos os preceitos do novo dogma…"

11. Cf. *Obra Completa,* vol. I, pp. 408-409, na parte III da resenha: "Basta a afirmativa incontestável de que, em nossas indagações científicas, preponderam, exclusivos em toda a linha, o monismo germânico e o evolucionismo inglês".

de Spencer ao darwinismo social foi reconhecida publicamente em 1891 pelo poeta e deputado Luís Murat, que decretou ser Spencer "incontestavelmente o pai espiritual de todos nós"[12]. Esse abandono paradigmático de Comte em favor de Spencer tinha diversas razões, mas a principal delas foi que Comte, mesmo que se possa considerá-lo o fundador da Sociologia, ainda assim não tinha qualquer uso para as novas teorias da evolução tais como foram introduzidas por Darwin, Alfred Wallace e Spencer; seu temor é que elas apenas fossem desarranjar "a permanência das espécies"[13].

Essa virada de Euclides para as ideias evolucionistas inglesas, afastando-se de Comte e do positivismo francês, pode parecer um movimento lógico, mas deixou algumas consequências bastante indesejáveis, ou seja, o racismo inerente ao darwinismo social, que na realidade não aparece no sistema positivista de Comte. Por diversas vezes, nos ensaios posteriores de Euclides e em sua grande obra, suas discussões sobre a sociedade e o avanço ou regressão social são tingidas ora com matizes mais leves, ora com matizes mais escuros de racismo[14]. Esse "defeito" tem sido sugerido por alguns tanto na teorização social inglesa quanto no próprio caráter de Euclides, mas apesar disso não se deve concluir que seja ele um rematado racista. Vejamos melhor a questão. Na seção "O Homem" de *Os Sertões*, sob o título de "Um Parêntese Irritante", o autor se permite saborear um exemplo impertinente de um racismo vulgar com relação às misturas de negros e brancos nas regiões litorâneas: "[...] o mestiço [...] é menos que um intermediário, é um decaído, sem a energia física dos ascendentes selvagens, sem a altitude intelectual dos ancestrais superiores"[15]. Essa declaração é daquelas que se podem ouvir facilmente nas zonas urbanas do litoral do Brasil, e não se precisa de nenhuma fonte literária europeia do século XIX para corroborá-la. Tomando as palavras como se tivessem saído da boca de Euclides, Guilhermino César sugeriu que talvez o falante nesse contexto, que se considerava um tanto fantasiosamente "misto de celta, de tapuia e grego", estivesse em parte caracterizando a si próprio como o mestiço ilegítimo[16]. Existe, porém, uma explicação mais ampla, que não desculpa a crueza da citação acima.

---

12. *Apud* Wilson Martins, *História da Inteligência Brasileira*, São Paulo, 1978, vol. 4, p. 402.

13. Como afirma Leszek Kolakowski, *The Alienation of Reason: A History of Positivist Thought*, trad. N. Guterman, Anchor Books, Garden City, NY, 1969, p. 59; do mesmo modo, Pickering, *Auguste Comte*, vol. I, p. 596.

14. Observem-se em especial os ensaios sobre os odiados peruanos em "Conflito Inevitável," *Obra Completa*, vol. I, pp. 155-159, "Contrastes e Confrontos," pp. 151-155, e "Os Caucheiros", pp. 253-263, ou a conclusão do ensaio sobre o clima, "Um Clima Caluniado", p. 253. A seção "Um Parênteses Irritante", na parte "O Homem" de *Os Sertões*, *Obra Completa*, vol. II, pp. 166-168, tem um matiz racista ainda mais explícito.

15. *Obra Completa*, vol. II, p. 167.

16. Guilhermino César, "A Visão Prospectiva de Euclides da Cunha," em *Euclides da Cunha*, conferência pronunciada na Faculdade de Filosofia da Universidade Federal do Rio Grande do Sul (1966), pp. 26-27 (com referência à autodescrição poética de Euclides em *Obra Completa*, vol. I, p. 656).

Se, como deve-se fazer, compararmos as ideias de Euclides sobre as chamadas "sub-raças" brasileiras com as qualificações europeias contemporâneas de nacionalidade, teremos uma visão bastante diferente de seu pretenso racismo. A questão com que se deparava Euclides era a seguinte: se a unidade de raça foi estabelecida na Europa "civilizada" pela singularidade de uma única raça original (de preferência a ariana), ou então por alguma característica equivalente como *integridade de sangue*, como podem assim sociedades multirraciais, como a do Brasil, alcançar uma unidade e a nacionalidade que a transcende? Essa é uma daquelas questões que, como dizem os franceses, são mal colocadas. Entretanto, seja qual for a questão, devemos admitir com Euclides que os brasileiros "não têm unidade de raça [e] talvez nunca a terão" de fato, ao menos ao longo do litoral brasileiro; porque, não sendo assim, teríamos que fazer como ele faz, ou seja, elevar uma raça mestiça no interior do país à preeminência racial e ansiar que na raça mais antiga do sertão esteja o núcleo do Brasil como nação[17]. Daí sua glorificação da mistura entre o índio e o português (o mameluco) e a correspondente rejeição daquela entre o negro e o português (o mulato). Mas essas respostas unilaterais nunca bastariam para alguns de seus colegas; com efeito, logo que *Os Sertões* foi publicado, um crítico apressou-se a apontar a ambivalência do autor na questão da raça entre a pretensa falta de unidade racial dos brasileiros e "a rocha viva da nossa raça" nos sertões, aquela mesma rocha que os soldados republicanos em Canudos teriam explodido com cargas de dinamite, se pudessem[18].

Até onde se sabe, o único escritor europeu racista que Euclides seguiu abertamente foi o austríaco Ludwig Gumplowicz, cuja obra *Rassenkampf* foi traduzida para o francês e lida pelo nosso biografado[19], e que desenvolveu a tese não muito nova de que a luta racial entre os fortes e os fracos era a *força motriz* da história mundial. Por alguma razão, Euclides, como confessou a Coelho Neto[20], agradou-se desse "Gumplowicz terrivelmente sorumbático" que satisfez profundamente seu pessimismo sobre o futuro do Brasil. Na parte "O Homem" de *Os Sertões*, onde Euclides apresenta Gumplowicz ao leitor na seção "Uma Raça Forte", ele mostra também como um elemento étnico vigoroso pode destruir um mais fraco como o mestiço, não apenas pela força bruta, como a comunidade mestiça de Canudos foi destruída, mas sim, de modo mais eficaz, pelo influxo pacífico de uma civilização superior que pode suprimi-lo[21]. Numa era de imigração multitudinária e de importação de equipamento tecnológico e produtos de luxo da Inglaterra e de outros países da Europa, Euclides, como Graça Aranha,

---

17. Repito aqui parte de meu artigo "Historical Source and Biographical Context", *Journal of Latin American Studies*, 28, pp. 683-684, 1996.

18. *Obra Completa*, vol. II, p. 479.

19. O livro de Gumplowicz foi publicado em 1883 e traduzido para o francês por C. Baye em 1893.

20. *Obra Completa*, vol. II, p. 648.

21. *Idem*, p. 168.

preocupava-se com a integridade nacional do país. Provocado pelo crescimento do comércio internacional e pelas ondas de imigrantes vindos da Europa, que desagradaram a seu nativismo[22], ele sutilizou a crua teoria da força nua de Gumplowicz de modo a realçar a ameaça maior, na sua opinião, da miscigenação dos imigrantes com brasileiros e das furtivas incursões da civilização europeia ao Brasil, ou em busca de matérias-primas ou para a construção de ferrovias.

Depois que *Os Sertões* foi dado a público, Euclides abandonou a tediosa profissão de engenheiro civil, bem como as esperanças de algum dia juntar-se ao corpo docente da nova Escola Politécnica de São Paulo, cujo diretor ele havia insultado imprudentemente com as duras críticas que fez a seu programa científico. Depois deste último revés, aproximou-se do Ministério do Exterior, então chefiado pelo Barão do Rio Branco, José Maria da Silva Paranhos, que procurava um homem dedicado para dirigir uma comissão mista de brasileiros e peruanos com o objetivo de explorar as cabeceiras do rio Purus em território peruano e estabelecer o traçado final da fronteira entre o Peru e o Brasil desde a nascente desse afluente do Amazonas. Felizmente, Euclides saiu-se muito bem na entrevista com o Barão em Petrópolis, embora tenha sido este quem mais falou, e o tímido candidato ganhou o posto em razão, em grande parte, dos méritos de seus ensaios.

No entanto, Euclides não era um homem talhado para suportar os atrasos da chegada do equipamento da comissão em Manaus e os rigores de uma viagem pelo rio e, durante o ano que passou nessa exploração, perdeu a saúde tanto física quanto mental. Além disso, tinha pouquíssimo conhecimento de navegação a barco pelo Purus quando o rio estava na estação morta, e assim sofreu alguns graves percalços. Em sua maioria, os peruanos conheciam melhor que ele o rio e sabiam manejar muito bem seu barco e canoas. Ainda assim, foi ele e sua reduzida tripulação que, no final, chegaram primeiro ao trecho superior do Purus. Viram então que, por não existir qualquer rio peruano que despejasse suas águas no Purus, este podia ser reclamado totalmente pelo Brasil, de acordo com lei internacional da virada do século XX. Suas palavras de triunfo neste feito merecem menção:

Os nossos olhos deslumbrados abrangiam, de um lance, três dos maiores vales da Terra; e naquela dilatação maravilhosa dos horizontes, banhados no fulgor de uma tarde incomparável, o que eu principalmente distingui, irrompendo de três quadrantes dilatados e trancando-os inteiramente – ao sul, ao norte e a leste – foi a imagem arrebatadora da nossa Pátria que nunca imaginei tão grande[23].

22. Cf. o artigo "Nativismo Provisório", *Obra Completa*, vol. I, pp. 187-190.

23 *Obra Completa*, vol. I, p. 508. Deve-se corrigir a palavra "transcando" do texto original para "trancando", como aparece na segunda edição da *Obra Completa* (1995), vol. I, p. 558.

A súbita ampliação da imagem de seu país nas cabeceiras do Purus no Peru rematou um caso de amor desesperado com a Natureza tropical do Brasil, pela qual, como declarou, estava "perdidamente apaixonado", e sobre a qual, em seu cérebro doentio, pairava o fantasma equívoco de sua falecida mãe na forma da "mulher de branco" que, na árdua viagem rio acima, havia povoado suas noites com tristeza, medo e desejo.

Não é exagero dizer que o estreito ambiente rural de sua infância solitária passada perto do angico da Fazenda São Joaquim, de onde fazia arengas ao gado, alargou-se como ondas num lago para finalmente engolfar no abraço de sua paixão todo o Brasil do Centro, do Nordeste e do Norte. E como acabou enlanguescendo no Rio modernizado, depois de ficar isolado dos "desertos" da Natureza brasileira!

Mas a visão que teve do Brasil estando em território peruano foi o clímax de suas experiências no rio Purus, e dessas alturas tudo começou a ir rio abaixo por esse leito tortuoso, com uma pausa de curta estada em Manaus, e depois para casa, de barco a vapor até o Rio, que vivia nas vascas da modernidade. Pensara em escrever um livro sobre o Amazonas e seu afluente meridional, o Purus, ao qual daria o título de *Paraíso Perdido*, além de outros projetos literários, mas nada realizou desses planos, salvo alguns magníficos artigos sobre os rios Amazonas e Purus. De volta ao Rio de Janeiro, tornara-se o ajudante indispensável do Barão do Rio Branco, que em seguida encarregou Euclides da elaboração de mapas da Bacia Amazônica e de diversas regiões por onde penetravam os bolivianos e os peruanos; pedira-lhe também que escrevesse a seca monografia *Peru* versus *Bolívia*, na qual o autor procurava decidir historicamente uma disputa extraterritorial entre os vizinhos do oeste do Brasil em favor da Bolívia. (Seus argumentos foram ignorados pela comissão de arbitramento argentina, que atribuiu a cada uma das nações a metade do território em litígio.) Assim, suas obrigações oficiais com os mapas e a monografia afastaram-lhe a atenção de seus escritos mais pessoais, salvo de alguns ensaios ocasionais. Entre o Barão e sua esposa infiel, naturalmente preferia a companhia do primeiro e de seus amigos leais no Rio. "Não cuidam de mim", queixava-se ele de sua vida doméstica desordenada pela família[24].

O restante da história será contada na presente biografia. Aqui eu quis apenas resumir num só os muitos Euclides da Cunha que encontramos; porque até agora apresentei ao leitor o Euclides engenheiro civil e pretenso geólogo, o Euclides estilista de *Kunstprosa*, o Euclides positivista na juventude e evolucionista na vida madura, o Euclides repórter de jornal e historiador da Guerra de Canudos, e o Euclides explorador do rio Purus. São essas as *personae* que a maioria dos leitores melhor conhecem. Mesmo assim, existe ainda outro que não é tão aparente. Refiro-me a esse Euclides autor de inúmeros ensaios republicados em seu segundo livro, *Contrastes e Confrontos*,

---

24. Em conversa com Coelho Neto, como este confirmou em *Livro de Prata*, São Paulo, 1928, p. 245.

em particular aquele sobre o Kaiser Guilherme II e as colônias alemãs do Sul do Brasil[25]; outro também sobre a "missão" imperial da Rússia ao extremo Leste do país[26]; finalmente, um outro sobre a expedição semimilitar britânica ao Tibete[27]. Em cada um desses textos, o escritor deve ter tido uma grande fortaleza mental para enfrentar a pouca familiaridade com um dado assunto estrangeiro ou um personagem histórico, nunca vacilando em seu papel jornalístico de comentarista internacional – outra *persona* sua. No que se refere aos Estados Unidos, além disso, suas observações em *Contrastes e Confrontos*[28] sobre a América do Norte no início do século XX e sobre Theodore Roosevelt a nós parecem perfeitamente racionais, embora talvez não compartilhemos de sua admiração por Teddy Roosevelt, que, nas palavras desse mesmo presidente, "*hits the line hard*"[29] como um "verdadeiro" americano. Quão impossível é, então, que um homem tão multifário quanto Euclides pudesse algum dia ter-se encerrado na "visão do litoral", como chamou o *brazilianist* Robert Levine[30] a estreita perspectiva das populações comuns do litoral, os cariocas, que conheciam apenas as praias arenosas do Brasil e a velha cidade praiana do Rio de Janeiro.

<hr/>

É hora de relembrar com gratidão dos nomes daqueles, vivos ou mortos, que me ajudaram nas pesquisas feitas no Brasil sobre a vida e a obra de Euclides, a partir da década de 1970. Entre os vivos devo citar Rosaura Escobar, a filha mais nova de Francisco Escobar, que me introduziu no mundo dos euclidianos e me presenteou com vários livros valiosos e documentos pessoais relativos a seu pai e ao próprio Euclides; José Bicalho Tostes, que foi casado com uma neta de Euclides; e, na geração mais nova, os professores José Carlos Barreto de Santana, que se especializou na formação científica de Euclides, e Leopoldo M. Bernucci, editor de um texto totalmente anotado de *Os Sertões*.

Dos que já se foram, o principal é Olímpio de Sousa Andrade, autor de uma das melhores biografias de Euclides, que conta a vida do autor até a publicação da primeira edição de *Os Sertões*, biografia que a morte de seu autor deixou inacabada; o professor César Guilhermino, da Universidade Federal do Rio Grande do Sul, um

25. *Obra Completa*, vol. I, pp. 110-114 e 114-118.

26. *Idem*, pp. 141-144.

27. *Idem*, pp. 144-146.

28. *Idem*, pp. 169-173, "O Ideal Americano"; cf. pp. 166-169, "Solidariedade Sul-Americana", com algumas observações mordazes sobre as opiniões dos norte-americanos a respeito das "*sister republics*" da América Latina.

29. A expressão vem da seguinte frase de Roosevelt: "In doing your work in the great world, it is a safe plan to follow a rule I once heard on the football field: Don't flinch, don't fall; *hit the line hard*". A frase significa o espírito inexoravelmente perseverante e positivamente combativo do americano.

30. Em *Vale of Tears*, cap. I.

homem de letras no sentido mais amplo da palavra; o dr. Oswaldo Galotti, natural de São José do Rio Pardo e um renomado euclidiano; Adelino Brandão, advogado e autor de inúmeros artigos e vários livros sobre Euclides; e, mais recentemente, o professor Roberto Ventura, da Universidade de São Paulo, morto lamentavelmente tão jovem e deixando inacabada uma biografia de Euclides, publicada postumamente por amigos brasileiros do autor.

Concluindo, quero agradecer à minha querida esposa, Elaine C. Tennant, professora do Departamento de Alemão da University of California, Berkeley, seu apoio durante os cinco anos (2001-2006) em que escrevi a maior parte desta biografia e ainda me recuperando de grave doença; ela e nosso amigo, Leopoldo Bernucci, fizeram tudo o que podiam, milhares de pequenas tarefas, para tornar mais fáceis a escrita e as referências fora da biografia. Agradecimentos especiais devo igualmente a Jordina Guitart, especialista em línguas românicas e tradutora na ONU, por ter redigido e formatado o manuscrito de meu livro; por fim, estou endividado a Geraldo Gerson de Souza pela bela e exata tradução que fez do meu texto.

I

Cenas da Infância

EUCLIDES RODRIGUES PIMENTA DA CUNHA, autor de um dos maiores livros jamais escritos nas Américas mas, ironicamente, pouco apreciado fora do Brasil[1], nasceu em 20 de janeiro de 1866, na fazenda dos avós, chamada Saudade, em Santa Rita do Rio Negro, distrito do município de Cantagalo, no nordeste do Estado – então província – do Rio de Janeiro. O local de seu nascimento era um povoado do vale do Baixo Paraíba, banhado pelo rio de mesmo nome que corre na direção leste por todo o interior do Estado. Segundo nos informa Aires do Casal no início do século XIX[2], alguns lugares do município de Cantagalo, na data em que foi alçado a município (1814), ainda eram habitados por remanescentes dos índios coroados, depois desta data "poucos em número, pusilânimes, e aliados com [seus] conquistadores", ou seja, os descendentes dos mineiros vindos do porto do Rio, em busca de ouro em Cantagalo, nos meados do século XVIII. Em estado selvagem, os índios da localidade, os coroados e seus inimigos naturais, os agressivos puris, inicialmente haviam oposto feroz resistência à tentativa de colonização dos homens brancos,

---

1. A aceitação de *Os Sertões* pelos leitores estrangeiros foi pequena antes e depois da onda de traduções desse livro no final da Segunda Guerra Mundial. Vejam-se, por exemplo, os raros estudos de norte-americanos e ingleses, tchecos e alemães sobre o livro e seu autor, que vêm relacionados em Irene Monteiro Reis, *Bibliografia de Euclides da Cunha* (Rio de Janeiro, 1971), sob os números 1518, 1847, 1886-1889, 2531-2532, 2738. Um recente tributo prestado a *Os Sertões* no exterior, após a publicação de sua tradução em espanhol em 1938, é o romance do escritor peruano Mario Vargas Llosa, *La Guerra del Fin del Mundo* (Barcelona, 1981), uma versão ficcionalizada de seu tema, a "guerra" entre o governo republicano do Brasil e um líder religioso, Antônio Conselheiro, e seus seguidores nos sertões da Bahia. Sobre a intertextualidade de *Os Sertões* e *La Guerra*, cf. Leopoldo M. Bernucci, *Historia de un Malentendido (un Estudio Transtextual de* La Guerra del Fin del Mundo *de Mario Vargas Llosa)*, New York, Peter Lang, 1989; R. R. Mautner Wasserman, "Mario Vargas Llosa, Euclides da Cunha and the Strategy of Intertextuality", *PMLA*, 108(3), pp.: 460-473, May, 1993. Até agora, foi a tradução espanhola de *Os Sertões* aquela que alcançou maior receptividade. Cf. a judiciosa conclusão do ensaio de Gilberto Freyre, "Euclides da Cunha, Revelador da Realidade Brasileira", que aparece como introdução de *Obra Completa* de Euclides da Cunha, ed. A. Coutinho, vol. I, p. 31.

2. Manuel Aires do Casal, *Corografia Brasílica* (1817; reimpr. São Paulo, 1943), vol. II, p. 40.

os cariocas, como eram chamados na língua tupi. No entanto, os colonos brancos acabaram por conquistar os coroados e, em aliança com estes, venceram os puris; daí por diante, não foram mais perturbados em seu trabalho de batear ouro e escavar, por meio século, os morros de Cantagalo à procura do precioso metal; e saquearam todos os veios auríferos até que exauriram a terra, onde, no começo do século XIX, vivia na miséria uma população mista de índios, mamelucos, brasileiros portugueses e escravos negros. Na segunda década desse século, porém, a terra cobriu-se de cafezais, e o café, cuja produção triplicou no Vale do Paraíba da década de 1830 à de 1860[3], tornou os antigos assentamentos mineiros do interior da província do Rio muito mais ricos do que tinham conseguido com o ouro.

Euclides da Cunha nasceu e foi criado numa época de grande prosperidade para sua família; no entanto, teve a infância seriamente perturbada por tragédias familiares. A mãe, Eudóxia Moreira da Cunha, filha de pequeno cafeicultor de Cantagalo, morreu ainda jovem de tuberculose, deixando o filho Euclides com três anos de idade e a filha Adélia com apenas doze meses. As duas crianças foram entregues aos cuidados da tia materna, Rosinda de Gouveia, que as levou para a vila serrana de Teresópolis, um belo lugar ao sul de Cantagalo; no entanto, Dona Rosinda também veio a falecer menos de um ano depois e, desse modo, em 1871, a outra irmã Moreira, Laura Garcez, assumiu os cuidados dos dois órfãos ao lado de seus dois filhos (um destes adotado), na grande Fazenda São Joaquim em São Fidélis, vila situada um pouco acima e a leste de Cantagalo. A morte da mãe perturbou para sempre as lembranças que Euclides guardava dela. Já no funeral, para espanto das pessoas mais velhas da família, chorou copiosamente junto ao caixão: em sua dor e incompreensão, imaginava que iriam levá-la para ser enterrada viva[4]. Mais tarde, por volta de seus trinta anos de vida, uma pós-imagem da mãe como a "dama de branco" influenciou-lhe a visão. Seu distúrbio psíquico, mesmo quando não estava "vendo coisas," tornou-o um homem excepcionalmente supersticioso, ainda mais se levarmos em conta que gostava de ser considerado, profissionalmente, um homem de ciência, o que na verdade era, se não por natureza, pelo menos por ser formado em engenharia e ter recebido uma boa educação geral. Amigos e conhecidos próximos dignos de confiança dizem que Euclides tinha medo de fantasmas, principalmente da fantasmagórica figura materna que lhe apareceu num meio-dia, quando ia para o trabalho em São José do Rio Pardo (São Paulo), onde reconstruía uma ponte, e outra vez em Manaus, em seu retorno da

---

3. Alguns dados sobre a produção aparecem em Sylvio Rabello, *Euclides da Cunha*, 2. ed., Rio de Janeiro, 1966, p. 10. Todavia, com a exaustão do solo, a produção cafeeira do vale do Paraíba caiu verticalmente na década de 1880; cf. Emilia Viotti da Costa, *Da Senzala à Colônia*, São Paulo, 1966, p. 212.

4. Historieta relatada em Eloy Pontes, *A Vida Dramática de Euclydes da Cunha*, Rio de Janeiro, 1938, p. 15.

Eudóxia Moreira da Cunha, mãe de Euclides da Cunha.

expedição de reconhecimento ao alto Amazonas[5]. Além desses sintomas neuróticos de um trauma de infância, desenvolveu na escola militar uma moléstia pulmonar com complicações tuberculosas, que o deixou várias vezes acamado no período de 1887 a 1899, mas que não lhe foi fatal, como fora no caso da mãe. "Ele era um homem doente", dizia um colega nos meados da década de 1890, "talvez um 'doente imaginário', mas de fato doente"[6].

O pai de Euclides, Manuel Rodrigues Pimenta da Cunha, que sobreviveu à esposa e ao filho, é originário de família luso-brasileira de comerciantes de escravos de Salvador, Bahia. O avô paterno da família Cunha, o velho Manuel Rodrigues, era um português dono de um navio negreiro, o "Pestana", que na primeira metade do século XIX realizou frequentes e infames viagens entre as costas da África Ocidental e os portos de Salvador e Rio de Janeiro. Sua esposa, Teresa Maria de Jesus, era uma fazendeira baiana com quem, diziam, o neto Euclides se parecia no físico e no temperamento. Esse casal luso-brasileiro tinha uma boa situação financeira, o suficiente para realizar constantes viagens de lazer a Portugal, até que, numa dessas jornadas ao país natal, o marido morreu inesperadamente. Dona Teresa logo contraiu novas núpcias – com um baiano, Joaquim Pereira Barreto – mas os dois filhos mais velhos do primeiro casamento, Manuel e Antônio, não se entenderam muito bem com o padrasto e acabaram deixando a casa, por volta de 1860, para tentar a sorte na então florescente província do Rio de Janeiro. O comércio de escravos com a África Ocidental fora abolido a partir de 1850 por proibição da Inglaterra, secundada por leis brasileiras, mas isso não interrompeu o plantio de café na província do Rio, realizado agora por escravos que antes eram empregados nas minas de ouro de Cantagalo. Manuel empregou-se como guarda-livros e perito contador da nova riqueza agrícola no vale do baixo Paraíba, enquanto o irmão Antônio foi trabalhar como amanuense numa empresa da comunidade financeira da Corte, tal como o Rio era conhecido na época. Nas suas andanças de fazenda em fazenda na região cafeicultora de Cantagalo, como auditor financeiro, Manuel acabou encontrando a filha de Joaquim Alves Moreira, Dona Eudóxia, com quem veio a casar-se. No dote que a jovem trouxera para o casamento vinha incluída uma pequena fazenda em Santa Rita do Rio Negro. Sem dúvida, o jovem guarda-

5. Sobre sua grande superstição, cf. o sumário da família, "A Família de Euclydes: Testemunhos", *Dom Casmurro*, 10, p. 16, maio de 1946, e Olímpio de Sousa Andrade, *História e Interpretação de "Os Sertões"*, 3. ed., São Paulo, 1966, pp. 223-224.

6. Disse-o Teodoro Sampaio, em 1919, num discurso proferido no Instituto Geográfico e Histórico da Bahia, "À Memória de Euclides da Cunha no Décimo Aniversário de sua Morte", *Revista do Instituto Geographico e Histórico da Bahia*, n. 45, 1919, p. 254. Sobre a constante hemoptise de Euclides, cf. Sousa Andrade, *op. cit.*, p. 77; Dilermando de Assis, *A Tragédia da Piedade*, Rio de Janeiro, 1952, pp. 152-153; e carta inédita da esposa de Euclides, Ana Ribeiro da Cunha (4 de fevereiro de 1899, coleção Família Escobar): "Euclydes tem estado bem doente, teve uma congestão pulmonar pondo muito sangue pela boca. Durante a noite elle passa bem, porém fica muito nervoso".

Manuel Rodrigues Pimenta da Cunha, pai de Euclides da Cunha.

-livros baiano não tinha intenção de ficar para sempre contando o dinheiro dos outros no vale do baixo Paraíba, mas a morte prematura da esposa, que dispersou sua família, alterou qualquer intuito que pudesse ter tido de tornar-se, como o sogro, um cafeicultor em Santa Rita. Durante a doença final de Dona Eudóxia, quando ela já não podia permanecer em casa e o casal e os filhos tinham de ficar com as irmãs dela, Manuel vendeu a fazenda de Santa Rita[7].

Seu relacionamento com os filhos após a morte da esposa tornou-se cada vez mais esporádico. É verdade que sempre manteve contato com eles enquanto se mudavam de uma tia materna para a outra, mas, segundo parece, nunca viveram sob o mesmo teto enquanto os filhos eram menores. Em São Fidélis, Dona Laura e o marido, coronel Magalhães Garcez, administravam uma grande fazenda, onde Euclides e sua irmã foram criados ao lado dos primos. No verão, a família se mudava para a casa da cidade, onde o coronel, que chefiava uma facção local do abolicionista Partido Liberal, fazia seus contatos políticos. Manuel, que prestava serviços de guarda-livros para três firmas da cidade, limitava-se a visitar os filhos na residência dos Garcez. Quando, em 1874, Euclides iniciou os estudos primários com os dois primos em São Fidélis, é possível que o pai o tenha visto com mais frequência, mas três anos depois a família Cunha voltou a dispersar-se. Manuel, convencido pelo irmão, assumiu um cargo lucrativo num banco da Corte; Euclides, por desejo da avó paterna, foi mandado a Salvador por um ano (1877-1878) para estudar e Adélia permaneceu com dona Laura em São Joaquim. Data desse ano o poema, ora perdido, escrito por Euclides com o significativo título de "O Órfão"[8]. Em 1878 ou 1879, Euclides acompanhou o pai à cidade do Rio de Janeiro para frequentar outras escolas e, como sempre, ficou alojado com parentes, dessa vez com o tio paterno Antônio e sua esposa Carolina da Cunha. Somente depois que Manuel conseguiu poupar com seu trabalho no banco e na contadoria dinheiro suficiente para comprar, por volta de 1890, uma fazenda de café, Trindade, em Belém do Descalvado, a cerca de duzentos quilômetros ao norte da capital de São Paulo, é que ele e sua família tiveram um lar próprio. Satisfeita sua ambição na vida, Manuel passou o resto dos dias curtindo sua viuvez em Trindade.

As constantes remoções do jovem Euclides de lar adotivo para lar adotivo e de escola para escola na provinciana Rio de Janeiro e em Salvador (Bahia) estabeleceu o padrão do chamado "nomadismo" de sua vida profissional adulta, em contraste com a estabilidade da vida do pai. Após mais de um ano de viagem numa expedição de reconhecimento ao alto Amazonas, seu pai tardiamente admoestou-o por carta (13 de dezembro de 1906) sobre sua presteza em viajar para qualquer lugar do interior do Brasil,

---

7. Sousa Andrade (*op. cit.*, p. 12) é o único dos biógrafos de Euclides que junta a fazenda Saudade, a propriedade de seus avós e seu local de nascimento, ao sítio de seus pais em Santa Rita.

8. Fato particularizado em "A Família de Euclydes", *Dom Casmurro, loc. cit.*

numa missão qualquer, sem se preocupar com o sustento e o cuidado da esposa e dos filhos, ou do velho pai[9]. Não obstante, este mesmo vivera longe dos filhos ganhando seu sustento como guarda-livros, e também mostrara desejo de que o filho se formasse em engenharia militar na Escola da Praia Vermelha. No que diz respeito às ausências do lar, apesar desta falsa impressão de contraste entre pai e filho, os dois tiveram algo em comum na juventude: escrever poesia. Manuel, que tinha sensibilidade literária e boa cabeça para números, compusera uma comovedora elegia pela morte de Castro Alves (†1871), o popular "poeta dos escravos" e o incensado "poeta condoreiro," cuja imagem na elegia é a de uma águia que voa nas alturas[10].

Águia – um dia arrojada lá da altura,
Viu o mundo através da névoa escura,
Da negra cerração.
Voltejou, por instantes, sobre a terra,
Soprou-lhe o vendaval, que a morte encerra,
Perdeu-se no bulcão!

A elegia de Manuel, com esses bons versos, foi lembrada pelo filho, como um poema ocasional digno de citação em seu discurso de recepção na Academia Brasileira de Letras, para a qual fora escolhido pouco tempo antes[11].

A correspondência entre pai e filho no auge da carreira de Euclides raramente toca no passado, com se estivesse esquecido ou continuasse doloroso, mas, nas cartas aos amigos e conhecidos do período de 1903 a 1904, o escritor rememora certas cenas da infância no Rio provinciano que assinalam seu desenvolvimento emocional. Numa que escreveu em 22 de março de 1903, dá graças por ter tido a oportunidade de viver nos arredores salutares de seu primeiro lar adotivo, naquela "alpestre Teresópolis, onde passei os mais verdes anos [1869-1870] e me criei, de sorte que a adorável vila forma o cenário mais longínquo das minhas recordações e das minhas saudades. É natural que daí só me venham emoções superiores…"[12]. Um ano depois (14 de fevereiro de 1904), confidenciou, de maneira mais crítica a Machado de Assis a impressão de infância que tivera da cidadezinha de Nova Friburgo, povoada por muitos imigrantes suíços alemães, um centro comercial a meio caminho entre Cantagalo e Teresópolis que, durante uma excursão com o pai, ele e a irmã tinham visitado. "Mesmo dessa

9. O texto dessa carta aparece em Dilermando de Assis, pp. 119-120.

10. Composto em 1874 e publicado, no ano seguinte, no *Almanaque Luso-Brasileiro*, impresso em Portugal, o poema inteiro aparece em "A Família de Euclydes", *Dom Casmurro, loc. cit.*

11. Cf. o pós-escrito à carta que escreveu ao pai (22 de setembro de 1903), em *Obra Completa*, vol. 11, p. 636.

12. *Idem*, p. 627.

encantadora Nova Friburgo tenho uma impressão exagerada. Foi a primeira cidade que eu vi; e conservo-lhe neste rever na idade viril, uma impressão de criança, a imagem desmesurada de uma quase Babilônia..."[13]. Um bicho do mato, ele tirará seu personagem, como confessa em outra carta (sem data) do mesmo ano, dos pequenos fazendeiros e agricultores "brancos pobres" das províncias. "Além disto fui sempre um tímido; nunca perdi esse traço de filho da roça que me desequilibra intimamente ao tratar com quem quer que seja"[14]. Numa dedicatória em versos (1903) assinou com um floreio como "Este caboclo, este jagunço manso, / Misto de celta, de tapuia e grego"[15], mas o ar interiorano de mal-estar social não era totalmente uma afetação literária de um autor nacional.

Não temos, em suas cartas, qualquer menção a seu segundo lar adotivo em São Fidélis. Contam, porém, que seu maior prazer em São Joaquim era contemplar um vale grandioso na conjunção de quatro montanhas, o Valão dos Milagres, que se podia avistar melhor do alto de um angico, em frente da "casa grande" da fazenda. Quando o gado era arrebanhado nos campos à tarde e trazido para os currais, Euclides, impregnado das maravilhas do vale, costumava discursar aos bois do alto de seu poleiro, gritando-lhes "discursos fogosos, apelos, exortações, em que se imiscuíam histórias que as mucamas narravam"[16]. Como em sua excitação havia o perigo de que ele viesse a cair, um escravo negro acabou pondo fim a essas *performances* serrando o velho angico. Estas e outras declarações, que haveriam de ocorrer na sua vida, não são menos indicativas de seu amor à natureza e sua solidão sem palavras. O campo que Euclides conhecia, desse modo, na idade mais impressionável, em toda a sua beleza nas redondezas de São Fidélis e Teresópolis, já era para ele a pátria, graças à forte influência que exerceu sobre sua imaginação[17].

13. *Obra Completa*, vol. II, p. 641.

14. *Idem*, p. 640.

15. "Dedicatória a Lúcio de Mendonça", *Obra Completa*, vol. I, p. 656. Dos versos dessa dedicatória não se devia tirar a conclusão de que o autor estava sugerindo alguma mistura de índio e português nos ascendentes de família, como a ascendência mestiça de sua avó paterna, que pode ter sido parte índia.

16. Pontes, p. 18.

17. Cf. Gilberto Freyre, *Perfil de Euclydes e Outros Perfis* (Rio de Janeiro, 1944), p. 25: "é impossível separar Euclides dessa paisagem-mãe materna que se deixa interpretar por ele, tanto através de seu amor quanto de seu narcisismo, como por ninguém mais".

2

Uma Espada Lançada ao Solo

UMA FOTOGRAFIA[1] NO ÁLBUM DA FAMÍLIA CUNHA mostra Euclides com dez anos de idade e foi tirada provavelmente por um fotógrafo profissional no último ano em que o rapazinho frequentou a escola de São Fidélis. Vestido com bastante formalidade, e incongruência, como "um cavalheiro e um intelectual", aparece de pé junto a uma escrivaninha empunhando com a mão direita o dorso de um livro, mantido contra o tampo desse móvel. A sobrecasaca, abotoada contra o peito, desaparece de ambos os lados, como se quisesse mostrar por baixo um colete e duas voltas de uma corrente de relógio feita de ouro, presa a um botão do colete por um grande pendente também de ouro. As calças, compridas demais, juntam-se embaixo caindo em dobras sobre os sapatos. A ponta de um lenço branco ressalta do bolso superior esquerdo; em torno do pescoço um colarinho de bico e uma gravata-borboleta. O cabelo molhado, escovado para baixo, é partido exatamente ao meio. O menino que falava com tanta excitação aos animais do Valão dos Milagres está irreconhecível nessa foto, salvo pela angústia visível nos olhos. Não é incomum, no Brasil do século XIX, vestir as crianças com exagero num costume inglês ou francês[2]. O livro na mão direita de Euclides já antecipa, simbolicamente, o convívio com os livros e os benefícios da europeização na sua vida intelectual.

Mas não foi só o vestuário da criança [brasileira]: a educação toda reeuropeizou-se ao contato maior da colônia e, mais tarde, do Império [do Brasil], com as ideias e as modas inglesas e francesas. E aqui se observa um contraste: o contato com as modas inglesas e francesas operou, principalmente, no sentido de nos artificializar a vida, de nos abafar os sentidos e de nos tirar dos olhos o gosto das coisas puras e naturais; mas o contato com as

---

1. Reproduzida com muita frequência, como em *Dom Casmurro*, 10, p. 19. Ver adiante p. 34.
2. Sobre as roupas das crianças brasileiras na época do Império, cf. Gilberto Freyre, *Sobrados e Mucambos*, 6. ed., Rio de Janeiro, 1981, vol. I, pp. 88 e 315.

Euclides da Cunha quando criança.

ideias [europeias], ao contrário, nos trouxe, em muitas pontos, noções mais exatas do mundo e da própria natureza tropical. Uma espontaneidade que a educação portuguesa e clerical fizera secar no brasileiro[3].

A europeização da cultura superior luso-brasileira propagou-se para o interior, indo da Corte para as cidades cafeeiras da província do Rio, agora enriquecidas. Entre elas, São Fidélis havia superado, na metade do século XVII, todas as outras na produção e exportação de café, uma preeminência econômica que lhe foi conferida pela localização favorável à beira da parte navegável do Baixo Paraíba, que transportava para o Rio de Janeiro a maior parte do café produzido na região leste da província, ou para consumo na cidade, ou para reembarque para o exterior[4]. Em termos culturais, a cidadezinha podia orgulhar-se de seu teatro – onde se podia assistir à representação de algumas peças por companhias portuguesas em visita –, de duas orquestras e de três jornais bissemanais, que, ao lado das notícias diárias, publicavam peças beletrísticas da autoria de cidadãos com veleidades literárias. Na cidade, o Club dos Aventureiros possuía uma biblioteca cujas prateleiras exibiam obras francesas e inglesas, além das portuguesas[5]. Para esse refúgio havia imigrado, em exílio político, vindo da ilha da Madeira, um português liberal, bem-educado, Francisco José Caldeira da Silva, que instalou na Casa Gamboa uma escola particular – o Colégio Caldeira – destinada aos filhos de fazendeiros e comerciantes, onde ele e seu corpo docente ensinavam Gramática Portuguesa, Retórica e rudimentos de Latim, Francês e Inglês. Foi no Colégio Caldeira que Euclides e seus dois primos aprenderam as primeiras letras em diversas línguas.

A pose e os trajes de Euclides vistos na fotografia simbolizam as aspirações sociais e culturais que a família alimentava para ele, mas nem por isso deve-se inferir gratuitamente que um menino de dez anos, talentoso como era, tivesse tido acesso imediato aos recursos intelectuais de São Fidélis. Afirmações segundo as quais ele, ainda estudante da escola primária, tinha conhecido os heróis da Revolução Francesa ao ouvir as discussões políticas do tio, coronel Garcez, e de seu mestre-escola, ou tinha lido realmente Voltaire, Rousseau, Montesquieu, Lamartine, Hugo, e de Musset na biblioteca do Clube da cidade – essas afirmações não passam de elogios vãos[6]. Euclides ainda não estaria preparado, escolasticamente, para ler ou entender a história da Revolução Francesa e a literatura romântica.

3. Freyre, *Sobrados e Mucambos*, vol. I, pp. 315-316.

4. Sobre a prosperidade e a cultura de São Fidélis durante a infância de Euclides, cf. A. Ribeiro Lamego, *O Homem e a Serra*, Rio de Janeiro, 1950, pp. 207-208, e Eloy Pontes, pp. 20-21.

5. O acervo das bibliotecas públicas do interior da província do Rio, em 1873, era constituído, em sua maior parte, de obras em português sobre agricultura, história, ética etc.; cf. Primitivo Moacyr, *A Instrução e as Províncias*, São Paulo, 1939, vol. II, pp. 262-263.

6. Cf. E. Pontes, pp. 22-23, e Sousa Andrade, *História e Interpretação...*, pp. 19 e 191.

Após ter-se formado no Colégio Caldeira, iniciou sua educação secundária em Salvador e na cidade do Rio de maneira irregular, porque a família não se decidia sobre quais escolas ele deveria frequentar em seguida. Em Salvador, durante o ano escolar de 1877-1878, cursou o Colégio Bahia, dirigido por Carneiro Ribeiro, um professor secundário de "gramática filosófica" [= nocional?][7], e por seu assistente, o cônego Lobo; depois, viajou para o Rio de Janeiro, onde esvoaçou sucessivamente pelo Colégio Anglo-Americano (ou Brasileiro), de José Pacífico da Fonseca, em 1879; em 1880-1882, por outros dois colégios, o Vitório da Costa e o Menezes Vieira, este mais famoso; e finalmente, em 1883-1884, pelo popular Colégio Aquino, dirigido por um virtuoso pedagogo, João Pedro de Aquino. Atualmente, essas escolas e seus diretores não passam de nomes para nós, com exceção do Colégio Aquino, que granjeou alguma fama no final do século XIX graças a seus professores. O colega de escola de Euclides no Aquino, Escragnolle Dória, pintou seu diretor com as seguintes cores: "Educou gratuitamente alunos sem conta. Meigo até a lágrima, puro e generoso, severo como os justos, grave sem ridículo, sempre todo de preto, com um charuto a fumegar entre os lábios, de onde desprendia a mais sossegada das vozes, o Dr. João Pedro de Aquino conheceu a fundo as pobrezas envergonhadas do Rio"[8].

O baixo preço da mensalidade e o alto nível de ensino levavam estudantes como Euclides a essa escola. Em especial, dois professores do Aquino – o historiador Theophilo das Neves Leão e o matemático Benjamin Constant Botelho de Magalhães – formaram com suas aulas a mente do adolescente Euclides.

Na verdade, foi Neves Leão quem imprimiu nele a importância histórica de Danton (o herói dos positivistas brasileiros), de Marat, Robespierre e Saint-Just na Revolução Francesa, de tal modo que, em seu primeiro ano de escola, o menino foi instigado a escrever um soneto sobre cada um deles[9]. As lições que aprendeu sobre a Revolução Francesa serão aplicadas, em seus artigos de jornal e em *Os Sertões*, à rebelião de Canudos de 1896 – "A nossa Vendeia"[10]. Quanto ao professor de matemática, Benjamin Constant, é mais conhecido na história cultural e política do Brasil como o propagandista do positivismo francês, que ideologicamente levou os militares ao poder no governo provisório da República (1889-1891), sob a bandeira positivista de Ordem e Progresso.

---

7. Sua especialidade de acordo com Primitivo Moacyr, vol. II, vol. 157.

8. Escragnolle Dória, "Euclydes da Cunha", no volume memorial da autoria de vários autores, *Por Protesto e Adoração: In Memoriam de Euclydes da Cunha,* Rio de Janeiro, 1919, p. 40.

9. Sobre essa série de sonetos, cf. a correta afirmação de Francisco Venâncio Filho no esboço biográfico reproduzido na introdução de *Obra Completa*, de Euclides da Cunha, vol. I, p. 34.

10. Cf. os dois artigos com esse título publicados no jornal *O Estado de S. Paulo*, 14 de março e 17 de julho de 1897, e *Os Sertões*, ed. Bernucci, pp. 318 e 365 – como em *Obra Completa*, vol. II, pp. 575-582, e 231 e 256, respectivamente. A fonte francesa da analogia entre Vendeia e Canudos pode ter sido o romance de Victor Hugo, *Quatre-vingt-treize*, sobre o qual cf. A. Brandão, "Euclides e Victor Hugo", *Enciclopédia de Estudos Euclidianos*, I, pp. 31-43, 1982; L. M. Bernucci, "A Nossa Vendeia?", *A Imitação dos Sentidos*, pp. 25-38.

Euclides da Cunha aos doze anos.

No entanto, nos dias de escola de Euclides, como nos informa Escragnolle Dória[11], "[n]aquele tempo não delineava repúblicas, nem mudava o futuro, construía polígonos, resolvia incógnitas algébricas" nas classes do Colégio Aquino. Na Escola Normal do Rio de Janeiro, para mulheres, Constant tinha até então uma reputação puramente acadêmica por ter-se absorvido nas abstrusidades da matemática, a ponto de esquecer a capacidade e até mesmo a presença de suas alunas. Na Escola Normal, nas palavras de outro comentarista[12], "ele ia enchendo o quadro-negro de figuras, enquanto murmurava um incompreensível monólogo", ao qual as mocinhas, conhecedoras de seu jeito, não davam a menor atenção, mas ocupavam a hora de aula com outras coisas, estudando, copiando as lições, ou fazendo crochê. A hora chegava ao fim, mas não para o mestre Benjamin Constant, cuja diretora escolar à porta da sala de aula era obrigada a chamar-lhe a atenção três ou quatro vezes por dia por estar excedendo o horário. Essa qualidade de todo complacente do matemático extasiado e do impassível professor, que sempre falava por cima das cabeças de seus alunos e não tinha, como mestre, ou-

---

11. "Euclydes da Cunha", em *Por Protesto e Adoração...*, p. 41.
12. O homem de letras José Medeiros e Albuquerque, *apud* Umberto Peregrino, "Benjamin Constant, Líder Militar", *Euclides da Cunha e Outros Estudos*, Rio de Janeiro, 1968, p. 157.

tras opiniões políticas a não ser uma aversão pessoal ao Imperador Dom Pedro II por não nomeá-lo rapidamente para uma cadeira universitária na Escola Militar, instruiu Euclides em matemática para os difíceis exames de ingresso na Escola Politécnica e iniciou-o na filosofia de Auguste Comte, mas sem nunca tê-lo convertido num positivista confesso.

Enquanto frequentava a escola secundária na cidade do Rio, de 1879 a 1883, Euclides, segundo um decreto ministerial de 1879, era obrigado a fazer testes de proficiência de seu rendimento escolar. Passou nos exames de Português (1879), Geografia, Francês, Retórica e História (1880), Inglês e Aritmética (1881) e Geometria (1882), mas fracassou no exame de Latim (1883), talvez porque, no Colégio Aquino, estivesse mais interessado em escrever poesias do que em estudar a língua e a literatura da Roma antiga. De qualquer modo, seu mau aproveitamento em latim não o impediu, mais tarde, de ler por si próprio os clássicos gregos e romanos em tradução[13]. Temendo que esse poetar de seu sobrinho o impedisse mais tarde de frequentar o curso de engenharia, o tio Antônio e o pai consultaram o diretor do Aquino sobre o rendimento escolar de Euclides, e sentiram-se aliviados quando souberam que seu rebento era excelente aluno de Matemática e de História.

Entre seus tentames literários da juventude, podemos deter-nos um pouco em seu primeiro texto em prosa, "Em Viagem", que dirigiu aos colegas do Colégio Aquino, Escragnolle Dória e outros, e foi impresso na primeira página do jornal escolar *O Democrata* (4 de abril de 1884)[14]. Opondo-se ao projeto de estender trilhos de trem através do Brasil central, na década de 1880, o breve texto é uma rejeição implícita de sua futura carreira de engenheiro. Já na abertura seu estilo é bastante "euclidiano"[15]. "Meus colegas", começa com certa agitação, "[e]screvo-vos às pressas, desordenadamente... Guiam-me a pena as impressões fugitivas das multicores e variegadas telas de uma natureza esplêndida que o *tramway* [isto é, para a escola] me deixa presenciar

13. Por exemplo, Tucídides e Tácito. Uma passagem de *A Historia da Guerra do Peloponeso*, I, 22, I-II, aparece citada numa nota à terceira edição de *Os Sertões* (*Obra Completa*, vol. II, pp. 93-94), e num discurso proferido no Instituto Histórico e Geográfico Brasileiro há uma referência a *Anais* I, 54 (*Obra Completa*, vol. I, p. 419). Ésquilo e Eurípides são nomeados uma vez no ensaio sobre a revolta naval brasileira de 1893--1894 (*Obra Completa*, vol. I, pp. 179 e 180), mas não cita obras desses autores, salvo uma esdrúxula *"Fenícios"* (= *Os Persas?*) de Ésquilo; é possível que Euclides não tenha lido tanta tragédia grega quanto pensa Nicolau Sevcenko, *A Literatura como Missão: Tensões e Criação Cultural na República*, 3. ed., São Paulo, 1989, p. 201.

14. Cf. *Obra Completa*, vol. I, p. 517.

15. Compare-se a frase "Escrevo-vos às pressas, desordenadamente" (*loc. cit.*) com frases semelhantes em seus despachos enviados de Canudos: "É possível que das notas rápidas de um diário, em que os períodos não se alinham corretos, disciplinados e calmamente meditados, ressumbrem exageros" (*Obra Completa*, vol. II, p. 508), e em *Os Sertões*: "O que escrevemos tem o traço defeituoso dessa impressão isolada, desfavorecida, ademais, por um meio contraposto à serenidade do pensamento, tolhido pelas emoções da guerra" (*Obra Completa*, vol. II, p. 112). Como diz Eloy Pontes (p. 30), sua apologia juvenil da pressa e desordenação de seu escrito tornou-se um tique literário.

de relance quase". Em seguida, formula o tema da natureza *versus* a civilização numa vívida descrição do panorama azul das cadeias de montanha acima da baía da Guanabara: a primavera brotava em toda a parte, mas em volta dos contornos arborizados das fraldas da montanha corre um trilho de locomotiva "como uma ruga fatal na fronte da natureza…" Por mais que o estigmatize como um opositor do progresso e da civilização, o amante da natureza não se esquiva de concluir que "o progresso envelhece a natureza, cada linha do trem de ferro é uma ruga e longe não vem o tempo em que ela, sem seiva, minada, morrerá! […] Tudo isto me revolta", exclama com repugnância, "me revolta vendo a cidade dominar a floresta, a sarjeta dominar a flor!" Com isso, interrompe a alocução, para evitar "digressões inúteis". Nas colinas do Rio provinciano estavam os locais de brinquedo de sua infância e o Valão dos Milagres.

Apesar dessa explosão emocional, em 1884-1885 atendeu à vontade do pai e classificou-se, com exames em Matemática e Desenho, para a Escola Politécnica, onde estudou engenharia por um ano, com certa insatisfação, e, em 1866, transferiu-se para a Escola Militar, à qual a Politécnica estava filiada estreitamente. Houve razões práticas e pessoais para que prosseguisse seus estudos na Escola. É que a Politécnica cobrava uma taxa do aluno, ao passo que a Escola era gratuita para todos[16]. Em segundo lugar, o Imperador Dom Pedro II tinha finalmente nomeado Benjamin Constant, o professor e mentor de Euclides no Colégio Aquino, para uma cadeira de Matemática na Escola Militar. E, em terceiro lugar, o currículo da Escola era mais liberal do que o rígido programa científico da Politécnica: os "filósofos cadetes" liam e estudavam tanto as humanidades quanto as ciências e a arte da guerra[17].

Em termos intelectuais, o corpo de cadetes da Escola Militar dividia-se em inúmeras sociedades acadêmicas, das quais as duas principais eram a Sociedade Fênix Literária, criada para os veteranos estudantes dos dois últimos anos, e o científico e filosófico

16. Nélson Werneck Sodré e outros estudiosos brasileiros têm sustentado de modo geral que a Escola Militar era uma porta aberta para a carreira no exército dos jovens de classe média ambiciosos mas sem dinheiro como Euclides, mas, por falta de mais informação biográfica sobre os cadetes de sua geração, essa é uma questão discutível: cf. o estudo de J. E. Hahner, *Civilian-Military Relations in Brazil, 1889--1898*, Columbia, S. Car., 1969, pp. 85-87, que contraria o artigo de Sodré, "Revisão de Euclides da Cunha", reproduzido na introdução à *Obra Completa*, de Euclides da Cunha, vol. II, pp. 15-16.

17. Veja-se, no ensaio de Umberto Peregrino, "Euclydes e a Escola Militar da Praia Vermelha", *Dom Casmurro*, 10(22), a relação dos autores mais lidos nas bibliotecas da Escola: ou seja, os literatos portugueses, brasileiros e franceses Alexandre Herculano, Camilo Castelo Branco, Joaquim Manuel de Macedo, José de Alencar, Alexandre Dumas (*père* ou *fils*, ou ambos?), Jules Verne e Victor Hugo; o matemático francês Joseph Louis François Bertrand, o astrônomo francês nascido na Itália Joseph Louis Lagrange, o francês Marie François Xavier Bichat, pioneiro na histologia e patologia anatômica, e o francês vulgarizador da astronomia Camille Flammarion; Platão; o materialista alemão Ludwig Buchner, autor de *Force and Matter* e *Man's Position in Nature*; o semiticista francês Ernest Renan; o sociólogo inglês Herbert Spencer; os juristas brasileiros Augusto Teixeira de Freitas e Lafayette Rodrigues Pereira, e o legista e diplomata argentino Carlos Calvo.

Club Acadêmico, para todo o corpo discente. Mesmo que em ambos os grupos se recitasse poesia, se contassem histórias, se representassem peças ou se debatessem teses quase filosóficas, um dedicava-se mais à literatura e o outro, às ciências. Os ensaios estudantis publicados no jornal da Sociedade Fênix exibiam títulos como "Poesia Científica", "Don Quixote", "A Positividade da Época" e "O Realismo na Arte", ao passo que alguns dos artigos do Club Acadêmico eram intitulados "Evolução Cósmica", "Reflexões sobre as Ciências", "A Aritmética segundo o Método de Comte", "A Equação Geral da Dinâmica Concebida por Lagrange" e "O Pensamento de Leibniz". De todos os ensaios publicados nesse periódico, em número notavelmente grande, um único artigo, que saiu na *Revista da Fênix*, trata de tema militar: "Lembranças do Paraguai", sobre a sangrenta Guerra Brasil-Paraguai de 1865-1870. Os "filósofos-cadetes" aquartelados na Praia Vermelha eram, em suas atividades extracurriculares, tudo menos militares. Versejavam, filosofavam, debatiam, representavam peças – essas últimas pouco aplaudidas por seus superiores; faziam petições, como por ocasião da morte de Victor Hugo (1885), na qual solicitavam que a principal rua comercial do Rio, a rua do Ouvidor, fosse rebatizada com o nome do poeta francês; saracoteavam nos sábados à noite, quando um cadete improvisava uma dança nacional, o maxixe; faziam serenatas às suas namoradas lugubremente num pátio da igreja, cortejavam-nas em sussurros na viela isolada do "Lá-Vem-Um"; subiam as colinas em torno da baía da Guanabara, dinamitavam os riachos à procura de peixe e, se fossem punidos por algum delito na Escola, cortavam às escondidas a crina e a cauda do cavalo branco do ajudante, ou cobriam o animal com tinta verde ou com piche preto.

Por temperamento, Euclides mantinha-se afastado das arruaças de seus colegas cadetes. Mesmo quando acompanhou um grupo deles a uma casa de tolerância, abandonou às pressas o prédio sem manter qualquer relação sexual[18]. Parece que a maior parte de seus prazeres na Escola, como escrever poesia, foram tão intelectuais quanto seus estudos, e com esse amor às coisas da mente obteve notas sofríveis na escola durante alguns anos. Numa escala de 10, tirou 8 em Geometria Analítica e em Cálculo Diferencial e Integral, 9 em Física Experimental e Química Inorgânica, 7 em Desenho e 8 em Treinamento Militar, no final do primeiro ano; depois, 8 em Arte da Guerra (tática, estratégia, fortificações etc.), 7 em Direito Internacional (*casus belli*) e em Lei Marcial, e outro 7 em Desenho, no final do segundo ano; em resumo, uma média B, que lhe valeu a promoção a tenente-cadete e a chefe de pelotão[19]. Não obstante, seu registro acadêmico como cadete desmentia a difícil luta interior consigo mesmo em

18. Episódio narrado em Eloy Pontes, p. 53.
19. Cf. a média A de Policarpo Quaresma na escola superior militar no romance de Lima Barreto, *Triste Fim de Policarpo Quaresma* [1915], São Paulo, 1983, cap. 4. Umberto Peregrino ("Euclydes e A Escola Militar", p. 23), atribui a Euclides notas mais altas em instrução militar (treinamento?) e em arte da guerra.

Euclides da Cunha (quinto indivíduo, da direita para a esquerda, na primeira fila) em uma formação durante a escola militar.

que estava envolvido na Praia Vermelha e que, sob a pressão extra de acontecimentos externos, iria pôr fim à sua carreira no exército.

Num fragmento de diário de 1886[20], queixa-se das dificuldades psicológicas que tinha consigo mesmo e com outros cadetes:

Dominar-me! Este trabalho de Hércules que a minha consciência a todo o instante impõe-me, constitui aqui – às vezes – o meu único esforço durante dias seguidos; é uma luta cruel que sempre reflete em meus estudos uma perturbação bastante sensível! [...] Feliz de mim se conseguir acumular no cérebro força bastante para equilibrar a do coração – pois que para mim dominar a violência é mais difícil e mais perigoso que subjugar um touro – depois dessas lutas, a par de uma espécie de prostração moral – sobrevém um como que cansaço material – e suponho que para me dominar ponho em jogo não só as energias ideais de minh'alma, como também a fortaleza de meus músculos.

Essas dolorosas tentativas de dominar-se têm a ver com a extrema irritabilidade de Euclides na Escola Militar, como se pode ver pelo que aconteceu numa manhã cedo:

Não amanheci bom; amolei-me cedo com um colega – que tem a propriedade de irritar o meu gênio mau e irascível; levantei-me até disposto (valha a verdade) a expandir o mau humor numa tourada; dominei-me, porém, e bem foi que isso se desse, para que nesta dolorosa comédia eu não começasse representando o triste papel de capadócio.

Mais cedo disse do que fez: por alguns minutos detestou e desprezou o cadete antes que o mau humor se desvanecesse.

Para agravar as irritações da vida de cadete, um incidente político ocorrido nos últimos dias do Império brasileiro foi o pingo d'água que fez o copo transbordar. Em 4 de novembro de 1888[21], o popular demagogo Lopes Trovão iria desembarcar no porto do Rio, do navio Ville de Santos, procedente da Europa. Um dândi republicano, de monóculo e cartão de visitas em inglês, que antes tinha trabalhado como revisor de provas na sucursal carioca da editora Garnier, como tradutor de anúncios de jornal de produtos farmacêuticos europeus e como tutor de filhos de brasileiros abastados[22], Lopes Trovão era a coqueluche da multidão que o aguardava nas docas e dos cadetes, que

20. Cf. em "Observando", o diário de 75 dias, publicado em *Revista do Grêmio Euclydes da Cunha*, 15 de agosto de 1914, os trechos citados por Eloy Pontes, pp. 45-46.

21. Essa data não coincide com aquela que o próprio Euclides apresenta para o plano de capturar o ministro da Guerra e o Imperador em 13 de novembro; cf. Sousa Andrade, *História e Interpretação...*, p. 31. O "certificado" oficial de todo o incidente, dado por Rachel Aparecida Bueno da Silva, *O Projeto de Construção da Nação Republicana na Visão de Euclides da Cunha*, prova, porém, que 4 de novembro é a data correta da demonstração de Republicanismo por Euclides.

22. *Apud* Gilberto Freyre, *Ordem e Progresso*, Rio de Janeiro, 1959, vol. I, p. 253.

da Praia Vermelha gritavam e balançavam seus lenços, saudando o navio que adentrava o porto. Para restaurar a disciplina e impedir que os cadetes se juntassem à recepção a Trovão nas docas, o comandante da Escola Militar confinou-os nos quartéis e, em combinação com o ministro da Guerra, Tomás Coelho, fez as duas companhias de alunos desfilarem diante do ministro e do senador Silveira Martins, que tinha um filho na Escola. A manobra do desfile era um teste evidente da lealdade dos cadetes ao governo imperial. Nenhum homem saiu da linha de formação até a passagem do pelotão de Euclides, quando então ele, seu chefe, aproximou-se do ministro e, em vez de apresentar armas, tentou quebrar a lâmina de sua espada[23] contra o joelho, mas, não o conseguindo, jogou-a aos pés do ministro, com palavras de protesto em voz alta.

Esses gestos públicos sensacionais não deixam de apresentar uma certa ambiguidade, e entre os biógrafos de Euclides existe alguma divergência acerca de suas reais intenções ao jogar ao solo a espada[24]. Aparentemente, o idealismo autossacrificatório de Euclides exclui uma explicação de seu comportamento, já que ele simplesmente foi até ao ministro da Guerra para queixar-se do atraso de sua promoção a tenente-aluno[25]. Mas teria ele jogado a espada ao chão em desafio ao ministro e ao Imperador, ou em reprovação aos seus colegas por não o terem acompanhado? Muito tempo depois, numa tarde de abril de 1906, Euclides confiou chistosamente a um amigo que meia dúzia de cadetes e ele tramaram a captura do ministro e do monarca, na ousada suposição de que a Revolução Republicana seria lançada em questão de horas. "Nosso plano para 13 de novembro de 1888 era revoltar toda a Escola, aí prender o ministro da Guerra lá e bater em marcha depois para São Cristóvão [o palácio imperial], onde prenderíamos também o Imperador"[26]. Os outros conspiradores, porém, marcharam docilmente à frente do ministro sem gritar sequer um "Viva!" à futura República, e Euclides restou como o único revolucionário da Escola. Se essa "trama" revelou-se tão quimérica, então seu gesto teria sido uma súbita confusão mental – outra crise de nervos? No Parlamento, o eminente deputado e estadista Joaquim Nabuco censurou o gesto, afirmando ser um sinal de inquietação republicana no exército, mas o ministro da Guerra e as autoridades da Escola Militar viram-no, com mais leniência e sensibilidade, como um sintoma de excitação nervosa causada por excesso de trabalho mental e mandaram Euclides à enfermaria da escola e ao hospital do exército no Morro do Castelo, para fazer exames médicos. Evidentemente, um caso de nervos teria desculpa-

---

23. Relatado erroneamente na imprensa e no Parlamento como sendo uma baioneta – cf. Eloy Pontes, pp. 61 e 70. Assim, Venâncio Filho fala equivocadamente de uma "lâmina de baioneta" em seu esboço biográfico (*Obra Completa*, de Euclides da Cunha, vol. I, p. 36).

24. Sobre as principais divergências de opinião, cf. Sylvio Rabello, *Euclides da Cunha*, pp. 38-39.

25. Como aparece em Eloy Pontes, p. 78.

26. Conversa com Gastão da Cunha (não é parente), citada em Sousa Andrade, *História e Interpretação...*, p. 31.

Retrato de Euclides em uniforme militar.

do aos olhos das autoridades a ação do Cadete 308, mas este mostrou-se intransigente e recusou-se totalmente a ser examinado e assim reafirmou a racionalidade de sua atitude e a justeza de seu Republicanismo.

Pode-se muito bem acreditar que os alunos falavam de revolução entre si, e é possível que Euclides e alguns outros tenham elaborado uma trama para fazer algo de revolucionário, mas as consequências de uma ação desse tipo assustavam a todos, salvo o mais determinado dos idealistas. Tendo em vista, como vimos, que Euclides não tinha boas relações com seus colegas de Escola, é perfeitamente possível que pretendesse com seu gesto não só reprovar os colegas como também protestar contra o governo imperial. Ele estava naturalmente superexcitado na presença do ministro a quem acabara de insultar, mas mesmo assim nunca abandonou seu firme caráter, ao se recusar a fazer exame médico, permanecendo em silêncio, de pé, por horas num pátio do hospital, como prova de estar de posse de suas faculdades mentais. Por essa insubordinação foi mandado à prisão na Fortaleza de São João, de onde, por intercessão da família junto ao Imperador, foi libertado pouco tempo depois e, em meados de dezembro de 1888, foi dispensado do serviço militar por um ano. Nabuco, um acerbo crítico de Euclides desde o início[27], não estava de todo equivocado: o gesto revolucionário de um cadete idealista e antigo aluno de Benjamin Constant tinha apenas antecipado o confronto político final na Revolução dos militares com as "sobrecasacas" ministeriais da monarquia[28].

27. Cf. o artigo de Olímpio de Sousa Andrade, "'Os Sertões' numa Frase de Nabuco", *Planalto*, I(14), p. 2, 1º de dezembro de 1941.

28. Sobre as relações entre civis e militares até a Revolução, ver o estudo já citado de J. E. Hahner, cap. I.

3

Ondas

Desde o tempo de estudante secundário, em Salvador e no Rio de Janeiro, Euclides escrevia poesias, o que veio a ser para ele, como para muitos outros escritores, um degrau na carreira literária que o levaria ao modo de escrever que o fez famoso: a prosa. Alguns dos versos – os sonetos e outras peças – que compôs no Colégio Aquino, saudando figuras patrióticas e revolucionárias da história brasileira e francesa, foram declamados em público no Centro José de Alencar, cujos membros costumavam reunir-se no Liceu Literário Português do Rio. No último ano no Colégio Aquino (1883), copiou num caderno oitenta e quatro de seus poemas juvenis a que deu o título *Ondas*, acrescentando na página de rosto a observação: "14 anos de idade"[1]. Na Escola Militar, publicou seus versos correntes num órgão da escola, a *Revista da Família Acadêmica*, da qual era um dos editores. Posteriormente, já em idade mais avançada, aguçou-se sua opinião sobre os versos de juventude, mas nem por isso desistiu de fazer versos ocasionalmente. Perto do fim da vida, numa nova leitura do caderno, rascunhou na página de título, num comentário à expressão "14 anos de idade" – "observação fundamental para explicar a série de absurdos que há nessas páginas".

É possível que essa "observação fundamental", que denigre e malsina a coletânea como obra de um menino de quatorze anos, tenha ajudado a convencer a maioria dos seus críticos de que, *grosso modo*, os poemas de *Ondas* eram tão ruins que não mereciam nem mesmo uma leitura. Uma seleção de alguns poemas do caderno foi publicada, entre outras poesias, por Venâncio Filho, em *A Glória de Euclides da Cunha*, mas o restante dessa produção ainda não foi devidamente impresso, ou a poesia impressa não

---

1. Uma descrição desse caderno aparece numa nota de Manuel Bandeira em *Obra Completa*, vol. 1, p. 629. Fac-símiles legíveis da página de título e de vários poemas de *Ondas* aparecem na revista *Dom Casmurro*, 10, pp. 31-32, maio de 1946.

mereceu grandes comentários[2]. A verdade é que não há um verdadeiro motivo para compensar essa negligência e, assim, superestimar os textos juvenis de Euclides, mas devia-se ao menos oferecer uma mostra impressa dessa poesia para constatar o que o autor tem a dizer sobre a própria formação literária.

Dos poemas de *Ondas* e da poesia que compôs até ser expulso da Escola Militar, as peças mais bem acabadas, em seus próprios termos, são "Ondas", o poema que dá título ao caderno (1883), e os três sonetos "Amor Algébrico" (1884), "A Flor do Cárcere" (1884?) e "Mundos Extintos" (1886). Uma centelha da inspiração poética original é mantida viva nos versos ocasionais dos últimos anos de vida, tais como "D. Quixote" (1890), "Página Vazia" (1897), as estâncias dedicadas a Lúcio de Mendonça (1903) e o começo do poema burlesco "Se Acaso uma Alma se Fotografasse..." (1905). De modo geral, Euclides é melhor poeta em ocasiões informais e em poemas curtos e sonetos, já que o soneto é a forma preferida da poesia *fin de siècle* no Brasil. A seriedade com que encarava mesmo os assuntos mais banais da vida diária revelou-se uma vantagem literária nos versos ocasionais, ao passo que sua poesia mais formal, por causa da demasiada consideração que dá ao tema, frequentemente deixa a desejar por ser francamente solene e enfatuada.

Transcrevo abaixo o bom poema-título "Ondas":

Correi, rolai, correi – ondas sonoras
Que à luz primeira, dum futuro incerto,
Erguestes-vos assim – trêmulas, canoras,
Sobre o meu peito, um pélago deserto!
Correi... rolai – que, audaz, por entre a treva
Do desânimo atroz – enorme e densa –
Minh'alma um raio arroja e altiva eleva
Uma senda de luz que diz-se – Crença!
Ide pois – não importa que ilusória
Seja a esp'rança que em vós vejo fulgir...
– Escalai o penhasco ásp'ro da Glória...
Rolai, rolai – às plagas do Porvir![3]

---

2. Os poemas de *Ondas* e outros, que aparecem em *A Glória...*, São Paulo, 1940, pp. 98-133, foram simplesmente reimpressos em *Obra Completa*, vol. I, pp. 629-659, com uma nota de Bandeira sobre eles, mas sem os outros dados úteis que aparecem em *A Glória...*, pp. 112-113. Outros comentários sobre os poemas de Euclides aparecem em ;Eloy Pontes, pp. 31-37, 47, 52-55. Está em preparo, a sair na segunda metade de 2009, uma edição da poesia reunida de Euclides, organizada por Leopoldo Bernucci e Francisco Foot Hardman.

3. *Obra Completa*, vol. I, p. 631.

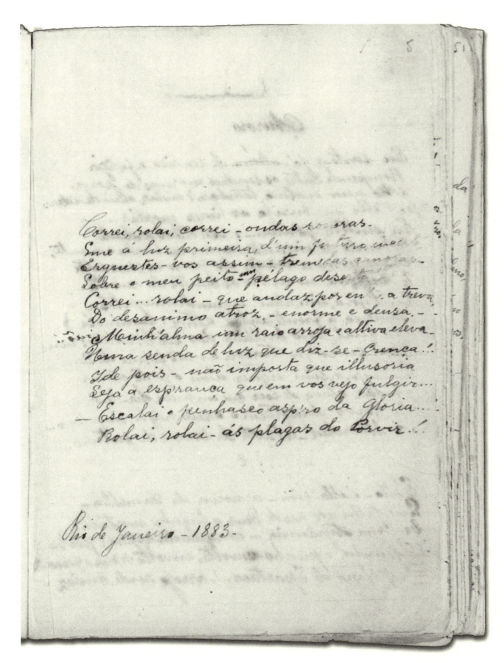

Primeira página do manuscrito *Ondas*.

Se existe algum "absurdo" nesses versos, pode estar apenas no gesto byroniano de pedir ao oceano azul-escuro, rolai!, mas isso não invalida a imagem oceânica de futuridade, ou seu próprio senso de uma missão mais elevada na vida.

Outra feliz composição, do conjunto dos poemas dispersos, mas pouco comentada é "A Flor do Cárcere":

Nascera ali – no limo viridente
Dos muros da prisão – como uma esmola
Da natureza a um coração que estiola –
Aquela flor imaculada e olente…

E *ele* que fora um bruto, e vil descrente,
Quanta vez, numa prece, ungido, cola
O lábio seco, na úmida corola
Daquela flor alvíssima e silente!…

E – ele – que sofre e para a dor existe –
Quantas vezes no peito o pranto estanca!…
Quantas vezes na veia a febre acalma,

Fitando aquela flor tão pura e triste!…
– Aquela estrela perfumada e branca,
Que cintila na noite de sua alma…[4]

Estados de desejo erótico e descrença religiosa são alegorizados eficaz e simultaneamente neste poema, na situação anedótica de algum prisioneiro que acaricia uma flor pela janela de sua cela.

O último texto que citaremos por inteiro é um fragmento de uma astronomia em versos ou uma autobiografia intelectual, "Mundos Extintos". Diz uma epígrafe a este soneto: "São tão remotas as estrelas que, apesar da vertiginosa velocidade da luz, elas se apagam, e continuam a brilhar durante séculos".

Morrem os mundos… Silenciosa e escura,
Eterna noite cinge-os. Mudas, frias,
Nas luminosas solidões da altura
Erguem-se, assim, necrópoles sombrias…

4. *Obra Completa*, vol. I, pp. 638-639.

Mas pra nós, di-lo a ciência, além perdura
A vida, e expande as rútilas magias...
Pelos séculos em fora a luz fulgura
Traçando-lhes as órbitas vazias.

Meus ideais! extinta claridade –
Mortos, rompeis, fantásticos e insanos
Da minh'alma a revolta imensidade...

E sois ainda todos os enganos
E toda a luz, e toda a mocidade
Desta velhice trágica aos vinte anos...[5]

Poder-se-ia indagar, mais uma vez, se não é um "absurdo" esse poeta dizer de si mesmo antes de completar os vinte anos que é um velho (por quaisquer razões cósmicas), mas poetas românticos maiores do que ele também simularam em sua juventude uma velhice prematura como um sinal de seu cansaço do mundo. Esta fadiga constitui assim uma moda literária da poesia pós-romântica até o período *entre-deux-guerres* no século XX, e foi reforçada psicologicamente no Euclides jovem pela morte da mãe.

Acredito que, a esta altura, o leitor estará curioso sobre a poesia de Euclides, não por ter ficado desconcertado com a desaprovação coletiva de seus textos juvenis, mas pelo desejo de ler parte deles por si mesmo, e separar os poemas bons dos não tão bons ou dos ruins, como faremos, por seus próprios méritos. Tomados em conjunto, os temas de sua poesia de adolescente são tão variados quanto os conteúdos. No terreno histórico, há poemas sobre o fim do Império Romano e o advento do Cristianismo, sobre os antigos Césares e os modernos Czares da Rússia, sobre a guerra entre o Brasil e a Holanda em Pernambuco, sobre a Revolução Francesa e sua influência na Inconfidência Mineira; com um viés anticlerical, uma diatribe em versos contra os jesuítas; com vistas a uma *ars poetica*, versos de autojustificação sobre a prática poética do autor como poeta "velho" aos vinte anos; em louvor a líderes revolucionários e a poetas nacionais (franceses e brasileiros), os sonetos a Danton, Marat, Robespierre, Saint-Just e a Gonçalves Dias (cf. cap. 2, p. 36); em tom irreverente ou zombeteiro, acessos voltairianos e byronianos de engenho poético; e numa nota lírica ou quase-filosófica, poemas de amor e o *tremolo* lírico de crise vital (por exemplo, "Mundos Extintos").

Como convinha ao futuro historiador do conflito de Canudos, uma boa parte desses seus primeiros versos tem um tema e assunto históricos, mas o autor não conseguiu converter a história em verdadeira poesia. De épocas remotas como a Antiguidade

---

5. *Obra Completa*, vol. I, p. 650.

Euclides da Cunha aos vinte anos.

tinha uma ideia apenas escolar e, no tocante à imaginação, não se lançou muito longe no passado anterior à Revolução Francesa. Assim, os quadros do Império Romano e do Cristianismo primitivo em "Césares e Czares" (1887) e em "Cristo" (1887?) são exercícios escolares declamatórios em forma de verso, sem qualquer valor poético. Mesmo os elogios mistos aos líderes da Revolução Francesa, como na sequência de sonetos reunidos no Colégio Aquino, soam retoricamente vazios, pois os revolucionários dessa galeria são todos eles retratados como super-homens carlylianos, nascidos de um evento cataclísmico.

Há, porém, uma importante exceção a essa poetização externa e artificial da história. Chegou até nós um fragmento de um drama histórico em versos, "Os Holandeses" (1887?), com uma cena da conquista holandesa de Pernambuco (1632) em forma de diálogo, no qual um jesuíta incita o mestiço Calabar a trair os portugueses. Por fragmentário que seja, o que resta da peça é tão pleno de vida que se poderia quase dizer que uma forma dramática de poesia – um diálogo ou monólogo em versos – teria sido o veículo literário certo para o jovem Euclides transmitir o heroísmo e a tragédia da história a partir de seu interior, como o resultado natural do próprio processo histórico. E mesmo assim, apesar do seu forte tom dramático, em qualquer dos poemas, com exceção de "Calabar", ele não colocou nenhuma fala na boca dos verdadeiros atores da história[6].

Na adolescência, quando o Império e a escravidão dominavam a política brasileira e o catolicismo parecia obstruir a visão positivista e científica sobre a vida, seus bichos-papões mentais eram os jesuítas e os opressivos Césares e Czares da história mundial a quem verberava nos poemas anticlericais e históricos. No quadro escolar e violentamente colorido que pintou do fim do mundo antigo, os povos mediterrânicos subjugados pelos Césares serão regenerados pela Paixão de Cristo, que (na última estrofe de "Cristo") os "ergue" sobre o ombro vermelho de sangue. Idealmente, então, o Cristianismo deveria ter-se tornado, em sua missão universal, a religião da humanidade, como queria Comte[7]. Mas a ordem dos jesuítas, que o pregava nas novas terras de Santa Cruz, mostrou-se sanguinária e falaz na repressão às aspirações da humanidade e às descobertas das ciências. Em toda a parte, as massas de fiéis, ignorantes como sempre, dobraram-se de novo a uma segunda Roma, o Vaticano. "A vossa veste negra a muit'alma envolveu!"[8] Essas acusações do jovem Euclides são dirigidas aos jesuítas no poema emocional "Rebate" (1883), que intima os soldados de Cristo a lutar contra os cultores fanáticos das ciências, como se fosse um Armagedon de final de século.

---

6. *Obra Completa*, vol. 1, pp. 646-647. O poema "Tiradentes", de *Ondas*, sobre o primeiro herói (um dentista) revolucionário do Brasil em Minas Gerais, pode ser outro exemplo de drama em versos.

7. Em sua obra, em quatro volumes, *Système de politique positive ou Traité de sociologie instituant la Religion de l'Humanité*, Paris, 1851-1854, esp. vol. 1, "Conclusion générale".

8. *Obra Completa*, vol. 1, p. 632.

Seja como o tentador de Calabar seja como o inimigo das ciências, o Jesuíta da imaginação do poeta era o estereótipo do Iluminismo europeu e da propaganda anti-jesuítica do Marquês de Pombal – um estereótipo não menos predominante na época de Euclides. Com o tempo, porém, num ensaio de 1897, "Anchieta", publicado em 9 de junho no jornal *O Estado de S. Paulo*, o escritor, influenciado pelo grande exemplo da pedagogia paciente e obra missionária desprendida do padre José de Anchieta, no Brasil do século XVI, mudou de opinião sobre a ordem dos jesuítas. Muito impressionado com as dimensões sociais e humanas das primeiras missões brasileiras dos jesuítas, cuja organização "[l]igou à humanidade, emergente da agitação fecunda da Idade Média, um povo inteiro"[9], agora Euclides fez uma firme distinção entre os jesuítas civilizadores e construtores de nação do Novo Mundo e aqueles do Velho Mundo, maquinadores e politiqueiros. Daí por diante, em seus escritos[10], a Ordem é julgada principalmente por sua boa atuação no Brasil.

Sua aversão inicial aos jesuítas não era sem relação com os primeiros tenteios religiosos fora do Catolicismo institucional, com vimos no já citado "A Flor do Cárcere" e em outros poemas como "A Rir" (1888), "Lirismo a Disparada" (1889?) e, em especial, "A Cruz da Estrada" (1884). Nesse último poema[11], dedicado a um colega do Colégio Aquino, o poeta atua como um guia e um intérprete do símbolo da cruz nos sertões brasileiros, sob a ficção de estar buscando Deus no local, embora ainda longe de ter uma visão dessas regiões:

> Se vagares um dia nos sertões,
> Como hei vagado – pálido, dolente,
> Em procura de Deus – da fé ardente
>   Em meio das soidões...,
> ....
> Se sondares da selva a entranha fria
> Aonde dos cipós na relva extensa
>   Noss'alma embala a crença.
> Se nos sertões vagares algum dia...,
>   Companheiro! Hás de vê-la [*i.e.*, a cruz][12].

9. *Obra Completa*, vol. I, p. 121. Sobre esse ensaio, cf. Gilberto Freyre, *Perfil de Euclydes*, pp. 52 e ss.

10. Cf. *Os Sertões*, em *Obra Completa*, vol. II, p. 155, bem como algumas observações desfavoráveis, pp. 151 e 162.

11. "A Cruz da Estrada" (*Obra Completa*, vol. I, p. 637) inspira-se nas estrofes iniciais do poema de Castro Alves, "A Boa Vista" (em sua *Obra Completa*, ed. E. Gomes, Rio de Janeiro, 1960, p. 140), os devaneios de um "poeta pálido" que passeia pelos campos à noitinha.

12. *Obra Completa*, vol. I, p. 637.

Nessas paisagens visionárias o "pálido" poeta tem uma certa semelhança com aqueles "pálidos atletas" da Igreja Católica, os jesuítas, que na estrofe inicial de "Rebate" contemplam diante dos olhos uma simples miragem de Deus, por cima do "existir no vasto Saara enorme", mas iludem-se intelectualmente pensando que conhecem a Deus e "co'a razão sondais a profundez dos Céus"[13], enquanto nosso poeta vê-se em "A Cruz da Estrada" como o verdadeiro crente que nada tem a não ser sua fé em Deus a dirigi-lo em suas peregrinações espirituais. Deus é o Ignoto e, como ele chegou a pensar, em última instância, incognoscível; sua implicação era, então, mais do que menos necessidade de fé.

Perder a fé ou, pior, renunciar a ela era para esse buscador igualar-se ao "bruto, e vil descrente" de "A Flor do Cárcere", um prisioneiro de si mesmo, ou antes ao ateu sofisticado de "A Rir" que deve alienar-se totalmente de si mesmo. Como ateu, Euclides mal é reconhecido na persona de "A Rir", que manifesta sua descrença numa autoironia byroniana, num riso incontrolável e em lágrimas arrependidas. O poeta precisa exercitar-se para personificar um "spleenético" *milord anglais* sob a influência de seu descontentamento:

> […] entrincheirando-me entre
> Uma canção de Byron
> E um cálix de *cognac*…,
> . . . .
> Assim – eu resolvi, indiferente e frio,
> Cheio de orgulho e *spleen* – como um banqueiro inglês,
> Sepultar na ironia o pranto meu sombrio…[14].

A imagem da descrença meio reprimida é tão inventada quanto parece pouquíssimo característica de Euclides, mesmo na pessoa de um incrédulo Tomé.

Por outro lado, o humor voltairiano da irreligiosidade em "Lirismo à Disparada" é mais espontâneo, mais brincalhão. Esse poema lírico descreve a perda da graça do Céu por um sonhador como o Uriel de Emerson, por ter desrespeitado a Deus. Os serafins, os guardas-noturnos dos céus, prendem-no ébrio de sonhos no *boulevard* da Via Láctea, e os santos, escandalizados, apedrejam-no com estrelas. Já que para ele a divina Providência é responsável por essas indignidades, prometeu junto com Voltaire e Comte a nunca mais pôr os pés na praça azul do firmamento – os corpos celestes entrariam em colapso total e a Besta apocalíptica daria coices, ele se gaba, se eles o

---

13. *Obra Completa*, vol. I, p. 632.
14. *Idem*, p. 641.

fizessem algum dia. Mas, entrementes, como um profano mortal privado dos céus, ele tem fé apenas no olhar de sua amada: Deus não lhe faz falta onde ela está[15].

A dificuldade da crença religiosa numa era científica como a de Euclides fez com que se lhe tornasse cada vez mais impossível acreditar, como fizera até então, ou na Igreja Católica visível ou na invisível, apesar de ter sempre respeitado o Catolicismo dos colegas brasileiros. Contudo, como alguns de seus poemas já proclamam, foi impelido quase com ardor febril, na juventude, a buscar algo em que pudesse acreditar, não sabia direito o quê. Mais tarde na vida, teve de resguardar-se de críticas às suas crenças religiosas tanto dos livre-pensadores que conhecia quanto dos membros mais católicos de sua família. As dolorosas respostas aos detratores de ambos os lados podem dar-nos a medida de suas crenças futuras.

Na quarta campanha de Canudos, quando cavalgou pela primeira vez por aqueles sertões prefigurados de "A Cruz da Estrada", foi dar num hospital de campo e capela de franciscanos alemães, em Cansanção (Bahia), onde assistiu a uma missa, de joelhos – um gesto espontâneo de solidariedade espiritual com os franciscanos alemães, que, não obstante, sentiu a necessidade de justificar, em seu diário de campanha, aos "companheiros da impiedade", aos livre-pensadores. "Não menti às minhas crenças", ele os adverte, "e não traí a nossa fé, transigindo com a rude sinceridade do filho do sertão"[16]. Nesse diário, suas "crenças" e "nossa fé" estão igualmente acima de qualquer censura.

Qual era o núcleo de suas crenças não chegaríamos a saber até seus últimos anos de vida, logo depois de ter sido recebido no Instituto Histórico e Geográfico de São Paulo, em novembro de 1903. No dia 22 desse mês, fez uma profissão de fé de sua *docta ignorantia* em carta particular endereçada ao romancista Coelho Neto, numa reação a algumas insinuações de ateísmo, provavelmente da parte de membros da família: "Então... eu não creio em Deus?! Quem te disse isto? [...] Não. Rezo sem palavras, no meu grande panteísmo, na perpétua adoração das coisas; e na minha miserabilíssima e falha ciência sei, positivamente, *que há alguma coisa que eu não sei... Aí está, neste bastardinho (e é a primeira vez, depois da aula primária, que o escrevo) a minha profissão de fé"[17]. Em resumo, igual a muitos intelectuais de mente científica do final do século xix, Euclides gravitou, através dos anos, em torno de uma espécie de agnosticismo – um agnosticismo panteístico que admite os mistérios tanto de Deus quanto da natureza.

Voltando mais uma vez a *Ondas*, não precisamos estender-nos sobre sua poesia de amor adolescente pela simples razão de que, surpreendentemente, pouca coisa escreveu sobre esse tema nessa coletânea. O mais juvenil de seus poemas de amor que saiu

---

15. *Obra Completa*, vol. i, pp. 650-651.
16. *Idem*, vol. ii, p. 539.
17. *Idem*, p. 638.

Missa em Cansanção.

publicado, "Tristeza" (1883), é uma composição de época que segue totalmente os modelos românticos francês e brasileiro[18], e o único poema, um soneto petrarquiano, "Rimas" (1885), em que uma dama entrega-se a ele completamente com um beijo, refere-se tão pouco a alguma mulher de seus sonhos ou de carne e osso, que, no momento de seu casamento (10 de setembro de 1890), pôde dedicar os versos à noiva (com o nome de "Soneto"), sem lhe mudar uma única palavra[19]. A sexualidade de Euclides durante a adolescência parece ter sido virtualmente sublimada em seus trabalhos escolares, e, como na poesia lírica cortesã do começo da Idade Média, a mulher é apenas metonimizada retoricamente em seus poemas de amor como os "lábios amados", ou os olhos negros que inflamam o desejo, estando ela própria distante dele e desencarnada.

No entanto, a *ars poetica* de Euclides, um poema em duas versões – "Último Canto" (1886) e "Fazendo Versos" (1887) – que resume sua prática poética, merece um exame literário[20]. A primeira versão do poema foi feita para ser recitada na Escola Militar a um público constituído de cadetes com senso crítico agudo[21], antes que publicasse sua segunda versão na *Revista da Família Acadêmica*, em janeiro de 1888. Em ambas as versões, o poeta volta a fingir uma velhice prematura diante de seus vinte anos, como aparecera no último verso de "Mundos Extintos", citado atrás, mas agora essa atitude tem a apoiá-la uma lembrança da morte da mãe: "Mui cedo – como um elo atroz de luz e pó / Um sepulcro ligara a Deus minh'alma…". A autoexpressão tinha de contender com fortes inibições nessa sua alma cativa. De um lado, desse seu lamento, entre as cenas campestres de sua infância, correu, "[c]om a lágrima primeira, a primeira canção"[22]. De outro lado, porém, sua dor era assim mesmo capaz de irritar-se contra essas efusões poéticas; e, por isso, na primeira versão de sua poética ("Último Canto") ele termina inconclusivamente com um desejo: "[…] eu teria um imenso prazer / Se podendo domar, curvar, forçar, vencer / O cér'bro e o coração, fosse este último canto / O fim de meu sonhar, de meu cantar…"[23]. Estes versos voltam a ecoar as palavras do fragmento de seu diário de 1886 (citado atrás, cap. 2, p. 42), onde registrou sua luta

---

18. Cf. com *Obra Completa*, vol. I, p. 635, os poemas "Tristesse", de Alfred de Musset (*Oeuvres complètes*, Paris, 1923, vol. II, p. 234) e "Tristeza", de Fagundes Varela (*Poesias Completas*, São Paulo, 1956, pp. 60-62 e 169-671), e "Tristeza", de Gonçalves Dias (*Poesia Completa e Prosa Escolhida*, ed. M. Bandeira *et al.*, Rio de Janeiro, 1959, pp. 139-140).

19. Cf. em *Obra Completa*, vol. I, pp. 641 e 652. A estilização do poema é a de Petrarca no famoso soneto 134, "Pace non trovo…".

20. As duas versões aparecem em *Obra Completa*, vol. I, pp. 639-640 e 642-643. Lendo esses textos, podemos descartar a opinião de Sousa Andrade, *História e Interpretação…*, p. 22, de que *Ondas* "não se sustenta diante da mais ligeira análise".

21. A primeira versão foi dedicada a um colega da Escola Militar, Moreira Guimarães, que seria mais tarde um crítico militar adverso de *Os Sertões*, cf. se pode ver em *Os Sertões: Juízos Críticos* (Rio de Janeiro, 1904), pp. 71-88.

22. *Obra Completa*, vol. I, pp. 639, 642.

23. *Idem*, p. 640.

para conter os sentimentos de raiva contra seus colegas nas primeiras semanas de aula na Escola Militar. Agora, são seus sentimentos de saudade da mãe e a poesia que lhe inspira sua perda que ele deve sufocar; mas, evidentemente, nem esses sentimentos nem aqueles ele teve total poder de controlar a seu bel-prazer.

Na boa forma romântica, o jovem Euclides como poeta-crítico não distinguiu entre a natureza e a arte ao fazer que a (sua) poesia nascesse espontaneamente de emoções humanas ou das circunstâncias da vida. Se a poesia é, ela mesma, uma expressão de sofrimento ou de alegria, e os poemas concebidos nesses devaneios dos sertões podem ser personificados como "filhas selvagens / Das montanhas, da luz, dos céus e das miragens"[24], então, na segunda versão de sua poética ("Fazendo Versos"), o poeta-crítico não precisava mostrar-se tão insatisfeito por sua arte ser "natural", isto é, inspirada na natureza, tampouco devia preocupar-se em demasia com a tecnicidade da versificação. Os voos da verdadeira poesia não se levantam e caem a propósito das cesuras e dos pés métricos. Não queria ele as restrições neoclássicas do francês Boileau nem do português Feliciano de Castilho, mas a liberdade sem peias e o fogo da imaginação de um Victor Hugo e dos românticos franceses![25]

Dois ensaios, publicados na *Revista da Família Acadêmica* – "Críticos", de maio de 1888, e "Heróis de Ontem", de junho do mesmo ano –, complementam a *ars poetica* do jovem Euclides com outras reflexões sobre a literatura oitocentista da Europa e do Brasil. A *ars poetica* é um minimanifesto romântico com uma revelação autobiográfica da principal fonte emotiva de sua poesia, enquanto esses dois textos de crítica alongam-se sobre o valor humanitário da literatura, o papel cultural dos escritores numa nação e o novo realismo social do romance em oposição ao velho idealismo romântico na poesia. Em "Heróis de Ontem", Euclides recorda os poetas brasileiros do período romântico – Gonçalves Dias, Castro Alves e Fagundes Varela – a quem exaltou como "os brilhantes educadores dos nossos corações"[26], em não menor grau do que os pensadores e legisladores do Brasil oitocentista. Mas, na década de 1880, já tinham passado havia muito os dias desses heróis literários, como ele sabia, o Parnasianismo franco-brasileiro era o movimento poético da vez e o realismo social francês, enunciado pela primeira vez ao mundo luso-brasileiro por uma conferência de Eça de Queirós[27], dominava, através da intermediação literária do romancista português, o romance no Brasil e deixava insípido o gosto pela escrita mais romântica.

24. *Obra Completa*, vol. I, pp. 639, 643.

25. Não obstante, como observa Sousa Andrade, *História e Interpretação...*, p. 23, Euclides seguia em sua versificação as mesmas regras que ele criticamente escarnecia. Todavia, o extremo formalismo dos parnasianos estava além de suas capacidades poéticas (como diz Eloy Pontes, p. 31).

26. *Obra Completa*, vol. I, p. 522.

27. "Realismo como Nova Expressão da Arte," uma apresentação oral, sem texto, reconstituída por António Salgado em *História das Conferências do Cassino (1871)*, Lisboa, 1930.

Essa mudança de gosto induziu Euclides, este romântico tardio, a escrever outro ensaio, "Críticos", no qual são contrapostas as escolas concorrentes do Romantismo e do Realismo de maneira tal que é possível afirmar que o Romantismo é muito mais o contrapeso do que a inversão do Realismo. De um lado, os idealistas românticos devem lembrar-se de que o romancista realista "é às vezes obrigado a descobrir um quadro mais livre que muitas vezes surge entre outra coisa elevada", por exemplo, a poesia romântica; mas, de outro, os realistas que são insensíveis à sublimidade de Victor Hugo quando cria Jean Valjean – uma monstruosidade humana para eles – devem entender que, se semelhante fenômeno, monstruoso ou sublime, nunca viveu realmente, "pode e deve existir", por direito artístico. Insistindo, assim, na aceitabilidade do tipo criminoso mais do que real de Hugo em *Les Misérables*, Euclides não estava apenas escudando um ídolo literário contra o ataque dos críticos, mas também defendendo um princípio da arte, o princípio hugoano do sublime-grotesco, que seria *grosso modo* o equivalente romântico do Realismo na França. Embora estivesse do lado dos idealistas e contra a tendência predominante de Realismo na literatura *fin de siècle*, seu objetivo em todo o seu ensaio, "Críticos", era pôr um freio nos excessos doutrinários tanto dos românticos quanto dos realistas e, se possível, enfiar um pouco de senso nos "analfabetos da arte" do mundo todo[28]. Apesar de algumas reservas subsequentes acerca da mentalidade "pouco científica" de Hugo como homem de letras (em "Divagando", III, de 24 de maio de 1890)[29], a admiração de Euclides pela arte em verso e prosa do autor francês nunca esmoreceu. O próprio sublime-grotesco introduziu-se lenta e cuidadosamente no estilo antitético de *Os Sertões*[30].

Poderia parecer igualmente que sua própria poesia estendia-se a essa obra que alcança o seu mais alto clímax, como o faz o poema inacabado "O Paraíso dos Medíocres", de 1896[31], mas basicamente ela era incompatível com sua arte em prosa, já que sempre era uma coisa à parte, feita para a ocasião. Isso apenas equivale a dizer que Euclides era um poeta ocasional e informal, que podia usar a forma do soneto muito bem mas nada de exato em termos mais técnicos. Em sua vida artística madura, repudiaria rudemente *Ondas* com uma "observação fundamental" sobre suas tentativas poéticas primígenas, mas já como um escritor em germinação na Escola Militar sentira a necessidade de um meio mais flexível de expressão em prosa e visualizava à frente

---

28. *Obra Completa*, vol. I, pp. 519-520.

29. *Idem*, pp. 575-576.

30. Como, por exemplo, no oximoro "Hércules-Quasímodo", *Obra Completa*, vol. II, p. 170, ou na descrição da construção do templo em Canudos (pp. 225-226), ambos citados por Adelino Brandão em seu artigo sobre Hugo e Euclides em *Enciclopédia de Estudos Euclidianos*, vol. I, pp. 29-31, 1982.

31. *Obra Completa*, vol. I, pp. 654-655. Comparem-se os primeiros versos do poema com a longa frase de "A Terra", *Obra Completa*, vol. II, p. 98: "A terra, porém, permanece elevada, alongando-se em planuras amplas" etc., ver cap. II, n. 12, p. 213.

uma carreira jornalística no toma-lá-dá-cá da vida quotidiana[32]. Isso não era tudo que havia em seu novo programa literário, que estava repleto ademais com o mais elevado idealismo humanitário, como ele mesmo expressou nas margens de um manual de retórica francês, onde anotou: "Eu tenho um fanatismo tão insensato pela palavra, pela tribuna que, faça embora o que fizer de melhor para a sociedade, terei cumprido mal o meu destino se não tiver ocasião de, pelo menos uma vez, erguer a minha palavra sobre a fronte de qualquer infeliz, abandonado de todos..."[33].

Esse desejo, embora extravagante, lhe será concedido, e mais de uma vez.

32. " 'Quanto a mim', acrescenta Euclides, 'vou ser um jornalista. Mas vou ter de carregar comigo uma bengala a todo o momento para defender minhas ideias'". Em conversa com Moreira Guimarães, conforme cita Umberto Peregrino em *Dom Casmurro*, 10, p. 23; cf. para o mesmo efeito as frases com que termina seu ensaio "Críticos", *Obra Completa*, vol. I, p. 520. Quando Euclides diz mais tarde em "Atos e Palavras", I (*Obra Completa*, vol. I, p. 549), "Não nos destinamos à imprensa", encontrava-se no limbo profissional e estava prestes a ser reintegrado no exército.

33. *Obra Completa*, vol. I, p. 522. Encontra-se aqui o germe daquilo que Nicolau Sevcenko chamou "literatura como missão" na escrita de Euclides. Ver N. Sevcenko, *A Literatura como Missão*, p. 159, n. III.

4

Os Primeiros Interlúdios Jornalísticos

QUANDO, NO FIM DE 1888, NOSSO "CADETE DA ESPADA" – ou "da baioneta" – foi recebido, no círculo republicano de jornalistas do jornal *A Província de São Paulo,* por seu editor-chefe, Júlio de Mesquita, a cidade de São Paulo constituía um pequeno reduto do republicanismo, como se o futuro do país, em termos políticos e econômicos, já coubesse a essa cidade de cerca de quarenta mil almas ou menos[1]. A total abolição da escravatura – em 13 de maio – não prejudicou, como fizera na província do Rio de Janeiro, a cultura cafeeira paulista, de vez que agora o trabalho livre dos imigrantes, empregados a partir de 1870 ao lado dos escravos[2], substituía quase totalmente a mão de obra servil. Nessa província, as plantações feitas no rico solo roxo não se afogavam no mercantilismo da monarquia central nem deviam aos bancos sua estabilidade econômica, a qual era assegurada pelos reinvestimentos de capital em outras empresas, bem como nas próprias fazendas[3].

Com efeito, a acolhida que o editor-chefe e o pessoal de *A Província de São Paulo* deram a Euclides foi o primeiro passo para que a família do escritor[4] decidisse mudar-se

---

1. Cf. Raymundo Faoro: "[…] o republicanismo, espraiando-se pelas cidades e fazendas de São Paulo, encontrara o leito para engrossar e crescer. […] De São Paulo, as águas transbordam para Minas Gerais e o Rio Grande do Sul, mantida a Corte em isolamento, dada a proximidade da província conservadora do Rio de Janeiro […]". *Os Donos do Poder*, Porto Alegre, 1985, vol. ii, p. 452. Sobre a acolhida de Euclides pela cidade de São Paulo, cf. Sousa Andrade, *História e Interpretação…*, pp. 37 e ss.

2. Sobre a imigração para São Paulo no último terço do século xix, cf. Edgar Carone, *A República Velha,* São Paulo, 1975, vol. i, pp. ii e ss.

3. Acerca das vantagens econômicas, políticas e sociais de São Paulo sobre o Rio de Janeiro, cf. outra vez Faoro, vol. ii, pp. 455-466, 462-464, e, em especial, pp. 506-508. Sobre o espírito progressista dos paulistas na década de 1880 cf. Emília Viotti da Costa, *Da Monarquia à República: Momentos Decisivos,* São Paulo, 1987, pp. 340 e ss. e 352-353; também sobre a diversificação da capital paulista do café para a indústria cf. Francisco Foot Hardman & Victor Leonardi, *História da Indústria e do Trabalho no Brasil,* São Paulo, 1991, pp. 49-54.

4. Sua irmã, Adélia, deixaria a família Garcez em São Fidélis e a fazenda São Joaquim para acompanhar o pai a São Paulo como governanta.

do Rio para a florescente província paulista. O clima político e literário da cidade de São Paulo poderia ser um bálsamo para as sensibilidades ainda puras de Euclides, mas foi a promessa de grande prosperidade oferecida pela província que levou o pai, Manuel, um guarda-livros, a deixar poucos anos depois o Vale do Paraíba e comprar modesta fazenda em Belém do Descalvado, a cerca de duzentos quilômetros da capital paulista, para nela plantar café. O restante da família imediata poderia permanecer em São Fidélis, assistindo à contínua decadência da província do Rio; mas Manuel e, depois, o próprio Euclides iriam misturar sua sorte com o futuro estado de São Paulo, um plantando café e o outro construindo pontes e estradas por toda a região. Ficou para trás o Vale do Paraíba, onde Euclides cresceu e seu pai um dia escriturou os livros dos cafeicultores cariocas; a região afundar-se-ia cada vez mais em dívidas e entraria em decadência, tal como Euclides a viu na última vez, *c.* 1902, "entre as ruínas" das plantações ao longo do solo do alto Vale[5].

Contudo, no intervalo entre uma carreira e outra, o ex-cadete, alvo da admiração do corpo de imprensa de São Paulo, ao associar-se ao jornal *A Província de São Paulo*, nada mais tinha em mente que escrever sobre o colapso da monarquia e alcançar um público mais amplo com sua mensagem política ainda demasiado acadêmica. Júlio de Mesquita estava muito entusiasmado com seu novo colaborador, a quem saudou pelas colunas do jornal como um "moço de muito talento e de vasta ilustração"[6], mas o timorato Euclides conhecia melhor a si mesmo e suas limitações, como confessou a Mesquita em outro momento (em carta sem data, de 1890?): "Apesar de uma mocidade revolucionária, sou um tímido. Assusta-me qualquer conceito dúbio ou vacilante"[7]. Por isso, nos primeiros artigos que escreveu para *A Província*, suas ideias sobre a política brasileira recorrem inquestionavelmente aos "ismos" que, no seu entender, são nessa época as certezas "científicas" de qualquer discussão bem-informada dos fatos públicos – por exemplo, o paralelismo histórico entre as revoluções francesa e brasileira (afastadas uma da outra exatamente cem anos), o positivismo de Comte e o evolucionismo de Darwin e Spencer. Contudo, o brilhantismo intelectual de suas apresentações podia ser tão artificial quanto sua ignorância de que a política de bastidores realmente existia, e as pessoas e os fatos frequentemente desapareciam diante das abstrações de sua argumentação.

O "noviciado"[8] de Euclides na imprensa durou do final de 1888 à metade de 1890 e compreendeu quatro séries de artigos, começando com "A Pátria e a Dinastia" e

---

5. "Entre as Ruínas", *Obra Completa*, vol. I, pp. 184-187, como em *Contrastes e Confrontos*, publicado primeiramente em *O Estado de S. Paulo*, 8 de setembro de 1902, com um texto ligeiramente diferente, sob o título "Viajando".

6. *Apud* Eloy Pontes, p. 86.

7. *Obra Completa*, vol. II, p. 601. Walnice N. Galvão & Oswaldo Galotti, *Correspondência de Euclides da Cunha,* São Paulo, 1997, p. 120, atribuem a essa carta a data de 1900.

8. Termo que dá título ao conjunto dos primeiros artigos jornalísticos de Euclides organizado por Sousa Andrade em *Obra Completa*, vol. I, pp. 543 e ss.

"Questões Sociais" em duas partes; continuando com "Atos e Palavras" em oito partes e, depois, com "Da Corte", "Homens de Hoje" em duas partes, e uma crônica sem título sobre uma tentativa de assassinato de Dom Pedro II; e assim concluindo com "O Ex-Imperador", "Sejamos Francos" e "Divagando" em quatro partes[9]. Todas, com exceção do último trio, foram publicadas em *A Província de São Paulo* antes da queda da monarquia (depois disso esse vetusto diário passou a chamar-se *O Estado de S. Paulo*, como é até hoje); os três últimos artigos foram publicados no jornal republicano carioca *Democracia* (uma folha de vida curta). As primeiras duas séries de artigos, até "Atos e Palavras", foram escritas em São Paulo, e as demais no Rio de Janeiro para onde o autor retornou mais ou menos no final de janeiro de 1889 a fim de retomar a vida militar.

O que deveria chamar nossa atenção nesse fluxo de escrita jornalística é não tanto os momentos fugazes de história que deles defluem quanto a concepção mental do jovem jornalista nessa fase de desenvolvimento intelectual, numa época de crise pessoal, sublevação do país e incerteza geral. Isso porque o domínio que tinha sobre suas ideias era com certeza um pouco mais firme do que aquele sobre os acontecimentos que ocorriam à sua volta. Quando, por exemplo, a revolução republicana finalmente se consumou, Euclides foi pego completamente de surpresa, assim como a maioria dos cariocas[10] e, mesmo estando no Rio de Janeiro, dela tomou conhecimento somente no dia seguinte, 16 de novembro.

No entanto, ao escrever os artigos acima citados, segundo sua instrução escolar e seus próprios talentos, tinha em mente acima de tudo a matemática e a rigorosa aplicação da ciência à história e à vida social. Evidentemente, sua noção de ciência não era exatamente a nossa, de vez que era fundamentalmente matemática e inteiramente determinística, e como tal estava muito aquém da verdadeira ciência social, apesar dos atavios doutrinários com que Comte, ou Benjamin Constant e os positivistas brasileiros adornaram-na. Não obstante, ao debater suas ideias nos artigos, ele se conscientizou um pouco tarde de que o formalismo matemático da ciência não podia incluir-se nos imprevisíveis processos da história ou nas fantasias do comportamento humano (o que na verdade teria sido excluído); mas, durante a maior parte de seu noviciado, mostrou-se um rematado comtiano, que acreditava na supremacia intelectual da matemática e prezava a invenção da sociologia pelo autor do *Système de politique positive*.

9. Com exclusão da crônica sobre o atentado contra a vida do Imperador, as quatro séries de artigos estão reimpressas em *Obra Completa*, vol. I, pp. 543-578; a crônica sobre o atentado vem reproduzida em Eloy Pontes, *A Vida Dramática...*, pp. 97-100.

10. Diz-se comumente que o carioca assistiu à revolução "bestificado", conforme observa Aristides Lobo em carta comentada por Sérgio Buarque de Holanda, *Raízes do Brasil*, Rio de Janeiro, 1969, pp. 119-120.

Quaisquer que fossem as prevenções que pudesse ter tido contra si mesmo em caráter privado, nos primeiros artigos, "A Pátria e a Dinastia" e "Questões Sociais", não só se sentiu livre, como também proficiente o bastante para dar aulas à monarquia e ao público leitor sobre a sociologia e a evolução. Todos devem aprender (em "A Pátria e a Dinastia") que a evolução é uma lei do caráter bastante positivo das ciências sociais, mas gloriosa em seus objetivos, pois é ela quem traz a revolução, o progresso e a civilização para o Brasil, como antes trouxera para a França. "[O] seu curso, como está, é fatal, inexorável, não há tradição que lhe demore a marcha, nem revoluções que a perturbem"[11]. E, já que ela está voltada para o futuro, então com cada avanço nessa direção, os reacionários na monarquia que têm a cabeça no passado serão sempre empurrados para trás, quer queiram quer não, em pleno século xx, como covardes batendo em retirada.

Dizem que a democracia brasileira (como em "Questões Sociais") foi purgada do partidarismo pelo consórcio das ciências e pelo pendor natural de "nosso temperamento", que a revestiu de toda a lógica das deduções científicas, de modo que não mais a apreendemos como um tipo de governo, mas como uma conclusão filosófica que somos obrigados a aceitar. Em termos comtianos, "a democracia é, pois, uma teoria científica inteiramente desenvolvida, simboliza uma conquista da inteligência, que a atingiu na Sociologia [a maiúscula é de Euclides] depois de se ter avigorado pela observação metódica da vasta escala da fenomenalidade inferior; síntese final de todas as energias racionais (podemos assim dizer)…"[12].

Um democrata pode ser formado politicamente como um geômetra (!), assim diz Euclides, mas felizmente a história nacional tem uma presença marcante em sua educação: outrora instigado devidamente pelo "velho carrancismo" da dinastia Bragança-Habsburgo de Dom Pedro ii e seus ancestrais, ou pelo heroísmo dos líderes executados de levantes locais do passado, na Minas Gerais do final do século xviii e no Pernambuco do início do século xix, o republicano brasileiro deve ser ele mesmo, historicamente, um revolucionário. A continuidade da história e o claro caráter propositado da evolução podem ser personificados para ele na imagem de Pascal sobre a humanidade: um indivíduo gigantesco único que percorre a passo largo as idades[13].

O hiperracionalismo desses avanços políticos não é muito surpreendente, pois Euclides continua sob as asas de Benjamin Constant, seu antigo professor de Matemática e um arquipositivista; e, como tantos intelectuais brasileiros de seu tempo, como disse a respeito de si mesmo (numa carta a Lúcio Mendonça, sem dia nem mês, de 1904), também estava "nessa época [final da década de 1880] sob o domínio cativante de Au-

---

11. *Obra Completa*, vol. i, p. 544.
12. *Idem*, p. 546.
13. *Idem*, pp. 545-547.

gusto Comte"[14]. Alusões às obras *Síntese Subjetiva* e *Curso de Filosofia Positiva* desse autor[15] aparecem com frequência no jornalismo de Euclides até o final da década de 1880, e o programa positivista comtiano de reforma social através da ciência o predispôs, subsequentemente, a voltar ao exército em novembro de 1889 para iniciar a carreira de engenheiro. Todavia, a partir de 1890, durante grave crise financeira do novo governo republicano, o nosso escritor perdeu todo o respeito pelo seu "antigo ídolo", Benjamin Constant, em virtude de sua politicagem e favoritismo como ministro da Guerra no gabinete[16]. Aos olhos do protegido de Constant, essa foi a primeira fissura na superfície do positivismo brasileiro.

Uma segunda série de artigos de Euclides – "Atos e Palavras", em oito partes – sai no jornal *A Província* a partir de janeiro de 1889. Agora acertando a mão, mesmo negando ser um jornalista, Euclides optou por atenuar "o estilo campanudo e arrebicado" de sua escrita[17] e fazer alguma justiça à oposição, nem que fosse porque ela a todo o tempo estava-se tornando menos séria e os republicanos estavam fadados a vencer cedo ou tarde. Portanto, entre os monarquistas, é mostrada (na parte III) sua indulgência até mesmo para com a brutal Guarda Negra constituída de escravos libertos e capoeiras, que eram contratados sub-repticiamente por um funcionário conservador do Governo para hostilizar as reuniões de republicanos e dissolver as manifestações estudantis de solidariedade à República. A maior parte dessa unidade, diz Euclides com uma certa mordacidade, apenas "saiu da exploração dos *senhores*" – pelo decreto de 13 de maio de 1888 – "para a exploração dos *escravos*" – isto é, dos conservadores. "Demais", acrescenta, "a raça negra, em sua essência nimiamente afetiva, harmoniza-se admiravelmente à latina, profundamente vinculada à nossa sociedade – constituindo-a quase..."[18]. Desse ponto de vista, a Guarda Negra era uma aberração social da política partidária.

No outro extremo da monarquia, ao pé do trono, Euclides não pôde deixar de apreciar (na parte IV) as boas qualidades do Imperador, que em seus anos de declínio tinha-se dedicado a estudos diversos tais como astronomia e línguas semíticas, tal qual

14. *Obra Completa*, vol. II, p. 641.

15. Para referências comparativas consulte-se meu artigo "Euclides da Cunha and Brazilian Positivism" em *Luso-Brazilian Review* (Summer 1999), 36(1), pp. 90 e 92, n. 24.

16. Consultem-se trechos de uma carta escrita ao pai e citada por Sousa Andrade, *História e Interpretação...*, p. 56.

17. *Obra Completa*, vol. I, p. 549.

18. *Idem*, p. 552. Em 7 de maio e 15 de junho de 2005, Joel Bicalho Tostes publicou em *O Democrata* e na *Folha de S. Paulo*, respectivamente, duas versões de um documento que Euclides, junto com dois outros indivíduos de mesma opinião, um do Rio Grande do Sul e outro do Ceará, dirigiu contra a Confederação Abolicionista, numa crítica justificável a suas propostas para promover o bem-estar dos escravos libertos (de 13 de maio de 1888). Esse documento de 1890 atesta indiretamente algumas crenças de Euclides a respeito dos negros, em particular o fato de "a raça preta africana ser muito superior em afetividade à raça branca".

um rei-filósofo que pretendia ser. No irônico cumprimento que Euclides lhe fez como homem de espírito, *ele* será capaz de avaliar a força do evolucionismo histórico de Spencer na "marcha retilínea e imutável das leis naturais da civilização"[19] e pode então julgar por si mesmo se seu regime se harmoniza com essas leis ou não. Contudo, justamente porque o Imperador era tão sábio e bom, isso já prova para Euclides o quanto o Império é mau, deixando à parte seu governante. Outros elogios a seu "espírito" e à sua austeridade são um pouco insinceros partindo de nosso colunista, que vê na revolução, ao tempo desse benigno potentado, um oportunismo justificável, plenamente endossado pelo *Zeitgeist*. Felizmente para todos os brasileiros, a revolução seria incruenta e o destronamento do Imperador, calmo e digno.

Acomodações como essas à oposição afrouxaram e constringiram, alternadamente, a própria posição ideológica de Euclides como apologista republicano. Embora seus adversários dissessem que um conceito sociológico de República, que deve ser governada segundo os princípios positivistas do dever e do direito, era bom demais para ser verdade, ele objetará (na parte II) que a sociologia é uma ciência que está em sua infância e ainda é incapaz de decidir a viabilidade do conceito – um depreciamento da ciência social em desconformidade com sua insistência nela em "Questões Sociais I". No entanto, se, para efeitos de argumento, devia concordar com seus antagonistas (na parte VII) de que não existe essa coisa de partido republicano, era apenas para exaltar o republicanismo acima da política, a uma quase-doutrina religiosa como o dogma da "Igreja" positivista oficial[20]. A devoção ao ideal da República não podia ir muito mais longe na direção do positivismo puro.

Sobre a reconsideração final da monarquia, por fim, descobre (parte VII) que a velha sociedade imperial está morrendo "naturalmente, comicamente"[21], de pura inanição, e seu fervor revolucionário esfria um pouco, e ele realinha seus paralelos franceses à história brasileira. Não o vulcânico Danton com sua grande oratória, mas, antes, a genialidade cômica do *ancien régime*, Molière, seria a presença mais adequada na derrocada política da monarquia brasileira – "a hilariante *dégringolade*", na previsão de Euclides[22]. Ainda assim, a vacilante instituição conseguiu sustentar-se por quase mais outro ano sob a decidida liderança do Visconde de Ouro Preto na chefia do gabinete.

Ao término dessa segunda série de artigos, Euclides estava de volta à sua província natal, Rio de Janeiro, onde passou a primeira semana de fevereiro de 1889 com a tia e o tio, os Garcez, e com a irmã Adélia, em meio às cenas rurais da infância, agora visivel-

19. *Obra Completa*, vol. I, p. 554.

20. *Idem*, p. 558: "A propaganda republicana teoricamente tem, antes de tudo, o caráter doutrinário de um apostolado...".

21. *Idem*, p. 560.

22. *Idem*, p. 559.

mente deterioradas, na fazenda São Joaquim, em São Fidélis. Em seguida, rumou para a capital e alojou-se temporariamente no bairro de São Cristóvão, a fim de preparar-se para os exames de adaptação em diversas ciências e completar na Escola Politécnica o curso de engenharia civil, que tinha interrompido desde 1885-1886. Na segunda semana de maio, já tinha prestado todos os exames, mas, seja o que for que o dissuadiu, há dúvidas de que algum dia tenha voltado a frequentar essa escola[23]. Pode ser que ou não tenha conseguido dinheiro para pagar as mensalidades desse instituto, já que não era gratuito, ou o sentimento da revolução iminente o tenha impelido inconscientemente a abandonar a vida civil e retornar ao exército.

Com os exames fora do caminho, pôde de qualquer modo retomar seu trabalho jornalístico, o que fez numa terceira série de artigos, escritos no Rio e publicados, como os anteriores, em *A Província de São Paulo*. (Quando deixou São Paulo, o jornal havia anunciado que Euclides seria seu correspondente "regular"[24].) A frivolidade de Euclides acerca da revolução iminente irá congelar-se numa careta de horror e alarma quando, como ele informa em "Da Corte" (17 de maio de 1889), o gabinete conservador de João Alfredo Correia de Oliveira fora expulso do Parlamento, e começaram a circular os mais graves boatos de que o Partido Conservador estava tramando para massacrar os republicanos na rua do Ouvidor, onde de fato a Guarda Negra logo iria dissolver uma manifestação de estudantes em comemoração do Dia da Bastilha. Na retórica alarmista de Euclides os membros do gabinete expulso renunciaram a suas prerrogativas numa miltoniana "agonia de demônios", e sua suposta trama contra os republicanos transformou-se em seu texto num massacre da Noite de São Bartolomeu, ou pior[25].

Em sua contribuição seguinte para *A Província*, a crônica "Homens de Hoje" em duas partes (publicadas em 22 e 28 de junho de 1889), volta à linguagem abstrata da ciência depois dessas hipérboles retóricas. A primeira parte do artigo é outra aula positivista sobre a sociologia comtiana, igual àquela que ouvimos antes mas com algumas novas peculiaridades. Para ele, como para Comte de modo geral, a sociologia era acusada do "mais extremo anti-individualismo, da desrealização do indivíduo humano, do culto à Humanidade como o único indivíduo real", por exemplo, na imagem atribuída a Pascal[26]. Portanto, Euclides postula que o "átomo" da sociedade é uma "abstração imensa", o Homem – não a mera criatura de hoje, mas algum ser ideal a ser aperfeiçoado concretamente no futuro mais remoto pela evolução social. Contudo, esse "homem"

---

23. Consultem-se Sousa Andrade, *História e Interpretação…*, p. 44, e Sylvio Rabello, *Euclides da Cunha*, p. 43, que contrariam Eloy Pontes, p. 95.

24. "[… Euclides] prometeu enviar-nos [Rangel Pestana e Júlio Mesquita] com regularidade correspondências políticas…", diz uma nota em *A Província*, como observa Eloy Pontes, p. 92.

25. *Obra Completa*, vol. I, p. 562.

26. Como em Leszek Kolakowski, *The Alienation of Reason*, trad. N. Guterman, p. 68.

do futuro demorará tanto tempo para chegar, que Euclides deve fantasiar no frio tom de "Mundos Extintos" (citado no cap. 3, pp. 50-51) que a segunda lei da termodinâmica terá completado todo o seu curso no planeta antes que o "homem" alcance a verdadeira perfeição. Em termos práticos, o "átomo" humano deve ser sempre uma abstração em virtude da futura perfectibilidade do homem, e mesmo os indivíduos "terão a estrutura ideal das fórmulas" para as configurações maiores da sociedade[27].

Claramente, Euclides, "assaltado em plena mocidade", como diz, "por um duro asceticismo"[28], não conseguia aceitar o imperturbável progressivismo científico de Auguste Comte. Isso porque recua de sua própria visão, por cima do túmulo da humanidade, da perfectibilidade do homem no abstrato, depois recobra-se com a grata recordação dos grandes homens que promoveram a causa do patriotismo no Brasil e, na parte II de seu artigo, chega a encorajar um senador de Minas Gerais, desiludido politicamente, com mais um preceito comtiano, o de que "a política emana duma ciência tão positiva como qualquer uma destas", por exemplo, a química ou a matemática, nas quais se está demonstravelmente certo ou errado, e sem quaisquer ilusões ou desilusões de ser assim[29]. Essas oscilações de tom, do abstrato e do científico para o particular e o humano, e de volta outra vez, curiosamente, parecem suceder-se de modo pouco congruente, em se tratando de Euclides.

No mesmo mês de junho em que apareceu esse artigo, cometeu-se um violento crime de lesa-majestade contra o Imperador, o que despertou as simpatias de Euclides pelo infrator – um jovem caixeiro português – na crônica sem título sobre o incidente que publicou em *A Província*. Dois republicanos radicais haviam dado ao caixeiro um revólver, para que atirasse no Imperador, mas o rapaz mirou o coche do monarca de tão longe que não conseguiu acertá-lo e foi preso imediatamente. A monarquia suspeitou com razão de que o Imperador tinha sido alvo de uma conspiração republicana, ao passo que Euclides, sem ter conhecimento de toda a situação, apressou-se a eximir os republicanos de toda a culpa e pedia compaixão para com o atirador, esse "pobre moço a quem tanto se insulta hoje…"[30]. De qualquer modo, o pedido de Euclides brotou do coração, porque, lembrando-se de seu ato de insubordinação militar seis meses antes, viu-se também insultado naquele "pobre moço".

Euclides não escreveu outros artigos até março de 1890, bem depois da consumação da revolução republicana no Rio de Janeiro e de sua readmissão no curso de oficiais

---

27. *Obra Completa*, vol. I, pp. 563-564. Cf. com a última frase citada acima a passagem (p. 594) em que Euclides simplifica sua visão formulaica dos indivíduos: "vemos nos homens do poder símbolos abstratos da realidade [política], dos princípios que adotamos…".

28. *Idem*, p. 563.

29. *Idem*, p. 566.

30. Como diz Eloy Pontes, p. 100.

do exército como alferes-aluno (15-21 de novembro de 1889). Durante esses meses de inatividade literária foram lançados os dados nos quais apostou sua felicidade pessoal e, na verdade, sua própria vida, como veremos adiante.

Aconteceu que, ao mudar-se para novas acomodações em São Cristóvão, veio a conhecer o sobrinho de um oficial do exército, o major (depois general) Solon Ribeiro, que havia desempenhado um papel um tanto ignominioso na revolução, primeiramente como um espalhador de boatos, inundando as ruas do Rio de Janeiro de histórias falsas e de medo acerca da monarquia, e, depois, como um emissário mais apresentável da junta revolucionária ao Imperador, a quem teve de participar sua deportação e exílio. À festa que o major organizou na noite de 16 de novembro, para celebrar o golpe militar, Euclides compareceu a convite desse sobrinho do anfitrião; evidentemente, sua insubordinação ao ministro da Guerra monarquista foi o bilhete de entrada para essa reunião de republicanos, na qual foi apresentado tanto ao major quanto à sua filha Ana, então com quinze anos de idade, os quais o receberam com muita efusão.

A imediata resposta de Euclides a essa cordialidade foi confessar sua decisão de voltar ao exército e apaixonar-se à primeira vista por Ana: segundo parece, nada menos seria aceitável para a ocasião do que um comprometimento total. Todo o seu idealismo, juntamente com sua solidão e sua gratidão, foi condensado num bilhete que passou às mãos de Ana ao partir no final da noite: "Entrei aqui com a imagem da República e parto com a sua imagem"[31]. Pouco tempo depois, ficaram noivos, e o major solicitou à junta firmemente a admissão de Euclides na escola de oficiais.

O encontro romântico não foi a única razão do retorno de Euclides ao exército, embora talvez tenha sido o motivo mais real para seu caráter apaixonado e idealista de jovem. Em 16 de novembro, também tinha experimentado o olhar de desaprovação do chefe da junta e futuro presidente do Governo Provisório, Deodoro da Fonseca. Ao serem apresentados, Deodoro quis saber de Euclides o motivo de aparecer à paisana. O jovem não teve outra resposta senão correr à Escola Militar da Praia Vermelha e procurar nos dormitórios com algum aluno um uniforme que lhe servisse[32]. Além disso, instigado pelos antigos colegas da Escola, seu professor Benjamin Constant concordou em reintegrá-lo como cadete[33]. Em virtude desses diversos esforços em seu favor, Euclides foi matriculado na Escola Superior de Guerra em 8 de janeiro de 1890.

31. Quase todos os biógrafos de Euclides da Cunha, com exceção de Francisco Venâncio Filho, citam essas suas palavras apaixonadas.

32. Conforme Venâncio Filho, "Estudo Biográfico," em *Obra Completa*, vol. I, p. 37. Cf. Eloy Pontes, p. 106, que cita o nome do estudante que emprestou o uniforme a Euclides.

33. Sobre as razões mais impositivas para seu retorno às forças armadas, cf. Sousa Andrade, *História e Interpretação...*, p. 50.

A jovem Saninha.

Tinha de cumprir três requisitos nessa Escola: os cursos de artilharia, de engenharia e de estado-maior, que ele completou em dois anos; após concluir o curso de artilharia, foi promovido a segundo-tenente (meados de abril de 1890) e depois a primeiro-tenente, após completar todo o curso da Escola (16 de janeiro de 1892). A partir daí, em pleno serviço ativo, passa de um cargo a outro: ajudante de ordem, encarregado de projetos de engenharia e até mesmo auxiliar de ensino na Escola Militar, até que a saúde, que havia piorado no segundo ano da Escola de Guerra, tornou-se tão ruim que acabou reformando-se, em 13 de julho de 1896, com a patente de capitão. Um sintoma da doença materna – hemoptise – voltara a invadir-lhe a vida para encerrar sua carreira nas armas[34].

O casamento entre Ana Ribeiro e Euclides da Cunha, realizado em 10 de setembro de 1890, durante o primeiro ano de curso na Escola Superior de Guerra, é uma história muito mais longa com o mais infeliz dos finais, e só recentemente foi recontada com algum detalhe[35]. Aqui, ainda nos encontramos em seus primórdios de total felicidade. Quando, em julho desse ano, Euclides participou o noivado à irmã, em Belém do Descalvado (São Paulo), ela e o pai partiram para o Rio onde deviam realizar-se as cerimônias de casamento. Mais tarde, no final de janeiro do ano seguinte, já marido e mulher, o casal retribuiu a visita na fazenda do velho Cunha, já que Euclides estava afastado da Escola de Guerra, de licença para tratamento de saúde. Daí por diante, no exército ou fora dele, adquiriu o hábito de acorrer com regularidade à fazenda do pai para descansar ou recuperar-se.

O casamento foi a única coisa boa que lhe aconteceu no ano de 1890, uma época que, de outro modo, foi empanada em sua mente pela desilusão com os chefes do novo governo, não só com Benjamin Constant mas também com o famoso ministro da Fazenda, Rui Barbosa. As políticas monetária e bancária arriscadas de Rui, que tinham o objetivo de estimular a economia mediante a expansão do crédito e das emissões de moeda, desencadearam em vez disso uma onda após outra de inflação e de especulação que logo expungiam quaisquer ganhos que ela pudesse ter tido, como areia ao vento. Era o Encilhamento, como foi chamada essa época[36] ("o en-

34. Veja-se o útil esboço de sua carreira militar em Oswaldo Galotti, "Euclides da Cunha na Escola Militar" em "Fé de Ofício de Euclides Rodrigues da Cunha," Suplemento Cultural 8 da *Revista Paulista de Medicina*, 97, pp. 15-16, abril-junho de 1981. Cf. o resumo narrativo de sua carreira depois da Escola Militar na introdução de Walnice Galvão aos escritos escolhidos do autor, *Euclides da Cunha*, São Paulo, 1984, pp. 28-31 – uma sinopse menos útil que não fala dos acessos da recorrente hemoptise e de sua dispensa final do exército por motivos *médicos*.

35. Por exemplo, por Adelino Brandão & Joel Bicalho Tostes em sua polêmica obra semificcional *Águas de Amargura*, e por Jefferson de Andrade em *Anna de Assis*.

36. Os detalhes econômicos e políticos desse episódio podem encontrar-se em Faoro, *Os Donos do Poder*, vol. II, pp. 507-519, e na história da Primeira República de Edgar Carone, *A República Velha*, vol. I, pp. 79-80 e 102-109.

cilhar" da sela para correr atrás de riquezas). A reação de Euclides a esse espetáculo público e aos manipuladores que estavam por trás foi confidenciada ao pai, num trecho de carta já citada, escrita durante seu noivado[37]: a conselho do sogro cortou as ligações recentes com as *cliques* republicanas no Rio e parou de escrever para um pequeno jornal que dirigiam, a *Democracia*, a quem havia submetido três artigos desde março de 1890.

Os temas desses artigos eram tópicos: uma proposta de doação de fundos ao ex--Imperador (ao que Euclides era contrário[38]); o *Regulamento* de Benjamin Constant, que submetia os currículos das escolas militares aos princípios da filosofia positivista (aprovado por Euclides[39]); um desfile cívico de positivistas em honra de "Tiradentes", mártir da fracassada rebelião de 1789, a Inconfidência (homenagem que Euclides aplaudiu[40]); o quinto aniversário da morte do poeta Victor Hugo em 1885 (criticado por Euclides por ter o escritor francês ignorado em vida a ciência[41]); e outros acontecimentos mais locais, alguns deles por demais insignificantes, na opinião do jornalista, para merecerem um registro[42].

Sempre que os fatos contemporâneos do ano não lhe eram acessíveis ou não tinham importância especial, o jornalista tinha discorrido sobre seus sentimentos pessoais e temas favoritos da época que fossem dignos de comentário. Na crônica "Sejamos Francos" (18 de março), com seu título característico[43], descarregou-se do sombrio pressentimento de que, no abatimento geral depois da Revolução, a sociedade não mais viveria de acordo com os ideais revolucionários que "criam brilhantíssima a noção positiva da Pátria"[44]. As recidivas da sociedade brasileira revolucionada já eram visíveis no individualismo generalizado de sua vida política.

A nossa nacionalidade atravessa de há muito uma quadra em que o mais difícil problema consiste em harmonizar a vida ao dever. […] Não marcha, não progride, não civiliza-se, anarquiza-se no conflito assustador de interesses unicamente individuais, de ambições indisciplinadas que se digladiam, e os que arrebatados na expansão das próprias ideias, tentam lutar fora do círculo isolador da individualidade, sem um só ponto de apoio às forças que o revigoram – caem e extinguem-se na desilusão mais profunda. […] A luta, porém, em que nos empenhamos, luta prodigiosa, subordinada unicamente à ação incruenta da inteligência

---

37. Citada na nota 16.
38. *Obra Completa*, vol. I, pp. 567-568.
39. *Idem*, p. 570.
40. *Idem*, p. 572.
41. *Idem*, pp. 575-576.
42. *Idem*, p. 571.
43. Cf. as palavras de abertura de "Críticos", *Obra Completa*, vol. I, p. 518.
44. *Idem*, p. 568.

e na qual é fragilíssima a espada, começa a perder a sua feição entusiástica e a inocular-nos o travor das primeiras desilusões[45].

Agora, nessas passagens, tinha esquecido o encorajamento que dera ao senador mineiro desiludido na parte II de "Homens de Hoje", ou seja, o de que uma ciência política "positiva" não permitirá nem ilusões nem desilusões. Ele deve ter renunciado a esse frio conforto por si mesmo, por causa de sua inutilidade psicológica.

Embora a atitude de Euclides perante o positivismo continue em geral sendo de aprovação, já no artigo em quatro partes "Divagando", escolhe melhor os elementos positivistas de que se apropria para sua final síntese comtiana numa filosofia pessoal de vida, que anuncia da seguinte forma na parte III (24 de maio de 1890): "Nós, porém, começamos apenas a construção ideal de nosso espírito [= uma construção comtiana], somente mais tarde conseguiremos, pela síntese de conhecimentos adquiridos, alistarmo-nos em um sistema filosófico; atravessamos, pois, uma fase ativíssima de inquirição constante à vida universal [...][46]" Para nosso eclético comtiano somente é especialmente aceitável a hierarquia comtiana das ciências – com a matemática no topo e as ciências sociais embaixo[47].

Em seu "divagar" sobre as questões católicas, porém, aderiu frouxamente à Lei dos Três Estágios do Conhecimento de Comte – teologia, metafísica e ciência positivista – das quais as duas primeiras separam a infância e meninice intelectual da humanidade da terceira, a ciência, na era oitocentista do positivismo francês, época em que a humanidade tinha amadurecido mentalmente. Por distintos que possam ser esses estágios, estão ligados entre si pela ideia de progresso, segundo a Lei de Comte, de tal modo que, por exemplo, a astronomia moderna seria uma excrescência da astrologia a partir do primeiro estágio do conhecimento[48].

Em "Divagando I" (12 de abril), Euclides também acredita no progresso, "a marcha maravilhosa do espírito humano", e ficou satisfeito com o fato de que, "através do desmoronamento secular das crenças" cristãs, não tenha esmorecido a persistência das "leis positivas da ciência"; mas, ao contrário de Comte, não tinha respeito pelas "velhas fantasmagorias teológicas" da Idade Média e mostrava pouca reverência pelo Catolicismo institucional[49]. Com essas prevenções anticatólicas, pensava e agia em sua época como a maioria dos positivistas brasileiros.

---

45. *Obra Completa*, vol. I, pp. 568-569. A frase da p. 569, "sem um só ponto de apoio às forças que o revigoram," é obscura.

46. *Idem*, p. 575.

47. *Idem*, pp. 574-575: "[...] pois que do grandioso sistema do maior filósofo deste século, aceitamos unicamente a classificação científica, indispensável ao nosso tirocínio acadêmico...".

48. Sobre a Lei epistemológica de Comte consulte-se Leszek Kolakowski, *The Alienation of Reason*, pp. 51-59.

49. *Obra Completa*, vol. I, p. 570.

Por outro lado, em "Divagando IV" (2 de junho) teria entendido que, não fosse por sua predisposição "a fixar a feição positiva da vida", poderia muito bem considerar-se um filho de Deus diretamente sob Sua mão guiadora. Mas seu Deus é transcendente, uma divindade cosmológica cuja mão também pode "alevanta[r], no seio do infinito, os mundos..."[50]. Um Criador superno, sem dúvida, mas dificilmente o objeto de devoção da maioria dos católicos que rezam; na verdade, poder-se-ia dizer, um Deus sem um culto.

Nesse contexto, religião e culto são concebidos sociologicamente (de novo segundo Comte) como os esteios espirituais da sociedade, em contraste com a fé subjetiva do indivíduo em Deus[51], que, com Euclides, se perdem na cosmologia e na sobrenaturalidade, fora da sociedade e da religião organizada. Não obstante as injustiças da Idade Média, a Inquisição e a condenação de Galileu pela Igreja, porém, a religião católica foi e é o transmissor das lutas das gerações mortas de homens e o rejuvenescedor das crenças abaladas, salvas das sublevações da história. No final das contas, já vemos o quanto Euclides se permitiu harmonizar com o tolerante medievalismo de Comte[52].

Um tema promissor na estética do escritor é a conjunção entre arte e ciência, que aventa em "Divagando III", pelo quinto aniversário da morte de Victor Hugo. O discípulo brasileiro desse "pequeno Napoleão" da literatura francesa lança agora um segundo olhar crítico a seu herói literário, como assim era visto entre filósofos e cientistas de sua época e comparado com Huxley, Darwin, Haeckel e Spencer – os evolucionistas – ou para além do poeta-cientista Goethe – e descobre que o literato francês é excepcionalmente falho em conhecimento da ciência e, portanto, um poeta menor sem ele. "Sonhador e artista [...] – a sua grande alma era impotente para refletir, completas e fulgurantes, as manifestações da vida. [...] O sonhador francês, porém, nunca se demorou ante a contemplação aprofundada da natureza; fitou-a através de sua fantasia caprichosa; tentou amoldá-la às extravagâncias, muitas das quais brilhantíssimas, da sua imaginação [...]"[53]. Essas críticas não se repetiram no aniversário seguinte (o sexto) da morte de Hugo, quando Euclides lhe concedeu totais honras críticas, como se fosse isso tudo o que o poeta francês sempre tivesse merecido[54]; mas o pêndulo oscilante da crítica de nosso escritor era ativado por uma reorientação intelectual na teoria da evolução e nas ciências sociais, das quais

---

50. *Idem*, p. 577.
51. *Idem, ibidem*: "Para nós a religião – afastando-a dos domínios da moral e encarando-a sociologicamente – é o elemento mais vigoroso da solidariedade humana". Sobre a forma como Comte concebe o Catolicismo cf. Kolakowski, *The Alienation of Reason*, pp. 62 e ss.
52. *Idem, ibidem*.
53. *Obra Completa*, vol. I, pp. 575-576.
54. Cf. *Idem*, p. 615, em "Dia a Dia" (22 de maio de 1892).

Spencer era o eminente divulgador nas Américas[55]. Seu pequeno livro, *Education*, que procurava inculcar em seu público americano a pedagogia positiva, isto é, empírica e prática, e conciliar seu modo de pensar sociocientífico com esferas extracientíficas do pensamento, como a religião e a arte, era a origem da convicção que Euclides nutria de que a arte verdadeiramente grande devia fundamentar-se numa sólida educação científica[56]. Embora essa convicção fosse supérflua para a poesia de Victor Hugo, ajustava-se perfeitamente aos talentos literários de Euclides, que eram secundados por uma sofisticação científica real, especialmente no campo da matemática.

Aproximando os diversos fios de seu discurso, estendidos durante seu aprendizado jornalístico, diríamos que podem ter sido muitos os seus assuntos, mas foram poucos os temas: a Revolução brasileira *versus* a francesa, o positivismo e a sociologia de Comte e as diferentes teorias da evolução de Darwin e Spencer, que ele abraçou, ainda que Spencer se mantivesse fiel à teoria pré-darwiniana de Lamarck. Em seu aprendizado até 1890, seu positivismo sofreu ligeiras porém significativas modificações, passando de representações sumamente abstratas, quase matemáticas, da história, da sociedade e dos agentes individuais da ação política para explicações mais concretas das interações dessas entidades. Parece que essas pequenas concessões custaram-lhe muito em termos psicológicos, como se pode ver nas autorreflexões posteriores de 6 de abril de 1892:

Quando, porém, entre nós, no último barranco esboroado, rolar o último adversário, nós que não temos dedicações pessoais no governo, como se insinua deslealmente, que vemos nos homens do poder símbolos abstratos da realidade [política], dos princípios que adotamos, nós não teremos o triunfo, mas uma triste lição acerca de todos os perigos, capaz de produzir a indisciplina dos sentimentos e das ideias[57].

Contudo, em 1890, se ainda não se tinha desvencilhado totalmente, no aspecto intelectual, das concepções positivistas, não obstante estava inteiramente alheado, por outros motivos, de Benjamin Constant e dos positivistas do Rio.

Esse ano do Encilhamento foi tão decisivo para a vida do nosso jornalista quanto o foi para o país. Euclides não só casou-se com Ana Ribeiro, como também reintegrou-se ao exército para fazer novos cursos e alguns exercícios militares enquanto a saúde lho permitisse. Mas isso não foi tudo. Na última década do século XIX, a

---

55. Sobre a influência de Spencer no Brasil veja-se Richard Graham, *Britain and the Onset of Modernization in Brazil 1850-1914*, Cambridge, Eng., 1968, cap. 9.

56. Spencer, *Education*, New York/London, 1910, pp. 63 e ss.

57. "Dia a Dia", em *Obra Completa*, vol. I, p. 594.

intelectualidade brasileira sofreu uma mudança, passou do paradigma científico de Comte para Darwin e os evolucionistas ingleses, ou de uma reforma positivista da sociedade brasileira para a ideologia capitalista do darwinismo social. Euclides teve de fazer esquecer em certos locais a reputação de ser um positivista permanente[58], mas, como outros intelectuais brasileiros, procurava em Spencer outro credo social e científico que fosse mais consoante com as incipientes industrialização e urbanização do Brasil do que com o velho positivismo de Comte.

---

58. Sobre a reputação científica contemporânea de ser um positivista, veja-se José C. Barreto de Santana, "Euclides da Cunha e a Escola Politécnica de São Paulo", *Estudos Avançados*, Universidade de São Paulo, 10(26), pp. 316, 318 e 325, 1996. A isso Euclides apenas podia exclamar: "Eu, positivista!?", como em carta de 23 de abril de 1892 a João Luís Alves, publicada em *Correspondência de Euclides da Cunha*, ed. Galvão & Galotti, p. 93.

5

Os Dias de Exército
e a Engenharia Civil

N A ÚLTIMA DÉCADA DO SÉCULO XIX Euclides ainda passaria algum tempo no exército, após concluir a Escola Superior de Guerra em 1891 e, no ano seguinte, ser promovido a primeiro-tenente. Em meados de 1892, foi nomeado ajudante de ensino para dar, por um ano, "aulas teóricas" de Química, Física e Astronomia na Escola Militar e no Observatório de Astronomia, e ministrar exames nessas matérias, supostamente necessárias à formação dos engenheiros-geógrafos e dos oficiais do Estado-Maior. No entanto, como escreveu a seu mais assíduo correspondente, o advogado santista Reinaldo Porchat (carta de 7 de junho de 1892), a farda era "demasiadamente pesada para meus ombros"[1], de sorte que já pensava em mudar de profissão: assumir uma cadeira de astronomia na Escola Politécnica Paulista; quatro meses depois, porém, em outra carta a Porchat (de 3 de setembro), escreveu: "Continuo na missão inglória, na triste e monótona e profundamente insípida missão do pedagogo"[2], mas tinha intenção de abandoná-la no final do ano. No entanto, esse cansaço da pedagogia não o impediu de que, depois de retirar-se do serviço militar, passasse árduos anos da vida tentando inutilmente obter um posto docente na nova Escola Politécnica de São Paulo – uma história tristemente melancólica a que voltaremos no final deste capítulo. Por enquanto, seria injusto afirmar que veio à tona em sua personalidade um "traço comum", ou seja, "o de queixar-se sempre da atividade que está realizando"[3].

Sua ruim condição de saúde iria arrastá-lo no exército até meados de 1896, quando abandonou de uma vez por todas o uniforme militar, reformado que foi por motivos de saúde, com a patente de capitão. Dentro desse curto período de cinco anos, vi-

---

1. Em Galvão & Galotti, *Correspondência de Euclides da Cunha*, p. 31.

2. *Idem*, p. 40.

3. Cf. José Carlos Barreto de Santana, *Ciência e Arte: Euclides da Cunha e as Ciências Naturais*, São Paulo/Feira de Santana, 2001, p. 49.

veu como engenheiro do exército algumas aventuras incomuns que merecem registro, totalmente diferentes da maioria das missões rotineiras que lhe foram designadas. Naturalmente, continuou a escrever para o jornal *O Estado de S. Paulo* artigos estimuladores e provocativos sobre questões políticas e científicas da época – artigos que mencionaremos à medida que intervierem no curso dos acontecimentos. E, *last but not least*, em 1892 começou a vasta correspondência com diversos amigos, da qual muitas cartas foram reunidas e preservadas por estudiosos do autor no século passado (especialmente Francisco Venâncio Filho, Oswaldo Galotti e Walnice Nogueira Galvão), embora nem todas tenham sido publicadas até agora. Essa correspondência lança muita luz sobre os motivos e aspirações de Euclides nesse e em outros períodos posteriores, pelo que, daqui para diante, sempre vamos levá-la em conta nas explicações de seu comportamento.

Quase na mesma época em que teve início sua breve carreira no exército, o governo militar da República estava mudando para pior devido ao aberto antagonismo entre o novo Congresso e o presidente provisório, o marechal Deodoro da Fonseca. Seu vice-presidente e companheiro de armas na Guerra do Paraguai, o marechal Floriano Peixoto tramava em segredo com o Legislativo a resistência ao presidente. Quando, por insistência de seu séquito, Deodoro dissolveu o Congresso e decretou a lei marcial (com a indiferença dos brasileiros comuns), Floriano, graças à conspiração tramada por ele e seus partidários (entre eles, estranhamente, Euclides da Cunha), foi guindado à presidência, que Deodoro lhe transmitiu totalmente insciente da traição que lhe fora armada. Este faleceu pouco depois ainda acreditando que tinha salvo o país da guerra civil; no entanto, ela esteve prestes a engolfar o Brasil no extremo Sul e na revolta da armada na baía da Guanabara[4]. Assim transcorreu o ano de 1891, com golpe e contragolpe político, bombardeios navais do Rio de Janeiro e irrupção de uma guerra aberta no Rio Grande do Sul entre os partidários do governador positivista Júlio de Castilhos e os seguidores do velho líder liberal Gaspar Silveira Martins, ao lado de alguns dissidentes republicanos[5].

O militar que foi o segundo em comando durante essas longas ondas de anarquia e tentou apaziguá-las na zona do Rio foi um enigma permanente para todos os seus contemporâneos, inclusive para os associados mais próximos. Os positivistas receberam muito bem a elevação do marechal Floriano Peixoto à presidência: era o ditador

---

4. Sobre a transição da presidência do marechal Deodoro para o marechal Floriano Peixoto, vejam-se José Maria Bello, *A History of Modern Brazil*, trad. J. L. Taylor, com um capítulo final acrescentado por R. E. Poppino, Stanford, 1966, pp. 84-88 [Ed. bras.: *História da República (1899-1945)*, São Paulo, Nacional, 1956] e Edgard Carone, *A República Velha*, São Paulo, 1974, vol. II, pp. 47-51. O melhor retrato político de Floriano Peixoto está no capítulo 7 de Bello, *História da República 1889-1945. Síntese de Sessenta e Cinco Anos de Vida Brasileira*, São Paulo, Companhia Editora Nacional [1959].

5. Sobre as três forças em conflito no extremo Sul, ver Carone, *op. cit.*, vol. II, pp. 60-61 e 87.

por quem tinham ansiado desde a fundação da República. No Congresso, que Floriano reabriu, todos lhe eram simpatizantes, e o eminente literato, Raul Pompeia, cantou-lhe alto e bom som grandes elogios. Até mesmo Euclides escreveu um artigo, "Da Penumbra", sob o pseudônimo de José Dávila, para *O Estado de S. Paulo* (17 de março de 1892), no qual tentou dar uma feição otimista aos distúrbios públicos que irromperam durante sua presidência. Ele pergunta, "Supõem, por a caso, os nossos intransigentes adversários", que o sistema social caminha "como a translação dos sistemas invariáveis da mecânica, sob o impulso de leis determinadas e positivas?" Invocando não a Comte, mas a Darwin e Haeckel, assevera que as duas leis fundamentais, a da hereditariedade e a da adaptação, estão convulsionando a sociedade brasileira, uma devolvendo-a ao regime imperial passado e a outra adaptando-a aos novos princípios políticos, "que atingiremos lenta mas fatalmente… Sejamos otimistas, pois"[6].

Não obstante, quando o Marechal de Ferro, como foi chamado de forma pouco afetuosa, substituiu os governadores de estado por jovens oficiais de sua escolha, esse ato ditatorial somente podia agradar realmente aos positivistas doutrinários. Rui Barbosa observou, com palavras duras, que entre os dois marechais, um que destituiu o Congresso, contando com a fraqueza dos governadores de estado, e o outro que destituiu os governadores de estado, contando com a aquiescência do Congresso, "não houve uma melhora apreciável"[7]. Mas onde estava Euclides nesse sinistro jogo de cadeiras musicais da política, o outro, o literato discreto que parece ter apoiado, na imprensa sob pseudônimo, não apenas as políticas de Floriano mas também sua candidatura presidencial nos bastidores?

Sagazmente, Sousa Andrade, responsável por tantos achados na biografia de Euclides, detectou num trecho de um ensaio que este escreveu sobre Floriano as provas filológicas de que nosso escritor fora um dos conspiradores que frequentaram a casa do marechal antes que assumisse a presidência[8]. Não se sabe o que o jovem oficial fazia exatamente em reunião dessa natureza, mas pode-se pelo menos inferir que endossava as aspirações políticas do marechal, mesmo que ativamente não as tivesse promovido. É possível que, em vista da predileção de Floriano por convocar jovens oficiais para ocuparem as governadorias dos estados, Euclides tenha achado natural fazer parte desses grupos, sobretudo porque tinha a reputação de ser um jovem de muitos talentos.

Seja como for, depois que o jovem graduou-se na Escola Superior de Guerra, Floriano deu-lhe a opção de escolher um posto, e ele com uma certa ingenuidade respondeu, como faria um jovem engenheiro militar, que obedeceria às regras prescritas para

---

6. *Obra Completa*, vol. I, pp. 580-581.
7. *Apud* José Maria Bello, *A History of Modern Brazil*, p. 97. Ver nota 4.
8. Cf. Sousa Andrade, *História e Interpretação…*, pp. 58-59.

os engenheiros recém-formados e trabalharia por um ano na Estrada de Ferro Central do Brasil. O marechal, que não era nenhum tecnocrata aferrado ao dever, concordou com essa decisão com um desdém mal-escondido pelas ambições do jovem tenente, e designou-o para supervisionar, por breve tempo, a construção da ferrovia em Caçapava (São Paulo)[9]. Por outro lado, quando seu sogro, o general Solon Ribeiro, foi preso pelo marechal sob suspeita de traição na revolta da armada, e circularam boatos de que o general seria fuzilado, Euclides cobrou forças para pedir pela vida do sogro ao marechal e deste recebeu a resposta curta e grossa de que ele e Solon já eram amigos "quando seu pai [de Euclides] ainda nem cogitava em procurá-lo [...]. Pode retirar-se"[10]. E assim o general foi libertado sem qualquer dano.

Quando, mais tarde (em 1894), Euclides quis entender esse militar rígido, desapaixonado, cruel e traiçoeiro que foi Floriano Peixoto, resumiu suas ideias num ensaio sobre a sua personalidade, usando como título uma única palavra – "A Esfinge" – termo pelo qual o marechal é referido por antonomásia[11]. O cenário em que "a esfinge" faz a sua aparição foi, apropriadamente, um trecho arenoso de praia abaixo do Morro da Saúde, ao lado das Docas Nacionais, para onde Euclides fora destacado uma noite para supervisionar a construção de trincheiras e o assentamento de um canhão inglês, o Whitworth 70, para repelir qualquer possível ataque procedente da baía da Guanabara, onde estava fundeada a armada revoltada da Marinha brasileira, junto com diversos navios estrangeiros que ali estavam de sobreaviso. Toda essa cena noturna é transmitida de forma impressionista com uma imagem indistinta misturando-se a outra numa bruma cinza-prateada de diferentes tons, penetrada de vez em quando pelos raios de lampiões distantes. Dispersando as fantasias de Euclides de que era o espectador de algum drama grego antigo, na cena noturna avançava "a esfinge", acompanhada por um velho ex-oficial veterano da Guerra do Paraguai, os dois a percorrerem as defesas do capitólio. O veterano paraguaio foi vivo e polido com o jovem tenente; "a esfinge" cumprimentou-o com um frio aperto de mão. Sua cabeça, separada do corpo dentro da noite, era a de um fantasma, e depois havia cravado a vista na frota brasileira inimiga e murmurado diante da tranquilidade dos navios, e seu dono partiu com o companheiro como se fosse um pesadelo, deixando Euclides de volta a seu "sonhar acordado".

---

9. Consulte-se sua carta de 1904 (?) a Lúcio de Mendonça, na qual ele conta em retrospectiva sua nomeação para Caçapava por Floriano, *Obra Completa*, vol. 11, pp. 640-641. Não se sabe ao certo por quanto tempo permaneceu nessa cidade: Sylvio Rabello (*Euclides da Cunha*, p. 51) fala em três meses; Sousa Andrade (*História e Interpretação...*, p. 64) menciona quatro meses; e, mais recentemente, Barreto de Santana (*Ciência e Arte*, p. 49) afirma terem sido dois. Não há um consenso. De qualquer modo, foi chamado de volta ao Rio em 1893, para construir fortificações durante a revolta da armada brasileira.

10. Veja a entrevista como foi contada por Eloy Pontes, pp. 116-118, esp. 118.

11. Este ensaio vem publicado em *Obra Completa*, vol. 1, pp. 176-180.

Foram esses os contatos que teve com seu distante comandante-em-chefe a quem, apesar do desagrado e da desconfiança a seu respeito, não deixara de apoiar com poucas e misteriosas ações para levá-lo ao poder na nova República. Na verdade, Euclides teve sorte em poder abrir seu caminho por entre o matagal espinhoso das questões militares e políticas em tempos perigosos, mas acabou tomando um desvio errado embora por ótimos motivos. Ocorreu que um jornal, *O Tempo*, de tendência florianista fervorosa, encontrou certa noite uma bomba de dinamite nas escadas da redação e, prontamente, publicou seu achado em furiosos termos retóricos. Lendo sobre o ultraje, o senador pelo Ceará João Cordeiro, um florianista igualmente fervoroso, escreveu ao jornal em meados de fevereiro de 1894, exigindo publicamente que alguns dos dinamitadores, que já estavam na prisão por ordem de Floriano, fossem fuzilados sumariamente, assim como quaisquer outros que fossem presos; e, como se isso não fosse ruim o bastante para eles, devia-se também dinamitar as prisões onde se encontravam e do mesmo modo ser postos abaixo os esconderijos e refúgios de todos aqueles que, brasileiros ou estrangeiros, tivessem financiado, alimentado e abrigado os dinamitadores, ou simplesmente lhes tivessem dado informações. Essa extravagante reação verbal suscitou uma acalorada correspondência pública, pelos jornais *A Gazeta de Notícias* e *O Tempo*, entre Euclides e o senador, polêmica que não fez nenhum bem ao nosso correspondente[12].

Numa carta de 18 de fevereiro à *Gazeta*, Euclides fez objeções bastante sensatas a essa explosão senatorial, afirmando que retaliar com as mesmas armas seria um crime ainda maior do que o dos dinamitadores (desconhecidos). Presume-se que falasse, antes, àqueles que têm a fibra moral e legal de não descer a selvageria dessa ordem, e o fazia em desafio ao casuísmo do senador, graças ao qual seria fácil estabelecer-se a suspeita "[…] em torno das individualidades mais puras, tornando-as passíveis dos piores juízos"[13]. A carta, escrita num estilo tortuoso, numa tentativa de autoproteger-se, expressa mesmo assim um ponto importante, ou seja, o de que Cordeiro, por não ter um dinamitador *culpado* nesse incidente, estava querendo fuzilar, ou dinamitar por seu turno, uma série de prisioneiros inocentes e aqueles que ocultamente os apoiaram (se fosse possível descobri-los).

Em seu estilo grosseiro e floreado, o senador atirou de volta uma curta declaração por *O Tempo*, aproveitando-se de uma frase da conclusão de Euclides: se o tenente achasse que era degradante levar ao tribunal alguém que "abrange o morticínio sem os perigos do combate", ele, Euclides, devia imitar o senador e "evitar a minha presença como eu evito a de todos os inimigos da República"; que ele como oficial lute as ba-

12. Veja-se uma exposição detalhada dessa troca de cartas em Eloy Pontes, pp. 125-131.
13. *Idem*, p. 129.

talhas da República e corra os perigos do combate corpo-a-corpo com seus inimigos, mas, quanto ao senador, "[e]u sou paisano. Não me alistei nos batalhões patrióticos porque não sei fazer uso das armas militares. O meu campo de ação pela República e pela pátria é outro"[14].

Diante dessa réplica ingênua, Euclides respondeu novamente pela *Gazeta* (carta de 20 de fevereiro), uma vez que a polêmica estava-se tornando condenavelmente pessoal. Aguilhoado pelas deduções "tão profundamente irritantes e falsas" que os editores de *O Tempo* se permitiram tirar de suas palavras, declarou que não sabia mais como dizer àqueles (isto é, Cordeiro) que lutavam pela mesma causa, mas que tinham ideias diferentes, que ele também condenava quaisquer atos subversivos que procurassem solapar toda a sociedade moderna e empanar tudo cobrindo "com uma fumarada de incêndio o vasto deslumbramento do nosso século". Ainda assim, não só condenava os subversivos a ser aniquilados pelas forças combinadas de todas as classes sociais, mas também detestava os métodos que usavam essas forças para exterminar a subversão, pois estava convencido de que a reação à subversão podia "definir, com maior intensidade, [...] a serenidade vingadora das leis". Devemos manter, insiste, "a postura corretíssima dos fortes!", pois "[n]ão é invadindo prisões que se castigam criminosos"[15]. Conclui a carta com elegância, comparando os sentimentos de que ele e o senador pagam tributo à República: o senador ama-a tempestuosamente com o desvario de um amante apaixonado, ao passo que Euclides tem por ela apenas os cuidados e a serena afeição de um filho.

Nem essa conclusão nem toda a troca de cartas agradaram aos oficiais superiores de Euclides ou a Floriano, que voltou a designá-lo, um mês depois (em 28 de março), para outro trabalho de engenharia no interior de Minas Gerais: transformar um prédio da Santa Casa de Misericórdia num quartel para o corpo de cavalaria, tarefa a ser realizada na cidade mineira de Campanha, para onde Euclides e a esposa se mudaram em 29 de abril de 1894.

Nesse meio tempo, por força da antipatia que nutria pelo cunhado, Adroaldo Solon Ribeiro, "um beleguim", as relações do escritor com seus contraparentes ficaram tão tensas que resolveu escrever uma carta à sogra, Dona Túlia, na qual lhe pedia "um último e grande favor": que ela nem mesmo mencionasse seu nome em casa e lhe perdoasse sua ausência permanente do círculo familiar. "Depois da triste desilusão que sofri, só tenho uma única ambição", confessou à sogra, "afastar-me, perder-me na obscuridade a mais profunda e fazer todo o possível para que os que me magoam esqueçam-me, como eu os esqueço"[16]. Uma despedida queixosa, quase ofendida, mas

14. Eloy Pontes, pp. 130-131.

15. *Idem*, pp. 131-132.

16. Carta de 7 de janeiro de 1894, em Walnice Galvão & Oswaldo Galotti, *Correspondência de Euclides da Cunha*, pp. 60-61.

esse estranhamento familiar no início de 1894 deve ter sido facilitado um pouco pelo fato de que Euclides e a esposa Ana (ou Saninha) já estavam envolvidos na criação de sua própria família: o filho mais velho, Solon, nascera em 1892 e Ana estava grávida do segundo rebento, Quidinho, que nasceria em julho, em Campanha. Contudo, não se encontra em parte alguma registro do que Ana pensava acerca da desavença do marido com sua família, mas é possível que não tenha ficado muito feliz.

A família Cunha passou cerca de doze meses em Campanha e somente retornou ao estado de São Paulo por volta de setembro de 1895, por Belém do Descalvado[17]. Durante seu trabalho de supervisão da reforma do edifício da Santa Casa, Euclides costumava explorar os arredores da cidade à procura de materiais de construção – barro para tijolos e granito fino para os muros – e fazia um levantamento do distrito na investigação das antigas escavações de ouro e da condição geológica geral da região[18]. As escavações dos mineradores de ouro, uma melancólica violentação da paisagem, inspirou-lhe a composição do poema "As Catas", no qual pretendeu deixar as maravilhas arquitetônicas, industriais e científicas do mundo civilizado (Ocidente e Oriente) para outros viajantes, enquanto ele buscava "as catas desoladoras do deserto" e as "cidades que se ocultam majestosas na tristeza solene do sertão". É que essas cidades, abandonadas e em ruínas, no horizonte, ainda podem despertar nele "o religioso espanto e o extraordinário êxtase". Dentro de suas igrejas decoradas outrora "atumultuaram multidões" e, fora, os muros eram sacudidos pelos cantos marciais da "heroica e sonhadora, a coorte febril dos Bandeirantes, nas marchas triunfais pelos sertões". À passagem desses desbravadores, porém, o solo que havia tremido sob seus passos tornou-se agora "um mausoléu imenso que pelo sertão se estende", povoado de fantasmas, dos quais fogem apressados a maioria dos que visitam Minas Gerais[19].

Esse poema dos sertões é do mesmo gênero de algumas de suas poesias mais antigas – por exemplo, "A Cruz da Estrada" (1884) – nas quais a fé e a devoção são contrapostas à riqueza e ao refinamento, como entre o sertão e a civilização urbana. Mas, poesia à parte, Euclides tinha o olho aguçado para a ruína e o desperdício que acompanhavam a expansão acelerada da civilização do século XIX e, em particular, os estonteantes ciclos econômicos do Brasil[20]. Além disso, sua visão poética dos sertões já

---

17. Cf. as cartas em W. Galvão & O. Galotti, *Correspondência de Euclides da Cunha*, pp. 71-72.

18. Consultem-se trechos do *Relatório* inédito de Euclides a seu oficial comandante em Minas Gerais, em Barreto de Santana, *Ciência e Arte*, pp. 50-51. Como observa Santana, o *Relatório* nada mais é do que uma "aplicação de formas não necessariamente aprofundadas de conhecimento, mas obtidas originalmente do contato com temas curriculares (como mineralogia e geologia) enquanto [era] estudante na Escola Militar" (p. 51).

19. *Obra Completa*, vol. I, pp. 652-653.

20. Temas estudados por Francisco Foot Hardman, "Brutalidade Antiga: Sobre História e Ruína em Euclides", *Estudos Avançados*, 26, pp. 293-310, 1996.

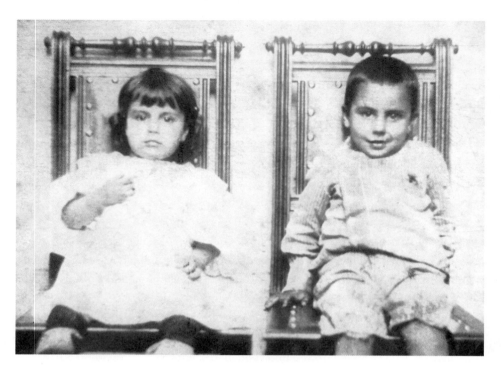
Quidindo e Solon ainda bebês.

Euclides da Cunha (primeiro indivíduo, da direita para a esquerda, na primeira fila) em Campanha.

se estava ajustando à disposição da terra ao norte de Canudos, como num fragmento satírico de versos brancos composto em 1902 (?) em Lorena (São Paulo), que se inicia com bastante sobriedade da seguinte forma[21]:

De um lado o Atlântico e do outro lado as serras
Longas, indefinidas, perlongando-o;
E aquém das serras nos planaltos largos,
Um mundo ainda ignoto! Os rios longos
Recortam-na profusos, ora calmos,
Volvendo a correnteza imperceptível,
Ora cheios [...]

Que terra encantadora... Mas enquanto
O meu olhar se desatava livre
No desafogo dos espaços amplos
O ridículo mortal tolhia o passo
E imóvel sobre o cerro em que jazíamos
Abarcava num gesto o espaço todo:
Conforme vês *a terra é longa e grossa* [...]

Nesse sóbrio estilo geográfico, mas em prosa, *Os Sertões* começa do mesmo modo com uma grande quantidade de termos técnicos relativos ao planalto central do Brasil[22].

Quando Euclides não estava às voltas com a reforma da Santa Casa, escrevia poesia ou relatórios sobre o progresso da construção ou cartas a seus contraparentes e jogava gamão com o jornalista e professor Júlio Bueno Brandão, ou ainda lia livros que lhe pedia emprestados, como o do astrônomo francês Emmanuel Liais, *Climats, géologie, faune et géographie botanique du Brésil*, além da obra de Oliveira Martins, *Teoria do Socialismo*, que adquiriu e anotou, e constitui um dos poucos livros que sobraram da venda póstuma de sua biblioteca. Do jogo de gamão com Júlio Brandão chegou até nós uma estória divertida[23]. Quando este lhe explicou as regras do jogo, ele simplesmente

---

21. *Obra Completa*, vol. I, p. 654. Os editores Bernucci e Foot Hardman da poesia reunida de Euclides (no prelo) viram corretamente que esse fragmento foi separado da sátira "O Paraíso dos Medíocres", sobre os críticos puristas de sua arte em prosa (cf. cap. II, p. 213 e n.12). A maior parte do fragmento refunde a natureza tropical de outro modo altiva do Brasil numa imagem do médio de ouro: "E tudo é médio... a natureza toda / Numa mediania inalterável" – assim o lar perfeito para as mediocridades críticas. Mas o fragmento não começa com esse tom.

22. O conceito errôneo de "planalto central" foi criticado por Aroldo de Azevedo, " 'Os Sertões' e a Geografia", *Boletim Paulista de Geografia*, 5, pp. 28-30, julho de 1950.

23. Contada por Sousa Andrade, *História e Interpretação...*, p. 72.

as rejeitou com a seguinte tirada: "Eu não sou escravo de regrinhas de jogo, ouviu? Isso é pura convenção. Fique estabelecido entre nós que não se deve bloquear o adversário, inutilizando-o deixando-o na posição vexatória de um [jogador] inativo". Assim, graciosamente, seu adversário criou uma regra que o deixava ganhar o jogo.

Com o empréstimo do livro de Emmanuel Liais, sua leitura afastou-se de seu autor favorito Carlyle, *The French Revolution* ou *Heroes and Hero Worship*[24], obras que possivelmente tinha consigo, uma ou outra, nas Docas Nacionais quando supervisionava a instalação das defesas contra a revolta da Armada. Agora, em vez de Carlyle, sua leitura convergiu para autores de ciência e sociologia, como Oliveira Martins, Teodoro Sampaio, Comte, Buckle, Spencer, Huxley, Alexander von Humboldt, Johann von Spix e Carl Friedrich von Martius e outros; também, no final, não desdenhou o anônimo *Aide-mémoires* e os "Engineers' pocket-books"[25], aos quais consultava em seus trabalhos de engenharia em Campanha e, mais tarde, em São Paulo. No entanto, não concedeu ao livro de Liais uma aprovação irrestrita (nem ele nem outros leitores): para ele Liais era "um naturalista algo romântico", e os norte-americanos John Caspar Branner e Orville Derby condenaram o livro com mais pungência[26]. Não obstante, para avaliar todos esses juízos deve-se levar em conta que Liais não era nenhum botânico ou geólogo.

Apesar de ter-se despedido da sogra por causa da desavença com o cunhado, Euclides fez questão de comunicar-se com o sogro, general Solon Ribeiro, por quem mantinha grande admiração. Escreveu-lhe uma carta em 6 de junho de 1894, sobre a iminente transferência do velho general para um distrito militar em Mato Grosso, após ter sido preso por suspeita de traição a Floriano Peixoto. O estado de Mato Grosso era considerado uma Sibéria tropical para oficiais desafetos, ou, como disse Euclides, o retiro de "exílios disfarçados e hipócritas"; assim, o genro insistiu com o general para que não aceitasse essa transferência e "[s]ereis assim franco com o governo que não quer ser franco convosco. [...] fitais frente a frente os vossos concidadãos. Se não pedistes tal transferência – não a aceiteis". A família e a pátria concordariam que existe uma coisa que "vale mais que a vossa espada de general, é o vosso caráter de homem"[27].

Em meio a essas distrações e exigências impostas a seu tempo livre, a mudança da Santa Casa em quartel de cavalaria tinha avançado sem intermitências até o final; foi quando, para sua surpresa, a câmara municipal de Campanha, em agradecimento a seus

24. *Obra Completa*, vol. I, pp. 176-177, sem referência a qualquer escrito particular desse autor.
25. Como em *Obra Completa*, vol. II, p. 606, carta a João Luís Alves, 26 de setembro de 1895.
26. Sobre suas opiniões a respeito dessa obra consulte-se J. C. Barreto de Santana, *Ciência e Arte*, pp. 135-136.
27. Carta em *Obra Completa*, vol. II, pp. 601-602.

esforços à frente do trabalho, em 19 de julho de 1894, deu seu nome a uma praça da cidade, a praça Engenheiro Euclides da Cunha, "pelos serviços prestados". Pouco mais de um mês depois, presidiu a um banquete em Campanha oferecido ao membros do 8º Regimento de Cavalaria que deixava a cidade[28], aos quais fez um discurso inflamado; na segunda semana de novembro, em outro discurso, congratulou-se com os trabalhadores da estrada de ferro, à chegada da primeira locomotiva em Campanha. Essas ocasiões festivas eram em grande parte motivo de discursos, coisa pouco usual em sua vida.

Numa visita que fez ao pai, em fevereiro do ano seguinte, este o convenceu a passar as férias, umas longas férias de verão, de maio a agosto, na fazenda de café em Belém do Descalvado. Nessas férias, Euclides poderia fazer uma experiência particular: saber se a vida no campo poderia atraí-lo; contudo, como escreveu ao amigo de Campanha, Júlio Brandão, na primeira semana de agosto, ele e o pai tinham certeza de que Euclides nunca poderia ser um bom "roceiro"[29].

Euclides continuava ainda perturbado com o contratempo que tivera com o senador pelo Ceará, João Cordeiro, e sobretudo com sua subsequente remoção, por ordem de Floriano Peixoto, para a pequena cidade de Campanha (Minas Gerais). Esse era um lado do quadro mental que ele fazia da vida militar, mas do outro lado estava sua recorrente condição ruim de saúde, que regularmente o afastava de suas obrigações no exército para um descanso e recuperação na fazenda do pai.

Em outras palavras, nessa fase da vida, ele se perguntava seriamente se tinha possibilidade ou não de fazer carreira no exército, e, consequentemente, escreveu ao sogro pedindo-lhe um conselho: "se puder e quiser ajude-me um pouco com a sua sólida experiência de homem que já lutou muito". A esse apelo de 10 de janeiro de 1896[30], o general Ribeiro respondeu, em 20 de março, com uma carta em que multiplica os casos exemplares, de sua família e da de outros, de homens que deixaram a carreira militar e mergulharam na pobreza e no esquecimento; e conclui: "Eu penso que será um desastre [para você] abandonar a melhor profissão que existe no país"[31]. E, mesmo assim, em 13 de julho do mesmo ano, Euclides decidiu abandoná-la, depois de muita deliberação, provavelmente por causa de seu estado de saúde.

---

28. Como conta Sousa Andrade, *História e Interpretação...*, p. 74: "[...] a oficialidade do 8º R.C. que se retirava da cidade". Uma afirmação enigmática, mas confira-se a carta de Euclides a Porchat, escrita em 23 de janeiro de 1895, em Galvão & Galotti, *Correspondência de Euclides da Cunha*, p. 69: "[...] o Regimento que aqui [Campanha] estava seguiu já para S. João Del Rei...".

29. Cartão a Brandão, de 8 de agosto de 1895, em Galvão & Galotti, *Correspondência de Euclides da Cunha*, p. 81.

30. A data dessa carta aparece errada tanto em *Obra Completa*, vol. II, pp. 603-604, quanto em *Correpondência de Euclides da Cunha*, pp. 67-68. A citação acima está em *Obra Completa*, vol. II, p. 603, e em *Correspondência...*, p. 67.

31. A resposta de Ribeiro (com a data correta da carta acima de Euclides) está em Eloy Pontes, *A Vida Dramática...*, pp. 135-136.

Trabalhou em seguida na Superintendência de Obras Públicas de São Paulo, como engenheiro-ajudante, ali permanecendo de 1895 a 1903, com um salário mensal de 720 mil-réis. Quando, mais tarde, seus vencimentos foram reduzidos, por motivos econômicos, durante uma crise do café no estado, para 600 mil-réis, deu adeus à repartição. A maioria das atribuições que lhe deram tinham relação com a construção ou reparação de pontes de diversos tamanhos, como a ponte metálica de São José do Rio Pardo, que as chuvas haviam destruído; outros encargos foram abrir estradas e construir edifícios, como fizera em Campanha. Foi no todo um trabalho monótono e exaustivo. A pior parte era, muitas vezes, simplesmente viajar da Superintendência em São Carlos do Pinhal ou de sua casa em Lorena ao local de trabalho pelas estradas ruins do estado. Por exemplo, para chegar de Lorena até à pequena cidade litorânea de Ubatuba – uma distância de 160 quilômetros em linha reta – tinha de tomar um trem até à primeira parada noturna; depois andar no lombo de um cavalo no dia seguinte até à noite, quando chegava à segunda parada; partir no dia seguinte também a cavalo por uma estrada perigosa na descida da serra, por um lado alcantilado, para alcançar na mesma noite a aldeia litorânea de Ubatuba[32].

A cavalo, de charrete, ou por trem, Euclides viajou de um lado para o outro do estado, por oito anos, em inúmeras atribuições; uma "vida perturbada de *commis-voyageur* da engenharia", como ele mesmo observou, "minha engenharia rude, engenharia andante, romanesca e estéril, levando-me em constantes viagens através de dilatado distrito..."[33]. Como desprezou essa vida, regozijou-se por livrar-se dela a curtos intervalos, como quando acompanhou a última expedição militar a Canudos, e quão pouco alívio lhe trouxe seu famoso livro, *Os Sertões,* da interminável rotina férrea de seu trabalho de engenharia! Só pôde tomar fôlego quando, devido a um grande corte em seu salário, foi forçado a deixar o emprego; transferiu-se para um posto melhor, na Comissão de Saneamento de Santos (em janeiro de 1904), mas esse trabalho durou pouco, apenas alguns meses (até abril), quando se desentendeu violentamente com o chefe da Comissão e novamente deixou o emprego, dando um fim definitivo à sua carreira de engenheiro no estado de São Paulo. Salvo pelos três anos que passou em São José do Rio Pardo escrevendo *Os Sertões* enquanto reconstruía a ponte destruída pelas chuvas, seu contato com a literatura e a erudição diminuiu extremamente durante todo esse período infeliz. Como ele mesmo contou a José Veríssimo (carta de 12 de junho de 1903), "[f]elizmente me habituei a estudar nos trens de ferro, nos *trolys* e até a cavalo! É o único meio que tenho de levar por diante esta atividade dupla de

---

32. Itinerário que aparece na coleção de documentos publicada por Antônio da Gama Rodrigues, *Euclides da Cunha: Engenheiro de Obras Públicas no Estado de São Paulo*, São Paulo, 1956, p. 20.

33. Em cartas a José Veríssimo, 2 de dezembro de 1902, e a Lúcio de Mendonça, 22 de março de 1903, em *Obra Completa*, vol. II, pp. 621 e 627, respectivamente.

chefe de operários e de homem de letras, visando quase o ideal dessa *vida intensa*, da qual tratou superiormente o extraordinário Roosevelt em seu último livro"[34]. Na Superintendência, apesar de todo o seu esforço e dedicação à maneira do sexto trabalho de Hércules, foi promovido uma única vez, a chefe do distrito de Guaratinguetá, em 2 de dezembro de 1901.

Nesse período de constantes viagens e trabalhos de construção teve a inesperada compensação de conhecer um futuro e importante colaborador na composição de *Os Sertões*, isto é, Teodoro Sampaio, uma das figuras intelectuais mais respeitadas do Brasil do final do século XIX. Entre 1894 e 1905[35], Sampaio conheceu Euclides em São Paulo, nos primeiros anos de sua carreira de engenheiro, e registrou um desses momentos:

De volta de seus trabalhos de campo, trazia um ar de tédio a trair-lhe uma repugnância invencível. Não que a vida ativa de engenheiro lhe pesasse; mas porque não encontrava na função, como exercida, a superior elevação, capaz de o libertar da pasmaceira de uma técnica que lhe parecia duvidosa. [...] Mas o Euclides, na sua vida de engenheiro errante pelas regiões do Oeste de São Paulo, me desaparecia por longo tempo. Era uma raridade quando me surgia de improviso em casa a contar-me a sua odisseia e a maldizer o seu tédio que já se prolongara por muito tempo[36].

Mas, felizmente, durante a escrita de *Os Sertões*, quando Euclides mais precisou de seu conhecimento das pessoas e dos lugares do interior da Bahia, os dois homens voltaram a encontrar-se mais de uma vez em São José do Rio Pardo.

Outro grande desapontamento profissional de Euclides, com o qual terminaremos este capítulo de sua vida, não foi na carreira técnica que seguiu, mas numa que lhe foi negada, a de professor da Escola Politécnica de São Paulo, fundada em 1892-1893[37]. Para começar, Euclides cometeu um deslize no momento em que a Politécnica estava sendo organizada, ao publicar, em 24 de maio e 1º de junho de 1892, dois artigos em *O Estado de S. Paulo*[38], nos quais criticava o programa pedagógico da Escola criado por Antônio Francisco de Paula Souza, fundador e futuro diretor da instituição. Parte dessa crítica foi suscitada inevitavelmente pela origem francesa e pela tendência po-

---

34. *Obra Completa*, vol. II, p. 631.

35. Sampaio data esse encontro do começo de 1892 em "À Memória de Euclides da Cunha no Décimo Aniversário de sua Morte", pp. 247-248; mas Sousa Andrade (*História e Interpretação...*, p. 81) acredita que os dois somente podiam ter-se encontrado "entre o final de 1894 e o começo de 1895".

36. Teodoro Sampaio, "À Memória de Euclides da Cunha", p. 248.

37. Essa triste estória foi reconstituída recentemente por Barreto de Santana, *Ciência e Arte*, cap. 1, pp. 52-74; cf. seu artigo "Euclides da Cunha e a Escola Politécnica de São Paulo", em *Estudos Avançados*, 10(26), pp. 311-327, 1996.

38. Em *Obra Completa*, vol. I, pp. 387-393.

Teodoro Sampaio.

sitivista da Escola Politécnica do Rio, ao contrário da recente Escola de São Paulo, que, de conformidade com a formação educacional de Paula Souza, era uma recriação brasileira da "Technische Hochschule" alemã ou suíça e não tinha uma concepção positivista (ainda que alguns professores fossem positivistas). Assim, a Escola do Rio baseou-se, em termos positivistas, na matemática a partir da qual se deduziam aplicações a determinados problemas técnicos, enquanto a Escola de São Paulo era mais indutiva e preocupava-se empiricamente com um conjunto de ciências aplicáveis às artes mecânicas e às indústrias[39].

No entanto, é oportuno afirmar com franqueza que as críticas de Euclides tinham o propósito deliberado de insultar Paula Souza e sua proposta curricular para a Politécnica. É possível que os defeitos de Paula Souza tenham sido acentuados, mas ele era originário de uma família antiga e ilustre e tinha viajado para os Estados Unidos e a Europa, onde estudou na Eidgenössische Technische Hochschule de Zurique, em 1861-1863, e na Technische Hochschule de Karlsruhe, graduando-se nesta em 1867. Em 1900, durante sua administração da Politécnica, uma facção de professores positivistas da Escola havia dirigido fortes críticas ao levantamento geográfico do estado de São Paulo feito por uma comissão chefiada pelo norte-americano Orville Derby, mas Paula Souza, sempre sensível à reputação da nova Politécnica, defendeu a Escola e com isso indispôs-se com o amigo Derby. É bem possível que o episódio tenha tornado o fundador da Politécnica mais cauteloso a respeito dos positivistas hipercríticos da faculdade. Seja como for, os ataques de Euclides ao seu programa curricular para a Escola tinham o mesmo espírito negativo que usaram para criticar o levantamento de Derby.

A opinião de Euclides, expressa em seu primeiro artigo, era que, desde a revolução científica dos séculos XVII e XVIII, os legisladores têm-se ocupado das reformas da educação, as quais, embora merecedoras de elogios, foram de realização extremamente difícil, como está exemplificado de forma "eloquentíssima no desastroso projeto" de Paula Souza, apresentado ao Congresso do estado. Pode-se observar mais diretamente a futilidade da reforma pedagógica se compararmos a uniformidade altamente regulamentada e estéril das universidades francesas com a vibrante independência e a intercompetição da Hochschulen alemã, muito mais fértil em ideias novas do que a rotina estagnada de todo o sistema universitário francês[40]. O programa de Paula Souza – "uma coisa desastrosa" –, se for transformado em lei (como o foi), irá desfigurar "de um modo deplorável a feição superior da nossa mentalidade"[41].

---

39. Barreto de Santana, *Ciência e Arte*, p. 53.

40. *Obra Completa*, vol. I, pp. 387-388. A admiração pelo ensino superior na Alemanha não é, naturalmente, um ato de respeito pela formação de Paula Souza, mas, antes, um indício do quanto Euclides tinha-se afastado da antiga idealização da alta cultura francesa.

41. *Idem*, p. 388.

Essas críticas, de forma bastante surpreendente, são o prelúdio de uma revisão no mais das vezes verbal do vocabulário técnico usado por Paula Souza em sua proposta – essas "incorreções imperdoáveis". Assim, na frase "matemáticas e ciências aplicadas às artes e indústrias", "matemáticas" devia vir no singular, e não no plural, por ser "a única ciência a adquirir, num de seus ramos, a Mecânica, um caráter de inteira unidade" (?); e "artes e indústrias" é uma combinação redundante. Além disso, "geometria plana e no espaço" deveria restringir-se a "geometria espacial", e é possível que "geometria superior" denote geometria diferencial e integral, mas em si mesma a expressão é vazia, etc. Na mistura de matérias que se devem ensinar na Politécnica no curso de três anos, Euclides procura (como um antigo estudante positivista que foi) alguma classificação hierárquica, como nos escritos de Comte ou de Spencer, que os sistematizasse de algum modo, mas em vão. Observou, porém, que no currículo da Politécnica, que ele amplia sob várias justificativas, foram esquecidas a astronomia ("a base científica da geodésia"), a biologia, a economia política e a "engenharia geográfica" (?)[42].

O segundo artigo, escrito cerca de uma semana depois, enfatiza alguns pontos ventilados no primeiro, como, por exemplo, o caráter vazio do termo "geografia superior", a ausência da astronomia no currículo e a ineficácia de uma reforma legislativa da educação universitária sem uma orientação filosófica. Tolamente, Euclides achou que, depois de esperar alguns dias por uma resposta a suas críticas – por arbitrárias e obscuras que tivessem sido – e de continuar sem receber qualquer refutação, mas apenas o silêncio, estava "limpidamente provada a incompetência" de Paula Souza em seu programa da Politécnica. Chegou mesmo a fantasiar que o amor pelas ideias que adotou nessa crítica com certeza o absolveria, como crítico, de um ressentimento pessoal ao investir contra o projeto da Politécnica, que, como o colunista expôs "limpidamente", não é praticável para o grandioso fim a que visava. (Ainda assim, o Congresso do estado aprovou o projeto tal como foi apresentado.) Contudo, Euclides ainda não estava totalmente satisfeito com sua exposição, porque duvidava de que a sociedade brasileira estivesse pronta para tolerar ou entender "esse grande ideal de um preparo filosófico comum, presidindo a todas as atividades" (científicas), e será necessário organizar de modo adequado o ensino da ciência na nova Escola. Um preparo "difícil e longo" será este, e não sob o efeito de generalizações apressadas e combinações fáceis, que "a íntima solidariedade das ciências não faculta"[43].

Duas preocupações, agora mais metodológicas, absorviam-lhe a mente: um simples dado das ciências exige muitas vezes uma miríade de considerações, ou um julgamento prático. De um lado, por exemplo, o conceito nuclear de calor na geologia pressupõe,

42. *Obra Completa*, vol. I, pp. 389-390.
43. *Idem*, pp. 391-392.

para explicá-lo, um conhecimento de química, física, astronomia e matemática. De outro, a prática da agricultura a que o agrônomo deve aplicar-se tem pouco a ver com as ciências superiores do cálculo infinitesimal, da mecânica ou da astronomia, de que ele pode prescindir incondicionalmente ao fazer um julgamento. Por último, a indústria brasileira, que está nascendo[44], não deve presumir que é original em seus processos quase científicos, porque já dispõe de tantas boas invenções em países estrangeiros (isto é, na Europa e nos Estados Unidos) que pode importar. No total, a educação politécnica no Brasil continua a ser completamente remodelada e diferenciada muito bem de acordo com as diferentes carreiras científicas, ao passo que a indústria brasileira, na virada do século xx, ainda está na infância, e o projeto da Escola Politécnica constitui "uma tentativa eminentemente civilizadora, ainda que mal baseada"[45].

Não é de admirar, portanto, que, mais tarde, quando Euclides decidiu seriamente candidatar-se a uma cadeira (em junho de 1892) nessa infamada instituição, Paula Souza não lhe tenha prestado atenção. De 1892 a 1904, com a ajuda das pesquisas de Barreto de Santana, podemos acompanhar a contínua rejeição de Euclides entre os candidatos ao cargo de professor da Escola. No começo, em resposta a algumas cartas (que não chegaram até nós) que escreveu a Teodoro Sampaio, esse amigo deu a reconfortante opinião de que, nos dois primeiros anos de curso, haveria duas cadeiras, uma de engenharia civil e outra de artes mecânicas, as quais seriam preenchidas por nomeação; posteriormente, seriam preenchidas outras cadeiras por concurso entre os candidatos, mas de modo algum "a política" interferiria no resultado[46]. O velho correspondente de Euclides, Reynaldo Porchat, que talvez tenha tido uma premonição de alguma composição interna em seu favor, escreveu-lhe, em 26 de novembro de 1893, dando-lhe uma opinião contrária, a de que na verdade o fator "político" do favoritismo iria pesar na escolha dos candidatos[47]. Nesse meio tempo, em outras cartas ao amigo João Luís Alves, de Campanha, Euclides ressaltava que o objetivo de sua candidatura era uma cadeira em mineralogia e geologia: ele estava "absorvido pelo estudo da Mineralogia, vivendo numa áspera sociedade de pedras"[48]. Ele mesmo resumiu nos seguintes termos as oportunidades e as desvantagens que tinha diante de si[49]:

44. Sobre as origens das indústrias brasileiras veja-se as obras clássicas de Stanley Stein, *The Brazilian Cotton Manufacture: Textile Enterprise in an Underdeveloped Area, 1850-1950*, Cambridge, Mass., 1957, ou de Warren Dean, *The Industrialization of São Paulo*, Austin, 1969.

45. *Obra Completa*, vol. I, pp. 392-393.

46. A carta de Sampaio, de 19 de agosto de 1893, é citada por José Carlos Barreto de Santana, *Ciência e Arte*, p. 57.

47. A carta de Porchat também é citada por Barreto de Santana, *Ciência e Arte*, pp. 58-59.

48. Carta de 23 de abril de 1896, em Galvão & Galotti, *Correspondência de Euclides da Cunha*, p. 93.

49. *Idem*, pp. 93-94.

[…] o cidadão A, cheio de íntima convicção, baseado em anteriores exemplos, fatos passados com outros, afirmava-me que isto de concurso em S. Paulo não valia nada, sendo invariavelmente nomeado *persona grata* do governo, […]. Logo após o cidadão B, confidencialmente, fazia alusão à minha seita positivista (eu, positivista!) e à birra especial de algumas influências pelos que a [a seita positivista] professam. / O cidadão C, lembrava-me artigos meus, de 92, no *Estado* [*de S. Paulo*], em que combati energicamente a maneira pela qual foi organizada a Escola [Politécnica], etc. Um outro, comunicava-me a existência de terrível adversário, um dos primeiros geólogos do Brasil, discípulo e braço direito de Gorceix, etc. etc. / Imagina que imenso esforço para ficar a cavaleiro de tudo isto…

Nesse acúmulo de opiniões, a do cidadão A, que representava Porchat, era com certeza a mais correta e não menos que a do cidadão C, quem quer que fosse ele. O discípulo do francês Gorceix, que chefiava a escola de minas de Ouro Preto – isto é, Francisco de Paula Oliveira – era de fato um "terrível adversário", visto que também era o favorito de Paula Souza, mas, como aconteceu, ele recusou a oferta da cadeira de mineralogia e geologia que Euclides cobiçava. Depois disso, porém, a cadeira foi oferecida a outro candidato que a aceitou. Euclides, imperturbado, perseverou na ilusão de que, em algum momento de sua vida, haveria um lugar para ele na Politécnica.

De 1896 para 1897, Paula Souza mudou os procedimentos da escolha do candidato. Inicialmente, algumas cadeiras deviam ser preenchidas por nomeação, de acordo com as dotações orçamentárias do Congresso do estado, como Sampaio dissera a Euclides, e as restantes seriam distribuídas por concurso aberto entre os candidatos, à medida que fossem entrando mais recursos do estado. Mas agora, como em 1896, Paula Souza pensava que um concurso livre e aberto apenas "traria males para a instituição e para o justo progresso de nossos trabalhos"[50], e, consequentemente, em 1897 as cadeiras restantes da Escola foram preenchidas somente por nomeação. Teoricamente, por essa norma, Euclides poderia ter tido melhores possibilidades de obter a tão sonhada cadeira, visto que, em última análise, as nomeações seriam apresentadas ao governo do estado para a aprovação final, e essa seria determinada politicamente sem levar em conta a importância científica dos candidatos votados originalmente. Essa opção, para melhor ou para pior, encorajou Euclides a manter sua candidatura até o amargo fim, quando finalmente a retirou por falta de apoio dentro da Escola.

Nesse meio tempo, porém, começou a mudar de ideia com respeito a manter a corrida em busca dessa cadeira. Entre outras coisas, em abril de 1896 sua esposa Ana caiu numa profunda apatia, que os médicos diagnosticaram como antipatia física ao clima de São Paulo, e recomendaram uma mudança de ambiente, para outro local. O marido,

---

50. Barreto de Santana, *Ciência e Arte*, p. 63.

para melhorar os humores de Ana, pensou em levá-la a Salvador (Bahia), para visitar os pais, em quem não punha os olhos havia quatro anos. Conforme informou ao amigo de Campanha, dr. Bueno Brandão, "[t]odas essas coisas, como se prevê facilmente, perturbam enormemente o curso das minhas aspirações" a uma cadeira na Politécnica[51]. Dois meses depois, escreveu a João Luís Alves, "[v]ejo muito comprometido o meu concurso; estou vendo que não me inscreverei"[52].

Todavia, nos cinco anos seguintes, durante os quais os Cunha viveram principalmente em São José do Rio Pardo, enquanto Euclides reconstruía a ponte sobre o rio Pardo e compunha sua famosa história da "guerra" de Canudos, *Os Sertões*, ele encontrou tempo para voltar a pensar no "negócio da Politécnica". A fama repentina que envolveu o livro granjeou-lhe amigos até mesmo dentro da Escola, e eles faziam pressões a fim de que voltasse a apresentar sua candidatura[53]. Podemos contar entre esses amigos um que pertencia à Escola, Manuel Garcia Redondo, um dos fundadores da Academia Brasileira de Letras, e o outro que era funcionário da Secretaria do Interior do Estado de São Paulo, Henrique Coelho. Os dois empenharam-se firmemente em apresentar à Escola, em 1904, as qualificações do amigo a uma cadeira, que entregaram pessoalmente nas mãos do vice-reitor, Francisco Ramos de Azevedo, uma pessoa que também se mostrava muito cordial com Euclides.

Ainda assim, sua candidatura não prosperou, apesar dos boatos tranquilizadores de que ia muito bem. Uma suposta discussão entre Garcia Redondo e Paula Souza – se é que houve – apenas serviu para desacreditar as boas informações. Então, em 7 de agosto de 1904, Euclides escreveu ao amigo de letras, o romancista Coelho Neto, com impaciente ironia:

Quanto à Politécnica: ia tudo admiravelmente – eu queria, o governador queria muito, a congregação queria muitíssimo a minha nomeação, porém, à última hora razões muito sérias, e muito honestas, obrigaram-me a escrever ao sr. Garcia Redondo uma carta que era, afinal, o rompimento das nossas relações. [...] Renunciei desabridamente à pretensão [de obter uma cadeira]. Mas muitos não me entendem neste ponto, de sorte que talvez ainda seja surpreendido com a nomeação[54].

Devido a uma circunstância inescrutável, porém, sua nomeação fora prorrogada para uma data futura e indeterminada, tão distante que deixou de acreditar nela, e

---

51. Carta de 28 de abril de 1896, em Galvão & Galotti, *Correspondência de Euclides da Cunha*, p. 96.

52. Carta de 25 de junho de 1896, *idem*, p. 98.

53. Vejam-se, em *Obra Completa*, vol. II, pp. 613 e 617, as cartas de 22 de fevereiro de 1901 e de 14 de maio de 1902, a Alberto Sarmento e a Francisco Escobar, respectivamente.

54. Veja-se Galvão & Galotti, *Correspondência de Euclides da Cunha*, p. 218.

acabou por desistir de todas as suas pretensões[55]. Nas sessões de votação da congregação da Escola, como se ficou sabendo, recebeu apenas um voto, ou nenhum, dos politécnicos supostamente "amigáveis". Por isso, às vésperas da viagem para o Amazonas, com a Comissão Mista Brasileiro-Peruana, escreveu a outro amigo, dizendo-lhe que não seria nomeado para a Politécnica, até porque a única cadeira que poderia ter sido sua obrigava-o a ensinar, entre todas as coisas, ciência veterinária: "Lá está no Regulamento. Eu li…". A Zoologia não era afinal um ramo da ciência que apreciasse, e desistiu para sempre de correr atrás de uma cadeira na instituição. "[E] foi uma solução belíssima"[56].

Agora, concluindo, se alguém quiser levantar a questão irresistível de saber por que um homem que havia produzido um livro da maior importância nacional sobre a "guerra" de Canudos, que abrira para ele as portas do Instituto Histórico e Geográfico Brasileiro e da Academia Brasileira de Letras, granjeara-lhe amizades entre os professores da Politécnica e os funcionários do governo do estado, e promovera-o à chefia da Comissão Brasileira, do governo federal, para traçar as fronteiras do alto Amazonas com os peruanos, e ainda assim o desditoso autor fora incapaz, depois de anos de inútil tentativa, de ingressar no corpo docente da Escola Politécnica de São Paulo – bem, como assegura Barreto de Santana[57], a resposta mais simples deve ser a de que Antônio Francisco de Paula Souza, o fundador e diretor da Escola até sua morte em 1917, bloqueou todas as vezes sua admissão, sobretudo por causa de duas críticas juvenis de Euclides, publicadas consecutivamente no jornal *O Estado de S. Paulo,* nos meados de 1892. Com esse doloroso anticlímax termina a série de acontecimentos, civis e militares, que teve início nesse ano.

55. Veja-se a carta a Henrique Coelho, 9 de setembro de 1904, em *Obra Completa*, vol. II, p. 653.
56. Carta de setembro de 1904 a Plínio Barreto, em Galvão & Galotti, *Correspondência de Euclides da Cunha,* p. 234.
57. Barreto de Santana, *Ciência e Arte*, pp. 71-72.

6

Na Estrada para Canudos

EXAMINEMOS UM POUCO MAIS O TRABALHO jornalístico de Euclides em 1892-1893, no qual vamos colher alguns dos primeiros ecos dos tremores sociais detonados pela chegada a Canudos de Antônio Vicente Maciel, o Conselheiro, o consultor religioso dos sertanejos, que o acompanharam a esse refúgio desolado e logo transformado em pequena cidade. No entanto, nesses anos ominosos que encerram o "noviciado" jornalístico de Euclides, devemos deter-nos por um momento sobre sua proficiência como jornalista, que foi avaliada com simpatia por um colega de ofício, João Luso, do *Jornal do Commercio* (ensaio de 22 de agosto de 1909)[1]. Apesar de seus muitos textos, volumosos e em grande parte jornalísticos, parece que Euclides escrevia com muito esforço e lentidão, pelo menos quando tratava de incidentes banais ou quotidianos:

Uma de suas preocupações, a sua verdadeira preocupação, era a "certeza". Certeza do que pensava e do que dizia; queria sempre examinar a fundo, esquadrinhar as últimas minúcias, ver com os olhos, apalpar com os dedos [...] e, mesmo quando contava simplesmente um episódio presenciado, um caso de que fora simples espectador, parecia, apesar da sua surpreendente facilidade de expressão, escolher, uma por uma, as frases e analisá-las, antes de proferidas, para ver se elas traduziam de modo fiel a certeza de sua observação. Euclides [...] escrevia com grande lentidão; [...] era o seu método natural de medir – cada pensamento e cada período, para que a extensão destes correspondesse exatamente ao alcance daqueles[2].

Curvado sobre uma mesa perto de Luso, fumando cigarros e escrevendo muito lentamente linha por linha um obituário encomiástico de Machado de Assis (data-

---

1. Todo o trabalho de avaliação aparece reimpresso em Eloy Pontes, *A Vida Dramática*, pp. 200-202.
2. *Idem*, p. 200.

do de 29 de setembro de 1908), "como uma renda nítida e delicada nas mãos da mais paciente das bordadeiras", passou mais de três horas articulando uma notícia de duas colunas a ser publicada no dia seguinte no *Jornal*[3].

Não só os amigos de Euclides sabiam de sua obsessiva maneira de escrever, mas ele também tinha uma teoria da composição que enunciou a Luso em conversa que mantiveram sobre um colunista que escrevia com demasiada facilidade mas cujo texto tinha pouca substância e profundidade. Ainda assim, Euclides confessou sua sincera admiração por esses tipos literários fluentes[4]: "Pelo menos, em relação a mim próprio, obrigam-me a reconhecer-lhes esta superioridade. É que eu sou como certos pássaros que, para despedir o voo, precisam de trepar primeiro a um arbusto. Abandonados no solo raso e nu, de nada lhes servem as asas; e tem que ir por ali fora à procura do seu arbusto. Ora, o meu arbusto é o Fato." Cabe lembrar, nesse contexto, o famoso verso de Baudelaire que compara o poeta com o albatroz: "*Ses ailes de géant l'empêchent de marcher...*". Todavia, é evidente que não era qualquer "fato" que servia para Euclides alçar voo – tinha de ser mais sugestivo do que factual. Portanto, o "fato" no obituário de Machado de Assis era um adolescente estranho e desconhecido que se aproximou do leito do moribundo romancista, ajoelhou-se, beijou-lhe a mão e desapareceu na noite. Em contrapartida, quando Júlio de Mesquita, de *O Estado de S. Paulo*, pediu a Euclides que cobrisse um incêndio na cidade, ele protestou após tentar inutilmente escrever alguma coisa: "Ora, *seu Mesquita*, mandar-me fazer uma notícia de incêndio é o mesmo que mandar Turenne caçar tico-tico"[5]. Um incêndio não era com certeza o tipo de "fato" de Euclides, e o acontecimento teve de ser coberto por um repórter mais prosaico.

Voltemos agora à longa série "Dia a Dia", em 27 partes, publicada no jornal *O Estado de S. Paulo* de 29 de março a 3 de julho de 1892, num período de mais ou menos três meses[6]. Fundamentalmente, podemos resumir da seguinte forma o conteúdo heterogêneo da série: positivismo (29.3/29.6.1892); darwinismo (5/13.4.1892); a Vendeia dos monarquistas e antirrepublicanos (6.4.1892); protestos políticos e punições (7/8/24.4.1892, 18.5.1892); ciência *versus* religião (20.4.1892); industrialismo e socialismo (27.4/1.5.1892); literatura *versus* ciência (8.5.1892); os bacterianos "analistas da matéria viva" (11.5.1892); a Feira Mundial de Chicago (15.5.1892); e o *fin de siècle* (12.6.1892). Esse bloco de textos jornalísticos é tematizado intermitentemente pelo darwinismo e pelo spencerismo, enquanto o comtismo e o positivismo são deixados a uma distância reverente, como a ideologia de pequeno grupo de crentes devotados no Brasil.

---

3. Eloy Pontes, p. 201; cf. o obituário em *Obra Completa*, vol. 1, pp. 457-458.
4. *Idem*, p. 202.
5. Sylvio Rabello, *Euclides da Cunha*, p. 151.
6. Em *Obra Completa*, vol. 1, pp. 583-626.

O positivismo, como seria de prever, está-se esvaecendo rapidamente na formação intelectual de Euclides, que por duas vezes[7], nessa série, se preocupa em ressaltar que não é adepto da "religião positivista", mesmo que possa admirá-la à distância e deplore os ataques aleatórios que lhe são feitos. Ainda assim, não abandonará seu caminho para defendê-la, pois, como afirmou anteriormente, em "Divagando [III]" (citado no cap. 4, p. 75), está decidido a construir uma filosofia própria que no final se tornará "uma definição da altitude máxima da consciência" (o que quer que isso signifique), nascida de um conhecimento mais amplo do mundo[8]. Não obstante, está pronto a clamar contra a associação que o povo faz entre a destruição irresponsável de uma imagem de Cristo na sala do júri num edifício da Capital federal (Rio de Janeiro) e o comportamento dos positivistas, apenas porque estes adotavam uma posição anticristã. E em outro ensaio de 29.6.1892 aflige-se com os ataques desleais ao fundador francês da filosofia positiva, que aos olhos de Euclides são muito mais um apedrejamento do que uma luta franca e aberta. Além disso, as atividades desprendidas dos seguidores de Comte merecem simpatia mesmo daqueles que, como o escritor, acham-se muito afastados das crenças que os motivam.

Por outro lado, em vários contextos de "Dia a Dia" o darwinismo reafirma-se contra o positivismo esvaecente. Repetindo uma linha de argumento que usou em "Da Penumbra II"[9], Euclides afirma no artigo de 13.4.1892 que as sociedades (como a do Brasil) evoluem por meio de um perpétuo conflito darwiniano entre a adaptação a novas condições de vida e uma hereditariedade conservadora que as repele e rechaça. No tocante à hereditariedade conservadora, longe de ensinar os brasileiros a respeitar as leis e preservar a autoridade, que é um requisito mais da república que do regime imperial, a monarquia, quando abandonou o país, deixou-o em estado de crise, dando vazão ao desrespeito às leis e à expansão de agitações criminosas no meio social. Mas Euclides tem uma razoável certeza de que os supostos criminosos do Brasil republicano são na verdade vítimas dos monarquistas reacionários, e de que os vícios hereditários dos últimos logo se extinguirão[10].

Nessa altura são importantes alguns dados históricos e biográficos: o especialista em ideologia positivista brasileira, João Cruz Costa, observou que, historicamente, no começo de 1891, um ano e pouco antes da publicação dessa parte do artigo de Euclides, "[j]á a esse tempo, porém, a influência do positivismo começava a declinar" (p. 273)[11];

---

7. *Obra Completa*, vol. I, pp. 583 e 621.

8. *Idem*, p. 621: "definindo a altitude máxima da consciência"; cf. *idem*, p. 575.

9. *Idem*, p. 581.

10. *Idem*, p. 598.

11. João Cruz Costa, *Contribuição à História das Idéias no Brasil*, Rio de Janeiro, José Olympio, 1956, p. 273.

e, no final desse ano, um membro da Câmara dos Deputados declarava: "Herbert Spencer [...] é incontestavelmente o pai espiritual de todos nós..."[12]. Essas manifestações sobre o declínio do positivismo e o começo do darwinismo irão emoldurar tematicamente a série "Dia a Dia". O outro dado, o biográfico, que se devia ter em mente ao ler essa série é que, como antes, Euclides continua a apoiar o que denomina "a serenidade [!] vingadora do Marechal Floriano Peixoto"[13], de quem continua sendo agora e sempre o discípulo político.

Consequentemente, olha de soslaio para as muitas vítimas do marechal, as quais ele escolhe para culpar de "[t]oda uma conspiração [... de] adeptos em todas as classes, [... com] todos os ódios e todos os despeitos [...] que sai à rua e se dissolve a pranchadas [...]"[14]. Como diz no artigo de 13.4.1892, a multidão, tendo em seu meio muitos agitadores da classe média e alta, era formada por partidários de Deodoro durante sua gestão na presidência. Foram acusados imediatamente de sedição e seus líderes, presos pessoalmente pelo vice-presidente Floriano, que os exilou para regiões inacessíveis do estado do Amazonas, de onde agora exigiam em vão, por intermédio de seu porta-voz Rui Barbosa, o direito de *habeas corpus*, isto é, um julgamento judicial, que lhes foi negado[15]. A "conspiração" de que esse grupo foi acusado nada mais era que a oposição a Floriano, que estava pronto a dar um golpe em Deodoro, e isso explica por que ele, sendo vice-presidente, fez questão de agir de maneira tão vingativa contra seus líderes. Embora Euclides tenha "aplaudido"[16] a anistia que no momento o Congresso concedia a todo o grupo (em junho de 1892), a petição anterior feita por treze generais favoráveis a Deodoro para que Floriano convocasse novas eleições presidenciais, do que resultou apenas a reforma forçada dos militares, foi rechaçada pelo nosso repórter, com as palavras de Napoleão, como "um erro, e, o que é mais sério – um crime"[17]. De modo geral, porém, considera que a grande maioria dos brasileiros politicamente indiferentes são muito mais perigosos para o bem-estar do país devido à sua indiferença – uma queixa que aparece continuamente em seu texto[18].

Todo esse comentário sobre protesto e punição é coroado por um intrigante artigo da série, publicado em 6 de abril, o qual ainda não foi suficientemente esclarecido. A referência é "a Vendeia perigosa" [do Brasil][19] – uma frase-símbolo que Euclides usa

---

12. *Apud* Wilson Martins, *História da Inteligência Brasileira*, vol. IV, p. 402.

13. *Obra Completa*, vol. I, p. 589.

14. *Idem*, p. 599.

15. Para outros detalhes sobre esse tumulto e suas sequelas, veja-se Edgard Carone, *A República Velha*, vol. II, pp. 76-80.

16. *Obra Completa*, vol. I, p. 603.

17. *Idem*, p. 596.

18. Cf. no contexto de "Dia a Dia", *Obra Completa*, vol. I, pp. 591, 604, 618.

19. *Idem*, p. 593.

comumente para designar os sertanejos rebeldes da Bahia, Sergipe e Ceará, que iriam alojar-se em Canudos em 1893, apesar de alguns deles já terem ocupado duas fazendas ao norte de Salvador, depois abandonadas[20]. Talvez não seja este, porém, o sentido da frase no início de 1892. O que, então, Euclides queria dizer *realmente* quando escreveu: "A República brasileira tem também a sua Vendeia perigosa?" Continua dizendo que esses vendeanos brasileiros agem de modo subversivo contra a ordem estabelecida, como as guerrilhas bretãs de um século antes: "o mínimo incidente que aparece é como seteira, de onde nos espingardeiam"[21]. Por falta de qualquer ação dessa natureza da parte dos conselheiristas, não nos resta outra opção senão admitir que até agora Euclides atribuiu o papel de vendeanos aos dissidentes contrários a Floriano.

O termo "Vendeia" faz parte propriamente do contexto da Revolução Francesa. La Vendée era uma zona rural atrasada do oeste da França, ao sul de Nantes, onde em 1793 o recrutamento dos homens para o exército republicano francês provocou uma rebelião sob o comando de um carroceiro de Pin-en-Mauges, Cathelineau, e de outros. Os vendeanos ficaram famosos por suas táticas de guerrilha na zona de Bocage, mas comandados por um de seus generais aprenderam a lutar abertamente, em formações maciças, como fazia qualquer exército europeu. A revolta da Vendeia, que foi secundada pelos Chouans na Bretanha (sob o comando dos irmãos Cottereau), esteve latente até o inverno de 1795-1796, quando foi sufocada pelas tropas republicanas do general Louis Hoche. Depois dessa data, os vendeanos e os chouans deixaram de ser recrutados pelo governo revolucionário da França e receberam licença de abraçar o catolicismo[22]. Um século depois, quase no mesmo ano da revolta da Vendeia, Euclides e os intelectuais brasileiros traçaram uma série de paralelos entre La Vendée e a Chouannerie e a rebelião religiosa de Antônio Conselheiro e seus conselheiristas. Essas comparações são parte integrante da estreita semelhança que os brasileiros descobriram entre os dois movimentos revolucionários na França e em seu próprio país[23].

---

20. Robert Levine, *Vale of Tears*, p. 132; cf., sobre a fundação de Canudos, o ensaio de José Calasans Brandão da Silva, "Canudos – Origem e Desenvolvimento de um Arraial Messiânico", em *Cartografia de Canudos*, Salvador, 1997, pp. 49-60.

21. *Obra Completa*, vol. I, p. 593-594.

22. Sobre esses movimentos franceses veja-se o vívido capítulo de Lord Acton, *Lectures on the French Revolution*, London, 1910, cap. 20: "La Vendée".

23. Evidentemente, essa espécie de comparação ainda persiste. Recentemente, Adelino Brandão afirmou, em *Paraíso Perdido*, São Paulo, 1996, p. 165, que se devia comparar Canudos não com La Vendée, mas com o cerco francês a Saragossa, em 1808-1809, sob o comando do Marechal Lannes. O cerco chegou ao fim em 27 de janeiro de 1809, depois que cada casa da cidade tornou-se um forte por si mesma e teve de ser capturada separadamente, deixando um saldo de trinta mil civis e vinte mil soldados mortos. Sobre "o mito da Revolução Francesa" na historiografia brasileira dos séculos xix e xx, consulte-se Roberto Ventura, " 'A Nossa Vendeia': Canudos, o Mito da Revolução Francesa e a Formação da Identidade Cultural no Brasil (1897-1902)", *Revista do Instituto de Estudos Brasileiros*, 31, pp. 129-145, 1990, e Leopoldo Bernucci, "A Nossa Vendeia?", em *A Imitação dos Sentidos*, São Paulo, 1995, pp. 25-38.

Seja o que for que Euclides designasse exatamente com o termo acima, o que não se pode questionar é o fato de ele não ter nutrido muita simpatia pelos que apoiavam Deodoro da Fonseca, fossem os generais que solicitaram a convocação de eleições gerais, fosse a turba que fazia manifestações nas ruas em seu favor e cujos líderes foram mandados por Floriano ao exílio tropical. Na opinião de Euclides (18.5.1892), os exilados deviam engolir o remédio amargo de seu banimento para o Amazonas sem se queixarem e, em vez de pedirem *habeas corpus*, deviam antes ter resistido ao governo heroica e melodramaticamente no estilo do demônio de Milton, com, "ao invés de um gesto mendicante, um incendido olhar de cólera indomável". Esse remédio legal apenas "degrada-os"[24]. Como a notícia da anistia não chegou antes de agosto de 1892, Euclides – mesquinhamente – não consegue absolvê-los antes que sejam reunidas todas as provas do "crime" desses homens. "Todos nós compreendemos o infortúnio dos compatriotas desterrados, mas certos de que erraram, temos como um erro maior – um longo tempo perdido com o intuito de negar a falta"[25]. Não cabem reconsiderações num discípulo político de Floriano! Como ele expressou, em outro local (7.4.1892), seu credo ideológico: "Inscrevemo-los [os ideais modernos] [...] no círculo inextensível de uma política conservadora e altamente cautelosa, única capaz de evitar a perda, a dispersão dos princípios e ideias já adquiridas"[26].

Entre esses princípios e ideias são importantes os do lamarckiano Herbert Spencer, que passou por um darwiniano nos meios mais intelectuais da época. Num artigo da série de Euclides (20.4.1892) que procura atenuar o conflito entre religião e ciência, Spencer é chamado o mediador que previu que haveria paz entre elas "quando a ciência se restringir às suas explicações próximas e relativas, e a religião se convencer de que o mistério que ela contempla – é absoluto"[27]. A mesma razão que impede a ciência de pontificar sobre o mistério, comenta Euclides a declaração, inibe a religião de adequar esse mistério às leis científicas.

Em outro artigo da série, sobre o socialismo (1.5.1892), Spencer, o "individualista rigoroso", é citado novamente ao lado de Comte numa visão da futura disseminação do socialismo, imergindo as pessoas trabalhadoras do mundo num sentimento ideológico comum, ou para proteger a longo prazo o indivíduo pelo grupo, como queria Spencer, ou para proliferar repúblicas por todo o mundo novo, como Comte previu[28]. Em "Da Penumbra III", Euclides não ficou muito impressionado com a visão rósea

---

24. *Obra Completa*, vol. I, p. 613.

25. *Idem*, p. 623.

26. *Idem*, p. 594.

27. *Idem*, p. 601, repetindo Spencer, *First Principles*, I, 5, 30, New York/London, 1920, p. 92.

28. O duradouro individualismo de Spencer, que acompanhou suas atitudes contra o governo, é famoso; o sonho político de Comte sobre inúmeras repúblicas, naturalmente, era muito atraente às Américas; cf. seu *Système de politique positive*, vol. IV, pp. 488-489.

de Spencer sobre uma "idade de ouro" para a humanidade no futuro, quando as forças naturais terão sido subjugadas e os homens não mais serão assoberbados de trabalho, e suas vidas serão beatificadas pela contemplação estética da natureza e pelo exercício da arte[29]. A esse otimismo sociológico o colunista havia contraposto um darwinismo padrão sob a bandeira-guia da *struggle for life* (a frase é citada em inglês), que, no seu entender, nunca deixaria de dar estímulo, mesmo entre os esplendores da mais alta civilização – e cada passo à frente é um incentivo a avançar para obstáculos mais montanhosos, e a humanidade tornando-se cada vez mais forte para uma luta cada vez maior[30]. Mas esse estrênuo futurismo não altera o quadro socialista do futuro no ensaio de 1.5.1892 de "Dia a Dia".

Em mais um artigo, o do dia 8.5.1892, tendo notícia do aparecimento de dois livros novos de poetas brasileiros, volta mais uma vez à teoria das artes de Spencer, que, segundo ele, deviam ser reforçadas pelas ciências, nutrientes sem os quais as artes produzirão flores em formas degeneradas[31]. No quinto aniversário da morte de Victor Hugo (cf. cap. 4, p. 76), a formação literária não-científica do poeta o tinha desqualificado, aos olhos de Euclides, como poeta maior, embora no momento, no sexto aniversário, Hugo parecesse, contraditoriamente, ser para Euclides (22.5.1892) o poeta da era, merecedor de totais honras críticas[32]. Seja como for, pela teoria de Spencer, o poeta deve subordinar-se às "leis naturais" como ensinadas pelos cientistas, ou então afundará num desastroso subjetivismo, do qual somente a ciência poderá salvá-lo alargando a consciência do artista e atraindo-o para mais perto da existência como um todo, de sorte que, com maior conhecimento das causas das coisas, ele possa transmitir a seu público maior quantidade daquilo que a existência contém[33].

Anteriormente, na crítica que fez ao programa de Paula Souza para a Politécnica, Euclides referira-se muito ligeiramente às indústrias brasileiras nascentes (cf. cap. 5, p. 95); no entanto, no ensaio de 27.4.1892 de "Dia a Dia" apóia a promessa de industrialização para o Brasil de um modo quase apaixonado: "o futuro" – esse período de tempo predileto do Brasil – "pertence ao industrialismo". Acredita que, com o progresso material, o desenvolvimento moral do mundo crescerá, e a sociedade tornar-se-á apenas uma extensão da unidade familiar, confiando a garantia da ordem exclusivamente ao Estado[34]. Contra esses objetivos futuristas, porém, Euclides tinha plena consciência de que o Brasil, que acabou de iniciar sua jornada para tornar-se uma nação indepen-

---

29. *Obra Completa*, vol. I, p. 581; cf. *Education*, p. 60.
30. *Obra Completa, ibidem.*
31. *Idem*, p. 609; cf. *Education*, p. 61.
32. *Obra Completa*, p. 615: "pertence [Hugo] ao nosso século...". Cf. *idem*, pp. 575-576.
33. *Idem*, p. 609; cf. *Education*, pp. 63 e ss.
34. *Obra Completa*, vol. I, pp. 604-605.

dente, não podia prescindir "do prestígio oficial do governo", obrigado como é não só a manter a lei e a ordem mas também a implantar "os primeiros elementos do progresso", ou seja, "os mais simples fatos da economia", tais como a nutrição e a higiene. Naturalmente, essa reflexão contradita o papel mínimo do governo no regime político ideal de Spencer. Mas Euclides sabe que os brasileiros não se encontram na mesma condição de prosperidade material que os ingleses e os europeus:

> [...] nunca necessitamos travar com o meio cosmológico estas admiráveis lutas, em que se retemperam tão bem a índole [nacional] de todos os [outros] povos; a concorrência vital, graças à extensão do [nosso] território, aliada a uma população rarefeita, nunca se constituiu como um motivo da seleção [darwiniana] do nosso espírito, de acordo com as condições exteriores, de modo a nos dar esse conjunto de tendências e aspirações comuns, que definem qualquer nacionalidade[35].

Portanto, no Brasil o Estado, além de manter a lei e a ordem, patrocina espontaneamente a iniciativa privada mesmo acima da segurança pública, e promove um respeito nacional pela verdadeira grandeza do passado; mas no futuro os brasileiros terão de renunciar na vida diária a essas benignas influências do governo – como Spencer tinha advertido.

O industrialismo e o trabalho trazem de novo à tona, de modo mais proeminente, a questão do socialismo (1.5.1892), que, na concepção do escritor, "exprime a incorporação à felicidade humana daqueles que foram sempre dela afastados"[36]. A seguir, Euclides fantasia que toda a Europa chegou a um ponto de parada, com seus ameaçadores exércitos marchando agora em silêncio sob uma única bandeira, enquanto pela primeira vez "o maior colaborador da história", o Papa, assume o lugar certo nos tempos modernos abalando todo o continente com a mais simples das ações – cruzar os braços e não fazer nada. "E que triste e desoladora perspectiva esta", diante de sua estranha imagem, "de vastas oficinas e ruidosas fábricas desertas, sem mais a movimentação fecunda do trabalho – e as profundas minas, abandonadas, abrindo para os céus as gargantas escuras – num tenebroso bocejo..."[37]. Essa lúrida imagem de uma greve geral e seus efeitos industriais evoca de maneira variada a marxista Segunda Internacional de 1889, a fundação do socialismo brasileiro em agosto de 1892 e a lembrança das antigas "catas" de minas em volta de Campanha (cap. 5, pp. 85 e ss.)[38]; porém é por demais

35. *Obra Completa*, vol. 1, p. 605.
36. *Idem*, p. 607.
37. *Idem, ibidem.*
38. Aqui voltamos a encontrar outro cenário de ruína, o detrito da civilização ocidental, que Francisco Foot Hardman desenterrou na obra de Euclides e de outros escritores; cf. cap. 5, p. 85, n. 20. Sobre o socialismo brasileiro veja-se o prefácio de Evaristo Moraes Filho a *O Socialismo Brasileiro,* Brasília, 1981, pp. 3-71.

incerto quais greves gerais dos anos 1890 na Europa ou no Brasil, se é que houve, Euclides tinha em mente. Deixando de lado as minas, porém, "as vastas oficinas e ruidosas fábricas" são prefiguradas com correção, pois ele apreendeu no sistema fabril a debilitação do trabalhador pelas máquinas, que instilam nele seu automatismo mecânico e separam-no da vida civil enquanto precisa operá-las, de modo que "o rude trabalhador é muito menos que um homem e pouco mais que uma máquina..."[39].

Tratando do assunto tópico do *fin de siècle* (12.6.1892), compara "o culto da Razão" no século XVIII, que termina os dias em convulsões na França, com o chamado século do trabalho, o XIX, que está-se acabando em indiferença no Brasil (seu pior desgosto), como um boêmio desiludido cujo lema é *après moi, le déluge!* Em sua opinião, as raças latinas escandalizaram a era vitoriana com as idiossincrasias de sua psicologia extravagante e impulsiva, enquanto "a sólida raça saxônica" dos povos germânicos conservou as tradições do passado, mesmo quando, à sua maneira "fria, operosa e sistemática", exige as recompensas futuras de seu trabalho. "Como nos educam as velhas sociedades cheias de tradições e de glórias"! – suspira Euclides – "nesta quadra em que bracejamos como náufragos, assoberbados pelos maiores problemas políticos, para cuja solução devemos procurar elementos mais do que nas paixões dos partidos, no sentimento nacional!"[40].

Entre seus pensamentos mais felizes sobre o industrialismo e o trabalho figuram as especulações acerca da próxima Exposição de Chicago de 1893. A América do Norte, a organizadora dessa exposição, parecia-lhe não um país separado de ianques engenhosos, mas, antes, "a pátria comum, a maravilhosa síntese de todas as pátrias", da qual as Américas podiam ter imenso orgulho, na medida em que ela mesma estava predestinada a satisfazer as grandiosas aspirações dos pensadores mais profundos da Europa encampando "a vasta base subjetiva das ciências" das antigas civilizações e nas novas montando sua *raison d'être* industrial sobre essa base[41].

Era essa uma generalização do nome "América" que até hoje é válida no Brasil. Como disse Henry Adams, "Chicago perguntou em 1893, pela primeira vez, se o povo americano sabia para onde estava indo. [...] Chicago foi a primeira expressão do pensamento americano como unidade; deve-se começar a partir daí"[42]. Diante da perspectiva do cosmopolitismo intelectual da Exposição, Euclides tinha aguda cons-

---

39. *Obra Completa*, vol. I, p. 607; sobre suas relações com o socialismo proudhoniano ou com o sindicalismo italiano (mais próximo depois em São José do Rio Pardo), consulte-se Sousa Andrade, *História e Interpretação...*, pp. 267-275; José Aleixo Irmão, *Euclides da Cunha e o Socialismo*, São José do Rio Pardo, 1960, pp. 69, 80, 90 e ss., e pp. 113-115, e Clóvis Moura, *Introdução ao Pensamento de Euclides da Cunha*, Rio de Janeiro, 1964: "A Questão Social", pp. 102-125.

40. *Obra Completa*, vol. I, pp. 617-618.

41. *Idem*, p. 611.

42. *The Education of Henry Adams*, Boston/New York, 1918, p. 343.

ciência do pouco com que seu país contribuíra para isso, já que "[f]omos os últimos a incorporarmo-nos à pátria americana", mas acrescenta galantemente, "[é] isto, porém, um motivo para que sejamos entre os primeiros a compreendê-la e elevá-la", e para ele a Exposição de Chicago poderia muito bem ser "a prefiguração do que faremos em breve", no século xx. De qualquer modo, com a Exposição o novo mundo da América do Norte captou o fascínio do velho e, em vez do falso brilho do ouro das Índias Orientais, resplende como "a pátria universal da indústria e do trabalho" no hemisfério ocidental[43].

Merece citação um dos itens mais curiosos da série "Dia a Dia" (11.5.1892). Por alguma razão, Euclides optou por discutir rapidamente as pesquisas nauseabundas de um certo professor Brouardel sobre os agentes bacterianos da decomposição dos cadáveres, e as alternativas entre enterrar os mortos ou incinerá-los. No curso da discussão, observa que "em qualquer dos casos sempre é melhor e menos fúnebre a rápida combustão orgânica, sob uma temperatura altíssima de platina, do que essa aterradora e lenta decomposição, operada pelos microorganismos – esses extraordinários analistas da matéria –, que lentamente a diferenciam e preparam para novas funções na vida..."[44]. A frase, "esses extraordinários analistas da matéria", deve ter--lhe ficado na mente, pois mais tarde, numa resenha do livro de Torquato Tapajós, *Estudos de Higiene*, publicada em 4 de maio de 1897 – ao criticar uma obra dedicada aos problemas sanitários do Rio de Janeiro –, esta frase reaparece, ligeiramente alterada: "estes infatigáveis analistas da matéria", referindo-se a "fenômenos químico--biológicos"no subsolo da cidade[45]. Por fim, numa passagem muito conhecida de *Os Sertões* – "Higrômetros Singulares" – onde um soldado republicano morto, mumificado pelo calor do sol do deserto debaixo de uma quixabeira, detém o errante repórter-narrador, a pequena frase retorna mais uma vez: "Nem um verme – o mais vulgar dos trágicos analistas da matéria – lhe maculara os tecidos"[46]. Desse modo, por meio de uma frase mudada, "Dia a Dia" liga-se sequencialmente à obra-prima de 1902 de Euclides, *Os Sertões*.

43. *Obra Completa*, vol. i, p. 612.

44. *Idem*, p. 610.

45. *Idem*, p. 397. Os leitores devem ter em mente que a resenha de Euclides do livro de Torquato Tapajós, *Estudos de Higiene*, aparece truncada na *Obra Completa* de 1966 e 1995. Da resenha publicada em *O Estado de S. Paulo*, em 4 de maio de 1897, apenas um terço foi reimpresso em *Obra Completa*; mas, na edição de 2007, vieram à luz os outros dois terços, impressos originariamente em *O Estado de S. Paulo*, em 9 e 14 de maio de 1897. O primeiro terço rejeitou a hipótese levantada por Tapajós de que um lençol d'água era a causa subjacente das más condições de saúde dos cariocas; o segundo repeliu a ilógica teoria de que a "anoxemia barométrica" ou o enjoo das montanhas era um fator da saúde ruim ao nível do mar; mas o terceiro defende a ideia de Tapajós segundo a qual os pântanos em torno da baía da Guanabara e seus mosquitos da malária eram o verdadeiro "leito de todos os nossos males" (nas palavras de Tapajós).

46. *Obra Completa*, vol. ii, p. 114.

Isso é o máximo da série jornalística de que vamos tratar. Os artigos políticos que nela aparecem Sousa Andrade os considerou "não mais revolucionários porém situacionistas"[47], isto é, defensivos da situação política no governo de Floriano, que de um modo ou de outro Euclides havia promovido e agora defendia resolutamente. Esses artigos, que tinham como alvo os adversários de Floriano, não constituem hoje uma leitura agradável. Depois dessa faina jornalística de três meses, mais as duas críticas à proposta de Paula Souza para a Politécnica, Euclides não voltou a publicar nos jornais até março de 1897, após cinco anos de trabalho no exército e na engenharia civil. Então, produziu para a edição de 4 de março de 1897 de *O Estado de S. Paulo* o ensaio "Distribuição dos Vegetais no Estado de São Paulo", que é essencialmente uma resenha de um trabalho de seu amigo, o botânico Alberto Löfgren, sobre a flora paulista, com referências à *Flora Brasiliensis* de Friedrich von Martius, à teoria de Jules Thurmann sobre a porosidade do solo e à monografia em dinamarquês de E. B. Warming sobre a flora mineira em torno de Lagoa Santa[48]. Nessa resenha, Euclides previu, profeticamente, que as regiões estudadas por Löfgren, embora geralmente consideradas estéreis e inaptas para o cultivo, algum dia (*c.* 1920) terão "notável ação sobre o nosso desenvolvimento econômico"[49]. Regiões desertas de terra roxa em São Paulo serão renovadas e alimentarão todo o país, como a Ucrânia faz em relação à Rússia[50].

Nesse texto curto de Euclides, como no mais longo "Dia a Dia", ocorrem afirmações e sentenças que reaparecerão em *Os Sertões*, como a frase de Henry T. Buckle (citada lá em inglês), "the manageability of nature"[51], a asserção de que o interior de São Paulo é "uma região, cuja disposição topográfica parece ter invertido a definição astronômica dos climas"[52], e a interpretação darwiniana da "resistência heroica" da "vegetação raquítica" na "luta pela vida"[53]. Correspondentemente, numa paisagem muito diferente dos sertões da Bahia ("A Terra", em *Os Sertões*), Euclides irá falar, controversamente, de uma violação morfológica das leis gerais do clima pelo deserto

47. *História e Interpretação...*, p. 61.

48. *Obra Completa*, vol. 1, pp. 479-482. Veja-se a monografia de Löfgren, "Distribuição dos Vegetais... no Estado de São Paulo" no *Boletim da Comissão Geográfica e Geológica de São Paulo*, São Paulo, 11, 1898. Löfgren foi o botânico da Comissão Geográfica e Geológica de São Paulo cujas descobertas receberam críticas grosseiras da facção positivista da Escola Politécnica de São Paulo. Entre as referências oblíquas nessa resenha, veja-se Jules Thurmann, *Essai de phytostatique*, Berne, 1849, vol. I, caps. 5 e 21, e Johannes Warming, "Lagoa Santa", em *Kongelige Danske Videnskabernes Selskab Skrifter*, raekke 6, VI (1892), 164-488, com um resumo em francês no final. Euclides ainda não tinha lido a *Flora Brasiliensis* de Martius em tradução, à qual se refere muito vagamente.

49. *Obra Completa*, vol. 1, p. 480.

50. *Idem*, p. 482.

51. *Idem, ibidem*, extraída da *Introduction to the History of Civilization in England*, ed. J. M. Robertson, London/New York, 1904, p. 61.

52. *Obra Completa*, vol. 1, p. 480.

53. *Idem*, p. 481.

baiano[54] e da "luta pela vida" nas caatingas desses sertões[55], enquanto, em "O Homem" na mesma obra, voltará a referir-se à frase de Buckle sobre "the manageability of nature" onde a terra e o clima são mais temperados ao Sul[56].

No mesmo ano de 1897, seus amigos Teodoro Sampaio, Alberto Löfgren e Orville Derby indicaram Euclides para membro do Instituto Histórico e Geográfico de São Paulo; aceita a indicação, ele foi devidamente empossado em 5 de março[57]. É possível que as responsáveis por sua aceitação no quadro dessa instituição tenham sido não só suas resenhas científicas da monografia de Löfgren e do livro de Tapajós, mas também a curiosa notícia pseudocientífica que publicou sobre uma transmutação de prata em ouro, relatada por um químico e engenheiro de minas norte-americano. Em "Argentaurum", título que deu a essa nota, publicada em *O Estado de S. Paulo* de 2 de julho de 1897, narra a pré-história alquímica da química e, em seguida, envereda por uma bizarra explanação darwiniana da "evolução" das ideias que, como diz, estão envolvidas numa "concorrência vital", lutando como "organismos superiores" no cérebro humano pela existência mental e triunfando de acordo com uma energia própria e, naturalmente, com as condições exteriores. Nesse processo, o cérebro, a *camera obscura*, registra passivamente o vitorioso surgimento das ideias mais poderosas e mais bem adaptadas, as quais demarcam muitos estágios na consciência coletiva mais do que os grandes pensamentos individuais de qualquer mente[58]. Até que ponto Darwin e Spencer o tinham afastado do positivismo da juventude!

Entre março e abril desse ano, o fracasso da terceira expedição do governo contra o novo povoado religioso e monarquista de Canudos surpreendeu o Brasil, levando Euclides a escrever ao general Solon Ribeiro e ao amigo de Campanha, João Luís Alves, e a publicar dois artigos sobre Canudos e seu precedente francês, La Vendée. Ao sogro, um militar que, até ser dispensado de seu comando pelo governador da Bahia (15 de dezembro de 1896), tinha dito mais de uma vez que a segunda expedição era uma força inadequada para a conquista de Canudos, Euclides escreveu em meados de março de 1897, censurando a política do governador da Bahia para desagrado do general, já que um artigo da Constituição proibia qualquer interferência federal (militar) nos negócios estaduais[59]. Ao amigo de Campanha expressou sua surpresa, em carta de 1º

---

54. *Obra Completa,* vol. II, *Os Sertões,* p. 129.

55. *Idem,* pp. 118 e ss.

56. *Idem,* p. 143. As três referências anteriores são feitas por Sousa Andrade, *História e Interpretação...,* pp. 91 e ss.

57. Veja-se Moisés Gicovate, "Euclides da Cunha e o Instituto Histórico e Geográfico de São Paulo", *Gazeta do São José do Rio Pardo,* 9 de agosto de 1992, Suplemento Euclidiano 5.

58. *Obra Completa,* vol. I, p. 527.

59. A carta de Euclides, não incluída na edição de sua correspondência organizada por Galvão & Galotti, foi reimpressa na *Revista do Brasil,* 78, pp. 184-185, junho de 1922. A conduta responsável do sogro, apreensivo com a possibilidade de ser a segunda expedição derrotada por causa de seu pequeno poder de

de abril, não com a derrota da coluna de Moreira César, mas com a própria ausência de sinais de combate num campo de batalha evacuado, "vazio de mortos e o exército se transforma num bando de fugidos!"[60]. Mas os dois artigos que escreveu para *O Estado de S. Paulo,* sob o título "A Nossa Vendeia", constituem uma espécie de prelúdio dado ao público das páginas iniciais de *Os Sertões*, que iria escrever dois anos mais tarde.

O primeiro artigo, de 14 de março, começa a enumerar as características geológicas e botânicas mais notáveis da região, que, como diz, são, "talvez mais do que a horda dos fanatizados sequazes de Antônio Conselheiro, o mais sério inimigo das forças republicanas"[61]. A terra, que Euclides ainda não conhecia, é descrita como se fosse vista tanto por observadores recentes[62] quanto por viajantes mais antigos como Carl Friedrich von Martius e Auguste de Saint-Hilaire. Como na primeira página de "A Terra" de *Os Sertões*, nosso repórter comete o erro de localizar o sertão baiano a leste do "planalto central do Brasil", que, tal como vimos anteriormente (cf. cap. 5, p. 87, n. 22), não existe como foi delineado. No total, com seus esboços da paisagem, seu inventário das plantas e sua concentração na interação entre o clima e o terreno, o artigo dá a impressão de ser um extrato de "A Terra". Mais para o final do texto, são feitas analogias rápidas entre o devoto *chouan* da Bretanha e o fanático *tabaréu* do sertão baiano, enfatizando fortemente sua religiosidade comum, sua coragem destemida e as vantagens táticas dos dois terrenos nos quais praticam uma guerra de guerrilha contra tropas regulares.

Embora nosso autor conclua o primeiro artigo com as palavras "A República sairá triunfante desta última prova", o desastre da terceira expedição parecia desmentir essa previsão; mas seu "otimismo impenitente" não arrefece ao escrever o segundo artigo, em 17 de julho[63]. Alude a casos comparáveis de guerra de guerrilha entre os zulus e os afegãos, os malgaxes e os abissínios em suas pequenas guerras com as potências coloniais da Europa, e ressalta a importante tática desses povos na maneira de fugir, isto é, no evitar das batalhas regulares, preferindo as escaramuças na corrida. Nos sertões baianos, o terreno acidentado de sublevações, fraturas e nivelamentos, criados pela

---

ataque, é esboçada em *Canudos: Subsídios para a sua Reavaliação Histórica*, ed. J. A. V. Sampaio Neto *et al.*, Rio de Janeiro, 1986, pp. 38-39, 188 e ss.; cf. Tristão de Alencar Araripe, *Expedições Militares contra Canudos*, Rio de Janeiro, 1985, pp. 31-32. O general chamou de volta por duas vezes as forças da segunda expedição, ao passo que o governador baiano voltou a despachá-las a cada vez.

60. *Obra Completa*, vol. II, pp. 609-610.

61. *Idem*, p. 575.

62. A principal fonte de Euclides é a monografia de José C. de Carvalho sobre o transporte do meteorito Bendegó do interior da Bahia para o litoral: *Météorite de Bendegó*, Rio de Janeiro, 1888, com uma longa descrição do sertão baiano pelo botânico J. M. Caminhoá (pp. 29-33), texto onde Euclides abeberou-se fortemente. A referência a Saint-Hilaire em *Obra Completa*, vol. II, p. 576, por exemplo, é tirada de Caminhoá (cf. *Météorite*, p. 31).

63. *Obra Completa*, vol. II, p. 578.

ação violenta de um mar interior no Período Terciário[64], era o cenário perfeito para a guerra de guerrilha dos sertanejos. Lá o jagunço estava em seu elemento caótico. "Não há persegui-lo no seio de uma natureza que o criou à sua imagem – bárbaro, impetuoso e abrupto"[65]. Além disso, o iluminismo religioso do final da Idade Média, com seu desprezo igual pela vida e pela morte, o havia fortificado com "o heroísmo mórbido e inconsciente de hipnotizado e impulsivo"[66]. Até mesmo a geologia da terra lhe fornecerá a munição na forma de salitre para a formação de pólvora e grãos de quartzo para as balas a serem disparadas por bacamartes ou espingardas de pederneira. Esse segundo artigo termina corretamente com uma ênfase sobre a necessidade logística de estender as bases secundárias de operação desde o fronte em Canudos até a área de preparação atrás de Monte Santo.

Logo após a publicação desse artigo, Euclides voltou mais uma vez à casa de Teodoro Sampaio, num espírito "mais animado. Era outro, e tinha como que um vago pressentimento de que o seu destino ia mudar"[67]. De fato, fora persuadido, não sem algum esforço, por Júlio de Mesquita, diretor de *O Estado de S. Paulo*, a cobrir, como repórter do jornal, a guerra de Canudos e fora nomeado adido ao Estado-Maior do ministro da Guerra, marechal Carlos Machado de Bittencourt. Sua momentânea hesitação antes desse encargo deveu-se possivelmente à relutância em complicar ainda mais a posição já comprometida do sogro em Salvador ao interferir de algum modo na política bélica do governador baiano[68]. De qualquer modo, procurou Sampaio para pedir-lhe emprestado um mapa e notas sobre a região de Canudos, que seu amigo havia cartografado em 1878. Contudo, a promessa de Júlio de Mesquita, nunca cumprida, de publicar um livro de Euclides sobre a "guerra" de Canudos[69] foi provavelmente apenas um estímulo para induzi-lo a cobrir a quarta e última campanha como repórter *in loco*. No devido tempo, no início de agosto de 1897, solicitou uma licença à Superintendência de Obras Públicas de São Paulo e, depois de confiar a esposa e os filhos aos cuidados do pai, na fazenda de Belém do Descalvado, Euclides embarcou no "Espírito Santo", no Rio, no dia 4 de agosto, para Salvador, para fazer seu relato sobre a "guerra".

Dispomos de dois documentos autobiográficos dessa jornada, diários de sua viagem de navio e por trem e, finalmente, a cavalo até o campo de batalha de Canudos.

---

64. Cf. *Obra Completa*, vol. II, *Os Sertões*, p. 107: "Um Sonho de Geólogo" (Emmanuel Liais, *Climats, géologie, faune et géographie botanique du Brésil*, Paris, 1872, p. 234).

65. *Obra Completa*, vol. II, p. 580.

66. *Idem*, p. 581.

67. Teodoro Sampaio, "À Memória de Euclides da Cunha", pp. 248-249.

68. Conforme diz Sousa Andrade, *História e Interpretação...*, p. 102.

69. "[...] Este trabalho será por nós publicado em volume" – assim dizia a nota impressa no *Estado de S. Paulo* de 30 de julho de 1897, citada por Sousa Andrade, *História e Interpretação...*, p. 102.

Um desses diários, intitulado *Caderneta de Campo*[70] por Sousa Andrade, é um caderno de memorando escrito para uso particular e contendo todas as espécies de material documentário: passagens sobre a vida e a linguagem dos sertanejos, alguns trechos narrativos e notas sobre as quatro campanhas do governo, poemas e cartas dos sertanejos, esboços da região de Canudos etc. O outro diário, também editado por Sousa Andrade em *Canudos e Inéditos* e denominado *Canudos*[71], é uma narrativa contínua, cronológica, de sua viagem à zona de guerra, que, no entanto, se detém antes da sangrenta vitória total das forças do governo sobre o povoado religioso. Foi escrito para consumo dos leitores do *Estado de S. Paulo*. Junto com esses documentos, Euclides também enviou ao jornal, com frequência, grande número de telegramas sobre o progresso da "guerra"[72]. Entre todas essas comunicações para si mesmo e para os outros, estamos interessados principalmente no diário *Canudos*.

Para Euclides, pouco habituado a viagens marítimas, o percurso do Rio a Salvador levou quatro dias "de verdadeira tortura" antes de aportar na "bizantina" capital da Bahia[73]. Embora Salvador fosse o local de nascimento de sua família paterna, onde ainda viviam uma tia e um tio, Honória e José Rodrigues Pimenta da Cunha, ele transforma a cidade numa Bizâncio ficcional – e a si mesmo num "grego antigo"[74] – e nunca faz menção aos parentes, apesar de ter ficado por três semanas na casa deles antes de partir para o interior com o marechal Bittencourt e sua comitiva. Junto com nosso repórter viajou no vapor um colega correspondente do jornal *A Notícia*, um corpo de tropa e um imponente canhão, o Canet, que se destinava "a contraminar as minas traidoras que existem no solo de Canudos"[75], apesar da dificuldade, na opinião de Euclides, de arrastar suas duas toneladas pelos caminhos próximos ao povoado. Na saída do porto do Rio, um recalcitrante soldado jogou-se ao mar, mas desacorçoadamente foi retirado da água por outro vapor menor que entrava na barra[76].

Nessa época, segundo as estimativas militares oficiais, as forças que enfrentavam o exército em Canudos eram "não [...] mais de duzentos homens"[77], cálculos certamente demasiado inferiores e passíveis de revisões para cima. Toda vez que os homens do exército republicano se mostravam deprimidos devido às dificuldades que se lhes deparavam, eram prontamente alevantados pelo "nosso grande ideal – a República", que

---

70. Editado por Sousa Andrade, não muito satisfatoriamente, em São Paulo, em 1975. Daqui para diante será usada a forma abreviada *Caderneta*....

71. Em *Obra Completa*, vol. II, pp. 493-572.

72. Publicados ao pé da página do texto de *Canudos* e aqui referidos como *Telegramas*.

73. *Obra Completa*, vol. II, *Canudos*, p. 494.

74. *Idem*, p. 518. Cf. os versos sobre si mesmo que dedicou a Lúcio de Mendonça em *Obra Completa*, vol. I, p. 656: "Este caboclo [...] / Misto de celta, de tapuia e grego...".

75. *Idem*, p. 494.

76. *Caderneta*, p. 1.

77. *Obra Completa*, vol. II, *Telegramas*, p. 493.

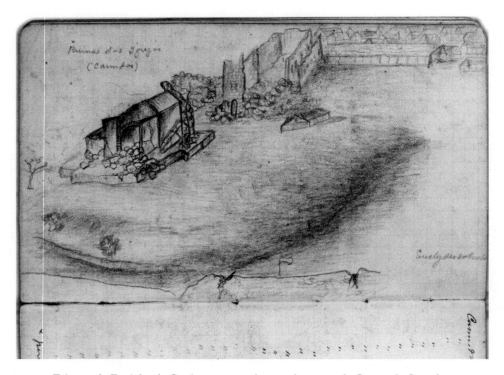

Esboços de Euclides da Cunha em sua caderneta de campo da Guerra de Canudos.

em seu caráter abstrato Euclides nunca teria pensado ter amplitude tal que pudesse traduzir em "síntese admirável as nossas afeições" e, desse modo, ser capaz de "animar e consolar tanto"[78]. Portanto, a página do diário de 7 de agosto termina com um grito sincero e profundo: "A República é imortal!"[79].

Três dias depois chegou ao jornal outra mensagem de seu diário: a visão dos soldados feridos que voltavam da linha de frente, claudicando pelas ruas de Salvador, em contraste com os recém-chegados, "entusiastas" e prontos a seguir para a luta. Esse espetáculo misturado induziu Euclides a "percorrer" ("percorri-os todos" – uma expressão de tempo de guerra de sua predileção[80]) todos os hospitais atopetados de feridos, e ficou impressionado com a generosidade que os salvadorenses demonstravam para com eles. O general Savaget, comandante da segunda coluna da quarta expedição, também fez uma visita aos feridos; sua presença teve um efeito galvânico sobre seus homens depauperados, que lutavam para sentar-se nas camas, erguiam os braços convulsivamente e aplaudiam-no. Lá fora, os que se aprestavam para partir para a linha de batalha, como o recém-chegado batalhão paulista, eram até mais ruidosos em seu fervor bélico enquanto passavam marchando. Essas cenas de sentimento patriótico patético e festivo em *Canudos* obstruem a visão de outras ocorrências, mais sombrias, de violência em Salvador, os choques entre a soldadesca e a polícia, os ataques aos bondes, as invasões de casas particulares, os assaltos a pessoas indefesas, as lutas com pedestres e donos de botequins, as insolências dirigidas a mulheres desacompanhadas etc.[81]. Foram essas as reações imediatas dos soldados à derrota da terceira expedição, mas, como Euclides mostra, as tropas republicanas também podiam confraternizar-se polidamente com os habitantes da capital baiana.

Contudo, a morte de Moreira César e a fuga das forças da terceira expedição foram responsáveis, no entender dos oficiais de estado-maior da quarta, por oferecer duas vantagens particulares aos defensores de Canudos: o grande aumento de armas modernas e de munição e uma tremenda elevação do moral. O aumento de confiança dos conselheiristas não atrapalhou nem um pouco a marcha de uma coluna da quarta que teve de ser resgatada por outra, e seu trem de suprimentos e munições, retomado ao inimigo. No entanto, com o prosseguimento do cerco de Canudos, seus defensores tinham cada vez menos o que comer, e Euclides registra um horrível detalhe fisiológico acontecido entre eles e contado pelos soldados que faziam o cerco: "Diversos

---

78. *Idem*, p. 495.

79. *Idem*, p. 496.

80. *Idem*, p. 497.

81. Consulte-se Aristides Milton, "A Campanha de Canudos: Memória Lida no Instituto Histórico e Geográfico, Outubro, 1897", *Revista Trimensal do Instituto*, 63(2), p. 96, 1902, citada por R. Levine, *Vale of Tears*, p. 286, n. 78. Cf., com o mesmo efeito, *Os Sertões, Obra Completa*, vol. II, pp. 332-333.

soldados que inquiri, afirmam, surpreendidos, que o *jagunço* degolado não verte uma xícara de sangue"[82].

Em outra passagem de dois dias depois, 12 de agosto, assistiu ao retorno desanimado de um trem cheio de soldados feridos, "uma procissão dantesca de duendes; contemplo-a através de uma vertigem, quase"[83]. Os homens assemelham-se mais a um bando de *retirantes* do que a remanescentes maltrapilhos e aleijados de um exército. A parte superior de seus corpos mostra as marcas de bala de seus ferimentos, mas os pés, disformes e cheios de cicatrizes, atestam as agruras que experimentaram ao atravessar, claudicantes, a caatinga em busca de segurança. Resumindo o dia e suas misérias, Euclides afirma com correção: "Não se fez uma guerra, subordinada a preceitos invioláveis – fez-se uma diligência policial com oito mil homens". O soldado brasileiro nessa campanha irregular "jamais patenteará abnegação maior"[84]. Mas, no lado do crédito, agora uma linha vital de suprimentos e munição, guardada por piquetes, estendia-se de Monte Santo a Canudos, como ele próprio propusera na conclusão do segundo artigo de "A Nossa Vendeia", e fortuitamente um importante chefe da guerrilha (Pajeú) foi morto com um tiro no estômago.

O dia seguinte, 13 de agosto, foi dedicado ao convalescente general Savaget, cujos passeios pela cidade muitas vezes detinham multidões nas ruas, que, abrindo-se para ele "como um parênteses", aclamavam com um grito de admiração esse Leônidas, não das Termópilas, mas da serra de Cocorobó na região de Canudos. Esse epíteto é apenas uma das muitas alusões clássicas e pós-clássicas – como a ficcionalização bizantina de Salvador – de que está cheio o diário de *Canudos,* dando uma feição antiga à fúria do combate[85]. Não obstante, apesar de toda a vibração dos clichês clássicos, Euclides tinha total consciência das atitudes autoengrandecedoras dos combatentes republi-

---

82. *Obra Completa,* vol. II, p. 499. Esse relato, embora repulsivo, indica que Euclides já tinha conhecimento das práticas bárbaras do exército para com os prisioneiros, contra as quais protestou posteriormente em *Os Sertões* (*Obra Completa,* vol. II, p. 458). Walnice Galvão incorretamente afirma, na introdução à coletânea *No Calor da Hora* (São Paulo, 1974), p. 97: "A maioria [dos repórteres] manteve-se calada, inclusive Euclides da Cunha, no tocante a práticas como a de cortar a garganta dos prisioneiros".

83. *Obra Completa,* vol. II, *Canudos,* p. 501.

84. *Idem,* p. 502.

85. Cf. em *Obra Completa,* vol. II, *Canudos*: "nossa natureza olímpica e fulgurante" na Bahia (p. 493); "a acrópole baiana, o forte de Barbalho" (p. 497); a vida religiosa latente de Antônio Conselheiro que germinou como "essas sementes guardadas há quatro mil anos no seio sombrio das pirâmides, desde os tempos faraônicos" (p. 507); "a tarefa estéril e fatigante de Sísifo" para avaliar as opiniões conflitantes sobre a força dos jagunços (p. 511); as lajes tumulares no mosteiro de São Bento como "palimpsestos de mármore" de um passado enterrado (p. 519); as muralhas de granito do Rosário como "baluartes ciclópicos" (p. 525); a "natureza antagonista" dos sertões onde o *jagunço* redecreta "o *mito* extraordinário de Anteu" (p. 535); as estratificações de quartzito de Monte Santo que parecem "velhas trincheiras abandonadas de titãs" (p. 543); uma bela manhã revivendo a terra como na transformação mitológica da estátua de Memnon de Tebas por um terremoto (p. 563) etc. O suficiente talvez para que Gilberto Freyre ridicularize em Euclides "as palavras adornadas com arabescos glorificantes, exageros de idealização monumental, lugares-comuns de

canos que "se revestem de uma feição teatral" no "charlatanismo da coragem" – frase que será repetida em *Os Sertões*[86]. Nem Savaget nem o gaúcho coronel Carlos Teles, a quem ele entrevistou, tinham essa espécie de caráter marcial na vida privada, mas foram igualmente modestos na conversa que travaram: Teles preferia elogiar a bravura dos outros à sua própria, e Savaget exibia "a placidez modesta" de um burguês[87].

Como em *Os Sertões*, também na página do diário relativa a 15 de agosto, Euclides registra a marcha de todas as cores para Salvador vindas de todos os recantos do país, dos pampas no extremo Sul ao Amazonas no Norte. "Parece um refluxo prodigioso da nossa história […] convergindo todos para o seio da antiga metrópole, reunindo-se precisamente no solo onde pela primeira vez aparecemos na história"[88]. Os poderes unidos do Brasil estavam-se fechando nessa "espécie bizarra de grande homem", o místico e conselheiro religioso Antônio Vicente Maciel, que aqui entra no diário carregado de todos os equívocos de seu tipo que Euclides e as populações litorâneas acumularam sobre ele. "[U]m notável exemplo de retroatividade atávica […] que é um ressuscitado", seu corpo frágil de um evangelista, esgotado pelas viagens durante anos pelos sertões, não está morto, afirma o diarista, porque nele "se concentram as almas todas de uma sociedade obscura". Congrega em torno de si a contrita multidão dos sertanejos de três estados, "não porque a domine, mas porque é o seu produto natural mais completo". Durante suas andanças, sua vida estivera latente por longo tempo, para afinal tornar-se ativa numa revolução social e política do Império à República, não diferente daquelas sementes abandonadas por milhares de anos que germinam espontaneamente quando expostas à luz. Então, o que a quarta expedição está prestes a destruir não é tanto Canudos em si mas "os restos de uma sociedade velha de retardatários, tendo como capital a cidade de taipa dos *jagunços*"[89], ou seja, a apatia enervante do Brasil, sua mórbida indiferença pelo futuro, a superstição religiosa e o estreito e incompreensível patriotismo, perfilado na incongruência de uma escassa população espalhada por um país vasto e pouco conhecido. Nenhuma das declarações acima, com exceção da última, será repensada e reformulada mesmo depois de Euclides ter testemunhado, embora brevemente, a luta em Canudos; e mais tarde, em seu lazer, ter-se sentado para escrever seu relato em forma de livro da "guerra" que lá se desenvolveu.

Essa entrada do diário com um duplo pedido de maior consciência pública do governo da República: de um lado, deve tomar conhecimento da ignorância da popu-

---

oratória geométrica", mesmo que Freyre tenha imaginado erradamente que esses estilismos *não* deviam ser encontrados no diário *Canudos* (*Perfil de Euclydes*, p. 30).

86. *Obra Completa*, vol. II, *Canudos*, p. 504; cf. *Os Sertões*, no mesmo volume, p. 448.

87. *Idem*, p. 505.

88. *Idem*, p. 506; cf. *Os Sertões*, p. 417.

89. *Idem*, pp. 506-507; cf. *Os Sertões*, pp. 195-196, 202-203, 204-207.

lação litorânea acerca do interior do país e, de outro, deve proporcionar educação aos próprios sertanejos. Quando todas as lutas tiverem terminado, "um herói anônimo" refará quietamente os passos da quarta expedição, para tornar-se "o verdadeiro vencedor" daqueles que nunca se renderam – numa palavra, o humilde mestre-escola, que, curiosamente, *não* aparece em *Os Sertões*[90].

No dia seguinte, 16 de agosto, encontramos nosso repórter novamente presa de um falso otimismo, e confiante nos habitantes de Salvador diante do pensamento consolador de que "[e]stá quase terminada a luta e não fará mais vítimas"[91]. Pois não tinham o próprio general Savaget e outros especialistas opinado que defendiam Canudos não mais de "duzentos rebeldes", reduzidos diariamente em número pelas fugas do povoado todas as noites? Ademais, os prisioneiros tinham atestado que, em determinado momento, o Conselheiro quis render-se, mas foi impedido por um subcomandante: "Fica; faze os teus milagres!", supostamente tinha advertido o zelote, e o profeta obedeceu. Na verdade, aparentemente as estradas que levavam a Canudos estavam perfeitamente praticáveis, livres das antigas emboscadas e percorridas "calmamente" pelos soldados que retornavam a Salvador – outras indicações de que o inimigo tinha sido totalmente expurgado de toda a região. Por conseguinte, desde o começo do mês, Salvador esperava a iminente rendição da cidadela dos sertões[92].

Euclides, em meio a todos esses boatos, não estava tão completamente frustrado por não poder dizer em voz alta a seus leitores em São Paulo se a campanha estava de fato perto do fim, já que ela – como fora desde o começo – era por si tão incompreensível, tão misteriosa. Ele alternadamente faz uma série de interrogações inquietantes sobre os movimentos do inimigo, que o levam a afirmar que, baseado em boa fonte militar, *ele mesmo* pode dizer que Canudos "ainda tem muita gente, perfeitamente municiada e apta para longa e tenaz resistência"[93]. Mas acabou por reconhecer que avaliar os prós e os contras do destino da linha de batalha era uma incômoda tarefa de Sísifo, ao mesmo tempo em que no recesso de sua mente emergiu uma suspeita de que, em altares escondidos em algum lugar, os monarquistas murmuravam orações em nome de Antônio Conselheiro – uma suspeita que quase justificaria quaisquer reconsiderações sobre o curso da "guerra" de Canudos.

Dois dias depois (18 de agosto), conta uma história de guerra sobre uma tentativa, em 1º de julho, de destruir um pesado canhão inglês, o gigantesco Whitworth 32 (e não um canhão Krupp, como afirmou duas vezes nesse diário); o incidente será recontado

90. *Obra Completa*, vol. II, p. 508.
91. *Idem, ibidem.*
92. *Obra Completa*, vol. II, *Canudos*, p. 509, e *Telegramas*, p. 510.
93. *Idem, Canudos*, p. 511.

em *Os Sertões*[94]. Um dos filhos de Macambira, um chefe local, obteve permissão do pai e do Conselheiro para inutilizar, junto com seus amigos, a arma importuna. A missão seria cumprida no começo da tarde, na hora em que os soldados estavam fazendo uma rápida sesta. Subiram a colina até a arma e, cercando-a, deram-lhe uma forte pancada com uma alavanca, que despertou os soldados próximos. Apenas um dos doze atacantes escapou milagrosamente com vida, correndo por entre a roda de soldados e descendo a colina até embaixo, desarmado. Os outros onze foram todos mortos.

No dia seguinte, 19, Euclides entrevistou um *jagunço* de quatorze anos que lhe deu concisas caracterizações do Conselheiro e de seus subcomandantes – João Abade, Pajeú (morto), Vila Nova, Pedrão, Macambira e seu intrépido filho (também morto), Manuel Quadrado e José Felix – "um agrupamento bizarro" de homens maus também caracterizados em *Os Sertões*[95]. Euclides, então, interrogou o rapaz sobre as fontes dos armamentos dos *jagunços*, uma questão de grande perplexidade para o entrevistador. Antes da "guerra", o rapaz respondeu, os homens do povo tinham apenas espingardas de pederneira, bacamartes, arcos e possivelmente algumas carabinas Comblain, mas, com as derrotas das três expedições, conseguiram modernos rifles austríacos Mannlichers e mais Comblains. Quanto aos canhões Krupp da terceira expedição, não lograram aprender a manejá-los, de modo que os destruíram e atiraram numa ravina próxima. A outra pergunta sobre os milagres do Conselheiro, o rapaz respondeu que não os conhecia, nunca tinha visto nenhum, nunca ouvira falar que ele os fizesse. Mas à última pergunta sobre o que o profeta prometia aos que morriam, respondeu sem hesitação: "Salvar a alma"[96].

Nos dias 20 e 21 de agosto, Euclides deixou de entrevistar os soldados e os prisioneiros para explorar os recessos "bizantinos" de Salvador, que, como ele disse, era como uma cidade "grega antiga". Enquanto se curvava sobre as lápides embutidas no solo do mosteiro de São Bento, seus devaneios sobre o passado distante da cidade foram interrompidos pelo som de homens em marcha – soldados do último batalhão, chegados do Rio Grande do Sul para juntar-se às forças da quarta expedição, cujo efetivo alcançava agora quase dez mil homens. Pensava num problema logístico: como seria difícil alimentar dez milhares de bocas; mas esse era um problema que o marechal Bittencourt, o quartel-mestre-geral, estava resolvendo com mil burros a transportarem alimentos para a linha de frente[97].

Em suas outras explorações, mergulhou nos arquivos municipais de Salvador para descobrir antigos relatos de 1894 sobre Antônio Conselheiro e o começo dos distúrbios

---

94. *Obra Completa*, vol. II, *Canudos*, pp. 512-514; cf. *Os Sertões*, pp. 377 e 412-414.
95. *Idem*, *Canudos*, pp. 515-516; cf. *Os Sertões*, pp. 227-229.
96. *Idem*, *Canudos*, p. 518.
97. *Idem*, *Os Sertões*, p. 421: "Mil burros mansos valiam na emergência por dez mil heróis".

de Canudos. Desenterrando a informação, levantou "a *poeira dos arquivos* de que muita gente fala sem nunca a ter visto ou sentido, [...], esta poeira clássica – adjetivemos com firmeza – que cai sobre tenazes investigadores..."[98]. Um jornal de 20 de maio de 1894, que lê, da cidadezinha próxima de São Félix, alonga-se sobre uma diligência policial em Masseté, no sertão baiano, onde trinta soldados de polícia, enviados para prender Antônio por sedição e dispersar seus seguidores, foram inteiramente destroçados por estes últimos; foi uma ação desastrosa que se devia repetir numa escala um pouco maior até a incursão da quarta expedição[99].

À reportagem do jornal seguiu-se, no diário relativo a 23 de agosto, uma descrição de Antônio Conselheiro, tirada de importante livro de autoria do tenente-coronel Durval Vieira de Aguiar, que o viu pregando em Monte Santo em 1892. Aos olhos frios do coronel, "[e]ste sujeito é mais um fanático do que um anacoreta" que prega uma moral "incompleta", ensina rezas, entoa ladainhas e, em seus sermões banais, recorre a um "*latinório*" que "nem os ouvintes entendem"[100]. (Ao transcrever essa descrição, Euclides trai sua própria tendência quando aperfeiçoa a última frase como "[...] que nem ele [Antônio] nem seus ouvintes entendem"!)

Quanto mais escavarmos o passado, sustenta Euclides, mais lógicas e até mesmo harmoniosas tornar-se-ão as diversas fases das metamorfoses da existência do Conselheiro, vistas como "períodos sucessivos da evolução espantosa de um monstro"[101]. Em termos matemáticos, o líder religioso não é uma quantidade nula, mas algo ainda menor, "um valor negativo que aumenta segundo o valor absoluto da sua insânia formidável". As condições ambientais dos sertões, moldando o "temperamento moral" do homem, devem ter formado uma alma que em outro meio teria "vibrado no lirismo religioso de Savonarola". Em vez disso, como um "grande homem do avesso", ele tinha de entrar na história por uma porta baixa e escura, como um bandido. Mas qual é a diferença, indaga Euclides retoricamente, entre ele e os grandes "*meneurs de peuples*" que a história celebra? Apenas um meio mais restrito e um cenário mais modesto[102].

---

98. *Obra Completa*, vol. II, *Canudos*, p. 521.

99. *Idem*, *Canudos*, p. 522. Robert Levine, em *Vale of Tears*, depois de mencionar várias vezes *(passim)* Masseté, tem a dizer sobre o incidente apenas o seguinte: "se a expedição punitiva enviada para prender o Conselheiro em Masseté não tivesse sido derrotada, teria havido uma justificativa bem menos aparente para uma retaliação" (p. 288), mesmo que de qualquer modo fosse previsível a ocorrência de outro incidente. Essa declaração contrafatual não tem realmente qualquer base nesse incidente, que foi lembrado na Bahia como o primeiro passo para a "guerra". A observar, ademais, de acordo com a resenha de José Calasans Brandão da Silva do livro de Levine (em *O Estado de S. Paulo*, 18 de novembro de 1995, caderno "Cultura," p. D-15), que "Masseté nunca foi batizada com o nome Tucano," como a chama Levine na p. 132.

100. Citado a partir da fonte original, como vem reimpressa em Durval Vieira de Aguiar, *Descrições Práticas da Província da Bahia*, Rio de Janeiro, 1979, p. 83; cf. *Obra Completa*, vol. II, *Canudos*, p. 523.

101. *Obra Completa*, vol. II, *Canudos*, p. 523.

102. *Idem*, pp. 523-524.

Numa nota final sobre uma avaliação otimista de Canudos e sua população, feita pelo coronel Carlos Teles, que como outros militares estimava convencionalmente em duzentos o número de combatentes inimigos[103], Euclides replica apontando as colinas mais altas que envolvem o povoado e são, no seu entender, os principais obstáculos à quarta expedição, porque esses cumes só podem alcançá-los alguns poucos homens cujas cartucheiras, porém, podem conter tantas balas quantos os homens que irão matar. Em seguida, informa abruptamente a seus leitores paulistas que essa comunicação será a última de Salvador, porque partirá em breve para o sertão com o marechal Bittencourt e sua comissão. Por conseguinte, vamos interromper aqui o seu relato da guerra.

103. *Obra Completa*, vol. II, p. 523.

7

Canudos e o Fim da Guerra

Prosseguindo com o diário *Canudos*, uma semana depois, no último dia do mês de agosto mandou ao *Estado* nova mensagem, desta vez de Alagoinhas, uma cidadezinha não muito longe de Salvador e do litoral.

Caracteristicamente, do trem Euclides observava os limites geológicos onde "grandes camadas terciárias de grés – um solo clássico de deserto" assinalavam a transição das férteis zonas litorâneas para o interior árido – os sertões. Contudo, bolsões de rochas cretáceas decompostas restavam aqui e ali ao lado de um solo mais nutriente. No entanto, mesmo assim Euclides tinha consciência de que seu conhecimento de geologia ainda era por demais imperfeito para poder ser considerado confiável, já que suas observações também se baseavam nesses rápidos *aperçus*. Contentou-se, a seguir, em identificar alguns arbustos e flores, como, por exemplo, as pequenas mangabeiras e os cajueiros, os dendezeiros e as bromélias. Finalmente, numa pequena colina, em Pojuca, avistou a casa de José Antônio Saraiva, o honrado político brasileiro, e mentalmente Euclides curvou-se "ante a memória veneranda do Conselheiro Saraiva", um dos raros homens incorruptíveis de sua época. Assim, passavam diante das janelas do trem as povoações e as paisagens (sem que seu dólmã se manchasse de uma única partícula de pó!), até que o trem atracou em Alagoinhas, uma cidade construída sobre a areia, "talvez a melhor cidade do interior da Bahia", com ruas largas e praças "imensas"; na praça principal, levanta-se um grande barracão de feira para a venda de produtos locais do interior, mas que, agora, sob o negrume da guerra, está subjugada e calada[1]. Foi sua primeira parada na viagem para a zona de combate; a partir daqui o trem não continua interior adentro.

Em 1º de setembro, já em Queimadas, para onde viajou a cavalo, nosso repórter deteve-se por vários dias antes de prosseguir viagem. Essa cidade pequena e aparente-

---

1. *Obra Completa*, vol. II, pp. 528-529.

mente abandonada era então uma das principais zonas de estacionamento das tropas que se moviam de e para Canudos. Sua única praça irregular, cruzada de um lado para o outro pelos soldados, tinha a aparência de um velho quartel demolido. Fora de toda a cidade estendia-se a "floresta branca" das caatingas num enorme vazio de terras sem relevo, onde não havia nada em que os olhos pudessem repousar. Os acampamentos onde descansavam as tropas de passagem juncavam-se de uniformes, bonés e botas ali deixados pela soldadesca. Dois quilômetros adiante via-se a linha de tiro onde os soldados da quarta expedição praticavam, e era testado o pesado canhão Canet antes de ser arrastado até a linha de frente[2]. De um lado da cidade, uma pequena capela mostrava "o aspecto acaçapado de um barracão de feira", com suas paredes brancas rabiscadas com *graffiti* de carvão feitos pelos soldados e pontilhados de pontos de exclamação do tamanho de lanças. Essas "páginas demoníacas" reapareceriam em *Os Sertões* depois[3].

Nesta localidade ultrajada a comissão de investigação do marechal Bittencourt demorou dois ou três dias; enquanto isso, Euclides percorreu a cavalo os limites da cidadezinha para estudar a zona rural mais limpa; e logo "perdeu-se" na profusão de plantas ao redor. "[N]unca", exclama, "lamentei tanto a ausência de uma educação prática e sólida e nunca reconheci tanto a inutilidade das maravilhas teóricas com as quais nos iludimos nos tempos acadêmicos"[4]. Essa exclamação é, na verdade, um julgamento sobre sua formação acadêmica positivista, cuja deficiência nas disciplinas da geologia e da botânica agora comprovava.

O terreno pedregoso, com uma camada de grés em cima e outra mais antiga de gnaisse embaixo, e raiado aqui e ali pelo feldspato "cor de carne", estava esturricado devido às secas, e sua vegetação era constituída por árvores enfezadas e cactos. A "floresta branca" de árvores espalhadas por sobre a terra, enleadas umas às outras, com ramos retorcidos e despidos de folhas, dava-lhe a impressão de "um bracejar de desespero, a pressão de uma tortura imensa inexorável"[5]. Mas, a um exame mais atilado, a espessa floração de galhos cheios de espinhos, a medrarem dos troncos das árvores, era para ele o sinal de uma adaptação darwiniana, uma multiplicação de órgãos para a absorção de elementos vitais insuficientemente disseminados no ar do deserto. Até mesmo as sementes das plantas raramente pareciam desguarnecidas, e tinham a capacidade em si mesmas de se espalharem sobre a terra. Cresciam variedades de cactos por toda a parte, em especial as "cabeças-de-frade" redondas, calvas, que preferem as áreas de granito

---

2. *Obra Completa*, vol. II, *Telegramas*, p. 530.

3. *Idem, Canudos*, p. 530; cf. *Os Sertões*, p. 428. Cf. as comparações de Sousa Andrade, *História e Interpretação...*, pp. 345-347.

4. *Idem, Canudos*, p. 531.

5. *Idem, ibidem.*

das quais emergem sob as camadas de grés, de forma não-diferente da brilhante flor canela-de-ema do planalto central brasileiro, que do mesmo modo se enraíza nos veios de quartzito. De certas árvores e arbustos que se viam à volta dele os sertanejos tiram proveito particular, tais como a umburana e o umbu, os cactos mandacaru e caroá, o coqueiro ouricuri, as frutíferas quixaba e mangabeira, e o icozeiro de folhas verdes; todas essas fornecem aos habitantes e a seus animais água e alimento, materiais para cobrir casas e para trançar cordas e cordões[6]. Outra excursão levou-o a conhecer de forma desagradável a árvore favela-branca, cujas folhas ao menor toque causam um efeito cáustico duradouro sobre a pele humana. Na ocasião, ele e os companheiros detiveram-se diante de uma barreira espessa e impenetrável de acácias, as terríveis juremas, o que os forçou a retomar o caminho da cidade[7].

Dos habitantes de Queimadas colheu informações de que a influência de Antônio Conselheiro sobre as populações nativas dos sertões era "mais ampla do que supunha"[8], como evidenciavam as constantes procissões de grupos de peregrinos que atravessavam a cidade vindos de pequenos povoados do interior, a caminho da nova Jerusalém de Canudos, carregando cruzes e imagens de santos em andores, entoando ladainhas piedosas. É fato sabido que, ao chegarem ao destino, conseguiam levantar a cada dia uma dúzia de pequenas casas de taipa. Ele mesmo não viu nenhum desses decididos viandantes, mas pela janela entreaberta de seu quarto vislumbrou, ao invés, um vaqueiro todo vestido de couro que acabara de trazer para Queimadas um rebanho de cem ou mais cabeças de gado, para consumo do exército. A visão casual desse antigo cavaleiro numa armadura de couro acalmou-o um pouco, e pensou, como repete em *Os Sertões*, que, terminado o conflito, "resta-nos o dever de incorporar à civilização esses rudes patrícios que – digamos com segurança – constituem o cerne da nossa nacionalidade"[9].

No dia seguinte, 2 de setembro, despachou uma reportagem sobre a luta em Canudos, onde o popular e corajoso gaúcho tenente-coronel Tupi Caldas foi atingido simultaneamente por quatro balas, das quais a mais letal apenas amassou a fivela de seu talim. Como por milagre escapou da morte até que, ao término da guerra, exatamente uma bala perdida tirou-lhe a vida. O arraial de Canudos, sob o tiroteio de que foi acometido, estava agora aparentemente às escuras à noite, a água tornara-se

---

6. *Obra Completa*, vol. II, *Canudos*, p. 532; essas plantas afloram também em *Os Sertões*, pp. 122 e ss., 125 e ss., 184-185, 216. Observe-se que o nome do coqueiro ouricuri em *loc. cit.* está grafado erroneamente como *dicuri* em vez de *licuri*. Para o significado dos nomes indígenas das plantas, ver o dicionário de Teodoro Sampaio, *O Tupi na Geografia Nacional*, ed. F. G. Edelweiss, Salvador, 1955, *sub voce*.

7. Compare-se com *Obra Completa*, vol. II, *Canudos*, p. 535, *Os Sertões*, p. 121, sobre as favelas-brancas, e 125 e ss., sobre a acácia, a jurema.

8. *Obra Completa*, vol. II, *Canudos*, p. 532.

9. *Idem*; cf. *Os Sertões*, pp. 431 e 479, onde a frase "o cerne de nossa nacionalidade", como em *Canudos*, junta-se a outra frase controvertida de Euclides, "a rocha viva da nossa raça". Em *Canudos*, porém, a declaração não apresenta nenhum matiz étnico.

cada vez mais escassa no leito do Vaza-Barris que atravessava a povoação, e o boato, mencionado atrás (cap. 6, p. 118), de que Antônio quis render-se mas foi impedido por um zeloso subordinado, ganhou mais crédito entre as forças do governo. Junto com as notícias da luta, algumas prisioneiras eram aguardadas em breve em Queimadas. No entanto, a comitiva de Bittencourt devia partir no dia seguinte para Canudos[10], mas protelou a viagem até 4 de setembro.

Na mal-humorada opinião de nosso repórter, o cerco a Canudos não podia prolongar-se até outubro (mas o foi), quando começam na região as grandes chuvas, as quais engrossarão enormemente as águas do Vaza-Barris e, depois da enchente, cada banhado, cada poça d'água, cada brejo se terá convertido no "laboratório infernal" de malária, cujos germes nocivos elevam-se nos ares e depois descem sobre as tropas republicanas indefesas por toda a parte, infectando-as. (Pelo que parece, Euclides ainda não conhecia o mosquito anófeles, o portador dessa moléstia.) Desse modo, Canudos deveria ser tomado de assalto tão logo quanto possível. Ainda assim, prevê soturnamente que, uma vez conquistado, o elemento humano de Canudos pode dar origem a uma natureza mais renitente, em contato com a qual "o *jagunço* parece realizar o *mito* extraordinário de Anteu"[11] e surge da terra mais forte do que antes. Este é apenas um modo indireto de dizer que o sertão, tanto quanto o sertanejo, era um obstáculo à vitória republicana.

Em 3 de setembro, as prisioneiras e seus filhos vindos de Canudos adentraram Queimadas, mostrando uma cena inesquecível, que foi reconstituída em *Os Sertões*. Entre as crianças havia uma, José, que usava um boné de soldado, tão grande para ele que lhe chegava até os ombros e balançava na cabeça a cada passo que dava. Naturalmente, esse espetáculo incongruente provocou o riso dos presentes, mas todos caíram em silêncio quando a criança voltou-lhes o rosto: sua boca era uma ampla cicatriz, atravessada que foi por uma bala. As mulheres, na opinião de Euclides, eram quase todas excessivamente feias, "monstros" envoltos em andrajos imundos – todas, exceto uma, cuja beleza e juventude nem a miséria nem o cansaço puderam extinguir. A beleza ressurgia, "imortal", de seu rosto, apesar dos ossos protuberantes que sublinhavam sua palidez e emagrecimento, e seus grandes olhos pretos refletiam as profundezas de uma tristeza soberana. Sua história era a costumeira, logo contada aos presentes, com o final imperativo de uma bala de Mannlicher ou de uma granada de morteiro. Portanto, não havia a necessidade de Euclides para contá-la[12].

De Queimadas a Tanquinho, o poço de água seguinte, eram cinco léguas (mais ou menos quarenta quilômetros[13]), distância que a comitiva de Bittencourt percorreu

---

10. *Obra Completa*, vol. ii, *Telegramas*, 534.

11. *Idem, Canudos*, p. 535.

12. *Idem, Canudos*, p. 536; cf. *Os Sertões*, p. 430.

13. No interior, segundo os naturais da terra, uma légua equivale a oito quilômetros; cf. *Obra Completa*, vol. ii, *Canudos*, p. 540.

no dia seguinte (4 de setembro). Às dez horas da noite, quando já ninguém estava acordado, Euclides escrevia o relato da jornada desse dia. Tanquinho, "o pequeno Reservatório", com suas duas casas vazias, moitas de alecrim, solenes mandacarus em forma de candelabros[14] e o indistinto grupo de soldados doentes que viajavam de volta a Queimadas, era um lúgubre local de parada noturna. A aguada onde os cavalos se dessedentavam e os feridos de cada expedição se banhavam era uma coisa abominável para Euclides, e quando ele mesmo foi beber daquela água, naquela noite, por meio de seu "filtro Grandjean", ergueu-se da beirada do poço uma figura em trapos feito múmia e tentou pateticamente bater-lhe continência. A água estava pesada de limo e não extinguia a sede. Longe, acima de sua cabeça, a constelação de Órion iluminou os céus e, sob esse signo, ele afugentou "as saudades profundas" ao evocar noções esquecidas de astronomia, enquanto seu espírito percorria os firmamentos, perdido entre as estrelas...

Perfazendo mais duas léguas, em 5 de setembro a comitiva alcançou Cansanção. Com suas onze casas e seu pobre armazém construídos numa pequena colina de barro, a cidade era a possessão de uma família patriarcal sob a chefia de vigoroso velho de oitenta anos, Gomes Buraqueira, que reuniu a família para receber o grupo do governo. Dois frades franciscanos, alemães, muito jovens, que tinham a missão de cuidar dos feridos, logo chegaram para convidar a companhia para assistir à missa, a que Euclides não se recusou. Na verdade, alongou-se ao afirmar sua devoção católica: "Não me apedrejeis, companheiros de impiedade; poupai-me, livres-pensadores, iconoclastas ferozes! Violento e inamolgável na luta franca das ideias, firmemente abroquelado na única filosofia que merece tal nome [?], eu não menti às minhas crenças e não traí a nossa fé, transigindo com a rude sinceridade do filho do sertão..."[15]. Esse protesto irrompeu de uma consciência um tanto culpada, já que o agnosticismo ou a espiritualidade sem Deus era uma característica bem conhecida da personalidade de Euclides naquela altura da vida; tanto mais que, antes de sua partida de Salvador para Canudos, seus primos na casa de seus tio e tia paternos, ouvindo dizer que Euclides podia ter acessos de sonambulismo durante sua estada na casa, esconderam as armas de cinto do primo no oratório da casa, onde com certeza o parente livre-pensador não iria procurá-las!

Depois de amplo repasto ao meio-dia, composto de churrasco assado na brasa, a comitiva retomou a viagem, percorrendo mais cinco extensas léguas até Quirimquinquá, onde passaram a noite, para chegar a Monte Santo no dia seguinte. Ali, nos cerrados a nova vegetação florescia em graciosos angicos, em altas e duras baraúnas, nas

---

14. Expressão de Alexander Von Humboldt em sua *Relation historique du voyage aux regions équinoctiales du Nouveau Continent* (Paris, 1814-1825), vol. I, p. 219, e vol. III, p. 44; cf. *Os Sertões*, em *Obra Completa*, vol. II, p. 122.

15. *Obra Completa*, vol. II, *Canudos*, p. 539.

caraíbas de folhas lanceoladas e, no horizonte, a nordeste, erguia-se a serra de Monte Santo. O subsolo granítico no entorno da cidade era cavado em vários lugares, formando reservatórios onde se acumulavam as águas da chuva; esses reservatórios eram cobertos com paus paralelos sob pedras para a conservação da água. A comitiva de guerra acomodou-se em duas casas que lhe foram cedidas.

Entrando na área de bivaque de Monte Santo, em 7 de setembro, junto com a comitiva, Euclides desapontou-se tristemente com o lugar, apesar da famosa via-sacra, uma escadaria construída pelos nativos desde o sopé até o cimo da montanha, sob a direção de um padre italiano nos últimos quinze anos do século XVIII. "Simplesmente repugnante"[16] foi o que disse Euclides acerca do traçado da cidade, que estava centrada numa grande praça para a qual afluem muitas vielas semelhantes a imensos esgotos sem coberturas. Dois mil soldados e seus acompanhantes pouco atraentes se comprimem dentro dessa área, com todo tipo de ser humano – carroceiros, mulheres maltrapilhas, comerciantes, soldados a pé e a cavalo, feridos e convalescentes – cruzando a praça continuamente de um lado para o outro. Esse movimento perpétuo da população, que parecia não encontrar ninguém em nenhum lugar, acentuava "a sensação esmagadora de uma imobilidade do tempo". "Parece que é o mesmo dia que se desdobra sobre nós – indefinido e sem horas – interrompido apenas pelas noites ardentes e tristes"[17].

Euclides não tinha notícias frescas sobre a luta em Canudos que pudesse transmitir; assim, estende-se sobre a informação corrente que tem à mão e visualiza os combates noturnos entre os conselheiristas e os soldados da República, travados ao longo de uma linha de dois quilômetros. O vigor desses combates à noite por toda essa linha contradiz, a seu ver, a opinião dos militares sobre o número diminuto de combatentes entre a população de Canudos. No entanto, as forças antigas do exército já se tinham acostumado, com grande habilidade, com essa guerra noturna, ao passo que os novos recrutas – por exemplo, os da brigada Gerard, cujos chefes estão todos doentes, e os do batalhão de São Paulo – atiram a esmo em todas as direções sem atingir o inimigo. Contudo, outros batalhões aclimatados aprenderam a combater os jagunços com suas próprias táticas de rastejar por entre as moitas, cosendo-se ao terreno acidentado, aparecendo e desaparecendo de maneira surpreendente, e combatendo a astúcia com a astúcia, a emboscada com a emboscada. Ninguém, adverte Euclides, poderia imaginar que os defensores de Canudos lutassem sem algum tipo de ordem militar, trilando apitos para dar início a suas táticas, que são executadas com precisão. Finalmente, uma nota mais interessante sobre a ideologia religiosa de Antônio Conselheiro: parece que ele declarou a seus seguidores que qualquer um que tivesse a garganta cortada pelas lâminas de aço dos soldados não ganha-

---

16. *Obra Completa*, vol. II, *Canudos*, p. 541; cf., porém, uma descrição mais favorável de Monte Santos em Odorico Tavares, *Bahia: Imagens da Terra e do Povo*, 2. ed., Rio de Janeiro, 1951, pp. 281-291.

17. *Obra Completa*, vol. II, *Canudos*, p. 541.

ria a recompensa de uma vida futura. Daí a rapidez com que fugiam quando, ao grito de "Degola!", os soldados embrenhavam-se nas caatingas com as baionetas caladas[18].

Na manhã seguinte (8 de setembro), Euclides subiu os três quilômetros da via-sacra de Monte Santo, que, amparada por muros de pedra e ladeada de capelas, ascendia em espiral a montanha de quartzito branco[19] até o cume, onde o devoto é açoitado por pesados ventos: "um milagre de engenharia rude e audaciosa. Percorri-a toda, hoje"[20]. Ao cair da noite a montanha santa tinha a aparência, à luz da lua, de uma brancura fantástica, na qual as capelas se destacam claramente e as ladeiras da rocha estratificada, sem os veios de calcário, assemelham-se a enormes fortificações, velhas trincheiras abandonadas por titãs. Mas de dia, do alto do monumento, o olho podia avistar o horizonte de vinte léguas (cerca de 160 quilômetros), numa paisagem tão extensa que, como pensava Euclides, os militares podiam ter instalado "um telégrafo óptico"[21], isto é, um sistema de comunicação por sinais de bandeira ou de fogo, entre Monte Santo e Canudos (mas isso nunca foi tentado).

Por mais dois dias, não chegaram notícias de Canudos a Monte Santo, e a Euclides parecia que o *esprit de corps* de dois mil soldados à espera iria arruinar-se. Essas tropas que aguardavam impacientemente para participar do combate entravam em crescente competição por suprimentos que, devido à lentidão dos comboios de burros, nunca eram suficientes para saciar-lhes a fome. É possível que os soldados estivessem prontos a perder as vidas pela República, mas obviamente a República não podia exigir deles a morte pela fome. Por conseguinte, para desafogar as tropas, Euclides alteraria a velha forma de Júlio César para "chegar, lutar, vencer, voltar [para casa]"[22].

Com tempo à disposição, ele teorizou, como fez no segundo artigo "A Nossa Vendeia", sobre a remota história geológica da região de Monte Santo: pode ter sido uma das "mais modernas" do continente sul-americano, tendo emergido do "mar interior" terciário simultaneamente com a ascensão dos Andes. O pico culminante de Monte Santo teria sido como que um arrecife de quartzito nessa amplidão das águas. Mesmo que, por falta de espaço, Euclides não possa dar aqui as razões dessa teorização, nós já sabemos que esse "mar interior" terciário foi idealizado por Emmanuel Liais, que causou muita impressão sobre nosso repórter (cf. cap. 6, p. 112, n. 64).

Finalmente, em 11 de setembro, chegaram notícias de Canudos, entre elas a de que as duas grandes torres da igreja nova tinham sido derrubadas pela artilharia no

18. *Obra Completa*, vol. 11, *Canudos*, p. 542; cf. *Os Sertões*, p. 459.

19. Para o geólogo norte-americano Ch. Fred Hartt, é "uma colina isolada de mica". Cf. seu livro *Geology and Physical Geography of Brazil*, New York, 1975, p. 325.

20. *Obra Completa*, vol. 11, *Canudos*, p. 543.

21. *Idem*, p. 544.

22. *Idem, ibidem*. Cf. mudanças semelhantes da fórmula em *Os Sertões*, pp. 378-379.

dia 7; e, no mesmo dia, a trincheira mais avançada dos jagunços na estrada do Cambaio fora tomada pelo batalhão de São Paulo juntamente com outra unidade, com grande perda de vidas entre os defensores.

Na companhia de uma brigada de forças auxiliares Euclides fez então sua viagem, com várias paradas, até Canudos, aonde chegou em 16 de setembro[23]. Sua primeira reação ao divisar, do lombo do cavalo, a povoação foi de surpresa por nenhum jornalista ter-se detido até agora para descrever o entorno geográfico, com as cumeadas de Canabrava, Poço de Cima e Cocorobó à direita e as de Calumbi, Cambaio e Caipã à esquerda e a enfeixá-las uma imensa elipse do horizonte, que media cerca de doze léguas (96 quilômetros) de comprimento por nove (72 quilômetros) de largura. O arraial, no centro dessa elipse, era constituído de casebres de barro da cor da terra, na verdade a matéria-prima de que eram construídas, mas, não fosse o ressalto das duas igrejas, a velha e a nova, de pedra, elas não poderiam ser distinguidas a três quilômetros de distância. "É um quadro surpreendente, o deste acervo incoerente de casas – todas com a mesma feição e a mesma cor, compactas e unidas no centro de cada um dos bairros distintos, esparsas e [ainda] militarmente dispostas em xadrez nos intervalos entre eles"[24].

Não existem propriamente ruas que atravessem o povoado, apenas vielas que não merecem o nome de ruas, cruzando-se umas com as outras num labirinto de caminhos. Além da praça das igrejas, existem apenas outras duas praças que, contrariamente à praxe urbana brasileira, oferecem espaços de lazer no fundo das casas, ou um quintal comum. Do lado esquerdo do povoado, as casas eram mais bem construídas, cobertas com telhas vermelhas e de aparência mais normal, de tamanho maior do que as outras e mais bem alinhadas entre si. Nesse quadrante ficavam as casas uniformes do círculo íntimo de Antônio Conselheiro. Em sua maior parte, como se repete em *Os Sertões,* o casario de Canudos era, na opinião de Euclides, uma paródia do projeto arquitetônico das antigas casas romanas, com um átrio que é ao mesmo tempo uma cozinha, uma sala de jantar, uma alcova ou quarto de dormir, e em algumas delas um vestíbulo. Sua construção de barro, de folhas de icozeiro e de pedra, porém, era mais bárbara do que a dos romanos, sendo elas mais parecidas com as casas dos gauleses descritas nos *Comentários* de Júlio César. Na verdade, todo o povoado podia resumir-se para ele, num nível um pouco mais baixo, como "um vastíssimo *Kraal* africano"[25].

23. Contrariando a data de 12 de setembro que aparece em *Obra Completa*, vol. II, *Canudos*, p. 546, veja-se a data correta (como dada acima) em *Caderneta de Campo*, p. 53, e também Marco Antônio Villa, *Canudos: O Povo da Terra,* São Paulo, 1995, p. 252.

24. *Obra Completa*, vol. II, *Canudos*, pp. 546-547.

25. *Idem*, p. 547; cf. *Os Sertões*, pp. 215 e ss. Na *Caderneta de Campo* acrescenta, à p. 156: "Entre os gauleses de César a casa consistia em cabanas de árvores cobertas de terra amassada com um orifício ao centro [do teto] para as exalações".

Casebres de Canudos vistos do sudeste.

Preocupou-se em dizer, nessa primeira visão da povoação, que "[t]enho-a percorrida toda, de longe", e certificou-se de que, entre outras coisas, a fuzilaria e as canhonadas das tropas republicanas poucos danos tinham causado às construções. As balas de rifle simplesmente atravessavam as paredes de barro das casas sem as destruir, e os alvos principais dos canhões – as duas igrejas – conservaram as paredes mestras de pedra mesmo em ruínas, atrás das quais os exímios atiradores jagunços entrincheiraram-se até o fim do combate. De algum modo, o sineiro subia toda tarde até o sino da igreja nova para tocá-lo chamando a congregação para as orações vespertinas e o cântico da Ave Maria. Mas, olhando-se Canudos de fora, não se avistava um único habitante – parecia uma cidade bíblica silenciada por alguma terrível maldição dos antigos profetas hebreus.

Fazer uma investida com as tropas contra um lugar como esse seria com certeza perigoso – cada unidade militar que atravessasse o terreno elevado cairia sob fogo do inimigo invisível entrincheirado por todo o campo. Guiado por Gustavo Guabiru[26], um veterano das batalhas de julho contra os conselheiristas, Euclides pôde ver locais em que meia dúzia de sertanejos haviam reduzido as fileiras de muitas brigadas com seus tiros de tocaia. Toda vez que os soldados entravam em alguma trincheira à procura do atirador, este simplesmente já se tinha evaporado para outro buraco e lá voltava a atirar. Euclides foi levado a um local onde, debaixo de um umbuzeiro, um único homem "torturou batalhões inteiros" com seu metódico fogo mortal, apenas abaixando a cabeça quando os soldados respondiam ao fogo e acocorando-se em sua toca. Trezentos e sessenta e cinco cápsulas detonadas, na conta de Euclides, jaziam debaixo da árvore. Esse atirador escapou com vida, fugindo pela colina abaixo, quando um destacamento de soldados correu no seu encalço. Foi esse um incidente, um incidente crítico, na batalha de 18 de julho, quando as principais forças da quarta expedição finalmente precipitaram-se do Morro da Favela sobre Canudos, trocando assim uma betesga num monte por outra nos flancos do povoado. Mesmo assim, para Euclides essa batalha "é um dos feitos de armas mais notáveis da nossa história militar"; no entanto, nas páginas mais críticas de *Os Sertões*, observou com muita sinceridade: "os assaltantes [de Canudos] eram, por via de regra, os assaltados"[27].

Em 24 de setembro, Euclides apresentou a seus leitores mais um grupo de conselheiristas que tinham sido capturados durante a lenta derrubada das defesas de Canudos. A condição física desses indivíduos era muito pior do que a do lote anterior de mulheres e crianças com que se deparara em Queimadas (3 de setembro), porque quase todos eram baixas de guerra, tanto os homens quanto as mulheres. Um desses, um

26. Uma figura conhecida, mas não identificada pelos biógrafos de Euclides. O sobrenome, de origem tupi e que designa "devorador" ou "rato", indicaria um índio mestiço.

27. *Obra Completa*, vol. II, *Canudos*, p. 550; *Os Sertões*, no mesmo volume, p. 398.

homem que apresenta um ferimento hediondo num dos olhos, de onde ressuma um sangue enegrecido, respondia a todas as perguntas com dissimulação: fazia apenas um mês que estava em Canudos e nada tinha a ver com o conflito, nunca dera um tiro, nem mesmo uma única vez, porque tinha "coração mole". Outras duas prisioneiras, mãe e filha, foram do mesmo modo evasivas: a filha relatava apenas que a fome era geral em Canudos e que o rico e influente comerciante Antônio Vila Nova tinha fugido do arraial, como muitos outros ("um despotismo de gente"), que tinham fugido antes dele. A velha, sua mãe, praticamente nada admitiu, sobretudo sobre o número de pessoas que moravam no povoado, alegando que só sabia contar até quarenta(!). Sua frase predileta para nada comunicar era: "E eu sei?"[28] Seu marido, um baiano truculento, fora executado meia hora antes por ter crivado um tenente com um tiro de bacamarte.

À mãe e filha seguiram-se dois homens muito feridos, um com a cicatriz vermelha de um golpe de sabre no peito que o tinha deixado tão ferido que não conseguia falar; o outro, que mal se podia ouvir, com ferimentos de um *schrapnell* num dos braços e no estômago, que vinham supurando por dois meses. Uma outra velha com a aparência característica de uma raposa assustada e um soldado paternal trazendo nos braços uma criança de seis meses, que fora abandonada em algum lugar, fecharam a fila desse grupo de prisioneiros. Nenhuma dessas pessoas, com exceção talvez da primeira velha e sua filha, podia ou sabia manter uma conversação com seus captores. O silêncio obstinado da maioria deles, porém, anuncia mais do que as palavras a causa de sua reticência: o exército poderia prender mas nunca manter vivos os homens prisioneiros. É por isso que se alguém falava eram as mulheres.

Agora Euclides encontrava-se em plena zona de "guerra"[29] e estava sujeito, como qualquer outro das fileiras republicanas, às saraivadas de tiros de rifle, que estouravam em toda a volta das tropas, irrepreensivelmente, dia e noite. Às 22 horas de 25 de setembro, os sertanejos cercados na igreja nova – "um vulcão numa erupção de balas" – começaram a atirar sobre as linhas republicanas e prosseguiram por toda a noite, e agora, às dez e um quarto da manhã do dia 26, momento em que escrevia o seu diário,

---

28. Compare-se com *Obra Completa*, vol. II, *Canudos*, p. 551, o diálogo com essa mesma mulher na p. 554, no qual pode ser identificada pela confessa incapacidade de contar além de quarenta. Aqui o próprio Euclides lhe faz uma pergunta sobre o lugar onde seu marido morreu, à qual ela retrucou com muita brusquidão.

29. Os telegramas que Euclides enviava ao *O Estado de S. Paulo* de 22 a 25 de setembro (como em *Obra Completa*, vol. II, *Tel.*, pp. 550-553) poderiam dar a impressão de que estava na retaguarda, em Monte Santo, mas em sua maior parte essa impressão é falsa, porque, na verdade, eram escritos em Canudos e entregues por mensageiro ("próprio") em Monte Santo para serem transmitidos para São Paulo. Cf. M. A. Villa, *Canudos...*, pp. 250 e 259. No entanto, um telegrama de 22 de setembro começa com as sugestivas palavras "Cheguei bem" (*Obra Completa*, vol. II, *Telegramas*, p.550), mas essas palavras devem referir-se a outra data em Canudos, visto que no dia 22 anotou na *Caderneta* (p. 55) que o jovem *jagunço* que fora confiado a seus cuidados parecia demasiado doente para fazer a viagem de três dias de Monte Santo a Canudos.

a fuzilaria ainda não cessara. A cidade frequentemente era envolta em chamas, provocadas pelos bombardeios dos canhões da República, mas, ainda assim, as balas voavam de todos os lados do arraial candente, inquebrantável. Foi morto um oficial, dois outros foram feridos, e um sargento também se feriu nessa conjuntura, junto com um número não-especificado de baixas entre os soldados.

O tiroteio intensificou-se a partir das 18 horas e entrou pela noite. Na luz mortiça, Euclides conseguiu lobrigar, através de uma fresta, uma trincheira da igreja nova – "uma cratera fulgurante. Assombra..."[30]. E pensou consigo mesmo que a munição gasta pelo inimigo não podia ser apenas aquela que lhes fora deixada pelas expedições anteriores. Em compensação, o arsenal republicano dessa expedição esvaziava-se rapidamente e a cada dia tinha de ser recomposto por comboios carregados de Salvador. Mesmo assim, às vezes, faltavam armas e rações aos soldados. Euclides não conseguia explicar o gasto pródigo de munição pelos sertanejos – um dilema ao qual deve retornar no dia seguinte.

O tiroteio de Canudos cessou às cinco horas da manhã de 27 de setembro. Durante a noite, as tropas conselheiristas serpentearam por dezoito vezes até às cacimbas abertas no Vaza-Barris para apanhar água, desesperadamente, sob o fogo dos soldados republicanos. Foram repelidas outras tantas vezes, mas alguns, mais ousados, conseguiram encher suas vasilhas de couro (os bogós) a despeito dos tiros dos soldados republicanos disparados no escuro. De seu lado, Euclides pensava na qualidade virulenta daquela água infectada que não merecia correr-se o risco de perder a vida, ainda que fosse o único líquido de que o arraial dispusesse.

Mais tarde, no correr do dia, o general Artur Oscar de Andrade Guimarães mostrou ao nosso repórter intrigado algumas das balas disparadas pelos jagunços nas fuzilarias noturnas. Algumas delas, de aço, pareciam balas de Mannlicher, mas outras eram totalmente desconhecidas – "projéteis de armas modernas que não possuímos". E Euclides fez uma declaração decisiva: "Estou aqui há quinze dias e há quinze dias que, quase sem interrupção, os fanáticos replicam vigorosamente, em tiroteios cerrados, a qualquer ataque; repilo de todo a ideia de que se utilizem ainda das munições tomadas às expedições anteriores. Sou levado a acreditar que tem raízes mais fundas esta conflagração lamentável dos sertões"[31]. Como aconteceu repetidas vezes na vida de Euclides, enfrentamos nessa declaração, primeiramente, uma dificuldade de datação: em 27 de setembro ele não podia ter estado por quinze dias em Canudos, a não ser que incluíssemos o tempo que durou – três dias – sua viagem de Monte Santo à zona de combate (13-16 de setembro). Em segundo lugar, deve ser dito que os estoques

30. *Obra Completa*, vol. II, *Canudos*, p. 555.
31. *Idem*, p. 557.

aparentemente inesgotáveis de munição de que dispunham os jagunços nunca foram atribuídos, por ele ou por outros repórteres suspicazes, a uma fonte externa, mas apenas ficaram as possíveis provas, com todo o seu mistério, da interferência monarquista na "guerra" de Canudos[32].

Essa entrada de diário foi escrita na farmácia contígua ao hospital de campo, muito longe das ruínas fumegantes do povoado, mas ainda dentro do alcance dos tiros dos jagunços. É possível que o escritor tenha-se retirado para o local por estar doente e necessitar de cuidados[33]. De qualquer modo, encerra a página com o ardente tributo ao diretor cirúrgico do hospital, o major José de Miranda Cúrio, que conjugava uma profunda fé religiosa com habilidades cirúrgicas superiores. Euclides nunca se esqueceria da oração fúnebre do cirurgião junto ao corpo de um jovem tenente moribundo de que tratara sem sucesso. Interpõe-se o diarista: "Destino, porém, a outras páginas o estudo psicológico da campanha"[34]. Não obstante essa promessa, o nome de Cúrio foi o único registrado com gratidão nessa página.

No dia em que se comemorava a aprovação da Lei do Ventre Livre, 28 de setembro, Euclides escreveu outra página de diário para *O Estado de S. Paulo*. Foi um dia que começou como os outros em que o comandante do corpo de engenharia, José Siqueira de Menezes, media e anotava a temperatura, a pressão barométrica e as altitudes das elevações de Canudos. Com prazer Euclides juntou-se ao comandante nessa atividade científica que o distraía dos rigores da "guerra". Essas referências a esse oficial, a quem Euclides e outros muito admiravam, merecem citação não apenas pelo interesse científico comum que tinham no território, mas também devido à tentativa inexplicável e maldosa de Siqueira de Meneses, muito tempo depois da "guerra", de negar a simples presença de Euclides em qualquer fase do conflito![35] Alguma espécie de inveja do livro de Euclides sobre a rebelião tinha pervertido, no pós-guerra, a memória do oficial.

Ao meio-dia em ponto desse dia, uma salva da artilharia republicana recebeu a costumeira fuzilaria dos jagunços, que, no entanto, interrompeu-se no fim da tarde, enquanto corriam boatos de que estava prestes uma rendição, de que o Conselheiro fora morto por um estilhaço de granada, ou destituído do comando por seus desesperados partidários, etc. Qualquer que tenha sido a razão, a trégua durou apenas

32. Cf. passagens paralelas em Emídio Dantas Barreto, *A Última Expedição a Canudos*, Porto Alegre, 1898, pp. 12-18; em Aristides Milton, *A Campanha de Canudos*, pp. 6 e ss. e 95; e no jornalismo de 1897, em *No Calor da Hora* de Walnice Galvão, pp. 154, 232, 246, 295-296, 298-299 e 386.

33. A hipótese de Villa em *Canudos*, p. 254. Mas até agora nada de pior lhe tinha acontecido do que uma grande escoriação na perna na noite de 18 de setembro, como é mencionado na *Caderneta*, p. 54.

34. *Obra Completa*, vol. II, *Canudos*, p. 558.

35. Veja-se o incidente em Gilberto Amado, *Mocidade no Rio e Primeira Viagem à Europa*, Rio de Janeiro, 1956, p. 179, e os comentários de José Calasans Brandão da Silva, *Cartografia de Canudos*, pp. 121-128, e de M. A. Villa, *Canudos*, pp. 247-248. Algumas medidas científicas de Euclides e de Siqueira de Meneses estão relacionadas na *Caderneta de Campo*, pp. 57 e 77-80.

três horas até que uma nova saraivada de balas caiu sobre as linhas republicanas, e devia perdurar por toda a noite, sob cuja proteção os jagunços tentaram inutilmente invadir as posições do exército. Tão logo amanheceu o dia 29, o comando-geral fez uma excursão parcial por Canudos, avançando por aquelas áreas que já estavam em poder das tropas. Euclides, escrevendo sobre esse "passeio", estendeu-se obsessivamente sobre a disposição aleatória das casas (agora não havia o traçado em xadrez!), sobre a ausência de ruas adequadas entre elas e sobre a pobreza do interior das moradias, com o mínimo necessário de mobília, mas bem providas de bolsas (aiós) para transporte da munição[36].

Em 1º de outubro, o dia não despertou com a luz pura do sol dourando os cumes das colinas, mas, nublado e úmido e com uma fina garoa, parecia "uma manhã de inverno paulista"[37]. Junto com esse dia cinzento começou outro grande ataque ao arraial, com salvas atordoantes de tiros de artilharia, que não receberam resposta dos inimigos; no entanto, tão logo dois batalhões de infantaria avançaram numa carga de baioneta, os sertanejos de Canudos fulminaram de todos os cantos do arraial uma furiosa rajada de balas, prostrando grande número de soldados. Essa resposta provocou a admiração de Euclides: "há alguma coisa de grande e solene nessa coragem estoica e incoercível, no heroísmo soberano e forte dos nossos rudes patrícios transviados", e novamente ele anseia por uma "conquista real" deles, que os incorporasse "amanhã" à "nossa existência política", isto é, ao regime republicano[38]. Contudo, esse devaneio logo foi dissipado com a entrada na luta de um corpo de polícia baiano, de baionetas caladas, formado por sertanejos iguais ao inimigo, que penetraram nas ruínas de Canudos como uma enorme serpente rutilante, cujas vértebras eram outras tantas lâminas de baioneta. Seu destemor e capacidade de adaptação às duras condições da tática de guerrilha assemelhavam-se ao desassombro e à astúcia dos jagunços; mas a todo momento as baixas cresciam na quarta expedição. Foi nessa grande ação da "guerra" de Canudos que caiu, morto por uma bala no peito, entre muitos outros, o tenente-coronel Tupi Caldas, o destemido lutador gaúcho.

Euclides se permite, retrospectivamente, uma breve rememoração de sua última conversa com Tupi Caldas no dia anterior, quando o jornalista, agradecendo-lhe o presente que lhe mandara de um trabuco sertanejo, lembra-lhe que o comandante não queria que o coronel participasse da ação daquele dia. Ao que Tupi Caldas respondeu em tom de brincadeira: "Ficar na cama no fim da festa, justamente quando vão servir os doces... Não! falta só um dia, vou até o fim". Assim terminou "uma vida que foi um

36. Compare-se com *Obra Completa*, vol. ii, *Canudos*, pp. 560-562, o relato mais completo desse "passeio" em *Os Sertões*, pp. 468-473.

37. *Obra Completa*, vol. ii, *Canudos*, p. 563.

38. *Idem*, p. 565.

poema de bravura tendo como ponto final uma bala de Mannlicher"[39]. Atordoado por esse golpe, seu batalhão recobrou ânimo e avançou como um único homem por sobre a trincheira numa carga de baioneta enlouquecida para vingá-lo.

A batalha estrondeou durante toda a manhã até que um cadete conseguiu erguer a bandeira nacional sobre as ruínas da igreja nova, feito que as forças republicanas aplaudiram como se o momento da vitória tivesse chegado. O próprio Euclides deixou então o quartel-general e desceu rumo à praça da igreja, mas foi detido pelo "sibilar incômodo das balas" sobre a cabeça e teve de abrigar-se na trincheira mais próxima. A "guerra" ainda não tinha acabado, afinal, e a artilharia arremessou três bombas de dinamite sobre o povoado, que sacudiu o solo qual um terremoto[40]. Um oficial, ajudante do estado-maior, que naquele momento ergueu um viva à República, caiu na mesma hora morto por uma bala e foi levado do campo de batalha.

Durante essa terrível ação o hospital ia-se enchendo com as baixas republicanas de toda espécie. Analisando esse setor médico da refrega, Euclides fez um tributo ao autor da *Divina Comédia*, o único na literatura ocidental que havia pintado fortuitamente, no "Inferno", a raiva colérica dos combatentes republicanos: "a blasfêmia orvalhada de lágrimas, rugindo nas bocas simultaneamente com os gemidos da dor e os soluços extremos da morte"[41]. Diante dos sofrimentos desses soldados, o repórter acreditava "haver deixado muitas ideias perdidas naquela sanga maldita", enquanto mergulhava no "mesmo destino dos que agonizavam [ali] manchados de poeira e sangue…"[42]. E entre os mortos deitados no chão ao pé do hospital estava o cadáver do tenente-coronel Tupi Caldas.

As esperanças de um avanço mais agressivo nessa manhã se frustraram. À tarde os olhos do escritor foram atraídos de novo para o tumulto que não esmorecia em Canudos, onde as cornetas continuavam tocando as notas de "Avançar!" e os soldados arrojavam-se sobre o arraial, mas sem conseguir tomar nenhuma faixa de terreno. Enquanto observava, viu um coronel, César Sampaio, caminhando lentamente rumo ao campo de luta sem tirar os galões dourados que fariam dele um alvo preferido dos conselheiristas; mas o militar desapareceu, num passo tranquilo, entre seus combatentes, sem qualquer dano. Outras terríveis bombas de dinamite foram lançadas sobre a povoação, ao mesmo tempo em que dos pontos principais dos ataques um longo desfile de feridos e moribundos ou mortos rumava, continuamente, para o hospital de campo,

---

39. *Obra Completa*, vol. II, p. 567.

40. *Idem, Canudos*, p. 568. As três bombas eram exatamente as primeiras explosões. Como *Os Sertões* deixa claro, foram lançadas sobre Canudos um total de noventa bombas de dinamite (*Obra Completa*, vol. II, *Os Sertões*, p. 481).

41. *Idem, Canudos*, p. 569. A nós nos parece que as cenas de hospital descritas nesse diário indicam sobretudo a falta de remédios apropriados, como a morfina, para aliviar a enorme dor física.

42. *Idem, Canudos*, p. 570.

Sétimo Batalhão, vindo do Rio de Janeiro.

alguns carregados em redes, outros andando por si mesmos sem parar. Assim, o círculo da batalha do dia foi fechado aos poucos, das devastações da manhã, ao hospital, à paralisação à tarde e de volta ao hospital mais uma vez. Euclides resume: "A verdade é que ninguém poderia prever uma resistência de tal ordem"[43]. Quanto menos espaço a ação militar tomava dos sertanejos, mais se consolidava sua feroz resistência.

Essa página de diário de 1º de outubro foi a última que escreveu, extensamente, para os leitores de *O Estado de S. Paulo*. Maos uma semana se passou antes que a campanha derrotasse os quatro últimos defensores de Canudos[44] e o corpo do Conselheiro fosse exumado para comprovação, mas Euclides não estava presente para testemunhar esses acontecimentos sangrentos. Para onde tinha ido e por quê? A resposta mais provável a essas perguntas está condensada num telegrama enviado ao *Estado* em 24 de setembro, onde afirmava: "Escreverei de Monte Santo, para onde regressarei por causa da saúde e do termo da licença", o período concedido de ausência da comitiva do ministro da Guerra[45]. Como explicara antes (20 de agosto), numa carta escrita de Salvador ao velho amigo Reinaldo Porchat, sofrera nova crise de hemoptise tuberculosa após um ataque de constipação, e foi esse ominoso sintoma de uma doença da família que o forçara a retirar-se prematuramente de Canudos. O marechal Bittencourt também não tinha permitido que ele o precedesse no fronte e fosse esperá-lo em Canudos, "de sorte que temo não ir a tempo de assistir a queda do arraial maldito"[46]. Desse modo, foi a doença e a autoridade militar que, conjuntamente, determinaram que Euclides se retirasse para Monte Santo por volta de 1º de outubro, onde de fato pode ter escrito o longo artigo que traz essa data. É essa a reconstituição de Marcos Villa[47], embora o saudoso Roberto Ventura tenha acrescentado mais dois dias a essa estimativa (3 de outubro)[48]. Em resumo, Euclides passou de quinze a dezoito dias na linha de combate de Canudos.

Foi inferido, às vezes, que esse intervalo de tempo que passou no fronte foi curto demais para lhe dar condições de entender a "real" importância da "guerra" de Canudos. Contudo, essa inferência assenta-se num equívoco muito grave sobre a relação do historiador moderno com as provas da história. O adágio antigo, segundo o qual a única história "segura" é o relato histórico ocular, não se aplica a ele nem a qualquer dos historiadores "científicos" do século XIX, mesmo que Euclides cite, respeitosa-

---

43. *Obra Completa*, vol. II, p. 571.

44. A violenta cena em *Os Sertões* (*Obra Completa*, vol. II, p. 488), na qual estavam de pé "um velho, dois homens feitos e uma criança, na frente dos quais rugiam raivosamente cinco mil soldados", foi frequentemente rejeitada por ser improvável, mas o incidente foi extraído do relato do tenente-coronel Dantas Barreto, um veterano temperado durante toda a quarta expedição. Cf. sua *Última Expedição a Canudos,* p. 230.

45. *Obra Completa*, vol. II, *Telegramas*, p. 553.

46. Ver a carta impressa em Galvão & Galotti, *Correspondência de Euclides da Cunha*, p. 108.

47. Em *Canudos...*, p. 255.

48. Roberto Ventura, "Memória Seletiva", *Cadernos de Literatura Brasileira*, 13-14, p. 25, 2002.

mente, as palavras do credo historiográfico de Tucídides sobre a autenticidade testemunhal[49]. Se semelhantes historiadores devessem restringir-se a esse tipo de prova, seria impossível o estudo do passado mais remoto (que podiam não ter testemunhado com os próprios olhos). Seja como for, os críticos de Euclides, tanto brasileiros quanto norte-americanos, adotaram um procedimento um tanto estranho, para atacar a "curta" experiência do repórter de guerra: ou seja, no caso da "guerra" de Canudos deram crédito muito maior ao testemunho ocular do correspondente do *Jornal do Commercio*, capitão Manuel Benício, como vem inserido em seu romance *O Rei dos Jagunços*, que confessadamente tem muito mais de ficção do que de fato. Com isso, introduziu-se nesse conflito uma grande dose do fabuloso (*to mythôdes)* contra a norma de Tucídides, de modo a compensar a limitada experiência de guerra de Euclides.

No entanto, terá sido o confronto de Euclides com a "guerra" tão diminuto, mesmo que tenha sido breve? Transcrevi trechos de seu principal diário de guerra escrito durante dois meses, com referências laterais à sua caderneta de viagem a Canudos e a alguns de seus telegramas, para ilustrar seu envolvimento pessoal no desenrolar da "guerra" e o caráter novo do terreno onde foi travada, e com inimigos desconhecidos contra quem combatiam. Não apenas sua própria fraqueza física mas, acima de tudo, o horror também que sentiu diante das cenas de carnificina e que forçosamente lhe passaram diante dos olhos tiveram efeitos profundos sobre ele e serviram para que os resumisse numa poesia escrita depois da "guerra" no álbum de uma anfitriã soteropolitana[50]:

> Quem volta da região assustadora
> De onde eu venho, revendo, inda na mente,
> Muitas cenas do drama comovente
> De guerra despiedada e aterradora,
>
> Certo não pode ter uma sonora
> Estrofe ou canto ou ditirambo ardente
> Que possa figurar dignamente
> Em vosso álbum gentil, minha senhora;
>
> E quando, com fidalga gentileza,
> Cedestes-me esta página, a nobreza
> De vossa alma iludiu-vos, não previstes

49. Compare-se com Tucídides, *História*, I, 22, i-ii, a nota de rodapé de Euclides em "Nota Preliminar" de *Os Sertões*, em *Obra Completa*, vol. II, pp. 93-94.

50. "Uma Página Vazia," em *Obra Completa*, vol. I, p. 656. Corrigi o pronome "nossa" no verso II para "vossa", de acordo com a versão original do poema, impresso na biografia escrita por Venâncio Filho, *A Glória de Euclydes da Cunha*, p. 129.

Nova Igreja em ruínas.

Velha Igreja em ruínas.

Que quem mais tarde, nesta folha lesse

Perguntaria: "Que autor é esse

De uns versos tão malfeitos e tão tristes?"

Somente ao retornar a Salvador é que Euclides percebeu a disparidade inicial entre os fatos registrados nas suas notas apressadas para *O Estado de S. Paulo* e a ação militar de que estava cercado nos trens cheios de soldados feridos, nos desfiles de novos recrutas e nos boatos que corriam sobre a dimensão da rebelião sertaneja. Faltaram-lhe palavras "nestas notas ligeiras"[51] para descrever seu primeiro encontro com um comboio de soldados feridos. Observando um desfile de "titãs bronzeados" do Norte do Brasil, confessa que "[é] possível que das notas rápidas de um diário, em que os períodos não se alinham corretos, disciplinados e calmamente meditados, ressumbrem exageros; é possível mesmo que eu os releia mais tarde com surpresa. [...] fora do círculo hipnótico de um entusiasmo sincero e não terei, como agora tenho, diante de mim, a visão deslumbrante de uma pátria regenerada [...]"[52]. Em suma, ou as palavras que pretende escrever ao *Estado* irão captar os elementos essenciais da cena militar que está vendo, ou então a própria cena será tão emocionalmente acabrunhante que de modo nenhum poderá ser posta em palavras. Naturalmente, quando chega perto de avaliar as imediatas proporções da rebelião sertaneja – tarefa aparentemente impossível – ele não deseja nada melhor do que "estar em erro: desejo ardentemente que sejam estas linhas divagações exageradas e que o futuro fique eternamente mudo diante daquelas interrogações [suas]" sobre a extensão da revolta[53].

Quanto ao restante do diário, porém, ao relatar suas impressões pessoais, desde Salvador durante todo o caminho até o fronte de Canudos, usa comumente de locuções como sua expressão predileta "percorrer" ou "correr os olhos", assim como "ver de perto", "observar", "contemplar", "sentir de perto", "notar", "olhar", "presenciar" etc. – verbos de percepção e experiência, tecnicamente, de força "epistêmica", que estão disseminados por todo o diário e que evidentemente convenciam o diarista, se não a seus críticos, de que no mínimo escrevia algum tipo de relato ocular das vicissitudes da quarta expedição. É bastante significativo que esse vocabulário raramente seja usado nas "notas [igualmente] rápidas" de sua *Caderneta de Campo*, onde seu principal objetivo era relatar os fragmentos de informação de forma perfeitamente factual[54].

---

51. *Obra Completa,* vol. II, *Canudos,* p. 500.

52. *Idem,* p. 508.

53. *Idem,* p. 512.

54. Cf. na *Caderneta*, p. 33, a frase que começa "O Coronel Sampaio atravessou lentamente a praça" etc., com sua congênere em *Canudos* (*Obra Completa,* vol. II, p.570), "*Vi*, nessa ocasião, o Coronel Sampaio atravessar lentamente, a pé, a praça" etc. (grifo meu). Esse único exemplo contrastivo pode representar em termos estilísticos muitos outros entre a *Caderneta* e *Canudos*.

Finalmente, se compararmos *Canudos* com outros relatos oculares (contados por combatentes) das campanhas contra os sertanejos baianos, vemos que a cobertura que Euclides fez da quarta campanha até 1º de outubro não só concedeu a máxima atenção às principais batalhas dessa "guerra", mas também acrescentou aos retratos dos sertões pintados por outros correspondentes uma parte considerável de conhecimento geológico e botânico. Um correspondente do jornal carioca *A Notícia* – Aníbal Galvão – queixou-se, em tom de brincadeira, de que Euclides retardou as excursões ao campo com suas constantes paradas para estudar a geologia ou a botânica do terreno. "E o caso é que devo ao distintíssimo engenheiro o meu cabedal de geologia", admitiu[55]. Mas Euclides, como membro da comissão de investigação do ministro da Guerra, destacava-se um pouco de colegas repórteres, não apenas em termos intelectuais e sociais, mas também na sua indumentária. Em Monte Santo apareceu entre eles com "vistosas botas de verniz, calça branca, camisa de fina seda e chapéu de fina palha"[56].

Em seu diário, fala até com frequência demasiada dos "rudes filhos do sertão" – uma expressão intelectualizada que desmente sua apaixonada defesa desses mesmos seres em *Os Sertões* – e privou da intimidade dos comandantes da quarta expedição, estudando diariamente o clima de Canudos com o tenente-coronel Siqueira de Meneses e conversando até tarde da noite com o comandante-em-chefe, general Artur Oscar Guimarães. Além disso, Euclides era talvez o único repórter a contar com um ordenança a seu serviço[57]. Com efeito, tanto era admirado por seus colegas por sua superioridade intelectual quanto respeitado pelos militares pelo que quer que pudesse relatar sobre a forma como conduziram a campanha final contra os conselheiristas.

Por conseguinte, dificilmente os militares podiam ter tido a mais leve suspeita da acusação devastadora que ele faria contra as forças republicanas pelos erros táticos e enganos éticos que cometeram nos últimos dias de Canudos. No entanto, as enganosas explosões de Siqueira de Meneses contra ele, muito depois de terminada a guerra (em 1911), dão mais do que uma indicação da crescente animosidade dos militares contra sua vingadora obra-prima, *Os Sertões*, e que no final aquela explodiria de forma bárbara em mentiras. O romancista e repórter do *Jornal do Comércio* Manuel Benício recebeu de militares ameaças de morte, embora sendo capitão honorário, por seus despachos altamente críticos enviados ao *Jornal*, e teve de abandonar a linha de frente no meio do inverno, 26 de julho de 1897[58], para escapar da

---

55. Como aparece na antologia de relatos da guerra em 1897, organizada por Walnice Galvão, *No Calor da Hora*, p. 427.

56. *Idem*, pp. 423-424.

57. Como diz M. A. Villa, *Canudos...*, p. 252.

58. Ver Sílvia Maria Azevedo, "Manuel Benício: Um Correspondente da Guerra de Canudos", *Revista USP*, 54, pp. 94-95, junho-agosto de 2002.

vingança do corpo de oficiais. Em contraste, como vimos, a partida prematura de Euclides foi ocasionada por sua condição ruim de saúde. No entanto, comparando-se esses dois homens que foram as duas colunas mestras do jornalismo de guerra em Canudos, deve-se admitir que Benício tinha um entendimento muito maior da sociedade do sertão do que Euclides, que ainda tinha muito a aprender sobre ela com seu amigo Teodoro Sampaio. A compreensão minuciosa que Benício tinha das vidas interiores dos sertanejos deu-lhe condições de fazer um relato ficcional de sua existência em *O Rei dos Jagunços*, ao passo que as concepções transcendentes de Euclides acerca do mundo material e social exterior desses homens levou-o a historicizar essa existência.

8

A Ponte e o Livro

Após ter-se recuperado suficientemente do ataque de hemoptise, Euclides tomou um navio de Salvador para o Rio de Janeiro, de onde seguiu viagem de trem até São Paulo. Ali, parou alguns dias, primeiro para pedir à Superintendência de Obras Públicas uma licença do serviço e, segundo, para matricular numa escola paulistana a criança órfã que trouxera de Canudos. A seguir, viajou para a fazenda do pai, Trindade, em Belém do Descalvado, onde pôde relaxar completamente no seio da família. A Superintendência concedeu-lhe uma licença para tratamento da saúde de quatro meses, até o final do ano (1897). Nesse período de descanso, escreveu um breve testemunho sobre a disciplina e dedicação do batalhão de São Paulo na luta em Canudos, no qual fez referência ao elogio reconhecido e voluntário do comandante da quarta expedição, general Artur Oscar: "Cada vez me agrada mais esta *sua* gente…"[1], escreveu em artigo publicado em 26 de outubro de 1897 em *O Estado de S. Paulo*. E, o mais importante, aplicou-se em rascunhar uma parte de *Os Sertões*, o conhecido capítulo 3, "O Homem", que narra a vida dos vaqueiros do Nordeste, em comparação com os gaúchos no Sul[2]. Este texto, sob o título de "Excerto de um Livro Inédito", veio a lume também no mesmo jornal em data de 19 de janeiro de 1898.

Enquanto descansava na distante fazenda de "Trindade", ocorreu um terrível incidente no Rio, na primeira semana de novembro, numa recepção oferecida a um general que retornava da quarta campanha contra Canudos. Alguns altos funcionários do governo, entre eles o presidente da República, Prudente de Morais, e o ministro da Guerra, Carlos Bittencourt, haviam-se reunido no edifício do Arsenal de Guerra para saudar o general que voltava da linha de frente. De repente, do nada surgiu um soldado do exército, de nome Marcelino Bispo de Melo, que avança entre os presentes

---

1. *Obra Completa*, vol. II, p. 584; cf., porém, seu juízo mais crítico sobre o batalhão em *Canudos*, p. 542.
2. Vejam-se os textos e a análise comparativa de Sousa Andrade, *História e Interpretação*, pp. 204-222.

apontando uma faca ao presidente; o ministro da Guerra interpôs-se entre os dois e acabou ferido mortalmente. Foi essencialmente uma trama jacobina armada por aliados do ex-presidente Floriano e do líder do Partido Republicano Federal, que juntos não conseguiram impedir a candidatura presidencial de Campos Sales, apoiada por Prudente de Morais. A reação imediata, tanto do governo quanto do povo, contra os jacobinos[3] foi ferocíssima. Com base nesse ultraje, dois biógrafos de Euclides[4] conjecturaram que ele estava tão afastado, em profundo repouso em "Trindade", que não teria tido a menor notícia da morte de seu antigo comandante; mas não foi o que aconteceu, pois dez dias depois contribuiu com 200 mil-réis para um fundo em favor da família Bittencourt[5].

No restante do ano, Euclides fez muitas consultas a Teodoro Sampaio – o veterano explorador do sertão baiano – sobre a importância de suas breves experiências nessa região do Nordeste. Era comum Euclides aparecer na casa de Sampaio aos domingos, trazendo consigo os primeiros capítulos de sua obra, para discutir "os referentes à natureza física dos sertões, geologia, aspecto, relevo, mos lia naquela sua caligrafia minúscula [...]. A leitura fazia-se pausada a meu pedido, porque tinha eu", continua Sampaio, "a sensação de com ela estar a trilhar vereda nova, cheia de novidades"[6]. Em troca, o autor exigia do ouvinte dados históricos sobre o nordeste baiano do século XVI e XVII, e sua geologia geral. Posteriormente, ele e Sampaio condensaram essa informação variada num manuscrito, hoje depositado no Instituto Geográfico e Histórico da Bahia[7].

A única crítica ao texto nascediço de *Os Sertões* que fez Sampaio nessa altura de sua criação foi "uma propensão [que] [...] se lhe notava e [que] era a do emprego de termos desusados a que eu, a gracejar, chamava *calhaus* no meio de uma corrente harmoniosa – que de resto era a sua boa linguagem". Euclides, porém, defendendo sua prática, exclamou: "Que me importa, a mim, que o leitor estaque na leitura corrente, se a impressão que lhe dou com esse termo esquecido é a mais verdadeira, a mais nítida, e, em verdade, a única que eu lhe queria dar?!"[8] Sampaio deixou sem resposta essa pergunta. Durante suas discussões, a conversa ia da linguagem popular dos vaqueiros

---

3. Ver sobre eles Jeffrey D. Needell, *A Tropical Belle Epoque: Elite Culture and Society in Turn-of-the--Century Rio de Janeiro*, Cambridge, Eng., New York etc., 1987, pp. 13, 16, 18 [Existe uma tradução brasileira: *Belle Époque Tropical: Sociedade e Cultura de Elite no Rio de Janeiro na Virada do Século*. Trad. Celso Nogueira. São Paulo, Companhia das Letras, 1993]. O irascível João Cordeiro (cf. cap. 5) estava entre os jacobinos culpados.

4. Eloy Pontes, p. 155, e Sousa Andrade, *História e Interpretação...*, p. 148.

5. Conforme diz Roberto Ventura, "Memória Seletiva," p. 26.

6. Teodoro Sampaio, "À Memória de Euclides da Cunha", p. 251.

7. Sobre esse documento ver Carlos Chiacchio, "Euclides da Cunha: Aspectos Singulares", *Jornal de Ala*, 6, pp. 4-10, 11 de janeiro de 1940. Suplemento Literário.

8. Teodoro Sampaio, "À Memória de Euclides da Cunha", p. 251.

baianos, que Euclides saboreava tão vivamente, à geologia de Charles Frederick Hartt e Orville Derby e às "texturas" geológicas do solo baiano no interior árido, isto é, seus leitos de rio secos, montanhas de quartzito, "xistos cristalinos do divisor das águas"[9], e às grandes planícies com suas cadeias isoladas de montanha[10].

Era costume que, terminada a longa conversa, a dona da casa os convidasse para jantar, mas isso frequentemente tornava-se uma hora de agonia tanto para a cozinheira quanto para Euclides. É que o distinto convidado não era receptivo a "nada especial" no curso da refeição, e como uma criança manhosa, quando recusa algo fora do comum, servia-se da fina comida à sua frente de forma muito dessultória. Ao vê-lo agir dessa forma, o anfitrião concluiu que "era um doente, talvez imaginário, mas de fato um doente"[11]. Seja como for, essas conversas de domingo foram algumas das últimas oportunidades que os dois tiveram para ver um ao outro até o fim de suas vidas. No entanto, encontrar-se-iam mais uma vez em São José do Rio Pardo (cf. cap. 5, p. 91).

Quase na mesma época em que Euclides voltou a trabalhar na Superintendência de Obras Públicas, um acidente providencial, ocorrido no final de janeiro do novo ano, facilitaria enormemente a escrita de *Os Sertões:* numa noite de grandes enchentes, uma ponte de ferro sobre o rio Pardo em São José, interior de São Paulo, caiu de lado no leito do rio. As principais causas dessa queda sob a pressão da água foram o rebitamento defeituoso da superestrutura de ferro, a concretagem inadequada dos pilares de pedras e algumas fendas que surgiram num dos pilares[12]. Para os cidadãos de São José, o desastre era esperado por causa da má construção da ponte e da força das águas do rio, mas para a Superintendência de Obras Públicas, a Secretaria da Agricultura, o francês Deschamps de Montmorency construtor da ponte, e, não menos que todos, para seu supervisor, Euclides, o acidente foi uma surpresa. Sobre este acidente os jornais paulistas fizeram comentários bastante sarcásticos: "E como as tábuas não estalaram, e como os pilares suportaram heroicamente todo aquele peso, ficou decretado oficialmente, apesar de todos os avisos e de todas as opiniões em contrário, que o trabalho era de primeira ordem e que as águas do rio podiam crescer à vontade, porque a ponte saberia cumprir seu dever..."[13].

9. Sobre as placas de mica cf. C. Frederick Hartt, *Geology and Physical Geography of Brazil*, ed. Albert V. Carozzi (reimpr. Huntington, New York, 1975), pp. 548 e *passim*.

10. *Idem*, pp. 146-147. Se, como pensava Gilberto Freyre (*Perfil de Euclydes,* p. 40), Orville Derby deu a Euclides "grande ajuda técnica" em geologia, isso deve ter sido feito em grande parte através de Sampaio; cf. *Perfil de Euclydes,* pp. 44-45.

11. Teodoro Sampaio, "À Memória de Euclides da Cunha", p. 254.

12. Ver Gama Rodrigues, *Euclides da Cunha: Engenheiro*, pp. 46, 49-51, 60.

13. *Apud* Gama Rodrigues, *op. cit.*, pp. 44-45; sobre as opiniões de outros jornais, cf. a mesma fonte, p. 53.

Euclides, que tinha supervisionado o início da construção em maio de 1896, bem antes de sua viagem a Canudos, junto com a comissão de investigação do ministro da Guerra, sentiu-se na obrigação de reconstruir aquela massa derruída de metal e pedra, depois de ter-se certificado de que uma das causas da queda fora defeitos no rebitamento. Pode-se dizer que muita água passou por baixo da ponte antes que se pudessem iniciar a sério os reparos, na segunda metade de 1898. Primeiro, Euclides teve de negociar com a burocracia da Superintendência para que fosse o único supervisor da construção; depois, em março do mesmo ano, ele, a esposa e os dois filhos tiveram de instalar-se numa casa de São José (a atual Casa de Cultura Euclides da Cunha); e, por último, teve de mandar limpar um local de trabalho à margem do rio perto da ponte ruída, construir uma cabana para si mesmo de "velhas" chapas de zinco (que ainda hoje está de pé) e colocar nesse local todos os materiais necessários para a obra.

No que diz respeito à reconstrução, que demorou três anos, é imprescindível dizer que as partes rebitadas da superestrutura de ferro tiveram de ser desmontadas no local onde haviam caído na água, e suspensas peça por peça até a terra seca, a fim de serem desamassadas manualmente aquelas que estivessem tortas, e depois remontadas. É que era caro demais substituir *in toto* a superestrutura de ferro forjada na Alemanha. Calculou-se que a desmontagem implicava cortar, a frio, cerca de oito mil rebites – um número assustador[14]; e a documentação de Antônio da Gama Rodrigues sobre esse projeto não dá qualquer indicação de que as ferramentas ou instrumentos usados na obra fossem de algum modo mecanizados, a não ser uma "talha automática"[15]. A mão de obra era composta de quinze homens ou um pouco mais, principalmente imigrantes italianos, que, segundo parece, trabalharam sem um guindaste e com ferramentas manuais comuns.

Enquanto esses operários desmontavam a superestrutura peça por peça, seu chefe navegava pelo rio numa balsa, testando o fundo do leito com uma vara a fim de descobrir um terreno mais adequado para colocar um novo pilar no lugar do rachado. Essas "sondagens", no final bem-sucedidas, deixavam todo sujo o diligente engenheiro, que os transeuntes viam no local da obra "ora servindo-se de canoas, ora a pé, sem chapéu. Pelos barrancos, todo molhado, com os sapatos enlameados, fazia sondagens, observações, cálculos, mantendo sempre a firme convição de ter achado o que procurava"[16]. Um quadro bastante diferente, este de Euclides em dia de trabalho, daquele do elegante repórter entre seus confrades na chegada a Monte Santo (cf. cap. 7, p. 144)!

14. Estimativa de Venâncio Filho citada por Sylvio Rabello, *Euclides da Cunha*, p. 155.

15. Ver a lista de ferramentas em seu *Euclides da Cunha: Engenheiro*, pp. 69 e 76-77, e cf. o resumo de Sousa Andrade, *História e Interpretação...*, p. 161.

16. Como diz João Modesto de Castro num "Depoimento Escrito" inédito, citado por Sousa Andrade, *História e Interpretação...*, p. 183.

Ponte arruinada.

A ponte reconstruída.

Cabana de Euclides da Cunha em São José.

Euclides da Cunha em uma balsa em São José.

Uma vez determinado, pelas sondagens, o local mais duro do fundo do rio, os caixões de madeira, dentro dos quais seriam construídos os pilares de granito, puderam ser abaixados até quatro metros no lugar e esgotados com bomba. Alguma outra construção preliminar, como o lançamento de uma "ponte-piloto" sobre cavaletes por sobre o rio, prolongou até o final de outubro de 1898 o serviço de fundação[17]. No entanto, no final do ano, o engenheiro dispunha de muito mais tempo, durante a supervisão da alvenaria e instalação dos pilares, para retirar-se para sua cabina e continuar a escrita de *Os Sertões,* principalmente porque a construção estável desses pilares no rio tomou todo o ano de 1899.

Daí em diante, a reconstrução da ponte e a escrita do livro caminharam *pari passu* durante os dois anos e meio seguintes. A superestrutura de metal, remontada, foi recolocada sobre os pilares – presumivelmente em partes – nos meados de 1900. Finalmente, depois que Euclides, segundo se diz, testou sua durabilidade mantendo-se embaixo dela numa pequena ilha provisória (como um construtor de pontes faz num conto de Alexandre Herculano[18]), a ponte foi considerada um sucesso e devidamente reinaugurada em 18 de maio de 1901.

Quanto à sua obra literária, *Os Sertões,* foi terminada no mesmo mês desse ano. Por seus relevantes serviços, o engenheiro foi promovido, pelo governo do estado, a chefe de outro distrito de obras públicas na vizinhança de São Carlos do Pinhal (perto da fazenda de seu pai) e também recebeu uma homenagem pública da Câmara municipal da cidade de São José do Rio Pardo, e de seus cidadãos um tacômetro[19]. A ponte permaneceu por cem anos, até hoje, sem mudanças, enquanto sua antecessora caiu em dois meses, e o livro durará enquanto o português for uma língua viva.

Agora, dentro desse esboço cronológico dos melhores anos da curta vida de Euclides, seria deixar uma falsa impressão supor que o engenheiro-autor, que, notoriamente, era avesso a muitas das facetas coloridas da vida brasileira – banquetes, celebrações e *joie de vivre* de modo geral[20] – simplesmente se enfurnasse o dia todo em sua cabana a escrever, ou supervisionasse seus operários italianos à distância, sem sequer partici-

---

17. Deparamo-nos aqui com outra divergência entre as fontes. Baseio-me no relato de Sousa Andrade (*História e Interpretação...,* pp. 183-184) sobre a construção da ponte, que se fundamentou num artigo publicado por Gama Rodrigues no jornal *A Gazeta de Rio Pardo,* em 27 de setembro de 1953; mas um relatório da Secretaria Estadual da Agricultura, citado por José Aleixo Irmão (*Euclides da Cunha e o Socialismo,* pp. 56-59), contradiz o relato anterior e data de meados de 1900 a construção da "ponte-piloto"; cf. p. 58, terceiro parágrafo.

18. Cf. Gama Rodrigues, *Euclides da Cunha: Engenheiro,* p. 82.

19. Sousa Andrade, *História e Interpretação...,* pp. 291 e ss., e Gama Rodrigues, *Euclides da Cunha: Engenheiro,* p. 82.

20. Vejam-se as reservas de Gilberto Freyre (*Perfil de Euclydes,* p. 51) sobre as antipatias de Euclides a essas "boas coisas", e os comentários de Teodoro Sampaio ("À Memória de Euclides da Cunha", ed. Neves, p. 147) (citados acima, p. 149) sobre seu comportamento à mesa de jantar.

par da vida social de São José, ainda hoje uma das comunidades mais entreligadas do interior de São Paulo. Essa impressão produziria um quadro totalmente errado de sua vida real nessa cidadezinha, que no final do século XIX mostrou grande crescimento devido ao afluxo de imigrantes italianos e às ligações por trem com Santos, facilitando a exportação de sua produção de café[21].

Embora possa ter tido seus ressentimentos nativistas acerca das ondas de italiano que chegavam a São Paulo nos anos 1880 – "[f]alta-nos a integridade étnica que nos aparelhe de resistência diante dos caracteres de outros povos"[22] – Euclides teve o bom senso de discuti-los na imprensa em vez de aplicá-los irracionalmente nos italianos de sua equipe de trabalho. Entre esses valorosos operários estavam Torquato Coli, que havia lutado pela República em Canudos, onde também fora designado brevemente para cuidar do repórter de guerra, Euclides; Atilio Piovesan, que manuseava a bomba para esgotar a água dos caixões; Agostinho Rossi, o mestre pedreiro, pau para toda obra de Euclides; e, acima de todos, o guarda do local de trabalho, o velho calabrês, antigo marinheiro, Mateus Volota, a quem Euclides se afeiçoou. Nenhum membro da equipe exemplifica melhor as relações do engenheiro com os italianos do que Mateus: quando a Câmara municipal deliberava sobre uma recompensa monetária de um conto de réis para Euclides, junto com a homenagem verbal que lhe seria prestada, ele pediu que o prêmio fosse mudado para uma pensão de setenta mil-réis mensais em favor de Volota, a fim de que o tráfego sobre a ponte reconstruída fosse mantido funcionando a contento; e assim foi feito durante um ano e meio até que o guarda morreu, em fevereiro de 1903, de febre-amarela[23].

Os italianos que tinham imigrado para trabalhar no Brasil, como sociedade escravista que até pouco tempo antes era, trouxeram consigo, naturalmente, suas próprias ideias sobre o trabalho livre, as quais foram expressas em movimentos e organizações socialistas em quase todas as cidades litorâneas do país anfitrião. Essas ideias, que iam do anarquismo de Bakúnin ao socialismo normativo de Marx, foram combatidas indiscriminadamente pelo governo e pelas classes dirigentes do Brasil nas capitais do litoral[24]; mas, de maneira bastante significativa, essas mesmas ideias entraram pelo interior e chegaram a São José sem muita resistência e inspiraram a organização,

21. Ver a análise completa da história de São José em Sousa Andrade, *História e Interpretação...,* pp. 163-169.

22. No ensaio "Nativismo Provisório" de 1907, em *Obra Completa,* vol. I, p. 188. Cf. o artigo em "Dia a Dia" de 6 de julho de 1892, em *Obra Completa,* vol. I, pp. 624-626, sobre um incidente em Santos entre italianos e brasileiros, que foi comentado perversamente como um caso de "branqueamento racial" na escrita de Euclides por T. E. Skidmore, *Black into White: Race and Nationality in Brazilian Thought,* New York, 1974, p. 104.

23. Ver seus dados biográficos em Aleixo Irmão, *Euclides da Cunha,* p. 72, n. 59; os outros italianos são analisados por Sousa Andrade, *História e Interpretação...,* p. 197.

24. Sobre as origens italianas do socialismo brasileiro, além da análise um tanto desconexa de Aleixo

nessa cidade, de não menos que três clubes socialistas, isto é, Os Filhos do Trabalho, o Clube Socialista dos Operários e o Clube dos Trabalhadores Agrícolas[25]. Essa notável proliferação de clubes socialistas ítalo-brasileiros não poderia ter ocorrido sem o encorajamento e a participação do prefeito esquerdista da cidade – Francisco Escobar – nas questões políticas dos imigrantes. Dentro em breve iremos falar um pouco mais sobre esse excepcional líder cívico, que se tornou amigo íntimo de Euclides.

Continua aberta a questão, entre os biógrafos, sobre até que ponto, se é que aconteceu, Euclides participou do movimento socialista de São José. O último estudioso mais exaustivo do assunto, José Aleixo Irmão, concluiu firmemente, em 1960, que, ao contrário das diversas opiniões de Francisco Venâncio Filho, Eloy Pontes, Sylvio Rabello e outros[26], o engenheiro-autor não teve qualquer contato com o socialismo rio-pardense nem lhe prestou qualquer tipo de contribuição. No entanto, essa é a conclusão antecipada de quem detestava *a priori* o marxismo[27] e teve de ser atenuada por pesquisadores subsequentes, como Olímpio de Sousa Andrade. Seria na verdade bastante peculiar que o amigo íntimo do prefeito esquerdista *não* se tivesse deixado arrastar para algum tipo de atividade socialista, principalmente quando se sabe que ele se interessava pelas ideias sociais *e* socialistas (cf. cap. 6, p. 106 e n. 38). Se não se ouviu a voz de Euclides nas tribunas socialistas, como alguns atestaram[28], pelo menos sua pena pode ter prestado silenciosa e brevemente algum serviço à causa do trabalho, quando escreveu uma "mensagem", composta de um longo parágrafo, na gazeta *O Rio Pardo* de 1º de maio de 1901[29]. E o "Programa" de vinte e um pontos para o *Proletário* – um jornal fundado no final de 1901, depois que Euclides já tinha deixado São José –, teria tido ele alguma participação também nesse texto?[30] Seja como for, deve-se observar que, ao lado de Escobar, Pascoal Artese e Honório de Silos – todos amigos seus – Euclides foi um dos subscritores do recém-formado Clube "Os Filhos do Trabalho", em 1900[31].

Irmão (*op. cit.*, pp. 8 e ss.), ver os capítulos bem informados de Francisco Foot Hardman & Victor Leonardi, em sua obra *História da Indústria e do Trabalho no Brasil*, caps. 10 e 15.

25. Ver a sinopse do socialismo da pequena cidade de São José em SOUSA ANDRADE, *História e Interpretação*, pp. 267-275. Cf. Aleixo Irmão, *Euclides da Cunha*, pp. 92 e ss. e 105 e ss.

26. Ver os trechos "contestados" nos escritos desses autores em Aleixo Irmão, *Euclides da Cunha*, pp. 32-37.

27. Esse sentimento de ódio salta aos olhos do leitor na p. 69 de seu livro *Euclides da Cunha*. O crítico marxista Clóvis Moura (*Introdução ao Pensamento de Euclides da Cunha*, p. 120, n. 1) rejeita fortemente as idéias de Irmão sobre o socialismo.

28. *E.g.*, os testemunhos de Pontes e de Menotti del Picchia, citados por Aleixo Irmão na p. 33 e pp. 34--35, respectivamente.

29. *Pace* Aleixo Irmão (p. 113), uma boa sugestão de Sousa Andrade (pp. 271 e ss.). A "mensagem" vem reimpressa em *Obra Completa*, vol. I, p. 529.

30. Naturalmente, Irmão nega peremptoriamente que Euclides seja o autor desse documento, que está reimpresso em *Obra Completa*, vol. I, p. 528, com a data errada de 1º de maio de 1899.

31. Conforme observa Evaristo de Moraes Filho na introdução à sua antologia de escritores socialistas

Creio que podemos concluir que Euclides foi parte interessada no socialismo italiano que surgiu à sua volta, mesmo que não tenha sido atraído para o campo socialista. A seguinte reminiscência de Pascoal Artese parece-me sustentar de forma vivaz a relação distante e incerta de Euclides com os italianos políticos de São José:

Terminada a sessão, lembro-me bem quando o saudoso Francisco Escobar disse: "amanhã eu e o Dr. Euclides vamos redigir o manifesto da significação da festa de 1º de maio". No dia seguinte, quando caiu a noite, cumprimentei o dr. Euclides da Cunha, que estava enquadrado num janela de sua residência, e esse [cavalheiro] de repente me chamou: "Artese, aqui está o manifesto que eu e o Chico [Escobar] terminamos de escrever". Ele me entregou apenas duas colunas. Eu, em meus inquietos dezenove anos de idade, esperando um manifesto colossal com que juntar a um jornal, lhe disse admirado: "Apenas isso?" Ele me respondeu: "Vá, está tudo aí"[32].

O "manifesto" mencionado devia ser lido ao povo rio-pardense na festa socialista do "Dia do Trabalho" de 1901[33].

Se houve limitações políticas a suas interações com a comunidade operária italiana de São José, sua amizade mais íntima com Escobar e com o círculo brasileiro de literatos que gravitavam em torno desse líder não sofreu quaisquer restrições. Disse muito bem um erudito, José Calasans, que "*Os Sertões* é um livro de uma equipe. Uma obra de muitos colaboradores. 'Livro que Euclides fez questão de ler para vários amigos'"[34]. No círculo de Escobar encontrou pela primeira vez uma plateia maior para seu livro, mesmo depois que foi publicado, uma plateia crítica que respondia às leituras com sugestões, objeções e aprovação, como não tinha recebido antes nas fases de pré-publicação de seu texto, a não ser de Teodoro Sampaio. Além dessa colaboração textual, o grupo de São José também trouxe para ele literatura especializada e informações do Rio, de São Paulo e de Salvador, para documentar ou iluminar suas teses.

Nessa audiência amigável incluía-se o advogado baiano José de Oliveira Leite, que morreu jovem, mas não antes de transmitir de Salvador para o autor valiosas informações sobre a longa história baiana do seu estado nativo. Outro amigo leal que deixou uma série de artigos escritos posteriormente e publicados na *Gazeta do Rio Pardo* sobre sua amizade com Euclides foi José Honório de Silos, um cidadão da

---

brasileiros, *O Socialismo Brasileiro*, p. 45. Cf. as judiciosas observações sobre o socialismo de Euclides, feitas pelo intérprete marxista do pensamento de Euclides, Clóvis Moura, *Introdução ao Pensamento de Euclides da Cunha*, pp. 112-114.

32. Extraído do jornal *Resenha* de 10 de abril de 1935, por Sousa Andrade, *História e Interpretação...*, p. 274.

33. Segundo Aleixo Irmão, *Euclides da Cunha*, p. 140.

34. Citado a partir de um manuscrito de Calasans por José Carlos Barreto de Santana, *Ciência e Arte*, Feira de Santana/São Paulo, 2001, p. 141.

pequena cidade e colaborador do texto de *Os Sertões* na seção "Estouro da boiada"[35]. Um terceiro amigo, Waldomiro Silveira, um contador de estórias e homem do interior (da vizinha Casa Branca), que nunca tinha visto o mar, mas que lera extensamente a literatura portuguesa e brasileira, emprestou os clássicos portugueses, Camilo Castelo Branco e Alexandre Herculano, a Euclides, cuja coleção de literatura portuguesa e brasileira era diminuta, "apenas subjetiva"[36]. Um amigo que não pode ser esquecido é João Modesto de Castro, o memorialista que registrou em página inédita as atividades diárias de Euclides, literárias e tecnológicas – uma fonte biográfica fundamental para esse período de sua vida.

No entanto, o chefe desse círculo merece um esboço biográfico mais completo, de vez que Francisco Escobar era um homem incomum, tanto quanto o próprio Euclides. A principal diferença entre eles era que Escobar nada escreveu de muito consequente, por força de sua convicção de que não tinha "nada de novo para dizer"; mas era dotado de outros dons artísticos e acadêmicos diferentes dos do novo amigo. Escobar era mineiro, nascido em 1865 na pequena cidade de Camanducaia, no sudeste de Minas Gerais, e em grande parte um autodidata. Ainda na adolescência, aprendera latim tão bem que seu professor teve de suspender as aulas depois de dois meses porque o aluno já tinha dominado tudo o que o professor sabia da língua. Sua irmã ensinou-lhe as primeiras letras e música, em especial de piano. Desse seu início educacional seus estudos ramificaram-se em várias direções durante a adolescência: para mais latim e também grego sob a direção do classicista monsenhor Francisco de Paula Rodrigues; para o conhecimento de outros instrumentos musicais (flauta, harpa e violino); para a paleografia portuguesa; e, finalmente, para o direito, seguindo os passos do pai. Além disso, ainda bem jovem, tornou-se um bem equilibrado colecionador de livros[37].

A um prodígio como esse é um pouco difícil atribuir méritos intelectuais demasiados que ele mesmo não se teria arrogado. Assim, Venâncio Filho lembrou-se de tê-lo ouvido falar, "por volta de 1925", de psicologia freudiana, da nova estética de Croce, do neopositivismo de Wilhelm Ostwald e Ernst Mach, das filosofias de Bergson e William James, da pedagogia de Montessori etc. – tudo isso e mais "com plena autoridade sobre o assunto [em pauta]"[38]. Poder-se-ia muito bem espantar-se com o alcance dessa rememoração, porque o próprio Escobar não poderia ter ponti-

---

35. Ver, por exemplo, *Obra Completa*, vol. II, p. 179, onde a palavra "embolados" foi uma sugestão de Silos.

36. Expressão obscura de Silveira, citada por Sousa Andrade, *História e Interpretação...*, p. 190.

37. Sobre Escobar veja o ensaio de sua filha, Rosaura Escobar, "Francisco Escobar", em *Digesto Econômico*, 188, pp. 84-90, março-abril de 1966, e o livrinho de Manuel Casasanta, *Francisco Escobar*, Belo Horizonte, n. d.

38. Venâncio Filho, *A Glória de Euclides da Cunha* (p. 29), diz: "mais de quinze anos atrás"; cf. Sousa Andrade, *História e Interpretação...*, p. 180, sobre a data de 1925, o ano da morte de Escobar!

Francisco Escobar.

ficado como "autoridade" em tanta coisa. Ainda segundo sua filha Rosaura, pode-se muito bem acreditar que Escobar era um poliglota, sendo fluente em diversas línguas românicas e em inglês e detendo profundos conhecimentos de latim e grego, mas as listas de vendas póstumas de sua imensa biblioteca não trazem qualquer indício de que soubesse alemão, um conhecimento que ela também lhe credita[39].

Ainda assim, sua incansável curiosidade intelectual era extraordinária e granjeou-lhe muitos admiradores na época, entre eles o próprio Rui Barbosa. Barbosa, Escobar, o tutor de Nabuco, o Barão de Tautphoeus, e outros polímatas semelhantes eram tão característicos em sua raridade e erudição quanto os números deprimentes de analfabetos no Brasil da virada do século. Algumas pouquíssimas almas, de boas famílias mas não necessariamente ricas, passavam diligentemente pelas escolas públicas para chegar até à educação superior e poder instruir-se ainda mais e mais, ao passo que as pobres massas analfabetas nem mesmo conseguiam entrar na escola. Assim, o sistema educacional com suas muitas falhas[40] levou alguns aos cumes do conhecimento por si próprios e destinou a maioria a um analfabetismo e ignorância perpétuos.

Uma historieta musical sobre Escobar tem um encanto particular: ele gostava de tocar piano à tardinha na casa do irmão em Camanducaia e, num desses eventos, quando tocava provavelmente Beethoven ou Bach, uma aranha deslizou pela parede da sala de estar, como se quisesse ouvi-lo melhor. Francisca, sua esposa, observou na hora: "Até as aranhas gostam de ouvir o Chico tocar"[41]. Esse homem, com seus dons raros e grande modéstia, era, à semelhança de Orfeu, irresistível a todos, até mesmo às próprias aranhas, e, portanto, era o amigo ideal para Euclides, que precisava da presença e do conselho de uma natureza tão atraente e simpática. Escobar foi quem conseguiu para ele, entre outros livros, uma cópia rara do primeiro volume da *Flora Brasiliensis* de Carl Friedrich von Martius, da qual traduziu algumas passagens do latim para incluir em *Os Sertões*[42]; em outra ocasião, intercedeu em nome do engenheiro exasperado junto ao dono de um barulhento bar ítalo-brasileiro perto da casa dos Cunha para convencê-lo a mudar-se para outro lugar; e podemos ter quase certeza de que Escobar atraiu o amigo para algum tipo de cooperação com sua militância socialista no Clube "Os Filhos do Trabalho", mesmo que fosse apenas para uma ajuda literária.

39. "Francisco Escobar", p. 86. Ela, graciosamente, me permitiu xerocar as listas de vendas, que devem ser comparadas com as da biblioteca de Euclides, que me foram cedidas pelo dr. Oswaldo Galotti.

40. Ver o capítulo antigo mas confiável sobre "a tragédia da educação pública" em E. L. Berlinck, *Fatores Adversos na Formação Brasileira*, São Paulo, 1954, cap. 11.

41. Casasanta, *Francisco Escobar*, pp. 157-158; cf. p. 77: "Escobar parecia dotado de uma vara mágica para atrair afeições".

42. Ver *Obra Completa*, vol. 11, p. 111: "desertus austral[is]... silva horrida...", frases extraídas do tratado de Martius.

O menor dos grupos, porém o mais importante, dentro do qual Euclides viveu em São José foi, naturalmente, aquele formado por sua esposa e pelos dois filhos, mesmo que ele e seus biógrafos dificilmente façam alusão aos membros da família, até perto do final de sua vida no Rio. A maior tensão que pesava sobre sua família e sobre o próprio Euclides era o nomadismo de seu modo de vida, pois nunca podia saber quando e para que outro município do estado de São Paulo seria chamado a executar mais um projeto de engenharia. São José do Rio Pardo, Lorena, Guarujá foram essas as pequenas cidades do estado às quais a família o acompanhou: nunca ficava muito tempo num lugar, com exceção de São José, nunca possuía uma casa mas acampava nas casas de outros como ciganos, nunca conseguiu guardar coisas de modo adequado, sem lugares para livros e roupas, nunca se estabeleceu – foi muito exaustivo esse modo de vida sem raízes e sem descanso. Até mesmo Euclides lamentava a sorte da "pobre da família arrastada nestas mudanças contínuas…"[43]. Além da reconstrução da ponte sobre o rio Pardo, construiu outras novas sobre o rio Paraíba em São Paulo, mas, como sabemos, ele mesmo odiava a vida errante de engenheiro civil e teria dado quase tudo para abandoná-la. E ainda assim, ele e a família nunca mais estariam tão bem como em São José, onde passaram três anos. Como reconstrutor da ponte, era admirado pelo povo da cidade e vivia cercado de muitos amigos, os quais foram o primeiro público representativo de seu livro. Graças a essa acolhida, São José teve um efeito benigno tanto sobre ele mesmo quanto sobre sua esposa, que lhe deu um terceiro filho, Manuel Afonso Ribeiro da Cunha, nascido no final de janeiro de 1901.

Por outro lado, em São José Euclides tinha-se tornado mais temperamental, mais nervoso e perturbado interiormente; lembremo-nos das palavras de Teodoro Sampaio: "era um doente, talvez imaginário, mas de fato doente". Depois que o sogro, o general Solon Ribeiro, morreu, em 10 de janeiro de 1900, Euclides mudou-se da casa onde o general tinha estado um dia em visita à família Cunha, e assustou-se com os trajes fúnebres da esposa, um vestido preto de luto pelo pai, como se nesses trajes ela fosse o fantasma do pai! O brilho de olhos de gato no escuro do quarto à noite também o deixava alarmado. Esses sintomas psicológicos de perturbação interior foram o prelúdio de uma estranha experiência que sofreu depois, numa manhã em que se dirigia a seu trabalho na ponte.

Contando uma de suas experiências ao romancista Coelho Neto[44], declarou antes de mais nada que costuma observar "essas coisas de longe, como espectador apenas". Mas teve de confessar que, um dia, tinha passado

43. Citada por Sylvio Rabello, *Euclides da Cunha*, p. 154, que diz ser uma observação verbal feita ao poeta Vicente de Carvalho; não atestada nas cartas que Euclides lhe escreveu.

44. Esse relato aparece em Coelho Neto, *Livro de Prata*, p. 247.

[...] um mau momento, e o que mais é: em pleno dia, com o sol a pino [...] em S. José do Rio Pardo, quando [...] andava a construir a ponte. Descia [...] a cavalo uma ladeira, quando [sentiu] o animal refugar, aos arrepios. Procurando o motivo daquele espanto, [avistou] embaixo uma mulher de branco, debruçada à cancela de uma casa, que [...] sabia achar desabitada. À medida que [... se] aproximava como se o vulto se dissolvia, esvaecendo, e quando [defrontou] com a cancela, da tal mulher... nem sombra!

No entanto, essa imagem misteriosa nunca desapareceu realmente, pois, em data posterior, em outubro de 1905, em Manaus, após longa e cansativa viagem de exploração das cabeceiras do Amazonas, Euclides foi de novo atormentado pelo fantasma, enquanto recuperava as forças de um ataque de malária, no "chalé" de um amigo, Alberto Rangel, que se encontrava em Paris, para onde escreveu, um tanto brejeiramente, sobre "l'éternelle dame en blanc / qui voit sans yeux et rit sans lèvres"[45]. Depois que se apoderou de sua consciência, a imagem da mulher de branco continuou a obsedá-lo nesses alojamentos, que partilhava com outra pessoa, um amigo mais jovem, o tenente Firmo Dutra. Nessas recorrências psíquicas, a mulher, agora de véu branco, caminhava em sua direção como se quisesse dizer algo, e as visões adquiriram coloridos sexuais. De fato, no rio Purus, afluente do Amazonas, onde a selva lhe tinha parecido, à noite, cheia de murmúrios e sussurros de outro mundo, a dama havia flutuado até ele em suas asas, fazendo gestos como se quisesse fazê-lo falar com ela, vestida na mais leve das roupas brancas, e incongruentemente portando um clarim. Com as idas e vindas da mulher à noite no "chalé" de Rangel, Euclides só conseguia conciliar o sono se mantivesse uma vela acesa ao lado da cama. Vez por outra, confessou essas alucinações a seu colega de quarto, Firmo Dutra[46].

O que temos a fazer com todos esses acidentes fantasmagóricos? Ocorreram-nos algumas explicações, incoerentes ou contraditórias, que poderão ser classificadas em ordem decrescente de plausibilidade. Primeiramente, não deve haver dúvidas sobre a natureza supersticiosa de Euclides, que ele mesmo atesta tanto em São José quanto no Amazonas[47]. Depois, o "anjo" do Amazonas está vestido numa leve roupa de sedução e acena para ele com uma espécie de convite, como um aliciamento sexual. Em terceiro lugar, após a morte da mãe, ele reteve dela não apenas uma imagem na forma de uma mulher de branco, mas também algum resquício psíquico de culpa infantil por sua

---

45. Carta a Rangel, de 20 de março de 1905, em Galvão & Galotti, *Correspondência de Euclides da Cunha*, p. 277. Os versos da poesia francesa são de Maurice Rollinat, da segunda metade do século XIX. Sobre o papel desse simbolista nos círculos literários do Rio, ver Brito Broca, *A Vida Literária no Brasil – 1900*, Rio de Janeiro, n.d., p. 54.

46. Sobre essas assombrações, ver Sylvio Rabello, *Euclides da Cunha*, pp. 277-278.

47. Rabello, *op. cit.*, p. 353. Mesmo um *rendez-vous* de Euclides com uma prostituta de Manaus foi "platônico".

morte. Esses fatores tornaram mais complexa a imagem do "anjo" amazonense, que lhe apareceu não exatamente como uma mulher sedutora mas como o próprio anjo da morte, portando um clarim e advertindo-o de que "a estrada do cemitério já chegou à porta da fazenda"[48]. Além disso, os versos do poeta francês que ele citou transformaram a imagem da mulher na caveira símbolo da morte. No entanto, em quinto lugar, a aparição feminina em S. José do Rio Pardo pode ter sido uma verdadeira experiência mística. O cavalo que montava sentiu, de forma independente, a natureza sobrenatural da figura feminina ao portão, e refugou diante dela; compare-se o empacamento da burra de Balaão em Números 22: 22-31. Finalmente, se Euclides era um homem doente, imaginário ou real, como Teodoro Sampaio asseverou, suas fantasias podiam ter-se originado de alguma doença psicológica ou física não-especificada. De todas as explicações anteriores nenhuma devia ser deixada de lado, mas apenas uma ou mais das iniciais serão realmente coerentes para a maioria dos estudiosos de Euclides; a explicação religiosa final pode ser igualmente relevante, mas nenhuma dessas citadas tem muita força em tempos pós-freudianos e amplamente secularizados como os nossos para explicar os mistérios que o assediavam.

Este nosso capítulo termina com um vislumbre desconcertante, a partir de outro ângulo, da mentalidade um tanto enigmática de Euclides que, como agora devemos compreender, tinha passado do positivismo para o darwinismo social e depois resvalado para o misticismo e a superstição. Uma palavra final sobre suas crenças religiosas: temos dele duas declarações principais sobre elas, uma em página do diário de 5 de setembro de 1897, na estrada para Canudos, e a outra numa carta posterior a Coelho Neto, de 22 de novembro de 1903.

Ao registrar seu comparecimento à missa em Cansanção, Bahia, oficiada por dois franciscanos alemães, ele explodiu num protesto contra os "companheiros de impiedade" que poderiam zombar dele por essa exibição de fé: "não menti às minhas crenças e não traí a nossa fé, transigindo com a rude sinceridade do filho do sertão…" (citado no cap. 7, p. 127). Aqui ele não proclamava apenas sua ortodoxia católica, mas também alinhava-se com o sertanejo sincero mas crédulo. Muitíssimas vezes, chamar-se-á a si mesmo de caboclo. Mas, ao escrever a Coelho Neto, queixa-se em outros termos: "Então… eu não creio em Deus?! Quem te disse isto? Puseste-me na mesma roda dos singulares infelizes, que usam do ateísmo como usam de gravatas – por chic, e para se darem ares de sábios… Não, rezo sem palavras, no meu grande panteísmo, na perpétua adoração das coisas; e na minha miserabilíssima e falha ciência sei, positivamente, que há alguma coisa que eu não sei…"[49].

48. Cf. Roberto Ventura, "Memória Seletiva", p. 33.
49. *Obra Completa*, vol. ii, p. 638.

Em suma, essa é a confissão de um panteísta e um agnóstico, mas não nega a outra declaração que endossa de forma explícita a fé humilde do homem do sertão com toda a sua sinceridade como uma pedra de toque da sua própria.

Não precisamos duvidar dessas declarações do engenheiro-autor nem torcer seu sentido para algo que nunca pretendeu dizer, mas por trás delas reside, psiquicamente, um mundo de dor, tão supersticioso e doloroso quanto qualquer das crenças visionárias dos seguidores de Antônio Conselheiro, e somente aqueles que conviveram intimamente com Euclides em São José, ao longo do rio Amazonas, ou em outro lugar perceberam essa sua agonia interior. Em outras circunstâncias, em público, foi sempre o dr. Euclides aplicado no trabalho e infatigável, o engenheiro que salvou a ponte sobre o rio Pardo, e mais no plano privado, o futuro autor de um grande livro. Assim, nessa ordem, foi encarado por seus operários italianos e pelos brasileiros do círculo de Escobar em São José.

9

Os Sertões: Temas e Fontes

ESCREVENDO A UM AMIGO MÉDICO, ainda em Belém do Descalvado, um pouco antes do Natal de 1897, enquanto continuava sob cuidados clínicos devido a recente ataque de hemoptise, Euclides terminava a carta com as seguintes palavras: "olho para as páginas em branco do livro que pretendo escrever e parece-me às vezes que não realizaria o intento"[1]. Não obstante, aquela feliz conjunção de fatos bons e maus levara-o a São José do Rio Pardo para reconstruir uma ponte arrastada pelas águas e, nessa cidade, cercado de uma roda de intelectuais que tomaram a peito o seu projeto e graças à boa vontade dessas pessoas, Euclides adquiriu condições de executá-lo com sucesso enquanto supervisionava a reconstrução da ponte. Fora, na verdade, um precioso momento de cooperação que nunca mais iria repetir-se, como aconteceu no Rio, muito tempo depois, quando sonhou inutilmente escrever, sozinho, outro livro, o *Paraíso Perdido*, sobre suas explorações das fronteiras brasileiras no alto Amazonas.

Juntaremos aqui, neste capítulo, os fios literários que levaram à escrita de *Os Sertões* e examinaremos algumas das fontes e temas dessa obra-prima, que Euclides, retrospectivamente, descreveu a um estudioso argentino como "aquele livro bárbaro da minha mocidade – monstruoso poema da brutalidade e da força – é tão destoante da maneira tranquila pela qual considero hoje a vida, que eu mesmo às vezes custo a entendê-lo"[2]. Como Euclides, muitos autores sentem-se "distanciados" de seus próprios livros, depois que os escrevem, mas nós, ao contrário, estaremos tentando aproximar-nos dessa obra de arte que é *Os Sertões*.

Já nos referimos (no cap. 8, p. 147) ao primeiro rascunho do capítulo 3 da seção "O Homem"– a história dos vaqueiros do Nordeste e sua comparação com os gaúchos,

---

1. Carta ao dr. Domingos Jaguaribe, 23 de dezembro de 1897, em Galvão & Galotti, *Correspondência de Euclides da Cunha*, p. 113.

2. *Obra Completa*, vol. ii, p. 698, carta a Agustín de Vedia.

no Sul –, e já fizemos menção também às leituras da seção "A Terra" que o autor fez a Teodoro Sampaio e as reações do amigo ao estilo altamente técnico na escrita (cap. 8, p. 148). Além disso, mais recentemente, Leopoldo Bernucci publicou, com todos os seus acréscimos e cortes, um rascunho bastante cru de "A Luta", que o autor escreveu, entre 1898 e 1902[3], para o editor e proprietário do *Jornal de Notícias*, mas que nunca pretendeu publicar no jornal baiano. Assim, identificamos aqui os núcleos das três partes em que se divide *Os Sertões*, rascunhos preliminares que foram preservados e melhorados ou simplesmente rejeitados pelo autor, a exemplo do que ocorreu com o último rascunho de "A Luta".

Considerando que alguns dos textos jornalísticos de Euclides do primeiro quartel de 1898 tiveram profunda influência sobre esse livro, deviam ser levados em consideração junto com seu trabalho nessa obra. A palestra que proferiu, em 5 de fevereiro desse mesmo ano, no Instituto Histórico e Geográfico de São Paulo, "Climatologia dos Sertões da Bahia", com relação às secas periódicas no estado, deveria ocupar um lugar definido nas páginas de "A Terra".

Contudo, não precisamos deter-nos em sua resenha favorável da tradução portuguesa de *Reise nach tropischen Brazilien*, obra de autoria de uma princesa da Bavária, junto com sua rejeição da maioria das outras literaturas de viagem sobre seu país, que ele considerava "espécies de novelas sem enredo"[4]. Segundo parece, "Climatologia dos Sertões da Bahia" foi refundido e publicado em três partes, pela primeira vez, em *O Estado de S. Paulo* nos dias 29 e 30 de outubro e 1º de novembro de 1900, sob o título geral de "As Secas do Norte". Depois disso, passagens inteiras desse artigo foram transferidas pelo autor para itens da primeira parte de *Os Sertões*, cap. 4: ou seja, para "As Secas", "Hipóteses sobre a Gênese das Secas", "Como se Extingue o Deserto" e "O Martírio Secular da Terra".

No capítulo "As Secas", com o intuito de demonstrar a regularidade desses fenômenos a cada nove a doze anos, foram copiados os anos de seca que o senador pelo Ceará, Tomás de Sousa Pompeu Brasil, alistou para os séculos XVIII e XIX[5]. O item "Hipóteses" acolheu, ainda no artigo, a refutação da hipótese do Barão de Capanema, segundo a qual as secas correspondem à alternação das manchas solares; e, sob a expressão inglesa *dynamic cooling*, apresenta-se novamente uma outra hipótese, a de F. M. Draenert, segundo a qual essa temperatura seca pode ser deflagrada nos sertões

3. Estimativa de Bernucci em conversa pessoal. Sobre o texto do rascunho, ver seu livro, *A Imitação dos Sentidos,* pp. 119-321.

4. *Apud* Sousa Andrade, *História e Interpretação...,* p. 157-158. Por alguma razão essa resenha não foi incluída na *Obra Completa* de Euclides. A resenha é assinada, estranhamente, D. X., uma fórmula matemática de Leibniz, que foi elucidada por Euclides uma década antes em "Homens de Hoje" (*Obra Completa,* vol. I, p. 563).

5. Compare-se, em *Obra Completa,* vol. II, pp. 115-116, com vol. I, pp. 489-490.

baianos pela frente sazonal das calmarias equatoriais. Este item conclui com um longo excerto do artigo sobre a queda de chuvas no Nordeste[6]. Os dois últimos itens, "Como se Extingue o Deserto" e "O Martírio Secular da Terra", são simplesmente uma repetição contínua do último terço do artigo[7]. Todas essas passagens transferidas constituem inserções pertinentes a "A Terra", que confirmam a concepção pluralista de Euclides acerca do clima do interior da Bahia. Como ele ressaltou sabiamente, o observador científico não deve prender-se exclusivamente "a uma causa única"[8] que possa propagar as extremas mudanças climáticas no "polígono das secas", como é chamado hoje a região das secas do Nordeste.

Fundamental para sua teorização social na segunda parte de *Os Sertões*, "O Homem", é outra resenha[9], também em três partes, sobre o livro *O Brasil Mental*, de autoria do crítico português José Pereira Sampaio Bruno – um volume onde o resenhista considerava tudo errado. Em suas invectivas contra esse crítico, os princípios evolutivos do desenvolvimento humano – reafirmados fortemente aqui – cruzam-se pela primeira vez com a ideologia racial pessimista do sociólogo galego-austríaco Ludwig Gumplowicz, "aquele ferocíssimo gênio saxônico...", "terrivelmente sorumbático"[10], de quem Euclides, ainda assim, confessou-se discípulo. A etnomaquia, ou luta das raças, de Gumplowicz acentua fortemente o pessimismo racial de Euclides na "Nota Preliminar" a seu livro, que prevê a extinção das "sub-raças" do Nordeste brasileiro pela civilização dominante da costa[11]. Tanto os comentadores norte-americanos quanto os brasileiros ficaram chocados com "as concepções racistas de uma antropogeografia de que Euclides nunca fugiu"[12], mas nunca se aprofundaram bastante nas fontes do suposto racismo do autor. Seja como for, pode-se afirmar mais do que depressa que Gumplowicz foi o único teórico de raças europeu que Euclides adotou claramente, e o racismo que aparece no notório "Um Parêntese Irritante" em "O Homem" não se deve nem um pouco ao opúsculo "A Loucura Epidêmica de Canudos",

---

6. Compare-se *Obra Completa*, vol. II, pp. 116, 117-118 com *Obra Completa*, vol. I, pp. 490, 491, 492-493. O cientista alemão F. M. Draenert, citado no primeiro terço do ensaio (*Obra Completa*, vol. I, p. 488), é o autor de *O Clima do Brasil* (1896), uma obra pioneira de climatologia; cf. na p. 24 dessa obra sua hipótese sobre o *resfriamento* ou *"dynamic cooling"* baiano (referência de Leopoldo Bernucci em sua segunda edição de *Os Sertões*, São Paulo, 2002, p. 114, n. 26).

7. Compare-se, em *Obra Completa*, vol. II, pp. 133-136 com vol. I, pp. 493-496. Em suas edições de *Os Sertões*, Bernucci, inadvertidamente, não se deu conta dessas transferências.

8. *Obra Completa*, vol. I, p. 490, e vol. II, p. 116.

9. Em *Obra Completa*, vol. I, pp. 399-412, publicada originalmente em 10-12 de julho de 1898, no jornal *O Estado de S. Paulo*.

10. Com relação a suas opiniões sobre Gumplowicz vejam-se as cartas que Euclides escreveu a Araripe Junior, de 27 de fevereiro de 1903, e a Coelho Neto, de 7 de agosto de 1904, em *Obra Completa*, vol. II, pp. 624 e 648.

11. *Obra Completa*, vol. II, pp. 93-94 e 168.

12. Cf. T. E. Skidmore, *Black into White: Race and Nationality in Brazilian Thought*, p. 186.

do psicólogo forense baiano Raimundo Nina Rodrigues[13]. Voltaremos em breve a essa delicada questão.

Não sem alguns reparos ao estilo de escrita de Bruno, Euclides apresenta, na primeira parte de sua resenha, sua própria e corrente *Weltanschauung* evolutiva da história e da nacionalidade. No seu entender, há algo de paleontólogo em todo historiador que se vê diante dos restos esqueléticos do passado aos quais tem de dar uma aparência da vida anterior. No processo histórico, presume Euclides, à medida que uma raça se unifica num caráter nacional diferente, ao mesmo tempo um complexo de ideias cristaliza--se em realizações intelectuais que manifestam "as qualidades que a aparelham para adaptar-se ao ambiente da civilização geral. [...] nas quedas e ascensões das raças [há] as mesmas vicissitudes que assaltam os organismos inferiores ante as variações do meio cosmológico". Todavia, quando novas raças europeias e americanas emergem "como um fato de seleção natural, por um acordo permanente com as condições gerais da vida, em torno", essas condições devem, necessariamente, ser muito complexas para essas novas nacionalidades, como a do Brasil, "que se formam, compartindo uma civilização em que não colaboraram". No caso brasileiro, sua conformação social é perturbada ainda mais pela fusão de diversos elementos étnicos, e também "pela preliminar forçada de [criar] uma sub-raça de tipo ainda indistinto". Seja como for, se os brasileiros realmente evoluíram historicamente como uma entidade autônoma e não assimilaram, parasiticamente, o resultado de esforços estranhos, a comprovação desses critérios, pensa Euclides, seria o melhor meio de "definir uma feição nacional" para seu país[14]. Mas, infelizmente, Bruno pensava de modo diferente ao empreender a história das ideias no Brasil.

Parece que seu resenhista esperava pelo menos uma definição semelhante "de nossa fisiologia especial em função do meio e dos componentes étnicos que convergem na constituição da raça, e logo depois, numa escala ascensional", ele tenta apreender "o traço mais vivo de nossa feição histórica sobre que reagem aqueles, [mesmo que] atenuados pelo influxo inevitável da civilização geral". Em seguida, Bruno poderia ter abordado "a nossa psicologia [nacional] – o que somos, o que temos feito na ciência e nas artes, resumindo umas e outras as escolas filosóficas que adotamos: – o Brasil mental, em suma"[15]. Mas nenhuma dessas complicações aduzidas puderam os leitores brasileiros de Bruno apreender em seu livro.

É o bastante no tocante à primeira parte da resenha, que volta, na segunda, à discutida questão do positivismo brasileiro, uma filosofia que, segundo Bruno, o Brasil foi buscar na França muito antes de adotar qualquer outro modo de pensar de Portugal.

13. Reimpresso em seu livro *As Collectividades Anormaes,* Rio de Janeiro, 1939, pp. 50-77; comparem-se as pp. 65-66 do opúsculo com *Obra Completa,* vol. II, pp. 166-168.

14. *Obra Completa,* vol. I, pp. 399-400.

15. *Idem,* pp. 401-402.

É evidente, indiretamente, a partir das críticas de Euclides, que o autor português não apreciava nem entendia a filosofia de Comte, sistematizada como era numa hierarquia das ciências e nas três fases do desenvolvimento intelectual europeu. Não entraremos em detalhes sobre o *contretemps* entre o autor e o resenhador no que se refere à filosofia comtiana e às ciências europeias, porque a questão mais importante é que, salvo uma minoria diminuta de cultistas comtianos no Brasil do final do século, o país já tinha abandonado o positivismo e passado para outras filosofias mais adequadas aos tempos perturbados da República e à sua nascente industrialização. "Basta a afirmativa incontestável de que em nossas indagações científicas preponderam, exclusivos em toda a linha, o monismo germânico e o evolucionismo inglês". Quando a grande maioria dos representantes da geração de Euclides ocupou-se do positivismo, "não ultrapassou as páginas da 'Filosofia Positiva', da 'Geometria Analítica' e da 'Síntese Subjetiva' [de Comte]. […] Uma minoria diminutíssima aceitou todas as conclusões do pontífice [Comte]"[16]. Temos aqui nova declaração de Euclides sobre a rejeição do positivismo pela elite intelectual brasileira em favor do darwinismo social e da filosofia alemã monocausal, especialmente a de Ernst Haeckel. Naturalmente, essa declaração inclui o próprio Euclides em sua referência.

A terceira parte da resenha chega, finalmente, à questão racial do Brasil, que o resenhista supõe ter resolvido com a tese de Gumplowicz, segundo a qual a luta das raças é "a força motriz da história"[17]. Rejeitando a alegação de Bruno de que a literatura brasileira desenvolveu-se por reação aos escritos portugueses, seu oponente retruca que ele deveria ter dito ação, e não reação, de "causas superiores" sobre a "organização intelectual" brasileira que o próprio Euclides critica um pouco mais tarde em outro texto[18]. Mas quais são essas "causas superiores"? Como se verifica, estão embutidas na história racial do Brasil, que Euclides compara um tanto curiosamente com a história nacional anglo-americana. De acordo com isso, diz que escritores ingleses e norte-americanos, como Dickens e Washington Irving, são "perfeitamente uniformes até mesmo nos últimos detalhes da linguagem", principalmente porque na América do Norte o anglo-saxão, com seu individualismo entranhado, manteve-se de parte tanto dos "peles-vermelhas" quanto dos "negros", nada alterando do caráter nacional por miscigenação [!], ao passo que o brasileiro de raça mestiça conserva em seu papel cultural um antagonismo mais antigo entre os primeiros colonizadores portugueses e os índios de cuja mistura ele em última instância descendeu. Como escritores bra-

---

16. *Obra Completa*, vol. i, p. 409.

17. Citação extraída do original alemão, *Rassenkampf*, Innsbruck, 1883, p. 218, obra que Euclides leu numa tradução francesa de Charles Baye feita uma década depois: *La lutte des races*, Paris, 1893, p. 217.

18. Sobre a crítica à "organização intelectual imperfeita" do Brasil, compare-se *Obra Completa*, vol. i, p. 411, com *Obra Completa*, vol. ii, p. 282.

sileiros, "[f]atalmente – havemos de dissentir" da literatura portuguesa na medida em que o velho antagonismo racial ainda pulsa no sangue mestiço dos brasileiros. "A uniformidade de linguagem", como a existente entre portugueses e brasileiros – isto é, o parceiro forte e o fraco na colonização do Brasil – apenas ressalta "o contraste das tendências [culturais] naturalmente diversas" neles, permitindo que aqueles que estão nas colônias rejeitem frequentemente sua dependência cultural da pátria-mãe antes mesmo de se declararem independentes dela em termos políticos.

É no meio dessa argumentação que aparece pela primeira vez o nome de Ludwig Gumplowicz, "que é como que uma transfiguração de Hobbes refundido à luz do darwinismo", e é apresentado, naturalmente, com sua tese da luta das raças – ou seja, "a tendência imanente a todo o elemento forte para subordinar a seus desígnios os mais fracos com que enfrenta..."[19]. Sob os ditames dessa tese sombria, Euclides observa mais verdadeiramente que as restrições raciais na América do Norte levaram "ao esmagamento do pele-vermelha e ao isolamento sistemático do negro", enquanto no Brasil a mistura entre os colonizadores portugueses e os índios induziu, através de sucessivos conflitos, a formação de uma sub-raça, embora um tipo que para Euclides ainda é indistinto[20].

No entanto, em *Os Sertões*, ele oscila entre dúvidas de que "[n]ão temos unidade de raça. Não a teremos, talvez, nunca" e afirmações ao contrário de que "[a]tacava-se a fundo a rocha viva da nossa raça [com dinamite em Canudos]"; "[a]demais, entalhava-se o cerne de uma nacionalidade"[21]. Essa contradição em torno da raça brasileira foi apontada, imediatamente, por um crítico do livro, a quem Euclides respondeu com uma longa nota de rodapé na segunda edição de 1903, que se dissipa aos poucos numa metáfora geológica artificial para a formação da raça brasileira a partir dos estratos humanos fixos ("rocha viva") nos sertões[22]. Além do mais, embora também cite a tese de Gumplowicz sobre a luta das raças depois de "Um Parêntese Irritante" (em "O Homem") sobre a deficiência racial dos mestiços, sua própria crença na superioridade da sub-raça do sertanejo, que "é antes de tudo um forte", mistura claramente Gumplowicz e sua tese com a explicação de que essa sub-raça do interior fora, diferentemente dos mulatos do litoral, fortalecida pelo "abandono [...] benéfico" durante séculos e não tivera uma civilização "superior" enfiada pela garganta abaixo para enfraquecê-la. Por isso, o sertanejo pode ser "um retrógrado; não é um dege-

19. Uma paráfrase em *Obra Completa*, vol. I, pp. 411-412, de uma frase de *Rassenkampf*, p. 161: "Todo elemento étnico ou social mais poderoso luta dentro de seu campo de poder para fazer com que o elemento mais fraco localizado fora dele ou que o invada sirva a seus objetivos". Cf. *La lutte des races*, p. 159.

20. Cf. *Obra Completa*, vol. I, p. 400, como citado acima.

21. Compare-se *Obra Completa*, vol. II, p. 140, com p. 479.

22. *Obra Completa*, vol. II, pp. 140-141, nota.

nerado", totalmente capaz de enfrentar as forças invasoras da civilização costeira do Brasil[23]. Algo da admiração anterior pelo índio no romantismo brasileiro do século XIX influenciou essa linha de pensamento.

Resumindo a argumentação de Euclides até esse momento, podemos agora ver claramente que, entre os tópicos introduzidos em sua resenha de *O Brasil Mental* – por exemplo, o evolucionismo inglês, o nacionalismo brasileiro, o positivismo franco--brasileiro e a *Rassenkampf* de Gumplowicz –, os dois mais proveitosos para seu modo de pensar foram o darwinismo social originário da Inglaterra e a *Rassenkampf* de Gumplowicz. Foram essas as premissas fugidias para seu grande livro sobre os sertões e sobre a "guerra" de Canudos. Devemos enfatizar mais uma vez que *Os Sertões*, como mostramos alhures[24], era, em primeiro lugar, um tratado sobre a raça ou sub-raças brasileiras e somente em segundo lugar era uma narrativa da "guerra" de Canudos (culminando, a bem da verdade, num protesto alto e bom som contra ela). Como ele disse no prefácio à primeira edição: "Intentamos esboçar, palidamente embora, ante o olhar de futuros historiadores, os traços atuais mais expressivos das sub-raças sertanejas do Brasil"[25]. Obviamente, para essas finalidades o darwinismo social e a luta das raças eram-lhe instrumentos particularmente úteis, apesar de seus inconvenientes, e o positivismo já não tinha importância, pois tanto estava fora de moda quanto era inaplicável. Embora o evolucionismo spenceriano que ele empregava habitualmente, com seu corolário lamarckiano dos atributos herdados[26], fosse totalmente diferente do modelo darwiniano, aparentemente Euclides não tinha consciência da diferença entre os dois em seus textos, e via em Spencer o aliado lógico de Darwin, mesmo que colocasse a seu alcance instrumentos darwinianos como a seleção natural.

Podemos discernir facilmente, como muitos não o fizeram, que Euclides tinha duas visões da sub-raça "indistinta": numa dessas visões, ela poderia tornar-se a raça desejada com "R" maiúsculo para garantir a legítima nacionalidade do Brasil e, na outra, poderia privar o país desse título por causa da desunião e da inferioridade da raça. É que ele, apesar do respeito que tinha pela tese da luta das raças do "ferocíssimo gênio saxônico", duvidou apenas da miscigenação costeira de um ponto de vista etnocêntrico,

---

23. *Obra Completa*, vol. II, pp. 168-170.

24. Ver meu artigo, "Historical Source and Biographical Context in the Interpretation of Euclides da Cunha's *Os Sertões*", *Journal of Latin American Studies*, 28, pp. 675 e 679, 1996.

25. *Obra Completa*, vol. II, p. 93.

26. Num ensaio curto e brilhante de Otto E. Landman publicado em *Scientific American*, p. 150, de março de 1993, sustentou-se convincentemente que a evolução lamarckiana nunca morreu com T. D. Lysenko, seu último defensor, mas é perfeitamente defensável hoje no nível molecular, na reprodução das bactérias e plasmídios. "Como os genes das bactérias ou dos plasmídios tiveram milhões de anos para desenvolver sistemas coordenados, seus bancos de gene podem conferir a um novo hospedeiro plenamente desenvolvido capacidades – como a fotossíntese – que levariam éons para evoluir novamente através de mutações aleatórias conjugadas com seleção natural."

ao mesmo tempo em que elogiava e defendia a mestiçagem do sertão baiano por ser a formadora da "rocha viva de nossa raça" numa visão etnoperiférica[27]. Mas por que esse duplo padrão de formação de raça no Brasil?

Embora, como dissemos, ele professasse lealdade exclusivamente a um teórico europeu da raça, os racistas e teóricos da raça da Europa como um todo propagaram amplamente a doutrina especiosa de que o único padrão de nacionalidade era a singularidade do tronco racial (*e.g.*, ariano) ou algum aspecto pseudobiológico (por exemplo, "integrité de sang"), deixando com isso sociedades multirraciais do mundo colonial – sociedades como a do Brasil – fora da comunidade das nações. Por isso, Euclides, aparentemente, tinha duas alternativas diante do enigma da raça: ou dever-se-ia admitir que os brasileiros, apesar da República, eram um povo sem nação, sem unidade racial (pelo menos ao longo do litoral de seu país); ou, então, poder-se-ia elevar um tronco mestiço do interior à preeminência racial, condenar a mestiçagem da costa por ser uma experiência ruim de consequências desiguais e afirmar que o tronco mais antigo do sertão era o verdadeiro cerne da nacionalidade brasileira[28]. Seja como for, o problema da raça, tal como foi formulado no final do século XIX, era totalmente falso em si mesmo, e não havia uma solução real para ele. Embora Euclides fizesse o máximo para encontrar uma solução satisfatória, o *fin de siècle* foi uma época particularmente ruim para delinear alguma hipótese viável sobre raça.

Os brasileiros e, mais recentemente, os norte-americanos, como dissemos acima, apressaram-se a acusar de racismo o autor em suas excursões raciais pela etnia de seus compatriotas. Na verdade, no item "Um Parêntese Irritante", com sua ênfase sobre o desequilíbrio psicológico, o baixo índice de reprodução e a degeneração do mulato, temos à primeira vista uma boa amostra do racismo vulgar que não honra de modo algum o autor[29]. As mesmas críticas foram feitas ao mulato por Nina Rodrigues, já citado (p. 167). Mesmo assim, vigora aqui algo mais do que um racismo grosseiro: como o percebeu com correção o estudioso rio-grandense Guilhermino César:

[...] sendo [Euclides] o neto de uma mulher baiana de acentuados traços índios [cariris?] e de um traficante português de escravos, ele se sentiu marcado por uma inferioridade racial

---

27. Cf. Frederic Amory, "Historical Source and Biographical Context", pp. 675 e 683.

28. *Idem*, pp. 683-684.

29. Compare-se com *Obra Completa*, vol. II, pp. 166-168, o comentário de Raymond Firth (*Human Types*, New York/London, 1958, p. 208) sobre a semicasta que, "como se diz vulgarmente, 'tem os vícios de ambos os pais e as virtudes de nenhum deles'. Na medida em que isso é verdadeiro [...], isso se deve principalmente não ao fato de ser um mestiço, mas ao ambiente social em que o mestiço é criado. Falta de educação adequada [...], obstáculos à livre relação com a gente de seu pai ou de sua mãe, dificuldades se quiser casar-se, tudo tende a destruir sua confiança e sua autoestima, e incapacita-o a ter uma vida social estável. O próprio preconceito social que condena a instabilidade da semicasta é a causa dela".

criada em consequência de cruzamento. Como escritor, refere-se continuamente ao problema da mestiçagem. [...] Mas isso não é tudo. Falando de si mesmo, define-se assim [como um mestiço]: "Este caboclo, este jagunço manso – misto de celta, de tapuia e grego..."[30].

Em resumo, nesse trecho marcado de observações racistas que é "Um Parêntese Irritante" o autor expressa em parte seus próprios tumulto e instabilidade internos – e não uma implausível inferência *ad hominem*.

Livre finalmente dos embaraços da raça, Euclides pode, em "O Homem", vaguear pelas terras nordestinas, em busca dos lugares históricos que possam ter sido o berço da "miragem fugitiva de uma sub-raça, efêmera talvez". De passagem, toca de leve na questão da influência do ambiente sobre as populações humanas migratórias, que sejam mais "civilizadas" ou menos (por exemplo, ou os portugueses ou os brasileiros). Em sua opinião, se os migrantes mais bem dotados, mais "civilizados" (os portugueses) foram afetados adversamente pelo ambiente, então o povo fraco, como as sub-raças que povoavam o interior do Brasil, deviam *a fortiori* ser suscetíveis à diversificação étnica sob o impacto do ambiente. "Ao calor e à luz, que se exercitam em ambas [as raças], adicionam-se, então, a disposição da terra, as modalidades do clima e essa ação de presença inegável, essa espécie de força catalítica misteriosa que difundem os vários aspectos da natureza"[31]. Essas generalidades são vagas e obscuras, mas a busca histórica de Euclides dos primeiros centros de povoamento no interior da Bahia é muito mais significativa e meritória.

Nos territórios assolados pelas secas do Norte da Bahia, que foram explorados por dois movimentos, os bandeirantes, para caçar escravos índios, e os jesuítas, que protegiam "seus" índios em "reduções" ou aldeias índias comunais, os últimos conduziram os povos nativos em segurança "para a nossa história"[32] até a metade do século XVIII. Contra os jesuítas aventureiros, os catadores de ouro e os escravistas de Salvador e de São Paulo insinuaram-se pelos sertões baianos ao longo do curso do rio São Francisco, a partir de sua nascente ou de sua foz. Esse poderoso rio, denominado "um unificador étnico"[33], juntou-se a outros do interior e reuniu, em sua gigantesca curva do norte, os bandeirantes e os jesuítas, na verdade todos aqueles que não quiseram refazer seus passos de volta ao litoral ou ao planalto de São Paulo. Essa imensa região tornara-se, no século

30. Em "A Visão Prospectiva de Euclides da Cunha", separata de *Euclides da Cunha* (Porto Alegre, 1966, pp. 26-27), série de conferências sobre o escritor brasileiro, realizadas por iniciativa da Faculdade de Filosofia da Universidade Federal do Rio Grande do Sul, no centenário de seu nascimento. O índio tapuia é o principal tronco nativo das populações nativas do alto São Francisco; ver *Obra Completa*, vol. II, pp. 165-166.

31. *Obra Completa*, vol. II, p. 153.

32. *Idem*, p. 155.

33. *Idem*, p. 159.

XVIII, uma zona de criação de gado. Foi abandonada a si mesma silenciosamente, visto que "[n]ão produzia impostos ou rendas que interessassem o egoísmo da coroa"[34].

A maioria dos colonizadores, com exceção dos jesuítas, eram de origem paulista e não só mataram e escravizaram os índios selvagens que disputavam com eles a região, como também casaram-se dentro da tribo. A sociedade mestiça de índios e paulistas que "[n]asciam de um amplexo feroz de vitoriosos e vencidos" foi isolada geograficamente do resto do Brasil entre a parede oriental da Serra Geral e as planícies infinitas dos Campos Gerais a oeste. Insulada nessa zona de criação de gado, "incompreendida e olvidada, era o cerne vigoroso da nossa nacionalidade"[35]. A frase, que volta a ecoar até o fim de "A Luta", com o bombardeio de Canudos com dinamite, é particularmente inventiva, significando como significa que essa sub-raça de vaqueiros era, na etnografia euclidiana, o portador secreto da nacionalidade brasileira. Com isso, o autor nos apresenta os descendentes oitocentistas dessa sub-raça diretamente em suas vestimentas de couro, "os seus hábitos antigos, o seu estranho aferro às tradições mais remotas [e.g., o sebastianismo], o seu sentimento religioso levado até ao fanatismo, e o seu exagerado ponto de honra, e o seu folclore belíssimo de rimas de três séculos…"[36].

Em contraste com esses mestiços de português e índio do sertão, um número muito maior de escravos negros andavam pelo litoral entre Salvador e São Paulo, desde o final do século XVI, quando foram importados para trabalhar nos engenhos de açúcar da Bahia. Os negros já se tinham misturado aos brancos em Portugal, onde sua quantidade fora comentada, explicitamente, pelo poeta português do século XVII, Garcia de Resende: "Vemos no reino meter / tantos cativos crescer / irem-se os naturais, / que, se assim for, serão mais / eles que nós, a meu ver"[37]. Apesar da alta quantidade desses infelizes tanto no Brasil quanto em Portugal e de sua mestiçagem com seus senhores brancos, Euclides lhes concede unicamente a condição de mais uma sub-raça, e não a dos detentores da nacionalidade, e os segrega, geograficamente, da raça mestiça escolhida do interior. Isso surpreende ainda mais porque, anteriormente, em janeiro de 1899, ele, falando da raça negra (ver cap. 4, p. 67), escreve que "harmoniza-se admiravelmente à latina, profundamente vinculada à nossa sociedade – constituindo-a quase"[38]. Mas isso foi muito tempo antes que lhe entrasse na cabeça a ideia europeia de raça.

Voltemos aos jesuítas: até meados do século XVIII, quando o famoso ministro português, o Marquês de Pombal, expulsou a ordem do Brasil, os jesuítas, junto com os

---

34. *Obra Completa*, vol. II, pp. 159-160.

35. *Idem*, p. 161.

36. *Idem, ibidem*. Euclides não registra a cultura do couro desses povos, mas confronte-se a passagem bastante citada de J. Capistrano de Abreu, *Capítulos de História Colonial*, Brasília, 1963, p. 147, sobre a ubiquidade do couro no modo sertanejo de vida.

37. Citado por Euclides sem referência em *Obra Completa*, vol. II, p. 156.

38. De "Atos e Palavras", III, em *Idem*, vol. I, p. 552.

franciscanos e os capuchinhos, fundaram uma série de aldeias ou "reduções" indígenas em torno da região de Canudos ao longo do rio São Francisco – estabelecimentos que foram aumentados pelo vice-rei do Brasil, Lancastro, no começo do século XVIII e por outros missionários até o século XIX. Nesses assentamentos ribeirinhos, os índios aborígines não só tiveram a proteção das ordens religiosas – pelo menos até que Pombal expulsou os jesuítas – como também se misturaram aos colonizadores brancos e a seus escravos negros, "sem que estes se avolumassem ao ponto de dirimir a sua [dos índios] influência inegável". Foi nessa curva do São Francisco, em volta dessas populações, que as sub-raças da Bahia desapareceram durante séculos para o mundo exterior. Todavia, como não eram expostas a intrusões alienígenas, elas se misturaram, como que insuladas entre si mesmas, e desse modo realizaram "a máxima intensidade de cruzamento uniforme capaz de justificar o aparecimento de um tipo mestiço bem definido, completo"[39]. Embora Euclides tivesse afirmado, categoricamente, que não havia "um tipo antropológico brasileiro"[40], parece óbvio que seu "tipo mestiço bem definido" é um desses. Um pouco mais adiante ele diz, de fato, que a uniformidade fisiológica dos descendentes mestiços dos tapuias e dos portugueses dá "a impressão de um tipo antropológico invariável, [...] distinto do mestiço proteiforme do litoral"[41]. Nessa sub-categoria étnica encontrará "o cerne oculto de nossa nacionalidade" e, com ela, espera validar a República brasileira como nação contrária ao racismo da Europa.

Inseparável da etnografia e do nacionalismo de Euclides era o darwinismo social inglês do final do século XIX e sua ramificação spenceriana, o evolucionismo lamarckiano, embora esses não fossem discriminados por nosso autor. A "luta pela vida" darwiniana aparece pela primeira vez em português em "A Terra" como um fenômeno do reino vegetal entre as caatingas do sertão baiano, onde a vegetação mirrada deve inverter seu crescimento mergulhando no solo inóspito para proteger-se da feroz irradiação do sol do deserto, como faz o caju-anão com seus ramos subterrâneos[42]. Nesse ambiente hostil, no plano da existência humana, a luta de vida ou morte evolutiva acaba vindo a furo em Canudos, em "A Luta", durante o conflito de um ano entre as raças "fracas" dos sertões e as raças europeizadas "fortes" do litoral[43]. Todavia, a antítese entre "fraco" e "forte" não é imutavelmente fixa, e a seleção natural ou a característica biologicamente herdada, que legitimaria a expressão de Spencer "a sobrevivência do

---

39. *Obra Completa*, vol. II, p. 164.

40. *Idem*, p. 153.

41. *Idem*, p. 166.

42. *Obra Completa*, vol. II, pp. 119-121. Parte de uma frase na p. 119 ("pressente-se de algum modo, como o indicaremos adiante, a inuma-[ção]") foi mutilada, mas aparece restaurada na segunda edição de *Obra Completa*, 1995, pp. 126-127: "E evitando-o pressente-se de algum modo, como o indicaremos adiante, a inumação da flora moribunda, enterrando-se os caules pelo solo".

43. Originalmente, termos de Gumplowicz em *Obra Completa*, vol. II, pp. 93 e 168.

mais forte", quer sejam plantas quer animais, não restaura, infalivelmente, através dessa luta as melhores qualidades dos seres humanos no reino animal.

Por isso, de um lado, haverá o que Euclides denomina "uma inversão de papéis"[44] entre "os fracos" e "os fortes", à medida que a "guerra" de Canudos vai passando de campanha em campanha. Os "pusilânimes do governo" da segunda e terceira campanha tornaram-se os veteranos endurecidos da quarta, que eliminam friamente seus prisioneiros homens pela degola ou com uma faca enfiada na garganta. "Apesar de três séculos de atraso", interpõe-se Euclides, "os sertanejos não lhe levavam a palma no estadear idênticas barbaridades"[45]. Desse modo, a vitória final das forças do governo sobre os sertanejos, em que não sobreviveu *nenhum* prisioneiro homem, relega a suposta barbárie destes para o seio da civilização costeira e o potencial de uma verdadeira civilização (= "as tendências civilizadoras"[46]) para o tronco "forte" do interior.

Por outro lado, decerto poder-se-ia dizer (fantasiosamente) que ocorre "uma seleção natural de heróis" nas fileiras republicanas que estão no campo de batalha de Canudos quando o instinto animal da autopreservação é transmutado pela simples adversidade em heroísmo desinteressado[47]. Todavia, em outro ambiente mais tranquilo, junto ao rio Amazonas, os descendentes de um novo colonizador português, que a seleção natural tinha adaptado ao clima equatorial insalubre, perderão seu bem-estar e conformação física originais e, em poucas gerações, sucumbirão às doenças tropicais e aos índios[48]. Nesse caso, a aclimatação denomina-se evolução "regressiva", isto é, para um estado mais primitivo ou pior.

Para as finalidades de *Os Sertões*, evolução equivale na prática a progresso (rumo à Europa) em todo o Centro e o Sul do Brasil, mas no Nordeste e no Norte ela é essencialmente "regressiva", com frequentes reversões ou atavismos para um passado mais ou menos distante (por exemplo, para o começo do Portugal moderno, e mesmo para a Antiguidade greco-romana). Por meio desses reflexos sociais e biológicos, no entender de Euclides podem ser resgatados da história os traços recessivos das populações do Norte do país que foram emparedadas regionalmente não só no espaço geográfico mas também no tempo histórico.

Assim, o cafuzo (mestiço de índio e preto) Pajeú, o ardiloso tático na batalha, era "um belo caso de retroatividade atávica, forma retardatária de troglodita sanhudo", isto

---

44. *Obra Completa*, vol. II, p. 460.

45. *Idem*, p. 458; cf. a degradação pelos jagunços dos soldados mortos e de seu comandante, coronel Tamarindo, cujas cabeças foram cortadas, e o corpo do coronel pendurado num angico (p. 324).

46. *Idem*, p. 169. Essas "tendências civilizadoras", especifica Euclides, custam a amadurecer para que os sertanejos possam colher os frutos da civilização superior.

47. *Idem*, p. 392.

48. *Idem*, p. 148.

é, um regular homem das cavernas aos olhos de Euclides[49]. Quanto ao profeta dos conselheiristas e paladino religioso, Antônio Vicente Mendes Maciel, o Conselheiro, esse anacronismo ambulante "de atributos psíquicos remotíssimos" – ele também era um fantasma do passado, um louco congelado na figura herética de um gnóstico (!) cristão da última fase da Antiguidade, em suma, um homem monstruoso[50].

Esses dois casos de atavismo não receberiam aprovação das pessoas que no século XXI estudassem as sociedades camponesas do Brasil, e devemos reconhecer que o perfil de Antônio Conselheiro demonstra uma falta de entendimento que felizmente foi corrigida por Robert Levine em seu livro sobre a "guerra" de Canudos[51]. O galicismo "atavismo" não permite qualquer tipo plausível de reversão para além de cinco gerações anteriores de algum ancestral[52] e não se precisa dizer que Euclides não teve acesso ao exato sentido moderno do termo em biologia[53]. Não se pode deixar de concluir que com esse termo ele quis sobretudo expressar sua aversão ou desagrado pelos líderes do arraial de Canudos. Mesmo quando as pobres choças de taipa de seus seguidores são transmutadas, atavicamente, nas choupanas célticas do tempo das *Guerras Gálicas* de César (referência não encontrada), elas simplesmente indicam "a decrepitude da raça" – um acréscimo indesejado ao esboço do hábitat dos conselheiristas traçado no diário *Canudos*[54].

O oponente militar mais temível entre aqueles que foram enviados contra Antônio e sua comunidade foi o malvado e epiléptico coronel Moreira César, conhecido entre os sertanejos como o "Corta-cabeças"[55], o comandante da malfadada terceira expedição, que, apesar de toda a sua ameaça, dificilmente era um espécime robusto da civilização litorânea e das "raças fortes", visto que tinha a saúde minada por constantes ataques de epilepsia. O julgamento que o autor fez desse militar e de sua carreira nas armas era pungentemente darwiniano: a evolução quando moldou Moreira César terminou cedo demais – assim Euclides o mostrará – antes que a seleção natural pudesse decidir se o espécime inacabado devia ser um verdadeiro herói ou um criminoso comum – os dois lados de sua personalidade ambivalente[56]. Impulsivo e desequilibrado, poderia ter

---

49. *Obra Completa*, vol. II, pp. 277-278.

50. *Idem*, p. 195.

51. Ver os capítulos 3 e 5 de seu livro *Vale of Tears*.

52. Veja-se dentro desses limites um emprego significativo do termo em Caio Prado Jr., *Formação do Brasil Contemporâneo*, São Paulo, 1970, pp. 11-12, citado na introdução de Putnam à sua tradução de *Os Sertões*, p. vi, n. 23.

53. Atavismo hoje: uma repetição biológica, através ou de um gene recessivo ou de genes complementares, de alguma característica física de um organismo que está ausente dele por mais de uma geração de sua existência.

54. Compare-se *Obra Completa*, vol. II, pp. 215-216 com *Can.*, p. 547.

55. *Obra Completa*, vol. II, p. 294.

56. *Idem*, p. 285.

sido comparado tranquila e clinicamente com o não menos perturbado Conselheiro, com exceção de que, socialmente falando, a mentalidade religiosa dos sertanejos estava em total sintonia com os devaneios de seu profeta, dando desse modo, exteriormente, um caráter regular à sua loucura, ao passo que a terceira expedição esteve sempre fora da cadência dos caprichos puramente pessoais de seu comandante. Assim, Moreira César e seus soldados, despreparados para a batalha, marcharam para a derrota diante da sólida resistência de Canudos.

O último tema de que trataremos neste capítulo tem a ver com o que chamamos a consciência coletiva das multidões, um assunto que foi muito discutido no final do século XIX na França e na Itália, quando muitos europeus sentiram, profeticamente, que a Europa estava a ponto de cair numa era de existência urbana em massa[57]. A ascendência psicológica que Antônio Conselheiro desfrutava entre os seres humanos heterogêneos e etnicamente mestiços que formavam a população da "Tróia de taipa", como Euclides apelidou Canudos[58], chamou a atenção de nosso autor, que tentava analisá-la, em termos europeus contemporâneos, com especulações francesas e italianas sobre a psicologia anormal e a consciência coletiva das multidões. Desses psicólogos sociais o mais famoso era Gustave Le Bon graças à sua *Psychologie des foules*, ao passo que Louis Foville, um neurologista francês mais velho, e os italianos Scipio Sighele, da escola de Le Bon, e os psicólogos Eugenio Tanzi e S. Riva eram, nessa ordem, os mais obscuros. Na verdade, os dois últimos ainda não foram identificados com segurança[59], e Foville é apenas mais um nome médico para designar a histeria geral[60]. Assim, Le Bon e Sighele continuam sendo as principais fontes para as psicobiografias que Euclides faz de Conselheiro e de sua turba de seguidores.

Repercutindo as reações populares no Rio diante da inexplicável retirada de Canudos da segunda expedição sob o comando do major Febrônio de Brito, Euclides oferece a seus leitores "um caso vulgaríssimo de psicologia coletiva", partilhando de ideias psicológicas tanto de Le Bon quanto de Sighele[61]:

[...] colhida de surpresa, a maioria do país, inerte e absolutamente neutral, constituiu-se de veículo propício à transmissão de todos os elementos condenáveis que cada cidadão, isoladamente, deplorava. Segundo o processo instintivo, que lembra na esfera social a herança de

---

57. Como diz Gustave Le Bon, *Psychologie des foules*, 30. ed., Paris, 1921, p. 3: "L'âge où nous entrons sera véritablement l'ère des foules".

58. *Obra Completa*, vol. II, pp. 162, 214.

59. Vejam-se sobre eles as notas de Leopoldo Bernucci em sua segunda edição de *Os Sertões*, pp. 842 e 851 e s.

60. Apenas citado em *Obra Completa*, vol. II, p. 167; cf. a nota de Bernucci a *Os Sertões*, p. 813.

61. *Obra Completa*, vol. II, pp. 282-283. Sobre essa passagem cf. um capítulo de Luiz Costa Lima, *Terra Ignota*, Rio de Janeiro, 1997, pp. 61 e ss.

remotíssima predisposição biológica, tão bem expressa no *mimetismo psíquico* de que nos fala Scipio Sighele, as maiorias conscientes, mas tímidas, revestiam-se, em parte, da mesma feição moral dos medíocres atrevidos que lhes tomavam a frente. Surgiram, então, na tribuna, na imprensa e nas ruas – sobretudo nas ruas – individualidades que nas situações normais tombariam à pressão do próprio ridículo. Sem ideais, sem orientação nobilitadora, peados num estreito círculo de ideias, em que o entusiasmo suspeito pela República se aliava a nativismo extemporâneo e à cópia grosseira de um jacobinismo pouco lisonjeiro à história – aqueles agitadores começaram a viver da exploração pecaminosa de um cadáver. O túmulo do marechal Floriano Peixoto foi transmudado na arca de aliança da rebeldia [!] impenitente e o nome do grande homem fez-se a palavra de ordem da desordem.

Nessa longa e densa passagem que alude cripticamente à influência *post mortem* de Peixoto sobre as multidões e seus líderes jacobinos[62] que invadiram as ruas do Rio por causa do fracasso da segunda expedição a Canudos, Euclides com alusões e sugestões iria associar o caráter autoritário do falecido Marechal com o temperamento doentio e impulsivo de Moreira César, chefe da expedição seguinte, na medida em que esses dois homens eram repressores de rebeliões e, como disse a respeito de Peixoto, disciplinadores arrojados que abatiam "a desordem com a desordem"[63]. Foi isso, por exemplo, o que ele quis dizer, obscuramente, com a frase "a exploração pecaminosa de um cadáver" e, com a referência bíblica, "[o] túmulo do marechal Floriano Peixoto foi transmudado na arca de aliança da rebeldia impenitente", mesmo que não se conhecesse quem eram realmente os rebeldes, ou a "rebeldia". Essas obscuridades, evidentemente, podiam ter um sentido totalmente diferente. Um dos melhores leitores de Euclides, Nelson Werneck Sodré, afirmou que "Euclides não compreendeu jamais, mesmo ao rever seus conceitos sobre Floriano, o que representara o papel do Marechal de Ferro no processo republicano – porque não compreendeu o próprio processo. Levou a sua incompreensão desse processo ao extremo de uma posição contra o militar"[64]. Mas aí quem estava falando era o antigo soldado, o tenente-coronel Sodré.

Soubesse ou não Euclides o que fazer exatamente com Floriano Peixoto nesse contexto, seu foco indistinto nessa passagem não está apontado para Floriano nem para Moreira César, mas para as multidões de pessoas nas ruas, cujos líderes, "os medíocres atrevidos", incitam-nas a desordens ainda maiores e excitam-nas a seguir lentamente o ídolo militar da época, o coronel Moreira César, a quem escolheram para ser o senhor de seu desgoverno. "O fetichismo político", diz Euclides, exigia "manipansos

---

62. Sobre o jacobinismo brasileiro ver E. Carone, *A República Velha*, vol. II, pp. 151-159, e Needell, *Tropical Belle Epoque*, pp. 13-14, 16, 18-19, 21.

63. *Obra Completa*, vol. II, p. 282.

64. Ver seu ensaio "Revisão de Euclides da Cunha", reimpresso em *Obra Completa*, vol. II, p. 41.

de farda". Nessa visão mais longa da ascensão de César ao comando da desastrosa terceira expedição, a veneração da plebe, e não o autoritarismo de Floriano, instigou sua promoção com a aquiescência do exército, sempre "um elemento ponderador das agitações nacionais"[65].

Nessa perspectiva está compreendida a psicologia social coletiva da escola franco--italiana de Le Bon, duas de cujas obras estão relacionadas nas listas de venda da biblioteca de Euclides[66]. É inerente à primeira frase da citação acima uma distinção entre os cidadãos individuais que se preocupam, isoladamente, com o país e a maioria inerte que é influenciada pelos agitadores. Essa é uma díade fundamental da sociologia de Le Bon, entre o indivíduo que pensa e a multidão impassível que é instigada a agir[67]. Para Le Bon, as multidões não constituem uma "foule psychologique", a não ser que sejam submetidas a alguns estimulantes como um grande acontecimento nacional[68]; de outro modo, elas se congregam sem objetivos. Na citada passagem de "A Luta", a retirada de Canudos da segunda expedição é o acontecimento nacional necessário. Numa verdadeira multidão que teve a consciência despertada, o indivíduo perde sua própria personalidade e, como um autômato, assume a personalidade do grupo não-pensante da multidão; então, é reorientado pela sugestionabilidade dos líderes da multidão e pelo contágio de seus *slogans*, todos empurrando-o na mesma direção para adotar alguma ação[69]. Na passagem extraída de "A Luta", a "tímida maioria" responde à sugestionabilidade e ao contágio dos "medíocres atrevidos", seus líderes, "por *mimismo psichico*", um refinamento italiano da noção de Le Bon sobre imitação social[70]. Nesse contexto, a ênfase de Euclides sobre a mediocridade e a inanidade dos líderes autonomeados das multidões cariocas pode ecoar a declaração de Le Bon de que as multidões "acumulam não inteligência mas mediocridade"[71]. Todavia, essas multidões do Rio não entraram em ação em favor de seu herói até que ele fosse morto em Canudos; elas apenas induziram a opinião do governo que lhe era favorável — se é que havia

---

65. *Obra Completa*, vol. II, p. 283. *Manipanso* é uma palavra afro-brasileira rara, que o escritor volta a usar em *Os Sertões*, *Obra Completa*, vol. II, p. 216.

66. Essas listas, inéditas, me foram fornecidas pelo finado dr. Oswaldo Galotti, de São José do Rio Pardo.

67. Ver *Psychologie des foules*, p. 4.

68. *Idem*, p. 13.

69. *Idem*, p. 19.

70. Compare-se a frase italiana com sua fonte francesa em Le Bon, *Psychologie des foules*, p. 105. A *Obra Completa* de Euclides corrige erroneamente a frase italiana para o português (*Obra Completa*, vol. II, p. 283). Leopoldo Bernucci anota três referências de Euclides a *La Follà Criminale*, de Sighele, na edição francesa de 1892; ver *Os Sertões* na segunda edição de Bernucci, pp. 317 n., 420 n., e 457 n. A nota a *mimismo psichico* de Sighele (p. 420 n.) diz que "com toda a probabilidade" Euclides usou a tradução francesa da obra, mas ele cita aqui a frase em italiano.

71. *Psychologie des foules*, p. 17.

alguma – a nomeá-lo comandante da expedição seguinte. Somente quando ele estava realmente morto é que os tumultos explodiram no Rio e em São Paulo.

Resumindo agora os materiais temáticos deste capítulo, começamos com as duas fontes do próprio Euclides para "A Terra" e "O Homem". Uma, um ensaio sobre o clima da Bahia alimentou em diversas seções de "A Terra" pesquisas pluralistas sobre as causas das secas e seus remédios; a outra, uma resenha extremamente crítica do livro de Sampaio Bruno, *O Brasil Mental*, reiterou mais uma vez e para sempre a substituição do positivismo comtiano pelo "evolucionismo inglês" na alta cultura brasileira, cuja literatura, em sua opinião, desenvolveu-se a partir da velha oposição racial da colônia à pátria-mãe. Nessa resenha, ouvimos falar pela primeira vez da *Rassenkampf* de Ludwig Gumplowicz, que Euclides apoia entusiasticamente, mas depois é tergiversada em "O Homem", com bastantes reconsiderações para impedir que a luta das raças destrua totalmente o povo "fraco" dos sertões baianos. Outra sua entidade racial equívoca, postulada, na resenha é a de uma sub-raça "indistinta" nascida da mistura entre a raça índia e a portuguesa; mas essa entidade também não enfrenta em "O Homem" um tipo racial brasileiro fixo, de mestiço, que amadureceu em ambientes favoráveis de criação de gado.

Na segunda parte de *Os Sertões*, o autor tem de escamotear os dois imponderáveis raça e nação, superpondo um ao outro para satisfazer o conceito europeu de nação: uma comunidade étnica de unidade racial. Ao abordar esse conceito, Euclides dá aco-lhida a duas visões das relações raciais em seu país, mas prefere a miscigenação mais antiga de brancos e índios no interior à mestiçagem mais recente e mais extensa entre pretos e brancos no litoral e, assim, tenta erguer a sub-raça menor do sertão ao nível da raça que é o verdadeiro detentor da nacionalidade brasileira. Todos devemos reco-nhecer que essa constitui uma falsa solução para um problema racial do século XIX, que era exatamente tão falso em si próprio, isto é, não tinha solução possível, mesmo na Europa. Antes de *Os Sertões*, Euclides já tinha falado, generosamente, da raça negra: ela está "profundamente vinculada à nossa sociedade – constituindo-a quase".

Em todo o seu grande livro, pode-se ilustrar o darwinismo social em muitas pági-nas, começando desde "a luta pela vida" entre a flora do sertão até à própria "guerra" de Canudos entre os conselheiristas e as forças republicanas. É quase certo que o autor subordinou o evolucionismo lamarckiano de Spencer ao darwinismo reinante, se não o abandonou totalmente, pois não aprofundou, segundo todos os indícios, a diferença teórica entre os dois. O darwinismo foi complementado com um atavismo descon014lado, que é usado de forma extravagante para expor a suposta antiguidade de certos traços recessivos em pessoas e sociedades, ou na verdade todos os caracteres dos atores do conflito de Canudos. Assim, o papel humilde de Antônio Conselheiro nos sertões é de modo geral mal representado como o de um herege cristão gnóstico da Antigui-dade tardia, mesmo que sua patologia clínica não esteja tão grosseiramente errada.

Onde quer que o atavismo opere nos sertões nordestinos, teremos casos de evolução "regressiva", ao passo que, no Centro e no Sul do Brasil, a evolução é progressiva em todos os sentidos oitocentistas da palavra.

O último tema, em "A Luta", origina-se da psicologia da multidão das populações cariocas no curso da "guerra". A escola de Le Bon elaborou uma análise sociopsicológica da consciência coletiva das multidões europeias que está por trás de um trecho de outro modo denso e ininteligível sobre o comportamento da multidão carioca depois que a segunda expedição retirou-se de Canudos. O acontecimento nacional dessa retirada, a organização da multidão pelos "medíocres atrevidos", sua inércia e passividade em comparação com as preocupações com a cena por parte de indivíduos isolados, seu "mimetismo psíquico" ou imitação social do tom moral de líderes medíocres, tudo teve origem na sociopsicologia de Le Bon e de seu discípulo Sighele, embora nessa ocasião a plebe do Rio não se tenha reunido para agir em favor de seu herói, o coronel Moreira César; isso ficou reservado para a sua morte, e não para sua liderança. A frase "mimetismo psíquico", citada em italiano, emprestou um tom picante à passagem, que de outro modo está firmemente centrada na *Psychologie des foules,* obra que Euclides possuía em sua biblioteca.

10

Os Sertões: A Narrativa

ÃO LOGO SENTIMOS A FORÇA DESSA NARRATIVA, que como uma correnteza transporta não só o leitor mas também os temas e fontes que flutuam à
sua superfície, nossa atitude diante do livro muda: da avaliação crítica da imagem de um naufrágio que tinha ficado na mente do leitor para uma admiração cada
vez mais devota da profundidade e do poder de narração do autor. É difícil lembrar um
único crítico que tenha encontrado falhas na narrativa de *Os Sertões*. Neste capítulo,
proponho-me desvelar as formas linguísticas e literárias de que o autor se serviu para
narrar a história de Canudos e que atestam a sua qualidade formal alcançada com tão
pouco esforço até os últimos momentos dramáticos de sua conclusão.

Quando se começa a ler o livro desde o princípio, ele parece mais uma miríade
de dados geográficos e geológicos que por si mesmos quase fazem o leitor abandonar
a leitura, sejam ou não válidos os dados[1]. Se procurarmos o autor em meio a todo o
jargão técnico[2], vamos encontrá-lo apenas sob as denominações de "quem o contorna",
"atravessemo-la" [a extensão dos Campos Gerais]", e "o observador que seguindo este
itinerário"[3]. Esse expositor invisível continua desse modo, no seu trajeto e, no meio do
caminho, faz uma reverência a "um naturalista algo romântico" – Emmanuel Liais[4], até
que no final, num notável parágrafo intitulado "Higrômetros Singulares", ele pessoalmente se revela como o narrador de uma história de guerra. Os "aparelhos" lamentáveis

---

1. Já falamos uma ou duas vezes do principal erro de Euclides com relação ao planalto central do Brasil:
ver o cap. 5, p. 87 e n. 22, junto com *Obra Completa*, vol. II, pp. 95 e ss. Outros erros foram apontados por
Aroldo de Azevedo no artigo já citado, " 'Os Sertões' e a Geografia", pp. 28-30, 33-34, 37 e 41. Mas os recifes
cuja existência Azevedo põe em dúvida (p. 29) nas páginas iniciais de Euclides podem estar localizados em
Guarapari (Espírito Santo); cf. Fred Hartt, *Geology and Physical Geography of Brazil*, pp. 61 e ss.

2. Ver a crítica ao vocabulário geológico de Euclides feita pelo engenheiro de minas Glycon de Paiva
Teixeira, "Geologia de Canudos em 'Os Sertões'", *Digesto Econômico*, 246, pp. 61-66, 1975.

3. *Obra Completa*, vol. II, pp. 96, 99, 100.

4. *Idem*, p. 107.

– um soldado morto, um cavalo morto – que indicam ao narrador, de maneira adequada, a extrema sequidão do ar do deserto foram baixas da quarta campanha, na qual a montaria do tenente Wanderley mergulhou para a morte das encostas de Canudos[5] e o soldado morreu desconhecido. Aqui jaz esse soldado[6]:

> Percorrendo certa vez, nos fins de setembro, as cercanias de Canudos, fugindo à monotonia de um canhoneio frouxo de tiros espaçados e soturnos, encontramos, no descer de uma encosta, anfiteatro irregular, onde as colinas se dispunham circulando a um vale único. Pequenos arbustos, icozeiros virentes viçando em tufos intermeados de *palmatórias* de flores rutilantes, davam ao lugar a aparência exata de algum velho jardim em abandono. Ao lado uma árvore única, uma quixabeira alta, sobranceando a vegetação franzina.
>
> O sol poente desatava, longa, a sua sombra pelo chão, e protegido por ela – braços largamente abertos, face volvida para os céus – um soldado descansava.
>
> Descansava... havia três meses.

A palavra inicial desse trecho notável, "percorrendo", identifica imediatamente Euclides como narrador, porque é uma de suas palavras prediletas (cf. cap. 6, p. 115); até então, tinha sido um mero expositor da geografia e geologia brasileira e havia atravessado o planalto brasileiro de maneira puramente mental; agora, narra um episódio real de sua experiência de guerra, da quarta campanha contra Canudos (não registrado, porém, em seus diários). Tinha-se evadido da luta, diz ele, apenas para deparar-se com essa cena de batalha na qual morrera o soldado numa manhã de 18 de julho de 1897 (quando o tenente Wanderley e seu cavalo também tinham morrido juntos). Todavia, antes de apreender a plena e horrenda significação da cena, a beleza natural do lugar tinha-o encantado por breve tempo, com os icozeiros verdejantes, as palmatórias de penachos vermelhos e a alta e copada quixabeira que o fez pensar num "jardim em abandono", assim como poderia estar "num pomar vastíssimo, sem dono", como mais tarde ele compendia o sertão[7].

De qualquer modo, o autor faz todo o possível para, com a cena tranquila, acalmar a imaginação do leitor antes de acrescentar os toques finais da tragédia. O estado relaxado do soldado, esparramado com os braços abertos e a face voltada para o céu, é delineado ao pôr do sol com duas estimulantes orações subordinadas descritivas, seu ilusório "descanso" é repetido duas vezes com uma mudança de sentido, e finalmente é fixada a data da morte. A figura retórica de conclusão – *admiratio* ou "surpresa" dos leitores – é postergada até o fim da descrição do soldado num "final-surpresa", que fora uma figura de linguagem costumeira em Euclides em todos os seus textos para jornal.

---

5. *Obra Completa*, vol. II, p. 394.
6. *Idem*, p. 113.
7. *Idem*, p. 128.

Isso, porém, não é tudo, com certeza. A passagem até então foi escrita no tempo passado e no imperfeito, que Suzanne Fleischman chama "o passado da 'ação' " e o "passado visualizador"[8], mas agora a narrativa retrocede para expor a morte do soldado no tempo mais-que-perfeito – por exemplo, o choque violento na cabeça na luta corpo a corpo que lhe deixara na testa uma cicatriz escura, o abandono de seu corpo no momento do enterro dos soldados, e a clemência do destino por esse esquecimento[9]:

Caíra, certo, derreando-se à violenta pancada que lhe sulcara a fronte, manchada de uma escara preta. E ao enterrar-se, dias depois, os mortos, não fora percebido. Não compartira, por isto, a vala comum de menos de um côvado de fundo em que eram jogados, formando pela última vez juntos, os companheiros abatidos na batalha. O destino que o removera do lar desprotegido fizera-lhe afinal uma concessão: livrara-o da promiscuidade lúgubre de um fosso repugnante; e deixara-o ali há três meses – braços largamente abertos, rosto voltado para os céus, para os sóis ardentes, para os luares claros, para as estrelas fulgurantes...

Reaparecem as frases descritivas, mas agora prolongadas por três anáforas *para*, com um jogo de palavras fonético em *céus / sóis,* apontando ao dormidor morto, mais enfaticamente, aos céus, ao próprio cosmo, imerso numa espécie de prodígio gradualmente crescente. Na estilização das duas passagens, a suspensão mais curta da narração, "descansava / Descansava", e a mais longa, "braços largamente abertos, face volvida para os céus / braços largamente abertos, rosto voltado para os céus...", são coordenadas cada uma delas de maneira bem calculada, com modulações semânticas, por uma gradação anafórica, uma técnica de formação de frases do estilo (poético) classicamente "mais elevado"[10]. Alguns referentes, como os que poderiam estar entre a árvore e o soldado, tornam-se ricamente ambíguos, porém. Se "a sua sombra" provém da quixabeira, ou é lançada em toda a volta pelo sol poente, "por ela" na oração independente seguinte parece referir-se logicamente à árvore, a "protetora" do soldado contra o sol inumano (cf. adiante); ou então o pronome deve referir-se a uma sombra indeterminada lançada pelo sol poente.

Euclides ainda não terminou com o corpo do soldado, que ele, tendo-se certificado de que estava morto, examina mais de perto[11]:

8. Em *Tense and Narrativity*, Austin, 1990, p. 28.

9. *Obra Completa*, vol. II, pp. 113-114.

10. Cf. as orientações geográficas dadas em Lucano, *Pharsalia*, ed. A. Bourgery, I, ll. 367-368: "Duc age per Scythiae populos, per inhospita Syrtis / litora, per calidas Libyae sitientis harenas" ("Façamos nosso caminho pelos povos da Cítia, pelas inóspitas praias de Sirte, / pelas areias ardentes da seca Líbia"). Cf. a tríplice frase anafórica em Dante, *Inferno*, III, 1-3: "Per me si va..." etc.

11. *Obra Completa*, vol. II, p. 114.

E estava intacto. Murchara apenas. Mumificara conservando os traços fisionômicos, de modo a incutir a ilusão exata de um lutador cansado, retemperando-se em tranquilo sono, à sombra daquela árvore benfazeja. Nem um verme – o mais vulgar dos trágicos analistas da matéria – lhe maculara os tecidos. Volvia ao turbilhão da vida sem decomposição repugnante, numa exaustão imperceptível. Era um aparelho revelando de modo absoluto, mas sugestivo, a secura extrema dos ares [do deserto].

Nesse parágrafo de conclusão, a frase sobre a ausência de vermes no corpo foi extraída de outros textos de Euclides (cf. cap. 6, p. 108) e colocada aqui como um mérito especial do soldado morto; como vimos anteriormente, Euclides não estava preparado para pesquisar a degradação orgânica[12]. A última frase citada acima leva-nos de volta ao título desse parágrafo de "A Terra", sendo o "aparelho" um higrômetro humano. Todo o trecho ilustra com bastante precisão a união entre a arte e a ciência que fora para o autor um princípio estético orientador desde que leu sobre ele pela primeira vez em *Educação* (*c.* 1890), de Spencer[13].

Analisamos essas passagens de "Higrômetros Singulares" não apenas por sua melancólica beleza, mas, antes, porque juntas tipificam o estilo narrativo – a *Kunstprosa* – de Euclides em *Os Sertões*. É o primeiro indício que ele dá, no início de seu livro, de que fora travada uma batalha nas regiões geográficas do Nordeste que ele estivera explorando até esse ponto em que ocorre uma fratura decisiva entre a exposição dos dados geológicos no tempo presente e os tempos passados da narrativa histórica. Tão logo nos encontramos no meio do episódio histórico do soldado morto "a dormir", dá-se uma reunificação textual e a exposição da cena muda do presente para o mais--que-perfeito; em suma, aqui a narrativa histórica domina a exposição mudando o tempo verbal para adequar-se a seu próprio esquema temporal.

A mim me parece que a verdadeira narrativa histórica deve ser linear, com recursão expositiva tantas vezes quantas forem necessárias. No entanto, Euclides gosta também dos resumos de conteúdos narrativos circulares e atemporais, todos contados com verbos conjugados no presente. Assim, em "A Terra" somos apresentados a um ciclo semelhante entre a estação seca e a das estiagens que envolvem o sertão num "paraíso" de produção e fartura, como assinalam as chuvas de março, o florescimento da vegetação, a frutificação de diversas árvores – as tóxicas juremas e o umbuzeiro frondoso etc. –, e a fauna viva, especialmente os caititus "de maxilas percutindo" ou as suculentas pombas bravas[14]. Poder-se-ia dizer que esse ciclo é algo que termina no presente histórico?

12. Cf. novamente "Dia a Dia", de 11 de maio de 1892, em *Obra Completa*, vol. 1, pp. 610-611.

13. Em *Education*, p. 73, citada pela primeira vez em "Divagando, III", em *Obra Completa*, vol. 1, pp. 575-576.

14. *Obra Completa*, vol. 11, pp. 124-127.

Talvez não. O ciclo da natureza revolve num eterno presente sem ligação com o passado; tecnicamente falando, ao tempo presente nesse contexto não "falta a característica de simultaneidade" (sem o *agora*) e é, portanto, um presente simples[15].

Do mesmo modo, na parte seguinte do livro, "O Homem", um ciclo humano muito maior de estiagem, que limita as medidas diárias que o sertanejo sitiado toma contra as secas, é contado todo ele num tempo presente que é também simples. Tudo o que qualquer sertanejo devia fazer na estação das secas Euclides reúne nessa rotina desesperançada do morador do sertão: ara a terra ribeirinha à espera das primeiras chuvas, conserta as paredes dos açudes para acumular água, faz a experiência de Santa Luzia com seis torrões de açúcar, canta ladainhas enquanto carrega pedras aos ombros, corta pedaços de mandacaru para o gado, faz um pão cru, o bró, para os filhos etc.; tenta – em vão – todo ato concebível que possa trazer chuva ou, na falta desta, alimente sua família e seu gado, e, no fim, ele e sua família são forçados a juntar-se aos bandos de retirantes, que viajam para a costa, para quaisquer lugares; "[a]tinge-os. Salva-se"[16]. Então, passados poucos meses, a seca chega ao fim, ele sente saudades, e volta para o lar no sertão. Essa sequência catastrófica que não exclui nada de danoso ao sertanejo e nada de reparador de sua parte é, obviamente, uma síntese, numa única visão, de todas as experiências da seca no Nordeste, não tendo vínculos históricos com nenhuma delas. Assim, toda a provação se passa num tempo presente, como o ciclo da natureza em "A Terra".

No restante de "O Homem", que, segundo o esquema temporal de Fernand Braudel, contém "a [lenta] história de grupos e agrupamentos"[17], a narrativa no tempo passado fornece uma história intermitente das primeiras incursões dos bandeirantes e dos jesuítas pelas regiões nordestinas ao longo do rio São Francisco, história que vem entremeada de esboços biográficos de tipos sertanejos da região e explanações sobre a raça no Brasil, e avança gradualmente para um retrato em tamanho inteiro de Antônio Vicente Mendes Maciel, o Conselheiro. Os esboços biográficos, sendo de tipos, são apresentados na maioria das vezes no tempo presente, o que torna "mais vívida" a famosa vinheta do estouro da boiada e do esforço do vaqueiro para impedi-lo. Daí a bravura da vinheta de Euclides ter provocado um competidor amigo, em São José do Rio Pardo, nesse gênero de escrita, a rasgar sua versão de um estouro depois que ouviu Euclides ler o seu texto[18].

---

15. Ver a análise do presente histórico em Ann Banfield, *Unspeakable Sentences*, Boston/London, etc. 1982, pp. 165-167.

16. *Obra Completa*, vol. ii, pp. 182-186.

17. Ver o prefácio a Fernand Braudel, *The Mediterranean and the Mediterranean World in the Age of Phillip II*, trans. S. Reynolds, London/New York, 1972, vol. I, pp. 20-21.

18. Um caso contado por Sousa Andrade, *História e Interpretação...*, p. 226.

Pouco a pouco, em sua narração das lidas e dos passatempos dos sertanejos, nosso autor passa a falar de suas práticas religiosas – ora no tempo presente, ora no passado –, condenando os revoltantes sacrifícios humanos em Pedra Bonita (um alto rochedo perpendicular) no interior de Pernambuco, ou admirando as realizações arquitetônicas, em Monte Santo, do padre italiano setecentista Apollonio de Todi, que tinha talhado na montanha uma via-sacra que sobe até o cume do morro, com capelas de pedra, a intervalos, ao longo do caminho[19]. É apenas um passo, embora enorme, para ir desses casos de religiosidade sertaneja até o "atavismo" de Antônio Conselheiro, o "desorientado" líder de Canudos, a quem Euclides considerava uma espécie de reencarnação de um heresiarca cristão do final da Antiguidade, que ele procurou documentar nas páginas da *Histoire des origines du Christianisme* (vol. 7), de Ernest Renan.

Aqui a narrativa estriba-se nos tempos do passado histórico, mas não sem alguns floreios expositivos preliminares aborrecidos para os estudiosos de hoje das sociedades camponesas do Brasil. É que o homem santo não era apenas, atavicamente, um gnóstico herético do tipo antigo, mas também, metaforicamente, um fenômeno geológico – uma "anticlinal" – que se tinha aprimorado nos estratos étnicos de sua sociedade. Além disso, em termos psicológicos devia ser poupado da "loucura" apenas por força do fato de que a sociedade do sertão vibrava no mesmo diapasão que ele, "normalizando" assim seu comportamento excêntrico[20].

Em suas mãos canhestras, o livro de onde Antônio retirava seus lúgubres sermões – o bem conhecido *Missão Abreviada,* um manual para os missionários portugueses dos territórios ultramarinos, cheio de advertências apocalípticas aos infiéis sobre o Juízo Final – inculcava "as virtudes básicas do cristão, penitência e obediência", que não eram inadequadas às vidas difíceis dos sertanejos piedosos do Brasil[21]. Sua maneira peculiar de pregar foi relatada com sarcasmo, por Euclides, com as seguintes palavras[22]:

19. Odorico Tavares faz uma ótima análise desse monumento na primeira edição de seu livro *Bahia* (1951), pp. 281-291, já citado anteriormente (cap. 7, n. 16).

20. Nas pesquisas mais recentes de Robert Levine, a carreira religiosa do Conselheiro é excisada das impurezas dos exageros de Euclides. Onde, em suas andanças penitentes da década de 1870, Euclides vê-lo transformado num ser "monstruoso" por seus aparecimentos silenciosos entre os sertanejos, de modo que "a sua insânia estava, ali, exteriorizada" (*Obra Completa,* vol. II, p. 202), Levine, ao contrário, compara seu papel de Conselheiro aos costumes dos antigos ermitães, os anacoretas brasileiros, que datam do século XVII, e se vestem e andam pelos campos como ele. A reconstrução das igrejas e a restauração dos cemitérios que ele praticava, onde quer que obtivesse permissão, fora formulada como uma política da Igreja em 1860, embora os curas locais às vezes interrompessem seu trabalho. O bando de beatos que o acompanhavam de localidade em localidade também seguia a tradição dos sertões. Ver Robert Levine, *Vale of Tears*, pp. 127--130, e J. Calasans Brandão da Silva, *Cartografia de Canudos,* pp. 61-72.

21. Ver Eduardo Hornaert, *Verdadeira e Falsa Religião no Nordeste,* Salvador, Bahia, 1973, pp. 77-87, especialmente p. 84.

22. *Obra Completa,* vol. II, p. 206. Sobre a oratória de Antônio Conselheiro, cf. o que diz o tenente--coronel Durval Vieira de Aguiar, em *Descrições Práticas da Província da Bahia,* p. 83, citado por Euclides

Imagine-se um bufão arrebatado numa visão do Apocalipse...

Parco de gestos, falava largo tempo, olhos em terra, sem encarar a multidão abatida sob a algaravia, que derivava demoradamente, ao arrepio do bom senso, em melopeia fatigante.

Tinha, entretanto, ao que parece, a preocupação do efeito produzido por uma ou outra frase mais decisiva. Enunciava-a e emudecia; alevantava a cabeça, descerrava de golpe as pálpebras; viam-se-lhe então os olhos extremamente negros e vivos, e o olhar – uma cintilação ofuscante... Ninguém ousava contemplá-lo. A multidão sucumbida abaixava, por sua vez, as vistas, fascinada, sob o estranho hipnotismo daquela insânia formidável.

E o grande desventurado realizava, nesta ocasião, o seu único milagre: conseguia não se tornar ridículo...

A narrativa da vida de Antônio Conselheiro pelo autor prossegue de maneira mais convencional em "O Homem" no tempo do passado histórico, com um único lapso no presente histórico[23]. Antes de sua "conversão", Antônio usava o nome de famosa família – Maciel – da pequena cidade de Quixeramobim, no seco estado do Ceará. Nascido nessa cidade em 1830, de uma relação ilegítima, Antônio Vicente Mendes Maciel era muito diferente de seus violentos parentes, que estavam envolvidos, tanto os homens quanto as mulheres, numa rixa longa e mortal com a família mais rica e poderosa dos Araújos, os quais tinham matado um seu avô e uma tia durante sua infância. O pai era dono de uma casa de negócio, de modo que o jovem Antônio logo foi trabalhar com ele após a escola, devotando-se, como diz Euclides, às obrigações de um caixeiro consciencioso[24]. O pai destinara-o ao sacerdócio e ele aprendera Latim na escola, junto com as matérias usuais de Aritmética, Francês e Português. É possível que não tenha aprendido muita coisa de francês, mas seus sermões posteriores eram recheados, regularmente, de latim, o "latinório" que Vieira de Aguiar ridicularizara.

Quando o pai morreu em 1855, o filho cuidou de suas quatro[25] irmãs solteiras até que se casassem convenientemente e, então, ele próprio contraiu núpcias com sua prima de dezessete anos, analfabeta, Brasilina de Lima – um casamento que se revelou desastroso. Antônio hipotecou uma casa para saldar as dívidas do pai e consumiu o restante da herança em tocar o armazém paterno de secos e molhados, que acabou

---

em seu diário *Canudos, Obra Completa,* vol. II, p. 523; e ver cap. 6 e n. 100, sobre a passagem-fonte, que provavelmente inspirou também o excerto de *Os Sertões.* Se Euclides foi satírico com Antônio, de qualquer modo Vieira de Aguiar também o foi.

23. *Obra Completa,* vol. II, p. 201, o parágrafo "Primeiros Reveses". Sobre sua vida ver a biografia-padrão de Nertan Macedo, *Antônio Conselheiro,* Rio de Janeiro, 1969, e o ensaio de José Calasans Brandão da Silva, "Antônio Vicente no Ceará", em *Cartografia de Canudos,* pp. 25-32.

24. *Obra Completa,* vol. II, p. 200. O tradutor da edição em inglês, Samuel Putnam, comete aqui um de seus raros erros: traduz *misteres* por "mysteries", em vez de "duties" (*Rebellion in the Backlands,* p. 125).

25. Euclides menciona apenas três, *Obra Completa,* vol. II, p. 200. Cf. Nertan Macedo, *op. cit.,* p. 112.

vendendo por 2 223 mil-réis, pois os negócios numa cidade pequena como Quixe-ramobim fracassaram, de sorte que foi obrigado a liquidar todas as mercadorias em estoque. Sobrecarregado de dívidas, deixou a cidade com a esposa em 1857 e arran-jou empregos eventuais em diversas outras cidades no sertão adentro, como escrivão, caixeiro, e preceptor de Português e Aritmética. Falindo por duas vezes, novamente, com armazém de secos e molhados, finalmente consegue trabalho como solicitador, ou requerente no fórum. Já era, então, pai de dois filhos com Brasilina. Na opinião de Euclides, esse grande número de ocupações exigiam cada vez menos de Antônio, ao passo que, apoiado no conhecimento de sua família, podia muito bem ter encontrado melhor carreira na política sertaneja.

Foi então que, em Ipu, pequena cidade do interior cearense, sua esposa teve um caso amoroso com um furriel da milícia do Ceará – um encontro que Antônio sur-preendeu enquanto o casal mantinha relações. Se fosse seu pai, tê-los-ia matado no local, mas, ao invés, simplesmente abandonou a esposa e os filhos imediatamente, deixando os últimos aos cuidados da sogra. Esse foi um acontecimento que o fulminou de vergonha, e ele fugiu para o sul, para a cidade de Crato, na fronteira do estado. No caminho para essa cidade, sua frustração explodiu em violência com o marido de uma de suas irmãs, mas o casal preferiu não fazer acusações. Em Crato, trabalhou como vendedor ambulante para viver e frequentou alguns missionários evangélicos; até que deixou o Ceará permanentemente, rumo a outros estados do Nordeste. À sua partida, em conversa, em Fortaleza, com seu primeiro biógrafo (um amigo de infância), João Brígido, este lhe perguntou para onde estava indo e por quê. "Cumprir uma promessa a São Francisco", respondeu, "no sertão do Canindé [no Ceará]. Depois vou para onde for chamado pelos mal-aventurados"[26]. Ainda no Ceará, teve um romance com uma mulher numa cidade um pouco a oeste de Canindé, que lhe deu um filho, mas depois disso passou a ver em todas as mulheres suas inimigas.

Depois de outras andanças de Antônio e de perseguições que sofreu, a narrativa de "O Homem" termina com a construção de Canudos pelo homem santo, no norte da Bahia, um rancho abandonado numa curva do rio Vaza-Barris[27]. Os ocupantes da "Nova Jerusalém" são então agrupados na narrativa para um retrato literário, as mu-lheres primeiro, sem lhes dar nome, e depois os famosos bandidos pelo nome. Sob o subtítulo "Agrupamentos Bizarros", os rostos das mulheres, da mais velha à mais nova, da mais dissoluta à mais recatada, "misturavam-se num conjunto estranho. Todas as idades, todos os tipos, todas as cores...". Seus penteados, seus vestuários, seus enfeites religiosos são detalhados sem ordem, mas, de vez em quando, entre "aqueles acervos de

26. Conversa registrada no romance histórico de Manoel Benício, *O Rei dos Jagunços*, Rio de Janeiro, 1997, p. 3.
27. O nome do rio significa, literalmente, "o esvaziar-se" das águas de inundação.

trapos", brilha o rosto de uma verdadeira beleza dos sertões com um tipo de formosura judaica, ou madonas se irmanando a fúrias, em cujas pupilas negras cintila o delírio místico...[28]. Essa passagem barroca e a complementar que vem logo a seguir sobre os homens foram compostas deliberadamente em termos contraditórios e inclusivos sob uma figura de linguagem conhecida em alemão pelo nome de *Häufung* ("acumulação") e que em latim se chama *congeries*[29].

Os homens, ao contrário, são apresentados cada um pelo nome, com um breve relato de suas obrigações militares ou as razões de sua fama, mas sem qualquer ordem aparente nas apresentações. Encontramos, assim, por exemplo, José Venâncio, o terror de Volta Grande, esquecido agora dos dezoito homicídios que cometeu ou do espectro dos julgamentos à revelia, enquanto se dobra, contrito, colocando a testa no chão. A seu lado, o atrevido Pajeú, de rosto bronzeado, com os ossos malares duros e acentuados e uma estrutura atlética deformada, estático volta, com as mãos postas, seu olhar absorto para os céus, como as suçuaranas em noite de lua... O autor enumera uns vinte e três desses anti-heróis como se estivesse sentado entre eles, em volta da fogueira. "Na claridade amortecida dos braseiros esbatem-se os seus perfis interessantes e vários"[30]. Todavia, quando os líderes da rebelião são enumerados novamente desse modo, mais para o fim da "guerra", existem ainda vivos apenas alguns dignos de pena; por exemplo, "Pedrão, terrível defensor de Cocorobó, e Joaquim Norberto, guindado ao comando pela carência de outros melhores"[31].

No entanto, numa página de diário do final da guerra, ele conta uma história muito diferente do número infindável de mulheres que sobreviveram, a maioria delas em terrível condição psicológica, e muitas delas feridas. Contudo, como a entrada do diário data de 2 de outubro de 1897, bem depois que Euclides deixou o campo de luta de Canudos, somos forçados a aceitar a possibilidade de que, originalmente, ela tenha sido escrita por outra pessoa, talvez um certo tenente Praxedes (ajudante-de-ordem do general Artur Oscar)[32], embora haja total incerteza quanto a isso, de vez que há evidências de que o diário de Praxedes se perdeu.

28. *Obra Completa*, vol. II, pp. 227-228.

29. Sobre essa figura cf. Heinrich Lausberg, *Handbuch der literarischen Rhetorik*, München, 1960, vol. I, lemmata 665-687. Essa figura é criada ou por *enumeratio* (= a "enumeração caótica" de Spitzer) ou por *adiectio*, lemmata 607, 665 e ss., mera "adição", e é uma figura de linguagem usada mais frequentemente nos escritos de Rabelais e na poesia de Whitman.

30. *Obra Completa*, vol. II, p. 228.

31. *Idem*, p. 449.

32. Como diz Villa, *Canudos*, p. 255. É verdade que Euclides copiou o diário de Praxedes – ver a entrada de 19 de setembro na *Caderneta de Campo*, p. 54 – mas ele não estava mais em Canudos em 2 de outubro, a suposta data desses desfiles de prisioneiros. Em segundo lugar, é bastante impossível que Praxedes usasse as palavras raras e as involuções artísticas do trecho de *Obra Completa*, vol. II, p. 485. Por último, a criança com a cicatriz no rosto, vista por duas vezes entre os prisioneiros, era a própria imagem focal de Euclides do horror da "guerra" de Canudos; cf. *Os Sertões, Obra Completa*, vol. II, pp. 430 e 485-486, e *Canudos*, p. 536.

Nem um rosto viril, nem um braço capaz de suspender uma arma, nem um peito resfolegante de campeador domado: mulheres, sem-número de mulheres, velhas espectrais, moças envelhecidas, velhas e moças indistintas na mesma fealdade, escaveiradas e sujas, filhos escanchados nos quadris desnalgados, filhos encarapitados às costas, filhos suspensos aos peitos murchos, filhos arrastados pelos braços, passando; crianças, sem-número de crianças; velhos, sem-número de velhos...

Se esse trecho[33] foi escrito por outra pessoa, foi totalmente reescrito por Euclides e estilizado num padrão intrincado de *enumeratio* anafórica, revendo jovens e velhos, mulheres e crianças que passam diante de nossos olhos.

Depois que passou essa onda após onda de mulheres e crianças atormentadas, o autor concentra-se numa velha e em sua carga chocante, como fizera nos raros rostos bonitos da multidão de megeras, que constituíam a feia maioria em "Agrupamentos Bizarros". Mas esse assustador trecho do diário continua[34]:

Uma megera assustadora, bruxa rebarbativa e magra – a velha mais hedionda talvez destes sertões – a única que alevantava a cabeça espalhando sobre os espectadores, como faúlhas, olhares ameaçadores; e nervosa e agitante, ágil apesar da idade, tendo sobre as espáduas de todo despidas, emaranhados, os cabelos brancos e cheios de terra, – rompia, em andar sacudido, pelos grupos miserandos, atraindo a atenção geral. Tinha nos braços finos uma menina, neta, bisneta, tataraneta talvez. E essa criança horrorizava. A sua face esquerda fora arrancada, havia tempos, por um estilhaço de granada; de sorte que os ossos dos maxilares se destacavam alvíssimos, entre os bordos vermelhos da ferida já cicatrizada... A face direita sorria. E era apavorante aquele riso incompleto e dolorosíssimo aformoseando uma face e extinguindo-se repentinamente na outra, no vácuo de um gilvaz.

A visão pesadelar daquela "velha mais hedionda" e da criança desfigurada, de que vimos outro exemplo anteriormente, era para Euclides, justamente, "a criação mais monstruosa da campanha"[35]. A anonímia engendrada pelas involuções repetitivas das enumerações anteriores de mulheres e crianças, velhas e jovens, é aqui restringida unicamente à relação entre a criança e a velha, numa tríplice alternativa de gerações. A abrupta intrusão da velha na cena é postergada (a bem da *admiratio*) o mais possível sob uma imensa construção nominal de muitos qualificativos em posposição, começando com "assustadora" e estendendo-se até o verbo principal "rompia". A frase por pouco não cai sob seu próprio peso, e ainda assim a imagem perturbadora da bruxa é salva pela imediata atenção que seu aparecimento desperta.

33. *Obra Completa*, vol. II, p. 485.
34. *Idem*, p. 486.
35. *Idem, ibidem*.

A maior parte da narração de Euclides – a *histoire événementielle*[36] de "A Luta" e as quatro campanhas da guerra – cobre dois terços de *Os Sertões* e, portanto, é longa demais para ser analisada inteiramente num único capítulo. Como na parte denominada "O Homem", os campos de batalha são percorridos no passado histórico com uma única mudança para o presente, "mais vívido", no subitem "A Guerra das Caatingas", que constitui muito mais uma previsão do tipo de combate futuro do que um acontecimento histórico em si mesmo[37]. No momento, porém, em que o autor chega à história da fundamental quarta campanha, a narrativa é parcelada em segmentos de ação "com observações críticas" interpostas a fim de avaliar o sucesso ou o fracasso dos combates[38]. No conjunto, a narrativa alcança um clímax regularmente em cenas admiráveis ou retratos literários dos principais combatentes e de seus inimigos. Citaremos alguns deles nas páginas seguintes.

Os confrontos armados entre a comunidade de Canudos e as autoridades republicanas tiveram início em 1893, em Masseté, no sertão baiano, onde os conselheiristas destroçaram um destacamento de trinta homens da polícia que os perseguira até essa cidadezinha por ter seu líder pregado contra os impostos da República e ter queimado as notificações de impostos em outra pequena cidade, Bom Conselho. Um *casus belli* igualmente trivial, a falta da entrega de materiais de construção para a nova igreja de Canudos, deflagrou novo incidente – a primeira fase da "guerra" de Canudos – que ocorreu numa cidadezinha pouco importante, Uauá, na estrada leste para Canudos. Lá, um bando de combatentes vindos do novo assentamento, talvez uns quinhentos homens robustos, porém muito mal-armados, surpreenderam ao raiar do dia uma centena de soldados republicanos. Depois de uma escaramuça decisiva, na qual foram mortos 150 dos atacantes, ambos os lados se dispersaram e foram para casa carregando seus feridos[39].

A expedição seguinte, formada por 550 a 600 homens, sob o comando do enérgico major Febrônio de Brito, foi mais decidida, embora tenha tido dificuldades, por motivos políticos, para obter autorização do general Solon Ribeiro (sogro de Euclides), em Salvador, para marchar para Canudos. O general dera ordens de retirada ao major, mas, com base numa questão jurídica, suas ordens foram revogadas pelo governador do estado, Luís Viana (cf. cap. 6, p. 110 e n. 59)[40]. Contudo, no final

---

36. Cf. outra vez Braudel, *The Mediterranean*, já citado na n. 17.

37. *Obra Completa*, vol. II, pp. 251-255.

38. A partir de *Obra Completa*, vol. II, pp. 333-334, em diante.

39. Compare-se com *Obra Completa*, vol. II, pp. 247-249, o relato da batalha pelo comandante republicano em Aristides Milton, "A Campanha de Canudos", pp. 37-42.

40. O governador baiano foi muito criticado pelos editores de jornais e por colegas políticos por sua imprudente interferência em questões militares; ver Abelardo Montenegro, *Antônio Conselheiro*, Fortaleza, 1954, pp. 49 e ss.

do ano (1896), as forças do major Febrônio se tinham consolidado em Monte Santo e, por dezessete dias, foram festejadas pelos habitantes locais e espionadas pelos simpatizantes do Conselheiro. Então, deixando para trás os suprimentos "supérfluos" (como pensavam), avançaram para Canudos pelas caatingas, sem explorar de antemão o terreno e confiando apenas nos canhões para assustar o inimigo. Nos meados de janeiro, porém, enfrentando os jagunços em grande número, a segunda expedição descobriu que eram apenas pessoas também desejosas de morrer por sua fé[41]. Mas seja dito que essa mesma fé que demonstravam podia obrar milagres contra alguns deles que, sob a chefia de João Abade, vieram de Canudos para ajudar seus camaradas na luta[42]:

A meio caminho, porém, a sua coluna foi inopinadamente colhida pelas balas. Atirando contra os primeiros agressores no lugar do encontro, os soldados mal apontavam; de sorte que, na maior parte, os tiros, partindo em trajetórias altas, se lançavam segundo o alcance máximo das armas. Ora, todos estes projetis perdidos, passando sobre os combatentes, iam cair, adiante, no meio da gente de João Abade. Os jagunços, perplexos, viam os companheiros baqueando, como fulminados; percebiam o assovio tenuíssimo das balas e não lobrigavam o inimigo. […] E as balas desciam incessantes, aqui, ali, de soslaio, de frente, pelo centro da legião surpreendida, pontilhando-a de mortos – como uma chuva silenciosa de raios... Um assombro supersticioso sombreou logo nos rostos mais enérgicos. […] Precipitaram-se, desapoderadamente, para Canudos, onde chegaram originando alarma espantoso.

No entanto, felizmente para os conselheiristas, outro "milagre" em Canudos neutralizou essa mágica saraivada de balas, contra a qual as mulheres do povoado, cheias de terror, tinham antes rogado o conforto do conselho de Antônio Maciel. Ele, porém, junto com meia dúzia de seguidores dirigiu-se para os andaimes da nova igreja e lá preparou-se para o martírio próximo, quando, de repente, o arraial soube que a segunda expedição recuava – "milagrosamente". As forças republicanas estavam exaustas após dois dias de combate, muitas baixas e sem alimentos – um fracasso logístico que a partir de então iria atormentar o exército brasileiro. Depois dessa incursão malsucedida a autoconfiança do major Febrônio ficou em frangalhos[43].

Agora o regime republicano esperava que quaisquer falhas da segunda expedição fossem compensadas por uma terceira sob o comando do controvertido coronel Antônio Moreira César, um oficial conhecido por seu temperamento violento, por ter matado um jornalista que caluniara o exército e, sobretudo, por sua política insensí-

41. *Obra Completa*, vol. II, pp. 274-276.
42. *Idem*, pp. 276 e ss.
43. Ver o *comentário* 2 em Leopoldo Bernucci, *A Imitação dos Sentidos*, p. 198.

vel de mandar matar os prisioneiros civis em Santa Catarina, nos conflitos. Euclides considerava-o, amargamente, um fracasso da criação evolutiva, pois não era nem um herói nem um criminoso, mas uma mistura maligna de ambos (cf. cap. 9, p. 177). Não obstante, inadvertidamente, atenua as ações do coronel, atribuindo tanto as boas quanto as más aos ataques epilépticos que o haviam acometido pela primeira vez em Santa Catarina. Esse diagnóstico aparece no retrato, sob outros aspectos tradicional, que Euclides pinta do coronel[44]:

> Ora, entre eles, o coronel Moreira César era figura à parte.
>
> Surpreendiam-se igualmente ao vê-lo admiradores e adversários. O aspecto reduzia-lhe a fama. De figura diminuta – um tórax desfibrado sobre pernas arcadas em parêntese – era organicamente inapto para a carreira que abraçara.
>
> Faltava-lhe esse aprumo e compleição inteiriça que no soldado são a base física da coragem.
>
> Apertado na farda, que raro deixava, o dólmã feito para ombros de adolescente frágil agravava-lhe a postura.
>
> A fisionomia inexpressiva e mórbida completava-lhe o porte desgracioso e exíguo. Nada, absolutamente, traía a energia surpreendedora e temibilidade rara de que dera provas, naquele rosto de convalescente sem uma linha original e firme: – pálido, alongado pela calva em que se expandia a fronte bombeada, e mal alumiado por olhar mortiço, velado de tristeza permanente.

Essa é a descrição físico-médica de um inválido como foi diagnosticado pelo escritor, mas é também estilizada em alguns lugares de acordo com o esquema muito antigo, chamado "iconismo", que na literatura latina foi formalizado por Suetônio e, através da historiografia biográfica do final da Antiguidade e da hagiografia do começo do Cristianismo, chegou à Idade Média, de onde se espalhou para as línguas românicas. Os romances realistas franceses do século XIX são pródigos nessas descrições iconísticas como a de Euclides. O esquema foi definido como "uma sóbria descrição assindética da aparência pessoal designada ou como um meio de identificação legal ou um ornamento do estilo"[45]. Por "sóbria descrição assindética"

---

44. *Obra Completa*, vol. II, p. 284.

45. Ver o artigo de G. Misener, "Iconistic Portraits", em *Classical Philology,* 19, p. 97 e ss., April 1924, e a monografia de Hilde Vogt, *Die literarische Personenschilderung des fruhen Mittelalters* em *Beiträge zur Kulturgeschichte des Mittelalters und der Renaissance*, 53, Leipzig/Berlin, 1934. Cf. o iconismo na história biográfica de Ammianus Marcellinus, *Historiae*, ed. J. C. Rolfe, *e.g.*, a descrição de Juliano, XXV, 4, 22: "Mediocris erat staturae, capillis tamquam pexis et mollibus, hirsuta barba in acutum desinente vestitus, venustate oculorum micantium flagrans, qui mentis eius argutias indicabant" etc. [Era de estatura média, com os cabelos tão lisos como se tivessem sido penteados, uma barba hirsuta aparada em ponta, com um brilho de beleza nos olhos cintilantes que indicavam a agudeza de seu espírito]. Eis outro exemplo, do imperador Valente, não muito diferente de Moreira César, XXXI, 14, 7: "[...] nigri coloris, pupula oculi unius obstructa, sed ita non eminus appareret, figura bene compacta membrorum, staturae nec procerae nec hu-

quer-se dizer um desfiar telegráfico de frases, como, por exemplo, acima, "um tórax desfibrado sobre pernas arcadas em parêntese", ou "naquele rosto [...] pálido, alongado pela calva em que se expandia a fronte bombeada" etc. Gilberto Freyre, no conhecido artigo que já citamos muitas vezes, diz, erroneamente, que o autor-engenheiro foi incapaz de caracterizar os líderes urbanos do exército brasileiro e da elite política do país, tendo tido muito maior êxito no fazer os retratos das pessoas do sertão[46], mas podemos comprovar que na verdade seria exatamente o inverso dessa afirmação.

Esse comandante inválido, com suas desconfianças abruptas, seu desprezo ilimitado pelas forças conselheiristas que lutavam contra ele, e sua coragem irracional, foi cuidado por um ordenança singular, o cabo Arnaldo Roque, que, dizem, na derrocada da terceira expedição, permaneceu de joelhos ao lado do cadáver de seu comandante morto, defendendo-o dos jagunços que o cercavam – ou foi assim que os repórteres de jornal o imaginaram[47]. Todos nas capitais do Rio e de São Paulo acreditaram que o jovem tinha dado a vida, no final, por um homem morto, até que, "– vítima da desgraça de não ter morrido – trocando a imortalidade pela vida, apareceu com os últimos retardatários supérstites, em Queimadas"[48]. O infeliz cabo veio a falecer somente em 1900, no Rio, sem nenhum heroísmo, vítima da peste bubônica[49].

O quadro da derrota tal como se deu no campo de batalha, com feridos, moribundos abandonados sendo mortos pelas facas dos jagunços[50], foi registrado autenticamente por um sargento de artilharia, Marcos Evangelista da Costa Villela Jr., um dos poucos heróis verdadeiros no pequeno bando em torno do capitão de artilharia José Agostinho Salomão da Rocha, com quem lutaram até o último homem, defendendo os soldados feridos e cansados da expedição. O sargento tentou colocar o capitão ferido no lombo de uma mula, mas ele se recusou dizendo: "Sou um homem morto, mas onde a bateria ficar, aí ficará também seu capitão"[51]. O próprio Villela não escapou sem lesões, pois, ao perder suas alpercatas e tendo de cruzar um trecho de terreno queimado, teve as solas dos pés esfoladas gravemente e, ainda assim, foi forçado a continuar correndo para distanciar-se do inimigo que

milis, incurvis cruribus exstanteque mediocriter ventre" [Ele tinha a compleição de negro, a pupila de um olho era obstruída [por uma catarata?], mas não de modo a aparecer à distância, uma figura bem compacta de membros, não era alto nem baixo, tinha as pernas arcadas e o ventre um pouco protuberante].

46. Em *Perfil de Euclydes*, p. 34.

47. Ver *Os Sertões, Obra Completa*, vol. II, pp. 329-330, e Aristides Milton, "A Campanha de Canudos", pp. 91-92.

48. *Obra Completa*, vol. II, p. 330.

49. A. Milton, "A Campanha...", p. 92.

50. Como diz o general Tristão de Alencar Araripe, *Expedições Militares contra Canudos*, Rio de Janeiro, 1985, pp. 70-71. Um fato pavoroso que não foi observado por R. Levine, em *Vale of Tears*.

51. Marcos E. da Costa Villela Júnior, *Canudos: Memórias de um Combatente*, Brasília, 1988, pp. 27-28.

lhe vinha no encalço, até chegar a um lugar seguro onde pôde parar e envolver os pés em ataduras; daí por diante caminhou com mais facilidade, agora calçado em fibra de caroá.

Acima e além desses casos de valor falso e verdadeiro, a estratégia global de Moreira César foi, em grande parte, uma projeção de sua personalidade doentia, que agia com base na crença fatal para ele de que os jagunços não tinham em si mesmos um sentido intrínseco de defesa. "Ficou dominando todas as decisões um plano único, um plano de delegado policial enérgico: lançar a marche-marche mil e tantas baionetas dentro de Canudos"[52]. Sua má fama de ser o "corta-cabeças" tinha-o precedido no sertão, mudando momentaneamente a construção pelos sertanejos de fortificações na forma de trincheiras estratégicas; todavia, nesse momento, o autocrático coronel debilitava suas tropas em marchas forçadas na direção de Canudos por treze dias (nos últimos dois dias, sem comida e sem água). A certa altura, um rifle carregado para matar passarinhos foi apanhado e entregue ao coronel, que o descarregou para o ar, observando com desdém: "Esta gente está desarmada".

Quando, afinal, o exército aproximou-se do arraial, um estranho paradoxo revelou-se aos atacantes, ou seja, sua própria falta de defesa mostrou-se-lhes mortal. "Era fácil atacá-lo, batê-lo, dominá-lo, varejá-lo, aluí-lo", diz Euclides numa fieira de epíforas; "era dificílimo deixá-lo... [...] era temeroso porque não resistia"[53]. Por isso, Euclides chamou Canudos a "cidadela-mundéu".

Consequentemente, o exército, quando entrou nessa "Troia de taipa", fragmentou-se em pequenas unidades de combate, as quais, abandonando toda e qualquer disciplina, perderam-se em suas vielas labirínticas e tornaram-se, assim, presa fácil da resistência dos jagunços na luta corpo a corpo. Com as tropas espalhadas por todo o povoado, os canhões não puderam atirar, e uma carga de cavalaria sobre o terreno disputado nem mesmo conseguia cruzar o rio Vaza-Barris. Foi então que o comandante desceu a cavalo a encosta onde estivera observando com as palavras: "Eu vou dar brio àquela gente [seus soldados]" e imediatamente foi atingido por uma bala no estômago[54]. Diante disso, todo o ataque contra o arraial começou a desembaraçar-se, e com a chegada da noite o exército recuou de forma dispersa da cena de luta. Em seguida, o segundo em comando, o simpático coronel Pedro Nunes Tamarindo, um oficial mais idoso, tentou tomar as rédeas da terceira expedição, com um provérbio melancólico nos lábios:

52. *Obra Completa*, vol. II, p. 289.

53. *Idem*, p. 310.

54. Compare-se com *Obra Completa*, vol. II, p. 314, a morte de Moreira César, como foi contada por Manuel Ciríaco a Odorico Tavares, em *Bahia*, 1. ed., pp. 268-271. Ao que parece, ninguém tem certeza se a bala que o matou era de amigo ou de inimigo.

É tempo de murici,
Cada um cuide de si…[55]

Recobrando o ânimo, ele cavalgou empós das tropas que fugiam para detê-las, mas sem consegui-lo, e quando galopava a gritar ordens de comando, uma bala fatalmente o atingiu. Suas palavras ao morrer: "Procure o Cunha Matos…" (o terceiro em comando que tinha melhores relações com Moreira César) marcam o ponto alto (ou baixo) dessa campanha, embora o major Cunha Matos também estivesse ferido nas nádegas enquanto fugia da refrega e não pôde ser encontrado em nenhum lugar[56].

No tropel que se seguiu da terceira expedição, somente aqueles que podiam andar ou correr escaparam com vida; os feridos abandonados ao lado da estrada ou morriam quietamente de seus ferimentos ou eram esfaqueados até à morte pelos jagunços enlouquecidos. Não contentes em apenas matar os feridos, os matadores cortaram as cabeças dos mortos e enfileiraram-nas de um lado do caminho; depois penduraram o corpo do coronel Tamarindo num angico e retiraram-se para Canudos. Quando a quarta expedição (que Euclides acompanhava) chegou ao local dessa hecatombe, havia apenas as caveiras na beira da estrada e um esqueleto no angico, que balançava com o vento como se ainda houvesse vida no velho coronel. Desse modo é que as tribos germânicas de Armínio tinham pregado nas árvores da floresta os crânios das legiões vencidas de Varo[57]. No fim da guerra, os conselheiristas tiveram de pagar caro por essa charada desumana.

Previsivelmente, houve tumultos nas ruas de Salvador e do Rio com a derrota da coluna de Moreira César. Diziam que Salvador era "o reduto dos monarquistas", e no Rio as redações dos jornais monarquistas foram invadidas e seus papéis, queimados publicamente. Na verdade, o circunspecto presidente da nação, Prudente de Morais, foi forçado a organizar rapidamente uma quarta expedição para vingar a derrota da terceira. Uma estrofe satírica da época colocou-lhe a questão em poucas palavras numa forma etimológica:

O atual presidente
É Prudente de Morais…

---

55. *Obra Completa,* vol. II, p. 316. Ver o estudo dessa locução em Luís da Câmara Cascudo, *Folclore do Brasil (Pesquisas e Notas),* pp. 190-193.

56. As partes de Cunha Matos sobre o desastre serão encontradas, entre todos os lugares, nas longas notas de Manoel Benício a seu romance, *O Rei dos Jagunços* (legível apenas na edição reimpressa de 1997), pp. 124-131; também no livro do general Alencar Araripe, *Expedições Militares contra Canudos,* pp. 63-75; e, finalmente, na monografia de A. Milton, "A Campanha de Canudos", pp. 78-83. Euclides critica essas partes (*Obra Completa,* vol. II, pp. 328-329) por serem errôneas quanto aos lugares e geralmente exagerarem no número de baixas.

57. "Simul truncis arborum antefixa ora" ("ao mesmo tempo seus crânios, lit., cabeças, foram afixados aos troncos das árvores"), Tacitus, *Annals,* ed. H. Furneaux, I, 61, 4.

Uma pergunta prudente:

Demorais?[58]

Ondas de alistamento e a mobilização de todas as forças armadas do país elevaram o contingente total da expedição seguinte a cerca de cinco mil homens, na estimativa de Euclides[59], que foram enviados em lotes a Queimadas para treinamento de campo. Quando, após três meses, essas forças iniciaram a campanha, foram divididas em duas colunas sob o comando dos generais João Barbosa e Cláudio Savaget: a coluna de Barbosa devia marchar para Canudos por Rosário e a de Savaget tomaria uma rota mais longa, de Aracaju (Sergipe) até Geremoabo, um pouco a leste de Canudos. Como Euclides observa[60], dever-se-ia ter pensado numa terceira coluna, que marchasse de Juazeiro no oeste, para bloquear inteiramente o povoado inimigo, pois até o final da guerra seus habitantes tiveram liberdade de ir e vir nessa direção. O que é mais importante, pela quarta vez os soldados das colunas receberam suprimentos de alimento e de munição inadequados – até que, no final, o ministro da Guerra interveio pessoalmente e estabeleceu uma linha regular de suprimentos a partir de Monte Santo.

Não acompanharemos as escaramuças diárias das duas colunas; antes, vamo-nos concentrar nas suas duas principais ações, as de 28 de junho e de 18 de julho de 1897, as quais Euclides chamou "vitórias desastrosas"[61]. Ruim como era a hostilidade dos jagunços, foi ainda pior a inaptidão do comando geral em apreender as reais condições da luta. Os soldados usavam uniformes de cores brilhantes e mais apropriados para um desfile de modas do que para uma guerra nos sertões, e nas táticas de seus comandantes "persistia a obsessão de uma campanha clássica. Mostram-na as instruções entregues, dias antes, aos comandantes de corpos. Resumos de uns velhos preceitos que cada um de nós, leigos no ofício, podemos encontrar nas páginas de Vial, o que em tal documento se depara – é a teimosia de imaginar, impactas, dentro de traçados gráficos, as guerrilhas solertes dos jagunços"[62]. Somente o Quinto Corpo de Polícia baiano, formado por recrutas das margens do rio São Francisco, um grupo jovial e

---

58. "Wolsey", pseudônimo de César Zama, um médico salvadorenho, escreveu o poema de onde foi tirada a estrofe; ver seu *Libello Republicano*, Salvador, 1899, reimpresso pelo Centro de Estudos Baianos, 1989, p. 16.

59. R. Levine calcula, em *Vale of Tears*, p. 181, "mais de oito mil homens", dos quais seis mil estiveram no campo. Em *Canudos: Subsídios para a sua Reavaliação Histórica*, p. 46, Sampaio Neto e seus co-autores estabelecem o total geral em mais de dez mil soldados, mas reduzem esse número (p. 54) para 6 270 combatentes que lutaram em Canudos. Esses números de mais de seis mil não estão tão longe dos informados por Euclides.

60. *Obra Completa*, vol. II, p. 334.

61. *Idem*, p. 393.

62. *Obra Completa*, vol. II, pp. 336-337. Jean Antoine Vial, um tático francês do final do século XVIII e autor de manual de estratégia usado nas escolas militares brasileiras do século XIX. Sobre ele, ver a nota biográfica de Bernucci em sua edição de *Os Sertões*, p. 855.

ousado, escapou dessa crítica, já que era, na realidade, "um batalhão de jagunços"[63] que podia lutar do mesmo modo que o inimigo.

As duas colunas de Barbosa e Savaget uniram suas forças, em 27 de junho, no morro da Favela, mas não sem algumas perdas durante a luta para tomar essa posição soberana acima do arraial de Canudos: de 27 para 28 de junho a coluna de Barbosa perdeu quase seiscentos homens e a de Savaget, 327, o que significava uma baixa de quase mil homens de suas forças conjuntas[64]. No dia 28, os canhões Krupp dos invasores e o monstruoso Whitworth 32 foram puxados até o povoado e atiraram suas salvas, e os alvos responderam com rajadas de tiros de rifle. Como o canhão Whitworth parecia não estar acertando com precisão seu alvo, a igreja nova, defendida por exímios atiradores, um médico enfurecido tentou recarregá-lo para atirar, mas conseguiu tão-somente explodir um barril de pólvora que estava perto, matando a si mesmo e alguns outros. Assim, a batalha de Canudos tornou-se complicada, com ataques e contra-ataques "feito o fluxo e o refluxo de uma onda, batendo, monótona, os flancos da montanha"[65]. Enquanto isso, as rações de alimento estavam rareando, e não estava prevista a chegada de nenhum comboio de suprimentos. O general Artur Oscar não pôde pensar em outra coisa senão em "permanecer ali", pois "só tem uma tática – a da imobilidade", e despender encorajamentos joviais para fazer refletir o seu estado de espírito ("Não lhe afrouxara o garrão")[66].

Salvo por um ataque absurdo desfechado pelos filhos de Macambira contra o canhão Whitworth em pleno meio-dia, não houve nenhum outro fato a não ser as constantes saraivadas de balas que assobiavam por cima das cabeças dos soldados. No começo de julho, um pequeno grupo desses decidiram arriscar suas vidas no deserto, como se a morte pelas balas dos jagunços fosse realmente preferível a esse duradouro cerco ao arraial a partir dos altos da Favela. No entanto, a espera interminável e as dores da fome finalmente estavam à vista, quando se soube da chegada próxima, para meados de julho, de um comboio de suprimentos. A ordem do dia sobre a batalha foi: "uma página tarjada de horror, mas perfumada de glória"[67], mas para Euclides fora apenas o inverso de uma vitória.

Temendo que as tropas logo consumissem os suprimentos sem empreender qualquer ação, decidiu-se imediatamente pela realização de um grande assalto, em 16 de

---

63. *Obra Completa*, vol. II, p. 341. O bom humor desse destacamento não revela o "cruel" tratamento dos recrutas que Levine atribui a seu comandante, Salvador Pires; cf. *Vale of Tears*, p. 182.

64. Como diz Euclides, *Obra Completa*, vol. II, pp. 351, 366, 369. O comandante-em-chefe, Artur Oscar, admitiu que as baixas conjuntas do exército de 27 para 28 de junho chegaram a cerca de 700 homens (como está em *Canudos: Subsídios*, p. 540). Pelos números de Euclides houve 75 baixas na coluna de Barbosa no dia 27 e 524 no dia 28; 327 homens da coluna de Savaget foram mortos ou feridos na marcha para o monte da Favela, mas Euclides não conta nenhuma baixa nessa coluna na batalha para Canudos. Portanto, a contagem de suas baixas e a de Oscar estão incompletas.

65. *Obra Completa*, vol. II, p. 373.

66. *Idem*, p. 379.

67. *Obra Completa*, vol. II, p. 368.

julho, à praça das duas igrejas de onde partiam os tiros do inimigo. Na opinião de nosso crítico repórter, o ataque deveria ser feito num movimento envolvente a partir dos altos de Geremoabo e Uauá, dividindo as tropas para essa manobra; mas as ideias estratégicas do comando-geral fixavam-se num assalto em massa, unificado, à praça por seu lado direito, onde esperava-se que as tropas não fossem perturbadas pelo inimigo. Consequentemente, saindo de sua anterior imobilidade de ação, o comandante-em-chefe mudou para a idéia fixa de um ataque de baioneta.

Tão logo o plano de batalha foi posto em ação no dia 18, as tropas dispostas em ordem de combate rapidamente se misturaram em confusão (*"entrelisavam-se"*[68]), correndo uma na direção da outra na encosta, e a chegada das forças de reserva apenas aumentou esse caos. Nessa horda de 3 349 soldados, os jagunços despejaram seu fogo dirigido de todos os cantos do campo de batalha, até mesmo de uma árvore solitária que escondia um atirador. Diante dessa fuzilaria, as forças do exército tiveram de estacar perto das duas igrejas: não podiam avançar, e não podiam recuar, encurralados que estavam numa enrascada tática. Foi a segunda "vitória desastrosa". O exército perdera cerca de mil homens nessas refregas, entre eles vários oficiais importantes, inclusive o subtenente de cavalaria Wanderley com quem começou a história da "guerra". Mas, agora, o exército estava às portas de Canudos, trocando tiros com o inimigo.

Foi nesse momento de paralisação da luta que Euclides chegou junto com a comitiva do ministro da Guerra, na segunda semana de setembro, quase três meses depois. Na estrada de Monte Santo para o povoado, pela trilha do Rosário, desfiava a partir de Canudos uma procissão de feridos a pé, uma procissão que de vez em quando estacava, toda vez que um ferido morria ou se perdia; mas logo reiniciava quando a guerra mandava mais feridos de volta a Monte Santo, e para mais longe, para Salvador, se resistissem tanto. A comitiva do ministro encontrou, esporadicamente, esses infelizes remanescentes da guerra não só na estrada para Monte Santo, mas também de volta a Salvador, deitados em hospitais improvisados.

Como tudo na continuação do conflito, o marechal Carlos Machado de Bittencourt mostrava grande preocupação com os ferimentos externos dos soldados, sem se afligir com suas misérias e sofrimentos psicológicos. É que ele, profissionalmente, era um perfeito burocrata, não obstante seu alto posto, "como se este mundo todo fosse uma imensa Casa da Ordem, e a História uma variante da escrituração dos sargentos"[69]. Euclides traça um retrato cuidadoso desse homem tímido, emocionalmente inibido, cuja única grande contribuição para o esforço de guerra foi estabelecer

---

68. *Idem*, p. 389.
69. *Obra Completa*, vol. II, p. 419.

em Monte Santo um serviço contínuo de comboios de mulas para Canudos a fim de prover o exército de suprimentos e munição.

Vinha de molde para todas as dificuldades do momento.

Era um homem frio, eivado de um ceticismo tranquilo e inofensivo. Na sua simplicidade perfeitamente plebeia se amorteciam todas as expansões generosas. Militar às direitas, seria capaz – e demonstrou-o mais tarde ultimando tragicamente a vida – de se abalançar aos maiores riscos. Mas friamente, equilibradamente, encarrilhado nas linhas inextensíveis do dever. Não era um bravo e não era um pusilânime[70].

Também essa descrição é em parte "iconística" – observem-se as frases telegráficas sem verbo – porém é muito mais um resumo das qualidades éticas interiores de Bittencourt do que um retrato de sua pessoa física.

Vemo-lo em ação, pela primeira vez, num improvisado hospital em Salvador após sua chegada à Bahia. Aqui, enquanto ia de cama em cama lendo a papeleta dos pacientes, foi reconhecido com alegria por um velho soldado que, muito tempo antes (na guerra do Paraguai), servira-lhe de ordenança, pau para toda obra. Irradiante, exibindo uma velha cicatriz na clavícula, de algum ferimento antigo, ele relembrou aqueles dias passados, com uma voz agitada, os olhos brilhantes de febre. Foi uma cena emocionante de reconhecimento para a comitiva do marechal, mas Bittencourt não lhe deu atenção e prosseguiu para ler a papeleta seguinte. "É que tudo aquilo – fortes emoções ou quadros lancinantes – estava fora do programa. Não o distraía"[71].

Esse alto oficial pouco sentimental, para quem as emoções fortes eram um embaraço, era o homem certo para resolver o problema logístico do exército. Heroísmo e autossacrifício de nada tinham servido até agora a não ser para encher os hospitais com feridos graves (se conseguiam chegar até Salvador); agora era a vez do pouco heroico, pouco sentimental Bittencourt dar um fim perfunctório a essa guerra de guerrilha resolvendo com tropas de mulas a escassez de suprimentos do exército. "O marechal Bittencourt fez, pelo menos, isto: transmudou um conflito enorme em campanha regular", isto é, uma campanha regida pelas regras[72].

Com ele veio para a luta a valente Brigada São Paulo, junto com uma enigmática força auxiliar, de cerca de mil homens robustos, a chamada Brigada Girard, cujos oficiais foram continuamente acometidos de "doença", que talvez nada mais fosse que

---

70. *Idem*, p. 418. A alusão à sua morte é uma referência a seu assassinato quando tentou proteger o presidente Prudente de Morais de ser morto por um soldado descontente (cf. cap. 8, p. 148).

71. *Idem*, p. 420.

72. *Idem*, p. 421.

medo. Os veteranos da guerra apelidaram-na de "a Mimosa"[73], porém mais tarde os suspeitos soldados desse grupo provaram sua capacidade sob fogo[74].

As últimas fases da quarta campanha foram dedicadas a cercar o arraial de Canudos com um cordão de soldados e depois apertar esse círculo cada vez mais com manobras estrangulatórias que sufocassem a resistência dentro dele e capturassem mais e mais prisioneiros. A presença do autor torna-se agora sentida com mais insistência tanto em seu estilo narrativo quanto em suas denúncias verbais do tratamento dado aos prisioneiros pelos militares. Robert Levine, em sua "revisita" a Canudos, colheu nos arquivos históricos da guerra uma série de novas atrocidades perpetradas pelo exército[75], mas, evidentemente, foi Euclides quem primeiro imprimiu sobre a consciência do público brasileiro os horrores do final dessa "guerra". Em suma, a irreprimível pergunta sobre o destino dos prisioneiros era inevitável[76]: "E de que modo comentaríamos, com a só fragilidade da palavra humana, o fato singular de não aparecerem mais, desde a manhã de 3 [de outubro], os prisioneiros válidos colhidos na véspera, e entre eles aquele Antônio Beatinho, que se nos entregara, confiante [...]?"

O "fato singular" era que eram assassinados com aço frio, tinham suas gargantas cortadas na "gravata vermelha", como era conhecida eufemisticamente essa prática. Os poucos prisioneiros masculinos que se viram na fila de trás de uma fotografia da época, com inúmeras mulheres sentadas no chão, se sobreviveram à prisão, foram notável exceção à regra tácita: "Não deixem vivos os prisioneiros homens"[77]. Todavia, de modo geral, devemos aceitar a inferência de Euclides de que dificilmente alguns sertanejos sobreviveram à guerra, tendo sido mortos no campo de batalha ou assassinados como prisioneiros, e alguns, reconhecidamente, fugindo do povoado antes do término da guerra[78]. O próprio Conselheiro morreu, em 22 de setembro, de disenteria, escapando assim aos horrores de fim de guerra.

---

73. *Obra Completa*, vol. II, p. 416.

74. Ver *Idem*, pp. 422 e ss., 437, 440-441.

75. *Vale of Tears*, pp. 181-184.

76. *Obra Completa*, vol. II, p. 488.

77. A fotografia vem reproduzida em Bernucci (org.), *Os Sertões*, oposta à p. 772; cf. Levine, pp. 183-184. Ver adiante p. 205.

78. Não existe um consenso, entre as testemunhas, sobre o tratamento concedido aos prisioneiros pelo exército. Manuel Figueiredo, correspondente de *A Notícia* do Rio, escreveu: "Os jagunços [...] estão-se entregando ao alvedrio de nosso chefe, o general Artur Oscar, que os trata com todos os privilégios de prisioneiros de guerra", como diz Walnice Galvão, *No Calor da Hora*, p. 410. Do mesmo modo, o tenente Henrique D. E. de Macedo Soares, em *A Guerra de Canudos,* Rio de Janeiro, 1959, p. 334: "[Os prisioneiros] são tratados com generosidade e com toda a humanidade, sendo os feridos acudidos". No entanto, o corajoso colunista Manuel Benício afirma, de forma oblíqua, em seu romance histórico *O Rei dos Jagunços*, no final da guerra: "No fim não se via ninguém no povoado exceto os soldados. Os jagunços tinham desaparecido" (p. 215 da reimpressão) – presumivelmente todos mortos. (Sílvia M. Azevedo, em "Manuel Benício: Um Correspondente da Guerra de Canudos", *Revista USP*, 54: 90-91, junho-agosto de 2002, não

Euclides ofereceu-nos um retrato bastante goyesco de um prisioneiro negro e de seu nobre comportamento quando foi levado à forca: "Chegou em cambaleios. O passo claudicante e infirme, a cabeça lanzuda, a cara exígua, um nariz chato sobre lábios grossos, entreabertos pelos dentes oblíquos e saltados, os olhos pequeninos, luzindo vivamente dentro das órbitas profundas, os longos braços desnudos, oscilando – davam-lhe a aparência rebarbativa de um orango valetudinário"[79].

Outra vez temos a figura completa do iconismo, que com curtas frases telegráficas descreve o corpo do prisioneiro negro, mas apresenta-o na forma estereotípica de um animal – o orangotango – quando é visto por seus captores. Um cabo-de-esquadra, que estava próximo, foi designado para matá-lo por enforcamento, mas era baixo demais para colocar o baraço em volta do pescoço do prisioneiro; "[e]ste, porém, auxiliou-o tranquilamente; desdeu o nó embaralhado; enfiou-o pelas próprias mãos, jugulando--se..." Os espectadores viram, então, uma grande mudança cair sobre o pobre colega, uma transformação escultural: "Retificara-se de súbito a envergadura abatida do negro, aprumando-se, vertical e rígida, numa bela atitude singularmente altiva. A cabeça firmou-se-lhe sobre os ombros, que se retraíram dilatando o peito, alçado num ges-to desafiador de sobranceria fidalga, e o olhar, num lampejo varonil, iluminou-lhe a fronte"[80]. Assim ele caminhou para a morte nos vales de sombra da caatinga.

Gilberto Freyre queixou-se de que a predileção do autor por formas esculturais deixou sua pena correr livremente na descrição dessa figura[81], pois essa tendência con-duz ao monumentalismo e à oratória. Mas, se tivermos em mente que a contrapartida mais verdadeira ao retrato degradado do preto como um animal é, evidentemente, o perfil enobrecido do homem em suas linhas esculturais, então não iremos achar essa estilização tão irracional, formalizada como é pela figura do iconismo. De qualquer modo, Euclides rapidamente nos traz de volta à terra ao acrescentar: "E estas coisas não impressionavam..." aos espectadores da cena, entre eles um tenente e um estudante de medicina, que lhe devem ter contado essa execução, que ele próprio não testemunhou.

O estilo artístico de *Os Sertões*, certamente, descamba cada vez mais para a oratória à medida que o livro se aproxima do final. Isso significa, com já disse antes, que es-tamos diante de um estilo narrativo altamente figurativo – isto é, a *Kunstprosa* – que monumentaliza mais ou menos todos os atores principais da tragédia bélica de Canu-dos. Não só eram eles monumentalizados, como também as cenas de batalha viravam

---

é totalmente justa quando diz que Benício nunca "considerou um ato criminoso" a degola.) No conjunto, não seria totalmente sensato afirmar que não houve quaisquer atrocidades, visto que a natureza da guerra de guerrilha tende a encorajá-las.

79. *Obra Completa*, parte II, p. 460.

80. *Idem, ibidem*.

81. Ver seu *Perfil de Euclydes,* pp. 28 e ss.

Prisioneiras de Canudos

teatro, no qual a plateia eram os oficiais militares vigiando de binóculos o arraial sitiado, e aprovando, aplaudindo, gritando bravos ou assobiando, como se estivessem num verdadeiro teatro. "A cena [de batalha] – real, concreta, iniludível – aparecia-lhes aos olhos como se fora uma ficção estupenda [representada] naquele palco revolto..."[82]. Essa curiosa reação à batalha pode ser equiparada, na historiografia antiga, à narrativa de Tucídides da malfadada expedição de Siracusa, numa passagem onde o historiador diz que os espectadores gregos "balançavam tremulamente seus corpos em harmonia com seus pensamentos" diante do espetáculo (*théa*) da guerra[83].

Nos "Últimos Dias" do conflito de Canudos, as balas provindas do povoado pareciam, extraordinariamente, voar em número cada vez maior e mais sonantes, em trechos brilhantes de prosa como o seguinte:

Projetis de toda a espécie, sibilos finos de Mannlicher e Mauser, zumbidos cheios e sonoros de Comblain, rechinos duros de trabucos, [...] transvoando a todos os pontos: sobre o âmbito das linhas; sobre as tendas próximas aos quartéis-generais; sobre todos os morros até ao colo abrigado da Favela, onde sesteavam cargueiros e feridos; sobre todas as trilhas; sobre a álveo longo e tortuoso do rio e sobre as depressões mais escondidas; resvalando com estrondo pela tolda de couro da alpendrada do hospital de sangue e despertando os enfermos retransidos de espanto; despedaçando vidros na farmácia militar, anexa; varando, sem que se explicasse tal abatimento de trajetória, as choupanas de folhagens, a um palmo das redes, de onde pulavam, surpreendidos, combatentes exaustos; percutindo, como pedradas rijas, as paredes espessas dos casebres da comissão de engenharia e quartel-general da Iª Coluna [de Barbosa]; zimbrando, em sibilos de vergastas, o pano das barracas, e fora das barracas, dos casebres, dos toldos, das tendas, estralando, ricochetando, ressaltando, desparzindo nos flancos das colinas...[84].

A frase acima, uma construção nominal elefantina unida por artifícios retóricos, é talvez a frase mais longa e mais intricada que Euclides já escreveu. Sua estilização começa com a anáfora *sobre*, depois em desvios no meio para homoptotos[85] – "com inflexões iguais" – de terminações de particípio presente *-ando* e *-indo*, mas na última subordinada, "e fora das barracas...", volta outra vez para anáfora, dos artigos definidos *dos/das*, e termina com mais quatro homoptotos de *-ando* e *-indo*. Assim, a última subordinada recapitula, estilisticamente, a ordem dos elementos iniciais e finais da palavra na frase toda. A frase, apesar de toda a sua estrutura retórica aparente, não tem

---

82. *Obra Completa*, vol. II, pp. 451-452.

83. *Historiae*, VII, ed. K. J. Dover, London, 1965, 71, 3. Essa comparação não afirma que Euclides lera Tucídides antes da terceira edição de seu livro.

84. *Obra Completa*, vol. II, p. 457.

85. Sobre essa figura, ver de novo Lausberg, *Handbuch der literarischen Rhetorik* I, lemmata 729-731.

verbo principal e é em si mesma um fragmento de frase. Essas figuras, como as citadas antes em "A Luta", fazem parte do estilo narrativo solene de *Os Sertões* mais para o fim do livro, onde ocasionalmente a gramática é sacrificada em favor do estilo.

As exposições que continuam interpondo-se dentro da narrativa para criticar as ações militares das forças do governo tornam-se cada vez mais indignadas nos "Últimos Dias" de Canudos, quando o autor denuncia as atrocidades cometidas pelo exército. "Preso o jagunço válido e capaz de aguentar o peso da espingarda, não havia malbaratar-se um segundo em consulta inútil. Degolava-se; estripava-se"[86]. Essa brutalidade era secundada por várias considerações: primeiro, que a História (com H maiúsculo), profundamente interessada "nas gloriosas chacinas das batalhas clássicas e na selvatiqueza épica das grandes invasões", nada teria a ver com "aquele matadouro" de Canudos; segundo, os sertões eram, proverbialmente, o homizio de criminosos, que a lei civil não conseguia alcançar; terceiro, as autoridades militares em Monte Santo (sobretudo, Bittencourt) não intervieram em favor dos prisioneiros, embora soubessem muito bem o que acontecia diariamente nos buracos escondidos da caatinga, que eram os locais de execução dos soldados; e, quarto, "Canudos tinha muito apropriadamente, em roda, uma cercadura de montanhas. Era um parêntese; era um hiato. Era um vácuo. Não existia. Transposto aquele cordão de serras, ninguém mais pecava"[87]. Lá reunia-se uma misturada de raças, de negros, portugueses e índios, unificados no mais baixo plano psicológico "dos instintos inferiores e maus". Em oposição a eles, os agentes brancos da República eram motivados facilmente a assassinar em nome das lembranças horrendas dos vencidos da terceira expedição e das fantasias sobre os sofrimentos e mortes de seus colegas. "O grito de protesto" de Euclides contra esses motivos para assassinar prisioneiros homens (e mesmo de uma comentada prisioneira mulher) ficou na página, "sombria, porque reflete uma nódoa"[88].

Neste longo capítulo analisei, seletivamente, os episódios narrativos e as personagens de *Os Sertões* e ressaltei as técnicas narrativas de que se serviu Euclides para relatar o curso da guerra. Também apliquei, de maneira comedida, o esquema temporal de Fernand Braudel à narração do livro em dois lugares, pois, como argumentei em outro texto[89], foi tanto quanto os geógrafos franceses um precursor de Braudel em sua tríplice escala temporal: pré-história terrestre, história social do Nordeste e história

---

86. *Obra Completa*, vol. II, p. 459.

87. *Idem*, p. 462. Cf. p. 154, onde é citada a frase latina de Gaspar Barleus, "ultra aequinoctialem non peccavi", extraída de *Rerum per octennium in Brasilia*, Cleves, 1660, p. 80. Pierre Bayle, em seu *Dictionnaire historique et critique*, Paris, 1820, vol. III, pp. 125-129, esboçou uma biografia de Barleus.

88. *Obra Completa*, vol. II, p. 463.

89. Em meu artigo "Historical Source and Biographical Context", *op. cit.*, pp. 682-683.

ocular dos acontecimentos, correspondentes à história "quase imóvel", a história lenta dos grupos móveis e a viva "*histoire événementielle*" de Braudel.

Embora, antes de seu livro, a principal figura de linguagem de Euclides fosse o jornalístico "final-surpresa" das frases, na escrita dessa obra ele revelou uma riqueza de outros artifícios que, classicamente, pertenciam à chamada "arte-prosa" do final da Antiguidade. Como sempre, essa pirotécnica de efeitos retóricos, que procediam de um autor que tinha pouco contato (por causa dos modestos dons linguísticos) com as línguas clássicas e os escritores clássicos tardios, como Tácito e Amiano Marcelino, nos pega desprevenidos, e podemos explicá-los apenas fracamente, recorrendo à longevidade das tradições literárias e historiográficas das belas-letras no Ocidente. Sabemos apenas que, com a terceira edição do livro, ele lera a tradução portuguesa da história da guerra do Peloponeso de Tucídides, mas isso dificilmente explica a destreza com que Euclides manuseou a retórica clássica. De qualquer modo, podemos estar certos de que a atmosfera literária do Brasil urbano do final do século estava bastante carregada de figuras de linguagem e expressões do final da Antiguidade; compare-se, um único exemplo entre muitos, nas histórias de Amiano o termo *megaera*[90] para designar uma mulher sedenta de sangue com o epíteto "megera" do português do final do século XIX, para denominar uma velha pouco atraente, comum em *Os Sertões*, mas encontrado também no romance de Lima Barreto, *Recordações do Escrivão Isaías Caminha*[91]. Os literatos do Rio de Janeiro e de Salvador, estimulados pela *Histoire des origines du Christianisme* (vol. 7), de Renan, afirmavam, como Euclides fez em Salvador, que estavam experimentando o fim do Império num duplo sentido, antigo e moderno (1889). Se Verlaine cantou "Je suis l'Empire au fin de la Décadence", Euclides não hesitou em descrever-se em Salvador, antes de embarcar para Canudos, "como um grego antigo nas ruas de Bizâncio"[92].

90. *Historiae*, XIV, 1, 2.
91. Ed. Francisco de Assis Barbosa, São Paulo, 1976, p. 180.
92. *Obra Completa*, vol. 11, *Canudos*, p. 518. Sobre o "helenismo" de Euclides, ver Brito Broca, *A Vida Literária no Brasil – 1900*, cap. 10, especialmente p. 103.

II

Marcando Passo

Várias histórias referentes à primeira impressão e publicação de *Os Sertões* merecem ser lembradas pelo que nos dizem sobre as expectativas de Euclides com relação a seus leitores, seus críticos e seu editor. Em meados de 1901, quando ainda vivia em São Carlos do Pinhal, na região central do estado paulista, Euclides entrou pelos escritórios do jornal *O Estado de S. Paulo* sobraçando um grande pacote de manuscritos, copiados numa letra legível por um contador de Cafelândia (perto de São José do Rio Pardo)[1]. Entregou-os aos editores do periódico na esperança de que os transformassem num livro, conforme lhe prometera Júlio de Mesquita (cf. cap. 6, p. 112), quando este o convidou a fazer a cobertura da guerra de Canudos para o jornal. Passados seis meses desse fato, sem que ouvisse do editor-chefe uma única palavra, Euclides voltou aos escritórios do *Estado* e viu que seu pacote se encontrava no mesmo lugar onde deixara. Não fora nem aberto e ali estava a acumular poeira. Euclides nada disse e voltou com o pacote a Lorena, para onde se tinha mudado em 2 de dezembro de 1901, transferido pela Superintendência de Obras Públicas. Felizmente, um de seus conhecidos, membro fundador da Academia Brasileira de Letras, pô-lo em contato com o escritor Lúcio de Mendonça, que se prontificou a apresentá-lo à editora Laemmert & Cia., na figura de seu editor, Gustavo Massow. Este mostrou-se disposto a editar o livro, mas contra um preço: Euclides teria de pagar um conto e meio (1 500 mil-réis) como garantia pela primeira edição do livro[2] – uma soma equivalente a quase o dobro de seu salário mensal de engenheiro.

No final de janeiro de 1902, Euclides recebeu em Lorena, pelo correio, as provas do livro para revisão. Terminado todo o seu trabalho de correção (assim pensava) e devol-

---

1. A correção de Adelino Brandão sobre a identidade do copista está em *Paraíso Perdido: Euclides da Cunha, Vida e Obra*, São Paulo, 1996, p. 221, n. 10.

2. O contrato integral estabelecido com Laemmert foi reproduzido por Roberto Ventura em sua obra póstuma *Euclides da Cunha*, São Paulo, 2003, pp. 194-195.

vidas as provas à editora, enviou também, em outubro, uma parte da provas "corrigidas" para Francisco Escobar, em São José. Para sua surpresa e horror, Escobar chamou-lhe a atenção, por carta, para uma série de erros tipográficos que ele não tinha notado. Todo aspirante a autor compreenderá o que ele sentiu:

> Tenho passado mal. Chamaste-me a atenção para vários descuidos dos meus *Os Sertões*; fui lê-lo com mais cuidado – e fiquei apavorado! Já não tenho coragem de o abrir mais. Em cada página o meu olhar fisga um erro, um acento importuno, uma vírgula vagabunda, um (;) impertinente… Um horror! Quem sabe se isto não irá destruir todo o valor daquele pobre e estremecido livro?[3]

Diante disso, durante o mês de novembro o apenado autor compareceu com regularidade à Companhia Tipográfica do Brasil, no centro do Rio, para corrigir os erros tipográficos com a ponta de uma pena e um canivete, e algum tipo móvel, na presença dos impressores, bastante surpresos mas tolerantes com sua presença. Calculou-se[4] que fez, manualmente, cerca de 37 mudanças – 12 acréscimos e 25 supressões – em cada uma das 1 200 cópias do livro, perfazendo um total de 44 400 correções!

Em junho desse mesmo ano, deu mais uma amostra de sua determinação férrea, quando tomou um barco – um pequeno rebocador a vapor – para as ilhas de Búzios e Vitória, no litoral norte de São Paulo, onde o governador do estado planejava construir um presídio. Nessa missão teve a companhia do poeta Vicente de Carvalho, que deixou um relato dessa viagem[5]. A pequena embarcação chegou a Búzios em segurança, mas no segundo trecho da viagem, até Vitória, correu sérios perigos devido ao mar revolto e às chuvas contínuas. Nas palavras de Vicente de Carvalho:

> Tão logo deixou a enseada [em Búzios], o pequeno barco começou a virar aos bolcos. Tivemos de nos segurar nos mainéis de ferro para não sermos jogados ao mar, lançados pelas ondas que entravam pela proa do Alamiro e saíam, espumejando e rugindo, pela popa… A cada passo, o rebocador subia, vagarosamente, – como por uma montanha acima – por uma enorme onda que lhe viera ao encontro; chegado ao cume, na rapidez da própria marcha e do movimento da vaga em contrário, precipitava-se, como uma flecha, com a proa quase em rumo vertical ao fundo do mar…

3. Carta de 19 de outubro de 1902 em *Obra Completa*, vol. II, p. 620.

4. Roberto Ventura em "Memória Seletiva", p. 29. Os euclidianos me informaram que Walnice Galvão considera a pontuação de Euclides muito irregular; se assim for, suas correções compulsivas devem ser em parte responsáveis por isso.

5. Em *Páginas Soltas*, São Paulo, 1911, pp. 98-101. Cf. R. Ventura, *Euclides da Cunha*, pp. 197-198. Numa segunda viagem a Búzios, em águas mais calmas, em 22 de agosto de 1904, terminou seu levantamento da ilha e escreveu seu relatório, reimpresso em *Obra Completa*, vol. I, pp. 665-680.

Não obstante o medo comprovado que Euclides tinha do mar e a relutância do capitão a continuar a viagem, a persistência do passageiro em chegar a Vitória simplesmente se sobrepôs ao temporal e à fúria do oceano. Euclides era exteriormente uma pessoa inflexível, que perseguia o cumprimento de suas obrigações de servidor do estado. No final das contas, porém, o capitão controlou a situação e regressou ao continente. É possível que, interiormente, Euclides estivesse aliviado por ter sua vontade contrariada. De qualquer modo, após o fato disse brincando ao amigo, o poeta: "Se eu morresse, tinha uma bela morte – uma morte no cumprimento do dever. A sua é que seria estúpida – morrer num passeio"[6].

Nos primeiros dias de dezembro, seu grande livro, corrigido com tanto sofrimento, foi finalmente publicado, na mesma época em que o popular Barão do Rio Branco (seu futuro empregador) chegava ao Rio, procedente do exterior. Contudo, o nosso autor não era encontrado em lugar algum: fora do Rio para Lorena e de lá para local desconhecido. Às três horas da madrugada do dia 2 de dezembro, tinha acordado sem sono em Lorena e levantado acampamento numa viagem de oito dias, a cavalo, pelo vale do Paraíba, voltando ao convívio dos sertanejos. Toda essa fuga, certamente, era uma tentativa, por medo, de não ter de enfrentar seu público e, acima de tudo, seus críticos.

Sua escapada após a publicação do livro foi relatada a um repórter, Viriato Correia, na última entrevista que o autor deu em vida a um jornal (agosto de 1909)[7], e não há motivos para acreditar que a fuga não tenha acontecido como Euclides a narrou. Ainda assim, o crítico insaciável da cronologia da vida de Euclides, Marco Antonio Villa, chamou-a de "mais uma lenda euclidiana"; na opinião desse crítico, a versão de Euclides é comprometida por uma carta de 3 de dezembro de 1902, que ele escreveu (sem nenhuma contestação) a José Veríssimo, o primeiro e o mais entusiasta leitor de *Os Sertões*[8]. Todavia, nada existe na carta que impugne estritamente a veracidade da história que o autor relatou a Viriato Correia, a não ser seu pós-escrito[9]: "Estarei de volta, de São Luís [de Paraitinga], no domingo, 7 do corrente [dezembro]" – isto é, cinco dias mais tarde. Ora, ele pode muito bem ter adiado por mais três dias sua volta para casa. Além disso, cabe notar que, embora a carta tenha sido datada de Lorena, pode ter sido escrita em Taubaté[10]. Considerando tudo, é bem provável que ele *não* tenha voltado em cinco dias, que sua carta a José Veríssimo aparentemente tenha sido

6. Vicente de Carvalho, *Páginas Soltas*, p. 101.
7. Ver *Dom Casmurro*, 10, pp. 58-59, maio de 1946.
8. Ver apêndice em Villa, *Canudos*, pp. 262-263.
9. *Obra Completa*, vol. II, p. 621.
10. Em "Memória Seletiva" (p. 29), Roberto Ventura opina que essa carta para Veríssimo foi escrita por Euclides "de Lorena"; no entanto, em seu livro póstumo mudou de ideia e admite a hipótese de Euclides ter escrito a carta "de Taubaté, no interior de São Paulo", *Euclides da Cunha*, p. 222.

escrita de Taubaté *en route* de Lorena, e que a história que contou depois a Viriato Correia continue perfeitamente válida.

No caminho de volta a Lorena, teve uma experiência vital com seu público: enquanto aguardava, em Taubaté, o trem expresso São Paulo-Rio, viu-se envolvido por grande número de passageiros que deixavam a estação; um deles sobraçava um objeto conhecido – *Os Sertões*. Seria possível? Esse passageiro, que vestia um guarda-pó próprio para viagens de trem, foi abordado por Euclides que lhe perguntou: "Será que o cavalheiro podia me deixar ver esse volume?" Sem dizer uma única palavra, o viajante segurou o livro diante dele de modo que o visse. Assim, o autor encontrou pela primeira vez seu público. Embarcou cheio de felicidade para casa em Lorena, onde encontrou à sua espera duas cartas do editor. Uma delas fora escrita logo após a publicação do volume; queixava-se de que a obra não estava vendendo, nem mesmo nas prateleiras dos sebos. Mas a outra, escrita bem mais tarde, depois que tinha sido vendida metade da primeira edição, incluía resenhas entusiastas do volume, que, na opinião do editor, era um sucesso fulminante. Felizmente, Euclides leu primeiro essa última carta, de sorte que seu bom humor não diminuiu. Além disso, com o sucesso financeiro da primeira edição, teve um retorno de 600 mil-réis.

Já dissemos antes que o engenheiro-autor temia particularmente as reações previstas dos críticos, sobretudo dos filólogos que poderiam atacar sua linguagem e seu estilo. Na verdade, na primeira crítica séria à obra *Os Sertões,* escrita por José Veríssimo e publicada nas colunas do *Correio da Manhã* (2 de dezembro de 1902), esse crítico, que, sob outros aspectos, mostrou-se entusiasta, censurou a Euclides, como havia feito Teodoro Sampaio (cap. 8, p. 148), o jargão técnico, o vocabulário obsoleto e os neologismos – idiossincrasias léxicas que Euclides justificou na supracitada carta a Veríssimo, de 3 de dezembro, dizendo serem um produto do "consórcio da ciência e da arte, [que,] sob qualquer de seus aspectos, é hoje a tendência mais elevada do pensamento humano [*i.e.*, de Spencer]"[11].

Em algum momento dessa época (1902-1903), o autor de *Os Sertões* refugiou-se dos críticos na sátira e escreveu um curioso poema em versos brancos, "O Paraíso dos Medíocres", uma paródia do "Inferno" de Dante, no qual encontra no Inferno seu perseguidor filológico, que toma o lugar de Virgílio como guia no "Paraíso dos Medíocres" e em outras regiões do "reino deiforme" de Dante. Quando Euclides chama Virgílio no poema, essa aparição materializa-se:

> À esquerda, junto ao círculo Judas,
> Vi que surgiu uma figura estranha,
> Homem ou gênio, e todo desgracioso,
> Lembrava um sambenito: a fronte nua

---

11. *Obra Completa*, vol. II, p. 621.

Escampada e brunida completava

A face cheia e lisa sem refegos,

Sem um só desses vincos, dessas rugas

Que são os golpes do buril do espírito

Sobre os blocos de músculos e nervos.

Sorria e eu vi seus dentes magníficos

Numa expressão alvar. [...]

Euclides, envolvendo-se numa conversa com esse autonomeado "momo adorável", provoca de novo um "riso imbecil" junto com a informação pessoal:

Sou Marcellus Pompônio, "o purista".

O guia que te trouxe, esse Virgílio,

Essa ama-seca que apelidas tanto,

Não me suportaria; eu sou capaz

De mostrar solecismos nas *Geórgicas...*

Fez bem: fugiu. E tu certo conheces

O gênio prodigioso que venceu

Certa causa notável, apontando

Um erro de gramática nos autos:

Sou eu. Sou imortal...[12].

Este espírito pomposo, tão cheio de si, leva o poeta pelo braço ao reino da "santa mediania da virtude", o próprio Paraíso dos Medíocres, que o poeta elogia como "o mais belo país que inda vira. Que terra encantadora!" Indubitavelmente, assim parecia aos medíocres que o habitavam, mas basta agora do "Santo Ofício da Crítica"[13] e seu sambenito.

Apesar de todas as suas preocupações a respeito de seu livro imortal, Euclides seria criticado por sua linguagem peculiar apenas por mais um crítico de mente filológica[14],

---

12. Esse fragmento, segundo Leopoldo Bernucci me informou, é parte do poema "O Paraíso dos Medíocres". Outro fragmento deste mesmo poema em versos brancos foi dedicado a Coelho Neto (em *Obra Completa*, vol. I, pp. 654-655; cf. cap. 5, p. 87 e n. 21). Modifiquei, acima, em relação à edição da *Obra Completa*, duas palavras nos versos "O guia que me trouxe, esse Virgílio, / Esta ama-seca que apelidas tanto", trocando o *me* por *te* e *Esta* por *Essa*, restituindo o sentido do texto. Também no verso que citei pela metade "Teme um momo adorável, agitou", *teme* deve ser *teve* para fazer sentido. Cf. com *Obra Completa*, vol. I, pp. 657-658, a versão da sátira de Eloy Pontes, *A Vida Dramática...*, pp. 189-191, e em Bernucci & Foot Hardman (ainda inédito), o ms. do poema integral.

13. Sobre essa expressão, cf. a conversa entre ele e Coelho Neto, reproduzida em *Livro de Prata*, p. 211, em 10 de setembro de 1903.

14. Isto é, José de Campos Novaes, artigo em *Revista do Centro de Ciências, Letras e Artes*, 1/2, p. 47, 31 de janeiro de 1903, que Euclides respondeu na segunda edição de seu livro, *Obra Completa*, vol. II, pp. 106--107, 284-285 notas.

em Campinas, no final de janeiro de 1903. Além disso, talvez em razão do sucesso do livro o autor foi convidado para membro do Instituto Histórico e Geográfico Brasileiro, em 24 de abril de 1903, onde toma posse em 20 de novembro. Na ocasião, pronunciou um discurso paradoxalmente brusco, no qual elogiava a monarquia passada por sua integração nacional atrasada mas benéfica do Brasil imperial e denunciava as arbitrariedades dos alvarás do governo que consagravam o feudalismo dos oligarcas dando direito a nomear, ao bel-prazer do presidente da República, pessoas sem a necessidade da participação eleitoral do público em geral[15].

Notáveis nesses contextos são as novéis referências a autores e títulos de livros desconhecidos e obscuros que ele podia (ou não) estar lendo, na época, em tradução – por exemplo, o *Rig-Veda*, Giambattista Vico e Tácito (o último com uma alusão ao histrião de Augusto, Batilo, em *Anais*, I, 54, 3).

É evidente, pelo elogio e censura indiretos desse discurso, que a ausência do Imperador do cenário político deixou o coração de Euclides mais terno com o antigo monarca, ao passo que o problema permanente da oligarquia dos proprietários rurais continuava sendo um espinho nas ilhargas dos republicanos durante a gestão dos primeiros presidentes militares, que não conseguiram removê-lo mais do que o tinham feito os monarquistas. O orador, porém, ladeia os descontentamentos políticos do momento com uma velha frase sua: "como um grego antigo transviado nas ruas de Bizâncio"[16], o que equivale a dizer apenas que ele também não tinha solução para o problema.

No dia 21 de setembro, foi conduzido a uma instituição de muito maior prestígio, a Academia Brasileira de Letras: fora convidado a candidatar-se a uma cadeira vaga, graças aos bons ofícios de José Veríssimo. Tratava-se para ele de uma honra um tanto duvidosa, levando em conta não só a posição elevada dos membros dessa casa (por exemplo, Machado de Assis, seu presidente, Rui Barbosa e Joaquim Nabuco, entre outros), mas também o fato de cada um deles ser autor de muitos livros. O sentimento de Euclides era que com um único grande livro talvez não merecesse igualar-se a toda produção literária de seus pares. Ainda assim, escreveu a Machado e a todos os seus confrades solicitando-lhes o apoio e, como seus concorrentes não eram particularmente fortes, foi eleito facilmente.

Sua posse se deu somente depois que regressou da viagem ao alto Amazonas, em 18 de dezembro de 1906. Seu discurso de recepção, sobre Castro Alves (patrono da cadeira que iria ocupar), contrariando o amor e o respeito que o pai dedicara ao poeta, foi, segundo dizem, "torturado" e "insensível"[17], o discurso de alguém que confessava: "não a [essa

---

15. *Obra Completa*, vol. I, pp. 418-419.
16. Compare-se *Obra Completa*, vol. I, p. 419, com *Obra Completa*, vol. II, *Can.*, p. 518.
17. Conforme diz Sylvio Rabello, *Euclides da Cunha*, p. 314.

figura] admiro, porque não a compreendo"[18], e diz ter preferido o poeta que fora dono anterior da cadeira vaga, Valentim da Costa Magalhães, embora este fosse um poeta de muito menor importância. Como se esse discurso não fosse suficientemente desconcertante, Sílvio Romero, que gostava de suscitar escândalos e fora escolhido para recepcionar Euclides na Academia, rejeitou indiscriminadamente Castro Alves e Valentim Magalhães (junto com os frades italiano e os anarquistas do Brasil) por serem meros arrivistas, inferiores ao favorito de Sílvio, o diligente germanista sergipano Tobias Barreto[19].

Euclides proferiu o mesmo discurso, quase um ano depois, a convite do Centro "xi de Agosto" da Faculdade de Direito de São Paulo (2 de dezembro de 1907); no entanto, na ocasião atenuou bastante suas críticas a Castro Alves: "todos nós o admiramos até os vinte e poucos anos; depois o esquecemos. Esquecemo-lo, ou repudiamo-lo"[20]. A primeira versão do discurso (1906) foi publicada na segunda edição de *Contrastes e Confrontos* (1907); e a segunda versão recebeu uma impressão separada no mesmo ano, volume ampliado agradavelmente com rememorações de sua longa viagem por partes do rio Amazonas. Evidentemente, essa versão devia ser o texto definitivo, mesmo que o outro revele muito mais a opinião particular de Euclides sobre Castro Alves.

Voltemos a 1903, o ano da segunda edição de *Os Sertões*. Euclides recebeu da Laemmert & Cia. a soma de 1 600 mil-réis pelo direito de publicar essa edição, com o acréscimo de oito longas notas onde refuta as principais críticas feitas até essa época. Em 1905, veio a público uma terceira edição com muitas mudanças no texto, impressa pela mesma editora à qual o autor havia vendido *todos* os direitos autorais do livro, em 1903, pela quantia acima enumerada. Finalmente, em 1904, a Laemmert publicou uma coletânea de ensaios críticos, de mérito variado, num opúsculo sob o título de *Juízos Críticos:* Os Sertões *por Euclides da Cunha*. Isso foi tudo o que a Laemmert & Cia. aproveitou de sua relação comercial com Euclides da Cunha[21].

Sua longa e tediosa carreira de engenheiro civil e suas repetidas tentativas, igualmente frustrantes, de ingressar na nova Escola Politécnica de São Paulo como professor de ciências (cf. cap. 5, pp. 91-93) atingiram seu ápice enquanto executava seu último serviço de engenheiro na cidade de Santos, estendendo uma rede de coleta de água – uma tarefa ingrata que abandonou após um absurdo desentendimento com seus superiores sobre a forma como o dono de um balneário devia efetuar o pagamento

---

18. *Obra Completa*, vol. I, p. 207.

19. Ver Roberto Ventura, *Euclides da Cunha*, pp. 226-227.

20. *Obra Completa*, vol. I, p. 421.

21. Depois da Laemmert, a editora Francisco Alves publicou a quarta edição de *Os Sertões* (1911) e todas as subsequentes até à vigésima sexta (1963). As últimas correções que Euclides fez num exemplar da terceira edição foram incorporadas na quinta (1914), e um editor, Francisco Nery, acrescentou os subtítulos de capítulo na décima segunda edição da obra (1933). Devido à sua importância textual, hoje é muito difícil encontrar nos sebos um exemplar da terceira edição.

atrasado de fornecimento de água[22]. Desempregado e sem perspectivas de obter uma vaga no corpo docente da Escola Politécnica de São Paulo, primeiro vendeu seus direitos autorais à Laemmert e, depois, procurou o ex-colega de escola, Lauro Müller, então ministro dos Transportes e Obras Públicas no Rio, numa tentativa de obter um posto na área de engenharia. Porém, nada conseguiu; voltou, portanto, a escrever para o jornal *O Estado de S. Paulo* e para a folha carioca *O País*.

Sua visita ao escritório do ministro Müller, que ele mesmo descreve a Coelho Neto[23], em carta de 22 de abril de 1904, é digna de menção, porque a cena burlesca que ele relata compara-se ao encontro pseudodantesco com o purista Marcelo Pompônio na sátira "O Paraíso dos Medíocres". Euclides tivera de viajar de Guarujá, onde viveu durante a maior parte do ano de 1904, para encontrar-se, no Rio, com Müller, que se despojou de toda a formalidade ministerial e o recebeu com grande amabilidade como ex-alunos da Escola Militar da Praia Vermelha. Contudo, Müller não pôde fazer outra coisa senão participar a Euclides a incapacidade de ajudá-lo: as secretarias da capital estavam abarrotadas de engenheiros desempregados, em busca de empregos que não existiam. De fato, as escadarias do prédio onde seria realizada a entrevista estavam apinhadas de gente de todos os tipos à procura de emprego e, já na entrada, ao quadro que avistou deu o nome de "Encilhamento da Miséria".

"Há em cada caracol das escadas que levam aos gabinetes dos ministros uma espiral de Dante." Abrindo caminho por entre a multidão que subia, Euclides, sem dispor nem sequer do salvo-conduto de um cartão-convite ou do penhor de uma posição, logo se viu envolvido no aperto de pessoas "capazes de pagarem com dois anos de vida cada degrau da subida": atraiu somente olhares furiosos dos circunstantes. "Estaquei, arfando, espetado, em pleno peito, por um cotovelo, rígido e duro, de concorrente indomável; não ouvi o trágico ranger de dentes [como no "Inferno" de Dante]; ouvi grunhidos." Quis voltar e descer as escadas, mas era impossível: não havia meios de romper a falange que enchia os degraus, acunhada como a guarda suíça no momento da batalha. Tirou o lenço (em rendição) e amaldiçoou o homem (Müller) que, com uma penada, trouxera-o de uma distância de cem léguas (Guarujá) para esse charco de almas. Todavia, já estava quase em desespero quando um rosto amigo, desconhecido, de cavanhaque, lhe sorriu, não muito diferente de Marcelo Pompônio, e um outro aspirante decidido nas escadas afastou-se um pouco, de sorte que num minuto Euclides, sem saber como, pôde subir ao topo dos degraus. "E lá em cima empolgou-me a vaidade, porque, em verdade, quem me levara até lá, com tanta felicidade, fora *o* Euclides da Cunha!" Após a entrevista, apesar da advertência desalentadora de Müller sobre a

---

22. Detalhes na biografia de Euclides escrita por Ventura, pp. 228-229; cf. atrás cap. 5, p. 90.

23. *Obra Completa,* vol. II, pp. 643-644.

saturação do mercado de trabalho para os engenheiros, Euclides voltou ao Guarujá convencido de que "dentro de dois ou três meses estarei restituído à engenharia"[24].

Nesse hiato penoso de sua vida profissional, marcando passo, foi encorajado especialmente por sua nova amizade com Coelho Neto, que, entre seus inumeráveis romances, escrevera, em 1896, uma coletânea de ótimos contos sobre os sertões, sob o título de *Sertão*. Seu último livro, uma miscelânea de ensaios, intitulado *Livro de Prata* (1928), traz uma longa memória de Euclides, que constitui um dos melhores retratos físicos que temos de nosso autor, que surgiu inicialmente às portas de Coelho Neto em 1º de novembro de 1902. Cito essa rara descrição que o romancista fez de Euclides, à primeira vista, diante de sua porta: "[...] um homenzinho seco, mal enjorcado em andaina de brim escuro, sobraçando um rolo [seus manuscritos]; rosto moreno, arestoso, como falquejado em vinhático, queixo enérgico, olhar duro, [de alguém] que passara por baixo do meu raio visual e, diante de mim, militarmente aprumado, como em continência, encarava-me hostil"[25]. Pode ser que a primeira impressão não tenha sido totalmente favorável, mas, após alguns desacertos iniciais, os dois escritores rapidamente tornaram-se amigos. Nos últimos anos da vida de Euclides, Coelho Neto acabou ocupando o lugar de Francisco Escobar como um conselheiro camarada para o historiador cada vez mais desorientado. O romancista foi um dos primeiros resenhistas entusiastas de *Os Sertões*, mesmo até mais do que José Veríssimo, cuja crítica irritou Coelho Neto a ponto de este escrever uma resenha ainda mais apaixonada no início de janeiro de 1903, em *O Estado de S. Paulo*.

Desde o começo do século xx, Euclides vinha escrevendo mais artigos, e, agora que era um jornalista profissional, continuou nessa forma de história publicística até acumular um total de dezessete ensaios, alguns dos quais discutiremos a seguir. O primeiro desses ensaios é uma longa visão panorâmica da história brasileira desde o século xviii até o final do século xix, "Da Independência à República", publicado em *O Estado de S. Paulo*, em 31 de janeiro de 1901, com um título diferente ("O Brasil no Século xix")[26]. Foi publicado, aliás, no mesmo dia em que nasceu o terceiro filho de Euclides, Manuel Afonso Ribeiro da Cunha, enquanto a família ainda morava em São José do Rio Pardo.

Não acompanharemos a sequência dos fatos reproduzidos nesse artigo, que os registra, conscienciosamente, com os nomes dos principais atores; preferimos, antes, dar atenção a algumas declarações pouco familiares, entremeadas na sequência, as quais expressam o ponto de vista do historiador. A primeira coisa que nos chama a atenção é a declaração desafiadora: "Somos o único caso histórico de uma nacionalidade feita por uma teoria política". O que Euclides quis dizer com essa afirmação, que reiterou

---

24. *Obra Completa*, vol. ii, p. 644.
25. *Livro de Prata*, p. 198.
26. Em *Obra Completa*, vol. i, pp. 326-376.

mais tarde no discurso aos estudantes da Faculdade de Direito de São Paulo "Castro Alves e seu Tempo" (2 de dezembro de 1907)[27]? No artigo, ele diz que, como nação, "[v]imos de um salto, da homogeneidade da colônia para o regime constitucional: dos [governos dos] alvarás para [os d]as leis". Esse salto mortal deu ao Brasil um "equilíbrio dinâmico entre as aspirações populares e as tradições dinásticas". Entre os cidadãos "Exaltados" utopistas e os "Reacionários" absolutistas intervieram os "Moderados", ou liberais-monarquistas, que fizeram a conciliação entre "o Progresso e a Ordem, ainda não formulada em axioma pelo mais robusto pensador do século"[28]. Essa última declaração define por si mesma que a "teoria política" nada mais é que a concepção positivista de Auguste Comte.

Todavia, isso não é tudo o que está implícito na "teoria política", uma vez que, no discurso proferido no último mês de 1907, Euclides fala muito mais contra do que a favor da concepção comtiana do Brasil como nação. "Tanto importa dizer que [nós, os brasileiros,] fizemos uma teoria com materiais estranhos, a ressaltar do esforço artístico, ou subjetivo, de uma minoria de eruditos. E assim nascemos sob o hibridismo da monarquia constitucional representativa – quase abstratamente, ou patenteando, pelo menos, o maior exemplo de política experimental tateante, que se conhece"[29]. Seja como for, essa teorização ia contra a "nossa formação étnica, ainda incompleta e em pleno caldeamento" de três raças, e, como observou em "O Homem" de *Os Sertões*, "[a] nossa evolução biológica reclama a garantia da evolução social"[30]. Assim, muitas outras considerações entraram na "teoria política" da nacionalidade brasileira além do positivismo de Comte.. Essa revisão está em sintonia com as reconsiderações de Euclides a respeito de Comte.

Mais adiante no artigo, cita, sem referência, o positivista francês Maximiliem Littré, afirmando que nós os brasileiros "estávamos destinados a formar uma raça histórica, […] através de um longo curso de existência política autônoma". Aqui Euclides interpõe algumas de suas próprias ideias: "Violada a ordem natural dos fatos, a nossa integridade étnica teria de constituir-se e manter-se garantida pela evolução social. Condenávamo--nos à civilização. Ou progredir, ou desaparecer". Com essas palavras ele repete o que disse em "O Homem", em *Os Sertões*[31], mas na conclusão do ensaio coloca as influências estrangeiras sobre o pensamento político do Brasil em sua sequência adequada: "do comtismo ortodoxo ao positivismo desafogado de Littré, das conclusões restritas de

---

27. Compare-se *Obra Completa*, vol. I, p. 338, com p. 424: "Baste considerar-se que somos o único fato de uma nacionalidade feita por uma teoria política".

28. *Obra Completa*, vol. I, p. 338.

29. *Idem*, p. 425.

30. *Idem*, p. 424; cf. *Os Sertões*, em *Obra Completa*, vol. II, p. 141.

31. *Obra Completa*, vol. I, p. 342; cf. *Obra Completa*, vol. II, *Os Sertões*, p. 141, *loc. cit.*

Darwin às generalizações ousadas de Spencer – o que nos trouxeram, de fato, não foram os seus princípios abstratos, ou leis incompreensíveis à grande maioria, mas as grandes conquistas liberais do nosso século; [...]"[32]. Esse resumo atribui, razoavelmente, ao positivismo francês o primeiro e o último lugar na marcha das ideias para o Brasil.

Podemos colher alguns outros pontos de interesse do artigo. Euclides lembra o grande botânico francês e infatigável viajante pelo Brasil (1816-1821) Auguste de Saint-Hilaire, a dar um conselho político salutar a seus anfitriões contra os mesquinhos despotismos dos oligarcas aristocratas, e a estabelecer um exemplo científico para outros pesquisadores estrangeiros do Brasil na década de 1840[33].

Considera as incursões inglesas antiescravistas no comércio costeiro do Brasil depois da Aberdeen Bill, de 1845, "contraproducentes", na medida em que os ressentidos brasileiros passaram a ver nos traficantes (como o avô paterno de Euclides) quase os vingadores de "nossa soberania melindrada e ferida"[34]. Desse modo, os traficantes sentiram-se fortalecidos em seu lúgubre comércio.

Atribui as revoltas da década de 1830 nas províncias do Nordeste e do Norte do país – principalmente a Cabanagem no baixo Amazonas – ao "crescente desequilíbrio entre os homens do sertão e os do litoral" – uma tese de *Os Sertões* que foi contestada por Raymundo Faoro[35].

Elogia singularmente um obscuro Marquês do Paraná – Honório Hermeto Carneiro Leão (1801-1856) – por ter despertado "pouco a pouco o elemento progressista, que tombara na sangueira das revoltas infelizes", como aquelas mencionadas acima. Seus esforços conciliatórios para remodelar os partidos políticos com novas ideias ajudaram, supostamente, a revitalizar os bolsões regionais do sistema eleitoral na década de 1860, de modo que os deputados distritais ganhassem mais prestígio no país, e fosse cerceado o regime monárquico do litoral chefiado por D. Pedro II. Assim, já antes de 1889 estavam lançados os alicerces da futura República[36].

Para Euclides, a Câmara dos Deputados, em 1864, com Tavares Bastos, autor de *Cartas de um Solitário*; Pedro Luís, autor de uma ode a Tiradentes[37]; e um raro cientista brasileiro, o Barão de Prados[38], entre outros, "refletia a um tempo a vitória democrática

---

32. *Idem*, pp. 375-376.

33. *Idem,* pp. 348 e 354.

34. *Idem*, p. 356.

35. *Idem*, p. 351; cf. Raymundo Faoro, *Os Donos do Poder*, vol. I, p. 321.

36. *Obra Completa*, vol. II, p. 361; para Faoro, Honório Hermeto não passa de um nome, como está em *Os Donos do Poder*, vol. I, pp. 322, 333, 355-356, 371, 381; no entanto, na p. 371, chega próximo do elogio de Euclides ao Marquês.

37. Sobre ele ver Antonio Candido, *Formação da Literatura Brasileira*, 5. ed., São Paulo, 1975, vol. II, pp. 252-253, 285-286, e *passim*.

38. As observações dos eclipses do sol realizadas no Rio de Janeiro por Camilo Maria Ferreira Armond (1815-1882), o barão de Prados, renderam um trabalho publicado nos *Comptes rendus* da Academia de

e o rejuvenescimento do espírito nacional". Politicamente, o país estava agora dividido triplamente entre o partido "histórico" com raízes elementais no passado, o "progressista" com os moderados e os inalteráveis "conservadores"[39].

Na opinião de Euclides, foi "um desvio na nossa história" a Guerra do Paraguai, de 1865 a 1870, travada entre um "déspota [Francisco Solano López] minúsculo demais para a sua própria ambição [de dominar a América do Sul] e um imperador constitucional, porventura impressionado com o cenário da política interna de seu país"[40].

O pai do Barão do Rio Branco – o Visconde do Rio Branco – no ápice de sua carreira, na década de 1870, reorganizou a educação pública nos níveis profissional e universitário, instituindo na Escola Politécnica do Rio e na Escola Militar cadeiras especiais com o fito de acompanhar a contínua ascensão das ciências. Fundou também a Escola de Minas de Ouro Preto (Minas Gerais)[41] e deu início ao primeiro levantamento geral de estatísticas brasileiras. André Rebouças, notável engenheiro negro, tinha-o feito ver as vantagens que os investimentos em estradas de ferro trariam para o governo; consequentemente, as linhas férreas que, em 1871, mediam 732 quilômetros subiram, quatro anos depois, para 1 500 quilômetros. Finalmente, por um decreto de setembro de 1873, foi organizada nova campanha contra um velho inimigo – o deserto do Nordeste[42].

Assim, apesar de um período de inércia que sucedeu a toda essa atividade do Visconde, de seus assessores técnicos e de seu grupo de governo, o ensaio termina com uma profusão de suas realizações pedagógicas, científicas e industriais. É uma história totalmente progressiva de um século de existência do Brasil, começando na década de 1830 com as revoltas no Nordeste e no Norte, depois de 1831 a 1837 dividindo em três os parceiros sociais da Regência num órgão encadeado ainda sob a autoridade caprichosa de um príncipe (Pedro I); depois disso, no final da década de 1830, a tríade política tornou-se um dualismo de conservadores *versus* liberais, reacionários contra democratas, mas em 1848 esses se uniram graças às políticas conciliatórias do Marquês do Paraná, pois percebeu que, para a *gens* lusitana, "sem tradições profundas, e democrática apenas pela carência de uma seleção [darwiniana] histórica", o partido político era efêmero por natureza[43]. Tal foi o movimento histórico durante todo o século que, para Euclides, a revolução republicana de 1889 "já estava feita"

Ciências de Paris e no relatório anual do instituto norte-americano de pesquisas Smithsonian Institution (http://www.comciencia.br/comciencia/?section=8&edicao=27&id=307). Consultado em 19.2.2009.

39. *Obra Completa*, vol. I, p. 364.

40. *Idem*, pp. 364-366.

41. Cf. Simon Schwartzman, *A Space for Science: The Development of the Scientific Community in Brazil*, University Park, Penn., 1991, pp. 60-62.

42. *Obra Completa*, vol. I, pp. 372-373.

43. *Obra Completa*, vol. I, p. 360; cf. p. 364, segundo a citação acima.

quando os partidos políticos foram neutralizados na década de 1860[44]. Contudo, o impulso dessa história do século XIX passa por alto alguns graves problemas nacionais, como se eles também já tivessem sido resolvidos de algum modo; por exemplo, a escravidão, a abertura do rio Amazonas aos estrangeiros, a situação dos índios, a educação primária e secundária, o analfabetismo etc.[45].

No ano seguinte (1902), voltou a pegar da pena para fazer outro exame dos sertões no ensaio, dividido em duas partes, "Olhemos para os Sertões", publicado nos dias 18 e 19 de março em *O Estado de S. Paulo*[46]. O texto retoma um tema paradoxal de ensaio anterior do mesmo ano – "Ao Longo de uma Estrada" – ou seja, os colonos no Brasil "[p]ovoam despovoando [= eliminando índios?]. Não multiplicam as energias nacionais, deslocam-nas. Fazem avançamentos que não são um progresso"[47]. Daí serem alimentadas no Brasil duas ideias – a ideia política de defesa do território e a ideia, extraída de *Os Sertões*, de incorporar "à nossa vida frágil e sem autonomia, de ribeirinhos do Atlântico, o cerne vigoroso das sociedades sertanejas"[48].

Jocosamente, o ensaísta tinha idealizado uma autoestrada construída ao modelo da via asfaltada União e Indústria, que ligava a cidade mineira de Juiz de Fora a Petrópolis, por onde podiam trafegar todos os tipos de veículo – desde os ronceiros carros de boi aos velocíssimos automóveis – até que, com o tempo, fossem estendidos trilhos ao longo dela e as locomotivas rompessem o cenário. Contudo, de modo mais sério, ele acha que seu século, com sua apatia e sua "debilidade étnica", não está pronto para esse projeto europeu de construir estradas ou estender trilhos. Nenhum etnólogo, por mais dotado que fosse, seria capaz de avaliar convenientemente as qualidades físicas dos brasileiros no caldeamento de raças, e, além disso, o próprio país vive sob o peso da "fatalidade geográfica" da "impenetrabilidade do território" entre os extensos planaltos e a costa inteiriça. No entanto, essas desvantagens, étnicas, físicas e territoriais, podiam ser superadas se buscássemos incorporar os sertanejos à civilização do litoral do Brasil, o que deve ser feito lentamente com o passar

---

44. *Idem*, p. 376.

45. Em outros textos, Euclides atacou alguns desses problemas, mas em geral foi precedido por Tavares Bastos a partir de 1862, em suas cartas públicas, e teve de concorrer com um contemporâneo, Manuel Bomfim, em *A América Latina*, obra de 1905, e dois livros subsequentes sobre o Brasil na década de 1920. E, por último mas não menos importante, o esquecido brasileiro descendente de alemães E. L. Berlinck fez uma crítica minuciosa sobre eles na metade do século XX em *Fatores Adversos na Formação Brasileira*, 2. ed., São Paulo, 1954.

46. *Obra Completa*, vol. I, pp. 496-504.

47. *Idem*, p. 199.

48. *Idem*, p. 497; cf. *Obra Completa*, vol. II, *Os Sertões*, e.g., p. 431: "Toda aquela campanha seria um crime inútil e bárbaro, se não se aproveitassem [as forças militares] os caminhos abertos à artilharia para uma propaganda tenaz, contínua e persistente, visando trazer para o nosso tempo e incorporar à nossa existência aqueles rudes compatriotas retardatários".

do tempo. Em resumo, uma locomotiva puxando uma fieira de carros não atrairia os sertanejos para a civilização moderna. Isso, com respeito à ideia número dois[49].

Quanto à ideia número um, o ensaísta apenas é consciente de que a Europa tem em cada porto grande número de pessoas – uma superabundância, um *trop plein* de emigrantes – esperando para serem espalhadas por todo o planeta. O embate dessas multidões, como nos lembra o austríaco Gumplowicz, "é a força motriz da história" (cf. cap. 9, p. 169), e onde quer que ele se apresente, seja nas criações intelectuais seja nos feitos de guerra, exprime nada menos que "uma concorrência vital entre os povos, transfigurados pela seleção natural [darwiniana] em nacionalidades triunfantes". Ora, temos, pergunta o ensaísta, "vitalidade nacional que nos faculte enterrar o estrangeiro nesse duelo formidável?"[50] Seu conselho: não abram as entradas dos sertões aos estrangeiros antes que nós, os nativos, firmemos com as populações rarefeitas do interior um acordo íntimo no tocante aos "nossos destinos nacionais"[51].

A segunda parte do artigo nos apresenta um engenheiro otimista, uma espécie de amigo de profissão do ensaísta, que punha fé no poder civilizador das ferrovias: "deslumbra-o o progresso geral; absorve-me, mais modesto e mais grave, o problema estritamente brasileiro", ou seja, de estar a sociedade pronta para as estradas de ferro[52]. Não avançaremos muito mais na discussão entre os dois engenheiros, porque já vimos acima que Euclides concordava com ele. Quando foi movido pelo espírito, como no artigo sem data "Viação Sul-Americana"[53], pôde falar com tanto vigor quanto qualquer um da malograda Estrada Madeira–Mamoré e da ferrovia bem-sucedida Noroeste do Brasil, que corria de um ponto próximo da capital de São Paulo, cruzando o Brasil Central, até Corumbá, na fronteira com a Bolívia. Suas desculpas pela lentidão ou atraso do Brasil na construção de ferrovias, que o instigavam aqui, são mais ou menos as mesmas que encontramos na primeira parte de "Olhemos para os Sertões": a "impenetrabilidade" do interior, a necessidade de treinar fisicamente os ferroviários brasileiros para estarem à altura dos bandeirantes;

49. Por estranho que esse raciocínio possa parecer, não é muito diferente do que disse um cônsul francês em Cidade do México, em junho de 1826, sobre algumas novas máquinas a vapor que os investidores ingleses nas minas mexicanas tentaram trazer de Veracruz sem levar em conta as dificuldades de seu uso – notadamente, a falta de trilhos, de carvão e de madeira perto das minas. Ver Fernand Braudel, *The Perspective of the World*, trad. S. Reynolds, New York, 1984, vol. 3: *Civilization and Capitalism 15th-18th Century*, pp. 424-425.

50. Uma resposta a essa pergunta ansiosa é dada alhures, em "Nativismo Provisório", um artigo sem data, publicado em *Contrastes e Confrontos, Obra Completa*, vol. I, pp. 187-190.

51. *Idem*, p. 499.

52. *Idem*, p. 500.

53. *Idem*, pp. 289-302.

mas ele apenas as cita[54] para justificar a inferioridade do Brasil no total de quilômetros de linhas férreas em relação à Argentina.

O último ensaio que vamos analisar tem importante relação com o envolvimento de Euclides no movimento socialista italiano em São José do Rio Pardo: "Um Velho Problema", publicado em 1º de maio de 1904 no *Estado de S. Paulo*[55]. É a sua palavra final sobre a sua discutível adesão às doutrinas socialistas europeias do século XIX. Aconteceu que, em suas leituras, ele deparou-se com o tópico dos direitos dos pobres e dos incapacitados no contexto medieval do direito natural, de acordo com o qual (assim ele leu) havia algo chamado "direito de roubo", criado a partir da fome dos indigentes. Ao lado desse direito, sustentavam os teólogos medievais, estava o correspondente *delitum legale* da opulência acumulada dos ricos, que não tinham qualquer direito a grande parte de sua riqueza mal-adquirida. Contudo, os doutores da Idade Média nada fizeram para eliminar a pobreza, o que era um dos ideais de seu tempo. Por outro lado, o Iluminismo, pensava Euclides, dizia que os direitos do homem eram atributos sociais e não naturais, mas pouco fez para promover aqueles sonhos e esperanças dos indivíduos da Idade Média até meados do século XIX, quando Karl Marx tomou de Proudhon (antigo herói de Euclides) o movimento socialista e deu-lhe uma firme orientação "científica" com *Das Kapital*.

Já que (como aprendera com Marx) nem a terra, nem as máquinas, nem mesmo o capital, mas unicamente o trabalhador é o produtor de valor ou de riqueza, toda a mais-valia, a riqueza acrescentada, devia ir para aqueles que trabalham, já que eram seus produtores. Em contrapartida, o capital acumulado dos proprietários e investidores nada mais é do que "espoliação" – roubo, o *delitum legale* dos ricos da Idade Média. Todo o cuidado dos proprietários industriais é dirigido para as máquinas, enquanto o trabalhador deve cuidar de si mesmo num fétido ambiente industrial carregado de ameaças invisíveis à sua saúde. E se o trabalhador morrer por um acidente industrial ou pelo próprio veneno do ar que respira, ninguém estará lá cuidando dele enquanto morre, por omissão da massa taciturna de companheiros operários que inunda, toda manhã, as portas das fábricas. Por isso, os socialistas brasileiros lutaram violenta ou pacificamente para sustentar dois princípios socioeconômicos: a "[s]ocialização dos meios de produção e circulação [do dinheiro]" e a "[p]osse individual somente dos objetos de uso"[56]. Esses princípios não são definidos completamente, mas talvez Euclides tenha dito, neste ensaio, o suficiente para

---

54. *Obra Completa*, vol. I, p. 289. Cf. as desculpas mais atenuadas na resenha que Euclides fez, em 1903, de um livro de A. Pinto, *História da Viação Pública de São Paulo*, em *Obra Completa*, vol. I, esp. pp. 413-414.

55. *Idem*, pp. 190-196.

56. *Obra Completa*, vol. I, p. 195. Essas formulações são demasiado concisas para serem totalmente claras; ver *Das Kapital* I, cap. 3, sobre a lei da circulação de capital.

mostrar as condições do trabalho fabril e o socialismo elementar dos trabalhadores do Brasil, na virada do século.

"Um Velho Problema" levanta o mesmo tipo de indagação que essa outra relacionada com suas atividades políticas em São José: Euclides tornara-se um marxista? Clóvis Moura o nega por diversas razões, entre elas a confusão que fazia entre democracia liberal e socialismo, a substituição de reforma por posturas verdadeiramente revolucionárias, a apresentação da greve geral como uma arma fundamental capaz de substituir a luta de classes e a visão que tinha do capitalismo como um fenômeno evanescente, devido à sua malignidade e ao insucesso dos reformadores em humanizá-lo etc.[57]. Podemos concordar com esse crítico dos três textos de Euclides sobre socialismo, os de 1892, 1901 e 1904, e, contudo, aduzir mais uma razão, nossa, ou seja, a de que em 1904 ele escrevia uma história condensada das reações do povo ao "velho problema" dos ricos contra os pobres desde a Idade Média até os tempos modernos; ele estava produzindo, clara e não disfarçadamente, um opúsculo socialista por amor ao marxismo.

Entre o 1º de Maio de 1892 e o de 1904, há uma imagem memorável que liga seus escritos sobre a classe trabalhadora, como podemos ver, por exemplo, em sua crença ingênua de que tudo o que o trabalhador tem de fazer "para abalar a terra inteira" é "cruzar os braços", com uma greve, na recusa de trabalhar (cf. cap. 6, p. 106). "Porque", diz ele, "o seu triunfo é inevitável"[58].

Excetuando o texto sem data "Viação Sul-Americana", os quatro artigos acima que escolhi para análise são apenas uma pequena parte do total que Euclides publicou de 1901 a 1904. No capítulo 13, trataremos dos outros que foram publicados no *Estado* ou no *País*, e transformados, em 1907, num segundo livro, sob o título de *Contrastes e Confrontos*. O mais profundo dos quatro, "Da Independência à República", embora trate da revolução republicana como uma coisa realizada e envolva-a numa velada teoria política do positivismo, conta, no entanto, a história do Brasil no século XIX, na forma progressiva dos historiadores whigs da Inglaterra, e apregoa as realizações científicas "modernas" do Visconde do Rio Branco numa conclusão climáxica. O texto mais tímido, "Olhemos para os Sertões", está por outro lado eivado dos escrúpulos e reservas de Euclides sobre a capacidade social e física dos sertanejos ou para construir estradas de ferro ou para assimilá-las a seus modos de vida atrasados. No texto escrito um ano depois, "Ao Longo de uma Estrada" – uma meditação sobre a estrada do Tabuado em construção, que ligava a cidade paulista de Jabuticabal a Cuiabá – o ensaísta tinha-se preocupado, prematuramente, com os pro-

---

57. *Introdução ao Pensamento de Euclides da Cunha,* pp. 113 e 108-109.
58. *Obra Completa,* vol. I, p. 196; cf. *idem,* p. 607, em "Dia a Dia" 16.

jetos rodoviários e ferroviários de seu país e, portanto, punha suas esperanças, mais profundamente, na estrada de Tabuado, por ser o meio mais imediato de reintegrar os sertanejos na civilização costeira do Brasil. Por último, entre o ensaio ousado e o tímido, colocamos o artigo quase-socialista sobre o "velho problema" de julgar "criminosas" a riqueza e a pobreza, uma vez que, apesar de toda a simpatia do ensaísta pelas classes mais baixas, esse texto registra, de forma neutra, um dilema permanente da sociedade cristã do Ocidente e sua inversão "científica" por Marx, que absolveu os trabalhadores de roubo e culpou, em vez disso, os capitalistas. A esse artigo não está associado, visivelmente, nenhum marxismo ou qualquer outro socialismo.

12

A Mais Longa Jornada

O ÚLTIMO QUARTO DO SÉCULO XIX NA AMÉRICA DO SUL esteve voltado cada vez mais para os acontecimentos humanos do Alto Amazonas, onde se interligavam as antigas fronteiras do Brasil, do Peru e da Bolívia. No período de 1877-1879, uma violenta seca no Ceará expulsou do estado cerca de quatorze mil habitantes, que migraram para o futuro território do Acre, na Amazônia, em cujas selvas se estabeleceram às margens dos rios e aprenderam a coletar o látex da seringueira, ou *Hevea brasiliensis*. A essa onda de emigrantes sucedeu, em 1878, uma outra quatro vezes maior, que também carregou do Ceará cerca de 54 000 pessoas; e, em 1900, uma terceira onda de 47 835 almas chegou igualmente ao Acre, vindo dessa região das secas, que na época acabou "ficando despovoada em proveito da Amazônia"[1].

O Acre e a região dos rios Juruá e Purus tinham sido o cenário confuso da exploração praticada por alguns aventureiros oriundos do Brasil e de seus vizinhos imediatos; todavia, aproximadamente no último quartel do século (1871), só Manaus exportou nada menos de 4 890 089 quilos de borracha, chegando no final do século à espetacular cifra de 54 360 661 quilos (num período de cinco anos)[2]. Com isso, a cidade passou a ostentar, além dos palacetes de fantasia dos barões da borracha, um teatro estadual e uma casa de ópera, construída de mármore italiano, onde várias companhias europeias apresentavam seus espetáculos[3]. No entanto, quando Euclides chegou à cidade um pouco mais tarde, descreveu-a a Domício da Gama, de maneira um tanto ácida: uma

---

1. Sylvio Rabello, *Euclides da Cunha*, p. 237.

2. Leandro Tocantins, *Amazônia*, Rio de Janeiro, 1960, p. 160, e rabello, *Euclides da Cunha*, p. 238.

3. Contrariamente ao que pensa John Hemming no seu *Amazon Frontier*, Cambridge, Mass., 1987, p. 275 ("não há registro de que algum dia tenha sido representada uma ópera nessa cidade a 1 500 quilômetros a montante do rio Amazonas"), foram registradas na época, oficialmente ou não, muitas representações de óperas estrangeiras; cf. L. Tocantins, *Amazônia*, p. 205: "As companhias de ópera italianas vinham a Belém e a Manaus todos os anos…"

"[c]idade meio caipira, meio europeia, [… e] a impressão que ela nos incute é a de uma maloca transformada em Gand"[4].

Desse apinhado porto fluvial os famintos cearenses, abastecidos de mercadorias no valor de dois contos de réis pelos *aviadores* (intermediários) locais, eram transportados em lanchas rio acima até às margens do Alto Juruá ou do Alto Purus, onde iriam sangrar as héveas e colher o látex. No Acre, os recém-chegados juntavam-se a um grupo de seringueiros já estabelecidos e responsáveis por uma quantidade de seringueiras[5]. Faziam incisões na casca da árvore de manhã cedo e deixavam o látex leitoso gotejando em canecos, e de tarde voltavam para apanhar o líquido, chegando a coletar cerca de nove litros do produto. Esse látex era levado às cabanas dos seringueiros na mata e, quando girado num pau, sob uma pesada fumaça de creosoto, transformava-se em bolas portáteis de borracha[6]. A jornada diária de oito a dez quilômetros, andando de árvore em árvore, nunca mudava; era uma espécie de sonambulismo acordado, obscurecido pela imensa floresta que abrigava a vida hostil, submergindo o seringueiro cada vez mais em si mesmo e na onipresente solidão da mata. Portanto, como diz Euclides, esse tipo de coletor de látex é um sedentário, confinado a um único local entre as seringueiras, ao passo que em outros lugares, ao longo dos rios Madre de Dios e Ucayali, aos coletores peruanos que extraem o leite da *Castilloa elastica*, ele os chama de nômades, pois caminham longas distâncias, cortando esse tipo de árvore para extrair-lhe o látex[7]. Aos caucheiros, iguais ao seu protótipo assassino, Carlos Fitzcarraldo (que atua nessas regiões), Euclides os denomina de "construtores de ruínas"[8], por causa dos acampamentos desfeitos, das árvores abatidas e dos índios mortos que deixam atrás de si.

A partir dessa breve análise do campo de trabalho dos coletores de látex, brasileiros e peruanos, fica entendido que, em seus respectivos domínios, reinavam indiscriminadamente a confusão, a violência e a negligência. A primeira coisa que o governo brasileiro tinha a fazer com seus vizinhos, o Peru e a Bolívia, era garantir o Acre aos

---

4. Carta de 1905, sem data, escrita em Manaus, ao secretário do Barão do Rio Branco, em *Obra Completa*, vol. II, p. 657.

5. De *seringo*, "seringa," que os índios fabricavam utilizando a borracha crua.

6. Sobre essa lida, ver Henry Walter Bates, *The Naturalist on the River Amazons*, reimpr. New York, 1975, p. 74, e Hemming, *Amazon Frontier*, p. 296; há fotografia do último estágio desse processo em Eneas Salati, Wolfgang J. Junk, Herbert O. R. Shubart & Adélia Engrácia de Oliveira, *Amazônia: Desenvolvimento, Integração e Ecologia*, São Paulo, 1983, p. 224.

7. Sobre os dois tipos de coletores ver *Obra Completa*, vol. I, pp. 235 e 705.

8. *Idem*, p. 263. O nome "caucheiro" provém de um termo indígena dos Maynas, "cau-chu", que significa "madeira que dá leite" – como diz Hemming, p. 271. O epíteto que Euclides dá a Fitzcarraldo e aos caucheiros lembra-nos sua preocupação com as ruínas no Brasil tropical (cf. cap. 5, n. 20). Sobre as ruínas no contexto amazonense ver também Victor Leonardi, *Os Historiadores e os Rios*, Brasília, 1999, esp. caps. 5-7 e 9.

inúmeros seringueiros que ali labutavam sem terem outras salvaguardas reais a não ser seus rifles Winchester.

Os tratados de Madri e de Santo Ildefonso, assinados no século XVIII, tinham dividido a Bacia Amazônica entre a Espanha e Portugal, através de uma linha oblíqua que partia do meio do rio Madeira, bordejando o sul do Acre, até à margem oriental do rio Javari em sua nascente em torno da extremidade norte do Acre. A fronteira meridional desse território localizava-se no paralelo 10°20'; no noroeste a extrema ainda maldefinida continuava sendo a nascente do rio Javari, situada em 7°1'17". Durante a guerra do Paraguai, em 1867, a Bolívia adquiriu do Peru, pelo Tratado de Ayacucho, várias regiões ribeirinhas inexploradas no norte do Acre, mas essas regiões foram deixadas abertas a "outras negociações" entre os bolivianos e os brasileiros, que se encontravam em guerra. Enquanto isso, no mesmo ano, o governo brasileiro permitiu o tráfego estrangeiro pelo Amazonas.

A mudança clandestina de brasileiros para o Acre além do paralelo 10°20', no sul, provocou uma disputa diplomática entre o Brasil e a Bolívia, que somente iria ser resolvida com o novo reconhecimento das cabeceiras do rio Javari, que se descobriu localizar-se numa latitude superior, 7°11'48", um acréscimo de 10'3" em relação à situação anterior. Esse ajuste para cima contribuiu para que o governo brasileiro cedesse (contra o sentimento popular) o território do Acre aos bolivianos, os quais criaram importantes postos no território e estabeleceram sua sede administrativa em Puerto Alonso. Imediatamente passaram a cobrar impostos sobre a borracha produzida pelos brasileiros, que, tendo seu número multiplicado pelos afluxos de cearenses, começaram a mostrar-se indóceis. E, quando uma nova exploração da nascente do Javari, por Luís Cruls (a quem Euclides consultou sobre sua própria viagem), diminuiu sua latitude para 7°6'5", explodiu uma revolta dos naturais da terra contra os bolivianos, logo apoiada por um batalhão do exército brasileiro, apelidado os "Poetas", estacionado abaixo de Manaus. Nessa conjuntura crítica, os bolivianos convidaram uma força internacional a ingressar no conflito – nada menos que um cartel anglo-americano, o Bolivian Syndicate, que ansiava pôr as mãos na nova riqueza do território, a borracha.

Os brasileiros, sob a liderança de José Plácido de Castro (que Euclides teve oportunidade de encontrar mais tarde), lutou contra o Sindicato com tanta destreza que capturou Puerto Alonso, a sede do poder colonial boliviano. Nesse confronto, Plácido de Castro contou não apenas com os infantes de seu exército, mas também com a ajuda vital dos grandes proprietários de terra acreanos.

Essa vitória resultou, inevitavelmente, na intervenção da própria Bolívia, tendo à frente o presidente, um general. No entanto, o Barão do Rio Branco já então exercia suas habilidades diplomáticas em defesa de Plácido de Castro e de seus irregulares: ordenou que o Acre fosse submetido a ocupação militar e reconheceu Plácido de Castro como governador do território, ao mesmo tempo em que se empenhava, com ameaças e promessas, em afastar o Bolivian Syndicate. Nessa altura, o ministro das Relações Exteriores estava em condições de negociar com os bolivianos a aquisição do território por um preço razoável: concessões a estes de três mil quilômetros quadrados de terras ribeirinhas e praias lacustres, mais o pagamento de dois milhões de libras esterlinas, como ficou estipulado no Tratado de Petrópolis, assinado em 1903.

As fronteiras do Peru, como as da Bolívia, com o Brasil também eram frágeis, ao longo do curso norte do rio Javari que os *caucheros* peruanos vinham cruzando desde 1896 e transformando, a partir de 1902, os vales dos rios Purus e Juruá nos seus campos de coleta de látex, com o surgimento de constantes conflitos com os seringueiros brasileiros. Os peruanos mostraram intenções de invadir essas regiões disputadas (atribuídas anteriormente aos bolivianos) usando o direito do *uti possidetis*; antes que isso acontecesse, porém, foram criadas duas comissões formadas por brasileiros e peruanos, as quais foram mandadas aos rios Juruá e Purus, com o intuito de descobrir suas cabeceiras e assim determinar as exatas fronteiras entre os dois países. Foi assim que Euclides foi nomeado chefe do contingente brasileiro encarregado de explorar o Alto Purus, juntamente com os peruanos[9].

Era uma missão dupla a de Euclides: certificar-se se o rio Purus derivava das encostas peruanas dos Andes e, se não, reclamar para o Brasil as regiões do curso superior do rio no Peru, com base no princípio de direito internacional pelo qual "entende-se que a posse de qualquer linha costeira extensa [...] se estende ao interior do país até às nascentes dos rios que deságuam [...] [n]essa costa"[10].

Mesmo antes de ter sido apresentado ao Barão do Rio Branco para chefiar essa missão, Euclides já vinha escrevendo alguns artigos sobre temas bem próximos desses. Em ordem de data de publicação são estes artigos: "Conflito Inevitável" (14 de maio de 1904), "Contra os Caucheiros" (22 de maio de 1904), "Entre o Madeira e o Javari" (29 de maio de 1904) e "Solidariedade Sul-Americana" (31 de maio de 1904), além de "Contrastes e Confrontos", que deu título a seu segundo livro. Todos esses textos, com exceção dos dois últimos, apareceram em *O Estado de S. Paulo*, nas datas mencionadas; os dois últimos foram publicados em *O País*; e todos eles foram incluídos, depois, no livro *Contrastes e Confrontos* (1907).

O argumento de "Conflito Inevitável", muito apreciado por Rio Branco, centrava-se na abusiva infiltração dos *caucheros* peruanos vindos das encostas orientais dos Andes até às cabeceiras do Amazonas, em especial no rio Purus. Na opinião de Euclides, a disseminação de peruanos e bolivianos para o oeste não era uma questão da vinda

---

9. Os três parágrafos acima condensam páginas extraídas da biografia de Euclides escrita por Sylvio Rabello, *Euclides da Cunha,* pp. 240-249.

10. Opinião de um perito em leis, o norte-americano John Bassett Moore, consultado pelo governo brasileiro, e citado por Leandro Tocantins, *Euclides da Cunha e o Paraíso Perdido*, p. 209.

Barão do Rio Branco, entre outros.

de alguns aventureiros a procurar riquezas nos seringais; para os peruanos era, antes, uma necessidade geopolítica determinada pelos terremotos e pelo "litoral estéril" de seu país no oceano Pacífico. A sociedade peruana, com a sua ampla diversidade étnica ("todas as raças e não há um povo" ali), era tão instável quanto as areias movediças de seus desertos litorâneos, e passou "do trágico ao repulsivo, do assombroso ao grácil", de acordo com "o viver aleatório de uma sociedade". É uma sociedade que "parece estar apenas abarrancada no território alongado que prolonga o Pacífico", e somente nas montanhas dos Andes algo como a "dominação" dos antigos Incas consegue redimir as atividades de seus herdeiros modernos, os peruanos, em suas incursões na Bacia Amazônica pelos diversos ramais de estradas de ferro. No entanto, suas surtidas nômades contra a *Castilloa elastica* têm "uma feição gravíssima", ou seja, "a guerra iminente" com o Brasil. Se o Brasil levou cinco anos, junto com seus aliados do rio da Prata, para sobrepujar o pequeno Paraguai e seu líder destemido, certamente, na opinião de Euclides, não se podia calcular quantos sacrifícios seriam impostos a seu país por uma luta "com a expansão vigorosa de um povo [os peruanos]"[11].

O segundo artigo, "Contra os Caucheiros", foi escrito depois que o governo brasileiro enviou tropas ao Acre para policiar o território ao longo do rio Purus[12]. Euclides, agora, recuou um pouco para repensar o intangível campo de batalha amazonense. Hoje em dia, a guerra colonial, reflete ele, seja na África do Sul entre os ingleses e os bôeres, seja em Cuba entre os "Rough Riders" e as forças espanholas, "cresceu para diminuir na guerrilha; e depois de devorar os povos devora os próprios filhos, extinguindo o soldado. Não é Marte, é Saturno". Evidentemente, Euclides também tinha em mente as lições das campanhas de Canudos, onde o exército brasileiro precisou aprender a lutar à maneira das forças irregulares dos conselheiristas. No entanto, nas cabeceiras do Amazonas a campanha dos peruanos contra os brasileiros mudou dos secos desertos dos sertões para "o labirinto inextricável dos igarapés" pelos quais os combatentes peruanos deslizam em silêncio em suas ubás (canoas escavadas num tronco de madeira)[13]. Os soldados brasileiros enviados rio acima para combatê-los terão a maior dificuldade, não para bater os inimigos flutuantes, mas para avistá-los. Além da invisibilidade dos contendores, a floresta encharcada transuda doenças mefíticas que desfiguram, quando não matam, embaciando os homens brancos à semelhança de cadáveres e salpintando os pretos de manchas brancas.

Para reforçar o exército, porém, foram empregadas as forças irregulares dos destemidos nordestinos – os cearenses – que constituem "o verdadeiro exército moderno"[14]

---

11. *Obra Completa*, vol. I, pp. 155-159.
12. *Idem*, pp. 159-162.
13. *Idem*, pp. 160-161.
14. *Idem*, p. 162.

por definição, seja no Transvaal, em Cuba, seja em qualquer outro lugar. São eles os "guerreiros felizes", endurecidos no calor do meio-dia, a um só tempo bravos e joviais, capazes de improvisar táticas assustadoras com a mesma espontaneidade com que entoam as rimas ressoantes em seus folguedos. Diante do "hibridismo moral"[15] do caucheiro – uma mistura da bravura ostentosa do espanhol e da ferocidade mórbida do quíchua – ergue-se o jagunço nordestino que suplantará o caucheiro. Esse genial elogio de Euclides aos irregulares de Plácido de Castro não considera os grandes latifundiários do Acre, que eram os sustentáculos mais firmes do exército contra a ameaça dos bolivianos de cobrar impostos sobre a borracha; depois da vitória sobre os bolivianos, o próprio Plácido de Castro tornou-se um latifundiário.

O terceiro artigo, "Entre o Madeira e o Javari", refere-se aos dois rios que chegam a medir em comprimento toda a extensão do Território do Acre[16]. Antigamente, no século XVIII, não havia população alguma entre esses rios, afirmava o padre jesuíta João Daniel: "nem de brancos nem de tapuias mansos ou missões"[17]. Esse estado de despovoamento, se é que realmente existiu, duraria... até o segundo terço do século XIX, quando passou a ser tolerada a navegação estrangeira no Amazonas, e um grande número de exploradores científicos do Brasil e do exterior começaram a investigar os afluentes do grande rio[18]. Tavares Bastos, um conhecido brasileiro, percorreu o grande rio e escreveu (*O Vale do Amazonas*, 1866) sobre as promessas socioeconômicas da região, e o explorador inglês William Chandless reconheceu algumas nascentes do rio Purus. Depois, um anônimo nordestino – "como o é a grande maioria dos nossos verdadeiros heróis"[19] –, ou seja, Manuel Urbano da Conceição, desvendou todas as nascentes dos afluentes do rio Purus e, desse modo, abriu caminho para o povoamento rápido e mais intenso do Acre, que em 1887 já contava umas sessenta mil almas.

Quando surgiram as cidades – uma delas com o nome desse nordestino à margem do rio Purus – e a riqueza da borracha retornou de Manaus, graças à Companhia Fluvial do Amazonas, dois jornais foram fundados, um teatro atraiu grandes plateias, escolas foram criadas e estradas foram alinhadas e calçadas. Nas palavras de Euclides, esses arrancos de civilização eram "um dos melhores capítulos da nossa história contemporânea" e o jornalista regozijou-se em saber que não só em Manaus, mas também a montante do rio Juruá, no noroeste do Acre, foram encontrados grupos de parisienses – "autênticos parisienses" – que tinham trocado os *boulevards* de Paris pela explo-

---

15. *Obra Completa*, vol. I, p. 162.

16. *Idem*, pp. 162-166.

17. Citado em *idem*, p. 162, a partir do *Thesouro descoberto no Máximo Rio Amazônas* (1797); deve-se consultar também o capítulo "Abrindo a Amazônia", em Hemming, *Amazon Frontier*, pp. 18-19.

18. Ver o estudo clássico de C. de Mello-Leitão, *História das Expedições Científicas no Brasil,* São Paulo/Rio de Janeiro, 1941, pp. 121-147, 176-184, 217-249, 266-270.

19. *Obra Completa*, vol. I, p. 164.

ração de seringais. Os mais animados de todos eram os robustos e aclimatados bandos de "admiráveis caboclos do Norte" que impunham nas selvas do Acre "a nossa língua, os nossos usos e, ao cabo, os nossos destinos". A analogia histórica mais próxima que vem à mente de Euclides é a corrida do ouro na Califórnia, em 1869. Conclui esse hino ao progresso com algumas palavras de Alexander von Humboldt (não identificadas) no sentido de que mais cedo ou mais tarde a civilização do globo deve concentrar-se, isto é, na Amazônia, que no devido tempo se separará do Brasil, como uma nebulosa libertará um mundo por força centrífuga[20].

Com esse toque cósmico, Euclides celebrou os distritos ao longo dos rios que banhavam o território do Acre, nenhum dos quais tinha sido visto ou explorado. Inevitavelmente, falaria de maneira diferente desse bolsão de "civilização" quando se viu frente a frente com a miséria humana trazida pela riqueza proveniente da expansão da borracha.

Em compensação, seu penúltimo artigo de maio, "Solidariedade Sul-Americana", mostra extrema amargura em seu cotejo entre a postura imperial do Brasil e o desdém altaneiro dos norte-americanos para com suas "sister republics" da América do Sul[21]. Os dias plácidos do Império, sob o velho e digno Imperador, ocupado com aulas de hebraico e com a astronomia popular de Flammarion, são vistos agora por olhos estrangeiros como uma espécie de apatia, um marasmo ou desperdício de energias sociais e políticas, no qual deve ter-se afundado a sub-raça dos brasileiros. Um darwinismo às avessas, uma seleção natural invertida, virou de cabeça para baixo a história latino-americana, assegurando uma ruidosa vitória aos fracos e ineptos sobre os homens fortes e incompreendidos. O Brasil, nessa lente telescópica de diminuição, acha-se alinhado com o convalescente Paraguai (seu antigo inimigo); com a dividida Bolívia, dilacerada por motins e por guerras de escaramuças; com a Colômbia e sua abortiva república, o Panamá, que surgira alguns meses antes; com o Uruguai, abalado por tropas de gaúchos; ou com o Peru dissoluto.

A opinião oficial norte-americana sobre o Brasil está resumida, no entender de Euclides, nas páginas correntes da *North American Review*, onde a terra do Cruzeiro do Sul é depreciada por um escritor da legação dos Estados Unidos como "a land where it is always afternoon" (uma terra onde é sempre de tarde). Invocando a Doutrina Monroe, o escritor podia até mesmo recriminar os brasileiros por não tomarem os cientistas alemães que se encontram em seu país (*e.g.*, Karl von Steinen e Hermann Meyer) pelo que realmente eram, "batedores sem armas do germanismo"[22].

20. *Obra Completa*, vol. I, pp. 165-166.
21. *Idem*, pp. 166-169.
22. *Idem*, p. 168.

No final, o ensaísta retoma o tema de seu primeiro artigo – o "conflito inevitável" com os peruanos no Acre: "[f]izemos tudo por evitá-la [a campanha]", mas devemos aceitá-la com tranquilidade e "não devemos temer"[23]. Uma palavra final do autor separa um do outro os dois temas do ensaio[24]:

Se essa solidariedade sul-americana é um belíssimo ideal absolutamente irrealizável, com o efeito único de nos prender às desordens tradicionais de dois ou três povos irremediavelmente perdidos, que se incompatibilizaram às exigências severas do verdadeiro progresso – deixemo-la.

Sigamos – no nosso antigo e esplêndido isolamento – para o futuro; e, consciente da nossa robustez, para a desafronta e para a defesa da Amazônia, onde a visão profética de Humboldt nos revelou o mais amplo cenário de toda a civilização da terra.

O último ensaio, que dá título a seu segundo livro, "Contrastes e Confrontos", tem algumas ligações com o anterior, "Conflito Inevitável", por exemplo, na formação racial mestiça da moderna sociedade peruana e na evocação do antigo Império Inca; mas, sob outros aspectos, este ensaio final completa o quadro desagradável que o autor pintou do Peru de uma maneira muito mais devastadora, no final, com um chocante incidente peruano ocorrido em 1872. A tese pseudocientífica deformada de "Contrastes" é anunciada desde o começo: "A história, ali [no Peru], parece um escandaloso plágio da natureza física"[25]. O autor quer dizer com isso que em qualquer nível de manifestação – geológico, arqueológico e historiográfico – haverá "um baralhamento de contrastes em que os fatos sociais recordam um decalque dos fatos inorgânicos"[26] – daí o "plágio". Assim, os Andes estarão "traduzindo-se" de forma grandiosa no altivo Império Inca e, de modo mais cômico, os terremotos peruanos irão reecoar nos "pronunciamentos" dos modernos líderes peruanos. Esse tipo de comparação despreocupada não chegará muito longe, mas revela uma estreita semelhança com as interações fantasiosas entre o homem e a natureza sobre as quais o historiador inglês Henry T. Buckle fundamentou sua imoderada *Introduction to the History of Civilization in England*[27], uma das fontes prediletas de Euclides.

---

23. *Obra Completa*, vol. I, pp. 168-169.

24. *Idem*, p. 169.

25. *Idem*, p. 151.

26. *Idem*, p. 152.

27. "De um lado, temos a mente humana obedecendo às leis de sua própria existência... Do outro, temos o que se chamou natureza obedecendo do mesmo modo às suas leis, mas entrando continuamente em contato com as mentes dos homens [...], dando às suas ações uma direção que não teriam tomado sem essa inquietação. Temos, assim, o homem modificando a natureza e a natureza modificando o homem, ao mesmo tempo em que dessa modificação recíproca devem brotar necessariamente todos os acontecimentos" (*Introduction*, p. II). Dessa interação monótona entre seres humanos e natureza tropical, Buckle deduz que dos terremotos originar-se-ão não "pronunciamentos", mas o próprio Catolicismo!

Desse teórico ponto de observação, nosso autor pode então analisar, sem restrições, as terras dos incas, seus cemitérios, seus feitos de engenharia (estradas nas montanhas e pontes suspensas), suas fortalezas e templos e seus sistemas de irrigação. Desses altos campos de visão "o viajante [...] pode reconstruir nos seus aspectos dominantes toda a idade de ouro dos [aborígines] aimarás"[28]. Como a rígida formação de rocha dolerítica que mantém no lugar a *cordillera*, a sociedade inca tinha uma infraestrutura imperial patriarcal sustentada por uma inflexível teocracia e por uma hierarquia de castas. Mas, segura em sua fixidez montanhosa, não previu a chegada dos conquistadores espanhóis, no século XVI.

No último quartel do século XIX, após trezentos anos de história colonial, a Euclides parecia que a sociedade peruana tinha-se transformado numa "ficção etnográfica" devido à sua grande diversificação causada por outras raças através de todos os matizes de coloração humana. A única semelhança que ainda guardava da sociedade inca era sua hierarquia social, agora com o *hidalgo* branco no topo e o *coolie* chinês importado no degrau mais baixo da escada, tendo no meio todas as gradações de cores. Aos olhos desaprovadores de Euclides toda essa sociedade heterogênea e racista se resumia numa única coisa, cada indivíduo segundo sua cobiça: "saqueia a terra e o passado"; isto é, "arrebata-lhes o ouro, e a prata, e os nitratos, e o guano, e as múmias, e as pedras dos templos"[29]. Nada ilustra melhor "seu parasitismo" – um termo que Euclides cunhou ao mesmo tempo que Manoel Bonfim[30].

Esse tipo de saque exaustivo do tesouro enterrado[31] teve reflexos sobre a vida política do país, acreditava Euclides, provocando "a monotonia irritante dos pronunciamentos, os desastres das guerras infelizes e o tumultuário das perigosas sucessões presidenciais...". Aqui o brasileiro chega à firme conclusão a respeito dos peruanos: as "sucessões presidenciais que ora se fazem, progressivamente, à americana, a revólver, ora com o requinte feroz daquele suplício dos dois usurpadores [os irmãos] Gutiérrez – expostos, oscilantes, nas torres da Catedral de Lima, e despenhados depois, do alto daquelas duas Tarpeias barrocas para as fogueiras vingadoras acesas na *Plaza de Armas*"[32].

28. *Obra Completa*, vol. I, p. 152.

29. *Idem*, p. 154.

30. Sobre o parasitismo cf. Bonfim, *A América Latina*, reimpr. da 1. ed. de 1905, Rio de Janeiro, 1993, pp. 51-65.

31. O manual *Colonial Latin America*, New York/Oxford, 2001, observa secamente (p. 117): "Com exceção do tesouro inca, a pilhagem saqueou apenas riquezas modestas".

32. *Obra Completa*, vol. I, p. 155. Essa estória horrífica foi tirada de uma página dos estudos antropológicos de Charles Wiener, *Pérou et Bolivie*, Paris, 1880, p. 28. Esse autor registrou o fato em 1875, três anos após o ocorrido, acrescentando que "negras velhas assavam os membros dos corpos desconjuntados dos Gutiérrez, roendo-lhes os ossos e dançando em volta do fogo; vendiam a todos os recém-chegados pitadas das cinzas humanas [dos mortos] como um *souvenir* do fim incomparável dos tiranos". Nada dessa horrível

Em suma, os cinco artigos de maio sugeriram não só que Euclides tinha conhecimento das últimas informações sobre o iminente conflito entre os colonos brasileiros do Acre e os peruanos, mas também que era profundamente solidário com seus compatriotas neste conflito. É indisfarçável nos ensaios "Contrastes e Confrontos" e "Conflito Inevitável" sua profunda aversão ao inimigo tanto como extratores de borracha quanto como cidadãos parasitas em sua pátria do Peru. Depois que falou a seus amigos muita coisa sobre o assunto e chegou a expressar o desejo de viajar para o deserto, para o Acre[33], imediatamente foi arranjado – como de costume – por esses amigos um encontro com o todo-poderoso Barão do Rio Branco. Um desses indivíduos, um amigo novo, era o diplomata Manuel de Oliveira Lima, que tinha lido *Os Sertões* numa viagem de serviço ao Japão. No entanto, as relações do diplomata com o Barão não eram inteiramente simpáticas e, assim, passou a José Veríssimo a incumbência de fazer a apresentação, já que o crítico literário mantinha boa amizade com Domício da Gama, o secretário do Barão. Verdade seja dita, nem Oliveira Lima nem Veríssimo acreditavam que o posto que Euclides pleiteava, de chefe da Comissão brasileira à Amazônia, fosse tarefa adequada para o escritor, mas ajudaram-no no caso por acreditarem que essa missão podia transformar-se, no final, em outra obra-prima como *Os Sertões*.

Assim, Euclides estava um dia em sua casa no Guarujá, quando, pelos bons ofícios de Domício da Gama, recebeu o convite para uma entrevista noturna com o Barão, em seu "palacete de Westphalia", na subida para Petrópolis. Muito tempo depois, Gama relatou que Euclides, após ser anunciado no desarrumado escritório do Barão, no palacete, afundou desajeitadamente na cadeira mais próxima, "agitado e tímido como um estudante na hora do exame"[34]. Ao voltar uma hora mais tarde com um documento para o Barão, Domício da Gama encontrou a este muito alegre, conversando sobre fronteiras, relações internacionais e a história diplomática do Brasil; mas Euclides, sem dizer uma palavra, pareceu-lhe ainda mais pouco à vontade, todo retorcido na cadeira. Passada mais uma hora, da Gama entrou mais uma vez com o intuito de levar Euclides para casa, mas o Barão não quis ser interrompido e continuou a conversar com seu mudo visitante até às duas horas da manhã. Essas maratonas de conversas eram os testes que o Barão costumava aplicar aos candidatos a algum cargo, e Euclides foi de algum modo aprovado; isso porque Rio Branco acabou oferecendo-lhe a chefia da Comissão Brasileira de Exploração do Alto Purus. É provável que o diplomata, que

celebração aparece na história moderna do Peru, *Historia del Perú Contemporáneo*, de Carlos Contreras & Marcos Cueto, Lima, 2000, p. 143: "a rebelião fracassou e seus chefes [os Gutiérrez], açoitados até à morte com paus pelo povo, terminaram enforcados na Catedral de Lima".

33. Ver a carta de 20 de fevereiro de 1903 a Luís Cruls, e as de 24 de junho e 7 de julho de 1904, a José Veríssimo, em *Obra Completa*, vol. II, pp. 623 e 646-647.

34. Ver o artigo de Domício da Gama sobre a visita de Euclides, cuja data não cita, na *Revista da Academia Brasileira de Letras*, ano 18, vol. 25, n. 72 (dezembro de 1927), pp. 444-447.

gostava de cercar-se de eminentes literatos[35], já se tivesse afeiçoado ao conhecido autor Euclides da Cunha e, depois de passarem juntos uma longa noite, não viu motivos para não lhe conferir a chefia da missão.

Cerca de quatro meses após essa indicação (que foi oficializada em 6 de agosto[36]), Euclides e os outros membros da Comissão embarcaram para a foz do Amazonas no vapor "Alagoas". Outros atrasos iguais a esse deviam ocorrer em Manaus. Em meados de dezembro, Euclides, depois de levar a esposa e os filhos do Guarujá para o Rio[37], tomou o navio nessa cidade com destino ao Norte do Brasil. Em sua jornada até Belém, parou em Recife, onde o vapor descarregou e carregou mercadorias e deu-lhe a oportunidade de visitar alguns amigos na cidade, sobretudo seu novo amigo Oliveira Lima, que nascera na cidade próxima de Olinda e tinha uma casa luxuosa em Santana, onde se hospedou. Depois de nova parada em Fortaleza (Ceará), o navio rumou direto para Belém, um dos maiores portos tropicais da América do Sul, engrinaldado com as mais altas palmeiras. Além de Euclides, estavam a bordo seu primo, o engenheiro Arnaldo Pimenta da Cunha, que não deixaria de alarmar-se com as advertências do tio sobre as doenças que iriam encontrar ao longo do Amazonas[38]; o primeiro-tenente Alexandre Argolo Mendes, o médico dr. Tomás Catunda, e o secretário da expedição, o agrônomo Manuel da Silva Lemes, que faleceu logo depois. O governo negou ao grupo a presença de um fotógrafo, Egas Chavez Florença, que ainda assim conseguiu juntar-se à expedição em Manaus. Nessa cidade, a maior parte da organização da jornada ao Purus cairia sobre os ombros de Euclides.

Finalmente, ao adentrar o amplíssimo estuário do Amazonas, Euclides parecia decidido a não se impressionar com qualquer coisa no meio da extrema planura do cenário oceânico no qual as ilhas mais exteriores eram rasadas como que num "naufrágio da terra, que se afunda e braceja convulsivamente nos esgalhos retorcidos dos mangues...". Por cima, os céus arqueavam-se de horizonte a horizonte, "resplandescentes" mas "vazios" a seus olhos. Aqui, nas vastas fímbrias do rio majestoso, não havia os brilhos do "glorious clime" de que falava o entomologista inglês Walter Bates.

35. Por exemplo, Afonso Arinos, Graça Aranha, Araújo Jorge etc. O único grande escritor que estava visivelmente ausente desse círculo – por ser um mulato pobre – era Lima Barreto, que fez uma devastadora caracterização do Barão e de seu "palacete" num capítulo da novela *Vida e Morte de M. J. Gonzaga de Sá*, reimpr. São Paulo, 1997, pp. 39-40.

36. Outra data incerta; ver, porém, a carta de Euclides a Domício da Gama, de 27 de agosto de 1904, em *Obra Completa*, vol. II, p. 649.

37. A mudança sofreu alguns transtornos devido às brigas da sogra de Euclides com os filhos. Por isso, a família mudou-se outra vez: da casa da sogra em Laranjeiras, onde a esposa poderia ter ficado com os filhos, para outra casa no mesmo bairro, à rua Cosme Velho, 91. Ver as cartas de Euclides ao pai e a Reynaldo Porchat, de 10 de outubro e 10 de dezembro, respectivamente, em Galvão & Galotti (orgs.), *Correspondência de Euclides da Cunha*, pp. 239 e 242.

38. Em carta de 4 de outubro de Euclides a Arnaldo, *idem*, pp. 653-654.

No entanto, tão logo desembarcou em Belém e registrou-se com sua equipe no hotel, procurou o caminho para o Museu do Pará, dirigido na época pelos suíços Émile Goeldi e Jacques Hubner, que o receberam com amável cordialidade. Do último, "um espírito sutilíssimo", pensou ele, "servido por um organismo de atleta", recebeu uma monografia sobre a região "que me parecera tão desnuda e monótona"[39]. Devorou-a na mesma noite e, de manhã, pela primeira vez viu o Amazonas tal como podia ser: "Porque o que se me abria às vistas desatadas naquele excesso de céus por cima de um excesso de águas, lembrava (ainda incompleta e escrevendo-se maravilhosamente) uma página inédita e contemporânea do *Gênesis*. Compreendi o ingênuo anelo de Cristóvão da Cunha: o grande rio devera nascer no Paraíso…"[40]. Viu agora "a gestação de um mundo" nas ilhas afundadas, "a flora salvando a terra" como nos tentáculos dos mangues, ou por meio da filtração do solo pelas moitas de filodendros e pelas gramas aquáticas.

Essas mudanças de perspectiva oscilavam de um para outro lado, como uma ventoinha, enquanto viajava, com os companheiros, rio acima no barco a vapor do Lloyd, até que, em 30 de dezembro, atracaram no porto de Manaus.

Como já se disse antes, Euclides nada achou que admirar no intenso comercialismo desse porto, onde foi forçado a esperar por quatro meses, muitas vezes a temperaturas de 30 °C, os barcos e suprimentos necessários à sua missão; além disso, a delegação peruana estava retida em Belém, fazendo reparos em seus barcos. E, o mais importante, o chefe brasileiro tinha de aguardar as instruções finais do próprio governo. William Chandless, seu admirado predecessor inglês na exploração do rio Purus, tinha recebido, em 1864, toda a ajuda e assistência dos funcionários do governo em Manaus, ao passo que ele, um brasileiro, foi deixado dia após dia esperando, "a aguardar o meu deserto, o meu deserto bravio e salvador"[41], que lá estava em volta sem que ele pudesse penetrar. Na verdade, anteriormente, na cálida umidade de Manaus, banhado perpetuamente em suor, não soube como traduzir de uma maneira "desmoralizada", para seu correspondente, a frase de Bates, "*glorious clime*"; mas agora, finalmente reconciliado com as altas temperaturas, pôde apreciar a frasezinha de Bates[42]. E assim continuou…

39. No discurso de recepção na Academia Brasileira de Letras, em *Obra Completa,* vol. I, pp. 204-205.

40. *Idem,* p. 205. A beleza e a correção da descrição figurativa escaparam inteiramente ao geólogo brasileiro Hilgard O'Reilly Sternberg, em "Radiocarbon Dating as Applied to a Problem of Amazonian Morphology", em *Comptes Rendus du XVIII Congrès International de Géographie,* 2: 399-400, Centro de Pesquisas de Geografia do Brasil, Rio de Janeiro, 1959. A negligência constitui lugar-comum na acolhida científica dos textos de Euclides sobre o Nordeste e a Amazônia entre os geólogos brasileiros e norte-americanos. Euclides, erroneamente, cita "Cristóvão da Cunha" em vez de "Cristóbal de Acuña", um padre jesuíta que esteve entre os primeiros viajantes na Amazônia (1639); ver J. Hemming, *Red Gold,* Cambridge, Mass., 1978, pp. 231 e ss.

41. Ver cartas de 2 de fevereiro de 1905, a José Veríssimo, e de 10 de março a Coelho Neto, em *Obra Completa,* vol. II, pp. 660 e 661, respectivamente.

42. Cartas a Veríssimo, de 13 de janeiro e de 2 de fevereiro de 1905, em *Obra Completa,* vol. II, pp. 657 e 660.

Com outros correspondentes conversou sobre o projeto literário de escrever um livro sobre o Amazonas, *Paraíso Perdido*, como Oliveira Lima e Veríssimo tinham desejado secretamente quando o recomendaram ao Barão do Rio Branco[43]. Essa correspondência foi escrita num chalé de Alberto Rangel, a Vila Glicínia, como era conhecida, no qual o proprietário o acomodou e que, mais tarde, no final de março, quando teve de viajar para a Europa numa missão diplomática para o estado do Amazonas, emprestou a ele e a outro amigo, Firmo Dutra. A casa tinha sido construída à beira da selva, onde Euclides se mantinha afastado e tranquilo, de modo que podia trabalhar em paz, mesmo que suas noites fossem perturbadas pelas visões da "mulher de branco" (cf. cap. 8, p. 162). Em seu retorno do Alto Purus, foi aí também que o amigo de Rangel, Firmo Dutra, cuidou de Euclides, enquanto se recuperava das dores físicas e psíquicas de seu "duelo com o deserto", como ele mesmo dizia. Rangel e Dutra, como Euclides, tinham-se graduado na Escola Militar da Praia Vermelha; mais jovens do que ele, Rangel trabalhava como inspetor oficial das plantações de seringueiras e Dutra era um oficial do exército num destacamento destinado a evitar as incursões dos peruanos na Amazônia[44].

Tirando fora suas lutas diárias com a burocracia de Manaus sobre a compra de provisões para a viagem e a obtenção de licença para as lanchas, o imobilizado Euclides lia, nas crônicas antigas e memórias de viagens, tudo o que podia sobre o rio e seus afluentes, e seus caminhos misteriosos[45]. Parte desse conhecimento ele transmitiu a Rio Branco sem lhe dar valor demasiado; por outro lado, manteve contato com o responsável pelo grupo dos peruanos – Don Pedro Buenaño – que lhe ofereceu de presente um *sombrero*, embora o presenteado alimentasse desde o início uma certa prevenção contra todo o grupo: "E como nos querem mal!"[46]. E por último mas não menos importante, não hesitava, em suas cartas a Rio Branco, em referir-se às piores consequências de todos esses atrasos – a baixa das águas dos rios do sistema do Alto Purus "em plena vazante" – a que faz menção como que apenas de passagem, e não para desgostar o Barão[47].

Finalmente, em 19 de março de 1905 foi anunciada a partida para o início do mês de abril; vinte soldados do 36º Batalhão de Infantaria sob o comando de três oficiais foram designados para a missão; Florença tirou fotografias do pessoal da chefia da

43. Ver a carta sem data a Artur Lemos e a de 10 de março de 1905 a Veríssimo, em *Obra Completa*, vol. II, pp. 662 e 663, respectivamente; e também a carta de 10 de março a Coelho Neto, em *idem*, p. 661.

44. Ver o longo discurso de Dutra sobre seu amigo Euclides para uma plateia no Itamaraty, 19 de agosto de 1938, reimpresso em *Dom Casmurro*, n. 10 (maio de 1946), esp. pp. 26 e 28.

45. *Obra Completa*, vol. II, pp. 666 e 667, cartas de 19 de março de 1905 a Veríssimo e de 20 de março a Rangel.

46. Carta a Veríssimo, já citada, *idem*, p. 666.

47. Cartas a Rio Branco, de 10 de março e de 4 de maio de 1905, em Galvão & Galotti, *Correspondência de Euclides da Cunha*, p. 264; cf. p. 279.

comissão mista e de suas lanchas; uma dessas fotografias foi despachada por Euclides para vários amigos com os seguintes versos atrás[48]:

Se acaso uma alma se fotografasse,
De sorte que, nos mesmos negativos,
A mesma luz pusesse em traços vivos
O nosso coração e a nossa face,

E os nossos ideais, e os mais cativos
De nossos sonhos… Se a emoção que nasce
Em nós, também nas chapas se gravasse
Mesmo em ligeiros traços fugitivos;

Amigo! tu terias com certeza
A mais completa e insólita surpresa
Notando – deste grupo bem no meio –

Que o mais belo, o mais forte, o mais ardente
Destes sujeitos é precisamente
O mais triste, o mais pálido, o mais feio.

Então, escreveu uma última carta a Rangel, em 20 de março, pedindo-lhe que, no caminho para a Europa, visitasse em Laranjeiras "minhas quatro enormes saudades" (Ana e seus três filhos)[49], e, na primeira semana de abril, ele e Buenaño embarcaram com a comissão mista, rio acima, rumo às cabeceiras do Purus. Avançando às pressas dia e noite, não demorou muito para que as lanchas brasileiras encontrassem dificuldades de navegação no Baixo Purus – eram pequenas demais para oferecerem segurança, mas grandes demais para progredirem rio acima. O maquinista e o piloto de uma delas tiveram tamanha altercação que só foi possível evitar as vias de fato deixando o maquinista em Trombetas, entre as vilas de Lábrea e Cachoeira[50]. Estavam mais ou menos a meio caminho do rio Purus (1 496 quilômetros).

---

48. Texto poético em *Obra Completa,* vol. I, pp. 658-659; um outro texto é citado por Veloso Leão em *Euclides da Cunha na Amazônia*, Rio de Janeiro, 1966, p. 40, endereçado ao dr. Praguer Filho, o centro do círculo de amigos de Euclides em Manaus.

49. *Obra Completa,* vol. II, p. 668.

50. Relatório ao capitão dos portos de Manaus, citado em Leandro Tocantins, *Euclides da Cunha e o Paraíso Perdido*, p. 77. Os nomes dos locais de parada de Euclides foram checados com seu mapa autografado, de 3,5 m de comprimento, na Benson Library da University of Texas, Austin, e também com os mapas manuscritos do missionário O. R. Walkey, publicado em 1922 (s. l.) com o título de *Map of the Amazon River Plain*. Ver mapa adiante, pp. 396–411. Um bom mapa geral de todo o rio Purus é o *International Travel Refe-*

Grupo de exploração do Alto Purus.

Partida de Manaus.

Acima de Boca do Acre, em 21 de maio, no posto do (segundo) São Brás, já no Médio Purus (1 056 quilômetros), os brasileiros sofreram grave acidente com o batelão de suprimentos puxado pela lancha "Cunha Gomes", que, levado por forte corrente, bateu em imensa tora submersa de cumarurana, fez logo água e afundou. Essa grave perda das provisões do grupo brasileiro teria de ser reposta em Manaus, a jusante, para onde foi despachado sem demora o ajudante militar Alexandre Mendes; dos destroços foram salvos apenas alguns uniformes e pouca coisa das provisões[51]. Alguns componentes da comissão brasileira tiveram de permanecer com a barcaça afundada, enquanto o restante seguiu para o Alto Purus, viajando apenas de dia. Após a parada de uma semana na confluência dos rios Chandless e Purus, onde a água estava baixa demais para as lanchas, a comissão mista foi obrigada a recorrer às ubás, que no final de maio estavam singrando o Alto Purus (707 quilômetros).

Previsivelmente, o acontecimento seguinte afetou os remadores das canoas brasileiras, soldados do exército que, com o aumento do cansaço, se mostraram "pouco obedientes às ordens", de sorte que cinco dos mais insubordinados foram mandados de volta a Catai, em solo peruano (22 de junho). Por ter um pobre remador sucumbido à exaustão no rio Cujar, afluente do Purus, já em território peruano, Euclides saltou da canoa na água e o ameaçou em altos brados com o revólver[52]. A tensão dessa expedição bloqueada começara a desequilibrar a chefia brasileira, cuja preparação para essas provações era um tanto amadorística. Contudo, até onde podemos dizer, seus companheiros peruanos não foram afetados pela tensão, como vemos no quadro jovial que Euclides deles pintou no acampamento, em "Castro Alves e seu Tempo"[53].

[...] ao fim de dez horas de castigo parecíamos voltar à mesma praia, de onde partíramos, numa penitência interminável e rude...

Contrastando com esta desventura, a comissão peruana, que acompanhávamos, estava íntegra, bem abastecida, robusta. Não sofrera o transe de um naufrágio. Eram vinte e três homens válidos, dirigidos por um chefe de excepcional valor. Assim, todas as noites, naquelas

---

rence *Map of the Amazon Basin* de Kevin Healey, Vancouver, 1990. É bastante útil a cronologia da exploração de Euclides, feita por Oswaldo Galotti, *Euclides da Cunha na Amazônia,* um opúsculo publicado pelo Centro Cultural Francisco Matarazzo Sobrinho, Manaus/São Paulo/São José do Rio Pardo, 1985, pp. 21-23.

51. Em seu levantamento do rio Purus (*Obra Completa*, vol. I, p. 684), Euclides afirma que não houve "nenhum desastre pessoal a lamentar"; mas, em sua entrevista ao *Jornal do Commercio*, de 29 de outubro, ele o chama de "lamentável naufrágio" (*idem*, p. 505), como de fato o foi. Rabello, em sua biografia, concorda (p. 268): "o primeiro grande contratempo que experimentariam nessa tarefa". Sublinhamos que a tripulação brasileira "conseguiu salvar pouco mais da metade dos *gêneros*"; assim fala Euclides em *O Rio Purus, loc. cit.*, e também seu biógrafo, Leandro Tocantins, *Euclides da Cunha e o Paraíso Perdido*, "grande parte das *provisões*" foi perdida, p. 85.

52. Dilermando de Assis, o amante da esposa, afirma erroneamente, em *A Tragédia da Piedade*, p. 123, que ele feriu de morte esse soldado. O ato de Euclides já foi suficientemente ruim como o foi.

53. *Obra Completa*, vol. I, p. 434.

praias longínquas, havia este contraste: de um lado, um abarracamento minúsculo e mudo, todo afogado na treva; de outro, afastado apenas cinquenta metros, um acampamento iluminado e ruidoso, onde ressoavam os cantos dos desempenados *cholos* loretanos [de Loreto, departamento do Peru oriental].

Enterrados na escuridão dormiam "da Cunha y sus siete gatos pingados", como diziam os peruanos rindo de seu pequeno grupo, agora reduzidos a oito por indisciplina e pela perda do batelão de provisões. Até mesmo seu médico, dr. Catunda, tinha sido deixado em Novo Lugar, em 3 de junho, para atender a uma epidemia de beribéri que irrompera no lugarejo.

Os peruanos viram-se contrariados por algo muito mais transtornante do que os azares da subida do rio; isso se revelara, em 9 de junho, numa sepultura recente em Funil, escavada em outubro do ano anterior. Nela estavam enterrados os corpos de cinco caucheiros peruanos que tinham sido "fusilados y quemados por bandoleros brasileros", conforme se podia ler numa folha de zinco por cima do túmulo. Essa breve mensagem das guerras da borracha na primeira década do século XX provocou um perdoável mal-estar nas relações entre as duas metades iguais da comissão mista. Buenaño pode ter continuado a sorrir e a conversar com Euclides, mas recusou-se firmemente a apertar as mãos de um funcionário do governo brasileiro suspeito de ter participado do fuzilamento dos peruanos enterrados[54].

No entanto, a maioria das baixas nessa guerra de guerrilha foram os índios, ou apanhados no fogo cruzado ou fuzilados deliberadamente. Em 24 de julho, na confluência dos rios Cujar e Curiuja, no Alto Purus, a comissão mista deparou-se com o cadáver de uma mulher índia amahuaca, que havia sido deixado sem enterrar. Uma descoberta horrível, pouco acima do Shamboyaco, foi revelada mais tarde (sem data) na volta da comissão rio abaixo, numa ruína dos caucheiros. Num dos casebres estava um índio não identificado, inchado pelo impaludismo, os braços finos e as pernas mirradas, como um feto monstruoso ou uma bola de borracha esquecida ali pelos caucheiros; com tremendo esforço ergueu um dos braços finos, estendeu-o para fora e apontou para algum lugar longe, muito longe; depois, abaixou-o e balbuciou uma palavra: "Amigos...". O significado era evidente, porém. Tinham partido de lá seus "amigos" (peruanos ou índios?), deixando-o ali para morrer tendo ao lado apenas algumas bananas verdes[55].

Esses tristes espetáculos nos lembram que o cultivo desenfreado das seringueiras e a extração de seu látex induziram uma exploração até mais flagrante dos índios, como extratores de borracha e como remadores das canoas, mais notoriamente pelo

54. Ver o relato de Euclides sobre esse assunto feito a Rio Branco numa carta de 8 junho, em Galvão & Galotti (orgs.), *Correspondência de Euclides da Cunha*, pp. 284-285.

55. *Obra Completa*, vol. I, p. 262.

infame peruano Julio César Arana, exposto pelo inglês Roger Casement[56]. Sucedeu que Euclides soube por um informante que um índio campa ou amahuaca tinha matado um representante peruano da Casa Arana em Manaus, presumivelmente em vingança pela horrível perseguição que Arana fazia a diversas tribos indígenas; essa morte aconteceu num varadouro para o rio Cujar[57]. Os "infiéis", como eram chamados os índios, eram bastante capazes de revidar em qualquer lugar, mesmo que, no caso da Casa Arana, as principais atrocidades tivessem sido cometidas em outros locais ao norte do distante rio Putumayo no Peru.

As relações pessoais entre o evasivo Buenaño e o ingênuo Euclides não melhoraram com o passar do tempo. Alguns dias antes do desastre com o batelão de provisões, Buenaño queixou-se oficialmente – isto é, em voz alta – de que compatriotas peruanos viviam como escravos em propriedades de brasileiros; no entanto, quando Euclides investigou esses "abusos" na plantação de borracha da Liberdade, disseram-lhe que os dois peruanos que lá trabalhavam faziam-no de pleno acordo. Por conseguinte, o assunto dos peruanos escravizados foi engavetado. Mais tarde, ao desviarem de Cocama no Alto Purus, por conta da ameaça de índios no local, o Don peruano atacou novamente, querendo saber por que os brasileiros não tinham ido ao posto, pois as pessoas tinham estado perguntando se não tínhamos brigado um com o outro. A essa pergunta Euclides respondeu enfaticamente que os dois chefes eram perfeitamente iguais entre si: "a própria desproporção entre nossas forças e a circunstância de estarmos em território estrangeiro [peruano] apenas dava-lhe [a Euclides] mais força para repudiar com mais vigor qualquer termo ou ato que discordasse daqueles que a seriedade de meu dever e a nobreza natural de minha qualidade de justo brasileiro"[58]. Essa linguagem empolada era o tipo de retórica proferida por Don em seus próprios textos e que portanto podia entender.

Os dois chefes da comissão mista se afastaram totalmente um do outro quando Euclides teve a sorte inesperada de alcançar primeiro, em 3 de agosto, a ponta do último afluente do rio Purus e penetrar por um varadouro na selva até o rio Ucayali. Buenaño nunca iria perdoar-lhe esse feito muito elogiado; foi seu ressentimento secreto que o impediu de concordar com Euclides para a exploração do rio Curiuja no caminho de volta a Manaus (ver p. 250, mais abaixo).

Apesar de todas as adversidades que enfrentaram no Baixo Purus, os brasileiros, em três meses e meio após a partida, chegaram afinal a uma encruzilhada decisiva no rio, perto de Alerta, já dentro de terras peruanas, de onde se podia ou seguir o curso de William Chandless para o norte subindo o rio Curiuja, ou com suas ubás

---

56. Sobre Arana e Casement ver J. Hemming, *Amazon Frontier*, pp. 309 e ss.

57. Ver a longa carta (inédita) de Euclides a Rio Branco, publicada em apêndice da obra de Leandro Tocantins, *Euclides da Cunha e o Paraíso Perdido*, p. 270.

58. *Idem*, pp. 272-273.

Euclides da Cunha escrevendo durante a jornada pelo Alto Purus.

infletir para o sul ao longo do rio Cujar; a montante desse braço do rio ficava a nascente mais distante do Purus no Peru[59]. Euclides não podia saber que a decisão que Chandless tomara de mudar de curso fora ditada pelo fato de seus remadores índios terem sofrido um ataque de malária perniciosa[60]. No itinerário escolhido por Euclides, nessa altura, tanto ele quanto seu primo tinham sofrido ataques desse tipo de malária, que era incurável[61]. Além disso, nessa confluência os afluentes do Purus começavam a baixar gravemente suas águas na vazante, tornando a missão dos remadores cada vez mais mais exaustiva, na travessia de cerca de setenta corredeiras. Mas pelo menos a friagem, trazida por uma frente fria antártica, havia afugentado as nuvens de insetos que normalmente atormentavam os viajantes[62]. Quando tudo o mais impedia os brasileiros de navegar ombro a ombro com os peruanos, o patriotismo e a bandeira eram um estímulo inquebrantável, como nesta cena ocorrida num acampamento, numa manhã cedinho[63].

Acocoravam-se [os remadores brasileiros] à roda de uma fogueira meio extinta; e receberam-me sem se levantarem, com a imunidade de seu próprio infortúnio.

Dois tiritavam de febre.

Falei-lhes. A honra, o dever, a pátria e outras magníficas palavras, ressoaram longamente, monotonamente.

Inúteis. Permaneceram impassíveis.

Quedei-me, inerte, em uma tristeza exasperada.

E como a aumentá-la, notei, dali mesmo, voltando-me para a direita, que os peruanos se aprestavam à partida. [...]

E atravessando pelos grupos [peruanos] agitados, um sargento [...] cortou perpendicularmente a praia, em rumo à canoa do chefe, tendo ao braço direito, perfilada, a bandeira peruana, que deveria içar-se à popa da embarcação.

[...] Passava um sudoeste rijo. O belo pavilhão vermelho e branco desenrolou-se logo, todo estirado, ruflando...

E acudiu-me a ideia de apontar aquele contraste aos companheiros abatidos. Mas ao voltar-me não os reconheci. Todos de pé. A simples imagem do estandarte estrangeiro, erguido triunfal, como a desafiá-los, galvanizara-os.

---

59. Rabello diz erroneamente que Chandless explorou o rio Cujar, e não o Curiuja, em *Euclides da Cunha*, pp. 271 e 287 e ss.

60. É o que diz John Hemming, *Amazon Frontier*, p. 281.

61. Enfatizado por Roberto Ventura em sua biografia fragmentar de Euclides (p. 242). Essa moléstia enormemente debilitadora surgiu ao longo do Amazonas do século XVIII ao XIX; antes disso era desconhecida no rio; ver Hemming, *Amazon Frontier*, p. 281.

62. Ver Tocantins, *Euclides da Cunha e o Paraíso Perdido*, p. 102.

63. *Obra Completa*, vol. I, pp. 434 e ss.; cf. "Valor de um Símbolo", pp. 530 e ss.

Com relação à bandeira brasileira, é mais conhecido dos brasileiros um incidente anterior, de 3 de julho, ocorrido em Curanjá, um povoado alemão dentro das fronteiras do Peru. Existem duas versões dessa estória, das quais a primeira deve ser talvez a preferida, como segue. Karl Sharf, o "senhor" do povoado, e seu guarda-livros, Alfred Schultz, tinham decidido oferecer um almoço, um banquete, aos chefes da comissão mista. No entanto, entre as muitas bandeiras peruanas que decoravam a sala não se avistava um único pavilhão brasileiro. Euclides, um dos convidados homenageados, ao avaliar a situação, tinha quase decidido não participar da recepção até que observou, entre as decorações da parede, umas folhas de palmeira com um contraste de cor verde e amarela, e compôs mentalmente um discurso em que essas cores iriam figurar como a bandeira brasileira. Sentia-se feliz, disse aos convivas sentados à mesa, tanto como americano quanto como brasileiro, de estar presente a essa reunião, mais especialmente por sua capacidade nativa, ao ver "a requintada galanteria com que se tinha posto naquela sala a bandeira da nossa terra". Após um momento de choque entre os convidados, ele explicou: "uma extraordinária nobreza de sentir fizera que eles ao invés de irem procurar no seio mercenário de uma fábrica a bandeira de meu país tinham-na buscado no seio majestoso das matas, tomando-a exatamente da árvore que entre todas simboliza as ideias superiores da retidão e da altura. E terminei: 'Porque, Srs. Peruanos, a minha terra é retilínea e alta como as palmeiras...'" Seus anfitriões embaraçados somente puderam murmurar: "que eu havia compreendido muito bem o pensamento deles..."[64]. A segunda versão dessa estória é exatamente igual à primeira, salvo que o anfitrião é um desagradável *aviador* (agente da borracha) peruano, Elói Barbarán, com seu harém de nativas índias e modos ávidos de desencavar dinheiro. Essa versão atribui-lhe a observação final em espanhol: "Usted comprendió muy bien nuestro pensamiento"[65].

Em sua viagem ao Purus, a maioria das pessoas que Euclides encontrou nos lugares de parada eram mais parecidas com Barbarán do que com Sharf. Na descida à foz do rio Acre, em 2 de maio, foi apresentado a um "barão" brasileiro de grande seringal, o coronel Alexandre Oliveira Lima, "um rústico e ousado nordestino, o tipo do pioneiro, quase analfabeto, que pitorescamente afirmou que escrevia seu nome com três L – Lixandre Liveira Lima"[66]. O título de coronel ele mesmo deve ter acrescentado ao nome. No entanto, essa espécie de grosseira bonacheirice e de autoengrandecimento inócuo faltava totalmente entre os peruanos, mesmo em Barbarán, e, sempre que a comissão mista parava no Peru, multidões de peruanos passavam por Euclides sem nem mesmo dirigir-lhe uma palavra de saudação. De Curanjá, que na verdade tinha visto dias

64. *Obra Completa*, vol. I, p. 532: "Sucedeu em Curanjá".
65. Ver Arnaldo da Cunha, "Exposição", *Revista do Instituto Geográfico e Histórico da Bahia*, vol. 26, n. 45 (1919), p. 264. Mais sobre o perfil de Barbarán e suas mulheres em *Obra Completa*, vol. I, p. 261.
66. Tocantins, *Euclides da Cunha e o Paraíso Perdido*, p. 79.

melhores, Karl Sharf controlava o negócio da borracha no rio até Alerta. Aviadores (agentes da borracha), agregados ou qualquer outro tipo de dependente, Sharf era senhor de todos eles, muitos oriundos de ferozes tribos indígenas (campas e amahuacas). Perto de Alerta, em Cinco Reales, pelos bons ofícios de Don Buenaño, Euclides entrevistou-se com um índio campa, o antigo "curaca" Vicenzio ou Vinésio, dono de um seringal[67], mas, em outras circunstâncias, o chefe da missão brasileira mantinha-se afastado do trato com esses estrangeiros que o cercavam, somente aceitando de Sharf passar uma noite em sua casa antes de partir na manhã seguinte, rio acima.

Depois que a comissão mista havia percorrido todo o caminho até à junção final do rio Cabaljani com o curto rio Pucani (30 de julho), o nível das águas tinha baixado tanto que os brasileiros – os primeiros a chegar – podiam caminhar no leito do Pucani, "que foi percorrido a pé até o último poço do Purus"[68]. Foi um alívio depois de remar longas milhas no Cujar até o Cabaljani, e de carregar canoas nos ombros nos rios rasos ou de superar umas setenta corredeiras. O grupo reduzido dos brasileiros – apenas oito nessa altura – avistou então (3 de agosto) a entrada da floresta até o varadouro, ao sul do Pucani rumo ao vale do Ucayali[69]:

O sol descia para os lados do Urubamba... Os nossos olhos deslumbrados abrangiam, de um lance, três dos maiores vales da terra [com maiúscula no original]; e naquela dilatação maravilhosa dos horizontes, banhados no fulgor de uma tarde incomparável, o que eu principalmente distingui, irrompendo de três quadrantes dilatados e trancando-os [no original: *transcando*] inteiramente – ao sul, ao norte e a leste – foi a imagem arrebatadora da nossa Pátria que nunca imaginei tão grande.

Com essa visão de um Brasil maior, toda a dolorosa excursão poderia ter terminado com bastante sucesso, já que o rio Purus acabava em terras peruanas sem ligar-se com as bacias do Ucayali/Urubamba, assegurando desse modo toda a extensão do afluente Purus do Amazonas a integridade do Brasil – segundo a atual definição norte--americana de soberania. Havia, porém, ainda dois fatores a considerar: de um lado, o ressentimento de Buenaño por não ter sido o primeiro a penetrar o varadouro Pucani, que os peruanos percorreram somente em 4 de agosto; de outro, a adiada exploração do rio Curiuja para o qual Chandless havia desviado. Com a chegada de mais provisões para os brasileiros em Maniche (a jusante acima de Alerta), Euclides queria, natural-

---

67. Carta inédita de Euclides a Rio Branco, em Tocantins, *Euclides da Cunha e o Paraíso Perdido*, p. 273.

68. Tocantins, *op. cit.*, p. 114, que resume um trecho mais longo da entrevista de Euclides a um jornal de Manaus, *Obra Completa*, vol. I, p. 508.

69. *Obra Completa*, vol. I, p. 508.

mente, refazer a rota de Chandless pelo Curiuja, mas foi impedido pela intransigência do ressentido Don, bem como pela falta de uma ubá que fora paga adiantado e não fora entregue, sendo devolvido o dinheiro[70]. Nada havia que se pudesse fazer a não ser voltar as lanchas rio abaixo em Maniche e retornar para Manaus, uma descida em que gastaram dois meses para realizar o que tinham feito em muitos meses na subida. Como costumavam dizer, e talvez ainda hoje, no Amazonas: "para baixo todos os santos ajudam"[71]. O próprio Euclides concluiu, referindo-se a Curiuja: "Felizmente a parte que ficou sem ser estudada não era grande nem de importância"[72]. Já no final da viagem suas relações com o primo Arnaldo tinham-se tornado tão tensas no Alto Purus que este voltou imediatamente de Manaus para Salvador, sem nem mesmo esperar receber seu pagamento, e essa partida repentina deve ter afligido o tio. Como veremos no capítulo XV, o preço de um reconhecimento de quatro meses de trabalhos no Alto Purus foi muito alto para Euclides[73].

70. Documento de 20 de agosto de 1905, citado por Tocantins, *Euclides da Cunha e o Paraíso Perdido*, pp. 118-119.

71. Ditado citado por Tocantins, *Euclides da Cunha e o Paraíso Perdido*, p. 126; no entanto, esse estudioso comenta evasivamente que "a volta a Manaus durou mais de um mês", enquanto Galotti data de 23 de outubro a chegada a Manaus, *Euclides da Cunha na Amazônia*, p. 23.

72. Leandro Tocantins, *Euclides da Cunha e o Paraíso Perdido*, p. 126.

73. Contudo, Arnaldo da Cunha fala de Euclides apenas em bons termos em seu breve relato dos dias que passaram juntos nesse afluente do Amazonas. Ver "Euclides da Cunha e o Amazonas", em *Dom Casmurro*, 10, pp. 24-25, 1946.

13

Contrastes e Confrontos

NA VIAGEM DE VOLTA DO PURUS, ofereceu-se a Euclides a oportunidade de conhecer o líder revolucionário dos nordestinos na luta contra os bolivianos, Plácido de Castro, com quem se encontrou na embocadura do rio Acre. Veterano da revolução federalista do Rio Grande do Sul e simples agrimensor no Acre antes de assumir o comando da luta, depois das hostilidades Castro tornou-se grande seringalista, e explorou seus compatriotas mais humildes enquanto durou o grande surto da borracha. Euclides, que nutria sentimentos um tanto misturados para com essa celebridade ambivalente[1], ainda assim tomou-lhe emprestado um opúsculo sobre a plantação e o cultivo da *Hevea brasiliensis*, a árvore da borracha, com base no qual escreveu o ensaio "Entre os Seringais", uma breve introdução à formação de um seringal com uma centena de árvores em cada linha[2]. Os muitos termos técnicos que aparecem no ensaio foram extraídos, obviamente, do opúsculo emprestado por Plácido, de sorte que seu autor não se furtou de acusar Euclides de plágio, o que pode ter sido *de facto* verdadeiro. No entanto, um defensor de Euclides entre os estudiosos do século XX – Leandro Tocantins – rejeitou airosamente a acusação mediante a observação de que o espírito de Plácido de Castro "não era dos melhores"[3]. Contudo até mesmo Euclides sentiu uma ponta de pesar quando recebeu a notícia do assassinato do herói acreano em 1908[4].

O breve ensaio de Euclides figura entre os primeiros textos de que se ocupou após o retorno de Manaus, enquanto tentava recuperar a saúde mental e física. Evidentemente, sua principal tarefa era, então, transmitir a seu chefe, o Barão do Rio Branco, as assustadoras experiências vividas no Purus e apresentar um relatório factual

---

1. Ver sua carta a Vicente de Carvalho, 18 de setembro de 1908, em *Obra Completa*, vol. II, p. 695.
2. Ensaio publicado em *Obra Completa*, vol. I, pp. 508-511.
3. Tocantins, *Euclides da Cunha e o Paraíso Perdido*, p. 140.
4. Ver novamente sua carta a Vicente de Carvalho, citada acima, n. 1.

sobre esse rio, o que compreendia suas condições climáticas, suas características geográficas desde a embocadura até às cabeceiras, seus varadouros, suas populações indígenas, seus produtos e sua navegabilidade. Questões todas sobre as quais Rio Branco continuamente o vinha importunando. Presumivelmente, a carta inédita que escreveu ao Barão e que Tocantins apresenta em apêndice a seu estudo sobre essa viagem de Euclides ao Purus[5] foi o primeiro rascunho (datado de 1º de novembro de 1905) de suas experiências heroicas no Purus, tal como relatou logo em seguida a um jornalista de Manaus, numa entrevista publicada no *Jornal do Commercio* local (29 de outubro de 1905)[6], e voltou a contar na primeira parte de seu relatório oficial, *Relatório da Comissão Mista Brasileiro-Peruana de Reconhecimento do Alto Purus* (final de 1905, publicado em 1906)[7]. Nessas três fontes colhemos detalhes de sua viagem ao Purus, apresentada no capítulo anterior, de sorte que não voltaremos a tratar dela novamente.

Além dessa literatura oficial sobre o Purus e suas viagens de reconhecimento de suas cabeceiras, Euclides aventurou-se a escrever esboços ensaísticos sobre os latino--americanos – peruanos e brasileiros – que cultivavam as árvores de borracha e delas "tiravam leite" para produzir o látex. Esses homens, especialmente os seringueiros, constituíam as almas infelizes que, numa frase repetida de Euclides, eram do tipo de trabalhador que "trabalha [apenas] para escravizar-se"[8]. Essa frase memorável mostra, entre outras coisas, até onde Euclides tinha *realmente* chegado antes da grande jornada, com seus artigos sobre a Bacia Amazônica e seus habitantes (cf. cap. 12, pp. 230 e ss.). Sua ira inflamada diante das indignidades do negócio da borracha e do trabalho servil que o acelerava revelou-se em palavras raivosas no texto de um ensaio, "Brutalidade Antiga", sobre os maus-tratos generalizados a que eram submetidas as tribos indígenas ao longo de todo o rio Purus, as quais eram desalojadas pelas incursões da exploração do látex. Dutra, seu companheiro mais próximo em Manaus, assistiu à escrita desse artigo na Vila Glicínia[9]; contudo, se assim for, Dutra deve ter sido talvez o único brasileiro a ver esse ensaio, porque, quando foi incluído com outros textos para publicação póstuma no Porto (Portugal) em 1909, os editores portugueses simplesmente o retiraram de *À Margem da História*, por conta das denúncias que

5. Em Tocantins, *Euclides da Cunha e o Paraíso Perdido*, pp. 264-281.

6. Reimpresso em *Obra Completa*, vol. I, pp. 504-508.

7. *Idem*, pp. 681-734. Comparem-se com esse *Relatório*, partes 5-7, os artigos publicados postumamente, "Observações sobre a História da Geographia do Purus", e "O Povoamento e a Navegabilidade do Rio Purus", ambos na *Revista Americana*, III, pp. 34-52, abril de 1910, e IV, pp. 128-147, julho-agosto de 1910, respectivamente. Sousa Andrade republicou a carta em *Canudos e Inéditos*, São Paulo, 1967, pp. 184-201.

8. *Obra Completa*, vol. I, pp. 232, 250.

9. Ver seu artigo "Euclides da Cunha, Geógrafo e Explorador", em *Dom Casmurro*, 10, pp. 27-28, maio de 1946.

fazia contra os portugueses que escravizavam e chacinavam índios na Amazônia[10]. Aparentemente, o manuscrito do ensaio nunca foi recuperado.

Outros artigos, escritos entre 1897 e 1904, foram reunidos em livro, em 1907, sob o título de *Contrastes e Confrontos*. Já discutimos alguns deles no curso desse livro, de modo que desses não voltaremos a falar aqui[11]. Mas, para registro, vale a pena observar mais uma vez (cf. referência no cap. 8, p. 148 e n. 7) que onze artigos foram copiados num caderno manuscrito de Teodoro Sampaio, depositado no Instituto Geográfico e Histórico da Bahia[12]. Além disso, do total de 27 artigos reunidos em *Contrastes...*, onze viram a luz pela primeira vez em 1904; desses onze, quatro – "Heróis", "O Marechal de Ferro", "Uma Comédia Histórica" e "A Vida das Estátuas" – foram copiados no caderno de Sampaio em alguma data anterior aos outros sete que lá aparecem: "O Ideal Americano", "Temores Vãos", "A Missão da Rússia", "Transpondo o Himalaia", "Nativismo Provisório", "A Esfinge" e "Civilização"; e todos que aparecem no livro, com exceção de "Anchieta", vieram a público pela primeira vez entre 1902 e 1907, data da publicação do livro.

Para efeito de análise, pode-se reorganizar o sumário de *Contrastes...* de forma apropriada em diversos grupos: *a.* líderes militares (Floriano Peixoto, José Gervasio Artigas); *b.* o Kaiser Guilherme II e o expansionismo alemão; *c.* cenas históricas (catadores de diamante, a corte de D. João V e a literatura europeia; *d.* mau uso e recuperação de terra (no Nordeste e no Vale do Paraíba); *e.* o imperialismo oriental (russo e inglês); *f.* os conflitos no negócio da borracha (com peruanos e bolivianos); *g.* a América do Norte *versus* Brasil. (A seção *f* não será tratada aqui, já que foi analisada adequadamente no cap. 12.) Alguns ensaios isolados resistem a qualquer tentativa de agrupá-los com outros, como, por exemplo, "A Vida das Estátuas", "Anchieta", "Um Velho Problema", "Ao Longo de uma Estrada", "Nativismo Provisório", "Civilização" e o discurso na Academia Brasileira de Letras. Iniciarei o estudo dessa coletânea de ensaios escolhendo para apresentação alguns dos ensaios isolados, com exceção daqueles que foram estudados anteriormente.

---

10. A veracidade dos fatos narrados no texto de Euclides é confirmada por um manual brasileiro sobre *Indians of Brazil in the Twentieth Century*, org. J. H. Hopper, Washington, D.C., 1967, p. 14: "Esta [o setor de Juruá–Purus] foi a região mais afetada pela expansão da borracha no final do último século e começo deste [século XX]. Consequentemente, as tribos que sobreviveram ao período do surto da borracha estão muito fragmentadas e espalhadas".

11. Recapitulação dos ensaios de *Contrastes e Confrontos* já analisados: "Anchieta" no cap. 3, p. 54; "A Esfinge" no cap. 5, p. 82; Discurso de recepção na Academia Brasileira de Letras no cap. 11, p. 215; "Olhemos para os Sertões" no cap. 11, p. 221; "Ao Longo de uma Estrada" no cap. 11, p. 221; "Um Velho Problema" no cap. 11, p. 223; "Conflito Inevitável" no cap. 12, p. 230; "Contra os Caucheiros" no cap. 12, p. 232; "Entre o Madeira e o Javari" no cap. 12, p. 233; "Contrastes e Confrontos" no cap. 12, p. 235; "Solidariedade Sul--Americana" no cap. 12, p. 234.

12. Ver novamente a monografia de Carlos Chiacchio, *Euclides da Cunha: Aspectos Singulares*, p. 7.

"A Vida das Estátuas", apesar da obscuridade da ideia do escritor sobre o simbolismo na arte (iconografia), tem, necessariamente, algum interesse para os leitores de *Os Sertões,* em virtude de seu próprio "estilo escultórico" na caracterização dos heróis conselheiristas e daqueles oficiais que os enfrentavam no combate. Com relação a esse ensaio, Gilberto Freyre foi um dos primeiros leitores a detectar "a tendência ao monumentalismo que Euclides nunca abandonaria"[13].

Todavia, o ensaio começa com uma nebulosa teoria da arte e uma posição contraditória do artista no final do século XIX. O artista é caracterizado, inicialmente, como "um vulgarizador" de quaisquer conquistas da inteligência e do sentimento, mas, obviamente, seu papel é mais complexo do que o de mero "vulgarizador". Isso porque, como aponta Euclides, à medida que os tempos modernos multiplicam as novas realidades, elas dissipam as aparências enganosas e as miragens espirituais, cuja inspiração poderia liberá-lo para encontrar um desafogo mais fácil "num majestoso simbolismo". (Para um ex-positivista esse simbolismo deve ter parecido de pouco conteúdo.) Todavia, para não desaparecer integralmente na obra de arte, o artista deve enfrentar um desafio mais difícil, ou seja, atravessar as novas realidades multiplicadoras para chegar a outras verdades, mais antigas, que se escondem "subjetivamente numa [sua?] impressão predominante". Essa declaração evasiva parece implicar que, para além das "definições científicas dos fatos" nas novas realidades dos tempos modernos, o artista deve impor "a imagem e as sensações" que tem de seus materiais – um "impressionismo" que Euclides é incapaz, explicitamente, de definir para nós ("que não se define"). Seja como for, para o artista esse impressionismo indefinível flutua como um véu por cima de "todas as verdades" sem afetá-las, salvo para beatificá-las depois[14]. Entre outras coisas, toda essa passagem é uma reafirmação volatilizada da velha doutrina spenceriana do consórcio entre arte e ciência.

Prima facie, não está muito claro como essa teoria estética aplica-se a uma vívida escultura francesa do Marechal Ney. Ainda assim, no intuito de resgatar sua teoria para essas aplicações, Euclides afirma a necessidade de que a arte no seu todo faça com que o estilo da obra se "harmonize com um sentimento dominante e generalizado"[15] – por exemplo, no caso da emotiva escultura de Ney, com a glória de que está imbuído o "grande exército" napoleônico. Com o aspecto vibrante dessa glória, a estátua de Ney irá parecer viva àqueles (franceses) que a observam.

Essa incitação do "sentimento coletivo" do povo francês pode parecer exagerada aos observadores que não são franceses, como uma ressurgência emocional do sensa-

13. Em *Perfil de Euclydes*, p. 29.
14. *Obra Completa,* vol. I, pp. 118-119.
15. *Idem*, p. 120.

cionalismo na arte defendido por Diderot[16]; mas, felizmente, Euclides não abandonou a escultura às revisões psicológicas francesas do neoclassicismo do final do século XVIII. Procurou à maneira romântica historicizar o "sentimento coletivo" como uma contínua modelagem, pelo povo, de uma figura nacional bem-vista como Ney ou, mais perto de casa, como o padre José de Anchieta, dos primeiros jesuítas portugueses a chegarem ao Brasil, mesmo que esse processo pudesse terminar com o resultado de que, "não raro, a estátua virtual, a verdadeira estátua, [já] está feita, restando apenas ao artista o trabalho material de um molde". Essa reserva contribui para privar o escultor da autoria da maior parte de sua estátua, mas pelo menos o "sentimento coletivo" que guia o seu cinzel tem agora muito mais significação do que uma tradição artística vital que vem do povo. Evidentemente, se a estátua nasce "prematura"[17] por assim dizer, sem o prévio tratamento popular do assunto, então o resultado artístico – a estátua – será "sem vida", esteticamente morto.

Desse texto de crítica da arte mudamos para o artigo "Nativismo Provisório", no qual o autor reconhece alguns de seus equívocos entranhados sobre o afluxo de trabalhadores e cientistas estrangeiros para o país, e a capacidade política de ocupar cargo público que lhes foi conferida legalmente no estado de São Paulo (*c.* 1907). Em *Os Sertões*, como vimos (cap. 9, pp. 170 e ss.), tinha encontrado, mais ou menos para sua satisfação, o que pensava ser a "rocha viva" da raça brasileira nas chamadas sub-raças do sertão baiano, na periferia da civilização luso-brasileira. No entanto, para a plena evolução de qualquer dessas sub-raças, "[i]nvertemos, sob este aspecto, a ordem natural dos fatos. A nossa evolução biológica reclama a garantia da evolução social. [...] Ou progredimos [socialmente], ou desaparecemos"[18]. Essas palavras de *Os Sertões* estão sempre no fundo de sua mente. Por conseguinte, em muitos de seus ensaios subsequentes, como "Nativismo Provisório", um calafrio de apreensão percorrerá sua prosa sempre que se lembrar da fragilidade das sub-raças sertanejas.

Ao "pseudopatriotismo" de um nativismo sentimental, que o velho Spencer rejeitou com mau humor por considerá-lo "diabolismo", os brasileiros deviam contrapor, na opinião de Euclides, "um lúcido nacionalismo, em que um mínimo desquerer ao estrangeiro, que nos estende a sua mão" se reconcilie com um máximo cuidado com a conservação dos traços essenciais da raça brasileira, uma vez que as características que definem a nossa "*gens* complexa [são] tão vacilantes, tão rarescentes na instabilidade de

---

16. Esse *philosophe* é citado uma vez no começo do ensaio (*Obra Completa,* vol. I, p. 119), mas a frase que lhe é atribuída, "verdade extensa", pouco nos diz de sua influência sobre a teoria da arte; sobre Diderot, ver o capítulo em René Wellek, *History of Modern Criticism*, New Haven, 1955, vol. I, pp. 46-61.

17. *Obra Completa,* vol. I, p. 120.

18. *Idem*, vol. II, p. 141.

uma formação etnológica não ultimada e longa"[19]. Depois de dizer tudo isso, Euclides prossegue para adiante observar, como já fizera alhures: "Falta-nos a integridade étnica que nos aparelhe de resistência diante dos caracteres de outros povos"[20].

O que é, então, que ameaça o caráter nativo dos brasileiros? Não apenas o poder militar da imperialista Inglaterra ou França, mas, antes, "as energias dominadoras da vida civilizada" que os europeus importam para o Brasil e contra as quais o país deve adotar "medidas provisórias". Isso porque o fato é que os brasileiros, cujo "código orgânico não enfeixa as condições naturais do progresso", têm visitado por quinze anos as nações no mundo "com a aparência pouco apresentável de quem, meão na altura, se revestiu desastradamente com as vestes de um colosso". Os males que se originam dessa charada são fruto da artificialidade de um aparelho governamental feito de improviso sem a paleta preliminar dos elementos apropriados à vida nacional. No caso especial do Brasil, são necessárias salvaguardas que "equilibrem a nossa evidente fragilidade de raça ainda incompleta com a integridade absorvente das raças já constituídas". O último requisito nos parece uma fraca defesa contra aquelas raças europeias que não conquistam as chamadas raças menores pela espada, mas, antes, "pela infiltração poderosa do seu gênio e de sua atividade [pacífica]". Como admite Euclides, "[a] tarefa dos futuros legisladores [brasileiros] será mais social do que política e inçada de dificuldades, talvez insuperáveis"[21].

Se não pudermos idealizar salvaguardas seguras para a nação no futuro, evitemos, pede ele, pelo menos aqueles erros que "abram a mais estreita frincha à intervenção triunfante do estrangeiro na esfera superior dos nossos destinos"[22]. Como exemplo de negligência legislativa aponta a "reforma" contemporânea da elegibilidade para a presidência do estado de São Paulo, onde a atraente reforma simplesmente permitiria que um estrangeiro governasse o estado, se fosse eleito. Na sua mente, a reforma não é apenas um erro – é uma imprudência.

O último ensaio isolado de que trataremos – "Civilização" – constitui um texto muito mais vigoroso, assestado de forma galhofeira contra o rabugento Spencer, que na velhice acreditava que o mundo estava caindo na barbárie. A réplica otimista de Euclides assume a forma de uma pergunta retórica com diversas respostas: "Que mais desejava o sábio?... Maior amplitude na ciência?"[23]. Esse método retórico origina-se de uma ideia bem conhecida dos vitorianos, ou seja, a de que, embora a moral tenha feito pouco ou nenhum progresso desde o Credo dos Apóstolos, a ciência, por sua própria natureza,

---

19. *Obra Completa*, vol. i, p. 187.
20. *Idem*, p. 188; cf. "nossa debilidade étnica", *idem*, p. 498.
21. *Idem*, p. 189.
22. *Idem*, p. 190.
23. *Idem*, p. 202.

realizou enormes avanços no século xix[24]. Neste espírito, Euclides celebra a larga amplitude da ciência, das exibições de zoófitos à amostra geológica de rocha na África Central, a sismógrafos que registram os mais leves tremores, ao escurecimento das estrelas, às sondagens oceanográficas dos abismos no Atlântico, aos movimentos respiratórios das nereidas marinhas etc. Até mesmo os ossos da face, assevera, foram estudados durante a vida inteira por algum anatomista que investigava a fisiologia do riso...

"Maior idealização artística?" é a pergunta retórica seguinte. Poderia haver muito mais do que isso no *corpus* dramático de Shakespeare, "da gagueira terrível de Calibã ao correntio harmonioso do rouxinol do Capuleto"? Nessa altura, porém, Euclides estraga as coisas ao interromper a linha artística do questionamento para interpor os raios x "que fulminam a positividade das ciências"[25] e, por acaso, foram introduzidos pela primeira vez no Brasil por Álvaro Alvim (que faleceu por lesões de rádio provocadas por eles). Talvez nosso autor imaginasse que havia algo "ideal" nos raios x se eles pudessem desrealizar a "positividade" das ciências. De qualquer modo, porém, foi rompido o fio da sátira.

A terceira pergunta importante que faz diz respeito à indústria – "Maior expansão industrial?" – que Euclides ilustra, de maneira um tanto estropiada, referindo-se à invenção de um solenóide para transmissão telegráfica "[que opera] sem fios", sujeitando dessa forma ao pensamento humano a terra inteira, que é "toda penetrada dele, e absorvendo-o, e irradiando-o, e expandindo-o"[26] etc. Mas, por último, além dessa invenção, o que dizer do alevantamento moral? Aqui, finalmente, o autor vai parar, aparentemente desnorteado com a complexidade dessa pergunta.

Em vez de dar-lhe uma resposta, evoca "uma pantomima heroica" da qual ouviu falar ou leu (no *Figaro*), na Exposição de Saint Louis nos Estados Unidos, onde foi montado um quadro vivo da guerra dos bôeres, com cenas de batalhas decisivas e descrições do general Piet Cronje e dos líderes dos bôeres (mas nenhuma menção aos capitães ingleses). Entre os oficiais ingleses omitidos Euclides apresenta os novos modelos de heroísmo ao louvor decrescente: "o herói político, esplendidamente burguês; o herói que faz o *trust* [financeiro] do ideal; o herói que aluga a glória"[27]. Essas espécies de heroísmo, informa sardonicamente a seus leitores e a Herbert Spencer, são os que nos alevantam moralmente. Assim, Spencer errou desastrosamente ao julgar que o mundo voltara a ser bárbaro.

---

24. Cf. a avaliação de Lord Acton sobre o que ensina Mabillon: "a história, que intelectualmente faz avanços gigantescos, moralmente não faz nenhum", em *Historical Essays and Studies*, orgs. J. N. Figgis and R. V. Laurence, London, 1919, p. 467.

25. *Obra Completa*, vol. I, p. 202.

26. *Idem*, pp. 202-203.

27. *Idem*, p. 204.

Deve estar evidente, nessa altura, que todo esse ensaio é uma brincadeira – uma brincadeira séria – às custas do filósofo inglês mais famoso do século XIX, Spencer, a quem Euclides tinha admirado por muito tempo – até o filósofo tornar-se um pessimista. O tom antibelicista do artigo pode-se inferir do fato de que não são citados absolutamente nenhum oficial ou vitória britânica na Guerra dos Bôeres, mesmo que ele os descomponha, fora de cena, como guerreiros politicamente deformados. E sabemos, por outras referências diretas, que Euclides tomou o partido dos bôeres[28]. Segundo sua visão cômica da Guerra dos Bôeres, travara-se uma disputa desigual entre os plutocratas ingleses e os patriarcas bôeres[29].

Chegamos, finalmente, aos ensaios temáticos de *Contrastes e Confrontos* – dois ou mais textos reunidos por um tema, assunto ou gênero comum. Começaremos com *a)* Os líderes militares, entre os quais selecionamos o ensaio "Heróis e Bandidos" e um dos artigos sobre Floriano Peixoto, "O Marechal de Ferro". O texto "Heróis e Bandidos" enfoca o incidente histórico das guerras entre o Uruguai e o Brasil, nas primeiras décadas do século XIX[30]. Como tinha feito, satiricamente, em "Civilização" com os "heróis" ingleses (ou bôeres) da Guerra dos Bôeres, em "Heróis e Bandidos" Euclides tenta seriamente sintetizar os elementos contraditórios do caráter do caudilho uruguaio – "a idealização doentia, a coragem esplendorosa e o banditismo romântico"[31]. Em outras palavras, as boas, as não tão boas e as más qualidades do tipo hispano-americano.

a.

Os historiadores dos sanguinários caudilhos latino-americanos não foram tão comedidos quanto Euclides ao comentarem a reputação desses homens: "Dificilmente encontrar-se-ia nos anais de outras nações algo análogo à ferocidade grosseira e ignorante dessas bestas humanas, ébrias de pilhagem e de carnificina"[32]. Essas palavras francas foram escritas por um historiador argentino sobre José Gervasio Artigas e seus

---

28. Cf. *Obra Completa*, vol. I, pp. 159-160.

29. Talvez a passagem da "pantomima heroica" seja suscetível de uma leitura mais simples (que não leve em conta tantos fatores), na qual os bôeres, e não os ingleses, fossem desfigurados na pantomima pelo materialismo econômico norte-americano, de modo que seu "heroísmo" torna-se um grosseiro oportunismo para recompensas financeiras.

30. Sobre esses conflitos ver o excelente volume de Guilhermino César, *História do Rio Grande do Sul*, Porto Alegre, 1979, pp. 243-265, que preenche as lacunas do curto ensaio de Euclides (*Obra Completa*, vol. I, pp. 104-106); cf. Mark A. Burkholder & Lyman L. Johnson, *Colonial Latin America*, pp. 318-320.

31. *Obra Completa*, vol. I, p. 103.

32. Martín García Mérou, *Historia de la República Argentina*, vol. II, p. 120, citado por Guilhermino César, n. 9, p. 250. O próprio César descreve José Artigas opressivamente como "um *caudillo* astuto e desumano" (p. 247), e diz que suas forças lutavam "com um bárbaro estilo de fazer guerra" (p. 250).

colegas caudilhos, Juan Antonio Lavalleja, Fructuoso Rivera e o *protégé* de Artigas, Andresito Artigas, e outros.

Após a derrota de Artigas, na batalha às margens do rio Taquarembó, onde suas forças foram vencidas pela cavalaria do Rio Grande numa explosão de cargas magníficas, o *caudillo* não conseguiu mais obter ajuda de um de seus aliados em Buenos Aires e foi forçado a retirar-se para Assunção. Nessa capital, foi recebido com frieza pelo ditador paraguaio, dr. José Gaspar Rodríguez de Francia, que o mandou aprisionar por tempo indeterminado num convento (?) na aldeia de Curuguaty, longe da fronteira paraguaia. O curioso, apesar do retrato pessoal que fez do caudilho no início do artigo, é que parece que Euclides não conhece toda a história da prisão de Artigas no Paraguai. Isso porque, quando a família López sucedeu à ditadura de Francia, Carlos Antonio (sobrinho de Francia) simplesmente transferiu Artigas para outra prisão, uma vila a norte de Assunção, onde finalmente morreu em setembro de 1850, com a idade avançada de 86 anos[33]. Terminou assim sua longa prisão de trinta anos, que os ditadores paraguaios lhe aplicaram – talvez por prudência – quando lhes pediu asilo.

Ainda assim, Euclides disse a verdade quando afirmou que "[t]raçar-lhes [dos caudilhos uruguaios] a história é fazer em grande parte a nossa mesma história militar"[34]. Pode ser que as cargas de cavalaria dos sulistas do Brasil sejam peculiares às grandes planícies e pampas do Rio Grande do Sul e do Uruguai, mas sua coragem inabalável e suas horrendas práticas com a faca são igualmente *de rigueur* entre as tropas do exército em Canudos, que as adotaram nas incansáveis campanhas contra Antônio Conselheiro e seus seguidores.

O ensaio de que trataremos em seguida – "O Marechal de Ferro" – faz parte de um conjunto escrito em 1904, portanto bem mais tarde, numa época em que o autor já poderia completar o esboço diário de Floriano Peixoto (como em "A Esfinge"). Até sua captura, Artigas sempre foi um franco homem de ação, de mãos sujas de sangue, sempre empenhado em lutar uma batalha após outra, mas Floriano – a esfinge – foi para seus contemporâneos um enigma insolúvel, um brilhante estrategista, que ludibriava seus inimigos políticos antes que tivessem a oportunidade de atacá-lo. Em seu artigo sobre ele[35], Euclides observou-o pessoalmente, desde o dia em que minou o presidente Deodoro da Fonseca, quando este dissolveu o Congresso em 3 de novembro de 1891, até o momento que Floriano surgiu na história (15 de novembro); e, por conseguinte, depois que Deodoro renunciou à presidência em seu favor, na forma como administrou a revolta da Armada (23 de novembro; cf. "A Esfinge").

33. Guilhermino César, *História*, pp. 261-262.
34. *Obra Completa*, vol. I, p. 104.
35. Em *Obra Completa*, vol. I, pp. 106-110, que deve ser lido juntamente com José Maria Bello, *A History of Modern Brazil*, capítulo 7 sobre Peixoto.

Não só os tempos de verbo, que Sousa Andrade observou no ensaio (cf. cap. 5, p. 81 e n. 8), mas também a total familiaridade do articulista com o quartel de Campo de Santana e, especialmente, com o interior da casa do marechal Floriano, demonstram a participação do então primeiro-tenente Cunha nas manobras do vice-presidente Floriano para chegar à presidência. Em cada um dos três episódios esboçados acima, o propósito subjacente de Floriano foi altamente resoluto, ao passo que seu comportamento exterior e suas roupas eram casuais e aparentemente sem objetivo, traindo apenas algo da ardilosa "esperteza camponesa" de caboclo dos seus antecedentes familiares.

Na nossa translação acelerada para o novo regime [observa Euclides] ele não foi uma resultante de forças, foi uma componente nova e inesperada que torceu por algum tempo os nossos destinos. [...] Traduz de modo admirável, ao invés de sua robustez, a nossa fraqueza. [...] Destacou-se à frente de um país, sem avançar – porque era o Brasil quem recuava, abandonando o traçado superior das suas tradições...[36].

Em 3 de novembro, depois que o exasperado Deodoro da Fonseca dissolveu o Congresso mandando de volta os parlamentares a seus estados de origem, seus desafetos reuniram-se naquela tarde na casa de seu rival, em Rio Comprido, para debater as medidas que deviam ser tomadas contra o presidente: "Lá dentro, janelas largamente abertas, como se se tratasse da reunião mais lícita, rabeava ferozmente a rebeldia". Os conspiradores atacavam em altos brados a questão da dissolução do Congresso por Deodoro, esmiuçando todas as alternativas. Então, de repente um balde de água fria foi jogado no palavrório: entrou na sala o marechal Floriano, "com o seu aspecto característico de eterno convalescente e o seu olhar perdido caindo sobre todos sem se fitar em ninguém". Sentou-se vagarosamente no silêncio da sala que se formou e desfiou um longo e detalhado relato de seus achaques e dores [físicas] – era realmente desapontador naquele momento. Quando finalmente chegaram ao fim aquele silêncio e calma deprimentes, os conspiradores voltaram a suas animadas discussões sobre a ação revolucionária a ser tomada contra Deodoro, enquanto Floriano lançava aqui e ali um "não" apagado, um "sim" imperceptível, ou um "talvez" imparcial. Mas àqueles a quem se dirigia individualmente, ele os confundia com a "lucidez incomparável" de seu espírito. Assim, aceitava a todos um a um, mas repelia-os enquanto grupo; e, pouco a pouco, em suas conversas, como numa retirada cautelosa, um ladear cauto de todas as questões que lhe eram colocadas – tão diferentes da maneira firme, clara e definida de pensar que demonstrava a cada um a quem se dirigia – ele instilava na conspiração seu temperamento retrátil e precavido. As pessoas saíram de noite jurando que havia

36. *Obra Completa*, vol. I, p. 107.

um traidor na sala, que tornava impossível a livre troca de ideias[37]. Não foi essa a única atividade contrarrevolucionária de Floriano.

Em 14 de novembro, às dez horas da noite, no vasto quartel de Campo de Santana, uma brigada sediciosa estava em forma, totalmente armada e pronta para marcha, e numa sala iluminada do mesmo prédio estava presente o Marechal. Da casa de Floriano, no bairro carioca de São Cristóvão, foi-lhe enviado pelos chefes revolucionários ali reunidos um capitão para anunciar-lhe a conspiração – um fato "ilógico e inverossímil" que "trocava a expectativa do perigo pelo perigo franco". Contudo, Floriano, sempre ele, indecifrável, com uma palavra de indiferença deu ordem de desarmar a brigada, sem a mínima recriminação, ou o temor mais fugidio. "A consulta à esfinge complicara o enigma. Como interpretar-se aquela ordem apenas balbuciada pela primeira autoridade militar da parte mais numerosa da guarnição [...]? [...] A revolta desencadeou-se nesta indecisão angustiosa, e foi quase um arremesso fatalista para a derrota". O seu foi um golpe teatral dado com a impassibilidade costumeira – na verdade, uma vitória surpreendente – e quando, um pouco mais tarde, diante do ministério vencido, o presidente Deodoro da Fonseca "alteava a palavra imperativa de revolução", todos os olhos voltaram-se, não sobre o seu ministério, mas "sobre alguém [Floriano], [...] a um lado, deselegantemente revestido de uma sobrecasaca militar folgada, cingida de um talim frouxo de onde pendia tristemente uma espada". O homem – o mesmo que estivera esperando na sala do quartel – olhava para tudo aquilo com "uma serenidade imperturbável". Foi assim que ele penetrou na História – "esquivo, indiferente e impassível"[38].

Segui essa passagem, desconcertante como é, do modo mais atento possível. Acredito que o que ela registra é o rompimento de Floriano com sua própria facção, que lhe enviara, no quartel, um comunicado para ativar a revolução, o que ele recusou fazer por suas próprias razões inescrutáveis. O que perturba no próprio relato pessoal de Euclides, porém, não é tanto o comportamento obscuro de Floriano quanto o relato em si... É verdade que o traje "deselegante" do Marechal condiz com as desculpas que ele deu ao presidente Deodoro, que lhe havia pedido que se lhe juntasse na revista do desfile de celebração do segundo aniversário da República, a que Floriano recusou-se a comparecer sob a alegação de que o uniforme que estava usando "não é adequado para a ocasião"[39]. Contudo, por outro lado, as histórias brasileiras oficiais desse período não corroboram a forma como Euclides representou Floriano, como o homem que mandou desarmar a brigada sediciosa. Não seria de bom alvitre, porém, concluir que o ensaísta apenas compôs sua versão do Marechal a partir de seu vestuário. O máximo

37. *Obra Completa*, vol. 1, p. 109.
38. *Idem*, pp. 107-108.
39. Estória contada em Bello, *A History of Modern Brazil*, p. 87.

que se pode admitir, com base em nossa suspeita de que Euclides estivesse aliado ao Marechal, é que o fato de conhecer de perto as manobras manhosas de Floriano tenha suplantado, nesse ensaio, o curso externo dos acontecimentos.

Em 23 de novembro, a armada brasileira revoltou-se contra o governo de Deodoro da Fonseca. O líder da revolta era um almirante que, junto com diversos outros oficiais, fora preso por conspiração contra o presidente, mas conseguira sozinho fugir de volta para seu navio, o couraçado "Riachuelo". O almirante José Custódio de Melo, de seu navio-capitânia, deu ordens de fogo e lançou um obus contra a torre da igreja Candelária no centro do Rio. Um único tiro foi disparado, porque Deodoro retirou-se imediatamente, não só do conflito, mas também da própria presidência, por receio de conduzir seu país a uma guerra civil em grande escala. Nessa ocasião, Floriano lhe deu "um longo e afetuoso abraço" e, em seguida, voltou toda a sua atenção para a flotilha rebelde estacionada ao largo da baía da Guanabara (cf. cap. 5, p. 82). Sua fortuita ascensão à presidência do país foi, nessa altura, claramente um anticlímax.

b.

Euclides escreveu meia dúzia de ensaios sobre os negócios estrangeiros da América do Norte e da Europa, dos quais analisaremos em primeiro lugar duas sátiras sobre o Kaiser Guilherme II e o expansionismo alemão (*b*). A sátira mais ferina foi reservada ao Kaiser, a cuja prática política ele aplicou a fórmula malévola com que Bismarck rotulou a política empregada pelo francês Napoleão III: "uma política de gorjetas". Aparentemente, Euclides estava convencido de que, nos últimos dez anos (a partir de 1895), o imperador alemão se afrancesara totalmente, graças à sua "imaginação ardente, às fantasias e à vaidade feminil"; em suma, é um "francês antigo, romântico, imprevidente e aventureiro"[40].

Visto que a Alemanha, como seu senhor, tinha investido, imprevidentemente, todos os seus recursos no industrialismo, matando assim o setor agrícola, o país tinha-se aventurado na construção de uma frota mercante em Kiel. No entanto, nessa corrida atrasada para o mar, "a política de gorjetas" torna-se ainda mais evidente (pelo menos para Euclides), particularmente no ultramar, nos ataques selvagens do comandante das forças alemãs a Pequim, na Rebelião dos Boxers, ou nas prolongadas e tortuosas negociações diplomáticas com os turcos que envolveram a construção da estrada de ferro de Bagdá a Ormuz. Nessas corridas em pós da riqueza das economias mais fracas, deve-se indagar de onde provinham esses pendores "antigermânicos" (franceses) que o Kaiser adquiriu[41].

40. *Obra Completa*, vol. I, p. III.
41. *Obra Completa*, vol. I, p. II2.

Com efeito, explica Euclides, o Kaiser Guilherme é um *revenant*, um fantasma do passado da Idade Média, e, na medida em que ele se está isolando na Alemanha, está do mesmo modo isolando seu país do convívio das nações. É que ele habita no círculo estreitíssimo de uma corte aduladora, longe da austera intrusão da opinião pública alemã, e impropriamente livre para dizer tudo quanto queira sobre os outros povos. Para seu entretenimento preferia o lírico de caserna, o capitão Lanff, cujos melodramas, cheios de som e de fúria, constituíam "a apologia sanguinolenta" dos Hohenzollerns e, por ruins que fossem, bajulavam a vaidade imperial.

Quanto a seu exército – outrora o terror de toda a Europa –, é mais apropriado para desfiles militares do que para a guerra, ou, ainda mais, para reprimir os socialistas. Ele mesmo, em termos culturais, foi "estrategista, dramaturgo, arqueólogo, teólogo, inédito em tudo, poeta sem um verso, filósofo sem um conceito, músico sem uma nota, guerreiro sem um golpe de sabre"[42], mas com um monumento arquitetônico em seu nome, o novo palácio do Reichstag – que o representa como uma monstruosa deformidade. O imperador alemão de Euclides é uma absurdidade intencional, mas, apesar de tudo o mais que possamos pensar dele, Guilherme II não foi um homem inculto sem obra publicada[43].

Na mesma veia satírica, Euclides ridiculariza o imperador alemão no artigo que faz companhia ao anterior, "A Arcádia da Alemanha", em que a sátira se amplia para abarcar tanto o povo alemão quanto as políticas de seu líder. No entender do ensaísta, os alemães são, paradoxalmente, "um povo sob a ameaça permanente de seu próprio progresso"[44]. Dois terços dele, na metade do século XIX, foram atraídos pelo industrialismo alemão, em detrimento da agricultura, que no máximo alimentará uns trinta milhões de alemães, embora a população do país seja duas vezes maior. Daí o dilema por que está passando o país: ou incentiva a emigração para equilibrar o excesso de população, ou se expande para o ultramar, em busca de gêneros alimentícios, sobretudo cereais, para consumo interno ou matérias-primas para suas fábricas. A última alternativa implicaria arriscar-se a "maiores lutas", mas, não obstante isso, é a direção para onde seu imperador belicoso os está empurrando, apesar do coro de professores alemães alarmados que anteveem um desastre.

Um dos recantos do mundo para onde se dirige a expansão alemã é nada mais nada menos que os estados do sul do Brasil, os quais, no início do século XX, já apresentavam grandes colônias germânicas, principalmente em Santa Catarina e no Rio Grande do Sul. No total, Euclides não demonstrava uma preocupação aberta com a

---

42. *Idem*, pp. 113-114.

43. Ver o breve ensaio de Oswald Gschliesser, "Das wissenschaftliche Oeuvre des ehemaligen Kaisers Wilhelm II", *Archiv für Kulturgeschichte*, 44(2), pp. 385-392, 1972.

44. *Obra Completa*, vol. I, p. 115.

ameaça demográfica alemã: "Que não nos assuste este imperialismo platônico..."[45]. É que, na sua mente, a competição econômica da Alemanha com outros países e seu empenho desenfreado em obter colônias e mercados estrangeiros constitui um círculo vicioso, pois anula o crescimento de sua economia. E em que parte do mundo, ele se pergunta, Guilherme II irá encontrar um amigo como deseja? Somente nos Dardanelos, onde está o cruel e estúpido sultão turco Abdul-Hamid II – destronado em 1909 –, governando o império dos turcos. Seja como for, a Doutrina Monroe revelar-se-ia um obstáculo suficientemente importante para deter as incursões alemãs nas Américas. O Brasil, conclui ele com acidez, não é a Arcádia da Alemanha[46].

c.

Sobre o mundo brasileiro e lusitano temos, da autoria de Euclides, dois esboços históricos (*c*); um sobre os garimpeiros, ou catadores ilegais de diamante de Minas Gerais e o outro sobre a corte corrupta de Dom João V e a insípida literatura barroca de seu reinado. Trataremos primeiramente de "Garimpeiros"[47], cujo título original, "Os Batedores da Inconfidência" (o levante mineiro contra o governo português), sugere o tema subjacente desse artigo: a preparação para a fracassada revolução nacional pelos mineradores ilegais de diamante, "os anônimos conquistadores de uma pátria"[48].

A cena das catas de diamante desenvolve-se em Diamantina, uma das mais famosas entre as antigas cidades do estado de Minas Gerais. Cerca de cinquenta anos se tinham passado desde a descoberta dos primeiros diamantes (não reconhecidos imediatamente como tais), e a cena desenrola-se no último quartel do século XVIII, quando nasceu a abortícia Inconfidência Mineira. O articulista mergulha imediatamente numa cena caótica de ruas tortuosas e uma confusão de casas no meio das quais o punitivo pelourinho parece ressaltar mais fortemente. Aqui a fortuna, boa ou má, se esconde em velhas casas derruídas, e uma sociedade bastante mestiçada – "uma multidão doudejante" – luta para enriquecer numa base instável que a cada momento está cedendo, como os lastros das minas dentro da terra.

Euclides junta as principais classes masculinas da sociedade como ele imaginava que deveriam ser, atropelando uma à outra à medida que se ocupam de seus negócios de batear ouro ou de catar diamantes. Escravos negros, tatuados, em roupas de algodão

---

45. *Obra Completa*, vol. I, p. 117.

46. Sobre a base histórica alemã dos dois ensaios de Euclides, cf. o artigo de Michael Salewski, "Neujahr 1900", *Archiv für Kulturgeschichte*, 53(2), pp. 338-362 e 372-381, 1971.

47. Em *Obra Completa*, vol. I, pp. 123-127. Sobre a expressão ver a obra clássica de Joaquim Felício dos Santos, *Memórias do Distrito Diamantino*, reimpr. Rio de Janeiro, 1956, p. 98.

48. *Obra Completa*, vol. I, p. 127.

cheias de rasgos, através dos quais rebrilha sua pele escura, mourejam nos campos de mineração ou nos riachos pintalgados de ouro, enquanto os contratadores de diamantes, "ávidos e opulentos", passeiam pelo local vestidos como se estivessem desfilando nas cidades portuguesas, com coletes de veludo bordados de lantejoulas descidos sobre os calções de seda de Macau amarrados nos joelhos com fivelas de ouro. A grenha do africano xucro contrasta com os rabichos empoados dos contratadores, amarrados com fios de seda à maneira dos janotas; e as alpargatas de couro dos escravos emparelham-se toscamente com o sapato fino, pontiagudo, dos contratadores, cravejado de pérolas, em cima dos quais eles se balançam graciosamente com a espécie de caminhar que ensinam os "mestres de civilidade".

"Parecia não haver intermédios àquela simbiose da Escravidão com o Ouro", a não ser a longa lista de separadores sociais, ou seja, "dos solertes capitães-do-mato [que caçavam escravos fugidos], dos meirinhos odientos, dos bravateadores oficiais de dragões, dos guardas-mores, dos escrivães, dos pedestres [costumeiros] e dos exatores [coletores de impostos], açulados pelas ruas, farejando as estradas e as picadas, perquirindo os córregos e os desmontes, em busca do escravo; filando-se às pernas ágeis dos contrabandistas [*i.e.*, entre os escravos]"[49]. No topo dessa sociedade diversificada, os portugueses tinham colocado dois altos funcionários temidos, o Auditor da comarca e o Intendente dos diamantes. Esses dois homens tinham por tarefa ministrar uma justiça grosseira em sentenças extremas, que variavam do confisco dos bens à morte, da prisão a dez anos de degredo em Angola, por quaisquer infrações à "Lei"[50].

No entanto, entre os grã-finos, os contratadores de ouro ou de diamantes e os infelizes escravos na escala inferior da sociedade, havia outra classe atrevida de homens bastante diferentes da pequena burocracia do poder: numa palavra, os garimpeiros, que muitas vezes serviam de intermediários entre a baixa e a alta sociedade. Eles "davam o único traço varonil que enobrece aquela quadra [social]", e eram também os únicos elementos estáveis numa sociedade que estava em constante movimento. Ao longo dos veios de quartzito das primeiras galerias subterrâneas, com toda a massa de montanhas por cima, "eles percorreram todas as escalas da escola formidável da força e da coragem"[51].

"Desaforados escaladores da terra!...", as cartas régias de Portugal assim os invectivavam por drenarem a riqueza mineral com seus golpes contra os guardas zelosos da lei. Exércitos eram armados contra suas depredações, mas os garimpeiros retiravam-se

---

49. *Obra Completa,* vol. I, p. 124.

50. A obra de Felício dos Santos, *Memórias,* dá especiais informações sobre os processos judiciais contra suspeitos e os castigos dos transgressores nos distritos diamantinos, pois o autor, entre outras especializações, era um notável jurisconsulto.

51. *Obra Completa,* vol. I, p. 125.

para as montanhas, reagrupavam-se em pequenos bandos guerrilheiros e, em consequência, os intendentes cedo eram forçados a confessar às autoridades lusitanas, num ou noutro lugar, "a vitória de uma emboscada de salteadores". Os novos ataques planejados contra eles apenas "roncearam, inutilmente, pelos ermos" – os garimpeiros "zombavam triunfalmente daqueles aparatos guerreiros, espetaculosos e inofensivos"[52].

A região das "minas gerais", fosse de ouro ou de diamantes, não era um lar, enfatiza Euclides, mas um campo aberto para a progressiva exploração, a ser abandonado tão logo os leitos ricos de diamante ou os veios de ouro se convertessem em escórias estéreis, que pareciam maiores, mais solenes e impressionantes acima da pequenez dos povoados decrépitos em volta do sítio de mineração. As grandes e silenciosas catas podiam ser vistas, então, como "montões de argila revolvidos tumultuando nos ermos à maneira de ruínas babilônicas..."[53]. Lá, como poetizara antes, Euclides retoma em prosa um tema seu antigo sobre as ruínas da civilização moderna entre as catas de Minas Gerais (cf. cap. 5, pp. 85 e ss.).

O tema de seu outro ensaio, a corte de Dom João v, não está tão afastado dos campos de mineração de Minas Gerais, como se poderia imaginar, uma vez que o beneficiário de quase todos os labores dos mineiros era, evidentemente, o perdulário rei de Portugal, sobre quem Joaquim Felício dos Santos observa: "um príncipe despótico, pusilânime, intolerante, dissoluto, licencioso, passou a vida mergulhado nos prazeres da sensualidade"[54]. Em seu governo, os ingleses, pelo Tratado de Methuen (1703), limitaram a economia de Portugal à produção de vinho do Porto, enquanto os outros negócios e a agricultura enlanguesciam. Com o ouro e os diamantes brasileiros Dom João gastou vastas somas na construção de sua capela particular, e na compra ao papado do título de *Rex fidelissimus*. É estranho que, na hora da sua morte, o rei estivesse praticamente quebrado e, segundo dizem, não houvesse dinheiro suficiente para enterrar "o rei mais rico de seu tempo"[55].

No entanto, Euclides não critica o rei ou a corte pelo comportamento grosseiro, mas, antes, invectiva a literatura criada no ambiente cortesão, especialmente suas afetações barrocas. Com certeza, uma das curiosidades literárias do século XVIII

---

52. *Idem*, pp. 126-127. "Os desaforados escaladores" frequentemente não recorriam à ação de grupo contra as autoridades mineiras; agiam, ao contrário, individualmente, por si próprios, como fez o garimpeiro Isidoro, um preto pobre (ver Felício dos Santos, *Memórias*, cap. 32). Talvez Euclides estivesse pensando na estória de João Costa e seu bando, cujas façanhas os colocaram em confronto com as tropas do governo em batalhas regulares (cf. *Memórias*, pp. 199-205).

53. *Obra Completa*, vol. I, pp. 124-125.

54. *Memórias*, p. 64.

55. *Idem*, p. 65. A. H. de Oliveira Marques nada diz sobre esses sórdidos detalhes no primeiro volume de sua *History of Portugal*, tradução desconhecida, New York, 1972, pp. 393-394, 412-413, 420. O retrato que ele pinta de D. João v ressalta apenas suas simpatias intelectuais pela cultura européia da época. Para um juízo equilibrado do rei, cf. C. H. Boxer, *The Golden Age of Brazil*, Berkeley/Los Angeles, 1964, pp. 145-146.

em Portugal e no Brasil é o atraso na estilização barroca da poesia lusitana, com jogos de palavras, assíndetos, antíteses, etc., como nos versos pastoris arcádicos de Cláudio Manuel da Costa e no épico religioso *Eustáquidos* (sobre Santo Eustáquio e sua lenda), de Frei Manuel de Itaparica. De mais a mais, esses poetas foram apreciados adequadamente, em nossa época, pelo historiador Sérgio Buarque de Holanda, e não por Euclides no seu tempo[56]. Mas a ambos escapou uma questão – por que o cultismo barroco prolongou-se por tanto tempo no mundo lusitano quando, em outros lugares, foi abandonado no século XVIII sob a influência da cultura francesa?[57]

Na "sociedade pecaminosa" da corte de D. João V uma figura chama toda a atenção de Euclides – o secretário brasileiro do rei, Alexandre de Gusmão, a quem Oliveira Lima consagrara livro recente. Não foi a nacionalidade de Gusmão num meio português corrupto, mas seu "original e forte" perfil individual o que prendeu Euclides, como transparece nas cartas de Gusmão[58]. Para o nosso autor, "[f]oi um voltairiano antes de Voltaire", com "a mesma espiritualidade expansiva, [...] a mesma mobilidade, os mesmos arrebatamentos, o mesmo sarcasmo diabólico e a mesma emancipação intelectual..."[59]. Foi o mais implacável inimigo dos jesuítas "paraguaios" na corte, especialmente de "sua escolástica garbosamente fútil e sua literatura desfalecida"[60].

O que é mais admirável na vida de Gusmão é sua "adorável complacência" diante das ruínas de um caso de amor infeliz, em cujo final ele, heroicamente, ajudou o venturoso rival a conquistar a mão da dama. Poderia parecer que sua estatura privada foi um pouco diminuída pelo "tortuoso de uma intriga vulgar" na qual ele manteve "uma linha impressionadora" de conduta que, individualmente, era nova numa sociedade envelhecida. Mas o que, naquele tempo, era para Euclides uma vulgaridade – esse "triste humorismo" no qual disfarçamos nossas maiores desventuras e "este levar as coisas a rir mesmo quando elas são de fazer-nos chorar" – era uma novidade numa época em que a fraqueza irritável das pessoas "supersticiosas e incultas" predispunha-as à impulsividade e "ao desafogo máximo das paixões". É assim que Euclides dá a melhor interpretação da vida particular infeliz do "Secretário de El-Rei".

---

56. Ver os estudos "O Ideal Arcádico" e "Cláudio Manuel da Costa" em Sérgio Buarque de Holanda, *Capítulos de Literatura Colonial*, São Paulo, 1991, pp. 177-405.

57. Também não responde à pergunta o ensaio de Buarque de Holanda, "Notas sobre o Barroco", em *Tentativas de Mitologia*, São Paulo, 1979, pp. 141-165.

58. Um espécime epistolar em *Roteiro Literário de Portugal e do Brasil*, eds. Alvaro Lins e Aurélio Buarque de Holanda, Rio de Janeiro, 1966, vol. II, pp. 12-13. Sobre sua poesia ver Sérgio Buarque de Holanda, *Capítulos de Literatura Colonial*, pp. 196-197.

59. Nessa opinião Euclides (*Obra Completa*, vol. I, p. 129) difere de Oliveira Lima.

60. *Obra Completa*, vol. I, p. 129.

d.

Três ensaios publicados em *Contrastes...* tratam da questão do mau uso e da recuperação da terra a partir de diversos ângulos (*d*), começando com "Fazedores de Desertos" (publicado em *O Estado de São Paulo,* em 21 de outubro de 1901), prosseguindo com "Entre as Ruínas" (impresso inicialmente com o título de "Viajando", no *Estado* de 8 de setembro de 1902) e concluindo com o artigo em três partes "Plano de uma Cruzada" (que saiu em *O País,* em 8 de maio de 1904).

O primeiro, "Fazedores de Desertos"[61], transmite imediatamente o que o autor pensa sobre o tema ao registrar uma mudança climática no interior de São Paulo com a frase abrupta "verão bravio", algo que no passado os habitantes mais velhos não experimentavam, mas que agora Euclides observava comumente em suas andanças pelo estado em seu trabalho de engenheiro. "[D]iluem-se-lhes como fumaradas secas as nuvens que ao entardecer abarreiram os horizontes." A vegetação murcha e cai; até o ar se desfalece e fica pesado, e a poeira desce sobre as folhas, interferindo na "reação tonificante da luz". Um viajante que percorrer o interior verá "miríades de esgalhos estonados, quase sem folhas ou em varas, dando em certos trechos, às paisagens, um tom pardacento e uniforme, de estepe...". Contudo, diz o autor-observador, esse fenômeno da seca é natural, e não deve surpreender a ninguém: porque "nós mesmos a criamos" há longos anos; "temos sido um agente geológico, nefasto, e um elemento de antagonismo terrivelmente bárbaro da própria natureza que nos rodeia"[62].

Então, o autor passa a narrar a história pesarosa da queimada – a limpa, pelo fogo, da terra coberta pela vegetação – que os aborígines iniciaram e seus herdeiros brasileiros continuaram até os nossos dias, deixando para trás a *caatanduva* e a *caatinga*, os resultados de séculos de abuso da terra. Os primeiros colonizadores portugueses agravaram a responsabilidade ecológica dos brancos ao atear fogo para espantar os índios que caçavam para escravizar. E os mineradores do século XVII esterilizaram e poluíram a terra com suas escavações à procura de diamantes e seus represamentos dos rios em busca de ouro. Os antigos campos mineiros dos catadores de diamantes, retalhados de buracos, parecem "grandes cidades em ruínas", como ele mostrou em "Garimpeiros", a atestar o caráter destrutivo da extração mineral.

No entanto, foi mais no Nordeste, onde as grandes concessões dos reis portugueses – as sesmarias – foram desbravadas pelo fogo para a criação de gado, que o abuso foi maior, com incêndios lavrando durante meses continuadamente. Somente no Sul, onde a queimada foi controlada judicialmente por juízes conservadores, houve alguma

---

61. *Obra Completa,* vol. I, pp. 181-184.
62. *Idem,* p. 181.

diminuição dessas práticas. No conjunto, porém, o cultivo extensivo continuado nesse plano incendiário global, juntamente com a lavoura parasitária que sugava a vitalidade do solo, foi, "pouco a pouco, remodelando-lhe as paragens mais férteis, transmudando-las e amaninhando-as"[63].

Nem mesmo as descobertas da química e da biologia modernas ajudaram até agora a restaurar as energias do solo – os agricultores brasileiros deixam-nas de lado e dão preferência à antiga "tendência primitiva e bárbara, plantando e talando"[64]. Ademais, as próprias cinzas e brasas ardentes que se veem no leito da ferrovia paulista contam que o carvão vegetal fora queimado pela locomotiva de passagem, e assim "alguns hectares de nossa flora" foram sacrificados ao rápido progresso da região. Esses sinais de perda de paisagem levam o autor a especulações mais amplas sobre o clima de seu país. Quando a temperatura eleva-se em áreas despidas de árvores, acompanha-se de uma queda da pressão atmosférica que, diminuindo a um nível mínimo, pode subverter o curso regular dos ventos em cada ponto do perímetro, ao mesmo tempo em que a queda da umidade torna cada vez mais problemática a precipitação de chuvas. Essa leitura do tempo, infelizmente, é contraditada totalmente pela asserção mais simples que Euclides fez em "A Terra", a primeira parte de *Os Sertões* (sobre a climatologia dos sertões): "A temperatura escaldante por si mesma termina dando a essas regiões [planaltos desnudos] uma pressão atmosférica mínima, que atrai as chuvas"[65]. Uma dessas afirmações pode não estar correta.

As observações de Euclides sobre o papel da queimada na formação do clima são mais persuasivas. Comumente, nos sertões, a irradiação noturna do calor terrestre neutraliza a insolação do dia, e o orvalho decorrente do esfriamento da terra "ilude de algum modo a carência das chuvas"[66]. Todavia, a queimada, pela descarga de fumaça na atmosfera, interrompe esse fluxo da umidade para baixo. Por isso, à noite a condensação do orvalho é por assim dizer reprimida, e a terra, que "irradia como um sol obscuro, porque se sente uma impressão estranha de faúlhas invisíveis", recebe de volta seu próprio calor devido ao anteparo de fumaça da queimada. Nessas épocas, "mal se respira do bochorno inaturável em que toda a adustão golfada pelas soalheiras e pelos incêndios se concentra numa hora única da noite..."[67]. Essa não é a linguagem científica que usa hoje um meioambientalista, mas expressa muito bem os efeitos da queimada sobre o clima, embora ele falasse dela no contexto da guerra de Canudos

---

63. *Obra Completa*, vol. i, p. 182. As declarações de Euclides aqui e em outros lugares são comparáveis com aquelas feitas em seu último livro por Warren Dean, *With Broadax and Firebrand*, Berkeley/Los Angeles, 1995; cf. suas duras declarações de conclusão, pp. 363-364.

64. *Obra Completa*, vol. i, p. 183.

65. Cf., em *Obra Completa*, vol. ii, p. 124 com vol. i, p. 183.

66. *Obra Completa*, vol. i, p. 183.

67. *Obra Completa*, vol. i, p. 184.

nos sertões da Bahia. Termina o ensaio com um sarcasmo dirigido ao historiador inglês Thomas Buckle e à "wantonness of power" ("dissipação de forças"), que Buckle atribuiu à natureza tropical (que ele não conheceu). São, antes, os brasileiros do século XX que possuem a força incontrolada para "extinguir" as forças da natureza.

O segundo ensaio do conjunto, "Entre as Ruínas"[68], descreve o impacto do ciclo do café ao longo da principal estrada do Vale do Paraíba que liga os estados do Rio de Janeiro e de São Paulo. O viajante que trafega pela velha estrada real pode sentir, entre a desolação geral, que está a "calcar um antigo chão de batalhas esterilizado e revolto pela marcha dos exércitos..."[69]. Tudo o que vê nas colinas em volta são moitas mirradas por oitenta anos de cultivo do café, entremeadas com carreiros pardo-avermelhados por onde subiam as turmas de escravos para cuidar dos cafezais. Agora, porém, essa cultura de café levantou acampamento, como um exército, indo para São Paulo, já que foi derrotada no Rio pelo alto preço do financiamento de suas safras.

Aqui e ali veem-se nos morros as cabanas vazias, com seus telhados de sapé derruídos, onde viviam os trabalhadores rurais pobres que partiram. A terra, outrora povoada de árvores, foi acutilada e desmembrada por chuvaradas torrenciais, revelando em muitos lugares seu esqueleto de pedra. As estradas fizeram-se desertos que levam a lugar nenhum e, em vez dos rijos sertanejos que as abriram na mata no tempo dos bandeirantes, veem-se agora apenas caipiras desfibrados, que saúdam o viajante com "uma humildade revoltante" e a imitação de um sorriso. O conversar com eles apenas os deixa mais apreensivos, "como se víssemos uma ruína maior por cima daquela enorme ruinaria da terra"[70].

A obstinada vegetação rasteira sobe pelas paredes remanescentes da casa-grande, penetrando pelas portas e janelas como numa implacável reação da natureza contra aqueles construtores que outrora aplicaram no seu seio o fogo cáustico das queimadas. Ademais, os quadrados geométricos das paredes da construção que tinham dominado todas as casas menores da fazenda conservam as antigas linhas do estado senhorial, mas ali estão para sempre vazias, porque os caipiras não se atrevem a penetrá-las por medo de fantasmas em seu interior, a realizarem um sabá de bruxas, com cabeças pendentes dos tetos e braços irrompendo das paredes...

O viajante, no entanto, pelo menos tem a coragem de entrar pela varanda da frente e se encontra em câmaras outrora elegantes, habitadas por centenas de morcegos, que voejam a seu redor. Quando o voo dá lugar a uma "quietude sinistra", o conviva começa a imaginar "os belos tempos" da fazenda em que "a vivenda senhoril pompeava triunfalmente no centro dos cafezais floridos"[71] – a chegada dos convidados, de botas

68. *Idem*, pp. 185-187.
69. *Idem*, p. 184.
70. *Idem*, p. 185.
71. *Obra Completa*, vol. I, p. 186.

e esporas, o sobe-e-desce das longas escadas pelas damas da casa, a sala de jantar posta para um banquete, as janelas brilhando à noite, a dança... Tendo visto, tendo ouvido tudo o que poderia ter sido, o viajante volta para a estrada, tropeçando por um jardim invadido pelo mato, esmagando sob os pés a fruta caída de uma fruteira do pomar; retirando-se como quem foge, monta seu cavalo e parte numa disparada. Enquanto cavalga, de tempos em tempos, como que amaldiçoando por atravessar um velho cemitério, passa por intermináveis "santas-cruzes" ao lado da estrada, e "sente-se, sem o querer, invadido pelas crenças ingênuas dos caipiras" – entre fantasmas[72].

Resumindo esse ensaio de Euclides, não pude evitar a impressão que ele deixa no começo de que os telhados da "casa-grande" não mais existem, caíram, mesmo que *de facto* ele se refira depois a seus "tetos". Sob outros aspectos, a graça do ensaio reside não apenas nas descrições das ruínas retomadas pela natureza (um tema caro a ele), porém mais especialmente na bela reviravolta, no final, da atitude do viajante para com o povo do lugar, os caipiras, que ele menospreza no começo, mas pouco a pouco chega a confessar que também ele foi afetado por suas "superstições" ao ser exposto à vida imaginada naquelas ruínas nos dois séculos passados. A confissão identifica certamente o viajante como Euclides, que sempre insistiu em dizer exatamente que era um "caboclo".

O artigo em três partes, "Plano de uma Cruzada", o último e o mais completo dos três ensaios sobre o mau uso da terra, propõe remédios de grande alcance para o Nordeste afligido pelas secas, recentemente prostrado mais uma vez pela seca de 1903, um ano antes da publicação desse texto. Diferentemente da *dance macabre* pintada pelos artistas do final da Idade Média europeia, a seca no Nordeste brasileiro, nos termos de Euclides, é esquecida tão logo completa o seu ciclo: embora "tão prejudicial a um quinto do Brasil, só nos impressiona quando aparece; é uma eterna e monótona novidade; estudamo-la sempre nas aperturas e nos sobressaltos dos períodos certos em que ele [o fenômeno] se desencadeia". Então, "os cientistas apressados – os nossos adoráveis sábios *à la minute* – ansiando por salvarem [...] um pouco a pobre terra, imaginam hipóteses"[73].

Diante do "fatalismo das leis físicas", sustenta Euclides, os cientistas brasileiros devem pôr de lado seu amadorismo e prover-se de uma "resistência permanente [...], uma espécie de 'guerra dos cem anos' contra o clima". Somente despindo firmemente essas "leis reais" de seus "fatos inorgânicos observados [?]", afirma ele, será possível formular uma política de governo subsequente e decisiva de combate às secas, rendilhando um grande sistema de açudes, replantando de árvores o solo das regiões secas, desviando os rios para irrigação e furando poços artesianos[74]. O pré-requisito

---

72. *Idem*, p. 187.
73. *Obra Completa*, vol. I, p. 131.
74. *Idem*, pp. 132-133.

cosmológico dessa política (despir as leis físicas do clima dos "fatos inorgânicos) é bastante obscuro no argumento de Euclides, mas os procedimentos resultantes foram amplamente aplicados no "polígono das secas" tanto antes dele quanto depois[75].

A segunda parte de seu artigo começa por comparar a "exploração científica da terra – coisa vulgaríssima hoje em todos os países"[76] – com o grande trabalho sobre o clima feito pelos naturalistas e astrônomos brasileiros na época de D. Pedro I, quando não só o Brasil mas também a África foram observados ao mesmo tempo. Com o advento da República, porém, deslocando a vida nacional para as praias agitadas do país, "olvidamos a terra", cujas belezas e curiosidades foram relegadas aos cientistas estrangeiros da Europa e da América do Norte. Assim, as preocupações do Brasil com o clima no século XX foram deixadas aos estrangeiros, e os brasileiros alhearam-se da terra, encerraram-se num "exílio subjetivo [...]", ao mesmo tempo em que vagueiam "como sonâmbulos pelo seu seio desconhecido". De fato, as populações do litoral trocariam alegremente o verdadeiro Brasil, que os aterrava, pela civilização encarquilhada que os acotovelava na estreita rua do Ouvidor (centro do Rio), e conheceram dos sertões pouco mais do que a etimologia repulsiva (e equivocada) de *desertus*. Para eles a "nossa geografia física é um livro inédito"[77]. Entre os métodos de luta contra as secas que foram relacionados na primeira parte do ensaio, Euclides ressalta como os principais a ramificação de um grande sistema de açudes no Nordeste. Acontece que fora isso que André Rebouças tinha defendido[78]. Antes, porém, de armazenar água para irrigar uma faixa de terra, Euclides queria que a terra fosse analisada quanto ao seu nivelamento, à permeabilidade ou inclinação de seus estratos e à fisiologia de sua vegetação, numa busca da homogeneidade subjacente dos "fatores naturais". Nunca se deveria permitir que uma investigação científica apressada empanasse, numa síntese final, a imagem imperfeita de "misteriosos passados geológicos, que tanto esclarecem, às vezes, a nossa situação presente" na terra. Por exemplo, no Norte do país encontram-se frequentemente planaltos separados agora e então por serros abruptos e agudos que nos levam a indagar se se trata de terreno recém-emergido de alguma era terciária, ou apenas um antigo afloramento do planeta que foi alterado brutalmente pelos elementos. As violentas mudanças atmosféricas nos sertões, com súbitos aguaceiros, sugerem que "a segunda hipótese" é a inferência correta[79]. Portanto, essa

75. Cf. *idem*, p. 134, e Manuel Correia de Andrade, *The Land and People of Northeast Brazil*, trad. D. V. Johnson, Albuquerque, 1980, pp. 193–213 [Ed. original: *A Terra e o Homem no Nordeste*. 4. ed. ver. e atual. São Paulo, Ciências Humanas, 1980].

76. *Obra Completa*, vol. I, p. 134.

77. *Idem*, p. 135.

78. Ver sua monografia *A Secca nas Províncias do Norte*, Rio de Janeiro, 1877, pp. 54, 61-63, 75 e ss., 78 e 97.

79. *Obra Completa*, vol. I, p. 136.

atenção acurada ao solo do sertão é obrigatória para resolver o problema mais urgente das secas, que postulam uma tarefa "que é o mais belo ideal da nossa engenharia neste século: a definição exata e o domínio franco da grande base física da nossa nacionalidade"[80].

Na terceira e última parte do artigo, Euclides adota um tratamento indireto de seu assunto – o clima – usando as expansões imperialistas da Rússia e, sobretudo, da Europa e dos Estados Unidos. (Estas serão tratadas com maiores detalhes na próxima seção.) O imperialismo europeu e norte-americano, ao contrário da marcha russa rumo ao Japão, transpôs as latitudes onde viviam para penetrar nas regiões estrangeiras da África, Ásia, Austrália e América do Sul e, consequentemente, a principal dificuldade desse imperialismo "está menos no adquirir um pedaço de território [estrangeiro] que na adaptação [no plano médico] do território adquirido [para os imperialistas]"[81]. Daí a ciência ter seguido os imperialistas europeus e norte-americanos "numa tarefa inteiramente nova, a do saneamento da terra", e assim socorrê-los com remédios descobertos pelas novas escolas de medicina colonial para o tratamento das doenças tropicais. Já não parece "vã a tentativa de bater-se vantajosamente a fatalidade cosmológica dos climas" a partir desse ângulo de visão. De fato, "um tal objetivo basta a nobilitar as invasões modernas [pela Europa e pela América do Norte]. Redime-lhes todas as culpas e as grandes brutalidades da força esta empresa maravilhosa, que é uma espécie de reconstrução da terra"[82].

No entanto, onde, pergunta o autor açulado, vamos encontrar os brasileiros em toda essa melhoria em nível mundial da vida e da terra? Mergulhados "numa indiferença muçulmana sob o clima que nos fulmina", responde ele, sem um serviço meteorológico apropriado para ajudá-los, e esquecidos do amplíssimo interior de seu país, "onde se desata a base física real da nossa nacionalidade". Do jeito que as coisas estão no interior do Nordeste, porém, as pessoas se deparam lá com apenas duas alternativas: ou vegetam na miséria, definhadas pelo impaludismo e continuam formando uma raça de mestiços lamentáveis num virtual deserto, ou então atacam ferozmente o solo exuberantemente fértil com ferro e fogo, derrubando árvores e queimando extensas faixas de terra para cultivo – e, desse modo, criam o deserto real. Os ianques conseguiram recuperar "o deserto clássico" do Colorado, enquanto os métodos brasileiros de cultivo têm apenas "um efeito final: o barbarizar a terra". Nesses círculos viciosos "vamos para o futuro sacrificando o futuro, como se andássemos nas vésperas do dilúvio"[83].

80. *Idem*, p. 137.
81. *Idem*, p. 138.
82. *Idem*, pp. 138-139.
83. *Obra Completa*, vol. I, p. 140.

e.

No contexto da "marcha do imperialismo para o Oriente" (*e*), Euclides publicou em seu livro três artigos sobre os movimentos da Rússia e da Inglaterra na direção da Ásia. Desses, em "A Missão da Rússia" ele nos oferece uma breve apresentação da sociedade e da história russas, que se inicia com a declaração inequívoca: "A Rússia é bárbara", com a qual o autor quer dizer que o caráter russo foi moldado pelos nômades tártaros através da história do país. Portanto, com um

> [...] temperamento emocional e franco, a um tempo infantil e robusto, paciente insofrega-do, em que se misturam uma incomparável ternura e uma assombradora crueldade. Polida [a Rússia] demais para o caráter asiático, inculta demais para o caráter europeu – funde-os. Não é a Europa, e não é a Ásia; é a Eurásia desmedida, desatando-se, do Báltico ao Pacífico, sobre um terço da superfície da terra e desenrolando no complanado das estepes o maior palco da história. A Rússia veio ocupá-lo retardatária[84].

É curiosa essa caracterização antitética dos russos porque, fora da mera conjectura de Euclides, é um tanto antiquada, originária que é do modo como o Iluminismo francês entendia a Rússia, ou seja, como uma conquista dos bárbaros tártaros que foi mais tarde remodelada na forma de um principado europeu semicivilizado por Pedro, o Grande, e por Catarina II (de origem alemã)[85]. Se alguém perguntar por que o autor teria sido guiado para a história russa na primeira década do século XX, deve-se ter em mente, como nos informa o eslavista brasileiro Bruno Gomide[86], que foi nesse período que a literatura russa do século XIX foi introduzida no Brasil, pela primeira vez, em tradução. No entanto, o quanto Euclides estava desatualizado na avaliação que faz da Rússia podemos inferir melhor comparando o conceito que tinha do país com as expectativas da Alemanha contemporânea, no Ano Novo de 1900, de ser incluída no quarteto de potências mundiais, ao lado da Inglaterra, dos Estados Unidos e da Rússia. Aqui a Rússia foi idealizada como uma entidade dinástica na linha de frente da civilização ocidental[87].

84. *Idem*, p. 141.

85. Ver de Larry Wolff, *Inventing Eastern Europe*, Stanford, 1994, especialmente o cap. 5, sobre a Rússia de Voltaire.

86. Ver sua brilhante tese de doutorado, de maio de 2004, "Da Estepe à Caatinga: O Romance Russo no Brasil (1887-1936)", Unicamp, Instituto de Estudos da Linguagem. Lamentavelmente, Gomide tem pouco a dizer, em sua tese, sobre o ensaio de Euclides (reimpresso na tese, pp. 159-161), mas vejam-se as pp. 200 e 437, nas quais ele observa ser essa a única referência brasileira ao dramaturgo Tchékhov, e que a opinião de Euclides sobre a cultura russa contém um "naturalismo profundo popular".

87. Ver novamente o artigo de Michael Salewski, "Neujahr 1900", p. 362.

Seja como for, ficamos sabendo que Euclides acreditava que a Rússia era "duplamente mongólica", porque foi formada na verdade por tribos do Turquestão antes de ser remodelada pelos tártaros no século XIII. Por isso, na opinião de um escritor norte-americano de orientação racista, ela não podia ser a campeã da raça ariana no Ocidente contra o "perigo amarelo" do Japão – um ponto de vista que Euclides parece aceitar em parte, embora o tivesse modificado: para ele a Rússia poderia superar sua dupla herança social "sob o permanente influxo do Ocidente"[88].

Ainda que a Turquia tenha desfrutado de um Renascimento sob Solimão, o Magnífico (na primeira metade do século XVI), a Rússia nunca passou por uma elevação cultural semelhante, e por isso, quando surgiu para o mundo ocidental, na virada do século XIX, com gênios como o matemático Józef Maria Hoene-Wrónski e o poeta Aleksándr Púchkin, foi o maior espanto. (Euclides nomeia devidamente as grandes figuras literárias russas, de Turguéniev a Tchékhov e Tolstói, que, no final do século XIX, circulavam em tradução por todo o Ocidente.) Segundo o nosso ensaísta brasileiro, a literatura russa divulgou "um largo e generoso sentimento da piedade, diante do qual se eclipsam, ou se anulam, o platônico humanitarismo francês e a artística e seca filantropia britânica". Nessa literatura, diz Euclides citando um crítico francês, existe uma mentalidade preocupada com questões morais – como "o eterno problema altruísta" – no tocante aos males entranhados da sociedade russa que estimulam grandes aspirações e impelem sua marcha para a justiça e para a liberdade. O próprio niilismo da vanguarda, "um desvario dentro de um generoso ideal", revela-se às vezes nessa crise "como a forma tormentosa e assombradora da justiça". A partir de uma surgem duas Rússias em conflito, a nova Rússia dos pensadores e a Rússia tradicional dos czares. A irrupção entre elas é "bárbara, porque incoerente e turbulenta", mas os velhos estigmas ancestrais, cada vez mais apagados, mal se discernem "entre os esplendores de um belo idealismo cada vez mais intenso e alto…"[89].

No entanto, imbuída do moderno espírito do imperialismo como a Rússia estava, seus velhos estigmas detêm "admiráveis recursos" para a guerra russo-japonesa desencadeada no Extremo Oriente. O seu temperamento bárbaro revelar-se-á "um guarda titânico invencível, não já de sua civilização, mas também de toda a civilização europeia"[90]. Essas linhas belicosas foram escritas muito antes da vitória decisiva dos japoneses sobre os russos em maio de 1905; é digno de nota que Euclides se coloque tão positivamente do lado russo, quando a opinião pública mundial, com bons motivos, apoiava o outro lado, o do Japão[91], apesar do "perigo amarelo" de que falavam os norte-americanos.

88. *Obra Completa*, vol. I, p. 142.
89. *Idem*, p. 143.
90. *Obra Completa*, vol. I, p. 144.
91. Como diz Nicholas V. Riasanovsky, *A History of Russia*, 5. ed., New York, 1993, p. 403.

As aventuras imperialistas da Rússia no Extremo Oriente são analisadas ainda mais em outro ensaio, "Conjecturas" (1907)[92], que as compara com as incursões dos ingleses pelo Egito e pelo Afeganistão até à Índia e ao Tibete. Na opinião de Euclides, a guerra da Crimeia fechou efetivamente a Europa ocidental à Rússia e empurrou o gigante eslavo na direção da Ásia. Com sua sociedade grandemente diversificada e imperfeita, ainda buscando tateante caminhar para a frente entre a servidão e a liberdade, a Rússia seria sempre vencida, pensa ele, pelo trabalho organizado e pela riqueza de capital de toda a Europa. E mesmo assim (de algum modo) o gigante canhestro conseguiu dominar sua situação precária e, movendo-se para o Oriente, logrou trilhar a linha estreita entre a ameaça e a promessa de paz. Ele foi impelido não tanto por algum sonho guerreiro de Pedro, o Grande – conquista pelo mar[93] – quanto pela aquisição de novas terras para a implantação de centros produtivos agrícolas e industriais, onde os pobres mujiques russos da Ásia central pudessem encontrar paz e abundância.

Para além dessa meta estava a grande economia da China – "uma Canaã vastíssima" – e por toda a Ásia até à China corria "a estrada do império", a ferrovia transiberiana, que na época do conflito russo-japonês deixou de estender um ramal de trilhos pelo lago Baikal[94]; de Harbin, na Manchúria, uma linha subsidiária da estrada de ferro sul-manchuriana estendia-se até Port Arthur, onde, como diz Euclides previdentemente, a península de Liao Tong forma uma "miniatura da Crimeia" em volta do porto. Port Arthur é "a Sebastopol ameaçadora do Pacífico"[95].

Ao lado da guerra aberta entre a Rússia e o Japão havia a guerra surda da Inglaterra com o Tibete, que foi disfarçada diplomaticamente mas muito mal nos muros da "impenetrável" Lhassa[96]. Essas maquinações dos ingleses tinham o intuito de impelir à ação a mais alta casta de vida oriental, ou seja, os monges budistas e a oligarquia teocrática de Lhassa, que regia as questões asiáticas. Para esse corpo de clérigos tudo o que fosse ocidental no Extremo Oriente era secundário: a ferrovia transiberiana, suas poderosas locomotivas puxando pesados trens, as intricadas operações do sistema bancário russo-chinês, os guardas cossacos estacionados ao longo da linha férrea – em suma, todas as engrenagens capitalistas do comércio deviam girar em subserviência à aliança entre o patriarca da Igreja ortodoxa russa e o governador teocrático de Lhassa. Entre outras coisas, o bloqueio russo-budista tinha fechado todas as portas à expansão inglesa no Extremo Oriente. Com base no conhecido princípio, porém, se não pode

92. *Obra Completa*, vol. I, pp. 147–151.

93. Ver W. B. Walsh, *Readings in Russian History*, Syracuse, 1963, vol. I, p. 175, e Riasanovsky, *op. cit.*, pp. 229-230.

94. Dito por Riasanovsky, *op. cit.*, p. 403.

95. *Obra Completa*, vol. I, p. 149.

96. Cf. Walsh, *Readings*, vol. II, pp. 532-533.

vencê-los, junte-se a eles, a Inglaterra celebrou uma *entente cordiale* com a França (1904), e, para atenuar a força do tratado entre a Rússia e a França (de meados da década de 1890), fez acordo sobre pontos disputados no Sião, abandonou seus projetos ferroviários na China do sudeste que contrariavam interesses franceses e retirou as imprevistas concessões na África do Norte[97]. Como os ingleses tentaram descobrir um meio de entrar no Tibete e o que essa manobra significou para Euclides deve-se reservar para o terceiro e último ensaio.

A história inglesa de "Transpondo o Himalaia" (1907) foi contada por Euclides rapidamente depois que a expedição subiu essa alta cadeia de montanhas, cerca de 1890. Chefiada por um tal coronel Younghusband, a expedição tinha em vista, ostensivamente, traçar o mapa das fronteiras do planalto de Pamir a cerca de 4 300 a 7 600 metros acima do nível do mar; conhecido como "o teto do mundo", o planalto localiza-se no Afeganistão, ao norte do Hinducuxe e do Vale de Cachemira. Diversas expedições mistas, antes e depois da do coronel Younghusband, tinham explorado essa região acidentada, mas a exploração foi impedida pelos bandos de guerrilheiros afegãos, que expulsaram as tropas de Younghusband do alto planalto[98]. É o bastante com relação à história e a geografia do lugar.

Ao contar a história do feito de Younghusband, Euclides atribui-lhe um objetivo muito diferente, militar: "[v]ai defender a Índia"[99]. O vice-rei inglês da Índia o tinha declarado formalmente, e Younghusband, na sua trilha de guerra, já tinha capturado uma aldeia tibetana, Giantsé, onde os ingleses esperavam estabelecer um centro de conferência para negociar com o Dalai Lama. Uma notícia do *Times* londrino, citada por Euclides em tradução, afirmava, no entanto, paradoxalmente, que a Inglaterra não queria conquistar ou colonizar a região, mas, ao invés, pretendia deixá-la como estava. Euclides, cinicamente, aplaudiu essa limitação: "Porque, afinal, o que convém à política inglesa na Índia é a permanência da sociedade decaída e apática [...]"[100].

Nessa nota ele deixa sua imaginação demorar-se na pouca habitabilidade do estéril planalto do Pamir e na miséria dos lamas do Tibete, semi-idiotas, vestidos de trapos, errando de mosteiro em mosteiro, pedindo esmolas, destituídos de personalidade, num estado de sonambulismo – uma população submersa no que ele denomina o "industrialismo mítico da reza"[101], adaptada às revoluções mecânicas dos incontáveis moinhos que marcam seus giros regulares pela repetição das orações. O ensaio termi-

---

97. O caráter vago dessa tríplice paráfrase é do próprio Euclides, em *Obra Completa*, vol. 1, p. 151, e não pode ser melhorado.

98. Ver o curto resumo das explorações do Pamir em Walsh, *Readings*, vol. 11, pp. 532-533.

99. *Obra Completa*, vol. 1, p. 146.

100. *Obra Completa*, vol. 1, p. 147.

101. *Idem*, p. 146.

na com os soldados ingleses marchando na direção de Lhassa sob o comando de um certo general MacDonald. Talvez alcançassem o "Vaticano do Budismo", talvez um bando afegão errante os interceptasse e expulsasse de lá. De qualquer modo, ainda era demasiado cedo para dizer algo sobre a expedição inglesa[102].

g.

Nosso último conjunto de ensaios, um par que faz uma comparação entre o Brasil e a América do Norte (*g*) – foi omitido aqui o (*f*), já analisado em outro capítulo – traz-nos de volta mais uma vez à esfera das Américas. No ensaio isolado "Solidariedade Sul-americana" vimos o autor às voltas com o preconceito que os norte-americanos nutrem com relação ao Brasil e à América Latina em geral (cf. cap. 12, p. 234), mas em "O Ideal Americano" (1907), reimpresso em *O Comércio de São Paulo*, 17 de agosto de 1909, como resenha do livro de Theodore Roosevelt em tradução (*American Ideals and Other Essays*, 1903), Euclides anima-se com "a vida estrênua" e com o código revigorante de Roosevelt, e insiste em dizer que sua obra "não é um livro para os Estados Unidos, é um livro para o Brasil"[103]. Nenhum espanto, já que o próprio Euclides vivia "a vida estrênua" de ponta a ponta! Pode ser que Roosevelt seja apenas "um estilista medíocre"[104] e nada de novo tenha para dizer, admite ele, mas pelo menos tudo o que disse é útil, e dotado de "um encanto irresistível naquela rudeza de *rough rider*"[105].

Ao anunciar os "perigos excepcionais" que os Estados Unidos enfrentam, o presidente norte-americano antepõe-lhes um quadro demasiado familiar da anarquia sul-americana: "rusguento grupo de Estados, premidos pelas revoluções" etc. Assim, enquanto os brasileiros recuam temerosos imaginando o espantalho do "perigo ianque", "o estrênuo professor de energia" revela sua opinião ianque sobre o espantalho do perigo sul-americano. "Temos medo daquela força [de seu país]", interpõe Euclides; "e, no entanto, ela é quem se assusta e foge apavorada da nossa fraqueza". Mas, folheando as páginas do *Ideal Americano*, ele descobre uma novidade: aquele que era tão representativo do absorvente utilitarismo e do triunfo industrial da América do Norte é na verdade "um idealista, um sonhador, um poeta incomparável de virtudes heroicas". Para Roosevelt as garantias de sucesso em seu país residem

---

102. Euclides faz no ensaio uma referência à "resistência inesperada dos tibetanos" (*Obra Completa*, vol. I, p. 147), mas não faz qualquer menção aos afegãos, que Walsh, o historiador eslavo, opõe aos ingleses, como na n. 96 acima. Não se pode deixar de suspeitar que Euclides tenha colocado os tibetanos no lugar dos afegãos nesse relato de segunda mão da expedição de Younghusband.

103. *Obra Completa*, vol. I, p. 172.

104. *Idem*, p. 169. Gilberto Freyre irritou-se com essa frase sob a alegação de que ninguém pensava que Roosevelt fosse um estilista; ver seu *Perfil de Euclydes*, p. 34.

105. *Idem*, p. 170.

menos nos prodígios da atividade e na maravilha da riqueza norte-americana do que "nas belíssimas tradições de honra, e eficiência, [...] e na ordem social pelo repontar ininterrupto dessas emoções generosas". Ele não se satisfaz apenas com as virtudes da economia e do trabalho, mas "superpõe-lhes a glorificação permanente da honra nacional, da coragem e da persistência, do altruísmo, da lealdade e das grandes tradições provindas das façanhas passadas". Nessa marcha solene de uma lógica inelutável, todos eles caem-lhe sob os pés – o político tortuoso, o doutrinador estéril, o cidadão passivo e agressivo, o jornalista sem valor e adulador, e até mesmo a plateia bajuladora que ao mesmo tempo garante-lhes a impunidade dos crimes e recompensa dos males perpetrados[106].

O destemido moralista (Euclides?) reiterará, mais adiante, outra novidade velha na visão de Roosevelt: ou seja, a necessidade de um americanismo mais amplo, um forte sentimento nacional contraposto a um "localismo" deprimente e dispersivo. Combaterá abertamente o estreito patriotismo de campanário provincial ou nacio-nal, que subordina a nacionalidade a algum bairrismo. No caso especial da América do Norte e do Brasil, Euclides sente sob a influência das denúncias de Roosevelt que o "localismo" é um defeito decrescente na América do Norte, mas no Brasil é uma viçosa paixão. Pior ainda é o cosmopolitismo aliado ao patriotismo, um traço colo-nial que reduz o cidadão a um quase imigrante em sua própria terra, encerrando-o num "ambiente fictício de uma civilização de empréstimo". O norte-americano pode ser capaz de dominar civilizações estrangeiras e americanizá-las, mas as duras pá-ginas de Roosevelt sobre esse ponto parecem a Euclides ter sido escritas para "nós brasileiros", que iriam repetir a si mesmos as palavras do presidente: "mais vale ser um original que uma cópia, embora esta valha mais do que aquele". Em outras pala-vras de Roosevelt, quem quer que seja simples e modestamente um brasileiro "vale cinquenta vezes mais do que ser a cópia de segunda classe, ou servil oleografia, de um francês ou de um inglês"[107].

Essas opiniões eram tão caras ao coração de Euclides que ele não hesita em aclamar o seu enunciador, em seu livro, como "o melhor discípulo de Hobbes e de Gumplowicz – um fanático de força, um tenaz propagandista do valor sobre todos os aspectos, que vai da simples coragem física ao estoicismo mais complexo". Não há meio de conciliar esses absurdos elogios com outros sentimentos mais ternos para com Roosevelt nessa resenha. Seja como for, numa época em que a expansão nacional estava-se difundin-do em toda a parte, como a de todas as forças naturais, segundo as linhas de menor resistência, e os Estados maiores estão engolindo os menores sem compunção, *Ideal*

---

106. *Obra Completa*, vol. I, pp. 170-171.
107. *Obra Completa*, vol. I, p. 172.

Americano tinha para os brasileiros a utilidade consultiva de um tratado de darwinismo social "rudemente aplicado à vida das nações"[108].

No artigo que faz companhia àquele analisado, "Temores Vãos", publicado em *O País* de 24 de junho de 1904, Guilherme II e Roosevelt reaparecem no começo do ensaio na forma de dois cavaleiros do Apocalipse que, aparentemente, ameaçam os leitores brasileiros com a invasão de seu país. Nessa violenta mudança de imagens somente o perigo ianque é menos ameaçador do que o alemão, porque sugeriu uma invasão mais sutil da civilização norte-americana, do industrialismo e do "individualismo esclarecido", dominando as burocracias oficiais e liberando múltiplas energias que são asseguradas pelo grande senso comum, por um sentimento liberal de justiça e por "uma maravilhosa idealização" dos destinos humanos[109]. Mas por que, pergunta Euclides, o Brasil deveria ter medo, mesmo assim? O restante do ensaio é uma tentativa de demonstrar o infundado dos temores do Brasil com relação à invasão norte-americana.

Como exemplo encorajador das intenções norte-americanas para com as nações menores ou mais atrasadas, Euclides cita o caso improvável das Filipinas, "libertada" do domínio espanhol pela frota de couraçados do almirante Dewey, em 1º de maio de 1898, depois que o "Maine" foi afundado no porto de Havana. A intervenção dessa frota pareceu à opinião pública sul-americana "uma intervenção desassombrada do *yankee* na partilha do continente asiático". No entanto, as Filipinas, com a mudança de domínio, não tinham piorado da situação anterior de colônia da Espanha, mas, ao contrário, tinham melhorado financeiramente, oferecendo férteis campos e ricas minas aos conquistadores norte-americanos e, portanto, realizando uma velha profecia: a civilização, depois de contornar a terra, retornava ao "berço fulgurante do Oriente"[110].

Assim, após a guerra de guerrilha com Aguinaldo e suas forças nativas, quando foi criada a primeira comissão norte-americano-filipina, este organismo pacífico foi encarado como "o sintoma inicial da absorção inevitável" da antiga colônia espanhola; mas era falso. O chefe da comissão, o filósofo Jacob G. Schurman, em seu modo claro de falar, declarou-se um "advogado da independência filipina". Seu país não podia agir de modo diferente, disse ele, sem a renúncia indesculpável "da sua própria história e dos seus próprios ideais". Essas observações, tendo em vista a autoridade que estava por trás delas, "tornam bastante opinável o perigo *yankee*", assevera Euclides, e continua insistindo: "Afinal, ele não existe; como, afinal, não existe o perigo germânico"[111].

108. *Idem*, pp. 172-173.
109. *Idem*, pp. 173-174.
110. *Idem*, p. 174.
111. *Obra Completa*, vol. I, pp. 174-175.

Resumindo esses alarmes e essas excursões, o ensaísta chega à conclusão de que o único "perigo" que se pode encontrar neles "está todo dentro das nossas fronteiras", onde, em sua forma alucinatória, mostra ser nada mais nada menos que "o perigo brasileiro". Revivendo uma cediça fórmula comtiana, imputa essa preocupação à "velha tolice metafísica, consistindo em esperarmos tudo das artificiosas e estéreis combinações políticas, olvidando que ao revés de causas elas são meros efeitos dos estados sociais". Entre as verdadeiras causas listadas desses medos devemos destacar esta: "o afrouxamento em toda a linha da fiscalização moral de uma opinião pública que se desorganiza de dia a dia, e cada dia se torna mais inapta a conter e corrigir aos que a afrontam, que a escandalizam, e que triunfam"[112]. Daí, com relação à maioria, a "insensatez" vazia desses temores que são, na verdade, um insulto às potências que sobrepujam o Brasil, apenas porque progridem e, desse modo, ameaçam os brasileiros, simplesmente por avançarem, triunfantemente, em civilização para o futuro. Em última análise, nesse dilema moral, existe apenas "o perigo brasileiro" a ser temido[113].

Recapitulando esse denso capítulo, podemos indagar se havia alguns motivos que pudessem ter sugerido a heterogeneidade do conteúdo de *Contrastes e Confrontos*, que, como vimos, apresenta uma amplitude quase demasiada, mudando das cenas e personalidades históricas do Brasil para a expansão da Alemanha de Guilherme II e as aventuras imperialistas da Rússia e da Inglaterra no extremo leste da Ásia. Os ensaios fortuitos isolados são até mesmo mais desconexos do que aqueles que estão ligados em número de dois e de três por subtemas, assuntos e formas literárias comuns. É fora de dúvida que o primeiro impulso do autor ao reunir seus ensaios da maturidade, escritos a partir dos meados da década de 1890, foi preservar o mais que pudesse aqueles que considerava melhores, sem preocupar-se com qualquer unidade. Desse modo, devem ter sido preservados na primeira assentada muitos dos ensaios sem ligação entre si, mas aqueles que estavam ligados de algum modo – como, por exemplo, aqueles sobre Floriano Peixoto (*a*), ou sobre os conflitos no negócio da borracha na Amazônia (*f*) – tinham por trás de si outros motivos, muito mais pesarosos. É que esses artigos eram fragmentos de livros, como foram enumerados por Sylvio Rabello[114], livros que havia planejado escrever, mas que nunca viveria para fazê-lo: a seção (*a*) para uma história da revolta da armada e a (*f*) para seu livro sobre a Amazônia, *Paraíso Perdido*. É possível que as duas cenas históricas de (*c*) pudessem ter lugar em seu projetado estudo sobre a era de D. João VI, princípio do século XIX, ou ainda em seu romance da metade do século XVII, *Os Homens Bons*, que tinha por tema a reencenação da oposição política,

112. *Idem*, pp. 175-176.
113. *Idem*, p. 175.
114. Em seu *Euclides da Cunha*, pp. 217 e 279.

no Rio, do filho de um herói brasileiro das guerras contra os holandeses – Jerônimo Barbalho Bezerra – contra o governador carioca, Salvador Correa de Sá, o vilão da história[115]. Essas, porém, são apenas suposições bastante prováveis, e continua existindo um fosso intransponível entre os sonhos ilusórios de Euclides com a autoria posterior de livros e o conteúdo desconexo de *Contrastes e Confrontos*.

Por outro lado, quanta luz essa coletânea de ensaios derrama sobre o íntimo de Euclides da Cunha, que agora se refrata por assim dizer em outras *personae* além da de autor de *Os Sertões*! Na coletânea ele fala pelo Nordeste afligido pelas secas apenas uma vez, no ensaio em três partes "Plano para uma Cruzada" (*d*), mas em outros casos apresenta-se com ousadia como o comentarista sobre uma miríade de outros países onde nunca esteve – por exemplo, Inglaterra, Rússia, Alemanha, América do Norte, Bolívia, Peru (com exceção do Alto Purus) e Uruguai. Em seus comentários inteligentes sobre esses países, portanto, deve recorrer regularmente tanto à sua imaginação quanto à documentação histórica, mas nunca perde seu *sang froid* de historiador.

Frequentemente, como nossos "novos historicistas", ele dramatiza seu material histórico condensando-o numa narrativa anedótica para prender a atenção de seus leitores[116]. Desse modo, em "Heróis e Bandidos" (*a*), começa um esboço histórico de José Gervasio Artigas com uma imagem do caudilho aproximando-se do ditador paraguaio Francia, para pedir asilo, mas terminando, ao invés, por ser levado à prisão pelo resto da vida. Novamente, em "O Marechal de Ferro" (*a*), o deliberado desarmamento de uma brigada revoltosa por Floriano Peixoto é compactada numa narrativa misteriosa, que a história brasileira oficial não comprova. E, mais uma vez ainda, no grupo de ensaios sobre o negócio da borracha dos peruanos (*f*), o ensaio que dá título ao livro, "Contrastes e Confrontos", termina com uma história horrenda sobre o destino dos revolucionários irmãos Gutiérrez, que foram pendurados até à morte e despenhados, segundo Euclides, das duas torres da catedral de Lima.

Amesquinhando a coletânea, deve-se dizer, aparece o velho espectro do racismo que paira no fundo, perturbando os leitores modernos de sua obra. Deve-se lembrar que o racismo europeu ressudava de sua escrita quando, em "O Homem", n'*Os Sertões*, procurava defender o Brasil colonial da tendência dos racistas europeus que tinham visto na *limpieza de sangre* a base de uma nacionalidade genuína, supostamente ilus-

---

115. Ver a sinopse que Euclides fez desse livro, que ele mesmo contou ao historiador Afonso Taunay, em Francisco Venâncio Filho, *A Glória de Euclydes da Cunha*, pp. 72-73. Sobre o episódio histórico, cf. C. R. Boxer, *Salvador de Sá and the Struggle for Brazil and Angola, 1602-1686*, London, 1952, pp. 312-321.

116. Ele teria aprovado calorosamente a definição da narrativa anedótica (*anedocte*) por Stephen Greenblatt, em *Marvelous Possessions: The Wonder of the New World*, Oxford, 1991, p. 3: "Se as narrativas anedóticas são registros da singularidade do contingente, [...] elas são registradas ao mesmo tempo como narrativas anedóticas representativas, isto é, como significativas em termos de um processo maior ou padrão que é o próprio assunto da história".

trada *par excellence* pela Grã-Bretanha. Em sua defesa, Euclides pensava ter atingido a rocha viva da nacionalidade brasileira nas misturas entre índios e portugueses no sertão, mas essa ideia era enganosa, uma mera retorção dos argumentos dos racistas na Europa; além disso, ao elevar esses mamelucos do interior, rebaixava os mestiços de branco e de preto do litoral, caindo assim no racismo vulgar (ver o conhecido "parêntese irritante" em "O Homem" e cf. cap. 9, p. 167). No entanto, o dano já estava feito, e o racismo europeu assoma perversamente na seção (*f*) de *Contrastes*, onde o autor ataca a heterogeneidade das populações peruanas e seu "parasitismo", coisas ambas que os desacreditam como nação (ver "Contrastes e Confrontos" e "Conflito Inevitável"). Quanto ao próprio Roosevelt, na resenha laudatória de seu *Ideal Americano*, o racismo de uma espécie beligerante aparece ao lado do orgulho pelo país com algumas excelentes lições colhidas no livro (*g*). Após tê-lo apresentado primeiramente como um idealista e um sonhador, Euclides acaba saudando a Roosevelt como um colega admirador de Gumplowicz e Hobbes, companhia que teria deixado surpreso o impulsivo presidente estadunidense, que não era um "fanático da força ou um tenaz propagandista do valor". Se quisermos captar a essência de Roosevelt, devemos procurar Henry Adams que, tendo-o conhecido muito bem, disse: "Roosevelt [...] mostrou a singular qualidade primitiva que pertence à autêntica matéria – a qualidade que a teologia medieval atribuía a Deus – era puro ato"[117]. Seja como for, o belo ensaio de Euclides sobre os "temores vãos" e as presunções dos brasileiros sobre Roosevelt e a América do Norte (*g*) devolve as relações do Brasil com os Estados Unidos à sua perspectiva apropriada.

---

117. *The Education of Henry Adams*, Boston/New York, 1918, p. 417.

14

Peru versus *Bolívia*

Temos agora diante dos olhos uma longa peça em prosa de Euclides, escrita a pedido do Barão do Rio Branco, no final de maio de 1907[1], sobre uma obscura – para nós – controvérsia entre o Peru e a Bolívia acerca da posse líquida e certa de aproximadamente 720 mil quilômetros quadrados de terra nas cabeceiras de diversos rios dentro e em volta do Território do Acre (ver mapa). Essa disputa dificilmente chegou às histórias mais modernas dos países litigantes[2] – inclusive do Brasil – e já essa negligência nos impõe a quase necessidade de ler o tratado *Peru* versus *Bolívia*, que Euclides redigiu para o Barão. Embora o principal historiador brasileiro do Território do Acre tenha elogiado sua obra e seu estilo, nenhum leitor de Euclides que conhece sua extensão estilística apresentaria esse tratado como um modelo de seu estilo. Por conseguinte, dizer com Leandro Tocantins: "O autor [de *Peru versus Bolívia*], em períodos impecáveis, interpreta [...] o mundo espanhol da América do Sul com [...] uma precisão raramente atingida em obra histórica"[3], é, como veremos, uma interpretação errônea, embora causada por amor.

Devemos ter em mente duas coisas quando lemos *Peru* versus *Bolívia*: uma no que se refere ao conteúdo e a outra, ao estilo. O autor, depois da experiência que teve com Don Pedro Buenaño, chegou a odiar os peruanos, os quais, na verdade, tinham na Bacia Amazônica uma fama muito ruim como caucheiros. Essa aversão transparece em todo o tratado. Segundo, o estilo peculiar da escrita, tão diferente de outros textos de Euclides, sofreu, obviamente, uma aproximação do que ele concebia ser o

---

1. Ver a carta de Euclides ao cunhado, de 4 de junho de 1907, em *Obra Completa*, vol. II, p. 679.

2. Por exemplo, o especialista em história boliviana Herbert Klein nem mesmo menciona a disputa em *A Concise History of Bolivia*, Cambridge, Eng., 2003. A discussão mais completa dessa questão e da representação de Euclides encontra-se no estudo de Leandro Tocantins, *Euclides da Cunha e o Paraíso Perdido*, pp. 199-251.

3. *Idem*, p. 222.

português chanceleresco, com construções de frase francamente longas e períodos desequilibrados. Repetidas vezes, porém, o autor retorna a seu estilo pessoal, em tiradas sintáticas, as quais constituem as melhores partes de suas dissertações. Voltaremos a essas peculiaridades de estilo e de conteúdo durante a nossa resenha da monografia, que dividimos em oito partes, como segue:

1. *O Caso: Os Primeiros Passos*

A Bolívia, por comprazer ao desejo expresso da nação co-litigante, parte da base de quase mil quilômetros, estendida entre o Madeira e o Javari, da linha divisória do Tratado preliminar de Santo Ildefonso, e reclama todo o território que lhe demora ao sul, limitado a oeste pelo curso do Ucayali até aos formadores do Urubamba e vertentes meridionais do Madre de Dios à esquerda do Inambari, reduzindo a máxima expansão oriental dos domínios peruanos à meridiana do rio Suches, e excluindo-os, inteiramente, dos vales amazônicos que se sucedem do Juruá ao Mamoré.

O Peru, baseando-se, fundamentalmente, na mesma linha, exige os mesmos terrenos dilatados, extremando-os no levante com os thalwegs do Madeira e do Mamoré até à foz do Iruani, e ao sul com os do Madidi e Tambopata, por maneira a incluir no pleito largas superfícies de terras brasileiras, ao mesmo passo que agrava o hinterland boliviano, recalcando-o nas altas nascentes e cursos médios do Mamoré e do Beni[4].

Assim começa o tratado, com toda a hiperprecisão de um documento jurídico, entrançado em frases tipo cipó de um pretenso estilo chanceleresco português, e lançando particípios presentes aos olhos do leitor. Dos rios, o Suches não aparece nos mapas de Euclides – um descuido que se repetirá com outros rios pequenos.

Com o decorrer do tempo, prossegue Euclides, no século XIX, o Peru e a Bolívia acabaram por perceber a arbitrariedade da linha divisória de Santo Ildefonso e abandonaram-na, o Peru em 1851 e a Bolívia em 1867[5]. A linha foi implantada pelo Tratado de Madri (1750), no qual o Peru era chamado de "novi orbis pars meridionalis", enquanto o Brasil era denominado "Psitacorum regio"[6].

Nesse meio tempo, os portugueses subiam pelo rio Paraguai em suas viagens até às extremidades setentrionais do Mato Grosso, provocando com isso todos os tipos de comentários e protestos dos missionários espanhóis aos vice-reis: o que aconteceria se esses intrusos acabassem por dominar o Peru desde as cordilheiras do Itatim?[7]

4. *Obra Completa*, vol. I, p. 735.
5. *Idem*, p. 737.
6. *Idem*, pp. 738-739.
7. *Idem*, p. 739.

No entanto, a longa região entre os rios Madeira e Javari (= o Território do Acre) continuava inexplorada. Tanto os plenipotenciários hispânicos quanto os portugueses dariam imaginativos saltos no escuro a partir do ponto médio do rio Madeira rumo ao Javari, mas ainda assim andavam "às cegas"[8] na região. Contudo, a renovação da linha de Santo Ildefonso, em 1777, nada fez para melhorar-lhes a visão. Nenhum espanhol visitou o rio Madeira; somente os cientistas portugueses Silva Pontes e Lacerda e Almeida o fizeram em 1781[9]. Essas antilogias, ou contradições em termos, entre a cegueira e a indiferença dos espanhóis e a diligência dos portugueses eram monstruosas aos olhos de Euclides, e a longa demora e a indesculpável resistência dos espanhóis atiçou nele uma explosão, quando proclamou que a "monstruosidade" tinha revivido em algum momento do século XIX em que, "desde as notícias geográficas mais precisas aos princípios políticos mais liberais, todos os elementos convergem no engravecer-se a debilidade congênita irremediável" do vigente Tratado de 1750[10]. Lacerda e Almeida calculou que o ponto médio do rio Madeira situava-se na latitude de 7º38'45", corrigida depois para 10º20', entre a embocadura do Madeira no Amazonas e a confluência do Beni-Madre de Dios com o Madeira. A revisão do Tratado de Santo Ildefonso em 1777 diminuiu um grau inteiro; mas nenhum desses cálculos foi confirmado ou negado em 1851. A latitude de 1777 continuava válida[11].

Dentro desse atoleiro surgiu do lado peruano "uma alma superior", Don Mateo Paz Soldán, um naturalista e astrônomo[12]. Ele concentrou-se na extremidade superior do Território do Acre, traçando seu movimento "para 10º de latitude sul", e assim não mais seguindo uma paralela à linha de Santo Ildefonso, mas terminando no rio Purus. Essa retificação expungiu a validade da linha mais antiga, mas o mapa de Paz Soldán foi aceito pelo Brasil e pela Bolívia nos termos do Tratado de Ayacucho, em 1867. Portanto, agora fora traçada uma linha da foz do rio Beni-Madre de Dios, na latitude de 9º30', até encontrar o Javari[13]. Todavia, a latitude de Paz Soldán continha um erro de quase um grau (pelo cálculo posterior de latitudes).

A menor latitude dos peruanos – 6º52'15" – que foi aplicada no Tratado de Ayacucho deu-lhe "o golpe de misericórdia"[14]. A "sanção" peruana dessa proposta foi "o mais calvo e injustificável erro, que ainda se perpetrou na simples leitura de um convênio".

---

8. *Obra Completa*, vol. I, p. 743.

9. *Idem*, p. 742.

10. *Idem*, p. 743.

11. *Obra Completa*, vol. I, pp. 742, 744-745. Sobre esses pontos cf. a resenha de Oliveira Lima da monografia de Euclides, reimpressa na edição mais recente de *Peru versus Bolívia*, ed. de R. Padilha, Rio de Janeiro, n.d., pp. 8-9. Comparei frequentemente o texto de *Obra Completa* com o dessa edição, que publica muito mais documentos colaterais do que a versão impressa em *Obra Completa*.

12. *Obra Completa*, vol. I, p. 746.

13. *Idem*, p. 747.

14. *Idem*, p. 748.

Aqui, mais para o fim da seção 1, desenvolve-se outra explosão contra os peruanos. Toda a preempção deles nos bastidores aparece sob uma rubrica: "*Provincia de Ucayali*: longa lista de terras, estirando-se, fatidicamente, por treze graus de longitude, do Madeira para o ocidente, e apavorando-nos com uma tremenda aquarela de carmim vivíssimo, e fortes tons sanguíneos, tragicamente sugestivos…" A "elástica fronteira" do Peru estica-se para "as regiões exuberantes da borracha", e que os brasileiros não se enganem com "o pinturesco desses desenhos lírico-cartográficos [do Peru]". De qualquer maneira, "a lastimável linha divisória [de Santo Ildefonso]… não é a mesma". Uma comparação de documentos do Peru mostra que a linha, anteriormente "guindada para o norte, com a sua direção intorcível de leste para oeste. […], não é sequer uma sombra do que foi. Não é mais uma paralela. É uma oblíqua". Em suma, exclama Euclides, "a base principal das pretensões peruanas, no vertente litígio com a Bolívia, submetida ao exame e ao juízo do Governo argentino, […] está errada, flagrantemente errada – geométrica, astronômica, geográfica, política, jurídica e historicamente errada"[15].

2. *As Origens Históricas Conjuntas de Peru e Bolívia*

Uma palavra ou duas sobre os primeiros cronistas sul-americanos dá início à recapitulação da história misturada de Peru e Bolívia. Os primeiros europeus a contemplarem essas terras, por exemplo, Joan Martines e Thevet entre outros, embora fossem

[…] os mais falsos desenhadores do Novo Mundo, foram exatos cronistas de seus primeiros dias. […] Mas tem [a figura do continente deformado] rigorismos fotográficos no retratar uma época. […] Num prodígio de síntese, [seus riscos incorretos] valem livros. […] E vemos [nos seus escritos], como não no-lo mostrariam [posteriormente] os mais lúcidos historiadores, os aspectos dominantes do regime instituído pela conquista nas recém-descobertas regiões[16].

Em contrapartida, as velhas cartas do antigo vice-reinado do Peru têm, aos olhos de Euclides, uma aparência "monstruosa, artificial, extravagante…". O cartógrafo do vice-rei ou circunscreveu à costa ocidental uma sociedade indígena "duma grande simplicidade tribal, ou primitiva", ou, voltando-se para o leste e para a riqueza dos Incas nas montanhas, "denunciou o objetivo exclusivo de seus novos povoadores"[17]. Todavia, o Peru nunca foi uma colônia no sentido português da palavra; foi, antes, "uma inexpressiva e vasta propriedade" ou "um feudo [, …] um donativo papal a um rei [, … o] maior dos latifúndios sancionado por uma bula" etc. No que consistiu a ex-

15. *Obra Completa*, vol. I, pp. 748-750.
16. *Idem*, pp. 750-751.
17. *Idem*, p. 751.

ploração sabe-se melhor, nesse caso, pelos cartógrafos do que pelos historiadores. Num mapa (o de Descaliers) não é mostrado um único rio, nenhuma cadeia de montanhas, nenhum acidente físico, apenas cidades fantásticas, e tremendos batalhões em marcha para o ataque. A entrada de Pizarro no Peru, viajando muitas léguas para saquear um templo, estabeleceu o padrão de todas as conquistas espanholas na região: "O processo não variou. Não podia variar". Não houve qualquer adaptação dos espanhóis ao país dos Incas. "O título de espanhol, título único a todos os empregos, devera conservar-se intacto na sua mais áspera rigidez, blindado pelo orgulho característico da raça, como um privilégio e uma necessidade política." A frase que sempre estava na boca dos broncos forasteiros no país era: "Eres criollo, y basta"[18].

Assim, a Espanha propunha-se formar no Peru "o agregado absurdo, que era uma espécie de anômalo inorganismo social, [...] crescendo apenas mecanicamente, como as pedras crescem, pelas superposições sucessivas das levas que partiam de Cadiz". Daí, no decurso do tempo, a moderna instabilidade política do Peru. Tal como havia dito antes nos ensaios sobre o Peru contemporâneo, Euclides do mesmo modo resume aqui o domínio espanhol: "E o domínio castelhano, na América do Sul, consistindo na vasta pilhagem de uma sociedade morta [inca] – difusa, inarticulada, informe – como no-lo desenham os antigos cartógrafos, antes de organizar-se, ia-se decompondo lastimavelmente"[19].

A Audiência de Charcas (um dos dez organismos semelhantes da América Latina colonial) tornou-se depois a Bolívia, "desligando-se daquele conjunto amorfo, como se desliga um mundo de uma nebulosa" (uma velha imagem de Euclides). Foram primeiramente os obstáculos físicos às comunicações entre Lima e o Alto Peru (e as preocupações com uma revolta na região peruana)[20] que inspiraram a cédula real de 1563 a criar a nova Audiência de Charcas, instalada uma década depois. Para Euclides, porém, a "Bolívia é uma criação dos Andes". Ao norte de Charcas viviam as tribos indígenas "infiéis" dos chunchos e dos mojos; ao sul, ficavam as terras do Paraguai e as províncias da Argentina. O Chile também queria fazer parte dessa Audiência com seus territórios transandinos. Muito antes de 1810, na história administrativa da América Latina, os vice-reis "se reduziam a figuras platônicas, meramente decorativas, porque o Conselho das Índias [...] e as Audiências pretoriais [...] atribuíam-se todos os misteres de governo". Entrementes, essa criação da nova Audiência de Charcas a

18. *Obra Completa*, vol. I, pp. 751-752. Descaliers era um padre francês do século XV, de Dieppe e amigo do explorador Jean Cousin; sua cartografia é extremamente problemática em termos cronológicos. Ver Capistrano de Abreu, *O Descobrimento do Brasil*, Rio de Janeiro, 1929, pp. 11-27 *passim*.

19. *Obra Completa*, vol. I, pp. 752-753. Cf. os ensaios "Conflito Inevitável" e "Contrastes e Confrontos" e sua análise no cap. 12, pp. 382 e 387.

20. Sobre a origem da Audiência de Charcas, que Klein data de 1558, cf. *Concise History*, pp. 40-41, desse autor, com *Obra Completa*, vol. I, p. 753.

induzia, como que naturalmente, "a marcha gradativa para uma harmonia superior de energias autônomas, ao mesmo passo que a distância da costa a libertava da emigração tumultuária, ou atraída pelo anseio exclusivo da vida aventurosa, em cata da fortuna. A cordilheira foi – materialmente – um cordão sanitário" e muitos daqueles que o cruzaram – rumo à Bolívia – eram fixados, forçadamente, ao solo, "tolhidos pelas próprias dificuldades da volta" ao litoral[21.]

Na Audiência de Charcas os jesuítas fundaram admiráveis missões para abrigar os índios maltratados, submetidos aos *repartimientos* e às *mitas* (trabalho de corveia). Um novo povo foi criado pela mistura entre o melhor dos espanhóis e os aborígines. Além disso, a proximidade dos domínios portugueses injetou "um reagente energético para a organização [social] autônoma da Bolívia [*in nuce*]". Isso porque as forças sociais que dispersavam os peruanos do litoral "em tumultos e revoltas intestinas" combinaram-se, na fronteira setentrional da Bolívia, numa reação defensiva geral e instintiva aos portugueses. Como relatam os cronistas bolivianos, surgiram prolongados boatos de invasão por parte dos portugueses, e os bolivianos uniram-se sob essa ameaça, que perdurou durante dois séculos. Então, o povo boliviano evoluiu, transfigurando-se, em resposta a um contínuo apelo à dinâmica heroica do caráter, dessa forma disciplinando-se. No Leste, os portugueses, sem o saberem, eram "os carregadores incorruptíveis do grande *ayuntamiento* nacional [boliviano] que se formava"[22].

Do ponto de vista de Euclides, a Audiência de Charcas "não diminuía, mutilada; consolidava-se, concentrando-se". Limitava-se rigorosamente em todo o flanco meridional, onde a ameaça portuguesa acossava na direção norte ao longo da fronteira. Mas a Audiência foi, em seu começo, "o bloco continental que [à invasão portuguesa] lhe contrapôs a Espanha", e tornou-se, assim, "la barrera de todo el Alto Peru" (no dizer de um líder boliviano em 1784), diante da onda crescente dos invasores portugueses do levante. Assim como estes últimos, estacionados na margem esquerda do rio Paraguai, impeliram-se para o norte em sua conquista do Mato Grosso, seguindo os cursos naturais dos rios Guaporé e Madeira, do mesmo modo a Audiência nasceu ao lado na direção de terras até então desconhecidas ou "não descobertas", mantendo-se sempre no rastro da expansão lusitana. As províncias "no descubiertas" constituíram-se das terras a oeste do Madeira, num cinturão desatado desde a foz do Mamoré até ao ponto médio do Madeira, e essas províncias é que são disputadas agora e formam a presente zona litigiosa[23].

21. *Obra Completa*, vol. I, pp. 753-754. Surpreende aqui que Euclides não diga uma única palavra sobre Potosí, a montanha de prata que constituiu atração mundial.

22. *Idem*, p. 755.

23. *Idem*, pp. 755-756.

Charcas, devotada à defesa das possessões espanholas, teria de ampliar-se quando seu pertinaz adversário se ampliasse, e devia confrontar-se (o que Cadiz ordenou mais tarde que fosse feito) na imensidão da fronteira internacional. A Audiência, o título histórico da Bolívia, era "limitada em todos os sentidos, exceto no que lhe marcava um papel preeminente na evolução [sul-]americana". A massa do continente estava encravada – desconhecida, impérvia e misteriosa, velada quase até à época de Euclides – numa forma grosseira de um triângulo que se distende de cabeça para baixo entre o médio Madeira e o rio Javari. As duas nações colitigantes poderiam iluminar ou clarificar a questão disputada entre elas da maneira mais original, recorrendo aos dados mais obscuros – comenta ele com sarcasmo – ou vendando-se com aquela densa noite geográfica de escuridão, na qual, como vimos antes, tanto se embaraçaram – "às cegas" (cf. p. 287) – no empurra-empurra dos negociadores do Tratado de 1750, que estavam completamente perdidos no escuro[24].

Os índios selvagens que vagueiam a seu bel-prazer são os mais erradios tanto na floresta quanto nos mapas, mas os documentos escritos agravam e multiplicam todas as dúvidas que se possam ter. Aprende-se a ser ignorante ao lê-los. "Sistematizam o absurdo." Ocorre uma filtração às avessas da inteligência: a compreensão penetra esses canais em estado límpido, mas, depois de atravessá-los em agonia, sai impura. "Cada um daqueles cronistas, cada um daqueles geógrafos, ou mesmo historiógrafos, cada um daqueles pequenos proprietários do Caos, como os estigmatizaria Carlyle, é um desordeiro que se faz mister [para o leitor] afastar para que se não perturbe o pleito"[25]. Assim, Euclides, depois de sua explosão, "afasta-se".

3. *A Bolívia e o Tratado de 1750*

Voltemos por um breve momento ao verdadeiro "padrão histórico" da Bolívia. No pleito atual entre o Peru e a Bolívia, uma nação (a Bolívia) contrapunha-se a um fantasma, a Audiência de los Reyes *versus* a Audiência de Charcas. As citadas "províncias não descobertas" não figuravam nos tempos remotos das Audiências, embora sejam os constituintes do litígio direto. Os últimos lampejos do valor político prolongaram-se naquelas províncias onde o vice-rei (do Peru?) os mantinha até que as crescentes energias regionais os substituíssem. As Audiências adjacentes seriam então impelidas para uma luta em torno de quem teria competência para governar essas províncias. A fórmula soberana para o progresso político da América Espanhola, que consistia no permanente triunfo do governo local sobre a primitiva centralização, seria validada,

---

24. *Obra Completa*, vol. 1, pp. 756-757.
25. *Idem*, pp. 757-758.

depois, pela transferência das propriedades provinciais para uma das Audiências. A Audiência de Charcas estava predestinada a atrair para sua órbita o território inexplorado pelo qual competiam as outras Audiências e o reino dos lusitanos a nordeste. Os documentos espanhóis atestarão isso muitas vezes e mesmo a queima de todas as histórias da América do Sul não poderia negar esse fato. É essa a posição de Euclides com respeito às terras adicionais da Bolívia[26].

Voltando às interpretações do Tratado de Madri de 1750, os negociadores (como vimos, p. 287 novamente) encenaram a ópera-bufa do cego, esgrimindo-se às cegas entre si por terras desconhecidas. O tratado substituiu a linha das Tordesilhas pelos cursos naturais dos rios Guaporé, Mamoré e Madeira, de um lado, e pelo paralelismo dos rios Madeira e Javari, de outro. A discussão desses pontos geográficos pressupunha que as extensas superfícies de terra entre o Madeira e o Javari localizavam-se dentro da jurisdição da Audiência de Charcas, "extremada naqueles rumos pela província de Santa Cruz de la Sierra" (? cf. adiante); contudo, indefinidamente, mais ao norte, a terra deixou-se ficar no desconhecido, entre as missões dos mojos. O rio Madeira acabou-se tornando a divisa entre as terras brasileiras e as bolivianas. Quanto à paralela que se chamou mais tarde Santo Ildefonso e ao próprio rio Madeira, concordou-se, oficialmente, em 1748, que pertenciam à Bolívia, porque deram origem à Audiência de Charcas (opinião de Alexandre de Gusmão). No início do século XX, Santo Ildefonso foi a base das ilusórias pretensões peruanas[27].

Um dos negociadores do Tratado de 1750 (Carvajal y Lancaster) engenhou, por adivinhação, a linha divisória de 1867 do Beni–Javari, que foi projetada entre as possessões portuguesas (na margem sul do rio Beni) e o distrito de Mojos ao norte de Charcas. Nas negociações do Tratado, a linha de Santo Ildefonso foi também deslindada pelas correções de Gusmão a partir da cartografia espanhola[28]. "[O]s limites da Audiência de Charcas, naqueles lados [de Mojos], iriam até aonde fosse a linha demarcadora de Portugal e Espanha"[29].

Quando o tratado já estava em vigor, a expansão portuguesa moveu-se um pouco mais para o norte, ao longos dos rios Mamoré e Madeira; a influência boliviana insinuou-se bem atrás dela. Os antigos anais estão cheios das referências mais inequívocas ao trecho encachoeirado do rio Madeira e às missões de Mojos. Com o repúdio do tratado na segunda metade do século XVIII, a história inverteu-se: os bolivianos tomaram vigorosamente a dianteira e os brasileiros se enredaram na defesa de Mato Grosso. Disseminou-se a guerra entre os castelhanos e os brasileiros, fomentada pelos jesuítas

26. *Obra Completa*, vol. 1, p. 759.
27. *Idem*, pp. 759-761, 764.
28. *Idem*, pp. 763-764.
29. *Idem*, p. 764.

e por seus aliados índios. O rio Madeira formava uma longa fronteira da província boliviana de Mojos, e ao presidente de Charcas, mais especialmente ao governador da província boliviana de Santa Cruz de la Sierra cabia salvaguardar ao longo dela todas as terras castelhanas além do trecho de cachoeiras do rio Madeira. Em consequência disso, a coroa espanhola submetia à influência de Charcas todo o território ribeirinho à margem esquerda do rio Madeira, até o ponto médio do rio[30].

4. As "Províncias Não Descobertas" no Leste

Pode ser que a expulsão dos jesuítas pelos espanhóis, em 1767, das missões no ultramar tenha desencadeado o declínio intelectual da Espanha, mas não enfraqueceu aqueles jesuítas em Charcas que defendiam com unhas e dentes seus rebanhos índios contra os apresadores portugueses. Um jesuíta – Francisco Xavier – foi "o verdadeiro comandante" das forças bolivianas e indígenas que combatiam os portugueses[31]. A nenhum outro lugar o título de "República Jesuítica" foi mais aplicável do que às "reduções" do Madeira – as sementeiras da democracia – que os jesuítas tinham cultivado. A ativa supervisão dos padres sobre uma redução e a seguinte era realizada de tal maneira que, ainda que os supervisores desaparecessem, seu ensinamento e sua perseverança remanesciam nas povoações índias. "[U]ma sociedade nova e robusta, apta a prolongar-lhe a tarefa secular, transformando as missões religiosas numa grande missão política, obediente ao mesmo rumo intolerável e persistente para o norte", sucedia ao estado tribal dos índios e rechaçava seus inimigos totalmente em Mojos[32].

Euclides abandona abruptamente essa história inspiradora da resistência jesuíta e índia aos portugueses, para queixar-se dos documentos castelhanos que escrutava diariamente. Ele os acha "monótonos" e, pior, "redundantes". O hábito inato que tinham de repetir tudo pelo menos duas vezes é um estilismo que, na sua opinião, só pode ser comparado ao paralelismo da Bíblia hebraica. Além disso, existem grosseiros erros de fato. Um documento, subscrito por Don Pedro Rodríguez Campomanes, um estadista e educador, diz erroneamente que acima do presidente de Charcas estava o vice-rei do Peru, a quem aquele devia reportar-se a cerca de 800 léguas de distância do distrito de Mojos até Lima, como calcularam dois outros escritores castelhanos, o Marqués de Val de Lirios e Don Domingos Orrantia. Da mesma maneira, a distância a que ficavam as

---

30. *Obra Completa*, vol. I, pp. 764-766.

31. *Idem*, p. 767.

32. *Idem*, p. 768. Klein demonstra que os antepassados desses índios mojos eram os mais complexos dos índios bolivianos das planícies antes da chegada dos espanhóis, de sorte que os mojos tinham provavelmente uma vantagem social herdada em relação a seus inimigos portugueses; suas vitórias tanto contra os portugueses quanto contra os espanhóis também os afastaram do contato hostil até o século XX; ver sua *Concise History*, pp. 20-21.

missões das veneráveis "províncias não descobertas" é calculada por esses dois autores em não menos de 400 léguas, o que estenderia Apollobamba, como denominavam as províncias, até a Colômbia.

Em 1777, o Fiscal de Nova Espanha (= América Central) recomendou a nomeação de um enaltecido "Governador e Capitão-geral" para dirigir essas possessões semiconhecidas e outras terras bolivianas, como se fosse um vice-reinado, ou algo tão pomposo. A direção suprema da política espanhol estava-se deslocando, transpondo os Andes, para as partes orientais do império. Com base em toda essa comoção, o resultado final era a impossibilidade material de subordinar as regiões ilimitadas do leste a um regime que atuasse a partir de Lima. A influência do vice-reinado do Peru, que no começo do século XX se pretendia, inexplicavelmente, restaurar, estava havia muito anulada sem cruzar os Andes desde o auge da colônia espanhola[33].

Na órbita expansiva da Audiência de Charcas ou de La Plata, as terras que se desprendiam da margem esquerda do rio Madeira para incorporá-las gradualmente à margem direita do Alto Javari tendiam a ser satélites de uma ou de outra Audiência. No território ora em litígio entre esses rios – e mais tarde consolidado de acordo com o Tratado de Petrópolis, firmado em 1909 – encontravam-se as prefeituras brasileiras do Acre, do Purus e de Juruá. Contudo, no último quartel do século XVIII, para os distintos luminares da Espanha, as províncias de Mojos, junto com seu apelido Apollobamba, estendiam-se pelas amplidões dos planaltos do noroeste quase até às altas margens do rio Ucaialy[34].

Consoante o Tratado Preliminar de 1777-1778, foi despachada uma comissão, chefiada pelo governador de Mojos e Apollobamba (Don Ignacio Flores), para explorar os rios Guaporé, Mamoré e Madeira, desde a foz do Jauru até à margem oriental do Alto Javari. Junto com as instruções de Buenos Aires, a comissão fora encarregada de determinar, por navegação celeste, as posições desses rios em relação ao Javari. A frase facilmente incompreendida "semidistância do Madeira" devia ser definida com precisão: ou "[e]sta latitud media será la que se deba buscar subiendo el río Javary", ou "a la confluencia de los ríos Guaporé y Mamoré debe observar con la mayor exactitud la latitud de este punto, y de la misma suerte se debe practicar en la barra [?] del río Madera, pues, sabidas las dos latitudes, es fácil saber la media entre ambas para dar el punto que determina el Tratado". Essa exposição de uma definição muito mais elaborada da "semidistância do Madeira" é tão inteligível quanto a outra, uma vez que a embocadura desse rio quase podia ser qualquer lugar ao longo dele. O principal fato da matéria é que o ponto médio do Madeira deve ser medido da confluência dos

---

33. *Obra Completa*, vol. I, pp. 771-773.
34. *Idem*, p. 773.

rios Guaporé e Mamoré até à foz do Madeira no Amazonas. Todavia, durante essas negociações do Tratado, o vice-reinado do Peru perdeu gradualmente toda e qualquer autoridade nessas questões[35].

5. *O Novo Vice-reinado do Río de la Plata e o Declínio do Antigo Vice-reinado do Peru*

O vice-reinado de Buenos Aires foi criado pela Cédula Real de 1776 para supervisionar o governo de todas as províncias da Audiência de Charcas e regular todas as comunicações marítimas entre Buenos Aires e Cadiz. Nesse teatro sulista de operações, Euclides relembra as batalhas pela posse da colônia portuguesa de Sacramento, que culminou no Tratado de Paris de 1763, quando a colônia foi devolvida finalmente aos lusitanos[36]. Do lado espanhol estavam os cavaleiros gaúchos, que praticavam ousadas façanhas individuais, moderados por seu comandante O'Reilly, contra as tropas portuguesas do Conde de Schaumburg-Lippe, que eram frustrados pela "nova tática" dos giros estonteadores ("os entreveros"), executados com lanças pelos impetuosos gaúchos. Para Euclides, tudo isso foi "uma espécie curiosíssima do romantismo da guerra", que degenerou depois na "vagabundagem heroica dos caudilhos"[37].

O vice-reinado de Buenos Aires foi um órgão criado para a guerra, na concepção da coroa espanhola, para combater os portugueses "por los insultos cometidos"[38]. Embora o vice-reinado devesse ser, supostamente, beligerante, a opinião de Euclides é que ele teve uma belicosidade apenas aparente, o suficiente para encontrar um lugar na história. No entanto, nesse meio tempo a Bolívia cresceu ao ponto de não mais poder ser contida pelo novo vice-reinado, nem alcançada pelo longo braço do antigo, o do Peru. "Criou-se autônoma, no seu esplêndido retiro de montanhas", um ano antes de a própria Buenos Aires conquistar sua independência (1809). "Porque [...] a velha Audiência [de Charcas] iria incluir-se, íntegra, com as terras que arrebatara ao deserto, com a sua autonomia cada vez maior, com as suas tendências originárias apuradas naquele encerro de montanhas"[39].

---

35. *Obra Completa*, vol. I, pp. 773-775.

36. *Idem*, p. 775; compare-se com Norman P. Macdonald, *The Making of Brazil: Portuguese Roots, 1500--1822*, Sussex, Eng., 1996, pp. 335-336.

37. *Idem*, pp. 775-776.

38. *Idem*, p. 777.

39. *Idem, ibidem*. Aqui o panfletista afastou-se consideravelmente da trilha histórica. Como Klein mostrou em sua *Concise History*, o recém-criado vice-reinado de Buenos Aires, longe de ser um pretenso órgão militar, enviou não menos de quatro expedições armadas contra o Alto Peru (Bolívia). Além disso, a Bolívia, apesar de ser a primeira colônia espanhola a declarar sua independência da Espanha, perdeu com ela muito mais, em riqueza e em população. Por último, mesmo que Lima tenha declinado economicamente no final do século XVIII, o velho vice-reinado do Peru não foi excluído totalmente, em termos geográficos,

Muito longe da costa oeste, fechada entre os Andes e o Pacífico, a capital de Lima sempre sofreu do "vício essencial da colonização espanhola", ou seja, para "aumentar à custa dos países novos [= as colônias] a opulência parasitária da Península [espanhola], imobilizara o progresso [ultramarino]". Por isso, os peruanos pagavam não só os monopólios régios mas também dízimos e outras taxas deprimentes (*alcavalas*, imposto forçado). Entre os trezentos mil coletores de impostos que Humboldt calculou existirem nos domínios espanhóis, metade deles "amontoavam-se" talvez na capital do Peru. O comércio marítimo de ingleses, flamengos, portugueses e franceses, que faziam cabotagem na costa ocidental da América do Sul, era encarado pelos espanhóis como uma coisa "sinistra", mesmo que nada mais fizessem que pescar baleias. A última gota d'água foi a imposição em Lima, em 1790, do inquisitorial *Index expurgatorius* contra "essas abominações" que eram as peças de Shakespeare, Corneille e Racine, assim como a filosofia de eminentes escritores do Iluminismo escocês e francês[40].

Uma objeção oficial e atrasada, feita ao rei espanhol, em 1778, contra a subdivisão do vice-reinado do Peru não faz qualquer referência às terras afastadas no interior de Charcas, em que estão incluídas estas que se acham em litígio. O único comentário de Euclides a isso é: "O reino do Peru internava-se [...]. *A la espalda* [na retaguarda], as cordilheiras e os desertos...". Mas, em seguida, acrescenta em forma de explicação: "[A objeção] [r]esume, admiravelmente, os limites que restavam à Capitania Geral [do Peru], tão grandemente reduzida pela expansibilidade da Audiência oriental [de Charcas]"[41].

6. *A Independência e a Emergência da Bolívia*

Assevera Euclides:

A longa argumentação anterior era indispensável.

Era preciso mostrar, à luz de documentos claros [!], que a Bolívia, embora intentem [? os peruanos] em transmudá-la em Polônia sul-americana, construiu um destino mais elevado, que se não violará.

Quando se tornou República, nobilitando o nome do chefe preeminente das campanhas da liberdade [Bolívar], capitalizava esforços seculares. Avançara isolada, e fundamentalmente distinta das demais nações neo-espanholas, na conquista de sua autonomia. Nenhuns vínculos a ligaram de fato aos dois imponentes vice-reinados, que a ladeavam, mas não a comprimiam. O

---

da jurisdição da Bolívia – como atesta o comércio regular dos peruanos com as minas de Potosí, a que Euclides nunca fez menção. Sobre tudo isso ver Klein, *Concise History*, pp. 9 e 92-104.

40. *Obra Completa*, vol. I, pp. 780-781.

41. *Idem*, p. 781.

peso morto, esmagador, destes sistemas retrógrados e marasmados, anulhava-lhos a Audiência quase soberana, com a sua expansibilidade nativa admirável, repelindo-os. Era, com efeito, na frase de Bartolomé de Mitre: *un mundo, una raza, un organismo aparte*, que dentro de si mesmo efetuara a sua evolução, pelo caldeamento do sangue de outras gentes [índios] e equilíbrio de seus elementos constituintes. Caminhara por si [...] para o norte, indefinidamente para o Norte, com um determinismo inviolável, [...] na esteira das vagas agitadas das invasões portuguesas. Em tal rumo, que a arrastava para a atual zona litigiosa, a metrópole [...] [a]rmara-a para bater, a um tempo, a invasão [portuguesa] e o deserto.

[...] nas fronteiras [...], ela refinou os seus atributos nativos; e chegou à independência administrativa antes de chegar à República.

Não [... nos surpreende] que no desdobramento do período revolucionário, de 1809-1823, a Bolívia centralizasse por vezes as esperanças hispano-americanas [de liberdade][42].

"A antiga *barrera* [os Andes?] dos domínios castelhanos tornou-se, nos dias mais sombrios da luta, a guarda incorruptível e indomável da liberdade sul-americana". Os ideais vitoriosos da revolução – a continuidade de esforços, o incomparável destino, o determinismo inflexível etc. – "se não podem excluir ao menos em muitos pontos podem retificar os riscos às vezes inextricáveis dos cartógrafos [espanhóis], e os dizeres ambíguos, ou incompletos, dos antigos documentos. De outro modo, não há interpretar-se, logicamente, [... a doutrina] de 1810" – introduzida por Alexander von Humboldt – do *uti possidetis, ita possideatis*. Foi uma doutrina que se engrandeceu quando passou "das relações individuais para as dos povos", mas sua aplicação à verdadeira geografia da época tornou-se impossível porque entre uma terra e a seguinte existiam vastas regiões desconhecidas. Daí o acréscimo de um critério global *ao direito*, ou, melhor, ao iminente direito, *de posse*, que devia basear-se em fundamentos históricos que consubstanciassem a elegibilidade de possuidores em perspectiva. Assim, a Argentina apossou-se da Patagônia até às mais altas latitudes orientais, e a Bolívia se avantajou até terras tão afastadas quanto o Acre[43].

"A longa argumentação anterior", acima, não perfilha simplesmente o lado da Bolívia, sustenta o virtual direito boliviano às terras a nordeste reservadas à Audiência de Charcas, reconstituindo ao mesmo tempo o afastamento da influência peruana de Charcas; tudo isso está "sobejas vezes expresso nos mais solenes documentos oriundos da metrópole [Cadiz]". Euclides não consegue resistir nessa altura a mais uma explosão, de paronomásia galhofeira: os documentos em sua factualidade inundam-se

---

42. *Obra Completa*, vol. I, p. 782. Não diminui o valor desse elogio ditirâmbico da Bolívia o fato de "o Alto Peru tornar-se uma república independente [o que] era um anátema para Bolívar" (como diz Klein em sua *Concise History*, p. 99).

43. *Idem*, pp. 783-784.

estatisticamente de "números, muitos números, numerosos números, e medições, e desenhos incisivos, e dados, e elementos secamente tangíveis, massudamente concretos, acaçapadissimamente positivos"[44].

As colônias espanholas independentes, agora repúblicas, dividiram, entre 1782 e 1803, as antigas Audiências em Intendências, as precursoras dos atuais Departamentos desses países. Mais tarde, esses se subdividiram em Partidos, que representavam as antigas Províncias. A administração colonial rotulava-se com outras palavras – que eram mais ou menos as mesmas. Em 1796, dois visitadores-gerais, em concordância com os vice-reis do Peru e da Bolívia, incorporaram ao Peru várias províncias bolivianas, privando assim seu vizinho de "vastos territórios" à margem ocidental do lago Titicaca, junto com a divisa secular da cordilheira de Vilcanota[45].

O capitão-geral do Peru, nos últimos cinco anos do século XVIII, tinha um mapa anotado de seu país, traçado pelo conhecido cosmógrafo Don André Baleato. "Vemos, de um lance", diz Euclides olhando o mapa, "a que se reduziam os domínios peruanos, em 1795". No mapa podia-se ler no quadrante nordeste, a começar do fosso separador do rio Ucayali, "Países incógnitos", escrito num grande espaço branco exatamente onde se localizam as partes em litígio. Esses "países" são as terras "não descobertas" das cédulas reais, que estão distantes, de forma mensurável, das regiões de Apollobamba e Mojos, fora da alçada do governo peruano. Um erro observável (entre outros menores) de Baleato dava o rio Beni como afluente do Ucayali[46].

O mapa peruano de 1796 atribuiu ao Peru os cinco Partidos de Charcas, Chucuito, Puno, Lampa, Azangaro e Carabaya, dos quais o último, o mais setentrional, confinava com as terras de Apollobamba, no caminho de entrada para os vales dos rios Madre de Dios, Beni e Madeira. No entanto, a influência peruana não chegava a esses vales. O visitador-geral Jorge Escobedo, por ordens de Cadiz e do vice-rei do Peru, delimitou a Bolívia, a partir de 1782, a leste pela província de Larecaja (= Charcas) e a nordeste e norte pelas terras dos índios "*infieles*", isolados na margem direita do "famoso rio Inambari"[47].

Essas demarcações localizaram "os prófugos selvagens nas *misiones de Apollobamba*" e isolaram essas missões além do Inambari, por serem "totalmente estranhas" ao vice-reinado do Peru. As barreiras peruanas continuavam no lugar não só em 1810, mas mesmo em 1851, quando foram fixadas as fronteiras do Brasil com o Peru. O Partido de Carabaya perdurou igualmente "até aos nossos tempos", limitado a leste pelo Inam-

44. *Obra Completa,* vol. I, p. 784.

45. *Idem,* pp. 784-785. Cf. a nova divisão da Bolívia em distritos no final do século XVIII, em Klein, *Concise History,* p. 80.

46. *Idem,* pp. 786-787.

47. *Idem,* pp. 787-788.

bari. Mateo Paz Soldán (cf. p. 287) confirma para Euclides esses fatos geográficos em sua *Géographie du Pérou* (1863). Na opinião do brasileiro, essas descobertas liquidavam as pretensões peruanas com relação às terras banhadas pelos rios Madre de Dios, Beni e Madeira[48].

Em suma, "em nenhum dos partidos das duas intendências de Puno e Cuzco, do extremo nordeste do vice-reinado ou Audiência de Lima, […] se incluíram os territórios ainda não de todo conhecidos e descobertos, que com o nome vago de Apollobamba, ou qualquer outro, se desenrolavam pelos vales meridionais da Amazônia. Em 1776, o vice-reinado, cuja capacidade política para o domínio tanto diminuíra, não se estendia, nem visava estender-se, até às margens do Madeira"[49].

A partir de meados do século XVIII, o vice-reinado de Nova Granada dilatava-se para o sul, ao longo do rio Ucayali, até chegar à embocadura do Pachiteá, onde o bispo de Quito tinha fundado uma missão para os índios maynas, impedindo a ingerência peruana. Ao longo dos domínios portugueses, a Audiência de Quito controlava os índios maynas e a de Charcas, as tribos dos mojos. Essas Audiências traçaram a divisória Madeira–Javari na penumbra geográfica das terras desconhecidas e lutavam contra a pressão do Brasil em toda a Bacia Amazônica que se estendia do rio Madeira até à boca do Javari. Quito estendia a divisa até às cabeceiras do Javari; Charcas, no rio Madeira, alongava-se um pouco mais a jusante até ao ponto médio do rio, de acordo com o Tratado de 1777[50].

Mas a situação mudou em 1802: uma Cédula Real de julho anexou ao Peru a província de Maynas, desmembrada do vice-reinado de Nova Granada, e submeteu as missões indígenas ao arcebispado de Lima. Todavia, Euclides, sempre preocupado com essas intrusões peruanas, declara inautêntico o documento ("inviável", um uso especial que apreciava). Seu autor, Francisco Requena, tinha-o engenhado de má-fé, pensava ele. Envolveu sua publicação uma tempestade de panfletos políticos e geográficos. Mesmo que se admitisse, por hipótese, sua autenticidade, e um decreto posterior de Antonio Raimundi, o mais peruano dos europeus, retirou de fato do Equador dois terços de suas terras, ainda assim o Peru não ganhou *um metro* sequer de terreno no leste a partir das margens direitas dos rios Ucayali e Javari. Além disso, em 1851 os negociadores peruanos assinaram um pacto com os brasileiros que determinava uma fronteira geográfica natural entre seus dois países, que passou a ser "todo o Javari" sem cogitarem de medir o ponto médio do rio Madeira. Em 1874, um comissário peruano

---

48. *Obra Completa*, vol. I, pp. 788-789.

49. *Idem*, p. 789.

50. O sentido dessa frase em duas partes está um pouco confuso; cf. o original: "a primeira [Quito], ao longo deste [Javari] até às cabeceiras; a segunda [Charcas], destas, ou pouco a jusante, até à semidistância do Tratado de 1777" (*Obra Completa*, vol. I, p. 790).

e um brasileiro implantaram um marco divisório "definitivo" nas cabeceiras do Javari, até onde era possível navegar (grifos de Euclides, acima)[51].

Em resumo, as terras anexadas pelo vice-reinado do Peru viram-se circunscritas por uma curva fechada que se estendia pela margem esquerda do Javari e deixava-a, numa deflexão para o sudoeste, até encostar no Ucayali na latitude de 10°55" sul. Assim, as regiões parcialmente descobertas de Apollobamba continuavam fora da esfera de influência peruana e dentro do domínio eminente da Audiência de Charcas. Com respeito ao ardiloso e ambicioso Requena, estabeleceu-se quase contra a vontade que a diocese episcopal, juntamente com as terras anexadas que eram marcadas "pelas áreas dos bispados", não devia e não podia ir além do rio Ucayali rumo ao leste. Segundo ele, nenhum prelado podia nem mesmo visitar essas partes orientais; sua atitude contradita o costume regular das ordenações do Peru de "firmar as áreas das nossas seções administrativas pelas dos obispados respectivos". Àqueles peruanos que se agitavam zelosamente para ampliar a nova jurisdição eclesiástica até além do rio Ucayali para leste, "les faltaba inteligencia de los Países" a ser incorporados pelo Peru, e aqueles que sonhavam em juntar as missões de Maynas e Apollobamba sob uma única mitra careciam de imaginação geográfica para perceber a imensa extensão desse bispado conjunto. Portanto, fora dos domínios agregados do Peru, como o distrito de Maynas, ficavam, na análise final, as terras extensíssimas, a começar da margem direita do Ucayali até as cabeceiras dos rios Juruá e Purus, e todo o Acre meridional até o rio Madeira[52].

7. Crítica às Cédulas Reais e aos Cartógrafos Nacionais

Requena, insinua Euclides ironicamente, foi "cruel na concisão golpeante dos trechos anteriormente extratados" da Cédula de 1802, que acabaram com as pretensões peruanas às terras a leste do rio Ucayali (cf. p. 298). Não precisamos repetir que os três pontos principais da objeção de Requena aos expansionistas já tinham sido adotados por Euclides (no final da seção 6). A anexação de Maynas ao Peru foi legalizada pelas ordenanças do começo do século XIX; conforme foram desenhados os novos distritos segundo as divisas dos antigos bispados, o distrito pertencia, estritamente falando, ao bispado de Lima e, de fato, não ultrapassou rumo ao leste "as linhas naturais do Ucayali e do Javari". Dessa maneira, "as frases do máximo benfeitor da República peruana e as nossas afirmativas mais rigorosas conchavam-se" para defender o direito (dito com uma feição franca e sincera).

Uma carta régia foi o "mirífico documento que já entregou de fato [em 1802] à venturosa República do Pacífico [Peru] dois terços do Equador" (cf. acima p. 299) e é

51. *Obra Completa*, vol. I, pp. 790-791.
52. *Idem*, pp. 791-793.

alvo de sérios comentários irônicos e críticos de Euclides: "E ela renasce, e ressuscita, e desenlapa-se, incoercível, intangível, impalpável, a espantar, intermitentemente, a política sul-americana, com as suas estranhas visagens de recalcitrante espectro colonial". Além disso, essa carta alarmante era igual a um desses palimpsestos medievais, cujos escritos subjacentes somente aparecem quando as letras mais recentes são raspadas: assim, a carta, quaisquer que sejam as linhas que estão em cima, esconderão por baixo delas os desenhos de uma centena de anos atrás.

Mas, na verdade, é bom que essa carta reviva para o atual litígio – ela é uma prova dos direitos da Bolívia contra o Peru, na medida em que enfatiza que a região oriental além do Ucayali não pode ser dividida entre Cuzco, Puno e Maynas. "É desastrosa para a República [do Peru], que se proclama herdeira de um regime condenado e extinto. É a prova preexcelente dos direitos da Bolívia." Dito isso, as ordenanças dos Intendentes de 1782 e 1803 e as cartas régias de 1796 e 1802 constituem os elementos mais essenciais em que se baseiam as pretensões peruanas, "[m]as não lhes abrem as portas da Amazônia"[53].

O consumado cartógrafo que Euclides se tornou em seu trabalho para o Barão do Rio Branco, com toda a documentação técnica que lhe facultou o Itamaraty, incitou-o a discorrer sobre os erros e acertos de experientes desenhadores de mapa que tinha diante de si. Em sua opinião, o cartógrafo profissional deve ser um viajante imaginário ou mental por toda a terra e os mares, "rompendo, em décimos de segundos, continentes inteiros", mas perdendo "ao fim dessas imaginosas viagens, em que não moveu um passo, as próprias noções universais da forma e das distâncias". Falta a essa casta, geralmente falando, "a intimidade da terra" sob os pés. Nunca sentiram

[...] o império formidável do desconhecido. [...] E não avaliam que, não raro, a zona mais restrita, por onde lhes passa o lápis forro e endiabrado, é o deserto interminável, que o explorador sucumbido, não lhe bastando o norte vacilante da bússola, só pode dominar amarrando-se, cada noite, com os raios refletidos do sextante, às âncoras das estrelas. [...] Na grande maioria, estes hábeis caricaturistas de rios e de montanhas só se tornam inócuos quando se atêm à cópia, ou ao decalque mecânico das linhas e dos erros de seus antecessores. Se a fantasia se lhes desaperta, a revolver terras e mares, assiste-se à inversão do Gênese. Restaura-se a imagem perturbadora do caos...[54].

Entre os melhores cartógrafos é citado o argentino Estanislao Zeballos (mais tarde, desafeto de Euclides no corpo diplomático da Argentina[55]), pelo mapa que traçou em

53. *Obra Completa*, vol. I, pp. 793-794.
54. *Idem*, p. 795; segue-se (pp. 795-796) uma lista dos piores entre os cartógrafos europeus do século XVII ao XIX.
55. Ver a carta de Euclides, de 5 de novembro de 1908, ao cunhado, em *Obra Completa*, vol. II, p. 700.

1904, em Washington D.C., dos territórios que o Brasil adquiriu da Bolívia em 1903, inclusive "*toda a atual zona litigiosa no território boliviano...*"[56] (grifos de Euclides). Mas o verdadeiro espécime de cartógrafo de Euclides era um oficial da marinha norte--americana, muito parecido com ele próprio, o tenente Lardner Gibbon, que em 1852 entrou na Bolívia por La Paz, seguiu para o sul até Oruro, depois dobrou para o leste cruzando a cordilheira até Cochabamba e desceu por terra, pelo rio e a pé até o Mamoré, seguindo esse até sua confluência com o rio Guaporé ou Itenez; depois inverteu seu curso até o forte Príncipe da Beira, onde voltou mais uma vez e viajou "ao som do Madeira" para leste até o Amazonas. Essa viagem serviu de base para seu mapa: ele traçou os limites setentrionais exatos da Bolívia e a linha fronteiriça, e a linha limítrofe que sai da boca do rio Beni, cruza-o a nordeste até intersectar o rio Purus à latitude aproximada de 10°30", separando desse modo o Brasil do Alto Peru, assim como seu curso oriental aparta a Bolívia do Brasil. Do mesmo modo que o supracitado geógrafo pró-peruano Mateo Paz Soldán, Gibbon desenhou o Mato Grosso estendendo-se para o norte até um pouco depois das corredeiras do rio Santo Antônio e limitando-se exclusivamente do lado oeste com os distritos bolivianos de Chiquitos e Mojos. Por isso, esses dois geógrafos concordam com a opinião brasileira de que todas as terras à margem esquerda do rio Madeira até os limites setentrionais do Mato Grosso são bolivianas. Essa opinião é antiquíssima, não apareceu agora, mal arranjada, apenas para justificar os Tratados de 1867 (a linha Beni-Purus) e de 1903 (de Petrópolis)[57].

Gibbon cometeu, porém, um grave erro: ligar o rio Madre de Dios ao Purus como se fosse um seu prolongamento. Há também algumas lacunas em seu mapa no tocante às regiões desconhecidas das cabeceiras dos rios Juruá e Purus, até ao Acre meridional. Mas "as sombras geográficas" que ele não conseguiu expulsar não obscureceram seu discernimento de que o rio Inambari e seu tributário, o Marcapata, eram as fronteiras naturais e históricas da Bolívia com o Peru; e a linha de Santo Ildefonso (corrigida?) era a única divisa entre a Bolívia e o Brasil[58].

A esse ardoroso tributo a Gibbon segue-se uma das frases mais confusas, em termos sintáticos, da monografia. "Robusta como um corolário ao fim de um teorema" era a gabolice de Euclides acerca de sua declaração sobre a política estrangeira da Bolívia!

[A] posse peruana nas cabeceiras do Juruá e do Purus, nula, de direito, antes de 1810, não se realizou, de fato, nos anos subsequentes até aos Tratados de 1851 e 1867. Enquanto a Bolívia prolongava a sua avançada histórica para o norte, e desbravava e povoava as terras que se desatam para o ocidente a começar da margem direita do Madeira, ao ponto de erigir-se, desde 1842, o

56. *Obra Completa*, vol. I, p. 796. A data é do Tratado de Petrópolis.
57. *Idem*, pp. 796-797.
58. *Idem*, pp. 798 e 800.

Departamento do Beni a estirar-se para o Madre de Dios, transpondo-o, até ao Acre meridional – no extremo oeste, [...] as explorações, feitas quase exclusivamente pelos missionários, reduziam-se, no seu máximo avançamento em busca dos territórios orientais, à grande expedição do conde Francisco de Castelnau (1843-1847), executada por ordem do Governo francês[59].

Caracteristicamente, Euclides acrescenta uma nota de rodapé em expedição de Castelnau, criticando seu "assessor" peruano, Don Francisco Carrasco, que, como Don Pedro Buenaño na viagem ao Purus, causou obstáculos no sentido de sempre bloquear o progresso do francês – "um empeço maior", diz Euclides, "do que todos os pongos [estreitos] do Urubamba"[60].

Diga-se entre parênteses: causa certa surpresa saber, por uma observação casual de nosso autor, que o professor norte-americano John Bassett Moore, cuja teoria da posse de território tanto favoreceu a ele e aos brasileiros na exploração do rio Purus (cf. cap. 12, p. 230 e n. 10), "era francamente devotado à causa peruana" no litígio com a Bolívia[61].

Para concluir, no último quartel do século XIX os peruanos estavam imobilizados ao longo das margens do rio Ucayali, enquanto os brasileiros descobriam os afluentes meridionais do Amazonas – "uma glória privativa de geografia brasileira". O mais peruano dos europeus, Antonio Raimondi, elogiou os brasileiros que de tempos em tempos apareciam pelo Ucayali, "sin haber entrado por la boca de este río", mas abordando-o pelos afluentes do Amazonas em suas cabeceiras no Alto Peru. A seção termina com uma curta explosão contra o palavreado dos peruanos: "o Peru discute, reclama, exige; discute profusamente, protesta insistentemente, exige, quase ameaçadoramente, um território acerca do qual o seu grande geógrafo, o único de seus geógrafos capaz de continuar a tradição luminosa de Paz Soldán, ainda em 1879 só possuía notícias vagas, esmaecidas, a diluírem-se em conjecturas, por intermédio... dos brasileiros do século XVIII!"[62]

8. Adjudicação à Bolívia das Terras em Litígio

O Tratado de 1851, firmado entre a República do Peru e o Império do Brasil, constituiu "uma troca de excepcionais favores. Ali se vendeu a pele do urso equatoriano..."[63]. O Império reconheceu a linha de Santo Ildefonso, fortalecendo com isso as pretensões peruanas que se estendiam até o rio Javari, embora nada tivessem para justificar-se salvo a controvertida Cédula de 1802. E o Peru, por sua vez, apropriou-se de dois terços

---

59. *Obra Completa*, vol. I, p. 800.
60. *Idem*, pp. 800-801, n. 52.
61. *Idem*, p. 801.
62. *Idem*, pp. 801-802.
63. *Idem*, p. 802.

da pele do urso equatoriano; em seguida, a República submeteu-se à insistência do Império em monopolizar a navegação no Amazonas[64]. Entre as partes sul-americanas envolvidas neste tratado somente o Peru o aceitou, mas o tenente da marinha norte-americana, F. Maury, condenou esse acordo entre o oportunismo peruano e um obscurantismo brasileiro que perpetuou um "monopólio odioso" de todo o comércio pelo rio Amazonas. Nesse tratado já estavam escondidos os germes do atual litígio entre o Peru e a Bolívia[65].

A Bolívia, logicamente, adotou uma atitude recalcitrante e rebelde diante do acordo peruano-brasileiro. O Brasil, em resposta, livrou-se dos artigos do Tratado de Santo Ildefonso e, com o tempo (1863), propôs à Bolívia outra linha de Santo Ildefonso a partir da embocadura do rio Beni, na latitude 10°20". Mas a Bolívia nada aceitaria de tudo isso, preferindo sua própria "divisória intangível de Santo Ildefonso" e julgando ter um "direito claro, exclusivo, inalienável" a mais territórios[66].

Finalmente, em plena guerra entre o Brasil e o Paraguai, o Império e a teimosa República peruana assinaram o Tratado de Ayacucho de 1867, que validava os evadidos arranjos de 1863, apesar dos protestos de bolivianos em massa através de uma enxurrada de panfletos. No final do ano, o Peru também protestou, mas seu protesto apenas revelou a pouca substancialidade das pretensões peruanas originais. Os peruanos fizeram objeções ao princípio do *uti possidetis* sob a alegação de que era inadmissível a regulação de seus negócios por países latino-americanos sujeitos a metrópoles ibéricas ou conselhos reais diferentes. Os peruanos também se preocuparam com o ponto médio do rio Madeira, que para acomodar os bolivianos tinha sido mudada tão fortemente para o sul, resultando na incorporação ao Brasil de dez mil léguas quadradas de terras. Todos esses territórios "pueden ser la propriedad del Perú", afirmavam os peruanos. "Pueden ser", zomba Euclides, atacando "o *corpus delicti* da maior e mais insensata cinca [gafe] da política internacional sul-americana". O Tratado de Ayacucho, na opinião igualmente desfavorável de Euclides, era "contraditório, frágil, bambeante, sem nenhuma pertinência jurídica [às três partes envolvidas]"[67].

Em outras discussões internacionais, em 1874, o Barão de Tefé, o comissário brasileiro, rejeitou o parecer de seu colega peruano, Don M. Rouaud y Paz Soldán, de que fosse aceita a latitude de 9°10" para o ponto médio do rio Madeira e declarou, ao contrário, primeiro, que o Peru não tinha qualquer direito à margem direita do Ma-

---

64. Sobre a questão da navegação amazônica cf. Tavares Bastos, *Cartas de um Solitário*, São Paulo, 1975, caps. 22-25.

65. Se era assim, por que o Peru, depois de tudo, "eliminou" a linha de Santo Ildefonso de 1851? Cf. acima, p. 483, e *Obra Completa*, vol. I, p. 737.

66. *Idem*, pp. 804-805.

67. *Idem*, pp. 806-808.

304 ❧ FREDERIC AMORY

deira e, segundo, que, levando em conta o estabelecimento pelo Peru de sua fronteira nacional em *todo o curso do rio Javari*, essa condição tornava nulo o artigo do Tratado de Santo Ildefonso que fixava o extremo sul da fronteira do Javari pelo traçado de uma linha leste–oeste até suas cabeceiras a partir do ponto médio do Madeira. As duas observações do Barão puseram fim às negociações territoriais brasileiras com o Peru. O cenário seguinte "na recentíssima expansão daquela República [do Peru], a estirar-se pelas cabeceiras do Juruá e do Purus – obscuramente, temerosamente e criminosamente –, escondida no afogado das *selvas oscuras* das *castilloas*, por onde vai alastrando-se a rede, aprisionadora de territórios, entretecida pelas trilhas tortuosas e fugitivas dos *caucheiros*"[68].

Conclusão de Euclides:

Estes artigos têm a valia da própria celeridade com que se escreveram. São páginas em flagrante. [...] Fomos apenas eco de maravilhosas vozes antigas. [...] Daí a absolvição desta vaidade [literária]: não nos dominaram [meras] sugestões. [...] O que aí está – imaculada e íntegra – é a autonomia plena do escritor. Muitos talvez não compreendam que, numa época de cerrado utilitarismo, alguém se demasie em tanto esforço numa advocacia romântica e cavalheiresca, sem visar um lucro ou interesse indiretos. [...] Falham à primeira condição prática, positiva e utilitária da vida, que é o aformoseá-la... De tudo isto nos resultou um prêmio [porém]: nivelamo-nos aos princípios liberais de nosso tempo. Basta-nos. Afeiçoamo-nos, há muito, aos triunfos tranquilos, no meio da multidão sem voz dos nossos livros. [...] Não combatemos as pretensões peruanas. Denunciamos um erro. Não defendemos os direitos da Bolívia. Defendemos o Direito[69].

Não será um desrespeito às nobres palavras de conclusão de Euclides se levantar--mos algumas questões ou oferecermos alguns comentários acerca dessa monografia, da qual fizemos apenas uma leitura rápida. Já observamos, em comentário à seção 2 (n. 21), a intrigante ausência de qualquer referência a Potosí, a montanha de prata e estanho que atraía os caçadores de fortuna de toda a Europa e América Latina, mas os quais, segundo supunha Euclides, a Bolívia (sem a riqueza de Potosí) não conseguia atrair para a montanha. Além disso, entre Lima e Potosí havia desde o século XVI (cf. n. 39) um intenso comércio de gêneros alimentícios e de equipamentos de mineração da prata. No entender de Euclides, porém, a Bolívia (sempre sem Potosí) iria, no curso de sua história, "incluir-se, íntegra, com as terras [indígenas] que arrebatara [...], com a sua autonomia cada vez maior, com as suas tendências originárias apuradas naquele

---

68. *Obra Completa,* vol. I, p. 809.
69. *Idem*, pp. 809-810.

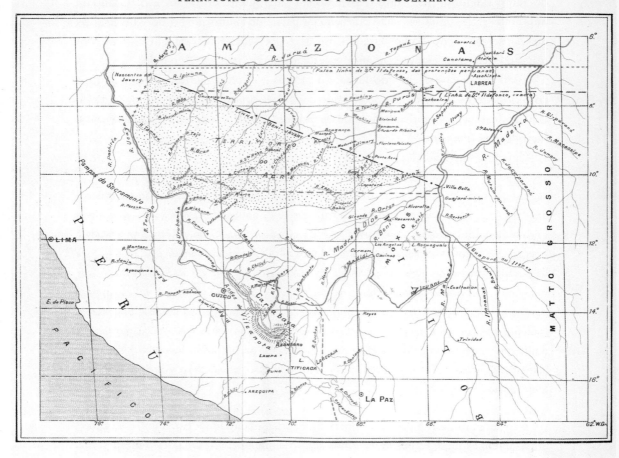

Mapa da região contestada entre o Peru e a Bolívia.

encerro de montanhas" (p. 295 e n. 39). Só se pode acreditar nessa visão ideal se a Audiência do Peru ficasse para sempre imobilizada em Lima, como disse Euclides, sem um braço suficientemente comprido para chegar a Charcas e aos bolivianos. Evidentemente, porém, Cuzco e o Alto Peru, juntamente com Potosí, eram todos separados da geografia andina que Euclides tinha em vista, e o Peru poderia intervir prontamente, sempre que o desejasse, na autonomia da Bolívia.

Em toda a monografia, como dissemos no começo, o desprazer do autor com os peruanos, e mesmo o ódio, transviou o relato que fez dos objetivos e ações do Peru – suas "pretensões", como ele está sempre dizendo. Na seção 2, caracteriza uniformemente os peruanos como cobiçosos do ouro enterrado dos Incas e como racistas em suas atitudes com as populações mestiças de índios, os *criollos*. Numa palavra, o governo espanhol tem os olhos voltados para o passado, para a exploração de uma sociedade incaica morta, e não pode olhar diretamente para a frente, para o futuro de suas antigas colônias. A esses peruanos corruptos Euclides contrapõe os bolivianos com toda a sua pureza de propósito e autonomia de desenvolvimento dentro do cordão sanitário (p. 295) das montanhas mais altas dos Andes. Enquanto a sociedade peruana, parecida com uma pilha inorgânica de pedras, conduz com o passar do tempo somente a uma reunião racialmente decomposta de pessoas em Lima, a sociedade boliviana mestiça de índios mojos e do "melhor dos espanhóis" reorganizava-se com sucesso em isolamento e reconquistava sua autonomia. Deve ficar evidente o quanto essa antítese está enviesada, e o quanto se mostra favorável abertamente aos bolivianos.

O autor, em sua sala estreita do Palácio do Itamaraty, queixou-se repetidas vezes do estilo chanceleresco dos documentos espanhóis (peruanos), aos quais acusa de apresentarem, entre outros defeitos, uma vacilante redundância que, igual ao paralelismo da Bíblia hebraica, regularmente diz as coisas duas vezes, frequentemente, como na definição da "semidistância" do rio Madeira, sem esclarecer o ponto em questão (ver seção 4). No entanto, o próprio estilo chanceleresco de Euclides – ainda uma novidade para ele – é suscetível de fortes censuras, sobretudo porque o escritor ainda não tinha total controle dele. Quanto mais longas suas frases nesse estilo, menos manuseáveis elas são e mais desequilibradas se tornam. Sua habilidade sintática com elegantes passagens não se conduz muito bem nas subordinadas, mas antes, como n'*Os Sertões*, dava preferência a construções anafóricas ou epifóricas com as quais podia desdobrar longas frases paratáticas sem problemas sintáticos. Alguns exemplos dessa estilização, com paronomásia, podem encontrar-se ocasionalmente nas tiradas raivosas ou satíricas de *Peru* versus *Bolívia*, onde ele retoma seu estilo pessoal predileto.

Uma última questão, e muito importante, continua sem resposta: depois de toda a pesquisa laboriosa de nosso autor, do deletreamento de verbosos documentos espanhóis, da evasiva de mapas imprecisos, da "longa argumentação anterior" de seus pontos de vista, da consulta a autoridades, das decisões ansiosas, de que valeu todo esse turbilhão mental quando o caso foi submetido, em 9 de julho de 1909, ao arbitramento argentino? Nada. Num total anticlímax, o juiz pronunciou-se como no antigo julgamento de Salomão e dividiu os territórios disputados ao meio: as terras ao norte da longitude 69° foram para o Peru e aquelas a leste e ao sul, para a Bolívia, ou seja, 3 222 léguas quadradas para o primeiro e 3 110 para a última. Por esse laudo, por mais justo que pudesse parecer à Argentina, a Bolívia perdeu para o Peru "terras ocupadas tradicionalmente por bolivianos" e recusou-se a submeter-se ao julgamento – uma recusa que a Argentina respondeu com o rompimento de relações com a Bolívia. Diante desse impasse (que deixaremos de lado aqui), não se deve esquecer que o Brasil já tinha comprado, em 1903, da Bolívia o grande Território do Acre, que os nordestinos brasileiros tinham ocupado, durante a grande expansão da borracha, com base no princípio do *uti possidetis*. Essa transação apenas intensificou o sentido da analogia de Euclides (p. 296), que transmudava a Bolívia na Polônia da América do Sul, com suas terras distribuídas aos vizinhos[70]. Desse modo, de toda a área em litígio a Bolívia recebeu, no final das contas, apenas uma seção transversal que se estendia da embocadura do rio Madre de Dios, na direção sul passando pela reserva indígena de Mojos, até os rios Mamoré-Madeira.

70. Sobre o arbitramento ver Leandro Tocantins, *Euclides da Cunha e o Paraíso Perdido*, pp. 248-251.

15

Os Últimos Dias

OMO ACONTECE COM MUITOS OUTROS DETALHES da vida de Euclides, existe alguma confusão sobre o dia exato de sua chegada ao Rio da viagem a Manaus. Foi na metade do último mês de 1905, ou no começo do novo ano, 1906?[1] Optaremos pela última data. Assim, em 5 de janeiro de 1906, o navio em que viajava, o "Tennyson", aportou no Rio, e Euclides foi recebido, não por sua infiel Penélope, Ana, mas pelo jovem amante da esposa, o cadete do exército Dilermando de Assis. Do mar o extenuado Euclides havia telegrafado a Ana, avisando-lhe sua chegada, mas ela, grávida de três meses de Mauro, seu primeiro filho com Dilermando[2], e já totalmente indisposta com o marido, incumbiu o amante de entregar-lhe uma carta, onde lhe informava seu desejo de separação. Quando o infeliz Euclides foi procurá-la, no endereço em que residia na época[3], rua Humaitá n. 61 (posteriormente 247), ela lhe mentiu ao dizer que lhe fora infiel tão-somente "em espírito". Fato surpreendente, essa mentira aparentemente o acalmou e o casal se reconciliou provisoriamente; desse modo, por enquanto ela manteve o papel de esposa. Além disso, escondeu dele a gravidez, e o amante mudou-se quietamente do quarto que ocupava em sua casa para um apartamento de solteiro mais respeitável na escola preparatória militar de Realengo. Depois disso, Dilermando passou a visitar a família

---

1. Compare-se a cronologia biográfica em *Obra Completa*, vol. 1, p. 56, com "Memória Seletiva", de Roberto Ventura, p. 33.

2. O menino morreu logo após o nascimento, em 11 de julho de 1906. Ver Joel Bicalho Tostes, *Águas de Amargura*, pp. 114-120.

3. Ela tinha-se mudado com os filhos da rua Cosme Velho n. 91, onde Euclides os havia instalado antes de partir para o Amazonas, para a rua Humaitá. Aparentemente, Sylvio Rabello coloca a mudança de Euclides para a rua Indiana, no sopé do Corcovado (?), após seu retorno (deveria de ser "do Guarujá") de Manaus (*Euclides da Cunha*, p. 303), mas na verdade ela é anterior à viagem ao Purus. Cf. Coelho Neto, *Livro de Prata*, p. 221.

Cunha ocasionalmente, com todo o decoro, aos domingos, até que Euclides pôs um paradeiro nessas visitas[4].

No começo, Ana, ou Saninha, como era chamada, tinha deixado a casa de Laranjeiras, onde se instalara com os três filhos, para passar três meses em São Paulo com eles, a fim de que os dois mais velhos pudessem cursar uma escola secundária inglesa, enquanto a mãe com o filho mais novo, Manuel, ficava hospedada na casa das tias dos irmãos Assis, Dilermando e Dinorá. Ana tinha encontrado Dilermando pela primeira vez em 1899, em São Paulo, através da mãe deste da qual se tornara amiga, mas na época ele era apenas um adolescente. Assim, o caso amoroso entre ambos começou realmente muito mais tarde no Rio, quando Dilermando já era cadete do exército e Dinorá, um cadete da marinha[5].

Saninha fez amizade com os irmãos na pensão de uma francesa, Mme Monat, à rua Senador Vergueiro n. 14, onde todos eles estavam hospedados durante a viagem de Euclides ao rio Purus. Em março de 1906, quando Euclides já estava no Rio, Dilermando viajou – para tristeza de Saninha – para o Rio Grande do Sul a fim de matricular-se na Escola de Guerra de Porto Alegre. Voltou ao Rio em visita ocasional nas férias de 1906; depois de graduar-se na Escola de Guerra, saindo aspirante a oficial, em janeiro de 1909, foi convocado a fazer outro curso no Rio, na Escola de Artilharia e Engenharia[6]. Durante esse período, os irmãos moraram na Estrada Real de Santa Cruz n. 214 – perto da fatídica estação Piedade – aonde Saninha acorria costumeiramente para encontros amorosos com Dilermando.

Em 16 de novembro de 1907, nasceu dessa relação um segundo filho, o louro Luís. Essa criança foi o anômalo "pé de milho num cafezal", como Euclides o descreveu a Coelho Neto[7], numa comparação com seus filhos legítimos, que tinham os cabelos escuros. Numa referência retroativa, porém, Dilermando negou enfaticamente ser pai de Luís, e lançou um véu de mistério sobre a paternidade do menino Mauro, já falecido[8]. É que, em sua maturidade, já como general do exército brasileiro, Dilermando quis, acima de tudo, parecer o perfeito cavalheiro que, na juventude, não seduzira a esposa de Euclides, nem tivera com ela filhos ilegítimos. Como que para provar seu bom caráter, após a morte de Euclides ele, num ato de honra, casou-se com Saninha.

---

4. Dilermando de Assis, *A Tragédia da Piedade*, pp. 136 e ss. – uma fonte quase desconhecida dos euclidianos, mas razoavelmente confiável no que se refere aos detalhes factuais do romance adúltero do autor. Euclides relevou-lhe as visitas numa carta, publicada em Galvão & Galotti, *Correspondência de Euclides da Cunha*, p. 295.

5. Dilermando de Assis, *A Tragédia da Piedade*, pp. 135, 195, 295, 525.

6. *Idem*, pp. 137, 523.

7. Em *Livro de Prata*, p. 263.

8. Dilermando de Assis, *A Tragédia da Piedade*, p. 139.

Dilermando de Assis em 1909.

Acima de tudo, o general Assis nunca quis ouvir sequer um sussurro sobre a ajuda financeira que teria recebido de Euclides quando o adolescente Dilermando ficou órfão, na escola militar, após a morte da mãe em 1904[9]. Ainda assim, apesar desses grosseiros defeitos burgueses, Dilermando de Assis é alguém útil para a posteridade por ser um dos pouquíssimos conhecidos dos Cunha que pode fornecer ao biógrafo informações factuais sobre o caráter e a conduta de Saninha nos últimos dias de vida de Euclides. Não fosse isso, ela raramente seria mencionada pelos biógrafos do marido, pelo fato de ter sido a "responsável" por sua morte prematura.

Esse pano de fundo de sua vida conjugal ensombrou fortemente a existência diária de Euclides no Rio do começo do século XX. Acometido gravemente de malária, que contraiu no rio Purus; pouco ajustado ao burburinho do novo Rio, que virara uma cidade de turistas, submetida que fora a vasto projeto de remodelação[10]; angustiado com o adultério "espiritual" da esposa, sem conseguir decidir-se se continuava casado ou se se divorciava; agastado com o primo Arnaldo da Cunha (cf. cap. 12, p. 238); indisposto com o pai devido à reticência do filho em falar de seus negócios financeiros; culpado de negligência com sua mulher e seus filhos enquanto estivera no Amazonas e de seu persistente nomadismo[11], nosso lastimoso herói estava resignado a parar de calçar suas "botas de sete léguas". Assim, fechava-se em seu descuidado escritório na rua Nossa Senhora de Copacabana n. 234[12], ou corria para sua sala no Palácio do Itamaraty, onde desenhava mapas, escrevia a monografia sobre o litígio entre a Bolívia e o Peru em torno de terras públicas na Bacia Amazônica, ou travava longas conversas noturnas com o Barão do Rio Branco[13]. Até mesmo as honrarias atrasadas de sua admissão cerimoniosa na Academia Brasileira de Letras, em 18 de dezembro de 1906, deixaram-no um pouco frustrado em razão do violento discurso de recepção de Sílvio Romero, com críticas a seu antecessor, Valentim Magalhães, e mesmo ao patrono da cadeira vacante (Castro Alves) e ataques aos erros políticos e econômicos do presidente do país e de membros de seu governo presentes na plateia. Esse período de queda nas fortunas domésticas de Euclides, ele mesmo o lamentou num triste comentário a Coelho Neto: "[A esposa e a família] não cuidam de mim, deixam minhas coisas ao léu"[14].

Sua malária anêmica não tinha cura, e ele não encontrava um lugar onde pudesse ficar, nem em casa nem na desorientadora cidade do Rio, que em 1906 continuava em

9. *Idem*, pp. 89 e ss. e 195.

10. Essa remodelação do Rio foi descrita excelentemente por Needell, *A Tropical Belle Epoque*, cap. 1.

11. Ver especialmente a carta que escreveu ao pai em 13 de dezembro de 1906, citada por Dilermando de Assis, *A Tragédia da Piedade*, pp. 119-120.

12. A última residência da família Cunha no Rio, depois de muitas mudanças de endereço.

13. Ver, em *Obra Completa*, vol. 11, p. 680, a carta a Domício da Gama de 15 de agosto de 1907: "Conversamos; discutimos; ele [o Barão] franqueia-me a máxima intimidade".

14. Coelho Neto, *Livro de Prata*, p. 245.

processo de descartar-se de seu passado colonial e revestir-se dos trajes arquitetônicos franceses contemporâneos. A abertura da avenida Central (denominada depois Rio Branco) exigiu a destruição de "umas 590 construções da cidade velha e pequenas porções dos morros do Castelo e de São Bento"[15]. O antigo chefe de Euclides, Lauro Müller, dos Transportes e Obras Públicas, com um simples gesto, traçara o curso da Central e entregara a supervisão da gigantesca transformação da "velha cidade" a três arquitetos de confiança, Paulo de Frontin, Francisco de Bicalho e, mais notadamente, Francisco Pereira Passos[16].

Este último, encarregado da remodelação do centro da cidade (com exceção das Docas Nacionais), mostrara-se incansavelmente ativo em todos os setores, não só fiscalizando a nova pavimentação das ruas, o asfaltamento das estradas e a abertura do túnel do Leme, mas também proibindo "a venda ambulante de alimento, a venda de leite ordenhado de porta em porta, a falta de pintura nas fachadas das construções" e banindo os distúrbios de carnaval etc.[17]. Esses prazeres proibidos da vida na "velha cidade" faziam parte das memórias que Euclides conservava do Rio. Em seu lugar tinham surgido, em volta, réplicas dos estilos arquitetônicos franceses, e à sua frente, no centro do Rio, a longa e limpa perspectiva da avenida Central atravessava tudo na cidade renovada. Aqui e ali, nas praças urbanas, via-se o espetáculo mais esperado dos jardins que foram plantados. No entanto, dentro e fora dessas imitações deliberadas da Paris de Haussmann, dardejando nas ruas, viam-se as últimas invenções da Europa e da América do Norte – os primeiros automóveis.

Embora Euclides tivesse defendido, sem descanso, em seus ensaios, a ciência e o progresso, essa total remodelação do Rio de Janeiro, sua antiga coqueluche, era coisa demais para alguém como ele que havia chegado pouco tempo atrás do deserto da Amazônia. Era como se alguns feiticeiros vindos da França – os três supracitados arquitetos brasileiros lá formados – tivessem lançado um encantamento sobre a cidade velha, levando embora blocos inteiros de construção e provocando o surgimento, no terreno nu, de séries de curiosidades arquitetônicas, construções maciças como o Teatro Municipal[18], com fachadas trabalhadas de maneira estranha e entradas escondidas, como se pertencessem às cidades mágicas do frio Norte e do misterioso Oriente. As reações de Euclides a essa fantasmagoria internacional e arquitetônica são bastante interessantes, como podemos ver em suas cartas a amigos.

15. Needell, *A Tropical Belle Epoque,* pp. 38-39.

16. Sobre esses detalhes do programa de reconstrução de Müller, cf. Needell, *A Tropical Belle Epoque,* pp. 34, 36, 38-40, 48.

17. *Idem*, pp. 35-36, 48-49.

18. *Idem*, p. 43.

Em carta de meados de agosto de 1907 a Domício da Gama, o secretário do Barão do Rio Branco, Euclides queixava-se dos bondes e dos automóveis e dos visitantes estrangeiros ao Rio. "A concorrência de estrangeiros, extraordinária. Os bondes e automóveis apinham-se de rubros saxões [...]. Ressoam, nestes ares, *ohs!* em todas as línguas. Até em castelhano... Há dias vinham no meu inaturável bonde da Gávea nada menos de seis argentinos (seis argentinos, *es una legión!*), e quando voltamos à rua Voluntários, penetrando na avenida Beira-Mar, o mais trêfego deles, precisamente o que me vinha a envenenar a bílis patriótica com uns instantes *mira! mira!*, todas as vezes que deparava uma negra de trunfa escandalosa – precisamente este gringo irrequieto não se pôde conter: '*Pero es hermosa, caramba!*' – rugiu, e abalou do bonde, acompanhado dos companheiros eletrizados"[19].

Um ano antes, no final de julho de 1906, Euclides tinha escrito ao jurista Henrique Coelho: "O Rio de Janeiro está admirável com a sua população adventícia de *yankees* e gringos que, pela primeira vez, estão vendo em segundo plano a epigramática *naturaleza*, que nos desmoralizava"[20]. Uma declaração enigmática; no entanto, se não temos muita certeza de como interpretar a frase inicial, devemos observar que, na carta a Domício da Gama, citada acima, ele fala do Rio nos seguintes termos: "continua melhorando, aformoseando-se"[21]. Então, o que é tão "admirável", tão "formoso" com relação ao Rio? Os presunçosos visitantes estrangeiros? Se forem eles, o elogio ao Rio deve ser totalmente irônico[22], relegando a Natureza para um segundo plano. É que seu "aformoseamento" por Passos e companhia induz somente os estrangeiros vulgares e feios a "admirá-la". Outra carta a Gama, de 16 de novembro de 1907, sublinha com mais clareza os sentimentos de Euclides: "Há [aqui no Rio] um delírio de automóveis, de carros, de *corsos*, de banquetes, de recepções, de conferências, que me perturba – ou que me atrapalha, no meu *ursismo* incurável. [...] Que saudades da antiga simplicidade brasileira..."[23].

Sua revulsão diante do espetáculo do Rio reconstruído e das multidões de visitantes estrangeiros adventícios fê-lo principalmente reconsiderar a volta a seu deserto bem-amado, apesar das objeções do pai, da malária ou da grave doença da esposa[24]. Em 1907, o Barão do Rio Branco tinha-o indicado para fiscalizar a construção malparada

---

19. *Obra Completa*, vol. II, pp. 681-682.

20. *Idem*, p. 675.

21. *Idem*, p. 681.

22. Sobre sua "velha ironia", ver sua carta a Escobar, de 12 de fevereiro de 1908, em *Obra Completa*, vol. II, p. 688: "Daremos pasto à nossa velha ironia ansiosa por enterrar-se nos cachaços gordos de alguns malandros que andam [aqui no Rio] *fonfonando* desabaladamente, de automóvel".

23. *Idem*, p. 684.

24. Sua doença é mencionada numa carta de final de julho de Euclides a Henrique Coelho (*Obra Completa*, vol. II, p. 674), mas nada nos informa sobre a espécie de doença que a acometia; provavelmente tinha relação com o nascimento um pouco antes de Mauro (11 de julho), e seria uma complicação *post partum*.

Casa de Euclides da Cunha, na rua Nossa Senhora de Copacabana.

Escritório de Euclides da Cunha em Copacabana.

da ferrovia Madeira–Mamoré, um trabalho que iria durar cinco anos, numa das áreas mais insalubres da selva amazônica[25]. No entanto, as objeções que seu pai levantou à aceitação dessa tarefa o dissuadiu dessa missão louca e suicida: censurou-lhe o modo reservado de vida e a negligência com o velho pai e com a família e a esposa, conforme carta de 13 de dezembro de 1906, da qual transcrevemos abaixo um trecho[26]:

Não tens sido franco, nem leal comigo [...], e até hoje não conheço nada dos teus recursos. Sei, apenas, que tens quantia não pequena de dinheiro em um Banco de Manaus, e [...] ser-me--ia fácil e até agradável dar uma direção vantajosa a esses recursos, pois, para isso sobra-me experiência. Nada me disseste, eu compreendi somente que havia falta de confiança, mas, como esta não se impõe a ninguém, retirei-me daí [dessa imputação] apressadamente e contrariado, não só por isso como também por ver a forma estranha como tratas tua mulher e filhos – sobretudo o Solon, a quem muito estimo. Pensei que o trato que tens tido com homens inteligentes desta terra, as viagens que tens feito e sobretudo os meus conselhos tivessem modificado a tua maneira de viver; mas, encontrei os mesmos destemperos; a mesma desordem de outrora. Retirei-me triste e abatido porque reconheci a perda de um esteio valioso para a minha velhice [...].

Parte dessa carta acusatória deriva da saúde ruim do velho pai de Euclides e de sua ansiedade por saber que não seria cuidado convenientemente se o filho partisse em outra viagem como a última à Bacia Amazônica; porém, a maior parte dela expressa, evidentemente, a aflição e o acabrunhamento do autor da carta diante do tratamento que Euclides dispensava à esposa e à família, a quem, na opinião do pai, ele não dava atenção suficiente. Felizmente, para todos os envolvidos, e não menos para ele próprio, Euclides acabou não aceitando a oportunidade de "assumir o controle da Madeira–Mamoré", para agradar ao pai, embora continuasse alimentando a esperança de fazer outra viagem à Bacia Amazônica, a fim de dirimir uma questão fronteiriça entre o Brasil e a Venezuela[27]. No entanto, essa tímida esperança também se dissipou quando, no início de 1907, o Barão encarregou-o de escrever a monografia sobre a disputa de fronteiras entre o Peru e a Bolívia.

Um último recurso era a política, comumente uma boa alternativa no Brasil. Mais de um ano depois – em 8 de abril de 1908 – enquanto ainda nutria o desejo inextin-

---

25. Ver o conhecido livro de Francisco Foot Hardman, *Trem Fantasma*, São Paulo, 2005, cap. 5, esp. pp. 159 e ss., 166 e 172-176, sobre o início, em 1907, da reconstrução da Estrada de Ferro Madeira–Mamoré, e as baixas entre os brasileiros – as mais pesadas de todas as nacionalidades relacionadas. Cf. a carta de Euclides ao pai, de 24 de julho de 1906, em Galvão & Galotti, *Correspondência de Euclides da Cunha*, pp. 310-311.

26. Ver referência na nota 11.

27. A que aludiu numa carta de 30 de setembro de 1906, a Firmo Dutra, seu velho amigo do Amazonas, *Obra Completa*, vol. II, p. 675.

guível de afastar-se da aparatosa civilização da capital brasileira, escreveu a seu melhor amigo e mais antigo, Francisco Escobar: "Digo-te mais: a minha maior aspiração seria deixar de uma vez este meio deplorável, com as avenidas, os seus automóveis, os seus *smarts* e as suas fantasmagorias de civilização pesteada"[28]. Isso nunca iria acontecer, apesar dos esforços ocasionais de Escobar para eleger Euclides deputado pelo estado de Minas Gerais. Todavia, esses esforços resultaram em nada, talvez porque, no melhor dos casos, não tivesse residência fixa naquele estado[29]. O pretenso candidato político recebeu o revés com alegria, mas mostrou-se mais duro com seu padrinho, que havia feito política em seu favor. Na carta seguinte a Escobar, de 10 de abril, Euclides tentou galantemente esquecer a coisa toda: "Já ia me esquecendo a candidatura (a minha candidatura!) onde a princípio vi apenas uma inspiração fugitiva da tua velha e inquebrantável amizade"[30]. Também circulavam boatos consoladores sobre sua nomeação para a embaixada do Paraguai, mas estes logo se perderam no ar[31].

Depois que concluiu sua monografia sobre o litígio entre o Peru e a Bolívia, entre 1907 e 1908 Euclides dedicou-se a outros escritos: dois prefácios, um para o livro de poesia de Vicente de Carvalho, e o outro para *O Inferno Verde,* de Alberto Rangel, obra sobre a floresta pluvial amazônica; e, em 1908, um ensaio mágico, "Numa Volta ao Passado". Comentaremos os dois prefácios ao mesmo tempo, mas o ensaio merecerá uma leitura separada.

Vicente de Carvalho era um poeta amigo de Euclides, aquele mesmo que o acompanhara, em junho de 1902, na violenta viagem por mar até às ilhas de Búzios e de Vitória, de que já falamos (cap. II, p. 210), durante a qual o capitão do barco, em meio à tempestade, deu meia-volta à embarcação contra a vontade de Euclides e retornou ao porto. Muito tempo depois, em 1909, com o apoio de Euclides, Vicente juntou-se ao amigo na Academia Brasileira de Letras. Era bastante natural que Euclides escrevesse o prefácio de seu volume de poesias, *Poemas e Canções.*

A primeira metade do prefácio, sobre o caráter ilusório das chamadas ciências exatas, em especial a matemática, é suficientemente brilhante para ofuscar a segunda, sobre a poesia telúrica e oceânica de Vicente de Carvalho. Depois de lançar-se nas ilusões da ciência, seja dito, era difícil para Euclides parar. "[O] objetivo das nossas vistas teóricas", começa ele, "está no descobrir uma simplicidade que não existe na natureza [...]. A própria unidade das nossas mais abstratas construções é enganadora". Nunca antes houve tantas variedades de geometria, segundo Jules H. Poincaré, porém mesmo

28. Ver carta a Escobar em *Obra Completa,* vol. II, p. 689.
29. Ver Casasanta, *Francisco Escobar,* pp. 80-81.
30. Em *Obra Completa,* vol. II, p. 690.
31. Ver Venâncio Filho, *A Glória de Euclides da Cunha,* p. 51, e a longa carta de Euclides a Oliveira Lima, de 13 de novembro de 1908, em Galvão & Galotti, *Correspondência de Euclides da Cunha,* pp. 392-393.

a geometria clássica mais antiga foi fundamentada sobre pontos, retas e planos inexistentes, tão arbitrários quanto infundados. Isso foi um golpe na forma de matemática que Comte apreciava. Continua ele: "vemos a mecânica basear-se, paradoxalmente, no princípio da inércia universal, e instituir a noção idealista do espaço absoluto, em contradição com tudo quanto vemos e sentimos. Destarte se constrói uma natureza ideal sobre a natureza tangível". Essa controvérsia subverteu, entre outras coisas, a história científica da teoria de uma fundição mecânica, tal como Henry Adams deixou de elaborar nos capítulos finais de sua obra autobiográfica, *Education*. "Assim", conclui Euclides, "nós vamos idealizando, conjecturando, devaneando" – uma declaração que ele amplia, contrabalançando o sonho com a realidade: "Assim nos andamos nós – do realismo para o sonho, e deste para aquele, na oscilação perpétua das dúvidas, sem que se possa diferençar, na obscura zona neutral à beira do desconhecido, o poeta que espiritualiza a realidade, do naturalista que tateia o mistério[32]".

O curso de seu pensamento sobre a soberania da ilusão desvia-se um pouco mais para a engenharia profissional: "mesmo no terra-a-terra da atividade profissional, todas as asperezas das nossas fórmulas empíricas e os traços rigorosos dos tira-linhas ainda se nos sobredouram de um recalcitrante idealismo". A alusão à engenharia civil leva-o às suas próprias incursões nas selvas do Amazonas, onde, diz ele, "só podemos caminhar na terra como os sonhadores e os iluminados", não com liras, mas com o sextante na mão, "que nos transmite a harmonia silenciosa das esferas" e, assim, entramos no deserto, como os poetas entram na existência, "a ouvir estrelas!". Essa experiência do sertão mostra-lhe a "esterilidade das coisas positivas"[33].

Se tivéssemos agora algumas suspeitas de que ainda existe um resquício de positivismo em seu pensamento, elas teriam sido dissipadas. No entanto, mais importante do que essa velha e aposentada questão é todo o ímpeto de sua crítica às ciências exatas. Seria ela apenas uma tentativa do homem de ciência para assimilar-se ao poeta imaginativo, como Spencer ensinou-lhe, despindo-se do formalismo da ciência? Ou seria exclusivamente uma crítica mais séria à ciência de *qualquer* tipo? Poder-se-ia supor que uma fase posterior da revisão da ciência do começo do século XX foi antecipada por ele, mas isso talvez fosse conceder demasiado, como irá demonstrar o exemplo contrário da ideia de pesquisa científica esposada pelo cosmólogo inglês Arthur Eddington.

Eddington asseverou, em *The Nature of the Physical World*, "a franca percepção de que a ciência física trata de um mundo de sombras", com o que Euclides concordaria sem dúvida. Contudo, quando o cosmólogo diz: "Pouco adestrado por uma longa

---

32. *Obra Completa*, vol. I, p. 438.
33. *Idem*, p. 439.

experiência estendemos a mão para pegar a sombra, em vez de aceitar sua natureza umbrosa"[34], começaria a perder o assentimento de Euclides, porque o engenheiro em 1907 não deve lealdade a sombras, quaisquer que elas fossem.

Nas conferências de Gifford de 1927, publicadas no ano seguinte sob o título acima, existem inúmeros "experimentos de pensamento" que têm em mira "explicar" experiências comuns, mas que Euclides poderia ter chamado ilusões. O mais famoso desses experimentos é aquele com que termina o livro, uma descrição "científica" de um físico (Eddington) caminhando por uma tábua para entrar numa sala. A tábua, diz Eddington, está viajando a 30 quilômetros por segundo em volta do sol. Fosse a tábua uma fração de segundo cedo demais ou lenta demais, ter-se-ia afastado do físico alguns quilômetros. Eddington se vê sob uma pressão atmosférica de 14 libras por polegada quadrada e está sujeito a um vento que sopra a velocidades desconhecidas de quilômetros por segundo através de "todo interstício de meu corpo", enquanto ele mesmo pende do planeta com a cabeça balançando no espaço. Além disso, a tábua fugidia sob os pés é totalmente insubstancial: "caminhar sobre ela é como caminhar num enxame de moscas". A cada passo o físico é levantado por elétrons ou "moscas" a saltarem. Se ele fosse erguido alto demais ou resvalasse acidentalmente pela tábua, seria uma "rara coincidência", e não uma violação das leis da Natureza. "Realmente", diz o físico, "é mais fácil um camelo passar pelo fundo de uma agulha do que um homem científico passar por uma porta"[35].

O estilo sério-cômico dessa passagem foi sintetizado por Walter Benjamin com o termo "kafkiano", numa carta a Gerhard Scholem, de 12 de junho de 1938[36], mas podemos ter muita certeza de que o sentido dela é mais sério do que cômico. É que a "natureza umbrosa" da experiência de entrar numa sala foi apresentada ao leitor para ser aceita. De qualquer maneira, a hiper-realidade de caminhar sobre uma tábua teria sido considerada, certamente, uma caricatura científica, no que se refere a Euclides. Por isso, não podemos concebê-lo como uma espécie de precursor da primeira fase da revisão científica do século XX; sua crítica às ciências exatas era inescrutavelmente sua e de ninguém mais.

Na transição para a segunda metade do prefácio, Euclides faz algumas observações desdenhosas sobre as escolas poéticas francesas contemporâneas do parnasianismo e do simbolismo, sendo uma repelida por seu culto "fetichista" da forma e a outra, por seu subjetivismo "exagerado". Baudelaire e os poetas simbolistas eram apenas *revenants*" que se desesperavam por viverem numa era tecnológica "em que o progresso das ciências naturais, interpretadas pelo evolucionismo, reage sobre tudo e tudo transfigura". Os verdadeiros modelos literários dessa era, na opinião de Euclides, eram Rudyard Kipling, e Friedrich Nietzsche, que eram homens fortes e saudáveis psiquicamente,

---

34. *The Nature of the Physical World,* reimpressão, Ann Arbor, 1958, p. xviii.

35. *Idem*, p. 342.

36. Na tradução de Harry Zohn da obra de Walter Benjamin, *Illuminations,* New York, 1976, pp. 141 e ss.

diferentes dos poetas franceses que, como *revenants* do passado, nos entristecem "com suas queixas de almas doentes da nostalgia do sobrenatural"[37].

Quando chega, finalmente, à poesia de Vicente de Carvalho, Euclides imediatamente se empertiga, não só porque o poeta era um bom amigo, mas também porque sua poesia, como ele mesmo exemplifica na segunda metade do prefácio, era totalmente tradicional e objetiva na devoção que demonstra para com a "Religião da Natureza amiga". (A história literária brasileira costuma tipificar Vicente de Carvalho como um poeta parnasiano, mas deixemos isso de lado.) "[E]u penso", observa Euclides com agudeza, "que alma antiga [por exemplo, a de Virgílio] não sentiria esta atração da grande natureza, que domina a poesia moderna"; mas seu amigo, de forma muito parecida com seus contemporâneos poetas de qualquer escola, inclinava-se para as paisagens marinhas e as escarpas pedregosas que aparecem na maioria dos versos analisados[38].

As cenas da natureza no verso de Vicente de Carvalho são, comumente, despidas de gente, mas um poema – "Fugindo ao Cativeiro" – a que Euclides alude sem citá-lo, narra uma autodefesa épica de um negro hercúleo que brande uma foice. O incidente constitui um episódio das vidas de um grupo de negros que, embarcados para o Brasil, sonham encontrar nas florestas de sua nova pátria a liberdade que conheciam na África[39].

O segundo prefácio – para o livro *O Inferno Verde* (1907), de Alberto Rangel – também serviu para apresentar a obra aos seus leitores, porém é muito mais contido do que o primeiro. O conhecimento e a experiência que o prefaciador tem da floresta amazônica são postos inteiramente à disposição do autor do livro por causa da amplitude de seu assunto e da compreensão fragmentária que tem dele como um todo. A leitura que Euclides faz do livro do amigo aparece como mais um adendo útil ao tema da floresta tropical. O prefácio divulga sobre ela afirmações e opiniões que ele usou em outros textos e que citarei abaixo.

"A terra [do Amazonas] ainda é misteriosa", observa, esteando essa observação banal com uma referência ao *Paraíso Perdido*, de Milton. "Seu espaço é como [a noção de] o espaço de Milton: esconde-se em si mesmo. Anula-a a própria amplidão"[40]. Essa ideia estranha, que pode basear-se de algum modo na monótona paisagem ribeirinha da floresta, não se encontra no inglês do poema original de Milton, embora algum volúvel tradutor português possa tê-la introduzido, quando traduziu os versos de *Paraíso Perdido* 7, vv. 168 e ss., ou outros[41].

---

37. *Obra Completa*, vol. I, p. 440.

38. *Idem*, pp. 441-442.

39. *Idem*, pp. 445-446.

40.*Idem*, p. 447; cf. a carta a Artur Lemos, em *Obra Completa*, vol. II, p. 662.

41. Ver a coletânea de Marjorie Nicolson sobre os versos de Milton sobre o espaço em *Science and Imagination*, Ithaca, NY, 1956, pp. 96-108.

Mais familiar, conquanto aplicada agora ao conhecimento futuro do Amazonas, é a frase "É a guerra de mil anos contra o desconhecido". De modo geral, uma centena de anos foram suficientes (para dominar as leis do clima), mas a complexidade do rio e da floresta do Amazonas multiplica por dez o tempo de aprendizado[42]. Por último, uma das mais belas frases de Euclides sobre o grande rio Amazonas, "é a última página, ainda a escrever-se, do Gênese", repete-se nesse prefácio para abarcar toda a Amazônia[43].

Ao próprio livro, uma apresentação ficcionalizada da Amazônia em histórias, ele chama de "bárbaro", no antigo sentido grego de "estrangeiro", porque "o que aí é fantástico e incompreensível, não é o autor, é a Amazônia...". O prefaciador regala-se na falácia patética, antropomorfizando a Natureza tropical. Há matas a caminhar [sic] que vêm estacar a bordas de ribanceiras erodidas do rio em cima das quais elas se debruçam a contemplar silenciosamente as grandes quantidades de compridos ramos torcidos, "a estupenda conflagração imóvel de uma luta perpétua e formidável"; lagos que nascem, crescem, se avolumam e depois diminuem, definham, sucumbem, extinguem-se e apodrecem como organismos comuns; e os rios que invadem as solidões encharcadas, como caminhantes precavidos, temerosos da inconsistência do terreno... Nessas cercanias morfogenéticas a "geologia dinâmica não se deduz, vê-se; e a história geológica vai-se escrevendo, dia a dia". O observador científico adapta-se de tal modo ao equilíbrio das forças naturais que parece apelar "para uma tumultuária hipótese de cataclismos, a fim de se lhes explicarem as modificações subitâneas [da forma]". Todavia, as energias telúricas liberadas "obedecem à tendência universal para o equilíbrio, precipitadamente", embora o observador possa perceber apenas "[n]aquelas paisagens volúveis [...] caprichos de misteriosas vontades"[44].

Euclides abandona, então, a morfologia das florestas pluviais para tratar das criaturas humanas desafortunadas que vivem ou são levadas a viver nelas, ou seja, os índios ou os brancos que extraem a borracha, segundo as onze histórias desse livro de Rangel. Já que, como diz seu leitor, o homem mata o homem assim como o parasita estrangulador mata a árvore da floresta, somos informados de que, no "inferno verde" da selva, existe "uma sociedade que está morrendo...", tanto de tribos indígenas quanto de seus inimigos, os isolados seringueiros. O solitário coletor de látex lutará contra qualquer um para manter suas árvores e "enterra-se vivo [entre elas] e morre", enquanto a tribo nativa reproduz em sua ferocidade "a luta inconsciente, pela vida, que se lhe mostra na ordem biológica inferior" – uma lei darwiniana da selva[45].

---

42. *Obra Completa*, vol. I, p. 447; cf. p. 132 sobre o tempo necessário para aprender as leis do clima.
43. *Idem*, p. 449; cf. p. 233, e compare-se cap. 12, p. 233 com cap. 12, p. 239, n. 40.
44. *Idem*, pp. 448-449.
45. *Idem*, p. 450.

No que se refere ao estilo do livro, Euclides tece ainda comentários penetrantes. Para ele o autor está preso entre homens e coisas, uns e outras igualmente dúbios, "mal aflorando às vistas pela primeira vez, laivados de mistérios" em seu profundo cenário florestal. O pensamento de Rangel "faz-se-lhe, adrede, vibrátil, ou incompleto, a difundir-se de improviso no vago das reticências, por não se desviar demasiado das verdades positivas que se adivinham. As imagens substituem as fórmulas". Na sua opinião de leitor, seria realmente impossível subordinar a regras fixas a impressão de que a terra e suas gentes despertam em nós como fenômenos que são revelados, apenas pela metade, pelos primeiros lampejos da civilização. Mas, evidentemente, devemos acrescentar, essas eram as impressões de um funcionário público que veio apenas visitar os povos primitivos, e não as de um antropólogo que pretendia viver entre eles. Não obstante, Rangel ficou estupefato diante das cenas a que assistiu, e "num ímpeto ensofregado de sinceridade, não quis reprimir os seus espantos, ou retificar, com a mecânica frieza dos escreventes profissionais, a sua vertigem e as rebeldias da sua tristeza exasperada. Fez bem; e fez um grande livro"[46].

O prefácio termina com reflexões de Euclides sobre o estado da crítica brasileira que, preocupa-se ele, "é de si mesma instável e as suas atuais sentenças transitórias". Diante de obras "anômalas" (por exemplo, *O Inferno Verde*) de real originalidade, cumpre aos críticos brasileiros não esquecer a constituição mista de sua mentalidade na qual "preponderam reagentes alheios ao gênio da nossa raça. Pensamos demasiado em francês, em alemão, ou mesmo em português. Vivemos em pleno colonato espiritual, quase um século depois d[e conquistar] a autonomia política. Desde a construção das frases ao seriar das ideias, respeitamos em excesso os preceitos de culturas exóticas [da] Europa que nos deslumbram"[47]. Essas palavras ajustam-se melhor à crítica equivocada à ficção de Machado de Assis, de autoria de Sílvio Romero, o crítico mais combativo de sua geração, cujas pré-concepções anglo-francesas do que devia ser a literatura – e não do que é – deixaram-no cego à serena originalidade de Machado, um alvo indiferente a seus ataques[48].

O terceiro texto de Euclides, de outubro de 1908, "Numa Volta do Passado", é algo à parte[49]. O ensaio assemelha-se um pouco a outro escrito do autor, "Entre as Ruínas" (cf. cap. 13, pp. 270-271), com a grande diferença de que, "Numa Volta…", o passado está bastante vivo, ao passo que, em "Ruínas", ele está morto e não pode ser lembrado, salvo algumas superstições e algumas imagens mentais da vida na fazenda. O que faz

---

46. *Obra Completa*, vol. I, p. 451.

47. *Idem*, p. 452.

48. Ver Roberto Ventura, "O Caso Machado de Assis", um capítulo de seu livro *Estilo Tropical*, São Paulo, 1991, pp. 95-120.

49. *Obra Completa*, vol. I, pp. 453-456. A data é a da publicação no jornal *Kosmos*.

evocar o ano de 1822 no outro ensaio é o antigo proprietário de uma fazenda arruinada, que recebe Euclides e um companheiro na casa da fazenda, para o pouso de uma noite, e conta-lhes um insólito incidente de sua infância, do final do primeiro quarto do século XIX. No ensaio, Euclides e um companheiro de viagem, depois de viajarem dez horas até ao anoitecer pelo interior do estado de São Paulo, deram por acaso com uma velha "casa-grande", a própria imagem da "grandeza decaída", com paredes pensas e telhas soltas no telhado. A própria casa era ressaltada em seu lugar de descanso por um morro no breve espaço de um campo de grama seca. Em frente da porta principal da casa, num monte de pedras, via-se um cruzeiro antigo batido pelo tempo. À esquerda, enquanto se aproximavam, avistaram um pobre campo de mandioca raquítica a crescer onde antes tinha sido um grande e aprazível pomar. Do outro lado, adivinharam os restos de um jardim invadido pelas espirais torcidas da samambaia. Atrás da casa um terreiro de pedra, um verdadeiro depósito de lajes disjungidas; porém, mais distante, por todos os lados, avistava-se, cobrindo os outeiros, uma extensa plantação de café, seca, de ramos caóticos, sem folhas, de cem anos de idade. "Nada mais." Pelo menos era tudo que podiam ver no lusco-fusco ensombrado[50].

Ao grito de "Ó de casa!" respondeu o idoso proprietário, rodeado de três ou quatro netos, ou bisnetos, e acolheu em sua residência os hóspedes exaustos. Euclides sentia-se tão tomado pelo cansaço que não pedia outra coisa senão dormir. Recostou-se num sofá, de botas e esporas e tudo, enquanto seu obsequioso hospedeiro fitava, sorrindo: "Moços de hoje…", disse, "já nascem velhos". Falou algo mais acerca de seus anos avançados – "Sou mais velho que a Independência…" – mas Euclides já não ouvia, mergulhado no mais profundo sono, aliviado dos encargos do dia[51].

Como num sonho, de repente viu-se de pé, atordoando o ancião com inúmeras perguntas ansiosas que lhe vinham à mente, desconexas e variadas. Minutos depois, pôs-se a caminho novamente numa jornada maior e mais indefinida ao longo daquela estrada pouco frequentada "à margem da história". Como em "Entre as Ruínas", a estrada era balizada de "santas cruzes" e assombrada por saltos das "mulas sem cabeça" da superstição sertaneja. Pouco a pouco a estrada começou a diluir-se em formas vagas que iam e vinham, dissolvendo-se em neblinas, dividindo-se em longas filas silenciosas como a cavalgada de seres ressurretos… Nessa altura, acho, Euclides estava sonhando entre dormindo e acordado, mas, sonho ou não, estava também ao mesmo tempo, como narrador, transportando-se para a cena da história do ancião, numa noite de setembro de 1822, quando sua casa fora cercada por um regimento de dragões da cavalaria.

50. *Obra Completa*, vol. I, p. 453.
51. *Idem,* pp. 453-454.

Seu hospedeiro, com um movimento de mão, indicou ao hóspede, agora desperto, como era pequeno na época ("destamaninho"). Ele e seus irmãos tinham-se encolhido à aproximação do som de cascos a baterem nas pedras, mas seu pai levantou-se da cama, apanhou o bacamarte e estacou à porta da casa, que foi sacudida por três pesadas pancadas. Escancarando a porta, o homem espantou-se ao encontrar diante de si vinte a cem dragões – eram muitos para contar – e havia muitos mais pelo caminho até à estrada[52].

Uma figura de comando, um jovem, destacou-se da grande multidão de homens armados, vestido num amplo poncho de viagem, com um sombreiro a pender-lhe, à nuca, de uma corda. Os olhos pretos eram vivos e penetrantes. O filho pequeno da casa, amedrontado, ficou desorientado à vista do jovem, retendo na memória "apenas aquele vulto de estátua mutilada, meio delida, entre o sonho e a realidade, na noite"; e não se lembrou de uma única palavra da conversa que ocorreu brevemente entre o jovem e o chefe da casa, embora tenha notado que seu pai, homem orgulhoso e altivo, passou a comportar-se com muita humildade diante do interlocutor, que, no final, o abraçou.

Então, de repente, a figura principesca partiu na noite, em seu cavalo, com um aceno de adeus e uma palavra de comando a suas tropas, que num movimento convulsivo montaram em seus cavalos e saíram empós dele a galope, voltando a encher a noite do bater dos cascos dos cavalos. O estrépito da partida morreu gradualmente, deixando apenas as pancadas audíveis do monjolo a soar fora da casa, como se "marcassem um recuo misterioso do tempo, batendo todos os segundos atrasados de um século desaparecido". O que a criança tinha testemunhado naquela noite fora a visita apressada do jovem imperador, D. Pedro I, e sua comitiva, logo depois do glorioso grito de "Independência ou morte!" no riacho do Ipiranga[53]. O menino cresceu e tornou-se o narrador desse conto histórico – capitão Antônio Pinto da Silveira – cuja fazenda ficava perto de Silveiras, uma vila que seus antepassados fundaram numa língua de terra, a nordeste do estado de São Paulo, na fronteira com o estado do Rio de Janeiro[54]. Era uma cidadezinha que se localizava no caminho do antigo ciclo de café que se estendia do Rio a São Paulo.

Na esteira dos escritos acima, Euclides escreveu uma carta singular, em 10 de fevereiro de 1909, ao poeta Vicente de Carvalho, carta que foi citada muitas vezes como se atestasse seu estado mental no último ano de vida[55]. Trata-se de um pedido urgente para que entre em contato com ele pelo correio:

52. *Obra Completa*, vol. I, p. 455.
53. *Idem*, p. 456.
54. *Idem*, p. 453.
55. *Idem*, vol. II, p. 705; cf. a epígrafe de Rabello em sua biografia *Euclides da Cunha*.

Tranquiliza-me, homem! Imagina as atrapalhações em que vivo…

Nem de propósito. Quem definirá um dia essa Maldade obscura e inconsciente das coisas que inspirou aos gregos a concepção indecisa da Fatalidade? Às vezes, julgo necessário um Newton na ordem moral para fixar numa fórmula formidável o curso inflexível da Contrariedade. Mas, ponto. Sinto que vou escorregando por uma metafísica horrorosa abaixo, e, cedendo ao declive, não sei onde irei parar.

Com esse apelo havia experimentado a descida dos condenados, e a linha reta da vida pela qual se guiava habitualmente curvou-se sob seus pés. As consequências não tardariam a chegar.

Com as rotas de fuga do Rio bloqueadas pelo pai, nesse meio tempo, voltara-se para a educação dos filhos, entre os quais Solon e Quidinho (apelido de Euclides Jr.) que não estavam aprendendo muita coisa no Colégio Anchieta, dos jesuítas, em Nova Friburgo (estado do Rio de Janeiro), acabando Quidinho por ser expulso da escola por mau comportamento. O pai, portanto, os transferiu para o Colégio Latino Americano, também no Rio, mais bem administrado pelo dr. José Oiticica, onde o rendimento escolar dos meninos melhorou imediatamente. O pai extasiado disse ao diretor: "Meus filhos já aprenderam em sua escola, em dois meses, mais do que em três anos com os padres jesuítas". Em dois meses, por exemplo, o negligente Quidinho tinha aprendido, junto com os movimentos da terra no espaço, as fases da lua e de Vênus e a precessão dos equinócios. O pai ficou espantado com a última lição. "A precessão dos equinócios", ele ofegou, "você sabe o que é isso, Quidinho?", e o rapazinho lhe disse o que sabia a respeito da matéria. Mas, infelizmente!, apenas dois meses depois dessa conversa, Euclides foi forçado a tirar os filhos também dessa escola, porque Saninha, quando recebeu a fatura mensal, num acesso de raiva explodiu com o portador, dizendo-lhe que não podia pagar tamanha quantia[56], e desse modo os filhos mudaram para o internato do Ginásio Nacional, no Rio, onde o pai seria nomeado professor de lógica já perto do fim da vida.

Outra causa de insatisfação foi a indefinição de sua posição no Palácio Itamaraty como assistente do Barão do Rio Branco. Apesar de sua intimidade com o Barão e dos serviços que lhe prestava, Euclides não tinha um posto fixo no corpo diplomático do Ministério do Exterior. Essa situação vaga deixava-o com o sentimento de que subsistia tão-somente graças à generosidade do Barão – um sentimento que deflagrou uma altercação entre os dois quando o Ministério continuou a pagar a Euclides, mesmo após seu retorno ao Rio, o mesmo salário que ganhava como chefe da Comissão Mista Brasileira no Purus. Ele, porém, fez ver ao Barão que devia receber apenas "pela

---

56. Historieta contada em Sylvio Rabello, *Euclides da Cunha,* pp. 304-305.

tabela comum", ao passo que este se recusava a ajustar-lhe o salário até que tivesse terminado de escrever o relatório da exploração do Purus (o *Relatório da Comissão Mista Brasileiro-Peruana*). Era um conflito entre o agudo escrúpulo moral de Euclides e a complacência e o bom-senso do Barão, mas, depois de muita argumentação de um lado e de outro, o Barão prevaleceu. Somente depois, e não antes, que terminou o Relatório é que o salário de Euclides foi reduzido para dois contos de réis[57]. Naturalmente, esse ajuste para baixo não mitigou sua sensação de insegurança financeira.

Sua tentativa final de libertar-se do Rio e assumir um posto de professor no estrangeiro foi quixotesca. Em setembro de 1908, tinha escrito uma carta a Alberto Rangel, seu antigo anfitrião em Manaus, que agora estava em missão diplomática em Paris, a Meca dos brasileiros, onde Euclides sonhava conseguir, com a ajuda de Rangel, um posto de professor de história da América do Sul.

Continuo [no Itamaraty] a desenhar mapas antigos... Até quando? Às vezes penso que foi uma fatalidade o ter caído, como satélite, na órbita maravilhosa de um Imortal [Rio Branco]. Submeto-me. Mas ainda não sei se romperei a curva fechada dessa gravitação. Espero dentro de poucos dias – traduzido para o espanhol, em Buenos Aires, por Eleodoro Villazon, ministro boliviano – o meu *Peru versus Bolívia*. Como vês, o estrangeiro entendeu que deve aproveitar aquele trabalho – recebido com indiferença pelos patrícios...

A este propósito, uma ideia: Quem sabe se eu não poderia lecionar a história sul-americana em Paris? Num momento em que a civilização visivelmente se desloca para o Novo Mundo, não é, talvez, um pensamento muito ousado, este. Entrego-o à tua lucidez e melhor conhecimento das coisas aí [em Paris]. Podes talvez realizá-lo[58].

Após um mês mais ou menos, voltou a escrever a Rangel, já com outra ideia: "Na carta anterior – assoberbado por uma onda de pessimismo – falei-te numas coisas estranhas. Uma cadeira de história sul-americana, em Paris!... Oh! romântico escandaloso e recalcitrante que sou! Felizmente são loucuras e absolutamente passageiras"[59]. E desse modo suas veleidades dissolveram-se como fumaça.

Já que a vida em casa tinha-se tornado insuportável e o companheirismo com a esposa era impossível[60], gastava grande parte de suas horas livres na casa de Coelho Neto,

---

57. Compreende-se melhor este incidente na sua versão contada por Coelho Neto em *Livro de Prata* (pp. 237-238), do que na versão de Sylvio Rabello em *Euclides da Cunha* (p. 305), onde ele imagina que o preocupado Euclides estava "à beira da loucura [*em quase loucura*]". Um óbvio exagero. Cf. também o opúsculo de Francisco Venâncio Filho, *Rio-Branco e Euclides da Cunha*, Rio de Janeiro, 1946, p. 42.

58. *Obra Completa*, vol. II, p. 696.

59. *Idem*, p. 699.

60. Dilermando de Assis observou muito antes de seduzir Saninha que ela e o marido "raramente acompanhavam um ao outro" em suas saídas (*A Tragédia da Piedade*, p. 195).

que, após o estabelecimento de ambos no Rio, logo passou a representar o papel que Francisco Escobar desempenhara em São José do Rio Pardo – o do amigo mais criterioso que impedia o infeliz e impulsivo Euclides a tomar decisões erradas. Já contamos da apresentação de Euclides a Coelho Neto na casa deste em Campinas (cap. II, p. 217), mas, para a possível avaliação dos leitores, vamos transmitir duas conversas literárias que transpiraram entre os dois *littérateurs* e a esposa de Coelho Neto, Gaby, no Rio.

O primeiro incidente começou com algumas palavras rudes de Euclides para a dama:

"– Dona Gaby, essa sua casa me causa um certo sofrimento".

"– Bem! Nós o recebemos aqui como um membro da família" – ela retrucou – "e esse cavalheiro diz que nossa casa lhe causa um certo sofrimento".

Ele manteve sua posição por um instante, os olhos baixaram, tamborilando na mesa com os dedos. No final explicou-se numa voz abafada:

"– É justamente por causa da acolhida que tenho aqui é que preciso falar desse jeito. A senhora já leu *A História da Literatura Inglesa* de Taine?"

"– Sim" – ela respondeu – "mas por quê?"

"– No primeiro volume dessa obra" – disse ele – "na parte que se refere aos anglo-saxões, o autor relata um episódio que eu gostaria de lembrar à senhora. Na entrada de um castelo, à noite, [os habitantes] encontravam-se em volta de uma fogueira acesa para os reis e os nobres. Enquanto eles todos juntos conversavam, oh! por um pequeno buraco na janela, um vão, um pássaro penetra no recinto voando para fugir da nevada lá fora. Voa, voa em volta da luz, recebe um pouco do calor [do fogo] e, depois, investindo outro vão da janela, voa de volta para a noite selvagem. É mais ou menos assim. A senhora se lembra?"

"– Eu me lembro" – ela assentiu.

"– Então, foi o que aconteceu comigo. Eu sou aquele pássaro".

Foi isso tudo o que ele disse e depois, baixando a cabeça novamente, voltou a tamborilar na mesa[61].

---

61. Nesse diálogo (*Livro de Prata*, pp. 246-247), os estudiosos da Inglaterra do início da Idade Média perceberão, em dois excertos do texto latino, uma famosa passagem de Beda, *Venerabilis Baedal Historiam ecclesiasticam gentis Anglorum*, II, 13, p. 112, na edição de Charles Plummer (Oxford, 1896). Um conselheiro anglo-saxão do reino da Nortúmbria, Edwin, defendeu num discurso a cristianização dos nortúmbrios com essa imagem de um pássaro que entra voando na câmara real numa noite de tempestade. Traduzo a passagem: "– Assim me parece, ó Rei – disse o orador – a vida atual dos homens na terra, comparada a esse tempo que é incerto para nós, como quando Vossa Alteza está sentado para jantar com vossos lordes e vossos suseranos no inverno com uma fogueira ardendo em vosso meio e o calor invade a sala de jantar, ao passo que fora, porém, em toda a parte rugem remoinhos de chuvas ou neve. Então, um pássaro entra voando na casa tão rápido quanto possível, entra por uma porta e sai por outra. Na verdade, durante o tempo em que está dentro de casa, o pássaro não é alcançado pela tempestade hibernal; mas, depois que passou o espaço curtíssimo de tempo bom [aqui dentro], o pássaro volta de inverno a inverno, e escapa de

Naquela noite, Euclides havia chegado à casa dos Netos, sem se anunciar, debaixo de um aguaceiro, e teria de voltar para casa no meio daquela chuva, pensou Coelho Neto, mortificado. Todavia, havia mais sentido na historieta medieval na forma como Euclides a contou: ele poderia ter em outro lugar um local para dormir e comer, mas, no estado atual de amargo afastamento entre o casal, sua casa não poderia ser chamada de lar. Coelho Neto, apesar de seus talentos literários e da aguda observação das pessoas, nunca conseguiu interpretar corretamente Euclides sempre que dava alguma sugestão de seu alheamento de Saninha e a transferência dos sentimentos da esposa para outro homem. A terrível amargura de coração em seu novo amigo estava muito além da percepção de Coelho Neto e, de acordo com isso, o esboço biográfico que fez do amigo parte, desde o começo em novembro de 1902, de um entendimento errado da conduta de Euclides a outro, até que toda a sequência é iluminada, como que por um fulgor irregular, na tragédia cauterizadora da morte do amigo, em 1909, na estação da Piedade, no Rio de Janeiro. Essa espécie de reconhecimento tardio de uma testemunha cega é ilustrada mais tarde na leitura que lhe fez Euclides de seu melhor poema, "D. Quixote"[62], composto em 1890:

> Assim à aldeia volta o da "triste figura"
> Ao tardo caminhar do Rocinante lento;
> No arcabouço dobrado – um grande desalento,
> No entristecido olhar – uns laivos de loucura…
>
> Sonhos, a glória, o amor, a alcantilada altura
> Do ideal e da Fé, tudo isto num momento
> A rolar, a rolar, num desmoronamento,
> Entre os risos boçais do Bacharel e o Cura.
>
> Mas, certo, ó D. Quixote, ainda foi clemente
> Contigo a sorte, ao pôr nesse teu cérebro oco
> O brilho da Ilusão do espírito doente;
>
> Porque há coisa pior: é o ir-se a pouco e pouco
> Perdendo, qual perdeste, um ideal ardente
> E ardentes ilusões – e não se ficar louco!

vossa vista. Essa vida dos homens parece ser assim apenas por algum tempo; do que vem depois, do que terá acontecido antes, somos totalmente ignorantes. Portanto, se essa nova doutrina [do Cristianismo] oferece alguma coisa mais certa, parece que com razão merece ser seguida".

62. *Obra Completa*, vol. I, p. 651, e *Livro de Prata*, pp. 243-244.

Para Olímpio de Sousa Andrade, esse poema, no contexto histórico da data de sua composição, constitui uma expressão da desilusão de Euclides com o novo regime republicano e a perda da fé que tinha nele; isso é o máximo de autobiografia que o poema pode suportar. No entanto, Coelho Neto, quando ouviu o poema lido pelo poeta, primeiro achou que nada mais era que "uma breve glosa ou comentário [literário] à maneira de Cervantes", e um ano depois, quando o releu após a morte de Euclides, mudou totalmente de ideia e o transcreveu como sendo autobiográfico diante das circunstâncias de sua morte: "Era ele [Euclides] e não 'O da triste figura' [D. Quixote], que voltava de suas peregrinações [ao rio Purus], já talvez suspeitando [da esposa], e que, depois de entrar no 'lar' [na rua Humaitá], encontrou os vestígios da afronta, provas da ingrata calúnia [o adultério de Saninha]" etc.[63]. Assim, o *pathos* e a beleza inventiva do poema são destruídos por um irrelevante sentido autobiográfico que lhe foi impingido. Contudo, quando, não muito tempo depois, Euclides foi morto num tiroteio com Dilermando, e Coelho Neto tomou conhecimento da sorte do amigo falecido, não pôde fazer outra coisa senão dizer sobre ele, em memória, algumas estrofes moralizadoras de uma tragédia de Ésquilo numa convencional *hommage aux morts*[64]. Os sentimentos do romancista eram bastante sinceros, mas a forma literária que usou para expressá-los foi errada.

---

63. *Livro de Prata*, p. 243.

64. Cf. a fábula traduzida ao português (em *Livro de Prata*, p. 266) extraída de *Agamemnon* de Ésquilo. Para toda a peça, sigo a edição de J. D. Denniston e D. Page (Oxford, 1976), vv. 717–736. Nesse *ainos*, ou fábula do coro, conta-se o caso de um filhote de leão que foi criado em casa e que, quando cresceu, tornou-se selvagem e no final retornou à casa que o tinha criado e trucidou a família. É evidente que para Coelho Neto Clitemnestra (= Saninha), como personagem central da peça, era o leão destruidor (personagem central da fábula do coro). Para muitos estudiosos, ao contrário, a destruidora é Helena; mas Page, de forma mais geral, diz com insistência que "toda a carreira do filhote de leão com todo o conjunto de circunstâncias pelas quais Helena era responsável" precipitou a destruição (p. 135, n. aos vv. 744 e ss.). De qualquer forma, a leitura de Coelho Neto, se não for incorreta, é sugestiva.

16

Duas Provações

Nos anos decorridos entre 1907 e 1909, Euclides foi submetido a duas provações: uma de ordem moral e a outra intelectual. Na primeira, viu-se envolvido, acidentalmente, num duelo diplomático entre seu chefe no Ministério do Exterior, o Barão do Rio Branco, e o ministro de Relações Exteriores da Argentina, o trêfego Estanislao Zeballos, que, no final do século XIX (1893-1895), contrapusera-se a Rio Branco, em reunião realizada em Washington, D.C., para dirimir a disputa das fronteiras entre o Brasil e a Argentina na província de Misiones ou Campo de Palmas, no norte argentino. Rio Branco ganhou a disputa, com a demarcação dos limites meridionais do Brasil nos rios Peperi e Santo Antônio[1]. A maioria dos ataques que Zeballos fez depois ao Barão foram apenas troças mal-humoradas, através de seu jornal *La Prensa,* motivadas unicamente por animosidade pessoal. Aparentemente, o governo argentino não tinha qualquer participação nesses ataques verbais; com isso, o ministro brasileiro preferiu ignorá-los. Contudo, Zeballos tentou prejudicar as negociações da marinha brasileira com a Inglaterra para a compra de couraçados ingleses para sua frota de guerra; nesse caso também o governo argentino não demonstrou qualquer interesse em contrapor-se ao aumento da frota brasileira. Frustrado com a indiferença de seu governo, Zeballos afastou-se do Ministério das Relações Exteriores de seu país.

Mas esse afastamento não pôs fim às suas injúrias contra Rio Branco. Na verdade, Zeballos conseguiu incluir Euclides no alvo de suas invectivas, chegando inclusive a fazer acusações mais fortes contra o Brasil: por exemplo, a de que o país estava tramando uma guerra contra a Argentina.

---

1. Com relação a esse incidente entre a Argentina e o Brasil, ver a documentação em Eloy Pontes, pp. 245-258, e a discussão dos documentos em Sylvio Rabello, pp. 320-324. Ver também Álvaro Lins, *Rio Branco*, Rio de Janeiro/São Paulo, 1945, vol. I, pp. 306-311, e, para outros detalhes do incidente, ver Hélio Lobo, *Rio Branco e o Arbitramento com a Argentina*, Rio de Janeiro/São Paulo, 1952, caps. 7-13 e 17.

Euclides tinha enviado, inocentemente, a Zeballos uma cópia de sua monografia *Peru versus Bolívia*, de junho de 1907[2], junto com um exemplar de *Os Sertões* e uma cópia de sua conferência sobre o poeta Castro Alves. Zeballos, com má vontade, agradeceu ao autor o envio desses textos, mas malevolamente tentou denegrir a monografia sob a alegação de que ela expressava a posição pró-peruana do Barão contra a Bolívia, apesar de não ter sido este o ponto de vista do Barão nem do seu *protégé*. Com uma maldade intencional, o ex-ministro argentino escreveu: "Mandou [Rio Branco] imprimir um livro em favor das pretensões brasileiras. Este livro foi me dado por um ministro brasileiro; escrevi ao autor propositalmente para me documentar e tenho em meu poder a resposta à minha carta"[3]. Apanhado no fogo cruzado, Euclides foi colhido de surpresa por essa declaração, publicada em *La Prensa*, "imagina-se no banco dos traidores"[4], junto com outros notáveis como o capitão Alfred Dreyfus: não tinha ele, como funcionário do Itamaraty, traído a confiança de seu superior ao tratar por detrás com o inimigo argentino e mesmo comprometendo sua própria autoridade de manusear documentos vedados ao público? Imediatamente (na primeira semana de novembro de 1908), mandou a Zeballos, em resposta, um telegrama com o teor abaixo[5]:

Surpreendi-me vendo ontem as nossas relações exclusivamente intelectuais envolvidas na campanha solitária que V. Exa. está travando com imaginários antagonistas, em flagrante contraste com a harmonia nacional brasileira e argentina. Referindo-se V. Exa. à correspondência particular [entre nós] que hoje confessa haver propositadamente provocado para documentar-se, apresso-me em declarar que não receio tais documentos. Desejando vê-los explícitos, autorizo o *Jornal do Commercio* a publicar as cartas que me mandou. Completo assim a ação iniciada por V. Exa., que assim ficará inteiramente desembaraçado de quaisquer escrúpulos na publicação integral que desejo e peço das cartas que aí existem com a minha assinatura.

Euclides tinha, então, publicado no *Jornal do Commercio* as cartas de Zeballos em agradecimento ao envio de *Peru versus Bolívia*, d'*Os Sertões* e da conferência sobre Castro Alves[6]. No entanto, como seu correspondente argentino não publicou as cartas de resposta de Euclides, os editores tomaram outras medidas para eximir seu colabo-

---

2. Por alguma razão o sempre preciso Roberto Ventura, "Memória Seletiva", p. 34, datou erroneamente essa monografia de setembro de 1906.

3. Citado por Eloy Pontes, *A Vida Dramática…*, p. 250.

4. *Idem, ibidem.*

5. *Obra Completa*, vol. 11, p. 699, com data duvidosa, que transcrevi de acordo com a que aparece em Galvão & Galotti, *Correspondência de Euclides da Cunha*, p. 387.

6. As cartas de agradecimento foram publicadas por E. Pontes, pp. 253 e 254-255. Observe-se na documentação de Pontes que, ao contrário da afirmação de Zeballos, na n. 3 acima, ele recebeu *Peru versus Bolívia* diretamente de Euclides, e não por meio de um intermediário brasileiro. Ver *A Vida Dramática*, p. 252.

Euclides em 1908.

rador das insinuações do "trêfego ex-ministro", cuja única resposta a Euclides foi um curtíssimo telegrama: "Lamento o incômodo"[7].

Zeballos, mantendo a esperança de fomentar uma guerra com o Brasil, não desistiu de atormentar Rio Branco. Tinha interceptado um documento do ministro brasileiro – o telegrama n. 9 – que em suas mãos era comparável – ou assim pensava – ao famoso telegrama de Ems que deflagrou a Guerra Franco-Prussiana. "Conhecemos", exultou Zeballos, "os segredos do Sr. Rio Branco; os seus manejos diplomáticos facilmente se descobrem"[8]. Com a publicação, em *La Prensa*, de sua versão do telegrama que Rio Branco tinha enviado a Domício da Gama, em Santiago do Chile, foram ressaltados os seguintes pontos:

1. Fazer compreender ao governo chileno a conveniência de suspender temporariamente os trabalhos [isto é, o arbitramento da disputa territorial entre o Peru e a Bolívia] em trânsito com a Argentina, esperando-se para depois grandes vantagens.

2. Interessar o governo chileno para que preste atenção ao nosso projeto jurídico sobre o Prata [= a demarcação de fronteiras de Rio Branco], em troca das negociações que tem com o Peru [a

---

7. Citado a partir da defesa de Euclides feita pelo *Jornal* em *A Vida Dramática...*, p. 258.
8. Citado por Eloy Pontes, p. 249.

disputa territorial] em grande trâmite para a definitiva posse da província de (reticências) e demonstrando-lhe que o Brasil será um aliado poderoso no Atlântico como o Chile no Pacífico, assegurando assim a paz nas duas margens e o domínio seguro contra qualquer enventualidade. [...]

3. Assinalar a conveniência de dissuadir o Peru e a Bolívia de seguirem a Argentina contra os interesses chilenos e procurar que a imprensa comece a mostrar receios pelos grandes projetos do governo argentino quase sem causa aparente. Propalar as pretensões imperialistas argentinas nos centros políticos [da América Latina] e seus pretendidos avanços de domínio sobre a Bolívia, o Uruguai, o Paraguai e nosso Rio Grande. Além disso fazer compreender que pretende requerer da Grã-Bretanha a devolução das ilhas Malvinas que dizem pertencer-lhe. Que o Brasil, a título de justiça, ampara o débil em defensa dos seus interesses. Que Washington também se conforma com a retidão do nosso procedimento humanitário.

4. Demonstrar bem o fato de que, devido ao caráter volúvel dos argentinos, eles não têm em tempo algum estabilidade na política interna e externa e que a ambição de figurar [no cenário mundial] os desmoraliza, sacrificando o mérito, como sucede na atualidade com descrédito dos seus estadistas, sem reparar os prejuízos que irroga a falta de seriedade que tanto os caracteriza. É indispensável aproveitar a oportunidade deste momento[9].

O quanto era diferente o verdadeiro do falso telegrama n. 9, forjado por Zeballos, vê-se imediatamente pelo próprio texto de Rio Branco, tal como foi enviado a Domício da Gama em Santiago[10]:

Sobre o projeto de tratado político [...] devo já declarar e convém dizê-lo a esse governo que não achamos a opinião suficientemente preparada em Buenos Aires para um acordo semelhante com o Brasil e consideramos inconveniente e impossível enquanto o Sr. Zeballos for ministro. Os jornais por ele inspirados têm feito uma campanha de falsas notícias, com o fim de despertar, como têm despertado, velhos ódios contra o Brasil. Não podemos figurar como aliados de governo de que faz parte um ministro que, temos motivos para saber, é nosso inimigo. O seu propósito, como disse a íntimos, não era promover a tríplice aliança Brasil-Argentina--Chile, mas sim separar o Chile do Brasil. Quando subiu ao governo, o Brasil tinha sido solicitado pelo Paraguai para promover a solução aqui da questão de limites Paraguai-Bolívia. A Bolívia, desde 1903 pedira os nossos bons ofícios por nota [diplomática]. Lembrei às duas partes a conveniência de ser a questão submetida à arbitragem de representantes do Brasil, da

9. Esse documento forjado, como foi transcrito em obscuro português por Eloy Pontes, pp. 255-256, é reproduzido em dois excertos do original espanhol. O sentido de partes dele está aberto a conjecturas, como no ponto 2. Álvaro Lins pôs em ordem a documentação ao publicar as duas versões do telegrama, a fraudulenta e a autêntica, em sua biografia de Rio Branco, vol. II, pp. 607-608.

10. Citado por Pontes, pp. 257-258.

Argentina e do Chile. A intervenção de Zeballos produziu-se logo, mas para excluir Brasil e Chile e disso se gabou no jornal *La Prensa*. Desde então continuou a procurar indispor-nos com os vizinhos Uruguai e Paraguai, atribuindo-nos perfídias e planos de conquista. [...] Sempre vi vantagens numa certa inteligência política entre o Brasil, o Chile e a Argentina, e lembrei por vezes a sua conveniência. [...]; mas a ideia não está madura na República Argentina.

Comparando rapidamente os dois telegramas, segundo parece, Zeballos tinha inventado que Rio Branco queria afastar o Chile da disputa territorial entre o Peru e a Bolívia para envolvê-lo na demarcação das fronteiras ribeirinhas entre o Sul do Brasil e o Norte da Argentina. Supostamente, uma província da Argentina – não designada – seria o prêmio brasileiro das negociações de Rio Branco sobre as fronteiras extremas do Sul do Brasil com a Argentina. Com efeito, o arbitramento do litígio entre o Peru e a Bolívia devia terminar com a anexação de terras argentinas pelo Brasil, com o aumento do território desse país.

Em contrapartida, a sóbria mensagem de Rio Branco é muito mais simples e mais direta: Zeballos é a principal causa das dificuldades diplomáticas do Brasil. Não será possível uma aliança com a Argentina enquanto ele for ministro das Relações Exteriores. A política de Zeballos era, de modo geral, separar o Chile do Brasil e romper a tríplice aliança entre o Brasil, a Argentina e o Chile, que se tinham aliado para arbitrar a disputa territorial entre o Peru e a Bolívia. Com o êxito de sua política, Zeballos gabou-se, vitoriosamente, de que havia excluído o Brasil e o Chile do arbitramento, que agora estava sujeito à exclusiva decisão da Argentina. Além disso, com seus muitos vitupérios contra o Brasil, ele tinha perturbado as relações desse país com o Uruguai e o Paraguai. Assim dizia o verdadeiro telegrama de Rio Branco a Domício da Gama.

Sobre essa escaramuça com Zeballos e a permanente bondade com que era tratado por Rio Branco, Euclides escreveu ao cunhado, Octaviano Vieira[11]. Seu posto no Itamaraty era "exclusivamente mantido pela amizade do Barão, que é inalterável e da qual me sinto digno". "Já não falo no Zeballos e outros diabos que me aterraram..." Euclides volta ao ministro argentino na carta seguinte que escreveu a Octaviano:

Deves ter lido no *Jornal* o terrível embrulho argentino, enredado pela alma danada do Zeballos, o grande cachorrão que tentou enlear-me nas suas traficâncias, ou transformar-me em Capitão Dreyfus do Ministério do Exterior!... Dei-lhe, como vistes, a pancada bem no alto da cuia, e o bruto (por um telegrama que me mandou, lamentoso) gemeu deveras! Mas são tão inopinadas as arrancadas do maluco que precisam estar atentos – mesmo os que como eu deviam estar garantidos pela própria desvalia. [...] Noutra carta direi mais sobre esta vida triste de

---

11. Duas cartas, de 3 e 5 de novembro de 1908, como aparecem em Galvão & Galotti, *Correspondência de Euclides da Cunha*, pp. 385-386 e 388.

caboclo malcriado e teimoso no seguir uma linha reta no meio das contorções e tortuosidades dos canalhas felicíssimos que o rodeiam.

Essa carta dolorosa referida por ele, felizmente, nunca foi escrita, e Euclides voltou a afundar, por mais algum tempo, na vida estagnada em que estava imerso no Itamaraty, ou na verdade em casa. O protocolo do Itamaraty era para ele, caboclo como afirmava ser, peculiarmente repugnante. Uma vez, como recorda Coelho Neto[12], foi convidado para a recepção oficial de um dignitário, um banquete no Palácio do Itamaraty. Um seu admirador insistiu para que alugasse uma roupa adequada, um fraque, e ajudou-o a vestir-se para o ocasião e dar o nó na gravata. Euclides sorriu para si mesmo no espelho enquanto estava-se vestindo, mas, ao ver sua imagem naquele traje, explodiu subitamente: "O quê! Não vou! Não nasci para isso. Pareço um gafanhoto com esta história". E não compareceu ao banquete.

O dia de trabalho normal no Palácio era um pouco mais tranquilo, porém com ocasionais *longueurs* sempre que alguém que lá trabalhava precisava falar com o Barão. Este não observava o horário comum do dia e muitas vezes era inacessível, e tinha a presença guardada por um funcionário obsequioso. Como já vimos, as entrevistas de Rio Branco eram quase sempre intermináveis, fossem de dia ou de noite. Embora o respeito e a afeição de Euclides pelo chefe nunca tenham arrefecido, ele mesmo tinha às vezes de esperar horas para dar-lhe uma palavra. Outras vezes, quando não tinha nada melhor a fazer, passava longas horas na biblioteca do Palácio, lendo e lendo. No entanto, quando ocasionais visitantes estrangeiros queriam discutir sua monografia *Peru versus Bolívia*, ele os recebia em casa, em seu escritório desconfortável e desarrumado, que Rio Branco, às escondidas, mandara mobiliar para dar-lhes maior conforto.

Essa vida langorosa mais incerta foi, finalmente, interrompida por uma oportunidade de emprego mais tranquilizadora e conveniente para Euclides. Foi a segunda prova importante a que foi submetido nesse período de sua vida, com um resultado mais esperançoso, ao contrário do primeiro, no qual seu caráter foi poupado francamente. Com a morte de um professor de Lógica do Ginásio Nacional (como foi chamado o Colégio D. Pedro II nos anos iniciais da República, nome que retomou em 1911), vagou uma cadeira, que seria disputada por concurso pelos filósofos interessados. No final de 1908, Euclides escreveu a Oliveira Lima: "[I]nscrevi-me para um concurso (de Lógica) no Ginásio Nacional, que se realizará em abril próximo. Fiz bem? Não será um mal tão viva volta de leme: passar de golpe de engenheiro a professor? Assim procedo, porém, numa grande ânsia de dar uma estabilidade à vida"[13].

12. *Livro de Prata*, pp. 249-250.

13. Carta datada de 22 de dezembro de 1908, em Galvão & Galotti, *Correspondência de Euclides da Cunha*, p. 397. Cf. outra carta ao mesmo correspondente, de 10 de janeiro de 1909, p. 401.

Como foi determinado pelo governo em 1909, a disputa pela cadeira devia ser travada em dois exames, um escrito e o outro oral, a ser julgado por três professores. Para o exame escrito foi escolhido o tema "Verdade e Erro", ecoando atraentemente o título de uma coletânea de ensaios do físico austríaco Ernst Mach (em *Erkenntnis und Irrtum*)[14]; para o exame oral o tema intimidativo seria "A Ideia do Ser". Os exames deviam ser realizados na segunda metade de maio de 1909. Os euclidianos, com exceção de dois estudiosos, Joaquim Nazário e, especialmente, o marxista Clóvis Moura, quase não fazem menção a esses exercícios filosóficos, totalmente estranhos à mentalidade de Euclides[15].

Pouco seguro de suas possibilidades de sucesso, Euclides, após consultas açodadas e ansiosas a amigos e conhecidos, decidiu inscrever-se para essa disputa intelectual, para logo em seguida mostrar desejo de desistir mais uma vez, sob a suspeita de que alguém mais familiarizado com a filosofia do que ele – Raimundo de Farias Brito? – estava sendo apoiado pelos juízes e pelos diretores do Ginásio. Felizmente, quando desfiou a Coelho Neto, numa manhã muito cedo, suas apreensões e motivos de retirar-se do concurso, o romancista conseguiu convencê-lo a manter-se na disputa[16].

A exposição de Moura sobre a atuação de Euclides nos testes é útil para elucidar seu filosofar, mesmo que essa elucidação peque por caracterizá-lo como um positivista atrasado. Na primeira década do século XX, o positivismo tinha mergulhado, em todo o mundo ocidental, numa maré de materialismo[17]. A antimetafísica deixara de ser a província especial de Comte; era agora a de todo pensador de tendência materialista. No que se refere a sua opinião geral sobre Comte, Euclides fala numa carta a Oliveira Lima, de 5 de maio de 1909, desse *philosophe:* "Comte (que eu só conhecia e admirava

14. Ao lado do texto alemão (*Erkenntnis und Irrtum Skizzen zur Psychologie der Forschung*, Leipzig, J. A. Barth, 1905), uso a tradução inglesa tardia dessa obra, *Knowledge and Error*, trad. T. J. McCormack, Dordrecht/Boston, 1976, publicada cerca de setenta anos após a primeira edição alemã (Leipzig, 1905).

15. Ver MOURA, *Introdução ao Pensamento de Euclides da Cunha*, pp. 34-50, e a longa nota de Joaquim Pinto Nazário em seu artigo "Euclides da Cunha e a Filosofia no Brasil", em *Anais do III Congresso Nacional de Filosofia*, São Paulo, 1959, n. 8, pp. 82-84. Nazário tentou sem sucesso transformar Euclides num filósofo, enquanto Moura acredita que Euclides, em seus exames, voltou a ser um positivista!

16. Compare-se a descrição francamente agitada da entrada e retirada de Euclides do concurso em Eloy Pontes, pp. 272-276, com o relato bem definido de Coelho Neto sobre o comportamento de Euclides, em *Livro de Prata*, pp. 260-262.

17. Ver as judiciosas observações do porta-voz filosófico do materialismo – Friedrich A. Lange – em sua obra de muitos volumes, *The History of Materialism*, trans. E. C. Thomas, reimpressão London, 1950, vol. III, p. 176: "Devemos [...] sempre combater afirmações que parecem admitir que o conhecimento especulativo é superior e mais crível do que o conhecimento empírico... Que nossos leitores não se ofendam com isso. Faz parte das verdades centrais de uma nova época da humanidade que agora desponta [no último quarto do século XIX]; não aquela com Comte, deveríamos eliminar a especulação mas certamente [...] deveríamos saber o que ele pode fazer para o conhecimento e o que não pode". Antes de 1873 essas declarações teriam sido atribuídas ao positivismo comtiano, mas agora entram simplesmente na designação geral de materialismo.

através da matemática) revelou-se-me, no agitar ideias preconcebidas e pré-noções, e princípios, um ideólogo, capaz de emparceirar-se ao mais vesânico dos escolásticos [medievais], sem distinção de nuances, em toda a linha agitada que vai de Roscelin a S. Tomás de Aquino"[18]. Não é exatamente uma lembrança carinhosa de seu antigo pai espiritual! Uma outra razão pela qual Euclides foi considerado por Moura "um materialista equivocado" reside no efeito de encantamento que as ideias de Ernst Mach lançaram inadvertidamente sobre os exames para a cadeira de Lógica do Ginásio, com o resultado de que o candidato Euclides apareceria neles deformado como um "neopositivista" igual a seu mestre austríaco[19]. Contudo, na verdade, nem o mestre nem o discípulo teriam aceito esse rótulo, e teriam aduzido boas razões para recusá-lo.

Examinemos, antes, os próprios textos das apresentações de Euclides, começando com o exame escrito "A Verdade e o Erro"[20]. Com muita razão, Moura achou apropriado elogiar a rejeição inicial da lógica formal aristotélica por Euclides como o defende o filósofo escocês William Hamilton (primeira metade do século XIX): ao criticá-la como os lógicos ainda o fazem nos dias de hoje (década de 1960 na União Soviética), Euclides "antecipou-se prodigiosamente ao seu tempo"[21]. Mais atualizada na historiografia da ciência é sua distinção entre o sentido de "água" para Aristóteles, como, por exemplo, um dos quatro elementos da natureza, e seu sentido científico para os cientistas modernos (H_2O), ou para os cientistas do futuro ("partículas acondicionadas de H_2O em rápido movimento relativo"[22]). Ocorre que um historiador da ciência, Thomas Kuhn, tomou esse elemento para ilustrar a incomensurabilidade de dois mundos científicos possíveis, o passado e o presente[23]. Deve-se dizer que Euclides estava tentando mostrar a diferença entre a durabilidade das definições matemáticas nesses dois mil anos, ao contrário da mobilidade das definições filosóficas ou científicas nesse mesmo período, mas, de qualquer modo, suas percepções da mudança científica são semelhantes às de Kuhn. Sua máxima sumária nesse contexto era "a verdade é móvel"[24].

Vários tipos de lógica são analisados em seu texto de exame, "A Verdade e o Erro", de forma um tanto confusa. Na verdade, a lógica formal tem pouca coisa a dizer por si mesma, uma vez que não questiona suas premissas, mas se preocupa apenas com a "legitimidade" dessas no tríplice esquema: identidade predicada, contradição e exclusão do termo médio. Dessas três operações, a segunda seria por si mesma desqualificada

---

18. A carta a Oliveira Lima está em Galvão & Galotti, *Correspondência de Euclides da Cunha*, p. 406.

19. Cf. Clóvis Moura, *Introdução ao Pensamento de Euclides da Cunha*, pp. 43 e 44.

20. *Obra Completa*, vol. I, pp. 458-462.

21. *Introdução ao Pensamento de Euclides da Cunha*, p. 38.

22. É o que diz Thomas Kuhn, em *The Road since* Structure, Chicago, 2000, p. 83.

23. Ver sua obra citada, pp. 81-82.

24. *Obra Completa*, vol. I, p. 460. Por causa dessa frase, Nazário fala do "mobilismo" de Euclides ("Euclides da Cunha e a Filosofia no Brasil", n. 8, p. 83).

por ilegítima, presumivelmente porque introduz uma grave confusão no processo lógico, que seria inteiriçamente "consequente". As premissas da lógica formal podem ser "flagrantemente erradas", mas a conclusão será "legítima" – deixando de lado a verdade do conhecimento transmitido – enquanto as regras operacionais não violarem a forma do processo lógico. No conjunto, a lógica formal só está vinculada à verdade "por intermédio de laços muito frágeis", mas ela ladeia esse obstáculo graças ao "silogismo do necessário [?]" de Aristóteles, e assim alcança com essa muleta e outras ajudas "pela primeira vez a condição da realidade". "Nesse descer do céu à terra", admite Euclides, "observa-se que *même en marchant elle a des ailes*"[25]. Trata-se de uma conclusão inesperada, para dizer o mínimo.

Da ambivalência da lógica formal Euclides passa para o rigorismo da matemática, cuja lógica depende "do fato de ter sido ele [o matemático] o próprio construtor dos elementos com que lida". Numa perspectiva histórica, enquanto

[...] todas as definições, desde as mais simples definições de palavras às mais seguras definições das coisas, se acham perenemente abertas, em um perpétuo devenir, sujeitas a modificações permanentes, constantemente provisórias e refletindo continuamente nas suas transfigurações o dinamismo indestrutível do pensamento humano [...] – as definições matemáticas persistem imutáveis[26].

Essa afirmação tão ampla anuncia desde logo o "mobilismo" de Euclides – "a verdade é móvel" – e ergue a única barreira que lhe resistirá: a matemática.

Em suma, a lógica formal, com seus princípios abstratos, gera (logicamente) verdades abstratas, mas, apesar desses princípios, pode atingir ocasionalmente a realidade através de um único tipo de silogismo ("o do necessário"). Em toda a história humana, por outro lado, a matemática mantém um poder persistente sobre essa realidade, mesmo quando se afasta dela simbolicamente em obediência a uma suprarreal "lei da geração [?]". Os princípios da lógica formal podem ser fixados a axiomas tão rigidamente quanto os teoremas matemáticos, mas são ilusórios em si mesmos. Tomados conjuntamente, porém, os dois instrumentos intelectuais da matemática e da lógica formal constituem "um mundo ideal, uma espécie de mundo assintótico" que se aproxima tangencialmente de uma "natureza real" em constante retrocesso, sem manter contato com ela realmente[27].

---

25. *Obra Completa*, vol. i, p. 459. O silogismo que ele atribui a Aristóteles não pode ser comprovado na *Prior Analytics*, mas cf. em *On Interpretation*, 22 a-b, as predicações da necessidade, na tradução de E. M. Edghill em *The Basic Works of Aristotle*, ed. R. McKeon, New York, 1941, pp. 57-58.

26. *Obra Completa*, vol. i, p. 460.

27. *Idem*, pp. 460-461.

O restante da exposição do candidato Euclides, que não foi terminada por falta de tempo, está pontilhado de desculpas por não explicar as coisas mais plenamente, como as provas de estudantes em todo lugar e em todos os tempos. Euclides passa voando de uma subespécie de lógica – a lógica indutiva – para suas consequências filosóficas na filosofia ocidental, e daí para dizer uma palavrinha sobre lógica e psicologia (um reflexo do sensacionalismo de Mach?). Não precisamos segui-lo nesse voo em ziguezague. A única observação sua que merece registro em sua conclusão precipitada fala da procura de um "critério da verdade" entre os filósofos do século XVII, ou seja, Descartes, Hobbes e Spinoza. Fiel ao primeiro plano antimetafísico do pensamento contemporâneo, Euclides "delata impressionadoramente o flagrante desvio de método dos que, fascinados por uma Verdade ideal, completamente acima da condição humana, mantiveram-se ilogicamente no meio dos vagos princípios aprioristicos, abandonando inteiramente a única estrada para consegui-la, a sólida estrada indutiva francamente aberta às inteligências ativas e conquistadoras"[28]. Assim falou o *Zeitgeist* e Euclides o repetiu em eco.

Essa sua afirmação será transportada para o exame oral, que é dois terços mais longo do que o escrito, e no qual se recapitula a delação antimetafísica[29]. Nessa preleção sobre "A Ideia do Ser", porém, o candidato está em total desarmonia com o tema dado pelos examinadores, e, consequentemente, passa uma hora inteira a tentar demonstrar a impropriedade do tema para um exame. Mais uma fuga de estudante. Apesar desse esforço, recebe com prazer a ajuda do físico Mach, a quem cita já no começo: "A ciência significa a economia do pensamento". Muito bem, mas de que obra da grande bibliografia de Mach é extraída essa frase? Com certeza, não provém da principal obra dele, *Knowledge and Error*, na qual lemos apenas sobre "a economia das ideias", jogada assim *en passant*[30]. Em nenhum lugar desse livro Mach sugere que a ciência é sintetizada pela "economia do pensamento". No entanto, evidentemente Euclides pensava desse modo, embora não tenha prosseguido em sua análise. Mais facilmente identificáveis são as referências às "sensações" em lugar dos "sentidos" como em "A Verdade e o Erro"[31]. Essas referências apontam para o "sensacionalismo" (num sentido bem moderado) de Mach, que dedicou às "sensações" todo um capítulo (9) de *Knowledge and Error:* por meio da sensação (*Empfindung*) que invade o mundo exterior "toda a intelecção começa" a formar conceitos[32].

28. *Obra Completa*, vol. I, pp. 461-462.

29. *Idem*, p. 462 ("A Ideia do Ser").

30. Compare-se a p. 214 de *Knowledge and Error* com a p. 286 de *Erkenntnis und Irrtum*: "der ökonomische Werk der [...] Gedanken".

31. "Sensações" em *Obra Completa,* vol. I, pp. 465, 467, 469-470; cf. "Sentidos", *op. cit.*, p. 461.

32. *Knowledge and Error*, p. 105; cf. *Erkenntnis und Irrtum*, p. 142.

Com essas ideias de Mach, Euclides constrói indutivamente sua concepção de ciência, ao ponto de dizer que "o objeto dos nossos conhecimentos está não nas coisas, mas no encadeamento das coisas. […] Toda a ciência é, sobretudo, uma coordenação de fatos presos a sistemas de relações". O corolário dessa premissa básica é que "[n]ão se compreende nenhuma ciência das coisas em si, nenhuma ciência do ser", propriamente falando. Tão logo se tentasse, com a escolástica medieval, conceber semelhante ideia, "surgiria uma dificuldade insuperável, e é que o ser, a ideia do ser isolada, diante da fluidez correntia da realidade a que se prende o nosso pensamento, cientificamente e logicamente não existe"[33]. Assim, minutos depois do início da preleção, o tema proposto de "A Ideia do Ser" foi desacreditado pelo candidato com os métodos de Mach e seu "sensacionalismo".

Euclides examina as principais fases dos desenvolvimentos científicos da Europa em cada uma das ciências, desde Galileu na física até G. E. Stahl e Lavoisier na química e Claude Bernard na biologia. Em cada uma dessas fases existem fantasias pseudocientíficas que precisam ser removidas – "ideias ontológicas ou absolutas" – de sorte que, como no capítulo 17 de *Knowledge and Error*[34], o progresso científico pode exemplificar por excisão a "economia das ideias". Euclides não admite essa inferência feita por Mach, mas sente prazer em declarar sua negativa de que "a ideia do Ser é um velho sonho, ou melhor, é um velho pesadelo da humanidade"[35]. Em sua opinião, sua mais antiga formulação na Antiguidade grega foi o "hilozoísmo" – ou "a vida inerente à matéria", a *prima materia* do Ser. Os filósofos pré-socráticos da Grécia erraram em converter "a ideia do ser" num princípio de filosofia, do qual foram deduzidas as primeiras ciências, em vez de serem erigidas indutivamente de cima a baixo. "Como quer que seja, o Ser surgiu pela primeira vez da fusão de dois princípios: a matéria e a ideia"[36].

Euclides atribui a promulgação da censurável "ideia do ser" a Aristóteles, "o maior gênio da Antiguidade", sob cujo nome ela tornou-se "o sujeito universal dos atributos comuns de todas as coisas" e depois disso "nunca mais se removeu do primeiro plano das divagações metafísicas", talvez porque ela constituía "a mais simples e a mais universal de todas as ideias"[37]. O temperamento de Euclides logo esfriou com essas "divagações", pois era incompatível com elas por falta de uma "educação filosófica" adequada, e ele retorna uma vez mais ao "sensacionalismo" de Mach, cuja teoria psicológica da impressão dos sentidos e do conhecimento adquirido era mais atraente ao novo discípulo

---

33. *Obra Completa,* vol. I, p. 464.
34. Mach em tradução, p. 214.
35. *Obra Completa,* vol. I, p. 465.
36. *Idem,* pp. 465-466.
37. *Idem,* p. 466.

de Mach[38]. No entanto, no seu entender, as impressões dos sentidos estão imbuídas de um idealismo extremo, por exemplo, de Berkeley, de sorte que, virtualmente, não transmitem nenhum conhecimento do reino da natureza: "[d]iante deles põe-se de manifesto quão ilusória é toda tentativa de descobrir-se a natureza íntima das coisas". Além disso, cita os resultados ultraconservadores dos testes realizados no Laboratório de Psicologia Experimental da Sorbonne, os quais mostraram, supostamente, que, "na natureza, não há som, não há luz, não há força, [...] não há coisa alguma do que nos é ordinariamente dado pelas sensações"[39]. Como diz Moura com correção: "Neste trecho, estava nas fronteiras do solipsismo"[40]. Mas pelo menos ele não prosseguiu ("não poderemos ir além"), imobilizado diante do grande Desconhecido[41].

A ciência pode confiar os mistérios da natureza à metafísica, mas esta última somente os nomeará coletivamente com um Ser em maiúscula, ao passo que a "ciência é mais modesta, cuida apenas das relações dos fenômenos, isto é, das coisas como se nos *aparecem*" (grifo meu)[42]. A visão que Euclides tem da natureza não é muito melhor nem muito pior para o ser, que ele rotula subsequentemente de "alucinação" ou então de "ilusão", em ambos os casos "travada e retravada de sensações"[43]. Toda a sequência de seu pensamento nessas passagens lembrar-nos-ia o estranho começo de seu prefácio à poesia de Vicente de Carvalho (cf. acima, cap. 15, p. 318).

Sua previsível conclusão: "Tenho, bons ou imperfeitos, mas definidos, motivos para não acreditar na ideia absoluta do Ser". Em primeiro lugar, "as percepções não delineiam o objeto exterior [...]; as percepções simbolizam-no"[44]; em segundo lugar, tempos atrás Kant sustentou que o *Ding an Sich* era incognoscível e se desfez da bagagem metafísica dos filósofos idealistas – sua "substância", sua "extensão". As palavras finais bem-humoradas de Euclides são uma paráfrase daquelas do céptico italiano do século XVI, Giulio Vannini, ou seja, de que a metafísica é "uma ciência que só se deve estudar quando se é velho, rico e alemão"[45].

O resultado desses exames era igualmente previsível, porque, embora vários dos quinze candidatos soubessem filosofia e lógica menos do que Euclides, havia um, o cearense Farias Brito, a quem Sílvio Romero teceu um dia largos elogios[46], que *de facto* conhecia a filosofia alemã muito mais do que o nosso herói. Além disso, como já

38. *Obra Completa*, vol. I, p. 467.
39. *Idem*, p. 468.
40. *Introdução ao Pensamento de Euclides da Cunha*, p. 42.
41. *Obra Completa*, vol. I, p. 468.
42. *Idem*, pp. 468-469.
43. *Idem*, p. 469.
44. *Idem*, pp. 469-470.
45. *Idem*, p. 471.
46. No esboço esquemático da vida intelectual no Brasil do século XIX, *Evolução da Litteratura Brasileira*, Campanha, 1905, pp. 95-96.

afirmei acima, Brito gozava do forte favor dos julgadores dos exames e dos diretores do Ginásio. Na carta já citada a Oliveira Lima, na qual oferece sua "opinião de bugre" sobre Kant, Comte e Spinoza, Euclides recorre a caracterizações cômicas, em vez de algo mais sério, como acontece quando as pessoas têm um conhecimento apenas superficial de um assunto[47].

Segundo Eloy Pontes, que possivelmente foi testemunha ocular da preleção de Euclides contra "a ideia do ser"[48], o candidato exagerou na sua elocução: Euclides

[...] falando com nitidez, [mas] abrindo excessivamente os olhos [e firmando-se] nas pontas dos pés, parece que procura, às vezes, saltar por cima da pequena mesa, que lhe serve de tribuna. [...] Apesar das palmas da sala cheia, e da alegria dos que aplaudiram, não está satisfeito. A confiança [em si] não lhe concede expressões tranquilas ao rosto. [...] Sai da sala sem atitudes certas.

E ele sem dúvida tinha motivos para mostrar-se insatisfeito: quando saíram os resultados dos testes, Farias Brito ocupava o primeiro lugar e Euclides, o segundo.

De volta ao tempo em que se vira dividido entre duas carreiras – a de engenheiro civil e a de chefe da comissão mista de exploração do rio Purus – Euclides escreveu uma breve carta a Luís Cruls, em 20 de fevereiro de 1903, na qual conclui com pessimismo: "Nesta terra, para tudo faz-se mister o pedido e o empenho, duas coisas que me repugnam. Elimino por isto a aspiração – em que pudesse talvez prestar alguns serviços"[49]. É provável que essas palavras de amargura tenham sido totalmente esquecidas, mas felizmente para o candidato que fora classificado em segundo lugar, ele contava com o apoio da figura pública mais importante do governo brasileiro, o Barão do Rio Branco[50], que forçou sua nomeação para ocupar a cadeira de Lógica do Ginásio Nacional. Em 14 de julho de 1909, seu antigo colega de escola, o professor Escragnolle Doria, apresentou-o oficialmente aos alunos, com a data marcada para o início das aulas na semana seguinte[51]. Essa boa sequência de acontecimentos não decorreu com suavidade para Euclides, que, incapaz de esperar a aprovação do governo,

47. Ver nota 18.

48. Ver *A Vida Dramática...*, pp. 276-277. Cf. o relato de Sylvio Rabello da exposição de Euclides em *Euclides da Cunha*, p. 344.

49. *Obra Completa*, vol. II, p. 623.

50. Ver a biografia de Rabello, pp. 345-346. Escragnolle Doria, um dos amigos mais antigos de Euclides, nada diz em suas memórias acerca da intervenção do Barão, que, considerando a oposição a Euclides, foi totalmente necessária.

51. Ver as memórias de Escragnolle Dória, "Euclides da Cunha", na coletânea *Por Protesto e Adoração*, p. 51. Galotti dá a nomeação de Euclides para a cadeira de Lógica como tendo ocorrido em 7 de julho; Eloy Pontes diz ter sido em 17 de julho, mas Rabello optou por 14 de julho, e o mesmo fez A. Coutinho em *Obra Completa*, vol. I, p. 56, que dá como 21 de julho a data em que o professor, Euclides, assumiu,

voltou a dizer a Coelho Neto que estava saindo da corrida e, novamente, o romancista forçou-o a manter-se na pista[52]. Euclides deveria dar três aulas por semana, mas daí para frente não iria comparecer a mais de dez aulas, como iremos ver.

Os efeitos colaterais dos exames sobre o favorecido vencedor foram fisicamente catastróficos, principalmente em razão dos altos níveis de ansiedade. "O caboclo que tinha 'uma organização de salamandra' rendia-se ao derradeiro embate da vida"[53] e caiu gravemente doente de uma febre que, segundo o diagnóstico, não era malária. Sua sensação era de que iria morrer, como sua mãe, de tuberculose, muito antes de chegada a hora. E, de fato, o que precipitara aquela febre fora a costumeira hemoptise. Coincidentemente, seu filho mais novo, Quidinho, e seu velho pai também adoeceram na mesma época, um no internato do Ginásio Nacional e o outro em sua fazenda em Belém do Descalvado (São Paulo). É bastante compreensível que dos dois doentes Euclides quisesse ver em especial o pai, ou em sua fazenda ou na cabeceira do próprio filho, mas os médicos não permitiram que Euclides deixasse o leito. Enquanto isso, sua irmã Adélia e o cunhado Octaviano cuidavam do pai, Manuel da Cunha, que estava tão incapacitado quanto o filho. Com o tempo, os três doentes se recuperaram: o último deles foi Manuel na primeira metade de agosto de 1909[54]; e Euclides retomou as aulas, em 8 de agosto, para a classe adiantada do Ginásio Nacional, já então batizado de Colégio D. Pedro II[55].

Quando o paciente Euclides deixou a cama, liberado pelos médicos, deu um passeio pelo ar fresco do Rio e sentiu calafrios diante da temperatura gelada da nova política do país. Enquanto estivera confinado à cama, o presidente da República Afonso Pena tinha morrido de velhice (14 de junho)[56] e o vice-presidente Nilo Peçanha – um político de pouca importância – assumiu a presidência para completar o ano e meio que restava da gestão do presidente[57]. A exemplo de muitos líderes pouco seguros,

---

dando 2 de julho para a primeira aula. A. Brandão, que cita essas várias datas em *Paraíso Perdido*, p. 420, n. 77, aceita as últimas quatro datas.

52. Coelho Neto, por alguma razão desconhecida, não faz menção, em *Livro de Prata*, à segunda tentativa de Euclides de retirar-se do concurso; sobre isso ver Sylvio Rabello, *Euclides da Cunha*, p. 345, e a segunda carta de Euclides a Coelho Neto, de 25 de junho (e não de maio) de 1909, em Galvão & Galotti, *Correspondência de Euclides da Cunha*, p. 407.

53. Rabello, *Euclides da Cunha*, p. 348.

54. Ver as cartas de Euclides a Octaviano Vieira, de 3 e 5 de julho, e de 3, 6 e 8 de agosto de 1909, em Galvão & Galotti, *Correspondência de Euclides da Cunha*, pp. 413, 414-415, 418-419, 423-424.

55. *Idem*, p. 424.

56. Edgard Carone, *A República Velha*, vol. II, pp. 236 e 240, acredita que a crescente ameaça da candidatura do general Hermes da Fonseca à presidência contribuiu para a morte de Afonso Pena. Esse impacto parece um tanto frágil.

57. Ver em José M. Bello, *A History of Modern Brazil*, o capítulo (17) sobre o governo de Nilo Peçanha. Uma visão demasiado branda dessa personagem; cf. Carone, *A República Velha*, vol. II, pp. 244-252, quanto ao restante do parágrafo.

optou por demitir todo o pessoal do governo anterior em todos os ministérios, com exceção de dois, e substituiu os demitidos por pessoas de sua confiança; manteve em seus postos apenas o ministro da Marinha, graças às reformas introduzidas na frota naval, e, evidentemente, Rio Branco. O breve interregno presidencial de Nilo Peçanha foi sacudido pelas campanhas para as eleições presidenciais de três personalidades extremamente fortes: o general do exército Hermes da Fonseca, o grande "civilista" Ruy Barbosa e o gaúcho Pinheiro Machado. O general ganhara proeminência em virtude de suas reformas do exército brasileiro; o "civilista" Ruy, que sempre se destacara como defensor dos direitos civis, impressionara mais recentemente a seus compatriotas com a importante atuação no Congresso de Haia de 1908; e Pinheiro Machado, presidente do Senado, conhecido por ter suas "portas sempre abertas" no palaciano Morro da Graça (Rio), tinha aderido com vantagens à campanha do general. Desses três candidatos, Hermes da Fonseca – sobrinho de Floriano Peixoto – era o mais provável vencedor da corrida presidencial, apesar da popularidade de Ruy junto ao povo. O corrupto Pinheiro Machado perdeu sua respeitada posição no Senado, no final, por ter sido o principal instigador do bombardeio militar de Manaus (1910), em razão de problemas políticos.

Essas correntes cruzadas da política nacional, ao chegarem até Euclides, deixavam-no perplexo e irado, sentimentos que expressava num silêncio emburrado na redação do *Jornal do Commercio,* ou em imprecações aos amigos na rua: "Isto é um País perdido, seu Clóvis! Acabo de saber as últimas dos politiqueiros. Estão acabando com o Brasil..."[58]. Mas, finalmente, sentou-se e escreveu uma carta sobre esse Brasil e sobre si mesmo a seu correspondente predileto nessa conjuntura, Oliveira Lima[59]:

Vai-me prolongando a carta, que planeei rápida. E neste momento, ameaçando torná-la interminável, acodem-me numerosas considerações acerca da nossa instável e problemática situação política interna. Mas, temendo menos a infidelidade dos meus próprios juízos – inaptos a serem definitivos ou rigorosos, neste largo balanceamento de todas as opiniões – vencerei o desejo que me arrasta para o nebuloso assunto [de nossa situação]. Além disto, vão-se-me alongando muito no passado os belos dias de temeridade e franqueza romântica. Já titubeio, considerando as pequeninas vidas [de seus filhos] que me rodeiam...

Esse fragmento de uma carta ainda inédita até hoje, e citada por Sylvio Rabello nesses termos, não é tão obscuro que não se possa ler, nas entrelinhas, o estado mental de Euclides, aturdido como estava entre a condição de sua pátria e a infelicidade de sua

---

58. Imprecações registradas por Rabello, *Euclides da Cunha*, p. 351.

59. A carta, esquecida por Walnice Galvão e Oswaldo Galotti, vem citada na biografia de Rabello, *op. cit.*, e está arquivada na Biblioteca Oliveira Lima em Washington, D.C.

vida conjugal. Diante do caráter insuportável desses dois tormentos, seus pensamentos resvalam entre eles para dias muito mais felizes de "arrojo e franqueza romântica", quando ele e Saninha eram recém-casados e os desafios de seu trabalho de engenheiro tinham um escopo apropriado (de "arrojo") e não eram tão cansativos. No entanto, sua atual situação de pai de filhos pequenos (os mais novos) priva-o de suas iniciativas corajosas e ele "vacila" à beira de um devaneio e não pode prosseguir. Não conheço outra coisa mais comovedora que se possa ler em sua múltipla correspondência com o mundo exterior.

17

O Declínio

NA TARDE DE UMA SEXTA-FEIRA, NO DIA 13 DE AGOSTO DE 1909, Euclides chegou em casa e encontrou-a deserta. Contrariamente à sua primeira impressão, ficou ainda sabendo que Saninha não tinha ido visitar sua própria mãe, D. Túlia, que estava adoentada, em São Cristóvão. No dia seguinte, sábado, Euclides foi à enfermaria do Ginásio Nacional apanhar seu segundo filho, Quidinho, que estava quase recuperado de uma "congestão de fígado". No dia anterior, Ana e seu filho, o caçula da família, tinham visitado Quidinho, a quem nada dissera sobre sua briga com o marido. No bonde para casa, porém, Quidinho soube pelo pai das constantes desavenças entre o casal, que tinham chegado a tal ponto que Euclides havia decidido separar-se da esposa. Com um lamento, Euclides perguntou ao filho: "Você prefere ir viver com seu velho pai, caboclo, sozinho, sem sua mãe, ou ir com ela"? Quidinho respondeu que ficaria com ele, mesmo que lhe custasse caro a ideia de abandonar a mãe. Ainda assim, "um como que sentimento e força instintiva me fazia tender para meu pai"[1].

Chegados em casa, Euclides comeu alguma coisa e, após o jantar, conversou com uma amiga de Saninha – Dona Ângela Ratto, tia de Dilermando – que, durante uma longa conversa, ao que parece contou-lhe a verdade sobre o paradeiro da esposa. Quidinho foi chamado e disse que sua mãe não estava em São Cristóvão com a avó, como tinha dito antes. "Deve estar aonde?!", Euclides indagou-lhe com veemência. "Acabo de saber toda a verdade... Diga-me se você sabe alguma coisa!..." Diante dessa enxurrada de perguntas, vários pensamentos atravessaram a mente do jovem: pensou que, se respondesse ao pai, estaria cometendo um pecado contra a mãe. Ainda assim,

---

1. Essa citação e outras abaixo foram extraídas do relato de seu filho, Euclides (= Quidinho), sobre a morte do pai, "A Verdade sobre a Morte de meu Pai", de 2 de julho de 1916, impresso em *Dom Casmurro*, 10, pp. 60-61, maio de 1946. Outros dados sobre este episódio procedem de uma combinação de outras fontes: Eloy Pontes, pp. 286-292, e Sylvio Rabello, pp. 351-361.

"as *inocentes* visitas" desta à casa dos irmãos Assis, Dilermando e Dinorah, em Piedade pareciam-lhe "monstruosas". Mas em que se baseava aquela condenação? Unicamente em sua escapada e no seu destino desconhecido, que certamente não seria a casa de sua avó Túlia? Mas se, ao contrário, sua visita tivesse apenas durado uma hora, onde teria passado o resto da noite? Na rua? Seu pai já tinha tomado conhecimento do que estava acontecendo através dos fatos e atos... "Num relance [o rapaz percebeu o] perigo iminente que corria o [seu] lar." Gelou, incapaz de abrir a boca. "Então", insistiu o pai, "você não sabe coisa alguma do paradeiro de sua mãe?" "Não", respondeu o rapaz soturnamente no final, convencido de que "estava cometendo o maior dos crimes, em julgando [sua] mãe como [ele] o estava..."[2].

Depois de dizer o que pensava, Quidinho deixou o pai e D. Ângela conversando, e foi para a sala de estar por um momento. "Meu pobre pai [...] Ele que a amava mais do que a si mesmo...", suspirou diante da situação em perspectiva, mesmo quando mais tarde escreveu a respeito disso. Contudo, quando voltou à sala, a lamentosa apatia do pai fora substituída de repente por "uma superexcitação espantosa". Disse a Quidinho: "Amanhã hei de pôr tudo em pratos limpos!" Depois, mais calmo, falou de dar um passeio com o filho na manhã do dia seguinte; mas D. Ângela interrompeu-o dizendo que a umidade não iria fazer nenhum bem ao rapaz, considerando que deixara o leito da enfermaria do Ginásio no dia anterior. Com essa branda observação foi mandado para a cama, seguido pelos olhos do pai, coisa incomum nele, até o alto da escada, com "uma expressão mística de amor e saudade...". O significado desse olhar somente ficaria mais claro com o tempo.

Solon, o irmão mais velho de Quidinho, mais experiente nos caminhos do mundo e sabendo o que estava se passando na família, reconheceu que a mãe, em vez de passar a noite na casa da avó, tinha-se abrigado na casa do amante. Consequentemente, Solon saiu de casa às escondidas naquela noite, tomou um trem para a estação de Piedade, aonde chegou às duas horas da manhã. Na casa dos Assis, tentou convencer a mãe a voltar com ele para casa; mas ela não deu ouvido a suas súplicas. Diante disso, Dilermando interferiu na discussão e pediu com ar superior que Solon parasse com aquelas "insinuações". Furioso, Solon apontou uma pistola para Dilermando, mas a mãe interpôs-se entre os dois homens, baldando qualquer ação mais drástica de Solon. Com grande dificuldade, Dinorah conseguiu que o jovem se retirasse da sala, o que ele fez mas não antes de ter dito à mãe com desdém: "Pois bem, a senhora não quer ir para casa hoje, por dizer que chove; eu não sairei daqui sem a senhora...". Passou o resto da noite num alpendre nos fundos da casa, remoendo seu sofrimento de filho abandonado e desprezado pela própria mãe...

2. 'A Verdade sobre a Morte de Meu Pai", *Dom Casmurro*, 10, p. 60.

Residência de Dilermando na Estrada Real de Santa Cruz, 214.

Residência de Dilermando de Assis

"Pobre irmão", Quidinho exclama, "tua nobreza foi a causa de teus mais aflitos e desditosos dias!..."[3].

Na manhã seguinte, domingo, 15 de agosto, Euclides saiu de casa às oito horas da manhã para ir à estação de Piedade. Parou por pouco tempo na casa onde viviam sua tia Carolina da Cunha e seus primos, Arnaldo (seu companheiro no Rio Purus) e Nestor, para tomar uma xícara de café e pedir emprestado um revólver. (Solon tinha levado o seu na noite anterior.) Um cachorro hidrófobo estava rondando as cercanias de sua casa, disse, e ele queria a arma para se defender. Às 9:45 chegou à porta da casa dos irmãos Assis, na Estrada Real de Santa Cruz n. 214, e foi detido na entrada por Dinorah de Assis, que havia passado parte da noite, após a partida de Solon, espiando, a pedido de Dilermando, a casa dos Cunha, na rua Nossa Senhora de Copacabana n. 23-H. Euclides empurrou o cadete da marinha e espião amador, gritando: Estou aqui "para matar e morrer!...". Atirou em Dinorah e depois em Dilermando, enquanto este tentava abrigar-se dentro da casa, escondendo-se atrás de uma porta; mas seus tiros apenas feriram os irmãos. "Mas meu pai", afirmou Quidinho após o incidente, "não queria só aquela morte [de Dilermando]... Queria também matar a esposa que o traíra!"[4]

Ouvindo a confusão na frente da casa, Solon chegou correndo, acordado que foi pelos tiros disparados pelo pai; com a arma de Euclides atirou em Dilermando, mas caiu com um golpe desferido por Dinorah no alto da cabeça. Seu pai voltou-se para Dinorah, atracando-se com ele para ajudar o filho, mas, enquanto isso, Dilermando atirou em Euclides de trás da porta com uma pistola pesada de calibre 38, muito usada na época, uma Nagant. É oportuno dizer aqui que o revólver que Euclides tomou emprestado era de calibre 32. O tiro de Dilermando quebrou o braço de Euclides, e ele vacilou com uma vertigem causada pela dor, depois recompôs-se e começou a descer um vão de escadas numa busca mortal pela esposa. Mas, enquanto descia, Dilermando atirou de novo, atingindo-lhe as costas por entre as costelas, e Euclides caiu para sempre, enquanto seu assassino gritava: "Toma, cachorro!" Nessa altura, os vizinhos alarmados pelo tiroteio tinham-se acumulado na porta de entrada da casa da Estrada Real n. 214[5] e carregaram o ferido para a cama de Dilermando, moribundo. "Eu te

---

3. Apesar da conhecida honradez de Solon, sua família sempre acreditou que ele estava de conluio com os Assis contra Euclides e não permitiu que seu corpo fosse identificado no túmulo da família no cemitério São João Batista do Rio de Janeiro. As versões de Rabello e de Pontes divergem aqui no que se refere aos últimos momentos da vida de Euclides. Ao sugerir Rabello que Solon estava tomando café com sua mãe, seu meio irmão (Luís) e os dois Assis, antes da chegada de Euclides, o biógrafo destrói totalmente a ideia da sua honradez.

4. *Dom Casmurro*, 10, p. 60.

5. Um desses circunstantes foi entrevistado, muito tempo depois do acontecimento, pelos editores de *Dom Casmurro* (10, pp. 59-60), mas essa pessoa não disse muita coisa a não ser sua surpresa de ver Euclides entre os atiradores.

detesto, mas te perdoo", foram as últimas palavras de Euclides para seu assassino, enquanto no segundo plano ouviam-se os gritos de Saninha[6].

Quidinho termina a defesa do pai com uma breve notícia sobre o casamento da mãe com seu sedutor e algumas palavras finais sobre esse casamento. "A justiça não procedeu como devia! Quem deverá castigar semelhante crime?", faz uma pergunta retórica. "O futuro dirá!" Dentro de alguns dias após a publicação desse relato, em 4 ou 5 de julho de 1916, o futuro falou quando o próprio Quidinho tentou matar Dilermando (na época já tenente) em sua sala com um pequeno revólver e foi morto pelo exímio atirador, seu padrasto[7]. O destino do irmão é mais problemático. Para impedir um ataque semelhante a Dilermando, Solon foi mandado, supostamente, para o Estado dos exílios, Mato Grosso, onde o general Rondon (colega de classe de Euclides na Escola Militar de Praia Vermelha) colocou-o para trabalhar no telégrafo, a estender as linhas[8]. No entanto, um amigo meu bem informado, o falecido Oswaldo Galotti, negou tanto o lugar quanto o trabalho que Dilermando destinou a Solon. Ao contrário, graças a influentes amigos dos Cunha no governo federal, ele foi mandado para o novo Território do Acre e trabalhou na região como chefe de polícia de distrito[9]. Devido talvez a algum caso romântico com uma mulher, recebeu, no exercício do dever, um tiro desferido por um acriano, que o fez tombar do cavalo: "Moribundo, foi transportado [do local] numa maca improvisada. Ao atravessarem uma ponte rudimentar [sobre um riacho], muito estreita, feita de troncos de árvores [...], um dos carregadores falseou e o corpo de Solon caiu no rio onde acabou de morrer..."[10].

O corpo foi enterrado primeiramente no Acre, mais tarde foi exumado e transferido para o Rio, onde foi sepultado no sepulcro do pai, túmulo 3 026, no cemitério São João Batista. Seu nome, porém, não foi gravado na lápide da família, porque essa nunca o perdoou por passar a noite na casa dos irmãos Assis na véspera da morte de Euclides: essa estada sugeriu à família sua cumplicidade com a mãe em seu caso amoroso[11].

Com as mortes de Quidinho e Solon restou dos filhos de Euclides apenas Manuel para carregar o nome da família. Contudo, esse herdeiro sobrevivente foi muito afe-

---

6. Ver a visão literária dessa cena em Coelho Neto, *Livro de Prata*, p. 266, e compare-se o relato um pouco diferente da briga de Euclides com os irmãos Assis em Brandão & Tostes, *Águas de Amargura*, pp. 61-87. Diferenças notáveis: a arma do crime não era uma Nagant, mas um revólver Smith & Wesson, e Dinorah atracou-se com Euclides, e não com seu filho Solon.

7. Sobre esse tiroteio ver Dilermando de Assis, *Um Nome, uma Vida, uma Obra*, pp. 346-381. Segundo Brandão & Tostes, *op. cit.*, pp. 62 e 85-86, quatro balas acertaram em Euclides e três em Dilermando.

8. *Idem*, p. 318.

9. Outra versão da morte de Solon, publicada no número de agosto da *Gazeta do Rio Pardo*, "Suplemento Euclidiano" (1989), é contada por Joel Bicalho Tostes sob o título de "Solon da Cunha: 'Ai meu Pai'". Nessa versão, Solon não morreu por afogamento.

10. Em carta pessoal dirigida a mim, datada de 16 de fevereiro de 1973.

11. Ver nota 3 deste capítulo.

tado pela morte do pai: mandado para São Paulo, para estudar nas escolas salesianas, fugiu para a casa da mãe e, depois disso, por ordem judicial, foi posto sob a supervisão de um tutor particular, em casa, nada mais nada menos que um dos chefes da campanha de Canudos, o coronel Dantas Barreto. Voltando ao tiroteio, Joel B. Tostes provou conclusivamente que o tiro que Euclides desferiu em Dinorah não lhe causou danos à espinha, como relatou um jornal carioca de 1921, mas a bala foi retirada no hospital sem maiores consequências para a saúde do cadete[12]. Não obstante, o fato é que nesse tiroteio Euclides, em sua raiva louca dos irmãos Assis e de sua esposa, mostrou-se totalmente insensato, uma vez que apareceu de repente diante dos três na casa dos irmãos. E ainda assim seu pai, Manuel, quando soube da morte do filho, pôde dizer: "[Os irmãos Assis] mataram meu filho. Mas estou satisfeito, porque ele morreu em defesa da sua honra e do seu nome. Foi um digno"[13]. Essas palavras ecoam, de forma incontida, o velho sentido da honra masculina.

Quanto à infeliz Saninha, a figura central dessa tragédia, alguém pode ficar desconcertado por ter-se recusado a deixar Dilermando após a morte de Quidinho pelas mãos do amante; mas, em 1916, ela tinha já avançado demais em seu segundo casamento com o assassino do jovem e de seu pai para voltar atrás e, durante esse tempo, teve com ele duas filhas e mais dois filhos. Previsivelmente, seu sedutor acabou traindo-a com outra mulher, e ela finalmente o abandonou levando os cinco filhos (inclusive Luís) – uma decisão corajosa. Para sustentar-se e aos filhos, foi forçada a empregar-se em serviços subalternos, principalmente como cozinheira, até que finalmente, aos 45 anos, caiu doente e morreu em 1951, num hospital militar do Rio[14]. Durante esses longos anos, foi virtualmente banida das biografias de Euclides que começaram a ser escritas no Brasil no período *entre deux-guerres*; mas a repulsa que a perseguiu até sua morte foi por demais injusta e acabou privando-nos de muitas informações preciosas sobre seu primeiro casamento. O máximo que se pode fazer é imaginar que ela tivesse uma natureza sexual muito mais forte do que a de Euclides, e com demasiada frequência foi negligenciada pelo famoso marido, que à sua companhia preferia até mesmo a sua engenharia e sobretudo seus amigos homens. Em contrapartida, Dilermando fez uma carreira militar de algum sucesso, chegou ao posto de general, foi perdoado oficialmente por Getúlio Vargas das mortes em legítima defesa de Euclides e Quidinho e escreveu não menos de três livros, em dois dos quais eximindo-se de culpa aos olhos

12. Ver Brandão & Tostes, *Águas de Amargura*, pp. 97-100.

13. Citado por Carlos Chiacchio em seu esboço biográfico de "A Família de Euclides" em *Dom Casmurro*, 10, p. 16, maio de 1946.

14. Ver o volume em memória de Saninha, *Anna de Assis*, organizado por sua filha Judith Ribeiro de Assis e por Jeferson de Andrade (Rio de Janeiro, 1987), *passim*. Essas lembranças foram criticadas por Brandão e Tostes, mas de sua vida subsequente ninguém fala.

Saninha.

Quidinho e Solon, filhos de Euclides, com jornalista após a morte do pai, em 1909.

do público brasileiro. Embora se possa assegurar que *não* foi o "assassino" de Euclides ou de seu filho – mortos em defesa própria – somente por uma "ironia da história", muitas vezes invocada, é que ele escapou tão brandamente de um pesado mergulho nas caudais do tempo.

O espólio que Euclides deixou com sua morte deve ter sido modesto considerando as difíceis condições em que vivia, mas um item, transmitido à posteridade, não tinha preço: a coletânea de ensaios, publicada postumamente, *À Margem da História*. As provas de página deste livro tinham sido devolvidas aos editores portugueses do Porto por Euclides, já corrigidas, em 25 de julho de 1909, três semanas antes de sua morte, e o volume foi publicado no segundo semestre de 1909[15]. Enquanto corrigia as provas, Euclides levou-as à casa de Coelho Neto para discutir a exclusão de um dos ensaios do livro[16]:

Vou [Euclides] tirar isto [ensaio] do livro. Acho ridículo. Tem-me jeito de palhaçada. Esse bonifrate desengonçado descendo rios "de bubuia" numa jangada, debaixo de tiroteio, pedradas e vaias de seringueiros... não sei...!

[...]

Quando nos insurgimos contra o atentado, minha mulher e eu, Euclides encarou-nos boquiaberto:

– Quê! Falam sério?!

– Se falamos sério? E tens dúvidas?

– Se tenho dúvidas...? Tanto tenho que... se a crítica me cair em cima eu me defenderei narrando o que aqui se deu e os responsáveis pela pantomima que se avenham como puderem.

E, assim, foi salva a publicação de "Judas-Asvero"[17] em *À Margem da História*. A jóia folclórica, que, no pensamento de Coelho Neto, teria feito por si mesma a reputação literária de qualquer escritor, foi esculpida a partir do conhecido papel de Judas no cristianismo, o de bode expiatório para os cristãos pecadores. O boneco trajado segundo o ritual com tanto cuidado pelos seringueiros, apenas para ser perseguido sem dó numa jangada pelos tiros de rifle, por pedras atiradas e pelas imprecações desapiedadas das pessoas às margens do rio, tinha o objetivo de expiar todas as indignidades da vida insuportável dos coletores de látex, encerrados em algumas matas de seringueira do rio Purus e vigiados para não fugirem por guardas armados de rifles, postados rio abaixo pelos aviadores, os agentes da companhia produtora da borracha, na conjunção

15. Ver carta de Euclides aos editores em *Obra Completa*, vol. II, p. 712.

16. Ver Coelho Neto, *Livro de Prata*, pp. 252-253. Pela carta de Euclides aos editores podemos datar de 24 de julho de 1909 esse caso contado por Coelho Neto.

17. *Obra Completa*, vol. I, pp. 263-267.

dos rios Purus e Amazonas[18]. O antissemitismo dos maus-tratos aplicados ao infeliz Judas simplesmente concedia uma força explosiva aos sofrimentos dos agressores, que dirigiam suas imprecações à cabeça do boneco: "Caminha, desgraçado!"[19] Fustigado pelas pedras, furado pelas balas, o boneco rodopiava nos redemoinhos e correntes, descendo o rio cada vez mais, enquanto das ribanceiras cada família de seringueiros o amaldiçoava sucessivamente.

A "ambição maldita" que havia levado um punhado deles a esse canto obscuro da selva amazonense, "para entregá-lo[s], manietado[s] e escravo[s], aos traficantes impunes que o[s] iludem" – este era seu pecado e seu "próprio castigo", transmudando-lhe a vida numa "interminável penitência". Mas o mundo exterior tem de saber que eles também estão arrependidos, e para isso a Igreja lhes forneceu "um emissário sinistro": Judas, e um dia sagrado, um Sábado Santo antes do Domingo da Páscoa, prefixo "às balbúrdias confessáveis, à turbulência mística dos eleitos [?] e à divinização da vingança"[20]. Assim, o ônus do pecado e da redenção foi transferido para Judas, que poderia com isso transmitir à humanidade longínqua, sob uma chuva de mísseis, a condição aviltada dos seringueiros.

Através da arte de seus criadores humanos, o boneco, "lento e lento, num transfigurar-se insensível"[21], vai tomando a aparência de um homem de verdade, e é enviado, em sua forma humana, rio abaixo numa jangada. Diante dele, no rio, as aves voam com medo daquele espantalho vivo, os anfíbios submergem para as profundezas, e os homens correm para pegar suas armas de fogo. Mas, após algum tempo, em sua longa descida pelo Purus, ele já não estava sozinho na água: outros bonecos se lhe juntavam, alguns deles particularmente notáveis, pendurados pelo pescoço ao mastro de suas jangadas, a lembrar o lendário suicídio de Judas Iscariotes (como aparece em Mateus 27, pp. 3-5 e em Atos 1, pp. 16-20)[22]. O Judeu Errante e Judas Iscariotes confundem-se livremente nessa cena folclórica de conclusão.

Poucos dias antes de sua morte, Euclides estava escrevendo seu último artigo, "Um Atlas do Brasil", uma resenha que deixou sem terminar no meio de uma palavra: "descri[ção]"[23]. Essa crítica inacabada é um comentário sobre um atlas do Brasil desenhado por dois membros da família Homem de Mello (um barão e o outro enge-

---

18. Cf. Charles Wagley, *Amazon Town*, New York, 1953, pp. 81-95.

19. *Obra Completa*, vol. 1, p. 267.

20. *Idem*, p. 265. O restante dessa cena, pp. 265-266, torna-se um pouco complicado na medida em que o boneco é esculpido para assemelhar-se ao próprio artista, alarmando-lhe os filhos.

21. *Idem*, p. 264.

22. Sobre essa figura trágica, cf. Friedrich Ohly, *The Damned and the Elect*, trad. Linda Archibald, Cambridge, Eng., 1992, caps. 2 e 6.

23. *Obra Completa*, vol. 1, pp. 511-514, publicado no *Jornal do Commercio*, de 29 de agosto de 1909.

nheiro civil, Francisco). O resenhista tem muitas críticas a fazer à cartografia posterior ao século XVIII e se queixa especialmente do fato de vastas áreas do Brasil fora do centro-sul da Bahia, de Minas Gerais e de São Paulo, não terem sido exploradas e mapeadas, com as exceções dos rios Juruá e Purus e do Território do Acre, algumas das quais ele mesmo levantou. Inicialmente, porém, tece os maiores elogios ao trabalho dos cartógrafos Homem de Mello: "Não relutamos em incluí-lo [seu trabalho] entre os raros modelos que possuímos de uma cartografia racional e lúcida"[24]. Se "os autores não enfeixam", nas páginas iniciais de seu atlas, todas as prescrições para fazer um bom mapa, têm pelo menos um senso agudo da complexidade de sua tarefa e não caem nos erros comuns de imaginar "uma serra ou uma cadeia de morros, feito *divortium aquarum* inevitável de todos os rios; – e esta simples circunstância se bastaria a revestir de excepcional valia o novo Atlas"[25]. Ademais, desde o início evitam o "nefasto preconceito daquela 'orografia sistemática'" de uma escola francesa, "já repartindo as terras em bacias fluviais obrigatoriamente separadas por serranias; já falseando de todo o caráter real das regiões"[26].

À medida que o crítico divaga, porém, seus elogios tornam-se mais fingidos: "Certamente, em tudo isto" – ou seja, na geografia brasileira convencional adotada pelos dois Homem de Mello – "nada existe de original. O nosso eminente compatriota [o Barão Homem de Mello] reproduz pareceres conhecidos, e renova apenas um conceito geográfico generalizado"[27]. Essa crítica tem origem, claramente, no fato de o Barão não ter reconhecido a Euclides a descoberta das verdadeiras nascentes do rio Purus. Assim, o crítico chega ao ponto em que interrompeu sua resenha sem chegar a nenhuma conclusão, salvo a sua própria morte deliberada depois disso.

24. *Obra Completa*, vol. 1, p. 512.
25. *Idem*, p. 513.
26. *Idem, ibidem.*
27. *Idem*, p. 514.

18

À Margem da História

O título do livro *À Margem da História* significa que, onde quer que o tema história esteja em questão, não se trata da História com H maiúsculo, mas, antes, de algum acontecimento marginal que ocorreu em alguma localidade brasileira ao qual não se aplica a História (com H maiúsculo)[1]; diz ainda respeito a qualquer outra coisa, principalmente a guerras em grande escala, a importantes descobertas científicas, a grandes movimentos religiosos e sociais de auxílio à humanidade etc., em suma à História *europeia*, e não à história do interior do Brasil. Como Euclides escreveu acerca da guerra de Canudos, "a História não iria até ali [Canudos]"[2], isto é, aos olhos dos observadores europeus essa "guerra" nada mais seria que uma rixa sangrenta entre soldados e guerrilhas[3].

O autor dividiu o livro sobre a história marginal em quatro partes. A primeira, intitulada "Terra sem História (Amazônia)", engloba os artigos "Impressões Gerais", "Rios em Abandono" (publicado primeiramente na *Revista do Instituto Histórico e Geográfico Brasileiro* [n. 68, 1985], sob o título "Rio Abandonado"), e "Um Clima Caluniado"; e mais "Os *Caucheros*", "Judas-Asvero" (ver capítulo anterior), "Brasileiros" (publicado primeiramente no *Jornal do Commercio*, de 21 de abril de 1907) e "A Transacreana" (publicado no mesmo jornal em 7 de maio de 1907).

A segunda parte, com o título de "Vários Estudos", compreende os textos de "Viação Sul-americana", "Martín Garcia" (uma crítica, em duas partes, do livro de Agustín de Vedia, *Martín García y la Jurisdicción del Plata*, Buenos Aires, 1908) e "O Primado do Pacífico".

---

1. Conforme diz Candace Slater, *Entangled Edens*, Berkeley/Los Angeles, 2002, pp. 192 e ss.

2. *Obra Completa*, vol. II, p. 462.

3. A título de curiosidade menciono que somente uma parte de *À Margem da História* foi traduzida para o inglês sob o título de *The Amazon: Land without History*, por Ronald Sousa (Oxford 2006).

A terceira parte consiste de um único ensaio, bastante longo, "Da Independência à República (Esboço Político)" (publicado primeiramente em *O Estado de S. Paulo*, de 31 de janeiro de 1901, sob o título de "O Brasil no Século XIX"). Finalmente, a quarta parte é constituída também por um único ensaio, curto, "Estrelas Indecifráveis". Recapitulando as quatro partes, podemos dizer que os ensaios deste seu último livro seguem tópicos como "terra sem história", depois "vários estudos históricos", em seguida um longo estudo histórico do desenvolvimento político do Brasil do século XIX e, por último, se encerram com uma visão das estrelas instáveis, as novas e as supernovas, que transcendem a história. É a própria progressão euclidiana do interior a-histórico do Brasil para as estrelas supra-históricas nos céus[4].

"Terra sem História"

O artigo "Impressões Gerais", que serve de prefácio ao volume, nos fornece uma visão do alto do poderoso rio Amazonas, desde o primeiro confronto que tem o viajante com ele até às miseráveis condições de vida e de trabalho que constringem os desgraçados coletores de látex que foram dispersados por seus afluentes solitários. A primeira reação à Amazônia foi a mesma que teve Euclides em sua primeira viagem pelo mar até à embocadura do grande rio (cf. cap. 12, p. 238) – psicologicamente desapontadora de vez que o nível perfeitamente achatado das ilhas e das águas não dava uma medida das imagens descomunalmente gigantescas que viajantes como ele tinham armazenado em suas mentes ao lerem as narrativas ilustradas de suas viagens. Além disso, afirma Euclides, "[t]oda a Amazônia […] não vale [em beleza cênica] o segmento do litoral que vai de Cabo Frio [norte da baía da Guanabara] à ponta do Munduba [na baía de Santos, perto do Guarujá]"[5]. A única impressão dominante e provavelmente verdadeira que teve da selva amazônica é que "o homem [branco], ali, é ainda um intruso impertinente. Chegou sem ser esperado nem querido – quando a natureza ainda estava arrumando o seu mais vasto e luxuoso salão". Assim, tudo o que o viajante encontrou foi "uma opulenta desordem". Até mesmo os rios ainda não se firmaram em seus leitos![6]

Por ser talvez a criação geológica mais recente das Américas, de acordo com as "induções" dos geólogos de fala inglesa (Alfred R. Wallace e Fred Hartt), e totalmente reestruturada pela sublevação dos Andes, a Amazônia "[t]em tudo e falta-lhe tudo",

4. Do corpo de ensaios acima já passamos em revista "Os *Caucheros*" na parte 1 (cf. cap. 12, pp. 277 e 244), "Viação Sul-Americana" da parte 2 (cf. cap. 11, p. 222), e "Da Independência à República" da parte 3 (cf. cap. 11, pp. 217-221); portanto, não serão discutidos nessa análise de *À Margem da História*.

5. *Obra Completa*, vol. 1, p. 223.

6. *Idem*, p. 223. Ver em geral o excelente ensaio de E. Roquette-PInto, em *Seixos Rolados*, Rio de Janeiro, 1927, pp. 265-301, sobre Euclides, naturalista do Amazonas.

faltando-lhe principalmente "o encadeamento de fenômenos desdobrados num ritmo vigoroso, [...] que é como que a grande lógica inconsciente das coisas". Por isso, é a região do mundo "mais perlustrada dos sábios e a menos conhecida" do público em geral do mundo ocidental[7].

Euclides adverte que a mente científica, quando estuda alguma especialidade na Amazônia, tem sido propensa a fantasias concordes com os laboratórios grotescos da natureza nos quais essa mente opera. Até mesmo o prosaico Fred Hartt viu-se tão envolvido por elas que teve de subjugar-se por algum tempo ao maravilhoso e ao excepcional: "Não sou poeta. Falo a prosa da minha ciência. *Revenons!*", escreveu em francês, mergulhando de volta nas suas "deduções rigorosas"[8]. De fato, o extraordinário rio, apesar de sua soberana monotonia, tinha o poder de impor seus mitos a todo o tipo de viajante, ou seja, "o cronista ingênuo" (Orellana), "o aventureiro romântico" (Walter Raleigh) e "o sábio precavido", envolto nas "mais imaginosas hipóteses da ciência" na época de Euclides. Assim, os traços de petrificação em rochas da região induziram o colega de Orville Derby – Frederick Katzer – a fazer "uma longa peregrinação ideal" a épocas remotas da "geografia morta" quando um "extinto oceano do Devoniano médio" cobriu o estado do Mato Grosso e a Bolívia e, submergindo a maior parte da América do Sul, foi detido a leste do Brasil pelas "próprias barreiras antigas" do maciço de Goiás[9].

Ao contrário do rio Mississippi, o Amazonas não forma delta de lama; é exclusivamente o mais destrutivo dos rios. As enormes quantidades de sedimento que carrega rio abaixo não se acumulam em nenhum lugar até à embocadura, onde a lama é vomitada dentro do oceano e disseminada pela Corrente do Golfo até às costas da Geórgia e das Carolinas. A ilha de Marajó, perto de sua foz, é apenas "uma miragem de território" conquistado ao fluxo das águas, sendo composta na verdade de pilhas de ramos torcidos e de vegetação submersa, com projeções espalhadas aqui e ali de arenito endurecido. Daí usar-se o nome local de mondongos (terras pantanosas). A foz do Amazonas diminui a cada hora com a perda do solo que as águas arrancam de suas ribanceiras, "um atestado tangível daquele deslocamento lateral do leito, que tem dado aos geólogos inexpertos a ilusão de um levantamento ou de uma reconstrução da terra". O rio que provoca "nosso lirismo patriótico" é de fato o menos brasileiro deles: "um estranho adversário, entregue dia e noite à faina de solapar a sua própria terra". Ainda assim, um norte-americano ingênuo, Herbert Smith, iludido por suas tremen-

---

7. *Obra Completa*, vol. 1, p. 224.

8. *Idem*, p. 225, com referência à sua "Geologia do Pará," impresso no *Boletim do Museu Paraense*, 1(3), pp. 263, 1896.

9. *Obra Completa*, vol. 1, p. 225, referindo-se aos artigos de Katzer publicados no *Boletim do Museu Paraense*, 1(3), pp. 436-438, 1896, e 11(2), pp. 204-246, 1897.

das energias, houve por bem incitar as águas em seu caminho com o brado: "The king is building his monument!", e não havia ali nenhum monumento a celebrar[10].

Se, como se disse acima, o Amazonas leva seus sedimentos a locais tão distantes quanto os litorais do Sul dos Estados Unidos, um brasileiro ficaria confuso se desembarcasse nessas praias e tentasse considerá-las sua terra natal; pelo direito internacional, que às vezes define extraterritorialidade como a pátria sem a terra, a essa ficção jurídica de não-posse contrapõe-se uma outra, rudemente física, ou seja, a terra sem a pátria. Em ambos os casos, por uma espécie de "imigração telúrica", a terra abandonou o brasileiro e foi em busca de outros climas. Assim, o rio Amazonas, construindo seu "delta" em lugares remotos, "traduz, de fato, a viagem incógnita de um território em marcha", mesmo que no final o território se tenha dissolvido pela erosão[11].

O mesmo acontece com as margens do Amazonas: dificilmente servem para determinar-lhe o imenso canal, uma vez que elas também evitam o rio, ao serem empurradas para as planícies ribeirinhas, atenuando a força do fluxo da corrente. "Baixam as águas e nota-se que o terreno cresceu; e alteia-se de cheia em cheia, aprumando-se as 'barreiras' altas, exsicando-se os pantanais e os 'igapós' […] até que, num só assalto, de enchente, todo esse delta lateral se abata". Numa noite de 29 de julho de 1866, uma linha de "terras caídas" da margem esquerda do rio desmoronou continuamente por não menos de cinquenta léguas. "É", diz Euclides, "o processo antigo, invariável"[12].

Nos primeiros tempos da história colonial do Brasil, o branco – "o intruso impertinente" – começou a explorar a sério o Amazonas e seus afluentes, principalmente em busca de escravos índios, bem como das "drogas do sertão"; os índios escravizados ele "descia", como se dizia na época, até Belém para dar condições de sobrevivência aos primeiros colonos, que teriam morrido de fome sem esses aborígines. Fazia pouca diferença se o "intruso" era um soldado, um explorador, ou um missionário – de qualquer modo, as sociedades tribais dos índios, que originalmente devem ter sido milhões[13] em toda a Amazônia, foram desbaratadas ou por doença ou pela força, na captura dos corpos dos nativos para o trabalho ou de suas almas para a salvação cristã. Apesar do aniquilamento das tribos e cultos indígenas, porém, é verdade que os nativos da Amazônia eram bem tratados e defendidos com vigor pelos jesuítas e outras ordens católicas, o

---

10. *Idem*, p. 227; sobre a ilusão do rio por Smith, ver seu livro *Brazil, the Amazons and the Coast*, New York, 1879, pp. 2 e ss.

11. *Obra Completa*, vol. I, p. 228.

12. *Idem*, pp. 228-229.

13. Não é um número alto demais. Adélia Engrácia de Oliveira ("Ocupação Humana" em *Amazônia: Desenvolvimento, Integração e Ecologia*, p. 173) calcula que, na chegada dos colonizadores portugueses ao Pará, em 1616, viviam na Amazônia de um a dois milhões de índios. Um século antes, anterior ao início da colonização, esse número seria muito mais alto. Embora exagerado, a cifra de meio milhão de índios mortos ou capturados pelo maior matador de silvícolas, Bento Maciel Parente, dá uma ideia da perda de vida e de liberdade entre os índios durante a colonização (pp. 175-176).

que não acontecia quando eram escravizados pelos colonos portugueses. Mas Euclides não está preocupado aqui com o tratamento concedido aos índios, como o fizera antes (por exemplo, em "Os *Caucheros*"); volta sua atenção, ao contrário, para o bem-estar puramente material da província do Amazonas nos séculos XVIII e XIX. Como tantos portugueses e brasileiros que visitaram a província, ele não discorda de que seu atraso se deveu à "preguiça" de seus substratos indígenas no período de cem anos que vai de 1752 a 1852, quando, conforme um decreto real de 1755, supostamente devia-se conceder liberdade física e mesmo igualdade social nos mesmos termos dos brancos[14].

Assim, quando o beneditino frei João de São José, em 1762, atribui o mau caráter dos índios à "preguiça", ou o famoso inglês Alfred R. Wallace, na metade do século XIX, diz que as atividades das populações mestiças de índio e português se reduzem a "drinking, gambling, and lying", Euclides esposa esses comentários, sem outras considerações, como indicativos dessa "indiferença pecaminosa dos atributos superiores"[15]. Elas satisfazem, essas censuras, algum traço quase puritano de seu próprio caráter. Não contente com a condenação moral apenas dos índios, cita ademais as supostas opiniões médicas de um doutor italiano, Luigi Buscalione, sobre a apatia tropical, que tem início com "uma superexcitação das funções psíquicas [?] e sensuais, acompanhada, depois, de um lento enfraquecer-se de todas as faculdades, a começar pelas mais nobres... [entre elas a razão]". Isso se assemelha demais às próprias opiniões de Euclides em *Os Sertões*[16]. Em resumo, as mutações psicológicas da excitação e da apatia Euclides atribui à "própria inconstância da base física onde se agita a sociedade [amazonense]"[17].

O caboclo que vagueia pelos rios e selvas da Bacia Amazônica descobrirá, após centenas de quilômetros, que tem "a impressão de circular num itinerário fechado", com as mesmas características topográficas de praias, "barreiras" à erosão das ribanceiras, ilhas, e as mesmas florestas e igapós, ao passo que o observador sedentário está, em suas curtas caminhadas, sempre sobressaltando-se com as novidades, "transfigurações inopinadas". O imenso palco montado tanto para o caboclo viandante quanto para o sedentário apresenta "cenários, invariáveis no espaço" para um, e para o outro esses

14. Hemming, *Amazon Frontier*, pp. 1-2.

15. *Obra Completa*, vol. I, p. 230, com referência a Wallace, *A Narrative of Travels on the Amazon and Rio Negro*, London, 1895, p. 263. Como diz Hemming (*Amazon Frontier*, pp. 324-325 e 332), porém, Wallace era de modo geral um admirador dos índios e de seus cultos. A tradução ligeiramente errada de Euclides da frase em inglês de Wallace, "bebendo, dançando, zombando", foi corrigida de maneira constrangedora para "bebendo, jogando e mentindo" pelos editores de sua *Obra Completa*, vol. I, p. 222.

16. Compare-se *Obra Completa*, vol. II, p. 148, com *Obra Completa*, vol. I, p. 231. Aqui Euclides se refere à "excursão" de Buscalioni ao Amazonas, "Una Escurzione nell'Amazonia", em *Bollettino della Società Geografica Italiana*, 4, 2 (Roma, 1901), item I, pp. 41-76, item III, pp. 213-240, item IV, pp. 337-372, item V, pp. 429-467. Apesar de Euclides ter afirmado que traduziu a partir de "Una Escurzione", a passagem original não se encontra nesse livro de viagem.

17. *Obra Completa*, vol. I, p. 231.

cenários "transmudam-se no tempo". Contudo, a adaptação ao meio "exercita-se pelo nomadismo"; daí, em sua maior parte, "a paralisia completa das gentes que ali [na Amazônia] vagam, há três séculos, numa agitação tumultuária e estéril"[18].

Essa linha depressiva de pensamento leva Euclides a uma queixa antiga contra as companhias de borracha em Manaus e Belém: a opressão a que submetiam os caboclos nordestinos que tinham vindo para enriquecer-se no negócio e encontraram tão-somente uma forma peculiar de escravidão, aquela onde "um homem [...] trabalha para escravizar-se". Nessa exposição da desgraça dos seringueiros, reúne fatos e números, como nunca fizera antes, para mostrar as iniquidades desse negócio e seu sistema de trabalho. Em analogia com o dito de Barleus, *ultra aequinoctialem non peccavi*, colocado na boca dos colonizadores holandeses do Nordeste, há um dizer corrente em Manaus de que, na bela ilha fluvial de Marapatá, os novos trabalhadores da borracha deixavam suas consciências em quarentena antes de dirigir-se rio acima para os seringais[19]. Os infelizes seringueiros, antes de serem transportados para esses locais, perdiam sua liberdade financeira, esbulhados que eram pelos aviadores, que lhes forneciam tudo do que poderiam precisar para um trimestre, a um custo para os trabalhadores de 2 090 mil-réis. Tratava-se de uma quantia que a maioria deles nunca teriam condições de pagar ao "armazém da companhia". As regras de trabalho eram inexoráveis: um candidato a trabalhar nos seringais deve ser solteiro; precisa estar pronto para começar no mês de maio, quando se inicia o período de incisão das árvores; não pode ficar doente antes da partida[20], enquanto se encontra alojado nos barracões temporários da companhia de tetos de palha, a um custo de dez mil-réis por dia; não pode, naturalmente, comprar víveres em outro lugar senão no armazém da companhia; e deve ser abstêmio, tenaz, incorruptível, como é conveniente a um temperamento estoico lançado na estrada da fortuna, suportando uma penitência dolorosa e longa. Seu patrão é quem dita o preço do látex que ele deve entregar em bolas de borracha – cerca de dois contos de réis por 350 quilos de borracha fina a 1 750 mil-réis e 100 quilos de "sernambi" (borracha de qualidade inferior) a 250 réis – mas suas despesas com alimentação nos meses de novembro a maio, quando a enchente dos afluentes do Amazonas impede a coleta do látex, diminuem seus lucros num total de 1 500 mil-réis. Esse desequilíbrio pode ainda ser maior se incorreu em multas por cortar as árvores de forma errada. Na verdade, "raro é o seringueiro capaz de emancipar-se pela fortuna"[21].

18. *Obra Completa*, vol. i, p. 231.

19. Sobre Barleus ver cap. 10, p. 207, n. 87, e *Obra Completa*, vol. i, pp. 231-232, sobre a modificação que sofreu esse dito holandês ao ser aplicado aos coletores de látex.

20. *Obra Completa*, vol. i, p. 232.

21. *Idem*, pp. 232-233.

Outro ensaio – "Rios em Abandono" – sobre o rio Purus teve sua escrita estimulada pela monografia de um norte-americano, um tal Morris Davis, "Rivers and Valleys of Pennsylvania" (1889), que constituía na verdade um estudo "biográfico" dos rios, "mostrando-no-los com uma infância irrequieta, uma adolescência revolta, uma virilidade equilibrada e uma velhice ou uma decrepitude melancólica, como se eles fossem estupendos organismos, sujeitos à concorrência e à seleção, destinados ao triunfo, ou ao aniquilamento, consoante mais ou menos se adaptam às condições exteriores"[22]. Por atraente que seja para Euclides esse darwinismo fluvial, ele se contém de seguir de perto esse biógrafo dos rios da Pensilvânia.

Após determinar, pela geometria, que o curso de um rio em sua madureza deve ser desenhado com uma "desmedida parábola" que faz um arco em toda a sua extensão, Euclides aplica esse sistema ao rio Purus, segmentando-o em seções desde suas cabeceiras em terras peruanas até seu desaguar no rio Solimões fora do Amazonas, de maneira a mostrar os gradientes da parábola[23]. Mostramos abaixo algumas de suas tabulações do começo e do fim do rio Purus (cf. o mapa do Purus):

Seções	Distâncias (km)	Diferenças de nível (metros)	Declividade	Declividade Quilométrica (metros)
Das nascentes ao Curiuja	117	189	1/619	1,60
Do Curiuja a Curanja	278	60	1/4 500	0,22
. . . .	. . . .	. . . .	. . . .	. . . .
Do Panhini ao Mucuim	740	58	1/12 900	0,077
Do Mucuim ao Solimões	990	15	1/66 700	0,015

Na coluna 3, a notação significa, com relação ao último item, que "para descer-se um metro se tem de caminhar 66 700 metros"[24], e do mesmo modo com os outros números dessa coluna.

O rio Purus, como deixa muito claro o mapa do Brasil, tornou-se um rio intricadamente cheio de meandros – um proeminente fato topográfico que Euclides reconheceu no final, ao afirmar que o Purus, "um dos mais tortuosos cursos d'água que se registram, é também dos que mais variam de leito"[25]. Uma árvore que tombe de uma das margens induz a erosão na outra por um reflexo da corrente e, desse modo,

---

22. *Obra Completa*, vol. I, p. 234. Fracos ecos dos planos biográficos de Davis no artigo: "fase de madureza", p. 235; "[o Purus] é dos [rios] que mais se adaptam às condições teóricas indicadas por Morris Davis", p. 236; "fase avançadíssima de desenvolvimento", p. 237.

23. *Idem*, pp. 235-236.

24. *Idem*, p. 238.

25. *Idem, ibidem*.

solapando as concavidades de suas margens, o rio em alguns anos terá abandonado o seu antigo leito. Além disso, na época das cheias, o rio forma lagos em todo o seu curso, os chamados *sacados*. Estes lagos podem funcionar como diques que diminuem as inundações ou rebentam restituindo ao rio a água que acumularam, quando é época de vazante durante uma grande seca. Assim, entre os afluentes do Amazonas que serpeiam em seus cursos, duplicando suas extensões geográficas, enumeram-se os chamados "rios trabalhadores" que constroem diques que retiram do leito o excesso de água nas estações das cheias[26].

Os maiores obstáculos à navegação no rio Amazonas são, sem dúvida, as "barreiras" de terra que caem das ribanceiras, que levam para o rio florestas inteiras e depositam no seu leito minúsculas ilhotas de torrões argilo-arenosos, que não se dissolvem mas tornam-se cada vez mais duros com o tempo. Euclides lembra com pesar desses azares, por ter pedido uma barca de suprimentos que bateu num tronco submerso no Alto Purus (cap. 12, p. 243). Na junção dos rios Cujar e Curiuja, no sítio de Alerta, ele observa que "o Purus em vários lugares parece correr por cima de uma antiga derrubada"[27]. O caucheiro peruano ou o seringueiro brasileiro nada fazem para limpar aquele entulho subaquático de árvores ou torrões de argila, mas simplesmente guiam suas canoas por entre eles, quando podem. Não fosse isso, teriam de esperar uma cheia ou um "repiquete" inesperado de água das chuvas para flutuar suas canoas por entre os braços esqueléticos de árvores caídas que as imobilizam. Consequentemente, o rio Purus, "e como ele todos os tributários meridionais do Amazonas [...] – está inteiramente abandonado", proibido à navegação[28].

Cabe lembrar que Euclides, desde sua primeira visita à Amazônia, mudou de ideia várias vezes sobre o clima tropical da região (cap. 12, p. 240). No ensaio "Um Clima Caluniado", aborda a questão a partir de outro ângulo, viajando, tudo a seu tempo, depois daqueles viajantes relutantes à Amazônia que prometeram, na hora da partida, voltar assim que possível – uma "preocupação absorvente", derivada do "desfalecimento moral". Como o próprio autor, eles logo se sentiram deprimidos diante da imensidão do cenário achatado na embocadura do rio Amazonas, e enquanto sobem o rio a monotonia da folhagem em ambas as margens, todas de uma só cor e de uma só grande altura, apaga os sentidos ao mesmo tempo em que a própria vida parece parar; a própria ideia do tempo se extingue diante da uniformidade dos muros de vegetação, e suas almas anseiam, com saudade, não só por sua terra natal, mas também pela Terra como tal, onde as formas

---

26. *Obra Completa,* vol. 1, pp. 238-240. Cf. "uma perfeita rede de diques, que aqui e ali repontam acima da superfície do liso como paredes arruinadas", em Charles Hartt, "Recent Explorations in the Valley of the Amazonas", *Journal of the American Geographical Society of New York,* 3, p. 237, 1872.

27. *Idem,* p. 241.

28. *Idem,* p. 242.

naturais da flora se arraigam em nosso pensamento. Avançam, porém, por um ou outro dos dois afluentes, o Juruá ou o Purus, até o território do Acre, um trecho de terra desgracioso e triste, porque é recém-colonizado e, portanto, num estado de devir[29].

Então, o Acre é o principal cenário dessa investigação sobre o clima, que nos confia os últimos pensamentos do autor sobre o calor nos trópicos e sobre os trópicos em si. Terras cultivadas em contraposição às selvas admitem "uma reminiscência atávica" de uma familiaridade antiga, enquanto nas selvas amazônicas "há alguma coisa extraterrestre naquela natureza anfíbia, misto de águas e de terras". Os nativos que habitam aquelas regiões não reclamadas do antigo Território "talham-se-lhe pela braveza. Não a cultivam, aformoseando-a: domam-na". São evidentemente os colonos nordestinos que ali estão "amansando o deserto". O visitante recém-chegado, porém, sente-se naturalmente "deslocado no espaço e no tempo; não já fora da pátria, senão arredio da cultura humana, extraviado num recanto da floresta e num desvão obscurecido da história". Ele, não sabendo o que fazer de si mesmo, pode um dia sentir-se sacudido por um estremecimento de frio no corpo, no começo da febre malária, mas, em vez de assustar-se, vê-lo-á com um grande alívio como sendo sua passagem de volta para casa – "a carta de alforria de um atestado médico" que honrosamente irá certificar "a fuga justificável" no próximo barco que descer o rio. De fato, cada lagoa e cada igarapé pode ser "um Ganges pestilento" em virtude dos mosquitos anófeles que aí se criam; mas não cabe exagerar a ameaça da malária a ponto de tornar o Alto Amazonas "a paragem clássica da miséria e da morte..."[30].

De qualquer modo, assegura-nos, a letalidade da malária, cerca de 1909, estava "consideravelmente reduzida". As novas escolas de medicina tropical ainda precisavam empreender a tarefa de criar, por meio de cuidados médicos, "o indivíduo inteiramente aclimado", que devia ser "um indígena transfigurado pela higiene". A panaceia de Euclides era apenas uma racionalização do desejo até 1905, bem depois que o major Ronald Ross, do (East) Indian Medical Service, tinha apontado seu microscópio para o parasita amebiano no mosquito anófeles[31]. O mosquito, e não o paciente humano, tinha de ser tratado em primeiro lugar, porque para o homem o quinino era mais um paliativo do que uma cura, como Euclides mostraria por sua própria experiência com essa doença.

Do tratamento da malária Euclides dirige-se mais uma vez para a história singular da chegada dos nordestinos ao Acre – "um caso histórico inteiramente fortuito". Eram

29. *Obra Completa*, vol. I, p. 244.

30. *Idem*, 245. Ver novamente, *per contra*, as páginas de J. Hemming sobre a recrudescência da malária ao longo do rio Amazonas no século XIX, *Amazon Frontier*, pp. 225, 280-281.

31. A data dada por Hemming, p. 282, não se coaduna muito bem com a descoberta conjunta de Ross e Giovanni Baptista Grassi do parasita em 1898.

os refugiados das grandes secas do século XIX, sobretudo no Ceará. Transportados com toda a sua desgraça, "devorados das febres e das bexigas", para as margens do rio Amazonas, "com uma carta de prego para o desconhecido", eram vendidos às companhias de borracha e espalhados por todo o Alto Purus e Juruá para aprenderem com os veteranos as rotinas da extração do látex e sua transformação em bolas de borracha. "Levavam a missão dolorosíssima e única de desaparecerem..." Até os dias de Euclides, não os acompanhava "um só agente oficial, ou um médico". Felizmente, porém, *não* desapareceram. Em trinta anos reuniram-se numa zona rica de borracha, "avantajando-se aos primeiros pontos do nosso desenvolvimento econômico", e fundaram uma cidade de dez anos de vida "sobre uma tapera de dois séculos" – o Acre – onde "cem mil sertanejos, ou cem mil ressuscitados, apareciam inesperadamente e repatriavam-se [...]; dilatando a pátria [o Brasil] até aos terrenos novos que tinham desvendado"[32].

Olhando do alto esse formigueiro humano de sertanejos colonos, Euclides "não compreende a reputação de insalubridade de um tal clima", o do Acre. Seu motivo, ele supõe, foi a atuação da "seleção telúrica" de que nos fala o antropólogo alemão Alfred Kirchhoff, em *Mensch und Erde*[33]. Elucida, em seguida, com algum detalhe, "a afinidade eletiva entre a terra e o homem" – um aparte darwiniano sobre o qual se assenta uma definição redentora do clima. "Salvam-se aqueles [habitantes do Acre] que melhor balanceiam os fatores do clima e os atributos pessoais. O aclimado surge [do equilíbrio] de um binário de forças físicas e morais"; assim, de um lado, deve administrar "dos elementos mais sensíveis, térmicos ou higrométricos, ou barométricos, às mais subjetivas impressões oriundas dos aspectos da paisagem"; ao passo que, de outro lado, exercita-se com o corpo e a alma "[...] da resistência vital da célula ou do tônus muscular, às energias mais complexas e refinadas do caráter [...] antes que a transmissão hereditária das qualidades de resistência, adquiridas, garanta a integridade individual com a própria adaptação da raça, a letalidade inevitável, e até necessária, apenas denuncia os efeitos de um processo seletivo [de evolução]"[34].

A aclimatação sob essas condições era uma espécie de "plebiscito permanente", na opinião de Euclides: o estrangeiro casual nos trópicos que tira proveito dele pode escolhê-lo para viver. No final, "verifica-se algumas vezes que não é o clima que é mau; é o homem"[35]. As afirmações de Euclides a seguir, tomadas conjuntamente, representam em termos darwinianos uma teoria quase científica do clima tropical na primeira década do século XX. Não nos parece provável, porém, que a teoria de Euclides fosse tornar-se, um

---

32. *Obra Completa*, vol. I, p. 248.

33. Traduzido para o inglês com o título de *Man and Earth*, London, 1907; ver capítulo I.

34. *Obra Completa*, vol. I, p. 249. O autor tentou sem muito sucesso combinar traços físicos e morais numa reação ao clima tropical.

35. *Idem, ibidem*.

dia, amplamente popular, porque os azares de saúde na Amazônia eram grandes demais e por demais conhecidos para permitir que fosse aceita por muitos outros pesquisadores.

O imigrante nordestino na Amazônia, que nunca podia fugir da área prescrita de seu trabalho (porque é "o homem que trabalha para escravizar-se"), continuava um devedor eterno à companhia de borracha que o contratava em primeiro lugar. Até mesmo o Acre, "a terra da promissão do Norte do Brasil"[36], não aliviou as agruras de sua estigmatização inicial, ou seu enredamento no sistema de trabalho da extração da borracha na selva. Sua vida de trabalhador rural brasileiro era, sob esses aspectos, infinitamente mais dura do que a do imigrante italiano em São Paulo, que recebia toda a assistência das autoridades públicas e tinha alguma liberdade para ir de uma fazenda de café a outra em busca de melhores empregos. Ao contrário dos outros trabalhadores rurais, porém, a vida e o trabalho do seringueiro brasileiro eram essencialmente solitários. Mesmo no território do Acre, onde a maior densidade das árvores da borracha permitia a abertura de 16 estradas numa légua quadrada e sustentava cinquenta famílias de pequenos lavradores, toda esta área requer oito seringueiros para cuidar das árvores, os quais "lá se espalham e raramente se veem"[37].

Dessas cenas de vida atarefada no Acre, Euclides volta mais uma vez à sua teoria do clima, a fim de fornecer uma ilustração da salubridade dessa região: "não é apenas opinável", insiste, "a letalidade do Acre". Como em todo lugar do mundo aonde a humanidade se aventurou, com grande perda de vidas e alguns casos de sorte extraordinária para encorajar os buscadores de fortuna, o mapa do antigo Território está cheio de nomes expressivos de lugar: do lado ruim, Valha-nos Deus, Saudade, São João da Miséria, Escondido, e Inferno; do lado bom, Bom Princípio, Novo Encanto, Triunfo, Quero Ver!, Liberdade, Concórdia, e Paraíso. "A evolução", acredita Euclides, "é, deste modo, tangível". Seus olhos, porém, fixam-se principalmente nos sinais mais esperançosos de colonização vitoriosa e na imagem "do domínio e da posse definitiva", como nos povoados de Sebastopol, São Luís de Cassianã, Realeza etc.[38]. Na sua mente, o que não se pode explicar são "as exigências vigorosas" das vidas dos colonos durante suas lutas para ter sucesso "sob regime climatológico tão maligno e bruto como o que se fantasiou no Acre"[39].

O ensaio sobre o clima tropical termina com um retrato de um estrangeiro totalmente aclimado, o capitão Hoepfner, um alemão que comandava o vapor movido a rodas "Guajará", "naquelas águas malditas [em termos médicos]", atravessando nuvens de mosquitos (quando não os intransponíveis círculos de vegetação aquática) sem

36. *Obra Completa*, vol. I, p. 249.
37. *Idem*, p. 250.
38. *Idem*, p. 251.
39. *Idem*, p. 252.

quaisquer efeitos maléficos para o capitão. Era ele o apoio de dois ingleses, Charles Barrington Brown e William Lidstone, que viajaram com ele no "Guajará" subindo o rio Purus nos meados da década de 1870[40]. Hoepfner falava inglês com eles com tanta fluência quanto conversava em português com os amazonenses. Euclides encontrou esse capitão germânico no Acre no final de 1904. Era na época um velho ativo, de pele curtida, cabelos brancos e rosto avermelhado; Euclides imaginou que, se o alemão fosse levado de volta a Berlim, "mal lhe descobririam na pele, de leve amorenada, o sombrio estigma dos trópicos". Nem ele nem os prósperos caboclos do Acre, pensava nosso autor, são apenas "efeitos do meio; surgem a despeito do meio; triunfam num final de luta". E por quê? Mais uma pequena dose de darwinismo fornece a resposta: a população da Amazônia "[e]legeu e elege para a vida os mais dignos. Eliminou e elimina os incapazes, pela fuga e pela morte. E é por certo um clima admirável que prepara as paragens novas para os fortes, para os perseverantes e para os bons"[41].

O artigo "Brasileiros" poderia muito bem ter recebido o título de "Peruanos", pois é dos vizinhos do Brasil que trata na época da formulação de *el problema del Oriente*", quando se supunha que os peruanos procuravam uma rota para o oceano Atlântico, ou pelo rio Amazonas ou através do canal do Panamá (por volta de 1914). Esse tema já tinha ocupado antes a mente do jornalista (cf. cap. 12, pp. 235 e ss.). Felizmente, Euclides não se demora, como fizera antes, nas pretensas causas raciais da "nacionalidade exausta" do Peru[42]. Os peruanos não são menos ativos, mas tampouco são mais, do que os brasileiros em suas surtidas pela bacia tropical do rio Ucayali, e Euclides pode admirar sobretudo seus feitos de engenharia ao construírem a linha férrea Oroya nas encostas dos Andes, ainda que sob a direção de engenheiros civis norte-americanos. Suas missões religiosas tiveram como modelo as antigas missões jesuítas dos índios maynas. Além disso, numa "vasta regulamentação de terras" na bacia do Ucayali, os peruanos ampliaram o porto de Iquitos, e para atrair gente para essa bacia aboliram os impostos, "agindo o homem aforradamente na terra feracíssima". Em seus vários contatos com a terra, os geógrafos, os prefeitos e os missionários "demarcavam novos cenários à pátria regenerada e [...] reconstruíam o caráter nacional que se abatera". Isso porque, em última análise, "o problema do Oriente, afinal, incluía nas suas numerosas incógnitas os destinos do Peru inteiro"[43].

40. Os nomes dos viajantes estão grafados de forma errada nos textos de *Obra Completa*, vol. 1 (1966), p. 252, e de *Obra Completa*, vol. 1 (1995), p. 281. A viagem desses ingleses pelo rio Purus está registrada em *Fifteen Thousand Miles on the Amazon and its Tributaries*, London, 1878, cap. 19.

41. *Obra Completa*, vol. 1, p. 253.

42. *Idem*, p. 268.

43. *Obra Completa*, vol. 1, p. 269.

Contudo, o país tinha sua parcela de caudilhos ensandecidos, alguns dos quais conseguiram controlar-se e tornar-se estadistas, enquanto outros marchavam com indiferença para a autodestruição. Don Agustín Gamarra, "[a]quele zambo cesariano", estava entre os últimos temerários, governando o Peru, em 1841, de maneira instável num momento catastrófico. Fora levado ao governo pelas forças armadas do Chile. Oscilando no poder sem a parceria dos *cholos* mestiços de índios e sem as simpatias da altiva aristocracia cujos sentimentos ofendera, foi resgatado pela intervenção oportuna da esposa, "uma amazona gentilmente heroica", "que ia eletrizar com a presença encantadora os coronéis embevecidos e os regimentos vacilantes...". Assim deu Euclides uma penada neste capítulo da história do Peru. De semelhante governante não se podiam esperar medidas administrativas de peso, acrescenta o articulista, um estadista que fez parte de um animado romance romântico do período e terminou seus dias (na realidade ou na ficção?) "sob uma carga furiosa dos lanceiros bolivianos nas esplanadas de Viacho..."[44].

No entanto, em 1841, esse líder inverossímil concedeu a um brasileiro, D. Antônio Marcelino Pereira Ribeiro, autorização para navegar pelos rios peruanos em barco a vapor sob o pavilhão brasileiro, abrindo dessa forma ao Peru o caminho para o desejado levante pelo rio Amazonas. Nesse ponto, a ênfase do ensaio muda dos peruanos e seus sucessos ou fracassos para os brasileiros e suas missões no desenvolvimento do Alto Amazonas e sua navegação, que foi permitida, em 1867, por lei brasileira, a todos os estrangeiros.

Uma enorme floresta de cinquenta milhões de hectares passou a ser explorada pouco a pouco por brasileiros, bolivianos e peruanos. Compreensivelmente, as primeiras aventuras foram muitas vezes colonizações abortícias. Os coletores peruanos de casca de quinino (*cascarilleros*) eram irremediavelmente nômades, desvendando amplas regiões de *cinchona* desde o rio Ucayali até ao Beni. Todavia, em 1854, o mercado local do quinino chegou ao fim com o auxílio de um empregado do British (East) Indian Office – Clements Markham – que transportou espécimes da planta pelos Andes e pelo rio Amazonas até à Inglaterra, de onde foram transplantados para Darjeeling, onde prosperaram[45]. Mais um produto da floresta, de igual importância, foi descoberto na bacia do Alto Amazonas. Embora muitas tribos indígenas, como os cambebas, estivessem familiarizados com a borracha crua, parece que foi um brasileiro desconhecido que "descobriu o caucho; ou, pelo menos, instituiu ali [na Bacia] a indústria extrativa correspondente". *Si non é vero, é ben trovato*, como diz o italiano. Esse produto inestimável foi introduzido no mercado brasileiro depois de 1862, pelos bons ofícios do "laborioso" José Joaquim Ribeiro, entre outros. Ao movimento peruano para o oriente

---

44. *Idem*, pp. 269-270. O nome correto de "Viacho" é Viacha, na Bolívia.

45. Para uma exposição sobre esse roubo, não tão sério quanto o das mudas de *Hevea brasiliensis*, ver Hemming, *Amazon Frontier*, p. 282.

contrapunha-se agora uma expansão brasileira para o ocidente até às matas de seringais subindo os rios Juruá e Purus[46].

Depois de 1871, o "laborioso" Ribeiro estimulou a contínua exportação da borracha da província peruana de Loreto. Seus concorrentes eram os chamados *caucheros* do Peru, que exploraram uma espécie diferente de árvore da borracha, a *castilloa*, que tinha de ser derrubada para a extração do látex (cf. cap. 12, p. 232). Como os coletores de casca de quinino, eram nômades e "construtores de ruínas", deixando atrás de si uma faixa de árvores derrubadas e um cheiro de degradação moral. Após trinta anos de sua passagem pelas aldeias ao longo do rio Ucayali patenteia-se "uma decadência moral indescritível". O prefeito do grande distrito peruano de Loreto declarava: "Allí no hay ley... El más fuerte, que tiene más rifles, es el dueño de la justicia"[47].

Além dos peruanos e dos brasileiros no Alto Amazonas, encontravam-se também outros colonos estrangeiros, como, por exemplo, um grupo de alemães que viviam em situação precária num afluente do rio Pachiteá – um excelente local, porém, mais ao sul. Embora nutrissem esperança de estabelecer-se nas margens do rio Pozuzo, não conseguiram fazê-lo entre "os esplendores da floresta", e o grupo minguou consequentemente, atingindo os últimos estágios da decrepitude. Em 1870, o prefeito do distrito peruano de Huánaco visitou os remanescentes da colônia e encontrou-os "andrajosos e famintos, pedindo-lhe pão e vestes para velarem a nudez" – uma cena de cortar o coração. Com o passar do tempo, porém, os sobreviventes tornaram-se "vítimas de um fanatismo irremediável, na mandria dolorosa das penitências, a rezarem, a desfiarem rosários e a entoarem umas ladainhas intermináveis numa concorrência escandalosa com os guaribas da floresta"[48]. Essas eram suas últimas atividades piedosas antes que a selva reclamasse o que lhe pertencia.

Um grupo muito mais bem preparado de brasileiros nordestinos, chefiados por líder modelar – Pedro C. de Oliveira – de boa reputação entre os peruanos, implantou uma fazenda, de nome Puerto Victoria, nas margens do rio Pachiteá, na confluência dos afluentes Pichis e Pozuzo. Seu início data do final do século XIX. Era uma estância tão bem organizada e administrada com tanta inteligência nas suas cercanias que o presidente Pierola, do Peru, decretou que dali para diante aquele seria o único baluarte em posição capaz de proteger os colonos à sua volta e de ser a rota fluvial para o Amazonas. Para isso, ou o Peru comprou a fazenda por algum preço não especificado, ou simplesmente desapropriou-a; depois que os brasileiros se retiraram da propriedade, os peruanos assumiram sua administração. Isso ocorreu por volta de 1901, mas, quando, em 1905, os turistas franceses J. Delebecque e seu irmão desceram o rio Pachiteá, em

46. *Obra Completa*, vol. I, pp. 270-273.
47. *Idem*, p. 274.
48. *Idem*, pp. 274-275.

sua viagem ao Amazonas, viram o local da fazenda totalmente vazio e em ruínas. Os franceses secaram suas roupas encharcadas pela chuva ao calor de uma fogueira de portas e portais, e cismaram com tristeza sobre o destino de Puerto Victoria, que consideraram logo seria uma simples lembrança[49]. Aconteceu, porém, que o local desolado foi restaurado pelos peruanos e é hoje uma cidade ribeirinha de bom tamanho.

Nas encostas orientais dos Andes, ao norte da bacia do Ucayali, a floresta pluvial era habitada por grupos de índios selvagens. Entre estes destacavam-se os indomáveis *cashibos*, que, em 1866, tinham matado e comido, canibais que eram, dois oficiais da marinha que faziam parte da expedição geográfica do almirante John Tucker, a bordo do navio "Putumayo"[50]. Esse canibalismo foi vingado, absurdamente, pelo prefeito Benito Araña, que de sua canhoneira disparou vários tiros de canhão sobre as margens do rio onde imaginava estarem escondidos os assassinos *cashibos*. A área bombardeada chamou-se depois La Playa del Castigo.

O próprio nome *cashibo* já inspirava horror. Pela etimologia de Euclides, *cashi* significava "morcego" e *bo*, "semelhante a". Juntos, os dois morfemas figuravam "sugadores de sangue". Mesmo em seus momentos de alegria eram desagradáveis, porque os dentes eram tingidos de preto com o sumo de palmeira local, a *chonta* (de Chonta Isla). Esses selvagens viviam em choças ao longo do tributário Pichis[51]. Parece pouco provável que, depois de sentirem o gosto do sangue dos oficiais do "Putumayo", tenham evitado de uma maneira ou de outra o povoado próximo de Puerto Victoria, ocupado pelos peruanos.

Numa época de grandes companhias construtoras de estradas de ferro, Euclides adquiriu um interesse natural pelas linhas férreas, até mesmo pela malfadada Estrada de Ferro Madeira–Mamoré, cuja reconstrução ele teria supervisionado não fosse a oposição do pai a seu retorno ao deserto (cap. 15, p. 312). Em seu livro póstumo, *À Margem da História*, incluiu dois ensaios sobre vias férreas, entre os quais nos ocuparemos apenas de um que ainda não foi analisado, "A Transacreana", que lhe despertou as esperanças de uma projetada estrada no Acre.

Pouco menos da metade do artigo é dedicado às vias navegáveis que atravessam o território do Acre, que fornece *grosso modo* uma ideia dos tempos e distâncias necessários para navegá-las de canoa e, se necessário, a cavalo (nos lugares de terra seca). Os principais pontos de destino do nordeste para o sudoeste estão marcados na linha de fronteira no extremo norte do território desse modo: Cruzeiro do Sul, Leôncio

---

49. *Obra Completa*, vol. 1, pp. 276-277. Ver as memórias de J. Delebecque, *À travers l'Amérique du Sud*, Paris, 1907, pp. 241-242.

50. Sobre o incidente do "Putumayo", ver Delebecque, *op. cit.*, pp. 249-250.

51. *Idem*, pp. 275-276.

Rodrigues, Tarauacá, Feijó, Manuel Urbano, o rio Yaco (com Sena Madureira) e Porto Acre. Talvez essa rota fosse a linha que supostamente iria seguir a estrada de ferro, onde existe hoje apenas uma estrada de terra. De qualquer modo, para o sudoeste estas vilas determinavam locais de partida de canoas para subir os muitos rios que correm em paralelas oblíquas por todo o território rumo ao rio Amazonas. Os movimentos transversais de um rio para o outro eram feitos comumente por varadouros que cortam as matas entre as duas correntes. Esse atalho, que foi mencionado várias vezes por Euclides, foi inventado primeiramente pelos paulistas em suas entradas para o interior, no caminho para Cuiabá (no Mato Grosso).

Citando suas rotas por água e por terra, um grupo de sertanistas brasileiros espantou, em 1904, um explorador da marinha peruana com a descrição de suas viagens do rio Javari, no extremo norte do Acre, até o rio Abunã, no extremo sul, e daí descendo pela margem esquerda do Madeira, uma estrada-tronco para o rio Amazonas. Os brasileiros saltavam de um rio para o outro, navegando por varadouros, ou andando a pé, e assim percorreram uma distância de cerca de três mil quilômetros por todo o antigo Território – duas vezes a distância da entrada dos paulistas para Cuiabá. Contudo, por surpreendente que tivesse sido essa jornada para o oficial peruano Germano Stiglich, Euclides não a recomendava ao governo brasileiro, a quem pedia, ao contrário, "reaviventar e reunir tantos esforços parcelados" para a construção de uma estrada de ferro que era "urgente e indispensável no Território do Acre"[52]. Previsivelmente, nada resultou desse apelo. Evidentemente, o governo que já tinha as mãos ocupadas, desinteressou-se de completar a colocação dos trilhos da Estrada de Ferro Madeira–Mamoré, como exigia o contrato com a Bolívia.

Na opinião de Euclides, porém, a estrada de ferro do Acre deveria "redistribuir o povoamento" na região – um ponto de vista compartilhado na metade do mundo por um inglês construtor de estradas no Hindustão onde, no planejamento de uma ferrovia, "a distribuição da população e as necessidades das pessoas" deviam ter o mesmo peso[53]. Dentro do Acre, a população nordestina estava redistribuída ao longo do topo da linha territorial que vai do rio Javari ao Abunã. Para Euclides, "as três principais seções" dessa linha seriam as *interfaces* do rio Juruá ao Purus, do rio Purus ao Yaco e do rio Yaco ao Acre. Por esses rios, ele raciocinou, os materiais necessários para a construção da ferrovia seriam "facilmente" transportados por barco de Manaus ou de Belém. Além disso, para estender os trilhos não se precisaria abrir túneis ou lançar viadutos, e cortes sérios do terreno na paisagem e travessias dos rios seriam obrigatórios apenas para transpor os rios Tarauacá, Purus e Yaco[54].

52. *Obra Completa*, vol. 1, pp. 280 e 282.
53. Compare-se em *Obra Completa*, vol. 1, a p. 284 com a p. 282.
54. *Obra Completa*, vol. 1, p. 284.

Os benefícios econômicos que proviriam dessa estrada são também previstos por Euclides, sobretudo para o comércio da borracha, que montava, em 1905, a 43 195 590 mil-réis. Distendidos ao longo das margens dos afluentes do Alto Amazonas, os seringueiros não exploram superfícies, exploram linhas. Havia cerca de 150 léguas dessas linhas cheias de látex cruzando de um lado ao outro do Território. A estrada de ferro seria uma nova avenida que ajudaria o transporte das bolas de borracha para Manaus, com mais rapidez pela Madeira-Mamoré quando quer que fosse terminada totalmente (o que nunca o foi). Definitivamente, a "modestíssima" estrada transacriana, concebida originalmente "para combater uma disposição hidrográfica", deveria ter "caráter quase local" transformada em "estrada internacional, de extraordinários destinos"[55].

Ademais, se os peruanos ameaçarem atacar a fronteira inferior do Território do Ucayali ao rio Madre de Dios, a estrada de ferro de Cruzeiro do Sul ao Acre "balancear-lhe-á o valor", *i.e.*, a condição de tornar-se uma estrada, levando apressadamente soldados aos rios atacados e munições aos brasileiros[56]. Mas, no conjunto, Euclides idealiza a ferrovia como "uma grande estrada internacional de aliança civilizadora e de paz"[57]. Não só a via férrea transacriana nunca foi construída nem a linha Madeira–Mamoré foi terminada totalmente, como também a expansão da borracha logo esmoreceu e os "ameaçadores" peruanos nunca atacaram. No entanto, o ensaio continua sendo um útil estudo da hidrografia do antigo Território do Acre e do vale do Ucayali.

"Vários Estudos"

Uma longa crítica de livro foi incorporada pelo autor à sua coletânea de ensaios[58]. O livro analisado é a obra de Agustín de Vedia, *Martín García y la Jurisdicción del Plata* (1908). Martín García é uma grande ilha na confluência dos rios Paraná e Uruguai no delta do Prata, cuja jurisdição e a dos canais adjacentes foram disputadas, durante a maior parte do século XIX, por Argentina, Uruguai, Grã-Bretanha e América do Norte – estranhos companheiros, pode-se dizer. Nosso ensaísta não resistiu ao impulso de discorrer panoramicamente sobre esse debate com longas reflexões preliminares sobre a inundação dos pampas pelo oceano, em tempos pré-históricos, aos lados dos atuais esforços dos argentinos para manter o porto de Buenos Aires fisicamente acessível aos navios de grande calado, dragando a areia do rio da Prata ("para afastar a terra e atrair

---

55. *Idem*, p. 286.

56. Este *lhe* na frase corresponde a esta "estrada militar" formada pelos dois rios de que fala Euclides.

57. *Obra Completa*, vol. I, p. 288.

58. *Idem*, pp. 302-318. O artigo foi traduzido para o espanhol e publicado em *Juicios sobre Martín García y la jurisdicción del Plata*, Buenos Aires, 1908, juntamente com outras opiniões, de argentinos e uruguaios.

o mar")[59]. Também é dada uma palavra sobre o importantíssimo canal que leva a oeste de Buenos Aires à junção dos rios Paraná e Uruguai e empresta sua importância à ilha de Martín García que se escancha sobre o Paraná. Tudo isso e muito mais absorve a primeira parte do artigo; o diplomata Martín García, dos primeiros tempos da República argentina, que deu seu nome à ilha, é apresentado com *éclat*, mas Euclides mal toca no livro de Vedia, exceto para indicar que o autor argentino deu pouca importância à descoberta norte-americana, em 1855, de mais um canal em torno da ilha Martín García. Adiante voltaremos a essa história.

O mais importante nome argentino citado na primeira parte do artigo é o de Domingo Faustino Sarmiento[60]. O prolífico autor e presidente de seu país foi nomeado pela primeira vez, de passagem, por Euclides em seu discurso de recepção na Academia Brasileira de Letras, em 21 de setembro de 1903[61]. Lá é apresentado, junto com Alexandre Herculano, como um biógrafo histórico ideal, mas sem referência explícita à sua biografia de Juan Facundo Quiroga. Com certeza, segundo Venâncio Filho[62], Euclides não tinha lido *Facundo* quando escreveu *Os Sertões*, e esse desconhecimento da obra pode ter persistido até a primeira década do século xx. É igualmente certo, porém, que, no momento em que escreveu sua crítica do livro de Vedia, estava familiarizado com obras menores de Sarmiento, e também com *Facundo*, pois tinha lido a obra-prima de Sarmiento quando escreveu o artigo "Viação Sul-Americana" (1909), onde fala apaixonadamente das "páginas admiráveis de um dos maiores livros sul-americanos [*Facundo*], ressoantes ao tropear das cavalarias disparadas dos Quirogas e dos Chachos"[63]. No entanto, compreensivelmente, Euclides cita em sua resenha outros textos de Sarmiento relevantes para os serviços públicos e as atividades pacíficas[64].

59. *Obra Completa,* vol. 1, p. 304.

60. *Idem, ibidem.* O nome dado, Domingo, é grafado erroneamente com um *s* final em todo o artigo em ambas as edições da *Obra Completa.*

61. *Idem,* p. 208.

62. Em *A Glória de Euclydes da Cunha,* pp. 183-184.

63. *Obra Completa,* vol. 1, p. 290.

64. A citação de Sarmiento que aparece em *Obra Completa,* vol. 1, p. 290, é extraída de "El Chaco", *Obras Completas,* Buenos Aires, 1949, vol. 7, pp. 298-299, sobre o papel pacificador das estradas de ferro nos distúrbios do sertão. Não consegui localizar a citação em espanhol que aparece em *Obra Completa,* vol. 1, p. 304, sobre o estreitamento aluvional da entrada do porto de Buenos Aires. (De qualquer modo, não é de *Facundo.*) A citação no alto da página em *Obra Completa,* vol. 1, p. 311, sobre as vantagens econômicas para as províncias argentinas, para o Paraguai e para o Uruguai, advindas da autonomia política de Martín García, foi tirada de Sarmiento, "Argirópolis", em *Obras Completas,* Buenos Aires, 1950, vol. 13, p. 232. A citação inferior da página de *Obra Completa,* vol. I, p. 317, sobre a desejabilidade da realização de um congresso geral dos países latino-americanos com interesse comum no rio da Prata, foi extraída do livro de Vedia sobre Martín García, p. 241; a referência é Sarmiento, *Obras Completas,* vol. 16, Buenos Aires, 1950, p. 380. Sobre as semelhanças entre os autores brasileiro e argentino, ver Leopoldo Bernucci, "Um Continente Chamado América Latina", *A Imitação dos Sentidos,* pp. 39-50, e, mais recentemente, Miriam V. Gárate, *Civilização e Barbárie n'Os* Sertões *entre Domingo Faustino Sarmiento e Euclides da Cunha,* São Paulo, 2001.

No conjunto, deve-se ter em mente essas diretrizes quando se fizerem comparações literárias entre esses dois intelectuais latino-americanos.

Voltando à resenha, a segunda parte começa afirmando, contra a asserção de Vedia de que a Argentina detém a posse de Martín García desde o século XVIII, que a ilha, chamada primeiramente de Santa Ana, foi ocupada muito antes disso por Pero Lopes de Sousa, comandante de uma caravela portuguesa, que explorou a entrada do rio da Prata em 1529[65]. O canal em volta dessa ilha foi chamado por um piloto castelhano do século XVIII de "canal do Inferno", por causa das muitas correntes fortes nas proximidades da ilha, das fortes inundações que a cobriam e dos ventos meridionais que sopravam sobre ela. Todavia, um século depois, em 1855, o capitão de um barco a vapor da Marinha dos Estados Unidos, um certo tenente Page, notificou a Royal Geographical Society, em Londres, de que havia encontrado outro canal depois de Martín García, do lado uruguaio da ilha, o que parecia implicar que agora a Argentina devia partilhar com o Uruguai a jurisdição de "sua" ilha[66]. Rapidamente surgiram partidos em torno da questão da jurisdição entre as nações interessadas: de um lado, a Grã-Bretanha sustentou, contra violentos protestos do Uruguai, de que a embocadura do Prata seria um braço de mar e, como tal, devia ser "submetida ao regime internacional dos mares livres"; de outro lado, os uruguaios e os argentinos defendiam "a jurisdição interior" do rio da Prata, que devia ser decidida pelos países – eles mesmos – situados em volta da ilha. Euclides, travessamente, apresentou uma terceira alternativa, inconcebível para os dois países envolvidos: a possibilidade de monopolizar as águas do Prata até as mais longínquas encostas da ilhota existente nelas ou até o último grão de areia das barrancas do rio – a não ser, naturalmente, acrescenta com malícia, que os argentinos fossem avessos a renunciar a uma nacionalidade pronta a subscrever "a doutrina singularíssima de Estanislao Zeballos, malgrado a sua invejável inteligência"[67]. Uma perdóavel bofetada em seu velho inimigo argentino. Em tom mais sério, resume os elementos essenciais: o rio da Prata não devia ser considerado um mar livre, e as opiniões do oficial norte-americano (sobre o segundo canal e a neutralidade de Martín García) não eram únicas.

Demonstrou mais respeito pelo tenente Page não apenas devido à descoberta do segundo canal, mas principalmente por sua agudeza política, porque previa que o atual arranjo bilateral, que dividia a jurisdição de Martín García entre a Argentina e o Uruguai, poderia algum dia ser suprimido na política internacional da América do Sul. Talvez dentro de cinquenta anos – isto é, na época de Euclides – "se descerrariam os véus" sobre um futuro obscurecido[68].

---

65. *Obra Completa*, vol. i, pp. 311-313.
66. *Idem*, p. 313.
67. *Idem*, p. 314.
68. *Obra Completa*, vol. i, pp. 315-316.

Um tanto confuso, nessa longa perspectiva, Euclides considera "admirável" o livro de Vedia, por ter defendido que a Argentina "es la soberana exclusiva de la boca y de la navegación del río de la Plata", embora, um pouco adiante, repudie essa defesa de Vedia com a censura de que o espectro do antigo arranjo bilateral "redu-l[o] a pena deslibradora do velho escritor a um caso vulgaríssimo de ignorância de geografia e história"[69]. Mas nem bem acaba assim de dizê-lo, um pouco abaixo, na mesma página, Euclides começa, inesperadamente, um parágrafo cheio dos mais enjoativos elogios à factualidade e força argumentativa de Vedia: "o escritor [Vedia] é por vezes suplantado pelo assunto, tão vivas são as cargas cerradas dos fatos que ele revela, tão numerosos os argumentos que o atropelam, claros e irrefragáveis" etc.[70]. Essa oscilação entre elogio e censura produz uma certa incoerência, e os leitores de Vedia poderão mesmo indagar: para que serve essa exibição insensata?

De qualquer modo, homens maiores do que Vedia, o defensor da "soberania exclusiva" de seu país sobre o Prata, superaram-no na convicção de que as águas do Prata são comuns a todas as gentes que sobem e descem esse rio poderoso. Até mesmo o tirânico caudilho Juan Manuel Rosas apoiou essa opinião junto com os argentinos moderados: "no puede alegarse título alguno, siendo comunes las aguas"[71]. O historiador Bartolomeo Mitre foi mais longe, invocando a autoridade divina na determinação do caráter comum das águas do Prata: "certas linhas gerais traçadas pela Providência, aceitas como leis naturais escritas sobre o terreno, e sancionadas não só pela consciência do povo de Buenos Aires, como também pela de todos os povos, se não podem riscar porque as delineou a própria mão de Deus..."[72]. O maior deles todos, Domingo Sarmiento, exigiu a celebração de um congresso de plenipotenciários das nações latinas para terminar imediatamente com a controvérsia em torno da jurisdição de Martín García e do Prata, que devia decidir que as águas em volta da ilha são comuns a todos. E assim ficaram.

O último artigo de "Vários Estudos", sobre "O Primado do Pacífico", analisa a imensa expansão do comércio norte-americano em todo o Pacífico, que Euclides fundamenta, sardonicamente, na equação quase matemática: *Far West = Far East*. Sua principal fonte do estudo dessa expansão é um relatório estatístico de 1902 enviado à National Geographic Society pelo chefe do departamento de estatística do governo norte-americano, o "Honorável" Oscar P. Austin[73]. De modo mais geral, o que ressalta

---

69. *Idem*, p. 316.

70. *Idem, ibidem*.

71. *Idem*, p. 317.

72. Citado em *idem*, p. 316.

73. As iniciais desse "honorável" cavalheiro aparecem como "O.P." no texto de *Obra Completa*, vol. 1, p. 318, e como "P.O." numa nota, p. 320. A mesma confusão ocorre na segunda edição de *Obra Completa*, vol. 1, p. 353, e p. 355 n. O nome correto é o dado acima. Seu portador não só foi um estatístico de reno-

o ímpeto dessa expansão, no ensaio, é nada mais nada menos que as consequências econômicas completas da antiga doutrina norte-americana do século XIX, o "Destino Manifesto"[74]. A doutrina foi resumida, em termos excelentes, por William Henry Seward, secretário de Estado na gestão de dois presidentes na década de 1860, que se expressou com as seguintes palavras: "Nos últimos três mil anos, o Império [...] marchou para o oeste [...] até que as marés das civilizações renovadas e decadentes do mundo chegaram às praias do oceano Pacífico"[75]. Daí *Far West = Far East*. Os trilhos das estradas de ferro nos Estados Unidos, na data do artigo de Euclides (*ante* 1909), tinham chegado ao Pacífico, e agora o comércio internacional do país com o Far East deve cruzar o oceano ocidental em outras empresas de transportes.

Sobre as exportações norte-americanas para a Europa diz Euclides que estão cheias de um excesso de produtos agrícolas e industriais que não podiam ser transportados pelas rotas de comércio do Atlântico sem causar um desequilíbrio econômico com a Inglaterra e a Alemanha, países que não tinham tanta coisa para exportar. Desse modo, os Estados Unidos eram, nesse aspecto, prejudicados por seu próprio desenvolvimento econômico; no entanto, fora do problema de constringir a Inglaterra e a Alemanha, na virada do século XX os produtos norte-americanos eram levados sem restrição para o mundo, como se saíssem de uma cornucópia, assustando os mercados europeus, que iriam ser apaziguados somente pelo maior concorrente dos ianques, a Alemanha. Talvez fosse uma espécie de consolo para a Europa que apenas trinta por cento da produção norte-americana iam para o continente europeu, ao passo que sessenta por cento eram embarcados para o Oriente Próximo[76]. Contudo, os ganhos em dólares eram espetaculares nessa remota região. As importações ianques procedentes do Far East, no ano de 1900, montaram à soma enorme de 400 milhões de dólares, "igual ao resto de toda a importação mundial norte-americana"[77], mas as exportações para o Far East, mais a Rússia oriental, chegaram a cerca de 1,3 bilhão de dólares para a América do Norte. Em comparação com as exportações ultramarinas da Grã-Bretanha, que subiram cinquenta por cento nesse período, as de sua antiga colônia inglesa cresceram mil por cento[78].

me, mas também autor de diversas obras sobre colonialismo, expansionismo norte-americano e comércio ultramarino. Começou a carreira como jornalista e tornou-se, no fim da vida, professor de Estatística na George Washington University.

74. Sobre as origens do "Destino Manifesto", ver as excelentes páginas de H. N. Smith, *Virgin Land*, New York, 1957, pp. 9-10, 47-51, 175-177, 216-219. Falhas internas da doutrina enfraqueceram-na nos anos 80 do século XIX, mas nada sabe dessas falhas.

75. *Apud* J. W. Davidson, W. E. Gienapp, C. L. Heyrman, M. H. Lytle & M. B. Stoff, *Nation of Nations*, New York, 1990, p. 802.

76. *Obra Completa*, vol. 1, p. 319.

77. *Obra Completa*, vol. 1, p. 320.

78. *Idem*, p. 321.

Seja o que for que possamos pensar da teoria euclidiana da "decolagem" da economia norte-americana no começo do século xx, os números de Austin não nos devem levar a acreditar que fosse fácil dar destino às exportações para o Far East, particularmente na China. Nesse país, somente com grande ajuda dos missionários protestantes Isaac Singer conseguiu vender suas máquinas de costura[79]. No conjunto, porém, os próprios números de Austin parecem confiáveis sempre que puderem ser confirmados. Assim, dentro de um círculo fechado dos países do Far East, da Coreia ao Japão e da China à Austrália, com seu centro em Manila, nas Filipinas, os Estados Unidos acumularam 1,260 bilhão de dólares em exportações para esses países em contraposição a 1,257 bilhão de dólares de importações, no período de 1900 a 1909 – uma boa aproximação dos cálculos atualizados[80]. Embora o país tenha a desvantagem de muito mais milhas a percorrer do que a Inglaterra e a Europa para transportar por mar suas exportações via Atlântico, a futura abertura do canal do Panamá (em 1914) eliminaria de um só golpe o *rush* do Velho Mundo europeu para o Far East e acabaria por implantar o movimento pioneiro das gentes norte-americanas, que, muito tempo antes, haviam forçado a corrida por via terrestre para o Far West[81].

O chamado "awakening of the East", tal como foi praticado primeiramente pelo almirante Matthew Perry com relação ao Japão com sua frota de navios de guerra a vapor em 1845, teve, na perspectiva de Euclides, sombrias consequências: "se houver de reproduzir-se um conflito universal, entre mongóis-malaios e caucásios", ele não será travado, "como na Idade Média, nas estepes da Europa Oriental. Desenrolar-se-á no Pacífico". A futura abertura do "Canal de Roosevelt" somente pode dar origem a uma luta pelo "pleno domínio das águas do grande oceano"[82]. Essas premonições semiformadas e canhestras de um Armagedon das águas entre as nações do Far East e os Estados Unidos de súbito se transformaram, na última parte do ensaio, numa verdadeira profecia.

Sob a velha máxima de Euclides: "A geografia prefigura a história", ele passa em revista a si mesmo e suas cismas numa única frase: "O conflito mercantil, ou militar, de qualquer modo o embate das duas raças defrontantes, terá, tudo o denuncia, a forma inicial de uma luta entre os Estados Unidos e o Japão"[83]. Uma bela ideia, mas levemente prejudicada por um erro de geografia: "Predeterminou-a [a luta] de alguma sorte a própria natureza física, construindo entre os dois países, ligados pelos mesmos

---

79. Ver na parte 4, "The United States in an Industrial Age", de *Nation of Nations*, pp. 802-803.

80. *Obra Completa*, vol. 1, pp. 320-321; cf. o quadro de importações e exportações em *Nation of Nations*, p. 798.

81. *Idem*, p. 321.

82. *Idem*, pp. 321-322.

83. *Obra Completa*, vol. 1, p. 323.

paralelos [longitudinais], *a única estrada de comunicações*" (grifo meu). O que significa a frase em itálico?[84]

Já mais para o final do artigo, ele explica o que quer dizer com "a única estrada" que misteriosamente põe juntos no alto mar o Japão e a América do Norte, para o melhor e para o pior. *De facto*, está-se referindo a uma rota de navegação muito antiga no Pacífico, traçada por Andrés de Urdaneta em 1565, pela qual o famoso galeão "Manila" viajava regularmente de Acapulco a Manila, e de volta novamente, via Japão, para a costa setentrional da Califórnia, acima de San Francisco, ao longo da qual o galeão costeava até Acapulco. Entre os dois roteiros pelo Pacífico, o vento ocidental prevalecia no curso para Manila (ao longo do paralelo de 10°) e o comércio oriental levava o galeão de volta à Califórnia (no paralelo de 30°)[85].

Ora, por que Euclides teria escolhido essa *rota de navegação* circular para uma colisão entre o Japão e os Estados Unidos numa *era do vapor*? Porque, terráqueo como era por opção, ele fantasiou que havia, nas profundezas do Pacífico oriental, uma corrente poderosa – "um dilatado rio pelágico" – que levaria, inevitavelmente, os navios do Japão e dos Estados Unidos ao encontro uns dos outros com explosivos resultados – não muito diferente, talvez, da batalha real de Midway uns 34 anos mais tarde[86].

No que se refere aos acontecimentos belicosos nos oceanos oriental e ocidental em sua época, Euclides diz coisas apaziguadoras sobre o ataque norte-americano aos colonialistas espanhóis das Filipinas (1898). Não menciona a vitória do almirante George Dewey sobre a esquadra espanhola de dez navios, afundados na baía de Manila, tampouco prevê as complicações das guerrilhas de Aguinaldo que se revoltaram contra os vitoriosos norte-americanos como tinham feito contra os colonialistas espanhóis. Ainda assim, porém, capta em poucas frases a ambiguidade da ocupação norte-americana das multidões de ilhas das Filipinas, de um lado "proclamando que a tutela […] perduraria o tempo necessário ao tirocínio dos filipinos no se aparelharem para o próprio governo". (Onde os norte-americanos voltaram a ouvir, mais recentemente, esse tipo de proclamação?) De outro lado, submetida "às exigências da expansibilidade industrial, [a América do Norte] reavivou o antigo anelo do primado mercantil no grande oceano, erigindo o novo território [das Filipinas] em base de [suas] operações com o intuito de garantir o seu papel de supervisor comercial do Leste"[87].

A esse drapejar da bandeira norte-americana Euclides responde com frieza: "[o] ideal político da formação de um país livre, capaz do *self-government*", diz, "não coe-

---

84. *Idem, ibidem.*

85. Sobre Urdaneta, ver o capítulo "The Route" da obra clássica de William L. Schurz, *The Manila Galleon*, reimpr. New York, 1959, pp. 216-250 e 22-24.

86. *Obra Completa*, vol. I, p. 324.

87. *Obra Completa*, vol. I, p. 322.

xistiria com o econômico, visando transformá-lo [esse país] no campo de manobras de um luta de mercados. Nem se compreende que se constituísse uma nacionalidade, colhida, logo ao ensaiar dos primeiros passos, pela pressão violenta dos interesses que lhos [desses mercados] perturbariam". É melhor, ele pensa, uma solução em duas partes, como na colonização britânica, devendo-se dar prioridade ao fator econômico, para chegar-se depois aos benefícios políticos. No entanto, admite, "é evidente que não podem os Estados Unidos copiar a Inglaterra de há dois séculos"; e aí é onde ele abandona essa linha de pensamento. A reformulação histórica das Filipinas somente irá terminar após longo tempo, parece, sob condições que lhe permitam manter sua integridade separada de suas fontes históricas originais – "se, sobretudo, [a mudança] se caracterizar como um episódio dominante da conquista do Pacífico"[88].

"Estrelas Indecifráveis"

Passamos agora ao último ensaio de *À Margem da História*, que é destacado numa categoria toda sua. "Estrelas Indecifráveis" é uma história compacta da astronomia europeia de cerca do século XI até ao Iluminismo, que com engenho e arte procura autenticar a brilhante estrela dos Reis Magos, que os levou à manjedoura do Menino Jesus, numa lapa como a lenda irá colocá-la. O artigo não pretende, explicitamente, desmentir a narrativa de sua viagem, como a relata o evangelista Mateus, mas, ao contrário, torná-la mais plausível: "Não critiquemos, impiamente, a narrativa singela do primeiro evangelista. Justifiquemo-la"[89]. Para essa "justificação" se convoca toda a ciência e espiritualidade de Euclides, e, dessa forma, o artigo torna-se um exercício da interação entre ciência e religião. Sejamos ou não convencidos pela correspondência cosmológica entre a estrela dos Magos e as outras estrelas caminhantes da astronomia europeia por oito séculos, a largueza de vistas e o ardor desse ensaio permanecem realmente impressionantes.

Na Antiguidade – afirma Euclides com correção[90] – "a cultura clássica, na sua plenitude, acolhia um eco longínquo das civilizações orientais, que terminavam". As "rudes" profecias de Balaão, que pressagiavam o papel de um deus nas terras eleitas de Israel, "harmonizavam-se, de algum modo, às apóstrofes rítmicas do *Prometeu*, de Ésquilo, ao vaticinar, nos palcos atenienses, ante o assombro das plateias comovidas, a próxima abdicação de Júpiter. O *Livro de Daniel* prolongava-se nas églogas de

88. *Idem*, pp. 322-323.

89. *Idem*, p. 377.

90. Cf. Johannes Geffcken, *Der Ausgang der griechisch-romischen Heidentums*, Heidelberg, 1920, p. 225: "sim, é uma afirmação totalmente bem-vinda aquela que diz ter sido a orientalização do [mundo] helênico maior do que a helenização do Oriente e que da luta da nova religião com a antiga o Oriente saiu como o vencedor [com referência a Eduard Norden em *Agnostos Theos*]".

382 ❦ FREDERIC AMORY

Virgílio"[91]. Os classicistas sorrirão diante dessas sínteses pagano-judaicas, mas elas apenas mostram que Euclides não passou pela disciplina dos estudos clássicos, para os quais na verdade tinha pouca aptidão linguística. O *Prometeu Acorrentado* não é mais atribuído a Ésquilo, mas as observações de Euclides sobre a profética écloga IV de Virgílio são bastante sensatas: ao poeta "não lhe bastara o pressentir próximo renovamento dos séculos esgotados, trocando-se os sinais dos tempos; senão que ao espetáculo das sociedades novas, prefiguradas, ligou o império de uma criança maravilhosa, que ao nascer 'faria estremecer a natureza inteira, da imensidade dos mares à imensidade dos céus'". Por isso, Euclides, numa curiosa figura de linguagem, compara Virgílio a um vidente ("batera parelhas ao vidente"), a quem ele forcejava por emular[92].

O ensaísta volta, então, aos Três Magos a caminharem penosamente, por dias ardentes e noites geladas, pelo deserto que outrora o Mediterrâneo banhou, até que os olhos cansados, ofuscados pelas miragens, vislumbraram os declives rochosos das encostas ao norte do Sinai. Por cima de suas cabeças a brilhante estrela continuava a guiá-los enquanto tomavam o caminho de Belém, iluminado por sua luz; todavia, quando se prostraram em adoração ao Menino Jesus, a luz dessa estrela apagou-se nas alturas e eles mergulharam em profunda escuridão. Para Euclides a brilhante estrela apagou-se porque a caracterizou como uma nova, "cuja luminosidade de repente aumenta e depois diminui lentamente"[93].

Assim, de acordo com Euclides (e não com o Evangelista), em termos de claridade e escuridão as épocas da clarividência virgiliana e da lenda oriental foram separadas do racionalismo e da perscrutação astronômica dos céus noturnos que se originou entre os gregos e começou de novo na Europa com as meticulosas observações de Tycho Brahe numa ilha dinamarquesa. Contudo, os termos da separação não eram absolutos, pois, como nos diz Euclides[94], embora a luz celestial parecesse ter-se apagado, ela não se extinguiu de todo, mas guiou aqueles que buscavam Cristo através das Eras de Trevas. Um único observador das estrelas daquele período é nomeado por Euclides: um monge de Saint Gall (Suíça), Hepidannus, que escreveu um *Anais de St. Gall* até 1024, e uma "insignificante" hagiografia de uma reclusa, Wilborad (1072)[95].

---

91. *Obra Completa*, vol. 1, p. 377.

92. *Idem*, pp. 377 e ss. O pouco conhecimento de latim de Euclides não lhe permite traduzir a contento a *Écloga* IV de Virgílio, vv. 50-53; na edição de R. Coleman (Cambridge, 2001), pp. 57, 145-146: "Veja a Terra com toda a sua massa redonda vibrando – as terras, as extensões do mar, e os céus nas alturas. Veja como todas as coisas se rejubilam no século futuro". Cf. a versão brasileira: O nascimento do menino "faria estremecer a natureza inteira, da imensidade dos mares à imensidade dos céus'".

93. A definição de Jacques Merleau-Ponty & Bruno Morano em *The Rebirth of Cosmology*, trans. Helen Weaver, New York, 1976, p. 248.

94. *Obra Completa*, vol. 1, p. 378.

95. Ver W. Wattenbach & R. Holtzmann, *Deutschlands Geschichtsquellen im Mittelalter*, Berlin, 1942, vol. 1, pp. 227 e 240, n. 71.

Esse monge é conhecido dos medievalistas apenas como um compositor menor de compilações históricas e hagiográficas, mas para Euclides era "o extraordinário monge de Saint-Gall, núncio da estrela nova, de excepcional fulgor, que sobredourou durante três meses o signo de Áries, no extremo meridional dos céus"[96]. Em outras palavras, mais uma estrela nova, mas qual? A única candidata real que se apresentou durante toda a vida de Hepidannus foi uma supernova de 1054, tão brilhante que "era visível em plena luz do dia [e] deixava atrás de si uma nebulosa gasosa, a Nebulosa do Caranguejo"[97]. Hepidannus não pode ter deixado de ver essa estrela, que se ajusta à descrição de Euclides também por sua intensa luminosidade.

Na Era Moderna, Tycho Brahe foi o maior dos observadores dos céus noturnos a olho desarmado, e sua descoberta, em 1572, da nova *Peregrina*, na constelação de Cassiopeia, instigou o debate astronômico e religioso até ao final do século XVI. Era tão grande sua resplendência que ofuscava Sírius, Vega, Júpiter e Vênus, mesmo quando esses corpos celestes estavam próximos da Terra. O próprio Brahe surpreendeu-se com essa descoberta, acreditando que era uma alucinação; mas seguro de sua natureza estelar de nova, seu brilho apagou-se, de acordo com o tipo, no final de 1572, e no ano seguinte seus raios voltaram a brilhar tão vermelhos quanto os de Marte e, depois de novembro, extinguiu-se para sempre. "[P]areceu extinguir-se", vacila Euclides, "porque o telescópio ainda não se inventara"[98]. Seria essa "a estrela dos Magos"?

Um contemporâneo de Tycho Brahe, o médico e astrólogo italiano Geronimo Cardano, que viveu durante três quartos do século XVI, estava convicto astrologicamente do "restaurar-se a antiga página do evangelista" com a descoberta de Tycho Brahe; e o reformador protestante francês Théodore de Bèze inspirou-se liricamente para compor um poema que decantava a "causa maravilhosa" do reaparecimento da "estrela dos Magos"[99]. Passaram-se dois séculos e um jovem e notável astrônomo inglês, John Goodricke, chegou no século XVIII com uma prova numérica da identidade entre a *Peregrina* de Brahe e a estrela dos Magos. Nascido de pai inglês e mãe dinamarquesa, Goodricke era um surdo-mudo com grande pendor para a matemática e a astronomia, o que lhe permitiu superar suas deficiências físicas e ganhar um prêmio em 1782, conferido pela Royal Society, por ter detectado com seu telescópio que o brilho alternante da estrela Algol se devia ao fato de ser na verdade duas estrelas, e não uma única, as quais orbitavam uma à outra, ora brilhantes, ora escuras; a essa alternância deu-se o nome de "variáveis eclipsantes"[100]. Essa sua identificação da *Peregrina* não lhe

---

96. *Obra Completa*, vol. I, p. 379.

97. Merleau-Ponty & Morano, *The Rebirth of Cosmology*, p. 248.

98. *Obra Completa*, vol. I, p. 380.

99. *Idem*, p. 381.

100. O jovem astrônomo não morreu com 22 anos (*Obra Completa*, vol. I, p. 381) mas com 21.

trouxe muito sucesso. Usando observações de um astrônomo da Boêmia, Goodricke permutou uma série de anos, com intervalos regulares cada um de períodos de 315 anos, nos quais tinham retornado os lampejos da nova, de 1575 (a data do aparecimento da *Peregrina*) retroagindo até o nascimento de Cristo (ano 0). Assim ficou a série:

$$1575 : 1260 : 945 : 630 : 315 : 0.$$

Infelizmente, os dados observacionais do boêmio eram falsos e nenhum catálogo inseria a visão dessa estrela entre 630 e 1260[101].

É evidente que contratempos desse tipo não desencorajaram os sonhadores astrais, sobretudo no século XVII, época em que a ciência e a religião com frequência se misturavam. Em 1604, Kepler observou uma estrela muito brilhante na constelação do Serpentário (= *Ophiuchus*), com diversos aspectos cósmicos em comum com *Peregrina*. Nos dois anos seguintes, ela foi sumindo e finalmente desapareceu do espaço, como as novas. Ainda assim, enquanto ainda vacilava em 1604, três planetas entraram em conjunção com ela, primeiro Júpiter e Saturno e, mais tarde, Marte. Da ilação de que essa conjunção pudesse ter ocorrido antes – em tempo tão remoto quanto o nascimento de Cristo – Kepler fez "um cálculo extremamente simples" que datava a conjunção inicial dos anos 747-748 do calendário romano. Como Roma foi fundada (supostamente) em 753 segundo Varrão ou 752 conforme Catão[102], subtraindo os anos que Kepler aventara para a conjunção inicial, o fenômeno teria ocorrido dentro de um período de cinco anos do nascimento de Cristo, data bastante próxima para que o astrônomo pudesse afirmar que sua estrela era de fato aquela que conduzira os Magos. Euclides sublinha com razão a humildade do astrônomo alemão "ante a majestade emocionante do Infinito", embora nada diga sobre o comedimento e a autocrítica igualmente grandes de Kepler, que o distinguiam como um verdadeiro cientista e um cristão profundamente religioso[103]. Seus cálculos nem sempre foram "extremamente simples", como nesse caso.

Com algumas observações sardônicas sobre o moderno estudo "utilitário" das estrelas variáveis, em "nossa ignorância inflada de teoremas", Euclides retorna a Goodricke e a suas observações de Algol ("vampiro" em árabe), ou Beta, como é mais conhecida, da constelação de Perseu; observações que lhe valeram um prêmio, como se disse. Repete o que havia dito acima sobre o experimento do cientista, mas elucida um pouco melhor "as variáveis eclipsantes"; enquanto um "binário de dois astros" completa sua

101. *Idem, ibidem.*

102. Ver sobre as datas de fundação o manual de H. Grotefend, *Taschenbuch der Zeitrechnung*, Hannover, 1991, p. 9. Com certeza, a arqueologia moderna não confirmará as datas de fundação de Roma na metade do século VIII a.C.; cf. *Oxford Classical Dictionary*, ed. S. Hornblower e A. Spawforth, Oxford, 1996, p. 1322.

103. *Obra Completa*, vol. I, pp. 381-382.

revolução, "cada revolução correspond[e] a dois eclipses, de um e de outro", pois a teoria de Goodricke admitia que, das duas estrelas de Algol, quando uma estava brilhante, a outra apagava-se, e vice-versa, a cada revolução. Portanto, não havia realmente um eclipse de uma estrela escurecida, como aparece à observação, mas dois. Não obstante, Euclides vê nas "variáveis eclipsantes" de Algol uma divergência dos movimentos normais "em nosso sistema planetário". Do mesmo modo, dois astrofísicos alemães contemporâneos tinham feito, deliberadamente, uma irreversível exceção às estrelas variáveis em seus argumentos sobre a existência de outro sistema planetário, mesmo que esses argumentos tenham levado a lugar nenhum[104].

Considerando tudo, Euclides estava querendo apenas assegurar que Algol não tem o brilho de *Peregrina*, que ela se escurece a certa distância da estrela de Kepler, perde-se nas alturas, e é apenas uma estrela de segunda grandeza, tão pequena no tamanho observado que não teria impelido os Magos a segui-la, nem teria fascinado Kepler, nem confundido Tycho Brahe. Ainda assim, diz a seus leitores que, por suas medidas exatas, tem "um globo 52 vezes mais volumoso que o nosso coruscante astro-rei", e assim nos ensina a ser mais humildes em nosso diminuto planeta no espaço exterior[105].

Concluindo, o ensaio junta os dois temas da ciência e da religião num tributo a Kepler:

> [...] já não nos maravilha que a alma de Kepler passasse, com o mesmo entusiasmo fervoroso, do rigorismo impecável das suas linhas geométricas para os êxtases arrebatados dos crentes, consorciando, como nenhuma outra, o espírito científico, que nos desvenda o destino das coisas, ao espírito religioso, aviventado pela eterna e ansiosa curiosidade de desvendarmos o nosso próprio destino.

Com essas palavras, Euclides se desfaz da distinção de Spencer entre ciência e religião (cap. 6, p. 104), que esposara anteriormente; mas anuvia o sentido que pretendia quando fala, antropomorficamente, das novas e supernovas.

E pensamos – maravilhados diante do crescer e transfigurar-se da própria realidade, que, mesmo na esfera aparentemente seca do mais estreito racionalismo, se nos faz mister um ideal, ou uma crença, ou os brilhos norteadores [das estrelas novas] de uma ilusão alevantada, embora eles não se expliquem, nem se [nos] demonstrem com os recursos da nossa consciência atual, como se não demonstram, nem se explicam, malgrado os recursos da mais perfeita das ciências, os astros volúveis, que pelejam por momentos e morrem indecifráveis,

104. *Idem*, pp. 382-383.
105. *Idem*, p. 383.

como resplandeceu e se apagou a estrela radiosa que norteou os Magos no deserto, e nenhum sábio ainda fixou na altura[106].

Ao término de seus escritos, onde estamos agora, podemos voltar a analisar com proveito alguns artigos contidos no volume *À Margem da História* e esclarecer algumas ligações entre um e outro. O bloco mais sólido de ensaios dessa coletânea trata do comércio da borracha na Amazônia e ao longo dos rios Amazonas e Purus. A enorme expansão do látex, que se tornou o grande negócio da Bacia Amazônica, não causou em Euclides outro sentimento senão um rancoroso desprazer em sua chegada a Manaus, e se despreocupa com suas ramificações. Numa página de "Entre o Madeira e o Javari"[107], ele o sintetizou numa rede de linhas de transporte pelo rio Amazonas, com um negaceio – um *nouveau frisson* – diante de refinados coletores de látex como um grupo de parisienses que tinham abandonado os bulevares de Haussmann para formar uma colônia às margens do rio Juruá. Em outra página, no ensaio "Transacreana"[108], fornece alguns dados estatísticos precisos sobre a expansão da borracha em 1905. No entanto, além dessa informação esparsa, era exigido dele, como chefe brasileiro da Comissão Mista de Exploração do Rio Purus, que registrasse com maiores detalhes as condições do rio e de seus habitantes nativos, o que fez na seção VI do *Relatório*[109]. Sabemos por esse copioso registro quais tribos indígenas sobreviveram ao negócio da borracha e os nomes dos exploradores brasileiros do Purus, notadamente o coronel Antônio Rodrigues Labre, fundador da importante cidade de Lábrea por volta de 1870, e Manuel Urbano da Encarnação, o grande batedor do interior do próprio Amazonas. Até 1883, toda a região do Purus era "povoada exclusivamente por brasileiros" (além dos índios) e o rio revelou-se "o mais rico [em látex e outros produtos] entre todos os rios da Amazônia", com a produção total de 5 423 164 quilos de borracha nos anos de 1881-1883[110]. No segundo período de desenvolvimento, 1882–1892, o verdadeiro início da grande expansão do negócio da borracha, foram exportados 3 459 455 quilos de borracha somente no ano de pico de 1892[111], embora nesse período os infelizes nordestinos que afluíram para o Alto Purus estivessem reduzidos à condição de meros escravos por dívida, totalmente à mercê de seus patrões[112].

As condições de trabalho, do segundo período em diante, pioraram devido ao fato de terem os nordestinos brasileiros de enfrentar na verdade duas frentes de trabalho

---

106. *Obra Completa,* vol. I, p. 384.
107. *Idem,* p. 165.
108. *Idem*, p. 285.
109. *Idem*, pp. 720-726.
110. *Idem*, p. 723.
111. *Idem*, p. 724.
112. *Obra Completa,* vol. I, p. 726.

em seus seringais – uma, a das incursões dos destrutivos caucheiros peruanos, e a outra, a das restrições criminosas que as empresas brasileiras que trabalhavam com a borracha impunham ao crescimento da mão-de-obra originária do Nordeste. Euclides mostrou-se bastante irado tanto com os caucheiros quanto com as empresas nativas, e em "Contra os Caucheiros" diz cobras e lagartos contra os peruanos, e com maior violência ainda em "Os *Caucheros*". Nesse último artigo, lembra o massacre liderado por Carlos Fitzcarraldo, em 1892, dos índios maxcos nas cabeceiras do rio Madre de Dios, e recorda vividamente sua visão, ao longo do rio Purus, em 1905, do cadáver de uma índia amahuaca assassinada e, com mais lamentos ainda, o encontro de um índio não identificado que morria sozinho de malária em Shamboyaco, esquecido pelos pérfidos "amigos" como se deixa para trás uma bola de borracha[113]. São incidentes que sua "Viagem" oficial, na seção 1 do *Relatório*, em seu estilo prosaico, pouco emocional, não menciona; o itinerário deve ser revigorado, frequentemente, com passagens extraídas de outros textos seus. O artigo "Brasileiros" é, em compensação, uma anomalia, pois constitui um registro de raras relações pacíficas entre os incompetentes peruanos e os diplomaticamente espertos brasileiros.

Vejamos agora no outro livro, *Contrastes e Confrontos*, dois ensaios que destoam dos demais, por serem suas histórias tão díspares. São estes o ensaio que dá título à coletânea, "Contrastes e Confrontos", e "Conflito Inevitável", os quais sublinham a hostilidade básica que opõe os peruanos, que confessadamente buscam uma saída no oceano Atlântico para sua economia, e os brasileiros, que navegam para o oeste pelo rio Purus até à Bacia Amazônica e aos profusos seringais. As tribos indígenas, presas entre as duas ondas de latinos, foram escravizadas ou dizimadas, enquanto os intrusos repovoavam a bacia do Amazonas. Presumivelmente, nesse conflito entre populações os puru-purus, que Euclides encontrou, não só foram desalojados de suas terras pelos brancos como também perderam para seu rio suas grandes malocas flutuantes de troncos entrançados[114].

Além de sua profunda aversão aos peruanos, Euclides conhecia perfeitamente o terrível tributo que o negócio da borracha no Brasil cobrava em vida e liberdade dos recém-chegados do Nordeste, e de vez em quando ele indignava-se com as agruras que sofria o trabalhador agrícola, o caboclo, na Bacia Amazônica. Aqui, finalmente, ouve-se a voz "vingadora" do articulista, como no texto folclórico "Judas-Asvero", e mesmo no ensaio plagiado "Entre os Seringais", "a imagem monstruosa e expressiva da sociedade torturada"[115] ressalta com ousadia dos detalhes opacos de um dia de trabalho entre os seringais. A conclusão do ensaio "Um Clima Caluniado" apresenta certa

113. *Idem*, pp. 256-257 e 261-262.
114. *Idem*, pp. 721-722.
115. *Obra Completa*, vol. I, p. 510.

desarmonia, porém, com "a imagem monstruosa e expressiva da sociedade torturada" dos infelizes trabalhadores nordestinos. Se conseguem adaptar-se ao clima amazônico, tanto melhor, podem ficar rijos no Acre por um golpe de sorte spenceriano; "a sobrevivência dos mais aptos" promoverá alguns trabalhadores do campo a "caboclos rijos"[116]. Não sendo assim, a maioria deles continuarão doentes ou sucumbirão. "Lá [no Acre] persistem apenas os fortes"[117].

Nada se precisa, ou se *poderia* acrescentar, ou tirar, ao conteúdo desses ensaios. Quanto ao resto, os textos sobre as estradas de ferro aqui e alhures já foram correlacionados (ver cap. 11, pp. 222-223), ao passo que o longo "Da Independência à República" (cap. 11, pp. 217-221), o mediano "Martín García" e o curto "Estrelas Indecifráveis" são ensaios isolados cujo brilho (ou falta de brilho) não tem quaisquer reflexos fora deles próprios em sua obra.

116. *Idem*, p. 253.
117. *Idem*, p. 725.

Observações Finais

Nas páginas precedentes dessa biografia conhecemos o melhor e o pior de Euclides, ou labutando na sua profissão de engenheiro civil e construtor de pontes, ao mesmo tempo em que compunha sua obra-prima *Os Sertões*, ou ainda, no final da carreira, fulminando de raiva a esposa e seu amante (a acreditar no filho do casal), a quem tentou matar sem sucesso. Tudo isso parece quase um cenário perfeito para a máxima de Lord Acton: "Julguem o melhor do talento e o pior do caráter"[1]. Antes, porém, de apressar-nos a julgar, teremos de investigar um pouco mais o que se entende por "caráter" no caso de Euclides. Naturalmente, o que crescia dentro dele naquela manhã de agosto em que viajou de trem até a estação de Piedade era algo muito mais elementar do que o caráter, uma fúria que lhe tirou o total controle de si mesmo e fixou-o num único ato: "Matar!". Talvez devido a esse impulso irracional as terras latinas têm sido, tradicionalmente, mais brandas com casos como o seu de "crime passional". De qualquer modo, mais uma máxima de Acton pode-se aplicar aqui: "Não procurem unidade artística no caráter", advertiu aos historiadores (em 1887)[2], mas suas palavras não chegaram, através dos mares, até alguns biógrafos brasileiros de Euclides, que regularmente lhe atribuíram um caráter fixo estereotípico que parece adequado à sua determinação de seguir "a linha reta" em tudo, mesmo que repetidas vezes caísse em desvios visionários em suas noites no Amazonas e no Purus. A verdade é que, de qualquer modo, esse homem que tanto fez numa vida tão curta era impelido por todos os demônios do século XIX – trabalho, obrigação moral, religião (agnosticismo), raça, se não racismo, paixão pela natureza tropical intocada etc.

---

1. *Lectures on Modern History*, London, 1952, p. 24.
2. *Historical Essays and Studies*, London, 1919, p. 506.

Um dos mais antigos e perspicazes teóricos do gênero biográfico[3] dizia com insistência que o biógrafo deve captar a individualidade ou "cerne" de seu objeto, além e acima da totalidade de suas experiências de vida. Nenhum critério, psicológico, ou biológico, satisfaz esse requisito. Mas quem seria tão corajoso para apreender a essência de Euclides Rodrigues Pimenta da Cunha? Bem, Sylvio Rabello tentou fazê-lo nas páginas de conclusão de uma excelente biografia de Euclides e de sua vida inteira, na qual tenta detalhar a misteriosa sexualidade do engenheiro-autor como um elemento de sua essência. Assim raciocina Rabello: "O amor de mulher que não encontrou na mãe [morta precocemente] […], não o encontrou em ninguém. A presença do outro sexo [*e.g.*, sua esposa] nada acrescentava ao homem seco e triste que era ele, em conforto pessoal, em gosto do mundo, em pletora de vida. O outro sexo ele sustentou em si mesmo"[4]. Nessa passagem, Rabello simplesmente converteu Euclides num andrógino psicológico que se privou, narcisisticamente, da companhia de uma mulher. Se essa condição é da essência de Euclides, parece simplesmente reduzir sua estatura humana.

Existe, porém, uma designação melhor para o Euclides essencial numa obra de 1922 citada por Eloy Pontes, ou seja, *Les grandes timides*, de L. Dugas[5]. São exemplos do tipo Rousseau, Benjamin Constant (o escritor francês), Chateaubriand, Stendhal e Prosper Mérimée. Pode ser que essas figuras francesas não sejam exatamente a melhor companhia para Euclides, mas acho que o título *un grand timide* ajusta-se a ele muito bem. Sua pouca inclinação a falar no meio de uma conversa geral, seu incômodo genuíno em reuniões oficiais, sua confessa autocaracterização como caboclo, sua transparente inocência e dolorosa honestidade, sua natureza reclusa, sua repressão, tudo isso me parecem sintomas de uma timidez fundamental.

Naturalmente, sua firmeza de caráter, em comparação com sua timidez, deve ser atribuída à pronta disposição a falar com franqueza, em seus textos, contra o erro e o crime humanos, ou a mostrar-se incansável quando convocado a lidar com uma situação emergencial, como a ponte que caíra em São José do Rio Pardo, ou a chefiar a equipe brasileira na exploração das nascentes do rio Purus, para decidir as questões fronteiriças entre o Brasil e o Peru. No entanto, sua coragem e perseverança estavam assentadas numa camada mais profunda da personalidade do que sua timidez exterior, e secundadas por formidável força de expressão em seus escritos, como quando relatava a condução brutal da guerra de Canudos, ou os maus-tratos infligidos aos índios no rio Purus. Possuía, como poucos de seus compatriotas, os dons, tão encontradiços

---

3. Jan Romein, *Die Biographie*, trad. por U. H. Noodt do holandês ao alemão, Berna, 1948, pp. 129-131.
4. Sylvio Rabello, *Euclides da Cunha*, p. 353.
5. Eloy Pontes, *A Vida Dramática…*, pp. 330-331 e 333-334. Cf. Jan Romein, *Die Biographie*, pp. 127-128 e 145.

no século XIX, da enorme energia e da devoção canina ao trabalho, por mais que se queixasse de sua carreira cansativa de engenheiro civil. Quem mais, no final do século XIX, em qualquer lugar do mundo ocidental, poderia ter reconstruído uma ponte desabada por assim dizer com uma mão, enquanto com a outra escrevia uma obra-prima imperecível como *Os Sertões*? As qualidades mencionadas colocam-no numa categoria toda própria, mas não excluem a timidez de comportamento. Afinal de contas, seu século não estava desprovido de semelhantes indivíduos titânicos da Europa, da Inglaterra, ou dos Estados Unidos, que, fora das arenas de seus extraordinários trabalhos nos negócios, na construção ou na ciência e na erudição, eram como que crianças que, por causa de sua timidez e acanhamento, mal sabiam como falar ou o que dizer aos mortais menores.

Nessa análise de caráter um tanto esquemática, podemos muito bem perguntar o que existe abaixo da linha de caráter em Euclides, nas profundezas de seu ser, por mais insondáveis que sejam além do fundo de sua alma. Ele próprio falou de seu "ursismo", uma rudeza de maneiras, uma irritabilidade com os outros[6] que irromperia em violência se estivesse de mau humor, como aconteceu um dia numa livraria carioca quando repudiou a oferta de uns livros de ciência que o livreiro lhe fizera por estarem desatualizados e não serem úteis para ninguém. Essa opinião biliosa irritou um cliente e naturalista que ali estava, João Barbosa Rodrigues, que trocou com ele palavras acaloradas, a ponto de quase levar Euclides às vias de fato[7].

Esse incidente, embora de muito mau-humor, não foi nada comparado com as explosões de Euclides em outras ocasiões. Enquanto trabalhava na reconstrução da ponte em São José do Rio Pardo e escrevia *Os Sertões* ao mesmo tempo, tinha as horas de descanso e relaxamento em casa perturbadas à noite pelo barulho vindo de um botequim próximo, onde os trabalhadores imigrantes italianos se reuniam para jogar a *morra*, um jogo habitual de sua terra[8]. Uma noite, Euclides não conseguiu mais aguentar a algazarra vinda do bar e, "foi movimentar o prefeito da cidade que, providencialmente era o amigo Escobar, em cuja residência compareceu armado, furioso, a negar sua temperança de linguagem, dizendo palavrões contra o responsável do barzinho". Este, exercendo sua autoridade de prefeito, chamou o dono do bar a seu escritório e explicou-lhe a distinção de John Mills entre a liberdade legítima e a ilegítima que

---

6. Ver a declaração em carta a Coelho Neto, de 7 de agosto de 1904, em, vol. II, p. 648: "Habituei-me ao Guarujá, ou melhor: o Guarujá comigo – tolera as minhas distrações, o meu ursismo, a minha virtude ferocíssima de monge e de dispéptico".

7. Incidente pessoal registrado por Sylvio Rabello em sua biografia, pp. 334-335.

8. O jogo consiste em adivinhar a soma dos números que são mostrados com os dedos pelos jogadores. Simultaneamente, os dois jogadores estendem o braço mostrando o punho cerrado ou com alguns dedos abertos, segundo sua escolha, enquanto gritam um número de 2 a 10. O jogador que acerta o número formado pela soma dos dedos projetados ganha o ponto.

viola a liberdade dos outros. Parece que essa distinção, expressa em termos brasileiros, teve o efeito desejado sobre o dono do bar, Sílvio Dan, que daí por diante resolveu o problema, mudando-se "do local, para a satisfação, aliás, de todos os vizinhos de sua tasca…"[9].

Outra vez, a mesma figura de Euclides empunhando uma pistola aparece no Alto Purus, num trecho de vazante, ameaçando com o revólver o pobre remador que estava cansado demais para continuar remando. Não podemos aceitar a acusação de Dilermando de Assis de que Euclides atirou num homem morto[10], mas uma última cena nesse sucessivo melodrama é realmente incriminadora, quando Coelho Neto levou Euclides e outro amigo a um cinema no Rio. O filme que foram ver era um *far-west* norte-americano que representava corridas de cavalo, rixas com troca de tiro, conflagrações, farras com mulheres, tudo girando em torno de um caso central de adultério, que era punido, no final, com tiros desferidos pelo marido traído no casal adúltero na cama. Diante desse final, Euclides levantou-se no cinema ainda escuro e gritou: "É assim que eu compreendo!". Coelho Neto e o outro amigo tiraram o excitado Euclides do meio da plateia escandalizada e levaram-no para a rua, onde ele advertiu: "Fizessem todos [os maridos traídos] assim e não haveria tanta miséria como há por aí. Essa é a verdadeira justiça. Para a adúltera não basta a pedra israelita, o que vale é a bala". Esses arrebatamentos fazem total sentido no tocante ao adultério de Ana com Dilermando, e, além disso, corroboram a afirmação de Quidinho (cap. 17, p. 350) de que seu pai pretendia matar *tanto* Dilermando *quanto* sua mãe para vingar-se de seu adultério[11].

Tremendo de raiva e fora de si com extrema excitação, esse é o pior de Euclides, mas felizmente seus leitores de sua terra e do estrangeiro julgaram-no por seu melhor, seus talentos literários e sua integridade histórica, como em *Os Sertões*. Naturalmente, não foi o primeiro escritor de extremos dons literários a ter uma personalidade dividida, como entre o artista e o próprio homem. Daí a advertência de Acton: "Não procurem unidade artística no caráter". Contudo, sem precisar fazer perguntas embaraçosas, seus leitores sentem prazer em elogiar a metade melhor do homem inteiro, e ainda choram-no, mesmo depois de haver passado cem anos, por ter caído vítima de um assassinato.

---

9. Cf. Sousa Andrade, *História e Interpretação de Os Sertões*, p. 224.

10. A acusação aparece em *Tragédia da Piedade*, p. 129; a fonte é Veloso Leão, *Euclides da Cunha na Amazônia*, p. 57.

11. Sobre esse deplorável incidente, ver Coelho Neto, *Livro de Prata*, pp. 259-260. Nas palavras do filho Quidinho: "Queria também matar a esposa que o traíra", *Dom Casmurro*, 10, p. 60, maio de 1946.

Carta do Rio Purus

Levantada por Euclides da Cunha

Carta do Rio Purús

Levantada pelo engenheiro Euclydes da Cunha e capitão de corvêta Pedro Buenãno

reduzida à escala de 1:500.000.

Obs.ᵐ - As longitudes referem-se ao meridiano inicial de Greenwich, para W. A Carta está disposta de modo a facilitar o exame dos varios pontos, da fóz para as cabeceiras.

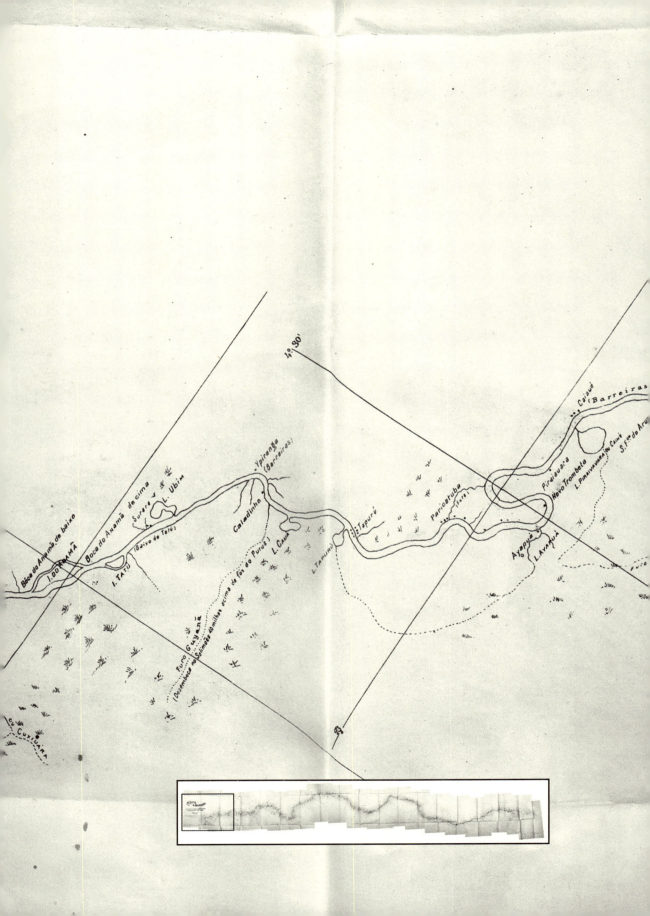

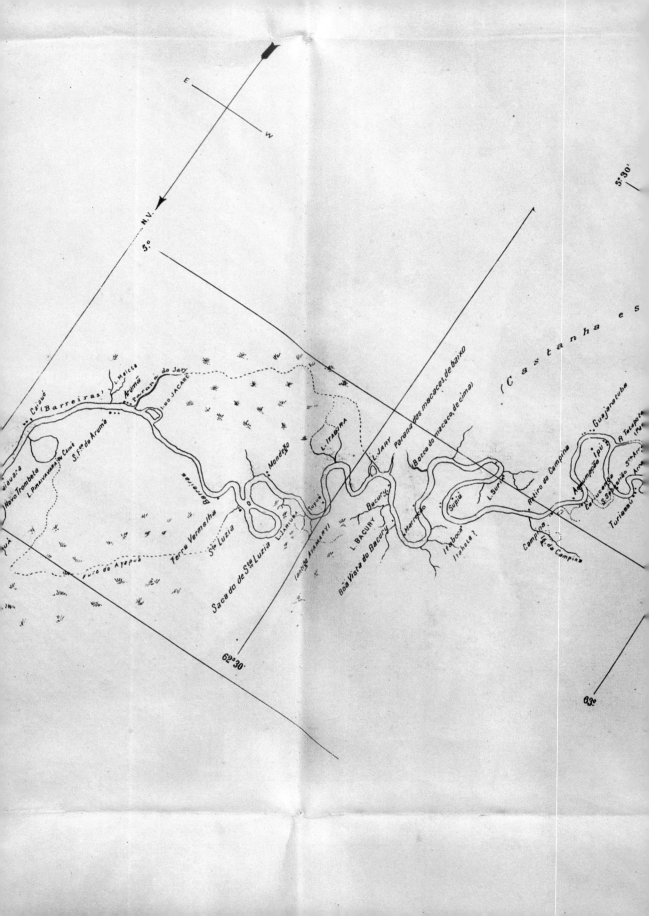

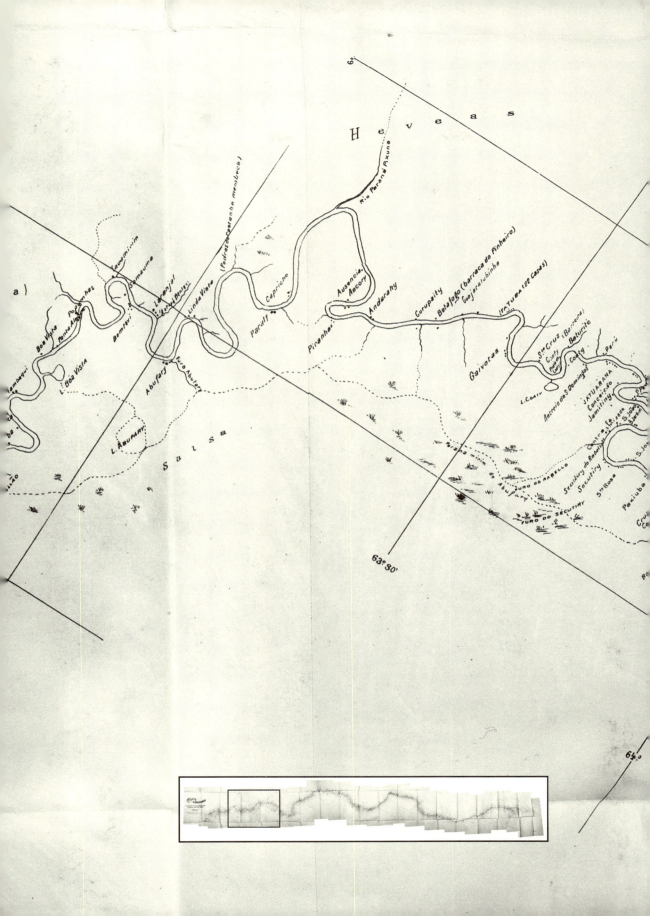

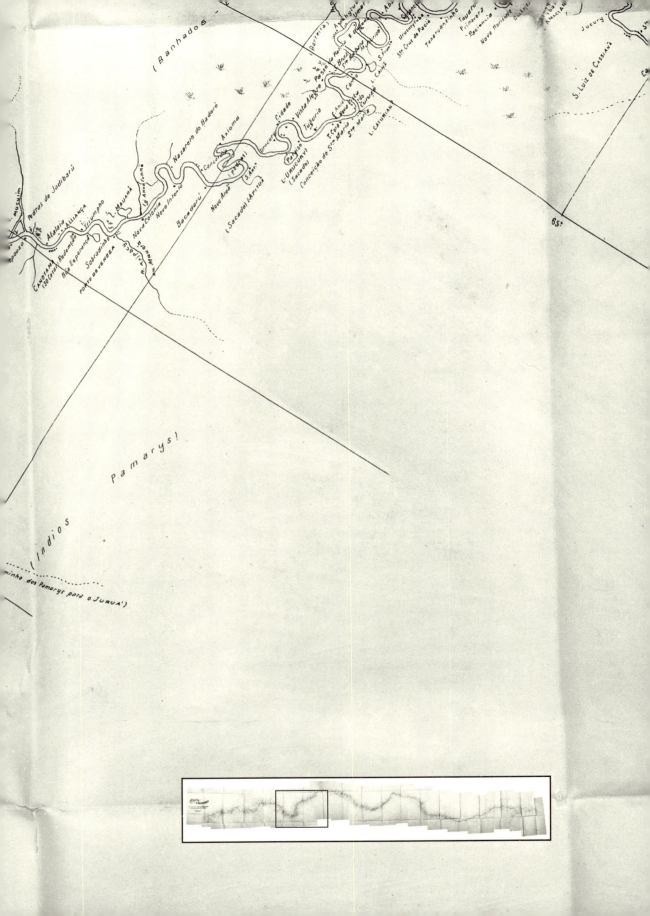

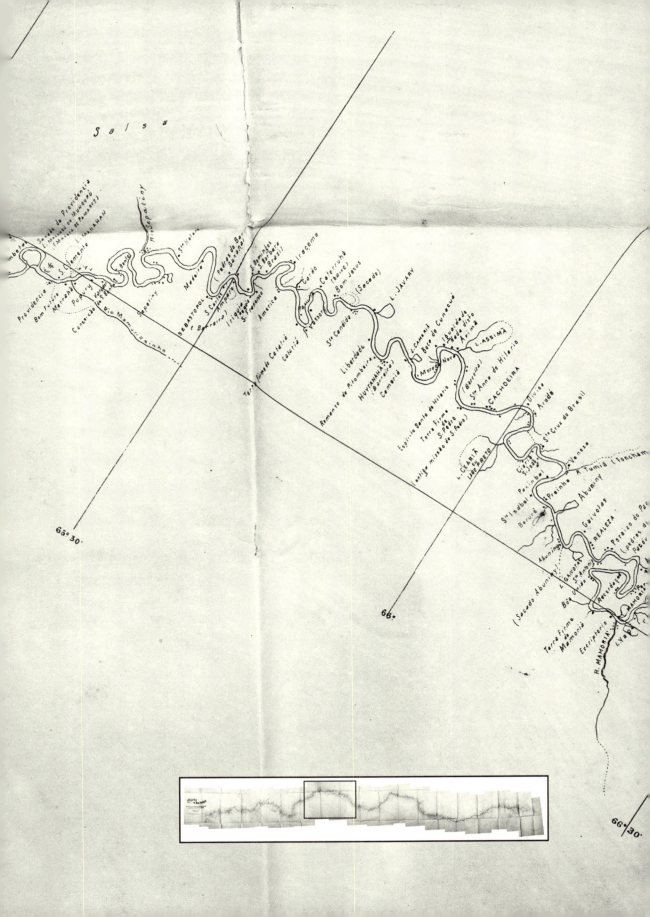

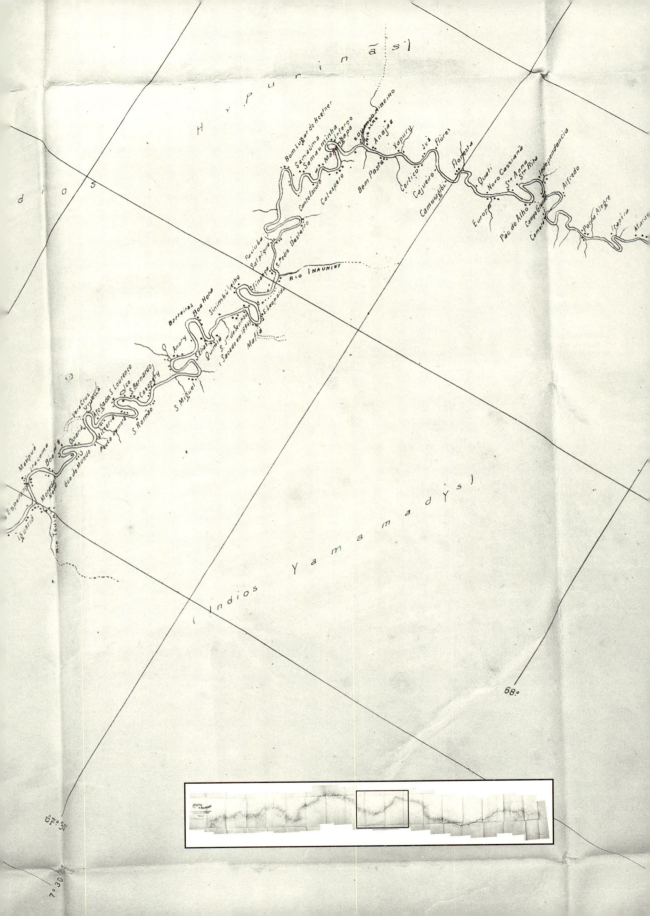

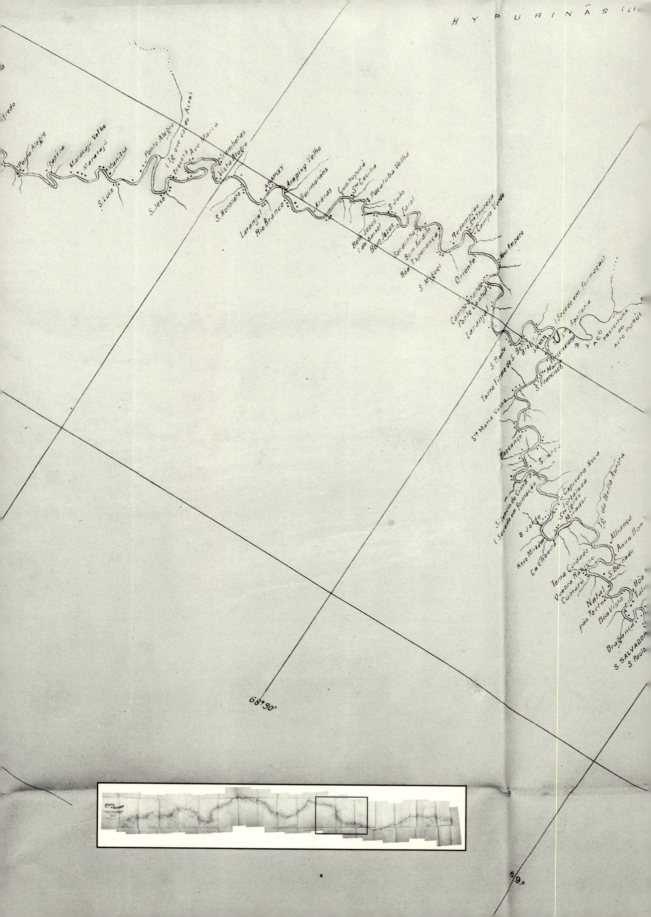

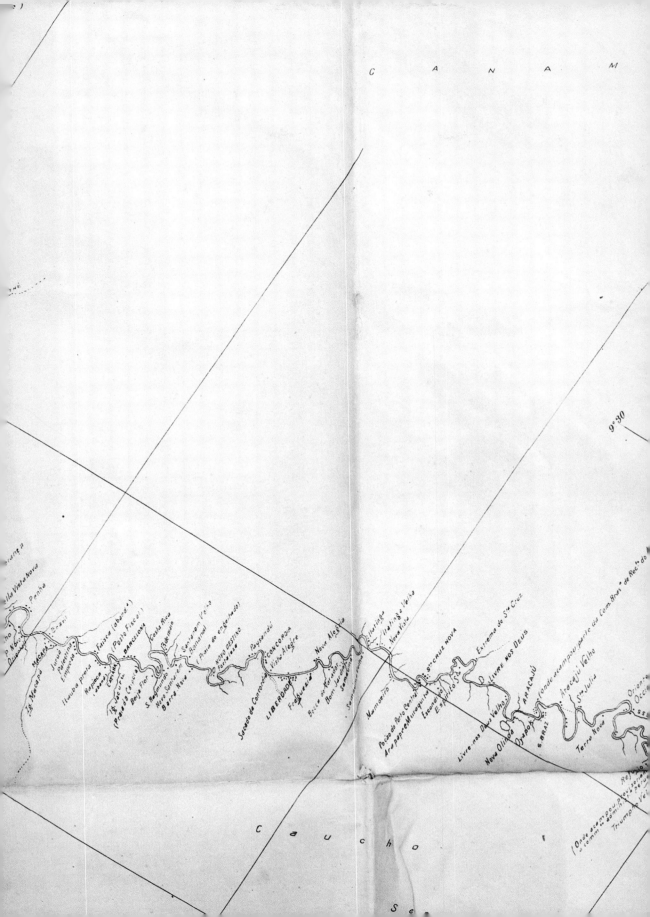

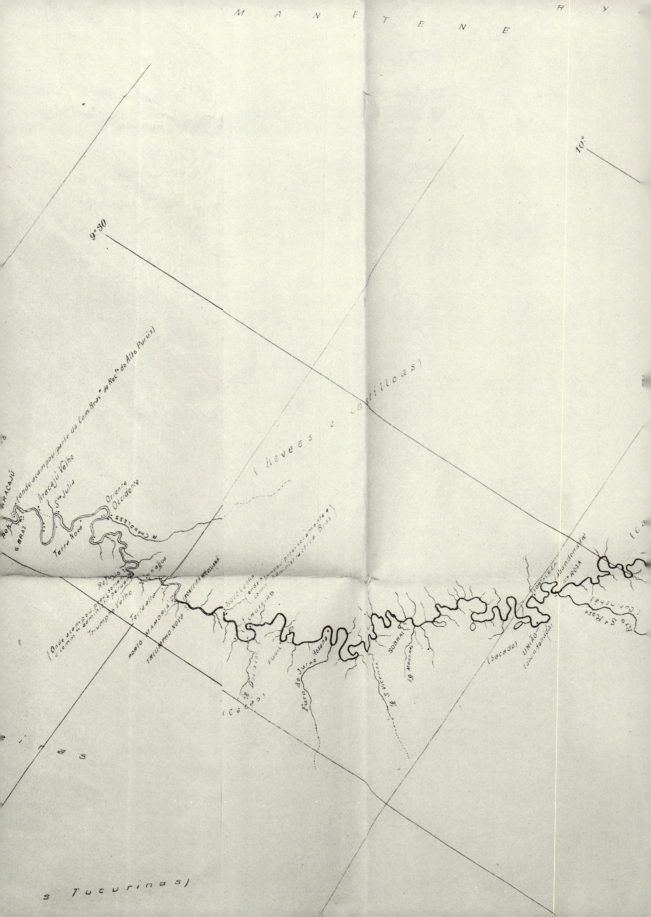

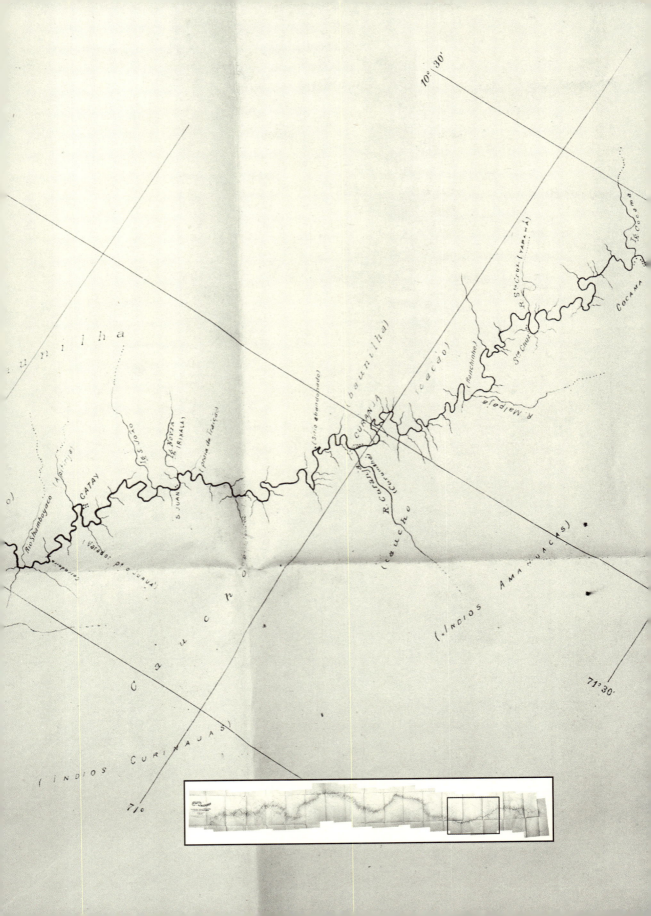

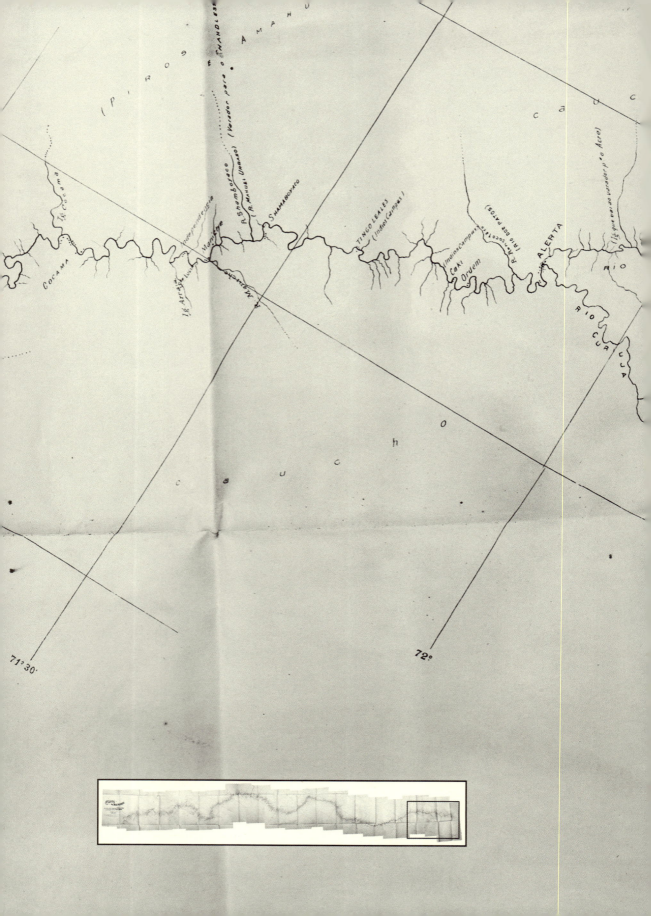

RIO CAVALJANI

Quebrada Machete (do Ucayali)

(INDIOS CAMPAS)

PUCANI

(último ponto attingido por W. Chandless) (cachoeira)

Rio de Janeiro, 20 de Fevereiro de 1905.

Euclydes da Cunha

Bibliografia

Obras de Euclides

CUNHA, Euclides da. *Os Sertões*. 1. ed. Rio de Janeiro, Laemmert & C., 1902.

_____. "O Povoamento e a Navegabilidade do Rio Purus". *Revista Americana,* 4, pp. 184-201, junho-agosto de 1910.

_____. "[Carta ao General Solon Ribeiro]". *Revista do Brasil,* 78, pp. 184-185, junho de 1922.

_____. *Rebellion in the Backlands.* Trad. Samuel Putnam. Chicago, University of Chicago Press, 1944.

_____. *Obra Completa*. Org. Afrânio Coutinho *et al.* Rio de Janeiro, José Aguilar, 1966, 2 vols.

_____. "Diário de uma Expedição". In: *Obra Completa*. Org. Afrânio Coutinho *et al.* Rio de Janeiro, José Aguilar, 1966, vol. 2, pp. 493-572.

_____. *Canudos e Inéditos*. Ed. Olímpio de Sousa Andrade. São Paulo, Melhoramentos, 1967.

_____. *Peru* versus *Bolívia*. 3. ed. Org. R. Padilha. Rio de Janeiro, Record, 1974.

_____. *Obra Completa*. 2. ed. Org. Afrânio Coutinho *et al.* Rio de Janeiro, José Aguilar, 1995, 2 vols.

_____. *Correspondência de Euclides da Cunha*. Org. Walnice N. Galvão & Oswaldo Galotti. São Paulo, Edusp, 1997.

_____. *Os Sertões*. 2. ed. Org. Leopoldo M. Bernucci. Cotia (SP), Ateliê Editorial, 2002.

_____. "Resposta à Confederação Abolicionista", *Folha de São Paulo,* 15 junho, 2005. Publ. por Joel Bicalho Tostes. Originalmente publicado em *Democracia,* Rio de Janeiro, 10 maio, 1890.

_____. "Amanhã". *Democrata,* 7 maio, 2005. Publ. por Joel Bicalho Tostes. Originalmente publicado em *Democracia,* Rio de Janeiro, 12 maio, 1890.

_____. *The Amazon: Land without History.* Trad. Ronald Souza. Ed. Lúcia Sá. New York, Oxford University Press, 2006.

Resenhas de Euclides

CUNHA, Euclides da. "Estudos sôbre Higiene". In: *Obra Completa*. Org. Afrânio Coutinho *et al*. Rio de Janeiro, José Aguilar, 1966, vol. 1, pp. 393-399. [Resenha de *Estudos de Hygiene*, de Torquato Tapajós, 1897.]

_____. "Fronteira Sul do Amazonas. Questão de Limites". In: *Obra Completa*. Org. Afrânio Coutinho *et al*. Rio de Janeiro, José Aguilar, 1966, vol. 1, pp. 482-486. [Resenha de *Fronteira Sul do Amazonas. Questão de Limites*, de Manoel Tapajós, 1898.]

_____. "O Brasil Mental". In: *Obra Completa*. Org. Afrânio Coutinho *et al*. Rio de Janeiro, José Aguilar, 1966, vol. 1, pp. 399-412. [Resenha de *O Brasil Mental*, de José Pereira de Sampaio, 1898.]

_____. "História da Viação Pública de São Paulo". In: *Obra Completa*. Org. Afrânio Coutinho *et al*. Rio de Janeiro, José Aguilar, 1966, vol. 1, pp. 412-417. [Resenha de *História da Viação Pública de São Paulo*, de Adolpho A. Pinto, 1903.]

_____. "Antes dos Versos". In: *Obra Completa*. Org. Afrânio Coutinho *et al*. Rio de Janeiro, José Aguilar, 1966, vol. 1, pp. 437-446. [Prefácio-resenha de *Poemas e Canções*, de Vicente Augusto de Carvalho, 1907.]

_____. "Inferno Verde". In: *Obra Completa*. Org. Afrânio Coutinho *et al*. Rio de Janeiro, José Aguilar, 1966, vol. 1, pp. 446-452. [Introdução a *Inferno Verde*, de Alberto Rangel, 1907.]

_____. "Martín García". In: *Obra Completa*. Org. Afrânio Coutinho *et al*. Rio de Janeiro, José Aguilar, 1966, vol. 1, pp. 302-318. [Resenha de *Martín García y la Jurisdicción del Plata*, de Agustín de Vedia, 1908.]

_____. "Um Atlas". In: *Obra Completa*. Org. Afrânio Coutinho *et al*. Rio de Janeiro, José Aguilar, 1966, vol. 1, pp. 511-514. [Resenha de *Atlas do Brasil*, de Francisco Homem de Melo, 1909.]

Bibliografias

GARCIA, Marcia Japor de Oliveira, & FÜRSTENAU, Vera Maria (orgs.). *O Acervo de Euclides da Cunha na Biblioteca Nacional*. Rio de Janeiro, Fundação Biblioteca Nacional, 1995.

REIS, Irene Monteiro. *Bibliografia de Euclides da Cunha*. Rio de Janeiro, Ministério da Educação e Cultura, Instituto Nacional do Livro, 1971.

Obras Clássicas

ARISTÓTELES. "Prior Analytics". In: *The Basic Works of Aristotle*. Ed. Richard McKeon. Trad. A. J. Jenkinson. New York, Random House, 1941, pp. 62-107.

_____. "On Interpretation". In: *The Basic Works of Aristotle*. Ed. Richard McKeon. Trad. E. M. Edghill. New York, Random House, 1941, pp. 38-61.

DANTE Alighieri. *La Divina Commedia*. Org. C. H. Grandgent. Ed. rev. Boston, Mass./London, Heath, 1933.

ÉSQUILO. *Agamemnon*. Ed. Denis Page and J. D. Denniston. Oxford, Clarendon Press, 1976.

JÚLIO CÉSAR. *C. Julii Caesaris Comentarii de Bello Gallico*. Orgs. Fr. Kramer, W. Dittenberger and H. Meusel. Berlin, Weidmannsche Verlagsbuchhandlung, 1960-1966, 3 vols.

LUCANO. *La guerre civile (La Pharsale) [par] Lucain*. Trad. A. Bourgery. Org. A. Bourgery. Paris, Société d'édition "Les Belles Lettres", 1962-1967, 2 vols.

PETRARCA, Francesco. *Rime, Trionfi, e Poesie*. Org. F. Neri *et al*. Milano, Riccardo Ricciardi Editore, 1951 [*Litteratura italiana. Storia e testi*, vol. 6].

TÁCITO. *Annalium ab excessu divi Augusti libri. The Annals of Tacitus*. 2. ed. Ed. Henry Furneaux. Oxford, Clarendon Press, 1962, 2 vols.

TUCÍDIDES. *Thucydidis Historiae*. 2. ed. rev. Ed. H. Stuart Jones & J. E. Powell. Oxford, Clarendon Press, 1942.

_____. *Thucydides Book VII*. Org. K. J. Dover. Oxford, Clarendon Press, 1965.

VIRGÍLIO. *Eclogues. Vergil*. Org. Robert Coleman. Cambridge, Cambridge University Press, 1977.

Referências Bibliográficas

ABREU, João Capistrano de. *O Descobrimento do Brasil [por] J. Capistrano de Abreu*. [Rio de Janeiro], Edição da Sociedade Capistrano de Abreu, Annuario do Brasil, 1929.

_____. *Capítulos de História Colonial (1500-1800) & Os Caminhos Antigos e o Povoamento do Brasil*. 5. ed. rev. Org. José Honório Rodrigues. Brasília, Editora da Universidade de Brasília, 1963.

ABREU, Modesto de. *Estilo e Personalidade de Euclides da Cunha. Estilistica d'"Os Sertões"*. Rio de Janeiro, Civilização Brasileira, 1963 [Coleção Vera Cruz, vol. 52].

ACTON, John Emerich Edward Dalberg. *Lectures on the French Revolution*. Orgs. John Neville Figgis & Reginald Vere Laurence. London, Macmillan and Co., 1910.

_____. *Historical Essays and Studies*. Ed. John Neville Figgis & Reginald Vere Laurence. London, Macmillan and Co., 1919.

_____. *Lectures on Modern History*. Ed. John Neville Figgis & Reginald Vere Laurence. London, Macmillan and Co., 1952.

ADAMS, Henry. *The Education of Henry Adams: An Autobiography*. Org. Henry Cabot Lodge. Boston, Houghton Mifflin, 1918.

AGUIAR, Durval Vieira de. *Descrições Práticas da Província da Bahia: Com Declaração de Todas as Distâncias Intermediárias das Cidades, Vilas e Povoações*. 2. ed. Rio de Janeiro, Cátedra, 1979.

ALMEIDA, Cícero Antônio F. de. *Canudos – Imagens da Guerra*. Museu da República. Rio de Janeiro, Ed. Nova Aguilar, 1997.

AMADO, Gilberto. *Mocidade no Rio e Primeira Viagem à Europa: Capa de Luís Jardim*. Rio de Janeiro, J. Olympio, 1956.

AMORY, Frederic. "Carta Aberta [Opinião de um Professor Norte-americano sobre Euclides]". *Gazeta do Rio Pardo,* Suplemento Euclidiano, 9 agosto, 1978, s.p.

_____. "Rabelais' 'Hurricane Word-Formations' and 'Chaotic Enumerations'". *Etudes rabelaisiennes,* 17, pp. 61-74, 1983.

_____. "Historical Source and Biographical Context in the Interpretation of Euclides da Cunha's *Os Sertões*". *Journal of Latin American Studies,* 28 (3), pp. 667-685, 1996.

_____. "Euclides da Cunha and Brazilian Positivism". *Luso-Brazilian Review,* 36 (1), pp. 87-94, 1999.

ANDRADE, Jeferson Ribeiro de & ASSIS, Judith Ribeiro de. *Anna de Assis: História de um Trágico Amor.* Rio de Janeiro, Codecri, 1987.

ANDRADE, Manuel Correia de Oliveira. *The Land and People of Northeast Brazil.* Trad. Dennis V. Johnson. Albuquerque, University of New Mexico Press, 1980 [ed. bras.: *A Terra e o Homem no Nordeste.* 4. ed. rev. e atual. São Paulo, Ciências Humanas, 1980].

ANDRADE, Olímpio de Sousa. " 'Os Sertões' numa Frase de Nabuco". *Planalto,* 1 (14), p. 2, 1941.

_____. *História e Interpretação de "Os Sertões".* 3. ed. São Paulo, Edart, 1966 [Coleção Visão do Brasil, vol. 2].

_____. *Euclides e o Espírito de Renovação.* São José do Rio Pardo, Livraria São José, 1967.

ARARIPE, Tristão de Alencar. *Expedições Militares contra Canudos: Seu Aspecto Marcial.* 2. ed. Rio de Janeiro, Biblioteca do Exército Editora, 1985.

ASSIS, Dilermando Candido de. *A Tragédia da Piedade, Mentiras e Calúnias da "A Vida Dramática de Euclides da Cunha".* Rio de Janeiro, Edições O Cruzeiro, 1951.

AZEVEDO, Aroldo de. " 'Os Sertões' e a Geografia". *Boletim Paulista de Geografia,* 5, pp. 23-44, julho, 1950.

AZEVEDO, Silvia Maria. "Manuel Benício: Um Correspondente da Guerra de Canudos". *Revista USP,* 54, pp. 82-95, junho-agosto, 2002.

BAERLE, Kaspar van, & PISO, Willem. *Rerum per octennium in Brasilia et alibi gestarum, sub praefectura... I. Mauritii Nassaviae & c. comitis, historia.* Clivis, Ex officina Tobiae Silberling, 1660.

BANFIELD, Ann. *Unspeakable Sentences: Narration and Representation in the Language of Fiction.* Boston, Routledge & Kegan Paul, 1982.

BARRETO, Plinio. *Páginas Avulsas.* Rio de Janeiro, José Olympio, 1958.

BASTOS, Aureliano Cândido Tavares. *Cartas do Solitário.* 4. ed. São Paulo, Companhia Editora Nacional, 1975.

BATES, Henry Walter. *The Naturalist on the River Amazons: A Record of Adventures, Habits of Animals, Sketches of Brazilian and Indian Life, and Aspects of Nature under the Equator, During Eleven Years of Travel.* 4. ed. New York, Dover Publications, 1975 [ed. original 1863].

BAYLE, Pierre *et al.* "Barleus (Gaspar)". In: *Dictionnaire historique et critique de Pierre Bayle.* Paris, Desoer, 1820-[1824], vol. 3, pp. 124-129.

BEDE. *Venerabilis Baedae Historiam ecclesiasticam gentis Anglorum: Historiam abbatum, Epistolam ad Ecgberctum, una cum Historia abbatum auctore anonymo, ad fidem codicum manuscriptorum denuo recognovit.* Ed. Charles Plummer. Oxford, Oxford University Press, 1896.

BELLO, José Maria. *A History of Modern Brazil, 1889-1964.* Trans. James L. Taylor. Stanford, Stanford University Press, 1966 [ed. bras.: *História da República (1899-1945)*, São Paulo, Cia. Editora Nacional, 1956].

BENÍCIO, Manoel. *O Rei dos Jagunços.* 2. ed. Rio de Janeiro, Fundação Getulio Vargas/Jornal do Commercio, 1997.

BENJAMIN, Walter. *Illuminations.* Trans. Harry Zohn. Ed. Hannah Arendt. New York, Schocken Books, 1976.

BERLINCK, Eudoro Lincoln. *Fatores Adversos na Formação Brasileira.* 2. ed. São Paulo, Impressora Ipsis, 1954.

BERNUCCI, Leopoldo M. *Historia de un Malentendido: Un Estudio Transtextual de* La Guerra del Fin del Mundo *de MarioVargas Llosa).* New York, Peter Lang, 1989 [Univ. of Texas Studies in Contemporary Spanish-American Fiction, vol. 5].

_____. *A Imitação dos Sentidos*: *Prógonos, Contemporâneos e Epígonos de Euclides da Cunha.* São Paulo/Boulder, Edusp/University of Colorado Press, 1995.

BONFIM, Manoel José do [Bonfim, Manuel]. *A América Latina*: *Males de Origem.* Rio de Janeiro, Topbooks [1993]. Edição original [1903].

BOXER, Charles R. *Salvador de Sá and the Struggle for Brazil and Angola, 1602-1686.* [London], University of London, Athlone Press, 1952.

_____. *The Golden Age of Brazil, 1695-1750*: *Growing Pains of a Colonial Society.* Berkeley, University of California, 1964.

BRANDÃO, Adelino. "Euclides e Victor Hugo". In: *Enciclopédia de Estudos Euclidianos,* vol. 1, pp. 31-43, 1982.

_____. *Paraíso Perdido. Euclides da Cunha*: *Vida e Obra.* São Paulo, Ibrasa, 1996.

_____. & TOSTES, Joel Bicalho. *Águas de Amargura*: *O Drama de Euclides da Cunha e Anna.* Rio de Janeiro, Rio Fundo Editora, 1990.

BRAUDEL, Fernand. *The Mediterranean and the Mediterranean World in the Age of Philip II.* Trad. Siân Reynolds. London, Collins, 1972-1973, 2 vols.

_____. *The Perspective of the World.* Vol. 3: *Civilization and Capitalism, 15th-18th Century.* Trad. Siân Reynolds. New York, Harper & Row, 1984.

BRITO BROCA, José. *A Vida Literária no Brasil – 1900.* Rio de Janeiro, Ministério da Educação e Cultura, 1956 [Coleção "Letras e Artes"].

BROWN, C. Barrington & LIDSTONE, William. *Fifteen Thousand Miles on the Amazon and Its Tributaries.* London, Edward Stanford, 1878.

BUCKLE, Henry Thomas. *Introduction to the History of Civilization in England.* Ed. J. M. Robertson. Ed. rev. London, G. Routledge & Sons, E. P. Dutton & Co., 1904.

BÜCHER, Ludwig. *Kraft und Stoff: Empirisch-naturphilosophische Studien in allgemein-verständlicher Darstellung.* Frankfurt am Main, Meidinger, 1855.

_____. *Der Mensch und seine Stellung in der Natur in Vergangenheit, Gegenwart und Zukunft, oder Woher kommen Wir? Wer sind Wir? Wohin gehen Wir? Allgemein verständlicher Text mit zahlreichen wissenschaftlichen Erläuterungen und Anmerkungen*. Leipzig, T. Thomas, 1872.

BURKHOLDER, Mark A., & JOHNSON, Lyman L. *Colonial Latin America*. 4th ed. New York, Oxford University Press, 2001.

BUSCALIONI, Luigi. "Una Escurzione nell'Amazonia". *Bollettino della Società geografica italiana*, 4 (2), I, pp. 41-76; III, pp. 213-240; IV, pp. 337-372; V, pp. 429-467, 1901.

CALASANS [BRANDÃO DA SILVA], José. "Canudos não Euclidiano". In: SAMPAIO NETO, José Augusto Vaz (org.). *Canudos: Subsídios para a sua Reavaliação Histórica*. Rio de Janeiro, Fundação Casa de Rui Barbosa, Monteiro Aranha, 1986, pp. 1-21.

_____. [Resenha de *Vale of Tears* de Robert M. Levine, 1992] *O Estado de S. Paulo*, 18 novembro, 1995, p. D-15.

_____. *Cartografia de Canudos*. Salvador, Secretaria da Cultura e Turismo do Estado da Bahia, Conselho Estadual de Cultura, EGBA, 1997 [Coleção Memória da Bahia, vol. 5].

CÂMARA CASCUDO, Luís da. *Folclore do Brasil (Pesquisas e Notas)*. Rio de Janeiro, Fundo de Cultura, 1967.

CANDIDO, Antonio. *Formação da Literatura Brasileira: Momentos Decisivos*. 5. ed. São Paulo, Edusp/Itatiaia, 1975, 2 vols.

CARONE, Edgard. *A República Velha*. Vol. 2: *Evolução Política (1889-1930)*. 2. ed. Rio de Janeiro, Difel, 1974.

_____. *A República Velha*. Vol. 1: *Instituições e Classes Sociais*. 3. ed. rev. Rio de Janeiro, Difel, 1975.

CARVALHO, José Carlos de. *Météorite de Bendégo*. Rio de Janeiro, Imprimerie nationale, 1888.

CARVALHO, Vicente Augusto de. *Páginas Soltas*. São Paulo, Typographia Brazil de Rothschild, 1911, vol. 1.

_____. *Poemas e Canções*. São Paulo, Nacional, 1942 [ed. original: 1908].

CASAL, Manuel Aires do. *Corografia Brasílica*. São Paulo, Edições Cultura, 1943 [Série Brasílica, vols. 1-2].

CASASANTA, Manuel. *Francisco Escobar*. Belo Horizonte, Movimento-Perspectiva, 1966.

CASTRO, João Modesto de. *Depoimento Escrito*. Manuscrito inédito citado por Sousa Andrade, *História e Interpretação...*, p. 183.

CASTRO ALVES, Antonio de. *Obra Completa*. Org. Eugênio Gomes. Rio de Janeiro, José Aguilar, 1960 [Biblioteca Luso-Brasileira, Série Brasileira, vol. 18].

CÉSAR, Guilhermino. *História do Rio Grande do Sul*. 2. ed. Porto Alegre, Editora do Brasil, 1979.

_____. "A Visão Prospectiva de Euclides da Cunha". In: CÉSAR, Guilhermino; SCHÜLER, Donaldo & CHAVES, Flávio Loureiro (org.). *Euclides da Cunha*. [Porto Alegre], Faculdade de Filosofia, Universidade Federal do Rio Grande do Sul, 1966, pp. 9-52.

CHIACCHIO, Carlos. "Euclides da Cunha: Aspectos Singulares". *Jornal de Ala*, Suplemento, 1, pp. 1-40, 1940.

Cibela, Angelo. *Um Nome, uma Vida, uma Obra, Dilermando de Assis*. [Rio de Janeiro], Duarte Neves & Cia., 1946.

Coelho Neto, Henrique Maximiano. "Euclydes da Cunha, Feições do Homem". *Livro de Prata*. São Paulo, Liberdade, 1928, pp. 195-266.

Comte, Auguste. *Système de politique positive ou Traité de sociologie instituant la religion de l'Humanité*. Paris, Au siège de la Société Positiviste, 1851-1854, 4 vols.

Contreras, Carlos, & Cueto, Marcos. *Historia del Perú Contemporáneo: Desde las Luchas por la Independencia hasta el Presente*. 2. ed. Lima, Pontificia Universidad Católica del Perú, Universidad del Pacífico, Centro de Investigación, Instituto de Estudios Peruanos, 2000.

Costa, João Cruz. *A History of Ideas in Brazil: The Development of Philosophy in Brasil and the Evolution of National History*. Trad. Suzette Macedo. Berkeley, University of Califórnia Press, 1964 [ed. bras.: *Contribuição à História das Idéias no Brasil*. Rio de Janeiro, José Olympio, 1956].

Couto, Manoel José Gonçalves. *Missão Abreviada para Despertar os Descuidados, Converter os Peccadores e Sustentar o Fructo das Missões*. Porto, Sebastião José Pereira, 1873.

_____. "Cronologia de Euclides". *Dom Casmurro* 10 (1946), pp. 17-18.

Cunha, Arnaldo Pimenta da. "Exposição". *Revista do Instituto Geográfico e Histórico da Bahia*, 26 (45), pp. 255-264, 1919.

_____. "Euclides e o Amazonas". *Dom Casmurro* 10 (1946), pp. 24-25.

cunha filho, Euclides da. "A Verdade sobre a Morte do meu Pai". *Dom Casmurro* 10 (1946), pp. 60-61.

Daniel, João. *Tesouro Descoberto no Maximo Rio Amazonas*. Rio de Janeiro, Biblioteca Nacional, 1975, 2 vols. [Anais da Biblioteca Nacional, vol. 95.]

Dantas Barreto, Emílio. *Última Expedição a Canudos*. Porto Alegre, Franco & Irmão, 1898.

Davidson, J. W.; Gienapp, W. E.; Heyrman, C. L. & Stoff, M. B. *Nation of Nations*. New York, McGraw Hill, 1990.

Davis, William Morris. "The Rivers and Valleys of Pennsylvania". *National Geographic Magazine*, 1 (3), pp. 183-253, julho, 1889.

_____. *Geographical Essays*. Ed. Douglas Wilson Johnson. Boston, Ginn and Company, 1909.

Dean, Warren. *The Industrialization of São Paulo, 1880-1945*. Austin, Institute of Latin American Studies, University of Texas Press, 1969.

_____. *Brazil and the Struggle for Rubber: A Study in Environmental History*. Cambridge, Cambridge University Press, 1987.

_____. *With Broadax and Firebrand: The Destruction of the Brazilian Atlantic Forest*. Berkeley, University of California Press, 1995.

Delebecque, J. *À travers l'Amérique du Sud*. Paris, Plon-Nourrit et cie., 1907.

Dias, José Sebastião da Silva. *Os Descobrimentos e a Problemática Cultural do Século XVI*. Lisboa, Presença, 1982 [Coleção Métodos, vol. 11].

DOM CASMURRO 10, pp. 439-440, maio 1946. Número especial sobre Euclides da Cunha.

DRAENERT, Frederico Mauricio. *O Clima do Brasil*. Rio de Janeiro, Typ.-Lith. de Carlos Schmidt, 1896.

DUTRA, Firmo. "Euclydes da Cunha: Geógrafo e Explorador". *Dom Casmurro* 10 (1946), pp. 25-38.

EÇA DE QUEIROZ, José Maria. "Quarta Conferência: A Literatura Nova (O Realismo como Nova Expressão de Arte)". In: SALGADO JÚNIOR, António (org.). *História das Conferências do Cassino (1871)*. Lisboa, Composto e Impresso na Tipografia da Cooperativa Militar, 1930, pp. 47-59 [ed. original: 1865].

EDDINGTON, Arthur Stanley. *Nature of the Physical World*. Ann Arbor, Michigan University Press, 1958.

EMERSON, Ralph Waldo. *Ralph Waldo Emerson*. Ed. Richard Poirier. Oxford, Oxford University Press, 1990.

ESCOBAR, Rosaura. "Francisco Escobar". *Digesto Econômico,* 188, pp. 84-90, março-abril, 1966.

"A FAMÍLIA de Euclydes: Testemunhos". *Dom Casmurro* 10 (1946), pp. 16-17.

FAORO, Raymundo. *Os Donos do Poder: Formação do Patronato Político Brasileiro*. 6. ed. Porto Alegre, Globo, 1984, 2 vols.

FERNANDES, Rinaldo de & GAUDENZI, T. (orgs.). *O Clarim e a Oração: Cem Anos de Os Sertões*. São Paulo, Geração Editorial de Comunicação Integrada Comercial, 2002.

FIRTH, Raymond. *Human Types: An Introduction to Social Anthrophology*. Ed. rev. New York/ London, New American Library, 1958 [ed. original: 1938].

FLEISCHMAN, Suzanne. *Tense and Narrativity: From Medieval Performance to Modern Fiction*. Austin, University of Texas Press, 1990.

FOOT HARDMAN, Francisco. "Between Ruins and Utopias: Veteran Modernists in Brazil (1870-1920)". *Travesia,* 2(1), pp. 84-113, 1993.

_____. "Brutalidade Antiga: Sobre História e Ruína em Euclides". *Estudos Avançados,* 26, pp. 293-310, 1996.

_____. *Trem-Fantasma: A Ferrovia Madeira-Mamoré e a Modernidade na Selva*. 2. ed. São Paulo, Companhia das Letras, 2005.

_____. & LEONARDI, Victor. *História da Indústria e do Trabalho no Brasil: Das Origens aos Anos 20*. São Paulo, Ática, 1991 [Série Fundamentos, vol. 69].

FREYRE, Gilberto. *Perfil de Euclydes e Outros Perfis*. Rio de Janeiro, J. Olympio, 1944 [Coleção Documentos Brasileiros, vol. 41].

_____. *Ordem e Progresso: Processo de Desintegração das Sociedades Patriarcal e Semipatriarcal no Brasil sob o Regime de Trabalho Livre*. Rio de Janeiro, José Olympio, 1959.

_____. *Casa Grande e Senzala: Formação da Família Brasileira sob o Regime de Economia Patriarcal*. 11. ed. Rio de Janeiro, José Olympio, 1964, 2 vols.

_____. "Euclides da Cunha, Revelador da Realidade Brasileira". In: Euclides da Cunha, *Obra Completa*, vol. 1. Org. Afrânio Coutinho *et al*. Rio de Janeiro, Cia. José Aguilar, pp. 17-31.

_____. *Sobrados e Mucambos*: *Decadência do Patriarcado Rural e Desenvolvimento do Urbano*. 6. ed. Rio de Janeiro, José Olympio, 1981, 2 vols.

GALOTTI, Oswaldo. "Euclides da Cunha na Escola Militar". *Revista Paulista de Medicina*, 97, s. p, 1981 [Suplemento Cultural 8, Fé de Ofício de Euclides Rodrigues da Cunha].

_____. *Oitenta Anos, Euclides da Cunha na Amazônia*. Manaus, Centro Cultural "Francisco Matarazzo Sobrinho", 1985.

GALVÃO, Walnice N. *No Calor da Hora*: *A Guerra de Canudos nos Jornais, 4ª Expedição*. [São Paulo], Ática, 1974.

_____. *Gatos de Outro Saco*: *Ensaios Críticos*. São Paulo, Brasiliense, 1981.

_____. *Euclides da Cunha*. São Paulo, Ática, 1984.

GAMA, Domício da. "Euclydes da Cunha". *Revista da Academia Brasileira de Letras*, 25, pp. 444-447, dezembro, 1927.

GÁRATE, Miriam V. *Civilização e Barbárie n'Os Sertões*: *Entre Domingo Faustino Sarmiento e Euclides da Cunha*. São Paulo, Mercado de Letras, 2001.

GARCÍA MÉROU, Martín. *Historia de la República Argentina*. Buenos Aires, A. Estrada y Cía., 1899.

GEFFCKEN, Johannes. *Der Ausgang des griechisch-römischen Heidentums*. Heidelberg, C. Winter, 1920.

GICOVATE, Moisés. "Euclides da Cunha e o Instituto Histórico e Geográfico de São Paulo". *Gazeta do Rio Pardo*, Suplemento 5, s. p., 5 agosto, 1992.

GOMIDE, Bruno Barretto. "Da Estepe à Caatinga: O Romance Russo no Brasil (1887-1936)." Tese de doutorado. Instituto de Estudos da Linguagem, Universidade Estadual de Campinas, Campinas, 2004 [Biblioteca Digital da Unicamp, http://libdigi.unicamp.br/document/?code=vtls000328892].

GONÇALVES DIAS, Antônio. *Poesia Completa e Prosa Escolhida*. Org. M. Bandeira *et al.* Rio de Janeiro, J. Aguilar, 1959.

GRAHAM, Richard. *Britain and the Onset of Modernization in Brazil 1850-1914*. London, Cambridge University Press, 1968 [Cambridge Latin American Studies, vol. 4].

GREENBLATT, Stephen. *Marvelous Possessions*: *The Wonder of the New World*. Oxford, Clarendon, 1991 [ed. bras.: *Possessões Maravilhosas*: *O Deslumbramento do Novo Mundo*. São Paulo, Edusp, 1996].

GROTEFEND, Hermann. *Taschenbuch der Zeitrechnung des deutschen Mittelalters und der Neuzeit*. Hannover, Hahnsche Buchhandlung, 1991.

GSCHLIESSER, Oswald. "Das wissenschaftliche Oeuvre des ehemaligen Kaisers Wilhelm II". *Archiv für Kulturgeschichte*, 44(2), pp. 385-392, 1972.

GUMPLOWICZ, Ludwig. *Der Rassenkampf. Sociologische Untersuchungen*. Innsbruck, Wagner'sche Univ.-Buchhandlung, 1883.

_____. *La lutte des races. Recherches sociologiques*. Trad. Charles Baye. Paris, Guillaumin, 1893.

HAHNER, June Edith. *Civilian-Military Relations in Brazil, 1889-1898*. Columbia, S.C. University of South Carolina Press, 1969.

HARTT, Charles Frederick. "Recent Explorations in the Valley of the Amazonas with Map". *Journal of the American Geographical Society of New York*, 3, pp. 231-252, 1873.

_____. "A Geologia do Pará". *Boletim do Museu Paraense de História Natural e Ethnographia*, 1(3), pp. 257-273, 1896.

_____. *Geology and Physical Geography of Brazil by Ch. Fred Hartt: Scientific Results of a Journey in Brazil by Louis Agassiz and His Traveling Companions*. Ed. Albert V. Carozzi. Huntington, N.Y., Robert E. Krieger Pub. Co., 1975 [ed. original: 1870].

HEALY, Kevin. *Amazon Basin, Scale 1:4.000.000*. Vancouver, B.C., ITM Publishing, 1990.

HEMMING, John. *Red Gold: The Conquest of the Brazilian Indians*. Cambridge, Mass., Harvard University Press, 1978.

_____. *Amazon Frontier: The Defeat of the Brazilian Indians*. Cambridge, Mass., Harvard University Press, 1987.

HERCULANO, Paulo. "Euclides Fala sobre Abolição". *Democrata*, 7 maio, 2005, s. p.

HOLANDA, Sérgio Buarque de. *Raízes do Brasil*. 5. ed. Rio de Janeiro, José Olympio, 1969.

_____. *Tentativas de Mitologia*. São Paulo, Perspectiva, 1979.

_____. *Capítulos de Literatura Colonial*. São Paulo, Brasiliense, 1991.

HOMEM DE MELLO, Francisco Inácio Marcondes, & Francisco. *Atlas do Brasil*. Rio de Janeiro, F. Briguiet, 1909.

HOPPER, Janice H. (ed.). *Indians of Brazil in the Twentieth Century*. Washington, Institute for Cross-Cultural Research. ICR Studies, 1967, vol. 2.

HORA, Mário. "Meu Depoimento sobre a Morte de Euclydes". *Dom Casmurro* 10 (1946), pp. 59-60.

HORNAERT, Eduardo. *Verdadeira e Falsa Religião no Nordeste*. Salvador, Brasiliense, 1986.

HORNBLOWER, Simon, & SPAWFORTH, Antony (eds.). *The Oxford Classical Dictionary*. 3rd ed. Oxford, Oxford University Press, 1996.

HUMBOLDT, Alexander von, & BONPLAND, Aimé Jacques Alexandre Goujaud. *Voyage aux régions équinoxiales du nouveau continent fait en 1799, 1800, 1801, 1802, 1803 et 1804: Relation historique*. 2. ed. Paris, F. Schoell, 1814-1825, 3 vols.

IRMÃO, José Aleixo. *Euclides da Cunha e o Socialismo*. São José do Rio Pardo, Casa Euclidiana, 1960.

KATZER, Frederick. "As Camadas Fossilíferas mais Antigas da Amazônia". *Boletim do Museu Paraense de História Natural e Ethnographia*, 1(3), pp. 436-438, 1896.

_____. "A Foz do Tapajós e Suas Relações com a Fauna de Outros Terrenos Devônicos do Globo". *Boletim do Museu Paraense de História Natural e Ethnographia*, 2(4), pp. 78-96, 1897.

_____. "A Fauna Devônica do Rio Maecuru e Suas Relações com a Fauna de Outros Terrenos Devônicos do Globo". *Boletim do Museu Paraense de História Natural e Ethnographia*, 2(2), pp. 204-246, 1897.

KIRCHHOFF, Alfred. *Mensch und Erde: Skizzen von den Wechselbeziehungen zwischen beiden*. Vol. 31, Natur und Geisteswelt. Sammlung wissenschaftlich-gemeinverständlicher Darstellungen aus allen Gebieten des Wissens. Leipzig: B. G. Teubner, 1901.

_____. *Man and Earth, the Reciprocal Relations and Influences of Man and His Environment*. Trans. Adolf Sonnenschein. London, G. Routledge & Sons, Limited, 1907.

KLEIN, Herbert S. *A Concise History of Bolivia*. Cambridge, Cambridge University Press, 2003.

KOLAKOWSKI, Leszek. *The Alienation of Reason: A History of Positivist Thought*. Trad. Norbert Guterman. Garden City, N.Y., Anchor Books, 1969.

KUHN, Thomas S. *The Road Since* Structure: *Philosophical Essays, 1970-1993, with an Autobiographical Interview*. Ed. James Conant and John Haugeland. Chicago, University of Chicago Press, 2002.

LAMEGO, Alberto Ribeiro. *O Homem e A Serra*. Rio de Janeiro, Serviço Gráfico do Instituto Brasileiro de Geografia e Estatística. Biblioteca Geográfica Brasileira, 1950 [Série A: Livros, Publicação, vol. 8].

LANDMAN, Otto E. "Inheritance of Acquired Characteristics". *Scientific American*, p. 150, March, 1993.

LANGE, Friedrich Albert. *Geschichte des Materialismus und Kritik seiner Bedeutung in der geGenwart*. Iserlohn, J. Baedeker, 1866 [ed. ingl.: *The History of Materialism and Criticism of Its Present Importance*. Trad. E. C. Thomas. London, Routledge & Kegan Paul, 1950].

LAUSBERG, Heinrich. *Handbuch der literarischen Rhetorik: Eine Grundlegung der Literaturwissenschaft*. München, M. Hueber, 1960, 2 vols.

LEÃO, Veloso. *Euclides da Cunha na Amazônia: Ensaio*. [Rio de Janeiro], Livraria São José, 1966.

LE BON, Gustave. *Psychologie des Foules*. 30. ed. Paris, Félix Alcan, 1921.

LEONARDI, Victor. *Os Historiadores e os Rios: Natureza e Ruína na Amazônia Brasileira*. Brasília, Editora da Universidade de Brasília, 1999 [Coleção Paralelo, vol. 15].

LEVINE, Robert M. " 'Mud-Hut Jerusalem': Canudos Revisited". In: SCOTT, Rebecca J., *et al* (eds.). *The Abolition of Slavery and the Aftermath of Emancipation in Brazil*. Durham, Duke University Press, 1988, pp. 119-166.

_____. *Vale of Tears: Revisiting the Canudos Massacre in Northeastern Brazil, 1893-1897*. Berkeley, University of California Press, 1992.

LIAIS, Emmanuel. *Climats, Géologie, Faune et Géographie botanique du Brésil*. Paris, Garnier Frères, 1872.

LIMA, Luiz Costa. *Terra Ignota: A Construção de Os Sertões*. Rio de Janeiro, Civilização Brasileira, 1997.

LIMA BARRETO, Afonso Henriques de. *Recordações do Escrivão Isaías Caminha: Romance*. Ed. Francisco de Assis Barbosa. São Paulo, Brasiliense, 1976.

_____. *Triste Fim de Policarpo Quaresma: Texto Integral*. São Paulo, Ática, 1983.

_____. *Vida e Morte de M. J. Gonzaga de Sá*. São Paulo, Ática, 1997.

LINS, Álvaro. *Rio Branco (O Barão do Rio Branco) 1845-1912*. São Paulo, José Olympio, 1945, 2 vols.

_____ & FERREIRA, Aurélio Buarque de Holanda. *Roteiro Literário de Portugal e do Brasil: Antologia da Língua Portuguesa*. 2. ed. rev. Rio de Janeiro, Civilização Brasileira, 1966, 2 vols.

LOBO, Hélio. *Rio Branco e o Arbitramento com a Argentina: A Questão do Territorio de Palmas, também Chamada das Missões*. Rio de Janeiro, José Olympio, 1952 [Coleção Documentos Brasileiros, vol. 69].

LÖFGREN, Alberto. "Distribuição dos Vegetaes nos Diversos Grupos Floristicos no Estado de São Paulo". *Boletim da Commissão Geographica e Geologica da Província de S. Paulo,* 11, pp. 3-50, 1898.

MACDONALD, N. P. *The Making of Brazil: Portuguese Roots, 1500-1822*. Sussex, England, Book Guild, 1996.

MACEDO, Nertan. *Antônio Conselheiro: A Morte em Vida do Beato de Canudos*. [Rio de Janeiro], Record, 1969.

MACEDO SOARES, Henrique Duque-Estrada de. *A Guerra de Canudos*. [Rio de Janeiro, Biblioteca do Exército], 1959 [ed. original: 1902].

MACH, Ernst. *Erkenntnis und Irrtum: Skizzen zur Psychologie der Forschung*. Leipzig, J. A. Barth, 1905 [ed. ingl.: *Knowledge and Error: Sketches on the Psychology of Enquiry*. Trad. T. J. McCormack. Dordrecht/Boston, D. Reidel Pub. Co., 1976 [Vienna Circle Collection, vol. 3].

MARTINS, Wilson. *História da Inteligência Brasileira*. Vol. 5: *1897-1914*. São Paulo, Cultrix, 1978.

_____. *História da Inteligência Brasileira*. Vol. 4: *1877-1896*. São Paulo, Cultrix, 1979.

MARTIUS, Karl Friedrich Philipp von. "Como se deve escrever a história do Brasil". *Revista do Instituto Histórico e Geográphico do Brazil,* 24, pp. 389-411, janeiro, 1845.

_____. *et al. Flora brasiliensis: Enumeratio plantarum in Brasilia hactenus detectarum quas suis aliorumque botanicorum studiis descriptas et methodo naturali digestas partim icone illustratas*. München/Leipzig, R. Oldenbourg, 1840.

MARX, Karl. *Das Kapital: Kritik der Politischen Olkonomie*, vol. 1. Hamburg, Otto Meissner, 1867.

MAUDSLEY, Henry. *Le Crime et la Folie*. 3. ed. Paris, Librairie Germer Baillière. Bibliothèque scientifique internationale, 1877, vol. 8.

_____. *Body and Mind: An Inquiry into Their Connection and Mutual Influence, Specially in Reference to Mental Disorders*. New York, D. Appleton and Company, 1884.

MELLO-LEITÃO, C. de. *História das Expedições Científicas no Brasil*. São Paulo, Nacional, 1941 [Coleção "Brasiliana", vol. 209].

MERLEAU-PONTY, Jacques & MORANDO, Bruno. *The Rebirth of Cosmology*. Trad. Helen Weaver. New York, Alfred A. Knopf, 1976.

MILTON, Aristides A. "A Campanha de Canudos". *Revista do Instituto Historico e Geographico do Brazil,* 63(2), pp. 5-147, 1902.

MISENER, G. "Iconistic Portraits". *Classical Philology,* 19, pp. 97-123, abril, 1924.

MOACYR, Primitivo. *A Instrução e as Províncias.* São Paulo, Nacional, 1939, 3 vols.

MONTENEGRO, Abelardo Fernando. *Antônio Conselheiro.* Fortaleza, s. ed., 1954.

MORAES FILHO, Evaristo de. *O Socialismo Brasileiro.* [Brasília], Câmara dos Deputados, Editora da Universidade de Brasília, 1981 [Biblioteca do Pensamento Político Republicano, vol. 3].

MOURA, Clóvis. *Introdução ao Pensamento de Euclides da Cunha.* Rio de Janeiro, Civilização Brasileira, 1964.

MUSSET, Alfred de. *Oeuvres complètes de Alfred de Musset.* Paris, L. Conard, 1923, 2 vols.

NAZÁRIO, Joaquim Pinto. "Euclides da Cunha e a Filosofia no Brasil". In: *Anais do III Congresso Nacional de Filosofia.* Realizado em São Paulo, de 9 a 14 de novembro de 1959, em comemoração dos centenários de Clóvis Bevilaqua e Pedro Lessa e do cinquentenário da morte de Euclides da Cunha. São Paulo, Instituto Brasileiro de Filosofia, 1960, pp. 79-90.

NEEDELL, Jeffrey D. *A Tropical Belle Epoque: Elite Culture and Society in Turn-of-the-Century Rio de Janeiro.* Cambridge, Cambridge University Press, 1987 [Cambridge Latin American Studies, vol. 62]. [Trad. brasil.: *Belle Époque Tropical: Sociedade e Cultura de Elite no Rio de Janeiro na Virada do Século.* Trad. Celso Nogueira. São Paulo, Companhia das Letras, 1993.]

NEVES, Edgard de Carvalho. *Afirmação de Euclides da Cunha: Ensaio e Crítica.* São Paulo, Livraria F. Alves, 1960.

NICOLSON, Marjorie Hope. *Science and Imagination.* Ithaca, N.Y., Cornell University Press, 1956.

NOVAES, José de Campos. "'Os Sertões' (Campanha de Canudos)". *Revista do Centro de Ciências, Letras e Artes de Campinas,* 1-2, pp. 45-55, 31 janeiro, 1903.

OHLY, Friedrich. *Der Verfluchte und der Erwählte: Vom Leben mit der Schuld.* Opladen, Westdeutscher Verlag, 1976 [Geisteswissenschaften, Vorträge, Rheinisch-Westfälische Akademie der Wissenschaften, vol. G 207]. [Ed. ingl.: *The Damned and the Elect: Guilt in Western Culture,* Cambridge, Cambridge University Press, 1992.]

OLIVEIRA, Adélia Engrácia de. "Ocupação Humana". In: SALATI, Eneas, *et al.* (ed). *Amazônia: Desenvolvimento, Integração e Ecologia.* São Paulo, Brasiliense/Conselho Nacional de Desenvolvimento Científico e Tecnológico, 1983, pp. 144-327.

OLIVEIRA MARQUES, Antonio Henrique R. de. *History of Portugal.* New York, Columbia University Press, 1972, 2 vols.

OLIVEIRA MARTINS, J. P. *Theoria do Socialismo: Evolução Politica e Economica das Sociedades na Europa.* Lisboa, Travessa da Victoria, 1872.

_____. *Os Sertões (Campanha de Canudos): Juízos Críticos.* Rio de Janeiro, Laemmert, 1904.

PANNEKOEK, Anton. *A History of Astronomy.* Mineola, N.Y., Dover Publications, 1989.

PEREGRINO, Umberto. "Euclides e a Escola Militar da Praia Vermelha". *Dom Casmurro,* 10, pp. 21-23, maio, 1946.

_____. *Euclides da Cunha e Outros Estudos.* Rio de Janeiro, Record, 1968.

PICKERING, Mary. *Auguste Comte: An Intellectual Biography.* Cambridge, Cambridge University Press, 1993, vol. 1.

PINTO, Adolpho Augusto. *História da Viação Publica de São Paulo*. São Paulo, Typ. e Papelaria de Vanorden, 1903.

PINTO, Pedro A. *Os Sertões de Euclides da Cunha*: *Vocabulário e Notas Lexicológicas*. São Paulo, Francisco Alves, 1930.

PONTES, Eloy. *A Vida Dramatica de Euclydes da Cunha*. Rio de Janeiro, José Olympio, 1938 [Coleção Documentos Brasileiros, vol. 13].

PRADO JÚNIOR, Caio. *Formação do Brasil Contemporâneo*. 10. ed. São Paulo, Brasiliense, 1970.

RABELLO, Sylvio. *Euclydes da Cunha*. 2. ed. Rio de Janeiro, Civilização Brasileira, 1966.

RAFFLES, Hugh. *In Amazonia*: *A Natural History*. Princeton, Princeton University Press, 2002.

RANGEL, Alberto. *Inferno Verde*: *Scenas e Scenarios do Amazonas*. 2. ed. Famalicão, Typ. Minerva, 1914 [ed. original: 1908].

_____. *Por Protesto e Adoração; In Memoriam de Euclydes da Cunha, 15 de agosto, 1909-1919*. Rio de Janeiro, Typ. Aurora, 1919.

REALE, Miguel. *Face Oculta de Euclides da Cunha*. Rio de Janeiro, Topbooks, 1993.

REBOUÇAS, André Pinto. *Socorros Publicos*: *A Secca nas Províncias do Norte*. Rio de Janeiro, Tipografia de G. Leuzinger e Filhos, 1877.

RENAN, Ernest. *Marc-Aurèle et la fin du Monde Antique*. 3. ed. Paris, Calmann Lévy, 1882, vol. 7.

RIASANOVSKY, Nicholas Valentine. *A History of Russia*. 5. ed. New York, Oxford University Press, 1993.

RIEDEL, Oswaldo de Oliveira. " 'É Tempo de Murici, Cada um Cuide de Si' e 'Em Tempo de Figos não Há Amigos': Duas Origens, um Significado?". *Aspectos,* 10, pp. 89-95, 1976.

RODRIGUES, Antônio da Gama. "A Ponte de São José do Rio Pardo". *Gazeta do Rio Pardo,* 27 setembro, 1953.

RODRIGUES, Carlos Leóncio da Silva, & SOBRINHO, Alves Motta. *Euclides da Cunha, Engenheiro de Obras Públicas no Estado de São Paulo (1896-1904)*. São Paulo, J. Ortiz Junior, 1956.

RODRIGUES, Nina Raymundo; RAMOS, Arthur, & BRITTO, Alfredo. "A Loucura Epidemica". *As Collectividades Anormaes*. Rio de Janeiro, Civilização Brasileira, 1939, pp. 50-77.

ROMEIN, Jan. *Die Biographie: Einführung in ihre Geschichte und ihre Problematik*. Trad. U. Huber Noodt, vol. 30, Sammlung Akademie-Verlag. Bern, A. Francke, 1948.

ROMERO, Sílvio. *Evolução de Litteratura Brasileira*: *Vista Synthetica*. Rio de Janeiro, Campanha, 1905.

ROOSEVELT, Theodore. "True Americanism". *American Ideals and Other Essays, Social and Political*. New York, G. P. Putnam's Sons, The Knickerbocker Press, 1907, cap. 2.

ROQUETTE-PINTO, Edgard. *Seixos Rolados* (*Estudos Brasileiros*). Rio de Janeiro, [Mendonça, Machado & C.], 1927.

SALATI, Eneas; JUNK, Wolfang J.; SHUBART, Herbert O. R. & OLIVEIRA, Adélia Engrácia de (eds.). *Amazônia: Desenvolvimento. Integração e Ecologia*. São Paulo, Brasiliense/Conselho Nacional de Desenvolvimento Científico e Tecnológico, 1983.

SALEWSKI, Michael. "'Neujahr 1900': Die Säkularwende in zeitgenössischer Sicht". *Archiv für Kulturgeschichte,* 53(2), pp. 335-381, 1971.

SAMPAIO, José Pereira de. *O Brasil Mental.* Porto, Empresa Litteraria e Typographica, 1907.

SAMPAIO, Theodoro. *O Rio de Francisco: Trechos de um Diario de Viagem e a Chapada Diamantina...* São Paulo, Escolas Profissionaes Salesianas, 1905.

_____. *O Tupi na Geografia Nacional.* Org. Frederico G. Edelweiss. 4. ed. Salvador, Câmara Municipal, 1955.

_____. "À Memoria de Euclides da Cunha no Décimo Aniversário de sua Morte". *Afirmação de Euclides da Cunha: Ensaio e Crítica.* Org. Edgard de Carvalho Neves. São Paulo, Francisco Alves, 1960. Apendice 11, pp. 143-148. Originalmente publ. na *Revista do Instituto Geográphico e Histórico da Bahia,* 45 (1919), pp. 247-264.

_____. *São Paulo no Século XIX e Outros Ciclos Históricos.* Petrópolis, Vozes, 1978.

SAMPAIO NETO, José Augusto; SERRÃO, Magali de Barros Saia; MELLO, Maria Lúcia Horta Ludolf de & URURAHY, Vanda Maria Bravo (eds.). *Canudos: Subsídios para a sua Reavaliação Histórica.* Rio de Janeiro, Fundação Casa de Rui Barbosa/Monteiro Aranha, 1986.

SANTANA, José Carlos Barreto de. "Euclides da Cunha e a Escola Politécnica de São Paulo". *Estudos Avançados,* 26, pp. 311-327, 1996.

_____. *Ciência e Arte: Euclides da Cunha e as Ciências Naturais.* São Paulo/Feira de Santana, Hucitec/Universidade Estadual de Feira de Santana, 2001.

_____. "Natural Science and Brazilian Nationality: *Os Sertões* by Euclides da Cunha". *Science in Context,* 18(2) pp. 225-247, 2005.

SANTOS, Joaquim Felício dos. *Memórias do Distrito Diamantino da Comarca do Serro Frio, Província de Minas Gerais.* 3. ed. Rio de Janeiro, Edições O Cruzeiro, 1956 [ed. original: 1868].

SARMIENTO, Domingo Faustino. *Civilización i Barbarie: Vida de Juan Facundo Quiroga.* 3. ed. Ed. Delia S. Etcheverry. Buenos Aires, Estrada, 1940.

_____. *El Chaco.* In: *Obras Completas de Sarmiento.* Buenos Aires, Editorial Luz del Día, 1949, vol. 7.

_____. *Argirópolis.* In: *Obras Completas de Sarmiento.* Buenos Aires, Editorial Luz del Día, 1950, vol. 13.

_____. *Martín García y la Jurisdición del Plata.* In: *Obras Completas de Sarmiento.* Buenos Aires, Editorial Luz del Día, 1950, vol. 16.

SCHURZ, William Lytle. *The Manila Galleon.* New York, E. P. Dutton, 1959.

SCHWARTZMAN, Simon. *A Space for Science: The Development of the Scientific Community in Brazil.* University Park, Pennsylvania State University Press, 1991.

SEVCENKO, Nicolau. *Literatura como Missão: Tensões Sociais e Criação Cultural na Primeira República.* 3. ed. São Paulo, Brasiliense, 1989.

SIGHELE, Scipio. *La foule criminelle, essai de psychologie collective.* Trad. Paul Vigny. Paris, F. Alcan, 1892.

Silos, José Honório de. "Reminiscências de Euclides da Cunha". *Cadernos da Hora Presente*, 3, p. 82, 1938.

Silva, Rachel Aparecida Bueno da. "O Projeto de Construção da Nação Republicana na Visão de Euclides da Cunha". Faculdade de Educação, Universidade Estadual de Campinas, Campinas. [Biblioteca Digital da Unicamp, http://libdigi.unicamp.br/document/code=vtls000317694].

Skidmore, Thomas E. *Black into White*: *Race and Nationality in Brazilian Thought*. New York, Oxford University Press, 1974.

Slater, Candace. *Entangled Edens*: *Visions of the Amazon*. Berkeley, University of California Press, 2002.

Smith, Herbert H. *Do Rio de Janeiro a Cuyabá*: *Notas de um Naturalista*. Org. João Capistrano de Abreu. São Paulo, Melhoramentos, 1922 [ed. original: 1886].

————. *Brazil, the Amazons and the Coast*. London, S. Low, Marston, Searle, and Rivington, 1879.

Smith, Henry Nash. *Virgin Land*: *The American West as Symbol and Myth*. New York, Vintage Books, 1957.

Sodré, Nelson Werneck. "Revisão de Euclides da Cunha". In: Cunha, Euclides da. *Obra Completa*. Org. Afrânio Coutinho *et al*. Rio de Janeiro, José Aguilar, 1966, vol. 2, pp. 11-62.

_____. *Introdução a Geografia*: *Geografia e Ideologia*. Petrópolis, Vozes, 1986.

Spencer, Herbert. *Education*: *Intellectual, Moral, and Physical*. In: *Works*, vol. 6. New York/London, D. Appleton and Company, 1910 [ed. original: 1860].

_____. *Principles of Sociology II*. 2. ed. In: *Works*, vol. 4. New York/London, D. Appleton and Company, 1910 [ed. original: 1886].

_____. *Principles of Psychology I*. 3. ed. In: *Works*, vol. 12. New York/London, D. Appleton and Company, 1910 [ed. original: 1880].

_____. *Principles of Psychology II*. 3. ed. *In*: *Works,* vol. 13. New York/London, D. Appleton and Company, 1910 [ed. original: 1872].

_____. *First Principles*. 6. ed. New York/London, D. Appleton and Co, 1920 [ed. original: 1862].

Stein, Stanley J. *The Brazilian Cotton Manufacture: Textile Enterprise in an Underdeveloped Area, 1850-1950*. Cambridge, Mass., Harvard University Press, 1957.

Sternberg, Hilgard O'Reilly. "Radiocarbon Dating as Applied to a Problem of Amazonian Morphology". In: *Comptes rendus du XVIII͏ᵉ Congrès international de géographie, Rio de Janeiro, 1956*. Rio de Janeiro, Comité National du Brésil, 1959, vol. 2, pp. 399-424.

Tapajós, Manoel. *Fronteira Sul do Amazonas*. *Questão de Limites*. Rio de Janeiro, Typ. L'Etoile du Sud, 1898.

Tapajós, Torquato. *Estudos de Hygiene*: *A Cidade do Rio de Janeiro*. Rio de Janeiro, Imprensa Nacional, 1895, vol. 1.

Tavares, Odorico. "Canudos Cinqüenta Anos Depois (1947)". *Bahia, Imagens da Terra e do Povo*. 2. ed. [Rio de Janeiro], José Olympio, 1951, pp. 231-291.

_____. *Bahia*: *Imagens da Terra e do Povo*. 4. ed. rev. Rio de Janeiro, Civilização Brasileira, 1964.

Teixeira, Glycon de Paiva. "Geologia de Canudos em 'Os Sertões'". *Digesto Econômico*, 246, pp. 61-66, novembro-dezembro, 1975.

Thurmann, Jules. *Essai de phytostatique appliqué à la chaine du Jura et aux contrées voisines, ou Étude de la dispersion des plantes vasculaires envisagée principalement quant à l'influence des roches soujacentes* [...]. Berne, Jent et Gassmann, 1849.

Tocantins, Leandro. *Euclides da Cunha e O Paraíso Perdido*: *Tentativa de Interpretação de uma Presença Singular na Amazônia e a Conseqüente Evolução de um Pensamento sobre a Paisagem Étnico--Cultural, Histórica e Social Brasileira, Alargando-se nos Horizontes da História Transcontinental*. 3. ed. Rio de Janeiro, Civilização Brasileira, 1978 [Coleção Retratos do Brasil, vol. 105].

_____. *Amazônia*: *Natureza, Homem e Tempo*. [Rio de Janeiro], Conquista, 1960 [Coleção Temas Brasileiros, vol. 2].

_____. *O Rio Comanda a Vida*: *Uma Interpretação da Amazônia*. 2. ed. rev. Rio de Janeiro, Civilização Brasileira, 1961 [Coleção Retratos do Brasil, vol. 7].

Varela, Luís Nicolau Fagundes. *Poesias Completas*. São Paulo, Nacional. Livros do Brasil, 1957 [Coleção de Obras–Primas da Literatura Nacional, vol. 10 A-B].

Vargas Llosa, Mario. *La Guerra del Fin del Mundo*. Barcelona, Seix Barral, 1981.

Vedia, Agustín de. *Martín García y la Jurisdicción del Plata*. Buenos Aires, Coni Hermanos, 1908.

Venancio Filho, Francisco. *A Glória de Euclydes da Cunha*. Ed. ilustrada. São Paulo, Nacional, 1940.

_____. *Rio-Branco e Euclides da Cunha*. [Rio de Janeiro], Ministério das Relações Exteriores. Comissão Preparatória do Centenário do Barão do Rio Branco, 1946 [Monografias, vol. 1].

_____. "Estudo Biográfico: Retrato Humano". In: Cunha, Euclides da. *Obra Completa*, vol. 1. Ed. Afrânio Coutinho *et al*. Rio de Janeiro, Cia. José Aguilar, 1966, pp. 33-44.

Ventura, Roberto. "'A Nossa Vendeia': Canudos, o Mito da Revolução Francesa e a Formação de Identidade Cultural no Brasil". *Revista do Instituto de Estudos Brasileiros*, usp, 31, pp. 129-145, 1990.

_____. *Estilo Tropical*: *História Cultural e Polêmicas Literárias no Brasil, 1870-1914*. São Paulo, Companhia das Letras, 1991.

_____. *Retrato Interrompido da Vida de Euclides da Cunha*. Org. Mário César Carvalho e José Carlos Barreto de Santana. [São Paulo], Companhia das Letras, 2003.

_____. "Memória Seletiva". *Cadernos de Literatura Brasileira*, 13-14, pp. 14-48, 2002.

Villa, Marco Antônio. *Canudos*: *O Povo da Terra*. São Paulo, Ática, 1995.

Villela Júnior, Marcos Evangelista da Costa. *Canudos*: *Memórias de um Combatente*. São Paulo, Marco Zero, 1988 [Coleção Resgate, vol. 14].

Viotti da Costa, Emília. *Da Senzala à Colônia*. São Paulo, Editora Ciências Humanas, 1966 [Coleção "Corpo e Alma do Brasil", vol. 19].

_____. *Da Monarquia à República*: *Momentos Decisivos*. 4. ed. São Paulo, Brasiliense, 1987.

VIRIATO CORREIA, [Manoel]. "Uma Entrevista com Euclydes". *Dom Casmurro* 10, (1946), pp. 58-59.

VOGT, Hilde. *Die literarische Personenschilderung des frühen Mittelalters*. Leipzig, B. G. Teubner, 1934 [Beiträge zur Kulturgeschichte des Mittelalters und der Renaissance, vol. 53].

WAGLEY, Charles. *Amazon Town*: *A Study of Man in the Tropics*. New York, Macmillan, 1953.

WALKEY, O. R. *Map of the Amazon River Plain*: *As Extending from the Sea to the Limits of Free Navigation for Launches in Flood Season* [Brasil?], 1922 [Earth Sciences and Map Library, University of California, Berkeley].

WALLACE, Alfred Russel. *A Narrative of Travels on the Amazon and Rio Negro*: *With an Account of the Native Tribes, and Observations of the Climate, Geology, and Natural History of the Amazon Valley*. 5. ed. London, Ward, Lock, Bowden and Co., 1895 [ed. original: 1853].

WALSH, Warren B. *Readings in Russian History from Ancient Times to the Post-Stalin Era*. 4. ed. rev. [Syracuse], Syracuse University Press, 1963, 3 vols.

WARMING, Johannes Eugenius Bülow. "Lagoa Santa". *Det Kongelige Danske Videnskabernes Selskabs Skrifter. Naturvidenskabelig og Mathematisk Afdeling* 6, pp. 164-488, 1892 [inclui um resumo em francês].

WASSERMAN, R. R. Mautner. "Mario Vargas Llosa, Euclides da Cunha and the Strategy of Intertextuality". *PMLA*, 108(3), pp. 460-473, 1993.

WATTENBACH, Wilhelm. *Deutschlands Geschichtsquellen im Mittelalter. Deutsche Kaiserzeit*. Ed. Robert Holtzmann. 2. ed., vol. 1:1. Berlin, E. Ebering, 1942.

WELLEK, René. *The Later Eighteenth Century*. Vol. 1: *A History of Modern Criticism*: *1750–1950*. New Haven, Yale University Press, 1955.

WIENER, Charles. *Pérou et Bolivie. Récit de voyage suivi d'études archéologiques et ethnographiques et de notes sur l'écriture et les langues des populations indiennes* […]. Paris, Hachette, 1880.

WOLFF, Larry. *Inventing Eastern Europe*: *The Map of Civilization on the Mind of the Enlightenment*. Stanford, Stanford University Press, 1994.

ZAMA, César [WOLSEY, V.]. *Libello Republicano Acompanhado de Commentarios sobre a Campanha de Canudos*. Salvador, Centro de Estudos Baianos da Universidade Federal da Bahia, 1989 [ed. original: 1899].

Título	*Euclides da Cunha: Uma Odisseia nos Trópicos*
Autor	Frederic Amory
Editor	Plinio Martins Filho
Supervisão editorial	Leopoldo M. Bernucci
Tradução	Geraldo Gerson de Souza
Produção editorial	Aline Sato
Projeto gráfico e capa	Tomás Martins
Editoração eletrônica	Adriana Garcia
	Aline Sato
	Daniela Fujiwara
	Tomás Martins
Fotos da guerra de Canudos	Flávio de Barros
(pp. 57, 131, 138, 141, 142 e 205)	
Formato	18 × 25 cm
Tipologia	Adobe Caslon Pro
Papel	Polén Soft 80 g/m² (miolo)
	Cartão Supremo 250 g/m² (capa)
Número de páginas	432
Impressão e acabamento	Cromosete Gráfica e Editora